重大公共危机事件与舆论舆情

——新媒体语境中的考察

丁柏铨　夏雨禾　丁晓蔚　著

高等教育出版社·北京

图书在版编目(CIP)数据

重大公共危机事件与舆论舆情:新媒体语境中的考察 / 丁柏铨, 夏雨禾, 丁晓蔚著. --北京: 高等教育出版社, 2021.5(2023.12重印)

ISBN 978-7-04-053918-9

Ⅰ.①重… Ⅱ.①丁… ②夏… ③丁… Ⅲ.①突发事件-公共管理-舆论-研究-中国 Ⅳ.①D63②G219.2

中国版本图书馆 CIP 数据核字(2021)第 075216 号

策划编辑 孙 璐　　责任编辑 孙 璐 杨卓源　　封面设计 李树龙　　版式设计 王艳红

插图绘制 李沛蓉　　责任校对 吕红颖　　责任印制 赵义民

出版发行	高等教育出版社	网　址	http://www.hep.edu.cn
社　址	北京市西城区德外大街 4 号		http://www.hep.com.cn
邮政编码	100120	网上订购	http://www.hepmall.com.cn
印　刷	三河市春园印刷有限公司		http://www.hepmall.com
开　本	787mm×1092mm 1/16		http://www.hepmall.cn
印　张	23		
字　数	540 千字	版　次	2021 年 5 月第 1 版
购书热线	010-58581118	印　次	2023 年12月第 2 次印刷
咨询电话	400-810-0598	定　价	88.00 元

本书如有缺页、倒页、脱页等质量问题,请到所购图书销售部门联系调换

物 料 号 53918-00

目　录

下卷 实证研究与对策思考

绪　论

近年来，无论是国外还是国内，重大公共危机事件频频发生。此类事件与新媒体语境中的舆论和舆情[①]的关系甚为密切。其中，由于舆论和舆情的助推而使事件演变升级、事件随之更趋极端者有之，因舆论和舆情被引爆而形成次生灾害者有之，由舆论和舆情而产生连锁反应、造成社会震荡者也有之。由此看来，新媒体语境中的重大公共危机事件与舆论和舆情的关系问题，亟待系统、深入地研究。

第一节　本课题研究的背景

2019 年 1 月 21 日上午，省部级主要领导干部坚持底线思维着力防范化解重大风险专题研讨班在中共中央党校开班。习近平总书记在开班式上发表的重要讲话中要求：深刻认识和准确把握外部环境的深刻变化和我国改革发展稳定面临的新情况新问题新挑战，坚持底线思维，增强忧患意识，提高防控能力，着力防范化解重大风险。[②] 这里所说的重大风险，有些也就是重大公共危机事件造成的风险。对于重大公共危机事件与舆论和舆情关系的研究而言，今天和以往的研究背景有很多不同之处。因此，有必要首先从研究背景方面进行考察和思考，在切入正题之前先做一些基础性的工作。

一、互联网使人类社会进入媒介大变革时代

"我们处于一个媒介变革的年代。互联网是这场革命的核心力量。从 BBS 到门户网站，从博客到微博，日新月异的新媒体改变着舆论生态，重塑着公共生活。历史上从未有哪一个时代，如今天这样，能让普通个体拥有如此之大的话语权。"[③]"日新月异的新媒体改变着舆论生

---

① 笔者不认同"舆情是'舆论情况'的简称"的说法，具体理由将在第一章第二节中加以论述。在行文过程中，笔者会根据实际需要采用如下几种表述方法：(1) 将舆情与舆论并提，处理为"舆论和舆情"或"舆论舆情"。(2) 考虑到舆情也需要引导，故频繁使用"舆论和舆情引导"的提法。(3) 在预料可能会产生歧义的情况下，会将"舆论和舆情"处理成"舆论(舆情)"。例如，表述为"舆论和舆情交叉感染"，就可能会产生歧义——似乎是舆论和舆情在交叉感染；其实是指舆论的这一部分与舆论的那一部分、舆情的这一部分与舆情的那一部分交叉感染，而不是仅限于舆论与舆情之间的交叉感染。又如，如果对"涉外与涉内重大公共危机事件舆论和舆情的比较"不进行文字上的相应处理，可能会被理解成"涉外与涉内重大公共危机事件的舆论同这类事件的舆情之间的比较"，因此有必要表述成："涉外与涉内重大公共危机事件舆论(舆情)的比较"。这样，比较的双方是涉外重大公共危机事件舆论(舆情)与涉内重大公共危机事件舆论(舆情)。

② 《习近平在省部级主要领导干部坚持底线思维着力防范化解重大风险专题研讨班开班式上发表重要讲话》，新华社 2019 年 1 月 21 日电。

③ 《四问"网络民意"》，《人民日报》2011 年 10 月 25 日。

态”与普通个体话语权的增加和扩大,构成了新媒体语境的实质性内涵,同时使重大公共危机事件与舆论和舆情关系中的变数有所增加。这是本课题研究的重要的现实背景之一。

综观媒介变革,可以发现其有如下内涵:(1) 传统媒体因受到新兴媒体的强有力冲击而式微,它们已经进入了以与新兴媒体相融合为重要内容的艰难转型的进程中。融合得好,转型成功,传统媒体可以浴火重生;相反,则可能继续萎缩,难遏被边缘化的态势。(2) 新兴媒体日新月异。互联网和移动通信技术既各有发展,又携手共进。在实现移动互联以后,新兴媒体进入一个更高的传播境界。手机用户可以在移动的状态中自如地进行互联,可以随时随地用自己手中的“麦克风”发声。这意味着“草根”获得了比以往更大的自由发声权和社会话语权,同时意味着特定主体对社会舆论和舆情的引导难度大增。(3) 影响深广、功能强大的自媒体应运而生。对公众来说,自媒体可以轻易获得,人人拥有。在重大公共危机事件发生后,用自媒体披露信息、发表意见、呼应他人,均无准入门槛的限制。(4) 新的传播形态不断出现。论坛、博客、微博(包括政务微博)、微信(包括微信公众平台)、App 等问世后,各种传播形态并存。其中有些传播形态,使重大公共危机事件与舆论和舆情的关系增加了复杂性和不可控性。

二、舆论生态和舆论格局发生巨大变化

舆论生态和舆论格局与媒介大变革密切相关。媒介大变革必然引起舆论生态和舆论格局的巨大变化,但它只是重要原因之一而非全部原因和唯一原因。对舆论生态和舆论格局的巨变,须进行综合考量。

(一) 对舆论生态和舆论格局变化的综合考量

在对课题研究的背景进行交代时,必须提及改革开放以来中国社会的变迁。概而言之,改革开放以来特别是 20 世纪 90 年代以来,中国社会发生了巨大变化。邓小平在南方发表的重要谈话,激发了思想解放大潮。社会主义市场经济体制的确立,极大地解放了生产力,社会经济获得长足发展。1994 年中国接入互联网。互联网使人类的居住地成为“地球村”,使人类逐渐形成了“你中有我、我中有你”的命运共同体;而中国,则已经融入人类命运共同体之中并在其中日甚一日地发挥着重要作用。

具体说来,近年来的如下变化应该特别引起我们的关注。

一是在深化改革的过程中,人民的重要地位被进一步强调。

深化改革,其中的一项重要内容是:将会“啃”那些“难啃”然而又不得不“啃”的“硬骨头”。社会成员利益分配的格局将在更深层次被触及。改革的艰难程度越大,就越是要依靠人民。必须强调并践行“以人为本、以民为本”的执政理念。正如一位研究者所指出的那样:习近平“首次在讲‘人民性’的时候,同时提出了‘以民为本’‘以人为本’。应该说,深化了科学发展观关于‘以人为本’的论述,鲜明地昭示了我们党在人的问题上的根本立场,体现了马克思主义的政治理念。我们理解,这个‘民’,是指‘人民’的‘民’,是‘人民’的简称。这个排序,意味着这个专属的‘人民’之‘民’,先于且高于‘广泛’和‘抽象’的‘人’。这体现了总书记的马克思主义人民观、毛泽东思想的人民观。自然,这也继承了中国优秀传统政治文化中的民

本理念。"[①]习近平在"以人为本"基础上又进一步提出"以民为本",并强调确立"以人民为中心的工作导向",把人民放到了至上、至高、至尊和各项工作的中心位置上。党的十九大报告明确提出:"把人民利益摆在至高无上的地位"。[②] 这对重大公共危机事件与舆论和舆情关系研究而言,是根本性的重要理念和重要视角。

二是不同意识形态之间的较量较之以前更甚。

不同国家(特别是社会制度不同的国家)意识形态之间存在着差异,这是正常现象。但西方某些发达国家通过各种渠道特别是互联网对发展中国家包括中国进行意识形态渗透,对此,我们不能等闲视之。西方某些国家的意识形态渗透,在一定程度上会影响国人对世间事物和社会现象的认知、判断,成为通过舆论凝心聚力的干扰性因素。中国国内意识形态较量中的某些方面,往往具有国际意识形态较量的背景。这是国内舆论和舆情复杂的一个方面的重要原因。

三是新兴媒体发展迅猛。

习近平曾经说过:"当今时代,以信息技术为核心的新一轮科技革命正在孕育兴起,互联网日益成为创新驱动发展的先导力量,深刻改变着人们的生产生活,有力推动着社会发展。互联网真正让世界变成了地球村,让国际社会越来越成为你中有我、我中有你的命运共同体。"[③] 将互联网视为"创新驱动发展的先导力量",这是习近平对互联网的极高评价。在这里,关键词是:"创新""驱动发展""先导力量"。

作为新兴媒体,互联网既是媒体又不只是媒体;与互联网"联姻"的手机,既是通信工具又不只是通信工具。移动加互联的结果,是思维空间的延伸和扩展,是思维方式发生革命性转变。在传播高科技的推动下,新的传播形态例如博客、微博、微信等的出现,对人们的生活、工作及社会交往方式产生了深刻影响。信息传播技术日新月异,网络更多地加盟新闻传播,在相当程度上颠覆了原有的舆论格局,发挥了以往不可想象的巨大作用。作为新的传播形态的微信问世后,社交类媒体使信息传播达到了新的高度和普及度。互联网继续在深层次上改变着人类的社会生活,同时也深刻地改变着新闻传播和社会舆论格局。正如习近平所说:当今时代,"出现了全程媒体、全息媒体、全员媒体、全效媒体,信息无处不在、无所不及、无人不用,导致舆论生态、媒体格局、传播方式发生深刻变化,新闻舆论工作面临新的挑战"[④]。

人们经常会使用舆论格局与舆论引导格局这两个概念。两者有着密切联系但又有所区别。研究后者,必须建立在对前者进行正确研判的基础上。综合起来考察,我们可以看到当前舆论格局具有的一系列鲜明特点。其中,有些特点是以前的舆论格局所不具备的;有些特点此前虽有,但是远不如今天这样突出。关于这个问题,我们将在稍后展开详细论述。

四是新兴媒体使原有的社会舆论出现了变局。

---

① 强国论坛,2019 年 1 月 24 日。

② 习近平:《决胜全面建成小康社会 夺取新时代中国特色社会主义伟大胜利——在中国共产党第十九次全国代表大会上的报告(2017 年 10 月 18 日)》,人民出版社 2017 年版,第 45 页。以下引用十九大报告,均采用此版本,不一一标出。

③ 《习近平致首届世界互联网大会的贺词》,中国政府网,2014 年 11 月 19 日。

④ 《习近平在中共中央政治局第十二次集体学习时强调:推动媒体融合向纵深发展 巩固全党全国人民共同思想基础》,新华网,2019 年 1 月 25 日。

传统媒体的覆盖面、影响力、话语权受到新兴媒体的极大挑战。舆论和舆情引导一方面显得比以前更加重要,另一方面也陡增了实施难度。这是新闻舆论工作面临的新课题之一。不少主政者、管理者面对新闻媒体(含传统媒体和新兴媒体)普遍表现出"本领恐慌"。而传统主流媒体则正在被边缘化或将被边缘化。为了避免被边缘化,传统主流媒体的转型势在必行。

国内舆论格局的深刻变化,是社会巨变的重要内涵之一。1994 年,江泽民在总结舆论工作和新闻工作历史经验教训的基础上,提出了"以正确的舆论引导人"的重要命题。此后,进行舆论引导、坚持正确舆论导向、提高舆论引导艺术,成为舆论工作和新闻工作中经常性的重要任务。

2008 年 6 月 20 日,胡锦涛在考察人民日报社时发表讲话:"要把提高舆论引导能力放在突出位置","要从社会舆论多层次的实际出发,把握媒体分众化、对象化的新趋势,以党报党刊、电台电视台为主,整合都市类媒体、网络媒体等多种宣传资源,努力构建定位明确、特色鲜明、功能互补、覆盖广泛的舆论引导新格局。"①构建舆论引导新格局、提高舆论引导能力,成为各类舆论引导主体的神圣使命。

习近平对于如下严峻现实有着清醒的认识:"很多人特别是年轻人基本不看主流媒体,大部分信息都从网上获取。必须正视这个事实。"正视这个事实,需有勇气和睿智,体现的是实事求是的精神和唯物主义的态度。解决的办法之一是:"加大力量投入,尽快掌握这个舆论战场上的主动权,不能被边缘化了。"他意识到主流媒体正面临着被边缘化的危机并提出了相应对策:"做好舆论引导工作,一定要把握好时、度、效";"把握好网上舆论引导的时、度、效,使网络空间清朗起来。"②这就为舆论和舆情引导包括新媒体语境中重大公共危机事件发生后的舆论和舆情引导进一步指明方向。

五是党面临着诸多危险。

有学者认为:"我们党面临'四大危险'。精神懈怠危险:有的党员干部缺乏理想信念,缺乏自信,缺乏斗志;能力不足危险:有的党员干部难以胜任所肩负的历史重任,难以应对诸多挑战和'四大考验';脱离群众危险:有的党员干部高高在上,不愿深入群众,背离了党同人民群众密切联系的优良传统;消极腐败危险:一些领域腐败现象易发多发,严重侵蚀着我们党的肌体。"③党所面临的以上危险,不自今日始,但在当前已经达到极为严峻的程度。这些都是执政和党建过程中的现实危险,关系到党在人民群众中的威信,关系到党的执政地位及其稳固性。党越是面临种种危机,就越是要重视新闻舆论工作,让新闻媒体充分发挥联系人民群众的桥梁、纽带作用,在帮助党消减危机方面发挥应有的功能。全面展开的反腐斗争,既打"老虎",又拍"苍蝇",成绩显著。这场斗争,在社会舆论场域中多有反映。舆论和舆情中的丰富内容不能说与此毫无关系。

---

① 《胡锦涛就提高舆论引导能力提 5 点意见》,新华社北京 2008 年 6 月 21 日电。

② 《习近平在全国宣传思想工作会议上强调:胸怀大局把握大势着眼大事 努力把宣传思想工作做得更好 刘云山出席会议并讲话》,《人民日报》2013 年 8 月 21 日。

③ 韩庆祥:《中国共产党面临八个"新的伟大斗争"》,《人民日报》2014 年 7 月 23 日。

（二）当前舆论生态和舆论格局的鲜明特点

第一，舆论格局呈现多元化景观。

改革开放以来特别是社会主义市场经济体制确立以来，我国的经济基础发生了前所未有的巨大变化：市场成为资源配置的重要手段，公有制有了多种实现形式，同行之间存在相当激烈的市场竞争，社会成员的利益分配格局较之此前也有很大变化。由此，作为经济基础反映的上层建筑意识形态也发生了相应的变化。作为社会群体和个体表达利益诉求的一种重要方式，舆论也随之变得多样化、复杂化了。舆论变局获得了来自经济基础的有力支撑。因而，舆论格局必然是多极化而非单极化。“舆论多元”而不是“舆论单一”，这已成为社会舆论的经常性状态。但不管社会舆论生态和舆论形态发生什么样的变化，意识形态领域中的主流价值观、核心价值观须合于马克思主义，须确保马克思主义始终占据主导地位，须确保社会主义核心价值观始终占据主导地位；在舆论引导格局中，则必须确保马克思主义新闻观始终发挥主导作用。

第二，国内外舆论的联系更加紧密。

经济全球化和信息流通互联网化，两者共同作用的结果是使国内外舆论的联系更加紧密。关于这方面的论述，将在本节第三目详细展开。

第三，社会舆论中的变数大大增加。

随着改革进入“深水区”，各类社会问题凸显，各种矛盾复杂多变。社会成员之间利益分配不公的现象客观存在。某些握有公权者进行权力寻租、以权谋私，使相当一部分社会成员的利益受侵害，使政府的形象和公信力被损伤，使社会风险系数加大。政府、媒体、公众三者在舆论格局中的关系处于动态变化之中，舆论不可控性特征日益明显；如遇重大公共危机事件，由此引起的舆论和舆情的变数则更是骤然加大。坚持马克思主义新闻观，坚持经中国共产党人在新形势下发展了的马克思主义新闻观，主政者、管理者、从业者方能把握舆论运行规律，提高舆论引导能力，处变不惊，从容应对，始终立于不败之地。

在新媒体语境中，信息传播快捷，覆盖宽广，影响力大。一个帖子、一则微博、一条微信，经反复转帖、众人附议和多人“围观”，便能迅速发酵、急遽膨胀和大幅蔓延，从而形成舆论狂潮。一些地区性的小事端，瞬间便能引发舆论海啸，成为举国关注的重大事件。例如，在江西宜黄强拆事件中，钟家姐妹求助于采访过她们的媒体记者，由此，一场网络直播，通过姐妹俩的转述，经由记者在微博上即时发布。江西宜黄强拆事件一度成了“现场直播”的全国新闻。而在杭州飙车案中，杭州警方关于肇事者胡斌车速的说法，受到广大网民的广泛质疑，激起了网络舆论的巨浪。江西宜黄强拆事件和杭州飙车案虽然都不属于重大公共危机事件，但它们所体现的舆论原理和舆情原理是值得深思的。

经过考察不难发现：网络舆论是以历时性和共时性的方式同时并存于虚拟空间中的。这种景观为网络舆论所特有。人们通过点击链接，调取不同时段中的纵向的舆论素材与调取同一时段中横向的舆论素材，都只需举手之劳。据此，既可以非常方便地梳理网络舆论和舆情纵向发展的脉络，又可以十分便捷地感知同一时段不同空间中横向的舆论热点、舆情即景。历史性的舆论内容和现实性的舆论内容、纵向和横向的舆论素材同时共存，使网络舆论更具有海量感、厚重感和纵深感。

第四,“众声喧哗”成为舆论常态。

甘惜分主编的《新闻学大辞典》将舆论界定为:“舆论是社会或社会群体中对近期发生的、为人们普遍关心的某一争议的社会问题的共同意见。”①在新兴媒体出现并与舆论发生联系之前,定义舆论,着眼于人们的“共同意见”,自然有其充足的理由。然而,依笔者之见,现今的舆论应当包括两种不同的形态:一种形态是众多的人参与议论,并且形成了共同意见;另一种形态则是公众议论纷纷,甚至莫衷一是。“众声喧哗”属于后一种舆论形态,且是舆论的常态。而在网络环境中,由于人人手中都有处于移动状态中的“麦克风”,舆论的“众声喧哗”的情形就尤其突出。对于“众声喧哗”,宜作两面观:一方面,它是政治民主、社会昌明的重要表征;另一方面,也意味着在喧哗的众声中,信息和意见的芜杂将是不可避免的。

在众声喧哗的舆论之中,一些人和一些机构成为公众议论的焦点。况且,一些令人不爽的议论,都能在网上被公众和被议论者看到和听到。“无所不在的隐形的审视”,取多视角进行,以众声喧哗的方式表达。各种声音汇聚起来,其力量不可小觑。

新媒体时代到来后,改变了少数传播主体影响和掌控舆论格局、多数人意见得不到畅通传播的状况,由比较多的人向比较多的人进行传播已成为现实。从理论上说,“所有人对所有人的传播”已经不存在技术上的障碍。数以亿计的公众,不仅可能是各类传统媒体的受众,而且已经在许多场合充当将掌握的信息和持有的观点广泛进行传播的传播者角色。他们或发出对媒体所作报道的赞同之声,或发出不同的声音。“众声喧哗”,得到来自政治层面的人民民主这一因素的支持,得到来自技术层面日新月异的传播科技的支持,同时还得到来自社会心理层面公众普遍心理的支持。“喧哗众声”中的一部分声音,与社会发展的方向相一致,从而发挥了正向作用;但毋庸讳言,其中一部分声音,则有悖于公共利益和社会进步。在当今社会舆论场域中,“众声喧哗”已成常态,非理性的、不可预测的因素所生变数和风险大增。

第五,舆论引导效果具有不可控性。

持自媒体参与到舆论格局中的“草根”,他们在一定程度上在互联网上掌握着设置议程、形成舆论和把握舆论运行状况的主动权,使一些事件被曝光以后,常常形成“舆论倒逼”态势。在这种情势下,政府和官方媒体不能置之不理,必须迅速跟进并着力解决问题。“表哥”“房叔”“房妹”以及不雅视频的主角雷政富等事件被曝光后,随之而来的当事人被查处,充分彰显了网络舆论的巨大力量。对网络舆论所揭露出来的问题,某些地区的政府和官方媒体,能迅速作出积极而正确的回应,在社会舆论格局中由被动转为主动;有些地区的政府和官方媒体,则自始至终显得较为被动。在自媒体时代,政府要处理好与舆论和舆情的关系,尤为重要的是要处理好与网络舆论和舆情的关系。

再则,社会风险系数的加大,其直接结果是舆论格局中的变数随之增加。作为舆论客体的社会生活内容、社会现象和焦点事件较之以前数量更多、情况更复杂;舆论主体本身和社会舆论的形成机制也发生了很大变化;舆论的运行规律呈现出一定变动,媒体的新闻传播效果及舆论和舆情引导效果变得更难以把握。以“不变应万变”已经越来越不可取;正确的做法应该是“以变应变”(顺应变化,对舆论和舆情引导从理念、内容、方式等诸多方面进行适当调

① 甘惜分主编:《新闻学大辞典》,河南人民出版社 1993 年版,第 37 页。

整)。

网络舆论很容易被"推手"们利用。从以往和目前的情况来看,网上存在一批以"炒作"为业的职业"推手"。有资料称:"网上炒作总的说来就是利用网络媒体,通过推手或者幕后人,发动网络推手对某个人物或者公司、或者机构进行两个方面的评论,一个方面是正面效应,另一方面是负面效应。从而引起网友的关注增加人气,当人气一定的时候,这个人或者公司或者机构就会被网络关注,从而把这个人或者公司机构炒红。"[①]网络"推手"们的炒作,在现实世界中不可能做到或不可能轻易做到,但是在网上可以神不知鬼不觉地轻易实施。更应引起注意的是:"推手"们可根据自己的需要,从"捧"和"压"两个不同方向,形成或有利于或不利于特定对象的网络舆论。在重大公共危机事件发生后,并不能绝对排除网络"推手"在暗中所起的作用。

此外,网络还为意见领袖们提供了发挥作用的舞台。意见领袖的情况虽然并不整齐划一,但是从总体来说,他们不同于有着某种企图的职业网络"推手"。他们中的相当一部分人,有思想、有智慧、有担当、有勇气,能说出为众人所赞同或高人一筹的意见,因而在网民中有很大的号召力和影响力。当然,他们的意见会有偏激和偏颇之处,有的没有体现正能量。人民网舆情监测室撰写的人民网评《对话"意见领袖"——善待网民和网络舆论③》一文中有这样一段话:"'意见领袖'大都有鲜明的个性,既然是沟通,就不可能期待他们百分之百的拥护,在这一点上政府要有容人之量,更不必一听到反对和不理解、不体谅的声音,就认为沟通无效,就恼羞成怒,关闭沟通的管道,转而举起蛮横的权力武器,把'意见领袖'逼成'异见领袖'。"[②]政府处理与公众舆论的关系,重要的课题之一是:妥善处理与公众中的意见领袖的关系。不宜将意见领袖一概视为"刺头"和"麻烦制造者"。须对意见领袖进行具体分析,虚心听取意见领袖的合理的意见,发挥他们的积极性、创造性,同时防止出现越过法律底线的现象。

对自媒体时代的新闻传播、舆论运行以及舆论和舆情引导规律进行深入的研究与把握,将是提升舆论和舆情引导效果的关键所在。越是舆论出现变局,越是舆论和舆情引导效果更具有不可控性,就越是应当重视对新闻传播规律和舆论运行规律的探讨,在理念层面和实践层面严格遵循新闻传播规律及舆论运行规律。主政者、管理者、从业者必须认清舆论变局,循着体察民情民心、把握新闻传播规律和舆论运行规律、提高执政能力的基本路径,方才可能做到从容而有效地应变、应对。

(三)我国舆论和舆情引导的实践与理念同步发展

我国舆论生态和舆论引导格局,总体来说情况良好。上上下下、方方面面所进行的各种努力,使舆论生态和舆论引导格局不断优化和完善。

首先,提高舆论和舆情引导能力已成各级领导干部的日常功课。

提高舆论和舆情引导能力,已不仅仅是新闻媒体负责人及普通新闻从业者的职责,而且也是各级领导干部以及各级管理者的共同职责,是各级主政者、管理者的必修课,已被纳入加强执政能力建设的范畴,受到高度重视并付诸实践。执政能力强、水平高的主政者、管理者,毫无

① 刘兴亮:《让网络炒作再飞一会儿》,网经社,2011年1月7日。

② 人民网舆情监测室:《人民网评:对话"意见领袖"——善待网民和网络舆论③》,人民网,2011年7月13日。

疑问应具有很强的舆论和舆情引导能力；倘若不具备较强的舆论和舆情引导能力，则执政能力难言合格。

其次，新闻宣传工作前所未有地被要求“以人为本”。

胡锦涛说过：“坚持以人为本，是做好新闻宣传工作的根本要求。”①这一论述体现出新闻宣传对作为对象的群体的人和个体的人的权利、利益、愿望的尊重，揭示了新闻宣传的深厚底蕴和最终归宿，有助于各类主体在深层次上把握和体现新闻宣传之“魂”，指明了在新的历史条件下新闻宣传获得人民群众认可必须抓住的最基本内核，同时也指明了完善舆论引导格局不可忘却的重要的路径。

2016 年 2 月 19 日，在习近平主持召开的党的新闻舆论工作座谈会上，“新闻舆论”取代了“新闻宣传”的提法。中国社会科学院新闻与传播研究所所长唐绪军研究员分析认为，从自上而下的单向传播到上下通达、左右互动的交互传播、圈层传播，信息的流向发生了根本性的改变。中国共产党的根本宗旨是全心全意为人民服务，在改革具体措施上必须以人民为中心，听从民意、顺应民情。从这个意义上来说，把“党的新闻宣传工作”改成“党的新闻舆论工作”体现了我们党对舆论的认识达到了一个新的高度。②

再次，新闻传播规律被作为重要的问题提出并得到强调。

2008 年 6 月 20 日，胡锦涛在考察人民日报社时提出：要“按照新闻传播规律办事”。而他的如下论述，则可理解为对新闻传播规律一部分重要内容的具体阐述：“用事实说话、用典型说话、用数字说话，化解矛盾，理顺情绪，引导各方面群众共同前进。”③“深入研究新形势下各种受众群体的接受习惯和心理特点，把我们所倡导的和群众所需要的紧密结合起来，从群众的关注点和兴奋点入手，把握好舆论引导的时机、节奏和力度。”④

习近平早在担任福建宁德地委书记时就指出：“新闻学作为一门科学，与政治的关系很密切。但不是说新闻可以等同于政治，不是说为了政治需要可以不要它的真实性，所以既要强调新闻工作的党性，又不可忽视新闻工作自身的规律性。”⑤由此可见他对新闻工作自身的规律性十分重视。在担任党的总书记以后，在论及新闻舆论工作时，他对如下规律都有所强调：新闻传播规律、网络传播规律、新闻舆论的传播规律、新兴媒体发展规律。

其实，对从事新闻宣传工作或通过新闻媒体进行舆论和舆情引导的人来说，舆论和舆情引导能力也就是驾驭新闻传播规律的能力；而完善舆论引导格局的关键之一，则是必须按照新闻传播规律办事。在处理重大公共危机事件与舆论和舆情的关系时，按新闻传播规律及其他相关规律办事显得尤其重要。

最后，完善信息发布制度和健全突发公共事件新闻报道机制。

重要政务信息和公共信息不公开、不透明，特定主体在舆论引导格局中就会失手，甚至会造成不良乃至严重不良的影响（而一旦造成不良影响，则不是短期之内能够消除的）。重大公

① 胡锦涛：《在人民日报社考察工作时的讲话》，人民出版社 2008 年版，第 5 页。

② 唐绪军：《由“宣传”到“舆论”意味着什么？》，《中国社会科学报》2016 年 4 月 29 日。

③ 胡锦涛：《在人民日报社考察工作时的讲话》，人民出版社 2008 年版，第 12、11 页。

④ 胡锦涛：《牢牢掌握意识形态工作领导权和主动权》，见《胡锦涛文选》第 2 卷，人民出版社 2016 年版，第 545 页。

⑤ 习近平：《摆脱贫困》，福建人民出版社 1992 年版，第 64 页。

共危机事件发生后,倘若政府失语、媒体失声,则是政府和媒体自甘丧失话语主导权及舆论和舆情引导的主动权。唯有完善信息发布制度和健全突发公共事件新闻报道机制,并切实付诸实施,方能确保特定主体掌握日常情境中的舆论和舆情引导主导权及特殊情境中的舆论和舆情引导主导权。自2003年SARS事件以来,国内重大公共危机事件频发。以SARS事件信息公开为契机,党中央和中央政府致力于强有力地推动建立并不断完善重要信息的发布制度,健全突发公共事件的新闻报道机制,并取得了很好的成效。信息公开制度和机制的建立与完善,体现了对公民知情权的充分尊重和治国理政理念的变化,而这同时也是完善舆论引导格局的重要举措和抓手,是处理好重大公共危机事件与舆论和舆情关系的重要保障。

(四)当前舆论生态和舆论格局中存在的主要问题

1. 不少主流媒体在一些重要场合话语主导权旁落

一些重要场合,主要是指:某些重大公共危机事件(其中有些是突发的)以及引起社会公众激愤的事件发生时或发生后,需要主流媒体发出声音的场合。这些事件是公众尤其关注的事件,他们渴望了解实情,渴望听到党和政府以及主流媒体的声音。在这样的场合,由于对事件的真实情况缺乏了解,公众的情绪容易被调动起来,也容易互相感染。可是,为数不少的主流媒体在此场合却反应迟钝,从而丧失了最佳引导时机;有些主流媒体虽然也进行了舆论和舆情引导,但由于与公众之间在信息供需、议题和议程设置、报道内容和形式等方面存在隔膜,舆论和舆情引导的实际效果不佳,因而未能掌握话语权和话语主导权。

如同人民网舆情监测室在一篇文章中所分析的那样:“在诸多社会热点问题上,网络舆论‘愈战愈勇’,搅动社会人心;而官方媒体屡屡‘失明’‘失语’,容易陷入新的一轮思想僵滞。‘自为’的民间舆论场,时现乱象,网上谣言满天飞,哀伤太多,戾气太重;‘自律’的官方舆论场,则趋于自我边缘化,而政府的公信力持续流失而致贫血。”① 如此大的反差,某些主流媒体有反躬自省的必要。

2. 公共危机事件信息的公开在一些地方仍然受阻

在重大公共危机事件发生后,公众渴望充分知情;而事件本身又会产生连锁反应,因公众不知情而可能产生的“次生灾害”。实行信息公开有利于社会稳定、民心稳定。但是由于种种原因,在一些地方,重大公共危机事件的信息公开依然受阻。相当一部分阻力来自某些党政官员。其中有些是与事件有关系者,有些是担心信息公开影响自身形象、声誉者,有些则是唯恐被上级和公众追究责任者。信息不公开致使传闻四起、流言猖獗,政府和媒体的公信力严重受损。应进一步细化对应当公开信息而不公开信息、引起严重后果者的问责制度,以有效的手段确保灾难性事件的信息及时、充分地公开并使之成为舆论和舆情引导的常态。

3. 社交类媒体表现出明显的“双刃剑”性质

以博客、微博、微信、网络论坛等为代表的社交类媒体,使民意得到充分表达,这是有关部门了解舆情、民声的一个重要且始终畅通的渠道。从这个意义上说,在完善舆论引导格局的过程中,必须审慎地对待社交类媒体。但是,这类媒体传播的真假信息混杂,正误观点并存。近年来频频出现的舆论事件,其发端往往就是社交类媒体。所以,就此进行舆论和舆情引导,迫

① 人民网舆情监测室:《人民网评:打通“两个舆论场”——善待网民和网络舆论①》,人民网,2011年7月11日。

切性显得更为突出。

从国际范围看，自 2010 年底以来，西亚、北非地区持续动荡，突尼斯、埃及、利比亚政权变动，叙利亚、巴林和沙特阿拉伯等国民众示威不断。以脸谱（Facebook）、推特（Twitter）为代表的社交网站，在此轮“中东波”的酝酿、发生和发展过程中扮演了重要角色。西方普遍冠之以“社交网络革命”“脸书革命”或“维基革命”等名称。在“阿拉伯之春”中，社交网络有着明显的“助燃”和“催化”作用。在一些国家和地区出现的骚乱中，网络往往成为冲突双方对抗的前沿阵地。[①] 这就提醒我们：在关注舆论变局的过程中，必须关注社交类媒体包括社交性网站所起的作用。

4. 新闻发言人制度和新闻发布制度有待完善和进一步发挥作用

21 世纪初以来普遍实施的各级政府新闻发言人制度，在重要政务信息和公共信息日常的公开过程中功不可没；在重大公共危机事件发生后，在及时公开重要信息、主动回应公众关切、详细进行释疑解惑等方面更是发挥了无可取代的作用。作为一种灵活的新闻发布手段，官方微博（简称“官微”）得到普遍应用。其滚动式发布信息的作用得到充分体现，较好地适应了互联网时代舆论和舆情运行的特点。

但是，某些新闻发言人的信息披露，显然不能满足公众了解重大公共危机事件关键信息的需求，而发言人本身对关键信息又知之甚少。这说明从舆论和舆情引导的角度看，该制度设计本身尚存有待改进之处。倘若其欠缺被放大，则不利于这项制度在舆论引导格局中进一步充分发挥作用。至于某些官微在披露信息的过程中严重滞后、回避核心信息，则很容易引起公众的不满情绪，不利于事件舆论和舆情向好的方面发展。

5. 相当一部分主政者、管理者在舆论新格局面前显得力不从心

国内的社会分层与先前已有很大不同，传播技术的突飞猛进颠覆了原来的舆论格局，社会主义市场经济体制使新闻媒体的产业属性凸显，经济全球化使西方的思想文化辐射与经济辐射相伴而至……所有这一切，都深深地影响着我国的舆论格局和舆论引导格局。当前的舆论格局已经在很大程度上有别于以往。可是，在完善舆论引导格局中担当重任的一部分主政者、管理者，却并没有与时俱进、转变理念，而是墨守陈规、被动应对，尚不能适应完善舆论引导格局的时代要求。而更为突出的一个问题是：相当一部分主政者在舆论新格局面前显得力不从心。相对开放的舆论格局，使主政者面临较之以前更为严峻的考验。如何正确地、有效地引领社会舆论，变得难度更大。但是一部分主政者，面对舆论格局的新变化显得很不适应，舆论和舆情引导能力明显不足，这是其执政能力的明显欠缺。

舆论和舆情引导能力明显不足主要表现为：

其一，对舆论和舆情中的民声、民意、民智缺乏应有的尊重和敬畏。

舆论和舆情充分反映了民声、民意、民智，对此绝不可因不悦耳而低估、漠视、抵触。然而有些主政者听惯了恭维之声、感恩之言，面对社会舆论中的批评之语、刺耳之音，往往心生不快。不仅如此，有的以为手中的权力无所不能，习惯于通过行政命令和行政手段（“封”“删”

---

① 何广平：《关于英美等国骚乱事件的分析及其对我国加强完善互联网管理问题的启示》，《公安研究》2011 年第 11 期。

“堵”“压”等)对付公众舆论,过于迷信删帖的作用,殊不知如此做法有时会适得其反。

其二,满足于对公众进行生硬的灌输式传播。

一些新闻舆论工作停留于简单重复和官腔官调的水平,远未做到使受众喜闻乐见和乐于接受。部分主政者通过新闻媒体报道的、在公开场合的讲话,套话连篇,了无新意。某些官方媒体习惯于做官样文章,题材内容枯燥乏味,报道方式刻板单调,导向正确的“党八股”畅行无阻。此类新闻舆论工作自然难以收到良好效果,难以担当引导社会舆论和舆情的大任。

其三,在负面题材新闻传播方面存在误区。

部分主政者在认识上和实践中,常将关于负面题材的新闻传播归为负面新闻(负面报道),将负面题材报道与负面新闻(负面报道)相等同,进而将新闻舆论监督纳入负面新闻(负面报道)的范畴加以严格控制(即“控负”)。笔者认为,就负面题材进行报道,并不一定就是产生负面传播效果的负面新闻(负面报道)。不宜在各种重要语境中使用负面新闻(负面报道)这一存在歧义的概念。一些官员的“控负”言行,常被误认为是正确之道。然而实际上,舆论监督类报道的题材总是负面的,“控负”的结果是使新闻舆论监督无法实施。重大公共危机事件发生后,一些主政者首先想到的,往往是以“维稳”为由封锁某些重要信息。后果是造成第一时间权威信息缺失,谣言和不实传闻乘虚而入,公众心灵空间被谣言和不实传闻首先占领,社会心理发生严重震荡。

其四,对公众中的意见领袖存在偏见。

一部分主政者,或者视意见领袖的意见无足轻重,或者认为意见领袖是在与官方过不去,甚至视意见领袖为“异见领袖”。对意见领袖未作实事求是的分析和区分,对其中相当一部分人的正向作用缺乏全面的、辩证的认知,对其积极的方面缺乏肯定的评价,缺乏有效的交流和沟通,不善于通过对话和互动发挥其正向的引导舆论和舆情的作用。以上这些,都源于对意见领袖的刻板印象和错误判断。当然,对一部分意见领袖所产生的不良影响,不可无视和放任,对他们须依法依规进行管理。

三、国内舆论场与全球舆论场的联系更加紧密

(一)全球舆论场对国内舆论场有着重要影响

研究现有的课题,还有必要把它放到全球舆论场中加以考察。全球舆论场是国内舆论场和舆论格局的重要影响因素,也是国内重大公共危机事件与舆论和舆情关系的重要影响因素。而它又并非一成不变,而是处于动态变化之中。在以往封闭的大背景之下,国内的舆论生态相对简单,舆论格局相对封闭;而在全球化和中国坚持对外开放的大背景下,国内的舆论生态则相对活跃,舆论格局也相对比较开放(这是当下舆论运行的一个显著特点)。

互联网使“地球村”实现了由美好的梦想到真实的现实的转变。信息的流动速度加快且打破了时间空间的限制和束缚,互联网使信息变得可以在任何时间、任何空间流动,既可以顺向流动也可以逆向流动。国内舆论场成为全球舆论场中的一部分,受到全球舆论场更大程度的影响,当然也会以一定的力度和方式反作用于全球舆论场。

(二)在经济全球化洪流中,“舆论全球化”是必然趋势

在经济全球化的洪流中,如下现象日益凸显:发达国家对发展中国家的思想文化辐射与经

济辐射相伴而至。在此情势下,“舆论全球化”“舆论超国界”是不争的事实和必然趋势。国内舆论的内涵和形态都趋于复杂,不确定性有增无减。国际舆论常常会以各种形式制约、影响国内舆论,对国内外舆论不可割裂开来进行考量。虽然以往的国内舆论也有与国际舆论相互联系、相互影响的特点,但是在全球化浪潮激荡和新媒体影响力骤增的情势之下,“舆论全球化”的特点变得更加突出。有研究者指出,境内外舆论互动加深。互联网打破传播覆盖局限,实现无国界即时传播。国际网上热点越来越容易传导到国内,产生“刺激效应”;国内网上热点话题越来越容易扩散到境外,产生“溢出效应”。国内外网上舆论相互作用、相互影响的程度越来越深。① “刺激效应”和“溢出效应”是相互的,两种效应共同说明“舆论全球化”已成必然趋势。

(三)全球舆论场并非独立于全球政治经济格局外的一种存在

全球舆论场受到全球政治经济格局的制约或支配。全球舆论场并不是一种孤立的存在,它不可能与全球政治经济格局相游离,更不可能超然独立,而是受制于全球政治经济格局。在“冷战”时期,世界传播格局是两个超级大国起主导作用的传播格局,也就是说,两个超级大国在其中占据着统治地位,而其他国家在世界传播格局中则显得无足轻重。在“经济多极、政治单极”时期,在世界的传播格局中,俄罗斯的重要性和影响力大大逊于苏联,而美国的重要性和影响力则体现出上升趋势。与“经济多极”相对应的崛起中的一些国家,在世界传播格局中的分量有所增加。在“经济多极、政治多极”时期,美国在世界传播格局中的话语权和话语主导权呈逐渐衰落之势。在政治格局由单极向多极演变的同时,经济格局中的金融危机也促成了世界传播格局的变化。在金融危机中受重创的国家的话语权重被削弱,在金融危机中发挥了重要作用的国家的话语权重则得到提升。一个不可回避的事实是:2008 年世界金融危机以后,在危机中表现出经济坚挺的中国,既明显提升了国际地位,也明显提升了在世界传播格局中的话语影响力。

新兴媒体崛起后,美国在互联网领域仍占据霸权地位,掌握着网络世界的话语权和话语主导权。这表明:全球政治经济格局与话语权的分配紧密关联。在当前的互联网世界,美国仍占绝对优势;而中国在其中的话语权,则与其全球第二大经济体的角色和综合国力不相匹配。

在全球范围内,自 2001 年“9·11”以来,恐怖袭击事件频发。除了饱受恐怖袭击之灾的美国,法、英等国家也都不能幸免。2015 年 1 月 7 日,法国沙尔利周刊社位于巴黎的总部遭武装分子袭击,致 12 人死亡;同年 11 月 13 日,巴黎再次遭到大规模的恐怖袭击,死亡人数超过百人。英国于 2017 年 6 月遭到恐怖袭击。而阿富汗及中东的伊拉克、叙利亚、黎巴嫩和巴勒斯坦等国家和地区,则更是恐怖袭击的多发地。数年前,中国新疆、云南等地也先后发生过恐怖袭击事件。但国际舆论时有不是谴责恐怖分子的极端行为而是指责中国政府虐待少数民族的声音,可见国际传播格局中的话语权存在着事实上的不平等现象。

全球舆论场与世界传播格局密切相关。世界传播格局,其实就是世界范围内的信息流通和观念传播的格局。它是与全球政治经济格局密切相关的,具有两个层面的内容。第一个层

① 东鸟:《当下中国网络舆论生态的十个问题》,《中国党政干部论坛》2015 年第 9 期。

面,以国家或国际组织为单位的话语权和话语主导权分配。在政治经济方面处于强势地位的国家或国际组织往往占有较大的话语权和话语主导权。第二个层面,以媒体介质为考量对象的传播格局构成,一般区分为由平面媒体以及广播电视构成的传统媒介传播格局和由数字媒介构成的新兴媒体传播格局。世界传播格局涉及如下四个方面的衡量指标:(1)世界新闻传播业所具有的规模、达到的传播技术水平;(2)全球范围内主导性新闻信息和新闻媒体所传播观念的源头和流向;(3)各国媒体采集和制作的新闻作品与传播的观念在世界范围内所占的比重;(4)各国媒体采集和制作的新闻作品和传播的观念所产生的影响及其所达到的程度。而涉及新兴媒体传播格局时,拥有根服务器的情况,是一项十分重要的衡量指标。每一个国家都关注本国新闻媒体在世界传播格局中占有什么样的地位,是否拥有话语权和话语主导权,拥有多大的话语权和话语主导权。中国当然也不例外。

下面来看世界传播格局中话语权和话语主导权的情况。

若干年前的统计数据显示,全世界每天传播的国际新闻中,96%的新闻由西方五大通讯社发布,而其中仅有10%~30%的新闻用来报道发展中国家和地区。美国、欧盟和日本控制了全球90%的信息资源,美国控制了世界电视节目流通量的75%。成立于1848年的美国联合通讯社(简称“美联社”),自称是“世界上历史最长规模最大的新闻机构”,每天向全球逾10亿人提供新闻、图片、视频资料,海外客户遍布全球121个国家和地区。[①] 从上述数据可以得出如下几点结论:(1)历史相对比较短的美国,却是世界传播格局中的老牌帝国。(2)西方五大通讯社不仅是世界传播格局中新闻信息的恒常源头,而且左右着新闻信息的流向。(3)对发展中国家和地区进行报道的主动权掌控在西方媒体的手中。世界各地受众对发展中国家和地区的印象和判断,其依据主要来自西方媒体对此所作的报道。西方媒体如果能对世界上包括发展中国家和地区所发生的重大事件作出公正、客观、真实、全面的报道,当然是可取的;然而如果报道中包含了某些偏见或误识,则会谬种流传。世界传播格局中的严重不平衡现象,其症结是:美国依凭自己的经济、政治强势,体现了话语霸权。根据相德宝等的研究,传统媒体时代媒体强国美国、英国依然垄断着新媒体时代的话语霸权。根据对全球媒体国家社交网络影响力进行的统计,美国社交网络影响力排名第一,权威中心性值为0.238。其次是英国,权威中心性值为0.136。而传统全球传媒巨头《纽约时报》、美联社、美国有线电视新闻网(CNN)和路透社、英国广播公司(BBC),也仍然垄断着新媒体时代的传播话语权。全球报纸社交网络中《纽约时报》依然处于核心网络结构,同时美洲国家报纸社交网络影响力不断提升。全球通讯社社交网络形成了以美联社、路透社、新华社和法新社为中心的网络结构,传统世界性通讯社在社交媒体全球传播网络中拥有绝对的影响力。全球电视在社交网络上形成了以CNN、俄罗斯国家电台为核心的网络。[②] 虽然情况有一定变化,但美国在世界传播格局中的强势地位并没有改变。

由传统媒体与新兴媒体此消彼长所体现的世界传播格局变化很值得关注。以互联网为代表的新兴媒体,以其占有的传播新技术之优势,既使传统媒体突破固有局限,同时它本身又以

① 孟彦、樊剑英:《怎样看待当今的国际舆论格局》,《军事记者》2010年第11期。

② 相德宝、张文正:《新媒体时代全球媒体传播格局及其社交网络影响力研究》,《当代传播》2017年第4期。

崭新的媒体形态出现,体现出传播迅捷、互动方便、覆盖面大、打破国界、海量储存以及传受角色转换易如反掌等显著特点,成为传统媒体强有力的竞争对手。在全球传播格局中,美国在互联网上的霸权表现得尤其突出。据报道,美国政府通过一个总部设在华盛顿的名为“互联网域名与网址分配公司”的民间机构,不仅控制着对全世界网站域名与网址的分配,而且最终控制着互联网传递的信息以及传递信息所使用的线路。根服务器是互联网运行的“中枢神经”,谁控制了根服务器,谁就控制了整个互联网。而全球 13 台根服务器中,10 台在美国,其余 3 台分别在日本、英国和挪威。在当前的国际舆论格局中,美国占领导地位,其次是欧盟,而中国、俄罗斯等国家在国际舆论格局中的地位与其综合国力不相匹配。[①] 在世界舆论格局中,以互联网为代表的新兴媒体影响力日增,对此我们不可低估。

四、党的十八大以来中国共产党新闻舆论观的发展

交代课题研究的背景,不能不提的内容是十八大以来中国共产党的新闻舆论观,以及中国特色社会主义进入新时代和习近平新时代中国特色社会主义思想。了解这些方面的内容,有利于我们更深刻地理解重大公共危机事件信息发布及舆论和舆情引导的主导性理念与方略。

(一) 习近平新时代中国特色社会主义思想指导和引领新闻舆论工作创新

习近平新时代中国特色社会主义思想本身有着鲜明的创新特色:十九大报告富于创新性地作出了“中国特色社会主义进入新时代”的重大判断;对社会主要矛盾的判断体现了习近平新时代中国特色社会主义思想的重大理论创新;十八大以来在治党、治国、理政方面进行了许多重大的理论和实践创新;正确认识互联网的巨大作用,把它始终作为创新驱动的先导力量并由此体现理念创新;习近平对理论创新和实践创新极为重视并为全党和全国人民作出了榜样。习近平新时代中国特色社会主义思想,不仅从统率全局的高度引领新闻舆论工作,而且以其贯穿始终的创新性和关于新闻舆论工作的论述给予新闻舆论工作创新以直接的指导和启迪。第一,以辩证思维防止简单化、片面性和绝对化,追求并实现理论和实践创新;第二,在对新闻、舆论、传播规律的尊重中体现的创新符合马克思主义基本原理;第三,“坚持把创新的重心放在基层一线”指明了新闻舆论工作创新的重要路径;第四,新闻媒体在多种创新之中尤须坚持内容的创新并以此为根本;第五,创新新闻传播的话语体系使传播对象乐于接受。

(二) 十八大以来中国共产党新闻舆论观在继承基础上创新发展

十八大以来,在关于新闻和舆论工作的一系列根本性的重大问题上,习近平总书记继承了中国共产党的新闻舆论观。

——始终极端重视意识形态工作。在这方面,任何时候都不松懈。这在中国共产党的新闻舆论观中始终占有重要地位。党的历代领导集体的核心对意识形态工作有过多次精辟论述。习近平则说过:“意识形态工作是党的一项极端重要的工作”;“宣传思想部门承担着十分

① 孟彦、樊剑英:《怎样看待当今的国际舆论格局》,《军事记者》2010 年第 11 期。

重要的职责,必须守土有责、守土负责、守土尽责”。[①] 这与党的历代领导人的思想相贯通,是一脉相承的。

——始终以新闻舆论工作为要务。在意识形态工作中,始终将新闻舆论工作放在极为重要的位置上。通过新闻舆论工作,用润物无声、潜移默化的方式影响人们的精神世界和心理世界。中国共产党历代领导集体的核心,毛泽东、邓小平、江泽民、胡锦涛、习近平,与此有关的理论、理念是一以贯之的。

——始终坚持正确的舆论导向。新闻媒体的导向是否正确,关系党和人民福祸。舆论导向、舆论引导的重大命题由江泽民提出后,一直就是新闻舆论工作中头等重要的问题,至今已经发展成为相当完备的思想理论体系。

——始终坚持新闻工作的党性原则。自从有了自己的新闻事业以后,中国共产党就要求新闻事业坚持党性和党性原则。在历史上,党的最高领导人无不对坚持党性有所论述。习近平则提出:“坚持党性,核心就是坚持正确政治方向”[②],与中国共产党原有的新闻舆论观一脉相承。在国际国内复杂的舆论环境中,不同意识形态之间进行的较量、博弈,使影响社会成员包括新闻工作者对是非进行准确判断的干扰性因素有所增加;在社会转型的背景下,一部分人的价值观难免出现迷乱,“高举旗帜、引领导向”,绝非易事;在市场经济条件下,经济利益的诱惑使某些新闻工作者违背党性、“失魂丢魄”的事情屡有发生。新闻媒体和新闻工作者如果违背新闻工作党性原则,就很难做到在任何情况下都坚持正确的政治方向,就难以抵御经济利益的诱惑,就难以摆脱某些思想迷乱,就难以胜任引导他人摆脱思想迷乱状态的重任。

——始终坚持团结、稳定、鼓劲和以正面宣传为主的基本方针。这一基本方针既是真理性的概括,在实践中也是行之有效的。

以上诸点,在新闻舆论工作必须始终坚持。

习近平站在历史发展的制高点上,对中国共产党原有的新闻舆论观进行了如下发展、创新。

第一,在党性理论上有所创新。

在坚持新闻工作党性原则的过程中,习近平将党性与人民性并提,揭示了两者之间一致的、统一的关系,充分体现了“以民为本”“以人为本”的执政理念、以人民为中心的工作导向。十九大报告提出:“必须始终把人民利益摆在至高无上的地位。”这既涉及新闻舆论观中核心理念的一大创新,也是党性和党建理论中的一大创新,无疑有着重大的理论意义和实践意义。

第二,在舆论和舆情引导包括网络舆论和舆情引导方面,理念也有所创新。

习近平根据新兴媒体对社会舆论发生重大影响的现实情况和舆论引导中存在的主要问题,提出了做好舆论引导工作“一定要把握好时、度、效”[③]这一重要命题。其中包含了时宜、分

---

① 《习近平在全国宣传思想工作会议上强调:胸怀大局把握大势着眼大事 努力把宣传思想工作做得更好 刘云山出席会议并讲话》,《人民日报》2013 年 8 月 21 日。

② 《习近平在全国宣传思想工作会议上强调:胸怀大局把握大势着眼大事 努力把宣传思想工作做得更好 刘云山出席会议并讲话》,《人民日报》2013 年 8 月 21 日。

③ 《习近平在全国宣传思想工作会议上强调:胸怀大局把握大势着眼大事 努力把宣传思想工作做得更好 刘云山出席会议并讲话》,《人民日报》2013 年 8 月 21 日。

寸、效应等诸多内涵,凝聚着理念、方略和艺术等方面的智慧,是确保舆论引导避免无效、获取良效的重要成功之道。

第三,首提“推动传统媒体和新兴媒体融合发展”①的理念。

在当今的舆论格局中,受到新兴媒体挤压和冲击的传统媒体包括主流媒体,必须顺势而为、及时转型,这已经成为大趋势。“媒体融合”“融合发展”,是一个内涵丰富、学理深刻的理论课题,同时也是一个意义重大、充满艰辛的实践课题。在中国共产党的新闻舆论观中,“媒体融合”“融合发展”无疑体现出了创新性。

第四,在倡导遵循新闻、传播、舆论等规律方面有所创新。

在胡锦涛提出“按照新闻传播规律办事”的基础上,习近平提出“遵循新闻传播规律和新兴媒体发展规律”,遵循“网络传播规律”,遵循新闻舆论的传播规律。依笔者之见,新兴媒体发展规律应包括:数字化律、方便使用律、适应个性律、包容融合律、全天候互动律等。② 习近平是提出后面三种规律的第一位中国共产党最高领导人,他同时也是对新闻、宣传、舆论的规律强调得最多的党的最高领导人。不仅如此,习近平还在新闻舆论工作语境中首次吸纳、应用“互联网思维”这一概念。

习近平关于新闻舆论工作的“2 · 19”讲话③,相比于他此前的新闻舆论观,又体现了诸多创新之处。

其一,关于新闻舆论工作的职责和使命的观点富有新意。

习近平用48个字概括了在新的时代条件下党的新闻舆论工作的职责和使命:“高举旗帜、引领导向,围绕中心、服务大局,团结人民、鼓舞士气,成风化人、凝心聚力,澄清谬误、明辨是非,联接中外、沟通世界。”

举旗引领。在舆论众声喧哗的形态背后,实际上存在着引领导向的多个主体和多股力量。主流媒体必须担当起引领舆论导向的崇高使命和职责。靠什么引领导向?靠高高擎起的马克思主义旗帜。举旗,则可以确保以正确的导向和价值观对社会舆论和舆情进行引导,在引导中体现坚定正确的政治方向,符合广大人民的最高利益,符合社会发展的方向;丢旗,媒体的新闻舆论工作则会发生导向错误,就会满盘皆输,从而造成程度不等的社会震荡,甚至殃及整个国家和民族,后果不堪设想。

凝聚人心。“团结人民、鼓舞士气”,鼓众之劲而不是泄人之气,这是新闻舆论工作的目标。“人心齐,泰山移”,是颠扑不破的真理。“成风化人、凝心聚力”和“澄清谬误、明辨是非”,是实现新闻舆论工作目标的两条路径。前者更多地体现为正面宣传,后者则包含了对错误观点乃至谬误的批评、剖析,包含了舆论监督。两者呈相辅相成的关系。

沟通世界。新闻舆论工作者负有在中外之间进行“连接”“沟通”的重任。虽然人类居住地已经成为“地球村”,但是否主动进行“连接”和“沟通”,其实际效果还是不一样的。向世界

---

① 《习近平在全国宣传思想工作会议上强调:胸怀大局把握大势着眼大事 努力把宣传思想工作做得更好 刘云山出席会议并讲话》,《人民日报》2013 年 8 月 21 日。

② 丁柏铨:《略论新兴媒体发展规律——兼及它与新闻传播规律的关系》,《新闻记者》2015 年第 10 期。

③ 《习近平在党的新闻舆论工作座谈会上强调:坚持正确方向创新方法手段 提高新闻舆论传播力引导力》,《人民日报》2016 年 2 月 22 日。以下引用此次讲话,均采用此版本,不一一标出。

展示中国，要将中国展示得能为对象国的公众广为接受；向中国展示世界，及时、真实地展示世界各地的优秀文化和最新科技成果。由此，触及了人类命运共同体的真谛。

其二，关于新闻舆论工作者四种角色的概括是全新的。

习近平要求新闻舆论工作者做“党的政策主张的传播者、时代风云的记录者、社会进步的推动者、公平正义的守望者”。这既是对新闻舆论工作者平时一贯的要求，也是重大公共危机事件发生后他们尤须达到的要求。

重大公共危机事件发生以后，矛盾集中且复杂，事件舆论和舆情异乎寻常，对舆论和舆情进行判断、回应和引导的难度骤然增加，对新闻舆论工作者的考验极为严峻。新闻舆论工作者必须同时扮演好上述四种重要角色。

传播党的政策主张使之深入人心，新闻工作者责无旁贷。与此同时，忠实记录、秉笔直书时代风云，是新闻工作者的天职。以新闻特有的方式推动社会进步，是新闻工作者的责任所在。实现和维护社会公平正义，需要每一个社会成员都为此做出努力，新闻舆论工作者尤其应当担当守望社会公平正义的重任。新闻工作者身兼四任，体现了党对他们的高度信任，也表明他们的责任重大。习近平说：“新闻观是新闻舆论工作的灵魂。”把“深入开展马克思主义新闻观教育”放到“铸魂”的重要位置上，理所当然。唯有如此，新闻舆论工作者方才可能胜任上述四种重要职责。

其三，“各个方面、各个环节都要坚持正确的导向”的提法深刻而有新意。

习近平讲得非常明确：“各级党报党刊、电台电视台要讲导向，都市类报刊、新媒体也要讲导向；新闻报道要讲导向，副刊、专题节目、广告宣传也要讲导向；时政新闻要讲导向，娱乐类、社会类新闻也要讲导向；国内新闻报道要讲导向，国际新闻报道也要讲导向。”这就是说，在讲导向的问题上，不能因媒体类别不同、节目形态不同、传播内容不同、传播方式不同而有例外。讲导向，要贯穿新闻舆论工作的始终，体现在所有的舆论空间之中，实现全时空覆盖，不能有任何空白、任何遗漏。这就将舆论导向这一重大命题，又向前推进了一大步。

其四，“舆论监督和正面宣传是统一的”这一提法充满辩证法思想。

二十多年前，时任中共中央政治局常委、分管意识形态工作的李瑞环曾经指出：“坚持正面宣传为主的方针与正确地实行舆论监督是一致的。”①

多年来，关于正面宣传与舆论监督的关系，学界和业界人士有过很多讨论，发表过许多真知灼见。比较一致的见解是：两者并不矛盾，完全可以并行不悖。但是，地方主政者、管理者中，将两者对立起来、以正面宣传压制舆论监督（即进行“控负”）者不在少数；把进行舆论监督视为传递负能量者，也并不鲜见。舆论监督在一些地方常常受到限制、受到阻碍，无法经常见于媒体，无法正常开展，甚至事实上开展不起来，从而成为媒体发挥正常功能过程中的一块“短板”。

在这样的背景下，习近平作为党的最高领导人，在“2·19”讲话中所作的“舆论监督和正面宣传是统一的”的表述，其新意在于：将舆论监督放置到与正面宣传同样重要的位置上，并阐明了两者之间的辩证统一关系。这对于消除一些人在舆论监督和正面宣传关系问题上的误识，进一步推进舆论监督并以此方式进一步推动正面宣传，将产生可以预期的巨大作用。

---

① 李瑞环：《在全国宣传部长会议上的讲话》，中国网，2012 年 9 月 13 日。

（三）十八大以来中国共产党新闻舆论观的鲜明特色

十八大以来，中国共产党的新闻舆论观具有两大鲜明特色。

1. 具有强烈的问题意识和忧患意识

问题意识是特定主体发现并直面问题的主动意识，是解决问题的先决条件；忧患意识则是特定主体居安思危，面对严峻现实做出的具有前瞻性的、科学理性的意识反应。前文所引习近平关于“互联网日益成为创新驱动发展的先导力量”和互联网真正让国际社会“越来越成为你中有我、我中有你的命运共同体”①的论述，是他对于互联网的极为理性的基本判断，也是充满睿智的深邃认识。应当说，习近平在新闻舆论方面的问题意识、忧患意识与此是密切相关的。

互联网深刻改变着人们的生产生活，深刻改变着新闻传播和社会舆论的原有格局。习近平提出了一个无法回避的问题：“特别是面对传播快、影响大、覆盖广、社会动员能力强的微博客、微信等社交网络和即时通信工具用户的快速增长，如何加强网络法制建设和舆论引导，确保网络信息传播秩序和国家安全、社会稳定，已经成为摆在我们面前的现实突出问题。”②这是一个现实存在的棘手问题，亟待各级党政领导干部和管理人员加以深入思考和理性回答。

面对国际国内现实的新闻传播状况，习近平在论及时表现出非常强烈的问题意识和忧患意识。

一是西方反华势力利用互联网进行意识形态渗透。它们妄图利用互联网这个“最大变量”来“扳倒中国”，不仅有图谋而且有行动。它们利用可方便地、超越时空地传播经过选择的信息和观念的互联网，进行悄无声息的意识形态渗透。一部分网民往往在不知不觉中接受其思想观念的影响，发生思想倾斜、观念偏移，对现实的判断背离事实、失去准星，甚至出现人心、阵脚被搞乱的严重情况。“最大变量”和“扳倒中国”，并非危言耸听。

二是年轻受众正在远离传统主流媒体。这已经是不得不承认的严酷事实。习近平清醒地意识到如下严峻现实：“很多人特别是年轻人基本不看主流媒体，大部分信息都从网上获取。必须正视这个事实。”正视这个事实，是一件相当痛苦的事情，但正视事实所体现的是直面事实的理性精神和科学态度。解决的办法之一是：“加大力量投入，尽快掌握这个舆论战场上的主动权，不能被边缘化了。”③“加大力量投入”，包括加大人力、财力、物力的投入，旨在掌握“舆论战场上的主动权”。

三是为数不少的领导干部和管理人员在互联网领域乃至新闻舆论工作中，程度不等地存在着与时代要求脱节的现象。他们面对情绪激烈的网络舆论和舆情，往往束手无策，显得无可奈何。在重大突发事件发生后，对于社会关切，无所措手足。在平时，突发事件发生后，在新闻媒体和记者面前，这些领导干部或词不达意，或语无伦次，或无言以对。习近平一针见血地指出：“要解决好‘本领恐慌’问题。”④这一点穴之语，同样体现了习近平强烈的问题意识。解决这一问题的根本之道，诚如习近平所说，要使各级领导干部“真正成为运用现代传媒新手段新

① 《习近平：深化文化体制改革，加强社会主义核心价值体系建设》，人民网，2014 年 8 月 8 日。

② 习近平：《关于〈中共中央关于全面深化改革若干重大问题的决定〉的说明》，《人民日报》2013 年 11 月 16 日。

③ 《如何跟上习近平新闻理念》，新华网，2015 年 1 月 8 日。

④ 《如何跟上习近平新闻理念》，新华网，2015 年 1 月 8 日。

方法的行家里手"，"成为运用现代传媒新手段新方法的行家里手"，这样他们就不会因心里没谱而发怵了。要成为这方面"行家里手"，离不开持之以恒的刻苦学习和磨练。

2. 提出了有关新闻、宣传、舆论的一系列重大理论和实践命题

第一个重大命题：把网上舆论工作作为宣传思想工作的重中之重来抓。

随着互联网本身的发展和互联网被开发、利用的程度的不断加深，网络舆论和舆情趋于复杂。在网上，各种信息、观点、意见、思潮杂陈，不同意识形态之间的博弈、冲突乃至斗争是不争的事实。出于国家长治久安的考虑，出于文化安全、意识形态安全和国家安全的现实的和长远的考虑，习近平首提"深入开展网上舆论斗争"[①]这一重大命题。

综合有关资料，可以看到——习近平于 2013 年 8 月 19 日在全国宣传思想工作会议的讲话中提出的关于"深入开展网上舆论斗争"，其内涵主要有：(1) 此事关乎我国意识形态安全和政权安全。"在互联网这个战场上，我们能否顶得住、打得赢，直接关系我国意识形态安全和政权安全。"既然如此，必须做到顶得住、打得赢，志在必得。"做这项工作不容易，但再难也要做。"(2) "互联网已经成为舆论斗争的主战场"，"根据形势发展需要"，"要把网上舆论工作作为宣传思想工作的重中之重来抓"。"主战场""重中之重"之说，意味着战略重点必须及时转移，这是新闻、宣传、舆论工作中的一次重大战略转移、一项重大战略决策。新闻、宣传、舆论工作的参与者、管理者、领导者，必须适应这种历史性的巨大转变。(3) 对网上攻击渗透行为须采取相应措施。要"严密防范和抑制网上攻击渗透行为，组织力量对错误思想观点进行批驳"。应采取的措施包括：一是严密防范，二是及时抑制，三是批驳谬论。(4) 依法对网络加强管控。"要依法加强网络社会管理，加强网络新技术新应用的管理，确保互联网可管可控，使我们的网络空间清朗起来。"[②]对互联网的管理，应当是依法治国过程中的一项极为重要的内容。

关于网上舆论工作，2016 年 2 月 19 日习近平在党的新闻舆论工作座谈会上说：我们过不了互联网这一关，就过不了长期执政这一关。笔者认为，互联网紧连着舆论和舆情，牵动着人心，可以在短时间内产生巨大的社会动员力量。这种力量，既可以摧枯拉朽，也可以直接搞乱正常的社会心理并助推冲垮原有的社会秩序。它是比较容易被煽动、被利用的力量。正因为如此，互联网关乎中国共产党的执政之基，是党长期执政过程中必须过的一个关、必须迈的一道坎，容不得出现任何闪失。

第二个重大命题：做好舆论引导工作，"一定要把握好时、度、效"。

关于网络舆论引导，习近平说过："做好舆论引导工作，一定要把握好时、度、效"；"把握好网上舆论引导的时、度、效，使网络空间清朗起来。"[③]

巩固壮大主流思想舆论，无论是作为短期目标还是长远目标，都非常明确。实现这一目标，至关重要的问题是要做好舆论引导工作，关键之一是提高引导的质量和水平，把握好其中的时、度、效。这属于舆论引导通过提高水准获取良好效果的范畴，就其实质而论，则是关于舆

---

① 中共中央党校校务委员会：《中共中央党校关于深入学习贯彻习近平总书记系列讲话精神的意见》，《学习时报》2013 年 11 月 4 日。

② 《习近平纵论互联网》《人民日报海外版》2015 年 12 月 16 日。

③ 《习近平在全国宣传思想工作会议上强调：胸怀大局把握大势着眼大事 努力把宣传思想工作做得更好》，《人民日报》2013 年 8 月 21 日；《把握好舆论引导的"时度效"》，《人民日报》2014 年 2 月 28 日。

论引导的新的理念。这一部分内容，将在本书第十三章第一节详细展开。

第三个重大命题：重视和遵循新闻传播相应规律。

探索规律、认知规律、遵循规律，这是习近平关于新闻舆论的论述中的一项重要内容。他所论及的相应规律有："网络传播规律""新闻传播规律""新兴媒体发展规律""新闻舆论的传播规律"等。在十九大报告中，习近平提出："高度重视传播手段建设和创新，提高新闻舆论传播力、引导力、影响力、公信力。"这与遵循相关规律密切相关。

习近平历来重视与新闻和新闻媒体相关的各种规律。早在 1989 年，他担任福建宁德地委书记时，就有基于对新闻工作的深入思考而就新闻工作自身规律性所作的论述。在三十多年前，作为地市一级的领导干部，习近平就有这样的认识，其可贵之处在于：(1) 把新闻学正确地看作一门科学，而不是政治的附庸，体现了真知灼见。(2) 否定新闻等于政治，否定新闻真实性可以被政治需要取代，这一见解带有纠正普遍性误识的深意。(3) 将尊重新闻工作自身的规律性与坚持新闻工作的党性并论，同时加以强调，这同样具有纠偏的意味。经过这样一番追溯，我们就不难理解习近平到中央工作后对新闻传播等相应规律的高度重视和一再强调了。

2009 年 3 月 1 日，习近平在中共中央党校春季开学典礼上的讲话中，就"新闻舆论的传播规律"作了如下表述："要提高同媒体打交道的能力，尊重新闻舆论的传播规律，正确引导社会舆论，要与媒体保持密切联系，自觉接受舆论监督。"①缺乏同媒体打交道的能力，这是相当一部分领导干部执政能力结构中的一种欠缺。而之所以缺乏这方面的能力，一个重要原因是缺乏接受舆论监督的理性自觉，另一个重要原因则是对新闻舆论的传播规律疏于研究、探索，他们在新闻传播规律方面处于"盲"的状态。一举手、一投足、一发声，就会出错，或遭质疑，或被吐槽。自己亲历了此窘境或者见到他人在新闻媒体面前的窘迫模样，于是就选择回避新闻媒体甚至与之对立，谈媒色变、噤若寒蝉。被迫面对新闻媒体时，则语无伦次、六神无主、内心惶恐。如此这般，焉能与新闻媒体打好交道？

2014 年 2 月 27 日，习近平在主持召开中央网络安全和信息化领导小组第一次会议时，这样谈"网络传播规律"："做好网上舆论工作是一项长期任务，要创新改进网上宣传，运用网络传播规律，弘扬主旋律，激发正能量，大力培育和践行社会主义核心价值观。"②网络传播规律较之传统媒体的一般传播规律，既有相同之处，又有不同之处。相同之处有：二者都必须借助一定的传播媒介，都必须具有畅通的传播渠道和路径，都必须以受者的接受为旨归，等等。不同之处在于：网络传播主要是利用互联网进行的传播，人人都可以是信息的披露者和意见的表达者，这就使舆论的始发点急剧增加；网络传播是多点对多点的传播，是可以方便地跨越时空进行的传播，此处轻点鼠标，远在异地甚至是地球另一面的彼处，就可即时接收信息和共时性地参与舆论、为舆论加温并使之发酵，使国内舆论常常与国际舆论糅合在一起；网络传播是全媒体传播，是集文字、图片、声音、画面于一体的传播，本身更有魅力，对受众更具吸引力。习近

① 《习近平在中央党校春季学期开学典礼上强调：领导干部要加强党性修养 提高综合素质》，《人民日报》2009 年 3 月 2 日。

② 《习近平主持召开中央网络安全和信息化领导小组第一次会议强调：总体布局统筹各方创新发展 努力把我国建设成为网络强国 李克强 刘云山出席》，新华社北京 2014 年 2 月 27 日电。

平破了“网络传播规律”的题，虽然未具体阐释其内涵，但这已经表明：习近平认识到了这一规律的客观存在和对此有着高度的重视。

在提出媒体融合的命题时，习近平提出必须同时遵循新闻传播规律和新兴媒体发展规律两种规律。习近平在2014年8月18日召开的中央全面深化改革领导小组第四次会议上的讲话中指出，要“推动传统媒体和新兴媒体融合发展，要遵循新闻传播规律和新兴媒体发展规律，强化互联网思维，坚持传统媒体和新兴媒体优势互补、一体发展，坚持先进技术为支撑、内容建设为根本，推动传统媒体和新兴媒体在内容、渠道、平台、经营、管理等方面的深度融合，着力打造一批形态多样、手段先进、具有竞争力的新型主流媒体，建成几家拥有强大实力和传播力、公信力、影响力的新型媒体集团，形成立体多样、融合发展的现代传播体系”①。作为首位提及新兴媒体发展规律的中国共产党的最高领导人，习近平作上述表述有着非同寻常的意义。事实上，在当今条件下，特定主体遵循新闻传播规律已经须臾离不开对新兴媒体发展规律的深入理解和准确把握。而遵循新兴媒体发展规律，则将有利于更好地遵循新闻传播规律。这是习近平强调遵循新闻传播规律而同时又强调遵循新兴媒体发展规律的根本原因。

第四个重大命题：“党性和人民性从来就是一致的、统一的。”②

在新闻工作中坚持党性，坚持新闻事业的党性原则，这是中国共产党的新闻舆论观中的一项贯穿始终的重要原则，也可以说是党的新闻事业和社会主义新闻事业的立业之本。无论是战争年代还是和平建设时期，强调坚持党性和新闻事业党性原则，天经地义。当今，以下因素使坚持新闻事业党性原则显得更为重要和必要：市场经济体制的确立和市场化程度的加深，随着社会转型而出现的社会心理的普遍性迷茫，改革进入深水区后的社会矛盾趋于复杂的态势，不同意识形态之间通过网络进行的较量堪称激烈，自媒体时代社会舆论出现的变局……在此情势下，中国共产党的党性和新闻事业党性原则，不是可以淡化，而是比以往任何时候都更应坚守和坚持。

在历史上，一方面，存在贬抑党性和贬抑新闻事业党性原则的声音，另一方面，在主流语境中，人民性很少与党性同等重要地被提及。因此，实际上存在“党性可以取代人民性”（只提党性不提人民性）的误识，也存在“人民性高于党性”“党会犯错误而人民不会犯错误”等误识。上述两类认识的共同特点是：将判断推向了极端因而违背了真理。

把人民性堂堂正正地放到与党性并列的重要而崇高的位置，把两者的关系理解和表述成“党性和人民性从来就是一致的、统一的”，这是习近平对中国共产党新闻舆论观的一大创新发展。这一理论创新，廓清了在党性和人民性问题上长期存在的疑云和迷雾，使新闻事业和新闻舆论工作者树立以人民为中心的工作导向和“人民至上”的价值理念，得到了党性理论的有力支撑并得以落到实处。

以上就是本课题的研究背景：既不同于新中国成立后尚未实行改革开放基本国策的时期，又不同于传统媒体时代，也不同于十八大之前的时期。

---

① 《习近平主持召开中央全面深化改革领导小组第四次会议》，新华社2014年8月18日电。

② 《习近平在全国宣传思想工作会议上强调：胸怀大局把握大势着眼大事 努力把宣传思想工作做得更好 刘云山出席会议并讲话》，《人民日报》2013年8月21日。

第二节 已有研究成果综述

迄今为止,关于重大公共危机事件及网络舆论(新媒体语境中的舆论)在其中所发挥的作用,国内外学者对此已经进行过许多研究。他们的研究成果各具特色,颇有启发性。

一、西方学者在相关领域、对相关课题进行的研究

早在1986年,德国著名社会学家贝克就提出了风险社会理论。他认为,风险社会相对于工业社会至少呈现如下几个新特征:其一,风险社会的风险是不可控制的。尽管工业社会也存在着各种各样的风险,但"在进步乐观主义盛行的情况下否认一切风险"。在后工业的风险社会,"风险意识已被普遍接受,因此进步意识原则上已被打破",风险为我们每个人所感知,而且越来越不可控制——这种不受控制的风险社会正是贝克风险社会理论的论述对象。其二,财富生产和分配与风险生产和分配之间的关系发生了转变。自20世纪80年代以来,西方学者对重大公共危机事件相关信息传播造成的社会恐慌、失序等严重后果有一定认识,并对重大公共危机事件相关信息的管理与传播策略颇为关注,后来逐步发展成为危机传播理论体系。其中较有代表性的理论有:格鲁尼格和亨特(1984)提出的"优化理论",该理论聚焦危机传播中的管理环节,强调传播者的自主性、专业性、决策能力和传播沟通策略的有效性。也有学者将研究重点放在信息加工环节上,较为深入地探讨了重大突发性公共事件发生后管理者的"形象管理"和"辩护"策略问题,如伯诺伊特(1996)提出了"形象修复"理论。20世纪90年代以后,一些学者将社会和文化理论引入危机传播研究中,把危机作为话语冲突和调适的动态过程加以研究,代表性的学者有麦克黑尔等(2007)。

二、我国学界在SARS事件后对重大公共危机事件持续关注

2003年SARS事件后,学界对重大公共危机事件持续高度关注。这些年来与该研究密切相关的成果,大致可分为六类。

一是围绕危机传播理论所进行的本土化研究。

《危机传播与新闻发布》(史安斌,2004)、《危机传播:信息流及噪音分析》(钟新,2007)、《危机传播概论》(赵志立,2009)等,从危机管理和危机传播基本原理入手,在分析国内外多个典型案例的基础上,结合我国的实际情况提出了一些具有启发性的理念,在危机传播的本土化理论研究和相应实践研究方面,进行了颇有深度和颇为有益的探索。

二是针对突发事件和热点事件舆情背景下政府及媒体的舆论引导所作的研究。

《突发事件舆论引导策略——政府媒体危机公关案例回放与点评》(邹建华,2009),对中外政府和媒体危机公关大量正反案例进行了分析和点评,在此过程中显现出理性的思考。《突发事件的舆论引导》(叶皓,2009),对政府在突发事件发生后的舆论处置和引导方法进行了较为深入的研究,力图体现学理思考的深度。《试论政府对公共危机事件的传播及其对策——以"哈尔滨停水"事件为例》(王传宝、罗国金,2006)、《重大突发事件中的政府网络舆论引导——以成都"6·5"公交车燃烧事故为例》(蔡尚伟、唐丕跃,2009),则分别结合典型案

例，对突发事件中政府舆论引导的经验和问题进行了学术性反思。《舆情热点中政府危机干预的特点及借鉴意义》（喻国明、李彪，2009），对政府危机干预的特点和具体实践进行了具有理论深度的概括。以政府和新闻媒体为主体加以研究，对其舆论处置、引导状况、问题和经验进行分析总结，并提出了有价值的对策方案，这是上述研究的共同特点，也是当前我国重大公共危机事件相关研究中的主流。

三是突发事件中媒体的社会责任及新闻报道理念研究。

《公共危机事件中的媒体表现》（夏文蓉，2003）、《公共危机事件中新闻媒介的社会功能》（郑亚楠，2006）等，对突发事件发生后媒体的表现和所发挥的社会功能等问题进行了较为系统、有一定真知灼见的论析。《论我国灾难新闻报道理念的转变》（王蕾，2008）、《也论我国灾害报道的理念》（朱爱敏，2008）等，从学术的角度对我国新闻媒体灾难报道理念及其转变历程进行了考察、梳理和归纳。《大众传媒与社会风险——以南方雨雪灾害报道为例》（芮必峰、李小军，2008）、《在开放与控制之间：危机传播的基本准则与尺度——汶川大地震新闻报道的经验与启示》（董天策，2008）等，分别结合媒体对"南方雨雪灾害""汶川大地震"所作报道，就具体案例进行独立思考，力求基于此从理论上对案例进行概括和提升。上述研究，通过对特定重大灾难中新闻媒体的所作所为进行学理思考，在某些专题研究领域中体现出一定的深化趋势。

四是对公共危机事件中的网络舆论及应对策略的研究。

《网络舆论危机的治理范式研究》（李斌，2009）、《"7·5"暴力事件的网络舆论传播特点及引导策略》（林凌，2009）、《新形势下突发事件舆论引导机制的构建》（喻发胜、赵振宇，2010）、《公共危机事件网络舆情内在演变机理研究》（史波，2010）、《重大公共危机网络舆情扩散监测和规律分析》（孙佰清、董靖巍，2011）等，分析突发事件中网络舆论的特征和生成原因，探讨网络舆情的扩散规律，并有针对性地提出了网络舆论危机的应对策略和治理范式。《互联网之火：网络舆情和时代焦虑——从南京的突发事件谈起》（王少磊，2010），由南京的一突发事件入手，探讨网络舆情在相应事件中的发展演变。《探析危机事件中网络舆情发展演变》（王杨，2015），在阐释危机事件中网络舆情的基本内涵和表现特征的基础上，探析危机事件中网络舆情的发展、演变路径，并根据其发展阶段和演变规律提出应对之策。《基于社会网络的危机信息传播研究框架》（张星、钱晶、郑重、魏淑芬，2013），使用社会网络的方法来研究危机信息在互联网上的传播，虽然这并非是对危机事件舆论的研究，但为观照危机传播提供了颇有价值的研究框架和研究视角。上述诸项研究以网络为切入点，反映了该领域当时的研究热点和研究趋向。《新媒体语境中社会危机事件的传播管理——基于人文精神视角下的分析》（袁慧侠，2015）一文认为，在新媒体时代信息传播快速、多元、个性，尤其在社会危机事件中，不同的社会阶层形成不同利益主体的舆论场域，影响政府管理部门的权威性和公信力。政府管理者要转变管理理念，转变管理模式（由引爆管理转变为前置管理）。这些观点有一定启发性。《突发性公共危机事件与网络舆情作用机制研究》（齐佳音、张一文等，2016），从网络舆情角度出发，研究突发性公共危机事件与网络舆情的作用机制，为突发性公共危机事件的管理、应对工作提供理论支撑。该著作提出以内源动力与外源动力为主体的网络舆情态势演化动力机制，基于系统动力学的突发性公共危机事件与网络舆情作用机制的动力学建模，为研究重大公共危机事件提供了新的视角、新的思路。《网络舆情视角下政府处理公共危机事件的探究》

(刘芯同、马光焱,2017),以公共危机管理的理论为基础,分析政府运用网络舆情处理公共危机事件的不足之处,并提出利用网络舆情进行政府管理的建议与措施。

五是社交类媒体对重大突发危机事件的影响研究。

《社交媒体对重大突发危机事件舆论影响的研究——从天津港“8·12”特别重大火灾爆炸事故看社交媒体的“渗透”》(邢祥、王灿发,2015)中的观点认为:在移动互联网时代,以微博、微信为代表的社交媒体迅速发展,在一定程度上影响和推动了我国舆论格局的转变。在重大突发危机事件中,社交媒体对重大突发危机事件产生的舆论影响很大,推动着舆情的生成和演变。该文对社交类媒体在重大公共危机事件后的渗透作用进行了专题研究,自有其价值。《自媒体时代重大公共危机事件舆论引导初探——以8·12天津滨海新区爆炸事故为例》(胡箫寒,2018),取自媒体的角度,对作为个案的天津港爆炸事件进行分析,探讨政府舆论引导的方法。

六是突发事件中的舆论生态和舆情及其监测研究。

《流言的流变:SARS舆情的传播学分析》(杜骏飞,2003),以SARS事件为典型个案,就对重大公共危机事件的传播生态构成破坏性影响的流言进行了流变分析,颇有深度。《群体性突发事件与舆情》(陈月生,2005),对存在于群体性突发事件过程中各个关键环节上的舆情状态及其特殊变化展开了系统分析。《突发事件中的舆论生态及其影响:新媒体事件的视角》(周葆华,2010),探讨了新媒体语境中突发事件的舆论载体、作用过程及影响,指出突发事件的舆论生态是传统媒体与新媒体结合而成的整体媒体生态系统运作的产物。《基于跨媒体分析的突发事件检测及趋势研判研究》(许伟、刘令宇、王明明,2015),一方面通过对跨媒体文本进行深入分析,利用文本挖掘得到突发事件特征,并利用数据挖掘方法进行建模,有效提取突发事件,另一方面利用事件分析和预测方法,对事件的进一步发展进行追踪,预测突发事件的未来走势。这方面的成果基于宏观视角,对突发事件的舆论生态、舆情机制和显著特征进行分析把握。这种思路对拓宽研究视野有一定启示。

三、丰富的研究积淀和较大的研究空间

综上所述,近年来我国学者在重大公共危机事件相关研究方面取得了令人瞩目的进展,形成了丰厚的学术积淀,为本研究提供了坚实的学理基础和丰富的学术养料。但随着社会生活和传播语境的深刻变化,研究空间仍是比较大的:对危机传播的研究,侧重于就政府和媒体的舆论引导进行经验总结,一部分对策研究停留在提出改进建议的层面,而相对忽视从与舆论和舆情特别是新媒体语境中的重大公共危机事件与舆论和舆情关系的角度来解读重大公共危机事件;就新媒体语境中的舆论和舆情对公共危机事件的发酵、催化作用进行探索,进行此类研究者尚少;对新媒体语境的研究,着眼于网络的较多,尚缺乏从新兴媒体的整体视角作系统研究;尝试建立新媒体语境中重大公共危机事件与舆论和舆情的关系模型的研究,还不多见。有鉴于此,本研究将在综合诸多学科知识和理论的基础上,本着定量研究和定性研究并重的研究策略,以新兴媒体为切入点,对重大公共危机事件与舆论和舆情的关系加以系统解读与剖析,并致力于展开更具有现实针对性的对策研究。其意义在于:在实践层面,以解决新媒体语境中重大公共危机事件发生后舆论和舆情引导存在的突出问题为导向,使研究成果对提高特定主体的舆论和舆情引导水平有实质性帮助;在学理层面,借助于相应的基础理论研究和实证研

究，推进新媒体语境中重大公共危机事件与舆论和舆情研究的理论体系建设。

第三节　本课题的研究设想

本研究将对新中国成立后重大公共危机事件与舆论和舆情的关系及其走向进行考察梳理。在此基础上，对新媒体语境中的重大公共危机事件与舆论和舆情的关系进行探析，通过解剖一系列典型个案，对随事件动态发展的新媒体舆论和舆情加以多维度的、综合立体的考察和把握，而不是仅仅从某个单一角度进行线性的或平面的考察和研究；不仅如此，本研究还致力于建立方便有关主体从规律性方面进行把握的关系模型。

一、研究方法：努力寻求有所突破

（一）采用一定的定量研究方法

以往的相关研究成果中，采用定性研究方法的较多，采用定量研究方法的则相对较少。科学的、有深度的定性研究，在分析把握特定对象的特点、揭示它们与其他相关事物的内在逻辑联系及与相应因素的关系、探索事物的内在规律时，无疑有其不可取代的优势。但是，纯粹的定性研究难以说明特定对象“何以见得”如此，因为它缺乏有关统计数据的强有力支撑，故而难以从量的变化中探讨相应的机理和模型。

科学的、规范的定量研究，在围绕对象所展开的分析中表现出毋庸置疑的精确性和可信性，体现出言之凿凿和言必有据的显著特点。然而，复杂的社会事件、社会现象必定是各种因素形成合力、交互作用的结果。对此所作研究如果只是罗列数据和围绕数字展开，而不同时结合对相关社会背景及历史和现实的诸多重要因素进行考察，那么就难以做到尽如人意。毕竟，社会现象并不能简化为一串串数字，社会生活的发展也并不能完全归为一个个公式。数字可以用来说明事件舆论和舆情“如此这般”，却并不能回答“何因何故”如此。此外，问卷调查的真实性和准确性，不仅取决于问卷本身和问卷发放的科学程度，而且在很大程度上取决于被调查者的素质、心态以及是否配合。人的心理本身所具有的复杂性以及在特定情况下可能受到的干扰，都会使问卷调查的真实性和准确性受损、打折。

笔者认为，比较可取的研究方法应当是定性研究与定量研究的恰当结合。定性研究可以帮助人们探究数字背后的深层含义和事物之间的因果联系，从而弥补定量研究的不足；定量研究可以为定性研究提供确凿无疑的依据和支撑，使定性研究更具有说服力和可信度。两者是互补的。

新兴媒体与大数据有着天然的联系。新媒体语境中形成的重大公共危机事件舆论及与此相关的舆情，都在网络空间中留下了相应印记；凭借相应技术，可以将研究所需要的信息和数据“爬”出来。在进行定量研究的过程中，笔者尝试在大数据的基础上对新媒体语境中的重大公共危机事件舆论和舆情数据进行分析，从而使问卷调查在样本数量和使用方面有较大改观；同时，在有关章节中，特别就网民面对重大公共危机事件所呈现或隐含的情绪，进行了关注和分析。如果离开了对大数据，海量信息的搜集、挖掘和分析，是不可设想的。

本研究将既避免单纯的逻辑推演和学理阐述，同时又避免单纯的数据罗列和图表展示，力图在研究方法方面有所突破:从对核心概念的准确界定入手并以此为研究的逻辑起点,夯实研究的理论基础,进行层层推演的学理阐述和相应的实证研究。探究新媒体语境中的舆论和舆情,与具有公共危机性质的“大事件”抑或初始时的“小事件”相伴而生和演变发展的过程、机理,其间的逻辑联系和具有的互动规律;探索重大公共危机事件中的舆论和舆情的触发因子,重大公共危机事件与新媒体语境中舆论和舆情的关系模型。在这一基础上,就对策进行思考。

(二) 定量的调查研究与定性的田野调查法并用

在自然情境下,采用多种资料收集方法,对新媒体语境中重大公共危机事件及相关舆论和舆情不同主体的行为方式、思想态度进行深入的整体性研究。

1. 定量的调查研究

在研究中,采用网页调查、内容分析、问卷调查等手段。

(1) 网页调查

主要针对新媒体语境中与重大公共危机事件相关的舆论和舆情的主要酝酿场所如 BBS(论坛)、博客、播客、微博等展开。遴选近年来的重大公共危机事件(兼顾初始即本源意义上的和初始非本源意义上的重大公共危机事件,以便展开对比性的思考),以相应主题、事件的当事人姓名、事发地地名以及事件中的网络流行语等为关键词进行分类检索,对重大公共危机事件及相关舆论和舆情展开调查统计、分析解读。

(2) 内容分析

针对新媒体语境中与重大公共危机事件相关的影响大、受关注度高的言论资料(媒体报道、论坛帖子、博客文章、微博文章等),就不同舆论主体的意见内容、态度倾向、目的动机、行为方式等展开调查,按相应类目进行统计分析。

(3) 问卷调查

为建立重大公共危机事件舆论和舆情引导效果事后评估指标体系,在学界和业界人士中进行问卷调查,以提高评估指标体系的科学性。

2. 定性的田野调查法

采用主体追踪调查法,将在定量的网页调查和内容分析法的基础上,以筛选出来的敏感性强、涉及面广、公众参与度高的重大公共危机事件为关键性样本,对舆论主体在事件中的行为方式、行动策略以及所形成的舆论和舆情形态等展开深度跟踪分析。

二、研究内容:以事件与舆论和舆情的关系为核心

(一) 对基础性问题的学理探讨

基础性问题大致包括两类。

1. 研究的必要性和重要性

在新媒体语境中,堪称重大的公共危机事件发生后,对主政者、管理者和新闻舆论工作者来说,既存在如何避免舆论和舆情本身趋于激化的问题,也存在避免因舆论和舆情而使事件的严重程度趋于加剧的问题。这是事情的一个方面。

事情的另一个方面是:地区性的偶发“小事件”,存在借助于舆论和舆情的放大作用而被瞬间引爆、演绎成为另类重大公共危机事件的现实可能性。新媒体语境往往就是特定事件舆

论和舆情的激浪生成的场所。王少磊分析说:“社会转型时期各种矛盾凸显激化,以‘门’为表征的突发事件集中爆发。这其中,互联网既是真相披露者,也是情绪煽动者;既有为建构所必须的解构,也有勇猛不能掩饰的粗暴。十几年来,互联网不断颁布新的‘尺度’,强迫传统媒体调整竞合,从而逐渐形成新的传播语境,宣告新的价值体系。在新语境下,精英与草根的位格关系和互动结构,都发生了颠覆式的变化。”①在此处,“新语境”在很大程度上就是与互联网密切关联的新媒体语境。新媒体语境本身有所建构,同时对原有语境已经有所解构并将继续解构。解构的表现形式是颠覆和消解原有的语境,建构则包括了价值体系的重构。

与人民民主有所扩大的趋势相对应,新媒体语境中的舆论格局进一步多元化,这构成了一种常态。而在特定事端或事件发生后,新媒体语境中的舆论和舆情往往又会高度凝聚、集中。“我们已进入传媒聚光灯和‘大众麦克风’时代,特别是互联网的普及已经使每个人都有可能成为信息发布的主体,也都可能成为意见表达的主体。”②由新媒体语境中的舆论和舆情触发重大公共危机事件,是社会舆论场域中的新景观,同时意味着重大公共危机事件将呈现多样化和高频化的特点。一位县委书记在接受《决策》杂志记者采访时说:“没有网络之前,一个事件最多几百人知道。有了网络之后,却要面对成千上万人排山倒海式的议论,上百万人的口诛笔伐,真的很恐怖。应对不好,将改变一个人的命运、改变一个地方的发展方向。”③此言颇发人深省。从这位县委书记接受采访的时间来看,当时微博、微信等自媒体尚未像今天这样盛行并一遇事件动辄就会沸反盈天,这位县委书记就已经有了“很恐怖”的感觉,那么在今天就更不必说了。这就印证了习近平所得出的领导干部存在“本领恐慌”的论断。现实情况是:传播科技愈发达,领导干部在新闻媒体面前的恐惧感就愈明显,“本领恐慌”就愈突出。

现实中贫富差距、阶层差别、官民矛盾客观存在,社会矛盾在某些方面和在局部地区的尖锐化,是某些“小事件”演变为“大事件”的深层原因。正如喻国明所说:“近期发生的所有网络大事件,反映出官民关系、警民之间、贫富差异、城乡差异,以及管理者与被管理者之间社会基本面的矛盾”,“事件冲突的一方强势,比如富人、有权力的人;另一方是弱势,比如儿童、女人、农民等。”④差异和矛盾,久已存在;而新媒体语境中的舆论和舆情,则直接触发并激化了某些地区既有的社会矛盾,调动并凝聚了某类群体性情绪,移动互联网为情绪感染、舆论放大提供了条件,并最终促成了某些初始时的“小事件”向舆论和舆情“大事件”的转变。

综上所述,展开本研究,有毋庸置疑的必要性和重要性。

2. 为关系研究奠定基础所涉及的研究

本课题所做的是关系研究,关系的双方分别是:重大公共危机事件(包括原本即重大的公共危机事件和由小转大的公共危机事件),与新媒体语境中特定重大公共危机事件相对应的舆论和舆情。为了给整个研究奠定坚实的基础,一项首要的工作是必须对一系列概念包括新媒体、新媒体语境、重大公共危机事件、舆论、舆情等进行缜密的界定;然后基于此,在研究中着

---

① 王少磊:《互联网之火:网络舆情和时代焦虑——从南京的突发事件谈起》,《南京邮电大学学报(社会科学版)》2010 年第 1 期。

② 刘志华、单学刚、潘宇峰:《人民网〈地方应对网络舆情能力排行榜〉的出台及其启示》,《今传媒》2009 年第 10 期。

③ 转引自杨敏、王运宝、徐浩程《网络舆论关注公共事件 各级政府面临大考》,《决策》2009 年第 7 期。

④ 杨敏、王运宝、徐浩程:《网络舆论关注公共事件 各级政府面临大考》,《决策》2009 年第 7 期。

眼于双方之间的相互联系、相互影响。而新媒体语境中的舆论和舆情,又不只是与新媒体语境有关,也并不只是一种孤立的存在,更是与诸多社会因素、社会问题密切相关。虽然侧重于从新媒体语境的视角进行探讨,但是在研究中不能不把重大公共危机事件放到社会背景和诸多复杂现实因素中加以考量。这一部分对若干重要问题进行的学理探讨,要为整个研究做好铺垫、打好基础。

(二)围绕"关系"所作的研究本身

1. 围绕"关系"所作的纵向考察

本书对新中国成立后重大公共危机事件舆论状况进行了历史考察。考察分两个部分进行。第一个部分:新中国成立初期至改革开放前。其中又分为两个阶段:第一个阶段,新中国成立初期至1966年5月,重大公共危机事件的舆论状态,完全由官方主导,相对比较理性,但有时会忽视对公众意见及其意见表达的重视。第二个阶段,整个"文化大革命"期间,重大公共危机事件的舆论状态呈现无理性和反理性特征,这是被扭曲的政治生活乃至社会生活的一种折射。第二个部分:改革开放以来至今。具体又分为三个阶段:第一个阶段,由改革开放伊始至20世纪80年代末,其间曾有过处理渤海2号沉船事件和大兴安岭森林火灾事件舆论的经典案例。第二个阶段,由20世纪90年代初至2003年4月。这是历经的大事较多的一个阶段:反思1989年政治风波在舆论工作方面留下的教训;建立社会主义市场经济体制,新闻媒体的生态有了很大的改变,社会舆论环境发生相应的变化;中国接入互联网;中国加入世界贸易组织(WTO);等等。第三个阶段,2003年4月至今,这是政府信息公开被放到重要议事日程上的时期。经过如上梳理,有利于结合时间坐标来认识和把握重大公共危机事件与舆论和舆情之间关系的发展脉络。

另外,不同语境中的重大公共危机事件舆论的比较研究、舆情的比较研究,也应当是纵向研究的题中应有之义。所谓不同语境,在此处是指新媒体语境和非新媒体语境。非新媒体语境当然可以用来指区别于"线上"语境的"线下"语境,但更多用来指先于新媒体语境存在的传统媒体语境。这就有了纵向比较的意味。

2. 围绕"关系"所作的横向考察

(1)拓展研究的视野

当今的国际社会正在迈向"人类命运共同体"。这就要求本课题的研究视野应当有所拓宽。在对涉内重大公共危机事件与舆论和舆情关系研究的基础上,对中国的涉外重大公共危机事件与舆论和舆情的关系进行研究。不言而喻,前者将成为后者不可缺少的参照系。本书还将尝试性地对发生在中国、美国、法国三个国家的恐怖暴力事件与舆论①的关系进行比较研究。恐怖暴力事件的根本性质都是反人类的,但是中外暴恐事件的舆论及对舆论的处置并不完全相同。经过比较,可以看到不同暴恐事件的舆论及对舆论处置的可供借鉴之处。

(2)对相应规律进行探索

对重大公共危机事件与舆论和舆情关系所涉及的规律的研究,当离不开横向研究。由重大公共危机事件引发的舆论和舆情有规律可循,处理重大公共危机事件与舆论和舆情的关系

① 因掌握异国的舆情客观上存在困难,故此处未同时提及舆情。

有规律可循。本书拟在研究成果相对欠丰硕的领域进行耕耘,以期有所收获。

(3) 致力于演变机理研究

本书涉及重大公共危机事件形成舆论和舆情的内在演变机理研究。一部分特定事件经新媒体语境的发酵作用和催化效应,遂成为重大公共危机事件。“网络公共事件中舆论演变为行动遵循着下面的逻辑:个人遭遇被网络曝光—快速发酵—社会情绪开始传染—社会大众的共同想象—一般信念形成(粗糙认知)—回归现实采取行动—公共事件爆发。”①一般而言,这既是新媒体语境中舆论和舆情运行的过程,同时也是事件与舆论和舆情关系演变留下的轨迹。

本书将对新媒体语境中重大公共危机事件的舆论和舆情演变机理有所涉及,分析围绕事件的舆论和舆情的形成、发展、变异、功能发挥和终结等方面的机理,解析因事件而生成的新媒体语境中舆论和舆情的演变路径、演变动因。对新媒体语境中与重大公共危机事件相关的舆论演变的阶段性特征和发生影响的路径展开系统分析。结合经济、政治、技术、文化、社会心理等多种因素,对新媒体语境中重大公共危机事件舆论和舆情演变的深层动因展开探索分析,体现综合性和立体性研究的特点。新媒体语境中与重大公共危机事件相关的舆论和舆情,起落、消涨呈现相应的规律性。就此所作的探讨,力图体现对舆论和舆情的动态把握和对规律的理性认知。

(4) 尝试进行舆论触发研究

本书将进行重大公共危机事件中的舆论触发研究。重大公共危机事件具备“重大”“公共”性质并产生负面影响,不仅与隐匿于其表象背后的舆论和舆情“触发因子”密切相关,而且也与这些因子的解读方式及与社会心理层面的契合程度有着明显的相关性。本研究从重大公共危机事件的舆论触发因子及其解读模式等方面展开较为深入的探究。对隐藏于重大公共危机事件中、可能引发舆论和舆情突变的各项因子,如事件诱因、具体情境和公众情绪(通过新媒体语境得以体现、可通过大数据进行“爬取”)等加以探析。对舆论触发因子加以分析。结合经验资料,对各种舆论触发因子的解读规律和模式特征作出分析,结合模式背后的社会、文化等深层次动因进行探索。

(5) 探索舆论和舆情的社会心理底蕴

舆论和舆情,都有着社会心理的深厚底蕴,舆情尤其如此。舆情本身就是由公众的意见(或公开表达或未公开表达)、态度、情绪构成的。态度和情绪属于人的心理范畴。对重大公共危机事件舆论和舆情与社会心理的关系研究,则是规律研究的合乎逻辑的延伸和发展。

(6) 研讨新闻发布机制

本书还将进行事发后新闻发布的机制研究。新闻发布是重大公共危机事件发生后政府采取的重要的事件信息发布方式。新闻发布的主体是政府及其相关机构部门,发布对象是新闻媒体,然后经由新闻媒体将信息传递给广大公众。政府机构部门通过新闻发布进行舆论和舆情引导的意图非常明确,但是新闻发言人的水平、素质、技巧参差不齐。新闻发言人的发言与事件舆论和舆情的起伏、演进之间,往往存在着一定的对应关系。由此,对重大公共危机事件

① 姚迈新:《互联网舆论的演变逻辑与作用机制——对几起网络公共事件的解读》,《行政与法》2010年第6期。

中新闻发言人的发言，就有必要进行专门性研究。作为新闻发言人制度的重要补充，官方微博可以即时滚动发布信息。对重大公共危机事件中的官微与舆论和舆情的关系加以探讨，自然也有其必要性。

（三）构建事件与舆论和舆情的关系模型

本书将进行新媒体语境中重大公共危机事件与舆论和舆情的关系模型研究。

在新媒体语境中，舆论和舆情对特定事件有着明显的放大和助推作用，舆论和舆情与事件之间"影响因子"的交换始终存在并随时可能改变各自性质、特点和走向。这就需要一种新型的"关系"模型来解释事件的发展或由小到大演变的内在机理。在新媒体语境中，重大公共危机事件与舆论和舆情之间出现相互解构与建构的新型动态关系。因此有必要突破对重大公共危机事件的一元化解读方式，重构新媒体语境中重大公共危机事件的多元化意义解读系统。本书在以上研究的基础上，对新媒体语境中重大公共危机事件与舆论和舆情之间错综复杂的关系进行了全方位的梳理与透视。

一是进行事件主体 - 舆论和舆情主体关系分析。事件主体是舆论和舆情主体的关注和热议对象，是舆论和舆情风生水起的由头。事件主体 - 舆论和舆情主体关系分析是将两类主体结合起来进行考察，其核心内容为：对重大公共危机事件及新媒体语境中相关舆论场域出现的多样化主体之间的互动关系进行梳理，并就不同主体角色的深层动因展开研究。

二是事件主体 - 舆论和舆情主体策略分析。对不同舆论和舆情主体在应对事件舆论和舆情时的策略运用及其实际效果进行评价和分析。

三是事件过程 - 舆论和舆情过程关系分析。从总体上说，在新媒体语境中，事件过程与舆论和舆情过程常体现出相当的一致性。故有必要对重大公共危机事件的舆论和舆情触发因子在相关舆论和舆情演变中的功能、变异展开动态分析，并对事件与舆论和舆情的相互作用情况进行深入探索。

（四）思考事件舆论和舆情引导对策

基于新媒体语境中重大公共危机事件与舆论和舆情的关系，既进行理论探讨，又展开实证分析，在此基础上，立足于长远，着眼于根本，思考事件舆论和舆情引导及应对的策略，并尝试建立舆论和舆情引导效果评估指标体系。

有学者分析："网络所引起的舆论关注，突破了地区、行业限制，一呼百万应。网络把微人群、微力量聚合起来，爆发出巨大能量，形成强大的网络舆论场。"①综观一部分重大公共危机事件，其初起时并非事关公众，也难言重大和危机，而只是不甚起眼的事端。由于新媒体提供的传播手段和语境条件，此类事端后来引发了公众热议。围绕事端，舆论和舆情经历了酝酿生成、升温发展、形成浪潮的过程（虚拟世界中的舆论和舆情迅速向现实世界蔓延、扩散），吸引更多人关注事端，通过新兴媒体发布新信息，发表主导性意见和附和性意见。虚拟世界中的舆论和舆情与现实世界中的舆论和舆情相交融、相叠合、相感应，从而将特定事端放大成了重大公共危机事件。例如，广东番禺垃圾焚烧发电厂项目事件，从最初并不显眼的业主论坛"转帖"到在全国范围内形成舆论和舆情轩然大波的公共危机事件，持续 4 个多月的时间。华南

① 杨敏、王运宝、徐浩程：《网络舆论关注公共事件 各级政府面临大考》，《决策》2009 年第 7 期。

板块数万业主不断聚会、散发传单或者集体上访，最终以政府有关部门宣布该项目先停建、重新讨论而告一段落。[①] 此类重大公共危机事件与新媒体语境中的舆论和舆情的关系非常紧密。倘若离开新媒体语境中舆论和舆情的发酵和催化作用，它们未必就会成为重大公共危机事件。由此可见，新媒体语境中舆论的影响力，使重大公共危机事件的发生概率和风险系数陡然增大。这是当前舆论和舆情引导工作面临的一个重大的现实问题。

在重大公共危机事件多样而高发、政府和新闻媒体对舆论和舆情的引导尚不够有力和有效的情况下，政府和新闻媒体亟须基于系统理念，着眼于重大公共危机事件舆情识别、舆论处置和与公众交流沟通机制的全方位创新，切实提高新媒体语境中舆论和舆情的应对能力和引导能力。有学者指出：过去许多基层领导干部对媒体存在着"不敢说，不会说，不能说"的问题。现在互联网传播时代，除了这三大问题，还有许多领导干部对当前网络传播的规律理解程度不深，还习惯于"宣传部把关"，结果导致"小问题引爆大热点"，最终损害的是党和政府的形象。[②] 这说明：舆论和舆情引导主体特别是领导干部，提高新媒体语境中舆论和舆情的应对能力和引导能力，已经是迫在眉睫的大事。

以往，在新媒体语境中重大公共危机事件处理结束后，就政府及其相关机构部门引导舆论和舆情的效果进行研究，这方面的工作进行得尚少。本书尝试性地提出事后评估舆论和舆情引导效果并力图形成评估指标体系，以冀对改变某些地方存在的程度不等的盲目引导状态有所帮助。

---

① 陶达嫔：《一个公共危机事件非冲突式解决的标本——番禺"垃圾门"事件的传媒介入观察》，《新闻实践》2010 年第 3 期。

② 杨敏、王运宝、徐浩程：《网络舆论关注公共事件 各级政府面临大考》，《决策》2009 年第 7 期。

上　卷

理论阐述与历史回顾

卷　首　语

正确界定核心概念，是课题研究的逻辑起点。本书由此起步，探讨了相关的基本命题，旨在为整个研究奠定坚实基础。其后本卷内容大致可分为两大板块。

一是对新中国成立后重大公共危机事件舆论形态的变化发展进行历史回顾，意在勾勒新中国成立后重大公共危机事件舆论形态的发展轨迹，同时为新媒体语境中重大公共危机事件与舆论和舆情的关系研究建立相应的历史性参照系。

二是围绕中心议题展开理论阐述，内容包括三个部分。第一部分，继续建立参照系，进行如下比较研究：新媒体语境与传统语境中重大公共危机事件舆论（舆情）比较研究，传统语境是新媒体语境的更直接的参照系；新媒体语境中涉外重大公共危机事件研究，无疑是更为众多的涉内重大公共危机事件的另一参照系。第二部分，新媒体语境中重大公共危机事件发生后新闻发言人发言与舆论和舆情的关系研究，此为危机传播中至关重要甚至是最为核心的问题。第三部分，探寻规律，对新媒体语境中重大公共危机事件舆论和舆情规律进行探讨，对此语境中事件舆论和舆情与社会心理的关系加以探究。在进行后一种探究时虽未冠以“规律”字样，但实际上涉及了特定规律的深层内涵。

第一章　对若干基本命题的学理探讨

本书的研究涵括了一系列基本命题，例如重大公共危机事件的舆情基础、舆论表达，新媒体语境中这类舆情和舆论所呈现的特点，舆论与舆情的关系，等等；而对于基本命题的研究，又必须以对核心概念的准确界定为逻辑起点。界定核心概念是就基本命题展开研究的前提。

第一节　对几个核心概念的界定

本书论题中包含了一系列核心概念，如“新媒体”“新媒体语境”“重大公共危机事件”“舆论”及“舆情”等，有必要对这些核心概念加以明确界定（这是整个课题研究的起点和基础）。在此基础上，进而对其内涵加以深入的学理探讨。

一、关于“新媒体”

本书对新媒体的界定，拟从对前人就新媒体所作界定的分析、评论开始，而后进行自己的概念界定工作。

（一）对“新媒体”已有定义的评析

对于新媒体，人们所作的界定多种多样。在当今社会，新媒体是一个使用频率极高的概念。但下面的论述还是颇有新意的：“新媒体是一个时间的概念，也是一个发展的概念。这就是说新媒体不仅仅指网络，它一直在变化，不会停止或终结在某一个平台上。传播学领域提到的新媒体主要是指20世纪后期出现的与报刊、户外、电视、广播四大传统媒体相异的新型媒体，它能扩展传播信息、加快传播速度以及丰富传播方式。以互联网为核心的新媒体时代是信息传播又一次大的飞跃，受众对新媒介的使用，突破了传统主流媒体的话语壁垒，使其话语权有了更大程度上的实现。”①笔者认同该论述者将新媒体与传统媒体所作的比较，也赞成其关于新媒体对信息传播所产生的巨大影响的结论。新媒体的核心确是互联网，特别是移动互联网。但遗憾的是，上述文字并没有对新媒体进行直接的界定。

美国《连线》杂志将新媒体界定为“所有人对所有人的传播”②。这道明了新媒体在传播方式上与传统媒体的差异，当然是颇有道理的。但将新媒体归于传播（属概念），这似乎并不是关于新媒体的科学定义。

---

① 阴立影：《试析新媒体语境下的“网络水军”现象》，《今传媒》2012年第2期。

② 转引自曹鹏飞《新媒体是什么》，人民网，2014年6月25日。

有研究者认为："新媒体是相对于传统媒体而言的媒体及各种应用形式，目前主要有互联网媒体、掌上媒体、数字互动媒体、车载移动媒体、户外媒体及新媒体艺术等。"①这一界定试图以传统媒体为参照系，指明新媒体"有什么"，但未能说明新媒体"是什么"（缺乏准确的属概念）；对新媒体与传统媒体的本质区别即科学定义中的"种差"部分，也未给出明确的说法。

有研究者将新媒体定义为"在计算机信息处理技术基础之上出现和影响的媒体形态"，"新媒体是一个相对的概念，是一个时间的概念，是一个发展的概念"，"有着巨大的包容性"。② 在此定义中，属概念为"媒体形态"，这是较为准确的，同时在种差部分揭示了新媒体与传统媒体之间的本质区别（即"在计算机信息处理技术基础之上出现"）。这个定义不但明确回答了新媒体"是什么"的问题，还阐释得很到位。

有研究者提出："新媒体指20世纪后期在世界科学技术发生巨大进步的背景下，在社会信息传播领域出现的建立在数字技术基础上的能使传播信息大大扩展、传播速度大大加快、传播方式大大丰富，与传统媒体迥然相异的新型媒体。就其外延而言，新媒体主要包括光纤电缆通信网、都市型双向传播有线电视网、图文电视、电子计算机通信网、大型电脑数据库通信系统、通信卫星和卫星直播电视系统、高清晰度电视、互联网（Internet）、手机短信和多媒体信息的互动平台、多媒体技术以及利用数字技术播放的广播网等等。"③这一界定兼及新媒体的内涵和外延，是关于新媒体的一个比较全面的定义，如果能够表述得更简洁、更准确会更好些。

（二）笔者的见解

笔者认为，新媒体是相对于报纸和广播电视等传统媒体而言的，是在计算机技术和现代通信技术基础上形成的数字化媒体。它包括互联网而又不限于互联网，与智能手机密切相关，实现了移动互联。相对于此前的传播形态，它所包含的论坛、博客、微博、微信等新的传播形态是前所未有的，充分彰显了新颖性。

二、关于"新媒体语境"

（一）对已有界定的学理探析

由于新媒体的迅猛发展，当今中国的话语格局已经发生了前所未有的变化。新媒体语境已经成为一种客观存在，成为整个社会语境中与传统媒体语境相对应、相互补的重要构成部分。在传统媒体语境中，官方话语和主流媒体话语（尤其是前者）始终居于主导地位，而在新媒体语境中则不尽然，或者说在许多情况下并非如此。"草根"话语往往在其中占据了重要地位，以致官方话语和主流媒体话语常常不能不受到"草根"话语的影响，甚至呈现"舆论倒逼"（其实质是"草根"话语在发挥"倒逼"作用）的情形。一个例证是：2011年"7·23甬温线特别重大铁路交通事故"发生后，网民在网上的质疑之声使事故的处理被置于全社会的监督之下，

① 辛欣：《论传统媒体与新媒体的业务融合》，《新闻爱好者》2012年第8期。

② 熊澄宇：《新媒体与文化产业》，人民网，2006年4月23日。

③ 杨振英、刘石检：《新媒体时代的语境解读》，《今传媒》2013年第5期。

当时的铁道部必须及时作出回应。从中国社科院新闻与传播研究院编撰的《中国新媒体发展报告》提供的情况来看，新媒体语境中的舆论（以“草根”话语为主构成），其重要程度已经到了不可等闲视之的地步。

有研究者提出：“新媒体语境是由新媒体与社会影响的普遍性扩张进而内在化地改造社会结构而形成的信息化社会里一种独特的社会传播体系，是在一定时期内影响和制约人们认知和实践的一种意义背景和文化形态。”①从这一定义可以看出，研究者虽然有比较深刻的思想，有自己的思考，但对于被定义者似乎说得不甚清楚。而将“新媒体语境”的属概念确定为“社会传播体系”，把“语境”直接定义为“意义背景”和“文化形态”，则经不起从逻辑上细加推敲，该定义似乎并不恰当。

程曼丽认为，如果“新媒体语境”的概念可以成立的话，它所对应的应当是现实世界的语境，或传统媒体时代的语境。那么，“新媒体语境”具有什么特点？它对人类交际活动已经产生和将要产生哪些影响？这是值得认真思考的问题。基于学术逻辑，对“新媒体语境”的特征进行归纳的话，它与原始定义中的语境（即现实世界的语境）最大的不同，是它的虚拟性。笔者赞同这一见解。②

（二）笔者的界定及阐释

在笔者看来，“境”为情境、环境，而语境则是由话语及话语作用所形成的相应情境、环境。“新媒体语境”是指凭借互联网及智能手机形成的移动互联网传播的信息和话语所形成的语境，是由互联网包括移动互联网作为传播技术手段，所形成的特定的话语环境及与此相联系的社会话语格局和舆论格局。而传统语境则与之相对，是由传统传播媒介及传统传播方式（传播媒介：报纸、广播、电视、杂志等；传播方式：口耳相传、图文传看、线下阅读、收听及观看等）构成的话语环境及与此相联系的社会话语格局和舆论格局。从深层次看问题，传统语境与新媒体语境作为话语环境，都不仅仅与话语和话语的表达及传播方式、传播技术手段有关，同时还与特定时代的政治、经济、文化以及社会心理有关，受到以上诸多方面因素的制约，并在上述多个方面均有所折射。概而言之，新媒体语境是由新媒体形成的、有别于传统语境的、具有相当独特性的语境。

相对于传统媒体语境，新媒体语境具有如下特点（反映出两者之间特质的差异，在相当程度上决定了舆论形态的不同）。

一是人人都拥有可以相对更自由地对外界发布信息和发表意见的自主权及传播手段。

对外界发布信息和发表意见，都不属于秘密流传范畴而具有公开传播的性质。公开传播，包括两个层次。第一个层次：公开发布信息，以向公众披露事实及其信息为主。第二个层次：公开发表意见，以对公众传播观念为主。披露事实及其信息，旨在为公众对此进行判断提供依据；发表意见则会对公众判断事实产生一定程度的影响。在新媒体语境中，特定主体对外界发布信息和发表意见相对更为自由。与新媒体语境相对的，是传统语境。这是受到社会规制和对媒体资源支配权严格制约的语境。在这样一种语境中，并非人人都掌握可资传播的信息资

① 杨振英、刘石检：《新媒体时代的语境解读》，《今传媒》2013 年第 5 期。

② 程曼丽：《什么是新媒体语境？》，《新闻与写作》2013 年第 8 期。

源、可作为载体使用的媒体资源、可在传播中作为凭借的技术条件,因而并非人人都可以方便地对公众发布信息,也非人人都可以自由地对公众发表意见。作为特定主体,官方不仅掌控着重大公共危机事件的消息源,而且掌控着向公众传播信息的新闻机构,传播者的传播内容将接受有关机构和人员的严格"把关"。经"把关"未获通过的信息将无法借助新闻媒体进入公开传播的渠道。而在新媒体语境中,传统的话语支配权状况已经有了极大的改变。这种改变首先是由传播技术的革命带来的。在人人手中都握有处于移动状态的"麦克风"的情况下,在公共空间中对话语权进行垄断和实行严格控制已经不太现实。

二是公众传播的信息和意见的复杂程度,已非以往任何时候可比。

由于技术的原因,对新媒体的掌控和监管难度之大不言而喻,因而在这一语境中公开传播的信息和意见的复杂程度相当突出。真假信息混杂,各种意见纷呈,让人不易辨别真伪,难以进行正确判断。而真假信息和正误意见凭借新媒体都体现出充分的扩散性。真实信息和正确意见的扩散,有利于事情向好的方面发展;虚假信息的流播,所产生的是以讹传讹、对"小事件"进行火上浇油使之转变为"大事件"的严重后果;错误意见的扩散,则将误导公众、程度不等地产生扩大社会裂痕的不良影响。

三是在新媒体语境中,存在着由相应信息、观念和情绪共同构成的特殊"发酵剂""催化物"。

在新媒体语境中,群体情绪的生成、涌动、相互应和、相互感应,其情况非传统语境可比。在权威的真实信息和具有说服力的正确观念缺席或传播乏力的情况下,虚假信息和错误观念都可以参与发酵作用和产生催化效应。在此语境中,难以阻遏的群体情绪,既可使真实事实和正确观念的力量得以强化、叠加,也可使正面的理性影响力受到挑战、贬损和消解。不实信息、错误观念和不良情绪糅合在一起,共同构成了威力不可小觑的"发酵剂""催化物",使围绕特定事件而形成的自在舆论升温、放大、膨胀,"小事件"演变为"大事件"也就具备了相应的舆论和舆情基础。

事实上,新媒体语境已经构成了新的舆论格局。

第一,舆论和舆情由相对单一趋于相对多元。

改革开放以来特别是社会主义市场经济体制确立以来,我国社会的经济基础已发生前所未有的巨大变化。市场成为配置资源的重要手段;公有制有了多种实现形式;社会成员的利益分配格局较之此前发生了很大变化。作为经济基础的反映的上层建筑,也发生了相应的变化。舆论是社会群体和个体表达意见包括表达利益诉求的重要方式,舆情是民意和民声的反映。舆论和舆情随经济基础和上层建筑的变化而变得多样化、复杂化。社会舆论和舆情新格局获得了经济、政治、文化等多种重要因素的共同支撑,舆论和舆情相对多元已经成为历史的必然。

第二,国内国际两个舆论场联系紧密。

改革开放前,国内舆论格局相对封闭;在对外开放的条件下,国内舆论格局相对开放。在经济全球化洪流中,与以前相比,发展中国家受到发达国家更大程度的经济辐射,又受到后者力度更甚的思想文化渗透。"舆论全球化"是必然趋势和不争事实。虽说国内舆论与国际舆论密切相关,国内国际两种舆论场不可分开考量,但在全球化浪潮激荡和新媒体影响力骤增的态势下,“舆论全球化”特点显得更加突出。

第三,社会舆论和舆情中的变数有所增加。

当前,改革开放进入“深水区”。在社会生活中,社会矛盾突出,社会问题凸显。社会成员利益分配不公现象严重存在。某些握有公权者以权谋私、巧取豪夺,侵犯公众利益。在一些地方,在某些方面,社会公平正义屡受挑战。由于种种原因,相当一部分公众积怨甚深。社会风险系数和与之紧密相连的舆论变数因之加大。一遇重大公共危机事件,舆论和舆情变数骤然增加。借助新媒体,舆论狂潮每每迅速形成。由小事端引出舆论和舆情潮、再由舆论和舆情潮助推小事端向大事件演变,此类案例不胜枚举。如何处理重大公共危机事件本身及由此带来的舆论和舆情风险及其危机,是摆在各级党委和政府负责人面前必答的难题。

第四,“众声喧哗”成为舆论常态。

在新媒体时代,少数人掌控舆论格局、多数人的意见得不到广为传播的格局已变。主流媒体如党报,其主流地位在许多场合受到新兴媒体的冲击。有些党报已被边缘化,或将被边缘化。所有人对所有人的传播已不存在技术障碍。广大公众仍是各类传统媒体的受众。但在许多场合,又充当了将掌握的信息和持有的观点广泛传播的传者角色。这些传者,或发出对官方和官方媒体的声音的赞同之声,或发出与官方和官方媒体不同的声音。“众声喧哗”之景况前所未有。喧哗众声中的大部分声音,符合公众利益,与社会发展方向相一致,发挥了正向作用;小部分声音则违背公共利益和社会进步,有其负面性。人民网舆情监测室撰文说:“依托于口口相传特别是互联网的‘民间舆论场’,人们在微博客、BBS、QQ、博客上议论时事,针砭社会,品评政府的公共管理。互联网成为‘思想文化信息的集散地和社会舆论的放大器’,改写了‘舆论引导新格局’。”①

三、关于“重大公共危机事件”

对“公共危机事件”进行准确的界定,是本研究的一个重要的逻辑起点。与“公共危机事件”相近的概念有灾难事件、突发事件等。它们的含义比较接近,有细加辨析的必要。在此基础上,需要对重大公共危机事件的分类进行学理探讨。

(一)对几个相近概念的辨析

有学者认为,公共危机指不确定性风险演变成现实损害,是一种动态演进过程,也是一种结果。一般来看,公共危机主要包括自然灾害、事故灾难、公共卫生危机和社会安全危机。②

“重大公共危机事件”这一概念与“重大突发性事件”“重大灾难性事件”等概念时有交叉。在本研究中,笔者将“重大公共危机事件”界定为:危及社会稳定的具有公共性质的严重事件。它既可能是突发的(突如其来,猝不及防),也可能是非突发的(有一个渐进的酝酿、发展过程),既可能与“重大灾难性事件”基本同义,也可能与之不完全同义。

---

① 人民网舆情监测室:《人民网评:打通“两个舆论场”——善待网民和网络舆论①》,人民网,2011 年 7 月 11 日。

② 胡振虎:《应对公共危机的国际经验与启示》,《中国经济时报》2009 年 9 月 11 日。

（二）现实生活中重大公共危机事件的主要类型

在界定此概念的过程中，笔者发现：由“小事端”演变成的另类重大公共危机事件与通常意义上的重大公共危机事件之间，存在着诸多差别。而舆论和舆情在其中发挥作用的情况，更是值得深入探究。

现实生活中的重大公共危机事件主要有两类：一类是由本源意义上的严重灾祸引起和造成的重大公共危机事件，典型的如 2003 年的 SARS 事件、2008 年的汶川地震等；另一类，源头并不是本源意义上的严重灾祸，然而最终形成了重大公共危机事件。

从舆论和舆情对上述两类重大公共危机事件产生不可低估的影响的角度进行考察，不难看出其中不同的情形。

在前一类事件中，由于相关重要信息的公开程度不同，因而事实上存在着很大的差别。

这一类中的一部分重大公共危机事件，与此相关的重要信息未能及时公开，或者公开得不够充分，谣言伺机而生、乘虚而入，在此基础上生成的相应的社会舆论和舆情，比较普遍地存在缺乏理性之弊，体现出相当严重的离心倾向，程度不等地加剧了公众的惶恐心理。此种舆论属自在舆论。它的出现，使事件的严重程度因之加深，社会由此而发生剧烈的震荡。SARS 事件的前半程，情形即如此。2003 年 4 月 20 日，国家作出并实施了关于 SARS 疫情及时、充分公开的重大决策，特别是撤销了对隐瞒真实疫情信息负有不可推卸责任的某些责任人的职务，这个决策产生了巨大的震撼力，局面随之扭转。社会舆论由此而转向：体现严重负面倾向的自在舆论，逐渐为基于相关重要信息的公开、透明而形成的积极的自为舆论所取代。

此类重大公共危机事件中的另一部分，在其发展过程中，由于与此相关的重要信息的及时、充分公开，谣言失去了滋生土壤和传播空间。在此情势下，某些带有盲目性和破坏性的自在舆论不可能占有主导地位；相反，体现出较多理性成分的自为舆论及与此相联系的舆情占据了主导地位。从总体上说，舆论的介入不仅没有增加社会的震荡程度，而且还使公众对政府增进了了解和理解，从而发挥了缓释和消解危机的积极作用。汶川地震发生后，相关重要信息的充分公开体现了导向正确的舆论对社会舆论实施的有效引导，舆论环境的优化与事件的缓解和问题的解决呈正相关关系。

事实证明：随着信息公开制度的逐步形成和不断完善，本源意义上的重大公共危机事件如自然灾害等（名副其实的“大事件”），在通常情况下已经不会引发危及社会稳定的舆论和舆情激浪，也不至于因舆论的介入而使事态迅速扩大并引起社会的剧烈震荡。社会生活中的相当一部分“大事件”，因与之相关的重要信息得以真实地、公开地、充分地传播而变得并不可怕，这是问题的一个方面（当然，如果真实信息不公开、不透明、不充分，传播渠道不畅通，也仍然会使舆论形成激浪并变得十分可怕）。另一方面，一些偶然发生的“小事端”，如贵州瓮安事件、“最牛钉子户”、“邓玉娇案”、“躲猫猫”事件、杭州飙车案、“跨省追捕”、番禺“垃圾门”事件等，都能在新媒体语境中借助于舆论和舆情的放大作用而被引爆甚至是被瞬间引爆，从而演绎成另一类重大公共危机事件。这类事件的相关信息与人为因素关系甚密，其负面性质在一定程度上较之由天灾造成的重大公共危机事件的负面性质更为严重，因而更可能被人为遮蔽乃至封锁。一部分官员和相关机构、有关当事人，不愿意此类事件的相关信息被传播扩散。他们或遮遮掩掩，或讳莫如深，或仅传播其中的一部分经过过滤的信息。倘若对此类事件的信息处理不当，那么，原本属于非重大公共危机事件的“小事件”，就有可能因触犯众怒、激起群体性愤怒情绪而转化为影响甚大、相当棘手的“大事件”。这类重大公共危机事件与新媒体语境中的舆论和舆情有着千丝万缕的联系。两者之间的关系，也是本书所要研究的问题。

结合最近出现的新情况，笔者认为，重大公共危机事件大致可分为以下五种类型（而每一次重大事件发生后，自媒体都有所介入，从而都程度不等地出现舆论和舆情反应）。

第一类，自然灾害。

有的自然灾害是极其罕见的。如 2015 年 6 月 1 日 21 时 30 分，隶属于重庆东方轮船公司的“东方之星”号游轮，由南京驶往重庆，途中突遇强对流天气，沉没于长江中游湖北监利水域。游轮上的 454 人中，仅有 12 人获救，遇难者达 442 人。半年多之后，2015 年 12 月 30 日，国务院调查组《长江沉船事故调查报告》公布。该报告认定：“东方之星”号客轮翻沉事件是一起由突发罕见的强对流天气带来的强风暴雨袭击导致的特别重大灾难性事件，从而排除了人为因素。

干旱、洪涝、地震、台风、泥石流等则是我国比较常见的自然灾害。统计资料显示：2010 年，中国多地分别遭遇了干旱、洪涝、地震、台风、泥石流等一系列重大自然灾害。台风灾害几乎年年发生。近年大的地震灾害如：2008 年 5 月的汶川地震、2010 年 4 月的玉树地震、2013 年 4 月的芦山（雅安）地震、2014 年 8 月的鲁甸地震、2017 年 8 月的九寨沟地震等。在 2008 年汶川地震中，传统媒体的作用占据主导地位，自媒体的作用尚未彰显。而在 2013 年“4 · 20”芦山地震中，“地震不到 1 分钟，就有微博传出地震灾区的声音，其后，播报灾情、微博寻人、转发求援、公益捐款、呼吁提醒等信息以自媒体的形式迅速形成强大的舆论场”。然而，另一方面，据新浪微博统计，截至 2013 年 4 月 21 日，地震后举报的虚假微博就已超过 700 条，虚假信息发布者不乏微博名人。[①] 可见，自媒体在事件舆论中的正向功能不容低估，负面功能也不可忽视。

第二类，人为灾难性事故。

其中包括：食品安全事件，如三鹿奶粉事件给相关婴幼儿带来了人身伤害，构成了重大灾难；各类矿难事故，使在矿井作业的工人罹难；环境污染致人死亡事件；其他生产事故，如：2013 年 11 月 22 日中国石油化工集团有限公司青岛输油管道爆炸事故，2014 年 8 月 2 日昆山中荣金属制品有限公司爆炸事故，2015 年 8 月 12 日天津港爆炸事件，2016 年 3 月山东疫苗事件，2017 年 11 月 22 日开始浮出水面的红黄蓝幼儿园虐童事件，2018 年 7 月 15 日被公开披露的长生生物疫苗造假事件，2018 年 10 月 28 日重庆万州公交车坠江事件，等等。由于自媒体与“草根”有着天然的联系，对于此类吞噬普通人生命的事故及其责任人，由自媒体形成的舆论每每表现出与之水火不相容的特点。

第三类，各类群体性事件。

引发群体性事件的直接原因很多：或是弱势群体的经济利益被侵犯，或是有关机构、部门对相关事件处置不当，或是另有原因。近年来，公众参与 P2P 网贷平台的投资，屡屡陷入血本

① 《雅安地震：微博微信成新利器 传统媒体依旧抢眼》，中新社 2013 年 4 月 22 日电。

无归的困境,投资者数度通过自媒体酿成和引发群体性事件。有研究者指出:“群体性事件是目前我国社会冲突的主要表现形式,而‘组织化’的有无及其程度,是考察群体性事件的重要维度”;“无组织化”的群体性事件“还具有与其他类型群体性事件所不同的特征,集中表现在难以预防、难以控制、难以协商解决、直接面对政府、解决手段的单一性、容易产生越轨行为和暴力行为等方面”。[①] 在围绕群体性事件由自媒体形成的舆论和舆情中,同情弱势群体、批评政府部门不作为,常常是其最主要和最经常的声音。

第四类,以报复社会为目的的恶性案件。

这类恶性事件的实施者,采用的手段极其残忍,其目的是通过伤及无辜的方式对社会进行报复。例如:2010 年 3 月 23 日早晨 7 点 20 分,凶手郑民生在福建南平延平区实验小学门口制造了一起凶杀案,造成 8 人死亡,5 人受伤(伤亡人员均为南平实验小学学生);2017 年 6 月 15 日,发生在江苏丰县幼儿园门口的爆炸事件,同样造成了多位无辜者死伤;2018 年 6 月 28 日,上海浦北路近桂林西街人行道附近 1 名男子持菜刀砍伤 3 名男童及 1 名女性家长。又如,在一些城市出现公交车燃烧或爆炸事件:2009 年 6 月 5 日成都公交车燃烧事件,2013 年 6 月 7 日厦门公交车燃爆事件,2014 年 2 月 27 日贵阳公交车燃烧事件,2014 年 5 月 12 日宜宾公交车燃爆事件,2014 年 7 月 5 日杭州公交车燃烧事件,2014 年 7 月 11 日长沙公交车纵火案,2014 年 7 月 15 日广州公交车纵火案等。

第五类,恐怖暴力事件。

与以上各类重大公共危机事件有所不同,这类事件有着复杂的政治背景,又往往同民族、宗教问题牵扯在一起。自 2013 年以来,我国境内已发生恐怖暴力事件多起,其中大多数发生在新疆,2 起发生在新疆以外的地区(北京和昆明)。此类事件以分裂国家为目的,境内境外的敌对势力相互勾结,采用的手段极端残忍,在民间舆论场中激起了公愤。在此问题上,绝大多数自媒体使用者都表现了强烈的正义感。

四、延伸探讨:对重大网络舆论事件媒体传播途径的考察

应当说,重大网络舆论事件与重大公共危机事件并不相同,但研究前者的舆论传播有利于更清晰地认识后者的舆论传播。因此,对重大网络舆论事件的媒体传播途径进行考察,有其必要性。

(一)对一组数据进行的解读

钟瑛、余秀才对自 1998 至 2009 年十余年间的 160 起重大网络舆论事件的媒体传播途径进行考察发现:一是从手机媒体到网络媒体或传统媒体,占 4%;二是从网络媒体到传统媒体或手机媒体,占 28%;三是从网络媒体到网络媒体,占 5%;四是从传统媒体到网络媒体或手机媒体,占 48%;五是各类媒体同时关注,占 15%。事实上,网络舆论事件的形成,大多是多种媒体互为传播的结果。[②] 由此可见:网络、手机等新媒体,作为重大网络舆论事件的传播起始点,在当时已达到 37%。以上数据作为第一手材料颇具说服力,但这是截至 2009 年年底的统计

---

① 刘琳:《“无组织化”:转型期群体性事件的主要风险因素》,《当代世界社会主义问题》2012 年第 2 期。

② 钟瑛、余秀才:《1998—2009 重大网络舆论事件及其传播特征探析》,《新闻与传播研究》2010 年第 4 期。

数据。近几年来,在微博依然具有影响力、微信已经彰显出巨大传播力的情况下,重大网络舆论事件通过新媒体途径进行传播的比例有所增加。而“多种媒体互为传播”不可或缺的条件之一,则是新兴媒体的勃兴和对于社会生活的深度参与。从一定程度上说,正是由于新兴媒体的异军突起和异常活跃,网络舆论事件才会如此频繁地出现。对网络舆论事件的媒体传播渠道进行考察研究的价值在于:舆论的传播途径客观存在,是网络舆论事件酝酿生成和变化发展过程中的极为重要的问题。而笔者所要研究的,相对于传播途径更具有向前追溯的意味,旨在探究新媒体语境中与重大公共危机事件密切相关的舆论和舆情,最初如何被触发和紧接着如何被激化的情况,探寻因由和过程以及探讨从中可以得到的启示。

应当说,“网络舆论事件”及“重大舆情突发事件”(此概念尚待进一步推敲),与笔者所说的“重大公共危机事件”,并不是可以完全等同的概念;但是三者所指称的事件,有相当一部分是重合的。“重大公共危机事件”多同时构成“网络舆论事件”;而“网络舆论事件”和“重大舆情突发事件”中的相当一部分,即为重大公共危机事件。由于三者在舆论和舆情触发方面具有明显的相似性和接近性,因此在对新媒体语境中重大公共危机事件的舆论和舆情触发进行考察研究时,便会很自然地涉及“网络舆论和舆情事件”和“重大舆论和舆情突发事件”的舆论触发。

重大公共危机事件,是具有危机性质、事关公共且堪称重大的事件。此概念与公共安全事件、突发性事件等概念,既有联系又有区别。① 相对于特定事件而言,舆论有先导性舆论(先有舆论后有事件,事发前就有相应的舆论准备)和后起性舆论(先有事件后有舆论,事发后才有相应舆论)之别。需要说明的是,有些公共危机事件在初始阶段并不一定就涉及公共和堪称重大,而是在某一时间节点上发生急遽变化并自此演变为重大公共危机事件的。在此过程中,初始事件作为导火索引爆了新媒体语境中的舆论和舆情,新媒体语境中的舆论和舆情又作为催化剂使事件产生的影响程度加剧。

(二)重大公共危机事件通常都有舆论和舆情与之相伴

一般而言,重大公共危机事件通常都与舆论和舆情相伴,或“如影随形”、始终贯穿,或事发后介入、“不离不弃”。近年来的相当一部分这类事件,原本就因其性质或形态的非同寻常而备受公众关注,从而成为特定时段中社会生活的热点、公众舆论的焦点,在受到舆论广泛关注后则更是迅速升温、愈演愈烈。如2011年7月23日发生的温州动车追尾事件、2015年8月12日发生的天津港爆炸事件、2016年6月23日江苏阜宁和射阳部分地区遭遇的龙卷风事件。对于这类由于本身程度严重必然引起亿万公众关注的事件,舆论和舆情所起的是反映民意和监管事件的作用。就这类事件而言,虽然很难说新媒体语境中的事件舆论和舆情在关键节点上体现出引爆社会舆论和舆情的威力,但它对事件原委的深究及对当事人和责任人的监督作用是不容低估的。而另有一些事件,原为局部范围内的小事端,或为民事纠纷,或为一般刑事案件,或为其他社会冲突。如果没有网络舆论的深度介入,在传统媒体语境中,它们兴许不会进入亿万公众的视野,或者即使进入一部分公众的视野也会很快销声匿迹。然而在新媒

① 参见丁柏铨、夏雨禾《新媒体语境中重大公共危机事件与舆论关系研究论纲》,《当代传播(汉文版)》2012年第2期。

体语境中，由于其间的舆论和舆情被不断放大，特定地区发生的“小事端”借助于网络舆论和舆情而形成燎原之势，影响巨大。可见，舆论和舆情的剧变往往是在新媒体语境中完成的。

第二节 舆论、舆情及其联系与区别

谈到新媒体语境中重大公共危机事件舆论，就不能不同时谈到舆情。那么，何谓舆论？何谓舆情？舆论与舆情之间存在怎样的联系？它们又有哪些区别？这些是本课题研究中绕不过去的问题。

一、对舆论和舆情概念的界定

在本研究中，舆论是一个核心概念。由于对此概念研究者甚多，研究成果颇丰，因而笔者不可能对舆论的各种界定性表述一一加以评述，而只能简要地提出自己关于舆论的见解。在探讨舆情概念及其与舆论的异同和两者的关系时，则会着力较多。这有利于突出重点。

（一）关于舆论

客观地说，舆情和舆论确实是两个关联度很大且极易被混淆的概念。在对舆情概念进行审慎界定时，有必要同时对舆论的概念进行审慎界定。

舆论的初始意义为舆人之论。而笔者认为，舆论本质上为“众议”（众人的议论），是符合一定条件的“众议”。所谓符合一定条件，主要是指：(1) 有话题。话题是舆论不可或缺的构成元素，是公众议论的对象和内容（必须有人提起话题，方才可能形成相应的舆论）。(2) 有议论。议论是指特定主体将自己的意见公开表达出来并且与他人共同进行议论（形成“众议”和“互论”）。没有这种“议”“论”，就不可能形成舆论。(3) 众人参与。有话题、有议论然而参与议论者寥寥，仍然难以成为舆论。当然，参与议论者达到一个什么样的数量级“议”“论”方才能被称为舆论，客观上难以量化。但是有一点是可以肯定的：极少有人参与议论，则舆论无以形成，未形成舆论的议论也不可能如马克思所说具有“普遍的、隐蔽的和强制的力量”①。(4) 由于话题具有公共性因而能使公众的“议”“论”实现交集。如果“议”“论”没有交集，公众都只是在就自己感兴趣的话题自说自话，那么，即使参与议论者再多，也仍然是无法形成舆论的。而“议”“论”有交集的根本原因在于话题具有公共性。

无论是从初始义还是从后起义考察，我们都可以提出这样的命题：舆论是“众议”，是符合上述条件的“众议”。

（二）关于舆情

舆情即民意。笔者认为，舆情既可以是得到公开表达的民意（特定主体公开发表意见与他人共同进行议论），此时，舆情通过舆论得到反映、得到体现；也可以是未得到公开表达的民意（特定主体无公开发表意见与人共论之的行为），此时，舆论虽然并未形成，但是舆情已然存在。其存在方式是公众将未表达的意见与态度和情绪留存于心中，待到有了合适的时机时一

① 马克思：《摩泽尔记者的辩护》，见《马克思恩格斯全集》第1卷，人民出版社1995年版，第385页。

并表露、发泄甚至迸发。

至于舆情概念，多位学者曾就此进行过专门的探讨。王来华（2003）对舆情概念的界定倾向于采用“社会政治态度”说（“舆情是指在一定的社会空间内，围绕中介性社会事项的发生、发展和变化，作为主体的民众对作为客体的国家管理者产生和持有的社会政治态度”①），刘毅（2007）则主张采用“多种情绪、意愿、态度和意见交错的总和”说（“舆情是由个人以及各种社会群体构成的公众，在一定的历史阶段和社会空间内，对自己关心或与自身利益紧密相关的各种公共事务所持有的多种情绪、意愿、态度和意见交错的总和”②），丁柏铨（2007）提出“舆情即民意”说（舆情“既可以是得到公开表达的民意，也可以是尚未得到公开表达的民意”③），张元龙（2009）则力主“群体性情绪、意愿、态度、意见和要求的总和及其表现”说（“舆情是社会民众在一定的历史阶段和社会空间内，对关乎自己切身利益的公共事务（事项）或自己关心的特定事件所持有的群体性情绪、意愿、态度、意见和要求的总和及其表现”④）。他们都相对较早地界定了舆情概念。研究者对上述学者关于舆情的见解多有援引，故此处不赘述。上述学者在给舆情下定义时，虽然在取用属概念和就种差进行表述的过程中，看法不尽一致，但在一点上认识是高度统一的，即：舆情具有特定含义，而非“舆论情况”的简称。在近期关于舆情的研究中，唐绪军（2016）认为：“舆情是潜在的或显性的舆论情势，既包括公开的公众意见，也包括尚未公开的公众意见。”⑤这一表述注意到了舆情中包含了公众的尚未公开表达的意见，而其关于舆情是“舆论情势”的见解颇为独特。孙立明（2017）认为：“由社会事件引发的网络舆情，舆情是原生态的公众情绪和意见，后经媒体和意见领袖的提炼和加工后形成网络议题，围绕议题形成不同舆论，不同舆论经过互动与博弈最终形成民意。”⑥此说的特点是清楚地界定了舆情并阐明了其内涵，即：除了意见，舆情还包括公众的情绪和态度。而意见、态度和情绪，其主体均是公众。这段文字在对舆情概念进行界定时，体现出舆情概念与舆论概念的差异性和可区分度。

综上所述，舆情有其特定的所指，它不是“舆论情况”的简称，而应该就是民意。舆情得到了公开表达，即公众中的一部分人公开发表意见并与他人共同进行“议”“论”。此时，舆情通过舆论得到反映、得到体现。但是，毕竟舆情中还有占一定比例的公众意见并没有得到公开表达（特定主体无公开发表意见与人共论之的行为）。在这种情况下，舆论虽未形成，但是舆情已经存在。此时的舆情是：公众将未表达的意见或未表露的态度和情绪留存于心中，或始终不外化，或在遇到合适的时机时外化（这时，原先未表达的意见、未表露的态度和情绪会迸发而出。这其实说明早就存在着潜在的舆情危机）。就此而言，主政者、管理者时时须有防范潜在的舆情危机的强烈意识。

甘惜分主编的《新闻学大辞典》收有“潜在舆论”的条目，并这样释义：“指公众没有公开表

① 王来华主编：《舆情研究概论》，天津社会科学院出版社2003年版，第32页。

② 刘毅：《网络舆情研究概论》，天津人民出版社2007年版，第51页。

③ 丁柏铨：《略论舆情——兼及它与舆论、新闻的关系》，《新闻记者》2007年第6期。

④ 张元龙：《关于“舆情”及相关概念的界定与辨析》，《浙江学刊》2009年第3期。

⑤ 唐绪军：《科学分析舆情——正确引导舆论的基础与前提》，《人民日报》2016年6月19日。

⑥ 孙立明：《网络舆情的三个世界——关于网络舆情的一个初步分析框架》，《中央社会主义学院学报》2017年第1期。

达,只在私下散布与传播的社会意见。"①笔者认为:这种"潜在舆论",有着一定的民意内涵,似应属于舆情的范畴。而既然"只在私下里散布与传播的社会意见",那么就不宜将它称为"潜在舆论"以致使舆论概念泛化。因为舆论的形成,以特定主体的意见得到公开表达并且由众多的人的"众议""互论"为前提。"潜在舆论",处于"潜"的状态,如果"私下散布与传播"者众多,那么应该就是民意的一种存在方式。不过,既然没有经由公开表达而成为"众议""互论",那么,称之为舆情似乎更合适些。而舆情是无"潜在"和"显在"之分的。

(三)舆论和舆情的关系

舆情与舆论,两个概念既有联系又有区别,极易混淆然而却又不可混淆。舆论(众议),是在一定的舆情(民意)基础上形成的。这是两者之间的最基本的关系。古人有云:"言为心声。"舆情和舆论,都通向公众的心声。公众心声得以公开表达,则为舆论,同时也是舆情;未得到公开表达的公众心声,则一概为舆情。

探讨舆论和舆情的关系,笔者拟提出如下两个观点:

其一,舆情包含舆论所不具备的构成成分。

舆论的主要构成成分是公众之"论"(公开表达之"论")。严格说来,公众的态度和情绪不是舆论的构成成分。而舆情的构成成分则较舆论复杂,不仅包括公众公开表达的"论",而且包括公众未公开表达的"论",还包括显现的或未显现的态度和情绪。毫无疑问,舆论中也会包含公众的态度和情绪,但那只是在"论"中"含态度""带情绪"。公众的态度和情绪本身不能构成舆论。而舆情则不同,公众对社会热点事件和社会问题及现象所持有的态度、由此引发的情绪,不能构成舆论(态度和情绪不是舆论的构成部分),但都可以构成舆情。

其二,舆情和舆论之间存在着相应关系。

两者之间的相应关系包括:(1)围绕同一话题而生、而存。在同一话题范围内,往往是既有舆论,也有舆情。两者之间以同一话题为共同基础和连接纽带。(2)舆论和舆情大致构成了两个密切相关的层面。前者偏外向,后者则既可外露也可内敛。(3)舆情可向舆论转化。通过进一步考察,我们可以发现:舆情层面的公众未公开表达之"论",可以经由外化的过程而转为舆论。但在此转化过程中,一部分人出于种种原因(怕利益受损,怕仕途受阻,怕身心受累,怕名誉受侵……),因而公开表达意见时所表达的并不完全是自己真实的心声。而舆论则不存在向舆情转化的问题,笔者给出的理由是:若舆论中已经包含了民意,则舆论与舆情存在重合之处;若舆论中未包含民意或表达了虚假民意,则舆论疑似"伪舆论"。这种情况,在历史上曾经出现过。例如:1976年7月28日唐山发生造成重大人员伤亡的7.8级大地震后,新闻媒体曾主导形成违逆民意的"伪舆论"。这种舆论是与真实的舆论和舆情大相径庭的。

下面对舆情中的意见、态度和情绪加以分述。

先说意见。舆情中公众的尚未得到公开表达的相当一部分意见,是特定主体可以言说、然而由于种种原因而没有公开表达的意见。其区别于舆论之处在于:舆论层面由显意见构成;而舆情层面的一部分意见是显意见,另一部分意见则为潜意见(这部分舆情——显意见和潜意

① 甘惜分主编:《新闻学大辞典》,河南人民出版社1993年版,第39页。

见——乃至整个舆情,对相应的舆论有着强有力的支撑性作用)。

再说态度。公众的态度是其意见表达的重要驱动性因素,同时也是舆情中可以随特定主体意见的公开表达而得到显现的部分(当然也可以不随特定主体意见公开表达而不显现)。态度本身不是舆论,也构成不了舆论。然而它可以影响特定主体的意见表达和舆论参与。它属于舆情的范畴而不属于舆论的范畴,是确定无疑的。

最后说情绪。情绪是特定主体面对外界刺激自然而然产生的心理反应。在网络环境中,公众的态度和情绪可以通过特定的方式表现和传递,而且是可以检测的。其实,网民对某些博文(包括微博)、论坛帖子的点赞、转发行为,都是其态度和情绪的表露,甚至网民的围观行为中也蕴含其态度和情绪。

对于舆情层面的无论是没有得到公开表达还是得到公开表达的意见,得到表露和没有得到表露的态度及情绪,都不可忽视。没有得到公开表达的意见,今天不公开表达并不意味着始终不公开表达,一旦遇到合适的时机,它自会表达。况且,情绪是会累积的(从来就有"积怨""积愤"的说法,而"怨""愤"均为极端情绪)。有道是:"蓄之既久,其发必速。"在矛盾复杂的社会转型期和改革深化期,在公众的意见能量总是能够充分释放的新媒体语境中,处理好社会成员的利益关系,注意做好公众(网民)情绪的日常疏导工作,是一个永恒的主题。在分析舆论、舆情及其关系时,对公众意见没有得到公开表达的那部分舆情,对情绪这样一种形态比较特殊的舆情,应予以高度关注。

舆论(众议),是在一定的舆情(民意)基础上形成的。舆情不像一些人所理解的是"舆论情况的简称"。一定的舆论与特定的舆情相对应,围绕同一话题而生的舆论和舆情具有某些相通之处。

二、舆论、舆情异同之比较

(一) 舆论与舆情有相同之处

舆论与舆情,不仅相关而且相近,两者之间在如下三点上存在相同之处。

一是舆论和舆情均体现出人类特有性。

舆论与舆情都属于人类特有的精神现象的范畴。它们是人类精神现象的表征,同时也必然会对人(群体的人或个体的人)的精神层面和心理层面发生不同程度的影响。其影响的方式是:人们发表意见和听取意见,进行思想碰撞和感受思想碰撞,受人感染和感染他人——久而久之,在潜移默化中施影响于他人,即向他人输出意见;也受影响于他人,即有选择(理智)或无选择(盲目)地接受他人的意见。而意见领袖们,总体来说是施影响于他人大于、多于受影响于他人。舆论和舆情发生作用的最高表现,是通过充分表达民声、民意而影响社会公众心之聚散和心之向背。

二是舆论和舆情均具有相应的社会性。

舆论和舆情的内容,都与人们生存其中的社会和社会生活有关。撇开了人类的社会生活,谈论舆论和舆情就毫无意义。舆论和舆情,总是可以从社会关系中找到某些原因和答案。人们身处其中的社会生活,为舆论和舆情提供了源源不断的丰富内容。社会生活是舆论和舆情共同的土壤,其中与公众切身利益密切相关的社会问题和话题,往往是舆论和舆情共同的热点和焦点。社会问题的多发期,往往也就是舆论和舆情话题的密集期和活跃期。从舆论和舆情同是社会的晴雨表的角度看,两者的活跃并非坏事,而正好可以为特定主体提供“正衣冠”的镜子,为主政者、管理者以及新闻媒体有针对性地进行舆论引导提供依据。

三是舆论和舆情均呈现为群体参与性。

无论是舆论还是舆情,都是因公众的群体参与而形成的。离开了公众的广泛参与,就不会有舆论,同样也不会有舆情。舆论和舆情,同为公众群体性的心声和意愿的或显或隐的反映。举凡舆论和舆情,都不是个别人在想、在说、在议,它们所反映的,是达到一定数量的人的心声、意愿。具有群众基础方面的深厚底蕴,这是两者的又一共同之处。因此,主政者、管理者要想了解真实的、原汁原味的民意、民声,当然应该继续关注传统新闻媒体;除此以外,还要特别关注新兴媒体。要通过网络媒体包括自媒体,静听舆论、细察舆情,特别关注未经筛选过滤的、原生态的舆论和舆情。这就是“各级党政机关和领导干部要学会通过网络走群众路线”①的深刻含义。

(二)舆论与舆情又有着相异之处

舆论与舆情尽管有一些相同和相通之处,然而它们毕竟并非等价的概念,不可以等同和混用。它们之间存在着交叉之处。交叉处在哪里?在于公众意见的部分:公开表达,参与众议,于是形成舆论;未公开表达、未参与“众议”而又有相应的群体心声,遂成为舆情。而舆情所包含的态度和情绪,应该不是舆论所固有的内容。

此外,舆论和舆情还存在诸多区别。

其一,两者在主体方面有差别。

舆论可以有多种主体,其中包括官方,而官方则不可能是舆情的主体。正如前文所述,舆情即民意。如果舆情是“‘舆论情况’的简称”这一命题能够成立的话,那么,是否可以由此推论,官方的“舆论情况”就可以缩略表述为“官方舆情”?但这显然是不能成立的(因为官方不应该也不可能成为舆情的主体)。将舆情理解为“‘舆论情况’的简称”,在学理上和逻辑上是讲不通的。

通常有新闻舆论之说。那么,使用媒体舆情的概念是否可行呢?众所周知,新闻媒体是党、政府和人民的喉舌,负有表达舆论、反映民意(即舆情)的使命。如果媒体真实地反映了民意、民声,那么它(它们)就真切地表达了舆情。

严格说来,舆情的主体只能是民众,从某种意义上说是“一元化”的;而舆论的主体,则可以是多元的,公众、新闻媒体、官方机构和有关社会组织,都可以是舆论的主体,不同的舆论场域是由以不同主体为主导的舆论形成的。当然,并不是所有的人都能认同和接受官方舆论这一概念,即使是接受这一概念的人士的认识也有一个过程。目前接受这一概念的人正在逐渐增多。

其二,两者在内涵方面有差别。

舆情归根结底是民意,是民众群体性的心声和意愿。这种心声和意愿,只要存在,即使没有公开表露、显现,它就已经构成了舆情。某些舆情可以隐伏得很深,在主政者、管理者毫无觉

① 习近平:《在网络安全和信息化工作座谈会上的讲话》,人民出版社 2016 年版,第 7 页。

察、毫无警惕的情况下,舆情的"地火"可能就已经在运行了,待烧到地面时,有可能已经无法控制。而舆论的本质是"众议""互论",万变不离"议""论"。公众的意见须公开表达才能成为舆论。舆论有"论",因而有迹可循,对舆论的监测也相对易于做到;舆情在很多时候无"议"、无"论"而又无"声",似乎是无迹可寻(实则并非如此),对舆情进行监测,则相对困难得多。

舆情归根结底是一种以公众为主体的"意"(群体心声和意愿)。虽然始终处于动态变化之中(变化的动因既有外部的也有内在的),但是它不管表露与否,都属于真实存在的范畴。而舆论的本质是"论"("共论""互论")。公众的意见须经由公开表达的过程才能融入舆论的洪流之中。意见及意见的表达属于人们行为活动的范畴。舆情是显在和潜在的民意之情状,而舆论则呈现为公众意见公开表达和"共论"互动之过程。

因为舆论和舆情存在内涵方面的差别,所以在对它们进行引导时也就有了相应的差别。

对舆情也有一个引导的问题(但对于这个问题,人们尚未予以足够的重视)。舆情引导固然也要对公众的意见和观点进行引导,然而更为关键的是对公众的态度和情绪进行引导,这在一定程度上涉及民众的情感,涉及社会心理的层面。

当然,效果甚佳的引导,往往是双管齐下的:既从意见、从道理方面进行引导,做到晓之以理——有些参与舆论者表达意见时是不吐不快,但其某些意见所赖事实有待甄别,意见本身有待厘清;又从心理方面进行引导,做到动之以情——解决一部分民众情绪不爽、需要宣泄、求得舒缓的问题。

综上,无"议"、无"论",不成舆论,但无"议"、无"论",却完全可成舆情。如果说舆论更多地与特定主体的思想层面相关联的话,那么,舆情则通常与主体的心理层面有着更多、更深的联系。

其三,两者在形态方面有差别。

舆论和舆情在主体的意见是否得到公开表达上也有区别。"舆论是社会和时势的晴雨表,是某种共同性的社会心理和社会思潮的公开表露,是现实社会的制约力量。"①说舆论是"某种共同性的社会心理和社会思潮的公开表露",完全正确。而舆情则并不一定公开表露"某种共同性的社会心理和社会思潮",但它同样也是"社会和时势的晴雨表"。不过,这个"晴雨表"所反映的,往往是深层次的"晴雨",而且要通过一定的方法手段(民意测验)才能监测到。根据笔者的理解,举凡特定主体的意见没有得到公开表达,属这样一种形态的精神现象,不可以舆论的概念称之。特定主体对意见所作的表达,若进行的是秘密传播,则难以形成"众议""互论"之势,由此不可能构成舆论。而舆情的形态,则完全可以是民众意见、情绪的非公开表达,完全可以是公众藏于内心深处的意见和未外露的态度、情绪,属于海上冰山在水面之下的部分。

由于种种原因,一部分人心里虽有意见然而没有公开表达出来,有情绪但是并不明显表露出来,而是将意见和情绪深藏于心底。在这种情况下,若论定已经形成了舆论,恐难以令人信服。但是面对同一社会问题和社会现象,如果腹诽者不计其数,那么就会构成另类民意。它是

① 甘惜分主编:《新闻学大辞典》,河南人民出版社1993年版,第37页。

一种相当危险的舆情存在方式。腹诽不属于舆论范畴,可它往往能构成舆情。这是舆情的一种相当特殊的形态。它并非行迹难觅,借助于科学的民意调查方法,此类舆情也是可以检测到的。

其四,两者在存续方面有差别。

由同一社会问题(抑或话题)形成的舆情和舆论,舆情的存续时间多长于舆论。而作为由"众议"构成的舆论,存续的时间再长,也总是有限的。一旦无人言说和提起,舆论自然而然也就消减甚至消失了。一般而言,他人不会专门去记忆哪个人说过什么话、有过什么观点。而舆情的构成成分中的态度和情绪,则往往可以在特定主体的心理世界和精神世界中自然留存很长一段时间(无须刻意保存这些记忆)。再则,在许多情况下,舆情形成在先而舆论则形成在后,舆论在相应舆情的基础上形成。特定舆论是特定舆情的反映。舆论反映舆情,舆情多通过舆论来反映。未形成舆论的舆情,是存在的;未形成舆情的舆论,则是不存在的。

三、关于本书使用"舆论""舆情"概念的特别说明

事实上,舆情和舆论总是相伴而生的。在存在着舆论的空间中,一定同时存在着舆情(但是,存在着舆情的空间中不一定都存在舆论)。在新媒体语境中,在重大公共危机事件发生后,伴随事件而起的,既有相关的舆论,也有相关的舆情。在研究和写作过程中,使用"舆论"和"舆情"概念时,会出现如下三种情况。

第一种情况:两者可以也必须同时使用。此时,论述时往往需兼及舆论和舆情,不仅须考察以"众议"为表征的舆论,而且须研判以民意为内核的舆情。在某些情况下,舆论之"众议"和舆情之"民意"交织在一起,难以截然分开:舆论中往往蕴含着、透出了民意。在某些情况下(例如,在重大公共危机事件发生后),舆论和舆情往往都非常突出。这时,在正确研判舆情的基础上进行有效的舆论和舆情引导就显得十分重要。

第二种情况:仅能使用"舆论"概念。一般说来,在观照的对象主要为公众意见的公开表达(表现出"论")时,宜作这样的处理。如果不见"论",则不宜称之为舆论。官方也有"论",其中的一部分也可以参与构成舆论,但是这种以官方意志为主导的舆论,即使是指称其情况,也并不能以舆情称之。在学术上,也无官方舆情这一说。以新闻媒体为主导形成的舆论为新闻舆论,由公众为主导形成的舆论为民间舆论。

第三种情况:仅能使用"舆情"概念。在涉及公众的意见未公开表达的情况时,特别是公众(主要是网民)通过某些特殊的方式直接表现或间接表现自己的情绪时,则须使用"舆情"概念。作为民意,舆情既包括公众尚未公开表达的意见,又包括公众的并不以意见的形式存在的态度和情绪。在舆情范畴内,对某些博主发的博文、论坛上的帖子、微信群中出现的微信,进行点击(阅读)、转发,甚至只是进行围观(参与围观的人数众多),显然并不构成舆论和舆论现象,却已经成为舆情。在这种情况下,用"舆论"概念称之似乎并不合适,也不合理,而用"舆情"概念称之则是恰当且合适的。这时所使用的舆情概念,指称的是严格意义上的舆情。

需要顺带提及的是,如果一定要对"舆论情况"进行简称处理的话,那么,正确的、经得起推敲的做法,不应该称之为"舆情",而应该称之为"舆况"(如同道路情况的简称是"路况"一

样）。其实，将道路情况简称为“路情”未尝不可，并不会产生歧义；而将“舆论情况”简称为“舆情”，则因“舆情”已经另有所指，就显得很不合适了。

再则，对舆论，通常用“引导”与之相连和相配，并构成“舆论引导”这一固定词组。而对舆情，则通常用分析、研判与之相连和相配。应该说，对于公众（网民）舆情其实也有一个进行引导的问题。这种引导，至关重要的是不仅针对公众（网民）公开发表的意见进行引导，而且要针对公众（网民）的态度和情绪进行引导。这种引导，往往需要深入公众（网民）的心理层面，既要晓之以理又要动之以情，要能或直接或间接地、卓有成效地影响公众（网民）的态度和情绪。

第二章　对新中国成立后重大公共危机事件舆论的宏观考察

重大公共危机事件,历来就有。由重大公共危机事件形成舆论,也非自今日始。从历史上看,自新中国成立以来此类事件就时有发生,舆论也可能相伴而生(而在特殊情况下,有事件无舆论的情况也是存在的)。对新中国成立以来重大公共危机事件中的舆论状况进行历史考察,这项工作还很少有人做过。但对本课题来说,其价值在于可使研究获得必不可少的参照系,使研究获得一种历史的纵深感,因而有其必要性。由于对重大公共危机事件历史性的舆情资料难以搜集,因此本章中只使用舆论概念。

第一节　对新中国成立之初至改革开放前重大公共危机事件舆论的考察

新中国成立之初至改革开放前,重大公共危机事件中的舆论状态,完全由官方主导,是"一元化"的。社会舆论,其实也就是由官方通过官方媒体形成的舆论。在大多数情况下,民间舆论不甚活跃,鲜见因民间舆论而改变事件走向的情况。改革开放以来的情况与此前有着很大的差异。

一、新中国成立之初至 1966 年 5 月重大公共危机事件的舆论状况

从新中国成立之初至"文化大革命"前夕的 1966 年 5 月,这是我们要考察的第一阶段。自新中国成立开始,人民政权就取代了与人民为敌的反动政权,人民获得了国家的主人翁地位。这一阶段结束时,国家已经处于一场历史灾难的前夜。

(一) 本阶段的前半段:"灾情报道应即转为救灾成绩报道"

本阶段起始点的情况是:新生的人民政权立足未稳,国内百废待兴,外部面临其他国家的经济封锁。国内外敌对势力相互勾结,以颠覆新生的人民政权为目的,无所不用其极。国家面临两大重任:在经济领域,全面恢复国民经济,为此适时启动了第一个五年计划;在政治领域,一手抓镇压反革命和肃清反革命,并体现出应有的威慑力;一手抓清算不利于巩固新生政权的思想观念、意识形态。在此背景下,重大公共危机事件一旦发生,主政者、管理者顺理成章的思路和做法是:以防止被国内外敌对势力利用为出发点,以稳定和巩固新生政权为第一要务,以铁腕对事件加以相应处置,确定对舆论进行严控的基调。新闻媒体则等着来自官方的指令和更权威新闻机构的通稿,既没有必要也不被许可发挥自己的主观能动性。

1950 年 4 月 2 日,中央人民政府新闻总署给各地新闻机关的《关于救灾应即转入成绩与

经验方面报道的指示》,规定了灾难报道的原则。该指示要求:"各地对救灾工作的报道,现应即转入救灾成绩与经验方面,一般地不要再着重报道灾情。"因为着重报道灾情,"可能造成悲观失望情绪;同时给予帝国主义反动派夸大我国灾情,进行挑拨造谣的藉口。"[①]在新中国成立初期,在重大公共危机事件发生后,由官方严密控制事件信息及相关舆论,避免因负面信息的传播和与负面信息相关的舆论的迸发而危及政权,这在当时有其合理性,无可厚非。但重抗灾报道轻灾情播报,甚至把"丧事"当作"喜事"来办,这显然是不恰当的,这暗含着对公众知情权的漠视,而且很容易被扭曲。

新闻媒体关于1954年夏季长江流域百年一遇特大水灾的报道,严格遵循了上述原则。媒体在不断发展的灾情中,侧重报道的是领导机关如何指挥抗灾、军民如何奋力抗灾。如《湖北日报》及时传达了省委、省政府一系列抗洪救灾重要会议、部署、决定、指示。报纸以显著位置、大字标题对此类内容进行了及时报道。[②] 这体现了"一般不要再着重报道灾情"的指示精神,这个指示精神既是新闻主管部门对媒体在重大公共危机事件问题上的报道要求,也是对与此相关联的舆论的把控要求。说是"一般不要再着重报道灾情",实际执行时则变成了对灾情的"不闻"。

(二) 本阶段的后半段:毛泽东曾要求公开报道灾情

这一时段,始于1956年党的八大以后,止于"文化大革命"前夕。这一时期为全面建设社会主义时期。此时,人民政权已经相对稳固,经济领域中旨在将生产资料的私有制转变为公有制的社会主义改造业已初步完成。党的八大正确地指出,社会的主要矛盾是:人民对于建立先进工业国的要求同落后的农业国的现实之间的矛盾,人民对于经济文化迅速发展的需要同当前经济文化不能满足人民需要的状况之间的矛盾。社会主义建设在各个方面取得了很大成就,生产力水平有所提升,综合国力有所增强。但匈牙利事件的发生,使中国共产党的高层领导对国际形势作出了误判,与此相联系,也对国内整风运动的形势同样作出了误判。八大的正确理念被终止,经济建设的中心位置被阶级斗争取代。党的整风运动演变为"反右派"斗争。此后阶级斗争的弦愈绷愈紧。毛泽东于1956年提出的"百家争鸣、百花齐放"方针,并未得到贯彻执行。在此情势下,舆论更趋于收紧,阶级斗争色彩日甚一日。而在社会生活中,总路线、大跃进、人民公社成为"三面红旗"。经济建设与政治运动混成一体,成为这一阶段社会生活的显著特点。在舆论方面,党政主导新闻舆论和社会舆论,舆论单一且服务于阶级斗争,成为舆论状态中的主流。

这一时期,中央政府关于西藏叛乱事件的信息发布和舆论调控是相当成功的。1959年3月10日及以后,西藏反动上层集团撕毁西藏地方政府与中央政府关于和平解放西藏的办法的协议(即"十七条协议"),发动了以西藏独立为目的的武装叛乱。这是一起性质极其严重的政治事件。在中央政府部署下,人民解放军驻藏部队平息了叛乱。新闻媒体对叛乱与平叛进行了报道。新华社发布公告,及时披露关于叛乱事件的信息。《人民日报》刊发社论《欢呼讨平西藏山南叛匪的重大胜利》和《彻底平定西藏叛乱》、评论员文章《读尼赫鲁总理的谈话》,新华

---

① 中国社会科学院新闻研究所编:《中国共产党新闻工作文件汇编(中)》,新华出版社1980年版,第62~63页。

② 《湖北日报社史》编辑室:《集中突出报道抵御1954年特大洪灾》,《新闻前哨》2008年第6期。

社政治记者发表评论《评所谓“达赖喇嘛的声明”》。在处理上述政治性的重大危机事件过程中,中央政府既胜利地打了一场维护国家统一的平叛战,又成功地打了一场回击国内外相应主体的充满曲解、偏见乃至敌意的意见的舆论战,充分体现出党的高层领导的政治智慧。

就灾难和事故,毛泽东曾于1959年6月20日指出:“广东大雨,要如实公开报道。全国灾情,照样公开报道,唤起人民全力抗争。一点也不要隐瞒。政府救济,人民生产自救,要大力报道提倡。工业方面重大事故灾害,也要报道,讲究策略。”[①]毛泽东的意见与新闻总署1950年的指示相比,体现出明显的不同,折射出时代的进步。但没有相应法律规定作为制度保障,仅靠批示式、谈话式的文字很难将新闻媒体公开报道灾情的要求落到实处。更何况,毛泽东1957年提出的关于“新闻、旧闻、不闻”的著名观点(即要根据预判可能产生的效果来决定及时报道、过些时间再报道或不予报道),被各级政府视为可以和应当不公开某些重大公共危机事件信息的依据。而对于由三年自然灾害加上人为因素造成的百姓因饥饿而死亡的灾情,官方和官方媒体当时未公开披露、报道。

围绕突发性的重大公共危机事件——山西平陆民工食物中毒事件,官方、官方媒体的信息发布和舆论控制,既体现出对某些新闻事实的“不闻”,又体现出“重大事故灾难”报道的“讲究策略”。1960年2月2日,平陆61位民工因遭人投毒而致食物中毒。平陆当地报社的记者最先得悉此事,请示县委,有关领导指示不准报道。《晋南地区报》和《山西日报》同样悄然无声。直到1960年2月6日,《北京晚报》才登出报道《千里急救》,将该事件公开,从而引发连续多日的新闻潮。新闻界、文艺界对此事件报道和宣传的声势和规模,是新中国成立以来从未有过的。[②] 先是当地媒体欲报道而不被许可,这是对某些题材的新闻事实“不闻”的思维定势在起作用;后是用讲述有人投毒和抢救阶级兄弟的事为强化阶级斗争的舆论服务。一位论者分析说:“平陆事件被报纸、电台、戏曲、电影大力宣扬,当时有其政治原因,这就是高昂的跃进曲响彻全国,而‘左’的错误和浮夸风造成的灾难,也威胁着全国。于是平陆事件便被大力宣扬,用来抵消全国性的饥饿所造成的不良影响。平陆事件在全国大力宣扬,还因为它可以作为阶级斗争的具体表现,为主张阶级斗争是社会主义时期国内主要矛盾论提供有用的依据,所以随后便用来为骤然高涨的阶级斗争形势推波助澜。”[③]对平陆事件的上述新闻报道,为媒体舆论如何服务于现实政治和阶级斗争作了注脚。

在这一时段中,在灾难报道方面,各类媒体普遍出现了如下情形:用新闻舆论为当时正在逐渐升温的阶级斗争服务、为现实政治服务,新闻传播规律受到冷遇,此其一;用对阶级兄弟的救援去抵销由天灾人祸造成的全国性饥荒的严重后果,此其二;凸显“一方有难、八方支援”的主题,讴歌社会主义制度的优越和阶级友爱的深厚,此其三。在危机传播中,体现社会主义制度的优越性、突出阶级友爱和同谱抗灾凯歌,于是成为此后同类报道共同的主题和固定的模式。

---

① 毛泽东:《如实报道灾情》,见《毛泽东新闻工作文选》,新华出版社1983年版,第214页。

② 马斗全:《〈为了六十一个阶级兄弟〉的内幕真相》,《南方周末》2003年7月3日。

③ 马斗全:《〈为了六十一个阶级兄弟〉的内幕真相》,《南方周末》2003年7月3日。

二、1966 年 5 月至 1976 年 10 月重大公共危机事件的舆论状况

1966 年 5 月至 1976 年 10 月，是我们要考察的第二阶段。在此期间，社会生活的各个方面已经完全失序和颠倒，国民经济到了崩溃的边缘，人民民主遭到践踏。其间由重大公共危机事件引发和形成的舆论，状况极不正常。

（一）这一阶段的舆论生态：伪民意和伪民声充斥

这一时期，党内"左"的错误继续发展，而这又被林彪反革命集团和"四人帮"相继利用。这些集团和帮派浑水摸鱼，篡夺权力并趁机售其奸。当时舆论场中存在如下四种舆论：一是围绕"最高指示"而形成的闻风而动、众口一词式的舆论，其实并不是真实的和真正的民意和民声；二是由林彪利用钦定接班人的身份所传播和形成的"造神"舆论和有利于他篡党夺权的舆论，一时之间甚嚣尘上；三是"四人帮"通过"梁效"等写作班子和所掌控的新闻媒体造成的混淆是非的舆论；四是犹如地火般运行、逐渐积聚力量的民间舆论，理性和正义蕴含于其中，至丙辰清明终于迸发而出形成举世瞩目的天安门事件。民间舆论的表达由此而达到最高峰并显现出无可抗拒的巨大力量，成为新中国成立以来舆论史上的特殊案例。

（二）重大公共危机事件舆论的怪异现象

在此阶段，围绕重大公共危机事件形成的舆论可分为如下三种情况。

第一种情况：完全切断信息外泄渠道，与灾难相关的外部舆论为零。

1975 年 8 月 5 日至 8 月 8 日，地处淮河上游的河南驻马店、许昌、南阳等地区连降特大暴雨。因山洪暴发，56 座水库堤坝几乎同时垮塌，几十亿立方米洪水汹涌而下，致使河南、安徽沿淮地区千里平原一片汪洋，人民生命财产遭受巨大损失。河南受灾人口约 1 000 万，死亡 3 万多人，大牲畜死亡近百万头，倒塌房屋 500 多万间。"在几篇文章中，张广友（笔者注：系新华社记者）都提到，水灾发生时，新华社当即准备发消息，并进行连续公开报道，但经请示，当时的中央领导决定不准公开报道。"当他与中央慰问团来到灾区后，还几次被告知："中央领导已经决定这次水灾不仅不作公开报道，不发消息，特别是灾情不仅不作公开报道，而且还要保密。"[①]这与毛泽东 1959 年关于"广东大雨，要如实公开报道。全国灾情，照样公开报道"的要求，显然是背道而驰的。

第二种情况：对大灾难几乎不报，舆论状态是大范围呈"微舆论"，小范围现"谬舆论"。

下面以云南通海地震为例进行分析。

1970 年 1 月 5 日，通海发生 7.8 级强震，震灾波及面积 8 800 平方公里，共有 15 621 人死亡。[②] 美国地震台网、日本地震观测站、泰国报纸等都披露和报道了此次地震的信息。但中国内地媒体对此几乎未加报道。就全国范围而言，并未形成关于通海地震的舆论，而灾区由于信息流不畅，各种猜测不胫而走，当地舆论中充斥各种谬识。与通海地震相联系的当地舆论是畸形的，呈现出被扭曲的特征。

特征之一：信息不公开或公开得很不充分。

---

① 雷颐：《汪洋一片"曾不见"》，《经济观察报》2008 年 6 月 23 日。

② 《被理解为核战爆发 40 年前通海 7.8 级地震万人丧命》，新浪网，2010 年 1 月 6 日。

新华社仅在隔天之后的1月7日发布了一条简短消息："1970年1月5日凌晨1时，我国云南省昆明以南地区发生了一次7级地震。受灾地区人民在云南省和当地各级革命委员会的领导下，在人民解放军的帮助下，发扬一不怕苦、二不怕死的革命精神，正在胜利地进行抗震救灾工作。"在该则消息中，强度7.8级被说成7级，未报伤亡人数。这次特大地震的灾情、救助、伤亡情况等细节，在当年和以后很长时间里不为绝大多数人所了解，在当时国内舆论中未得到应有反映。

特征之二：报道变味变调。

有关方面以灾区人民的名义向政府和社会各界表示：不要救济粮，不要救济款，不要救济物（"三不要"）；依靠战无不胜的毛泽东思想，依靠自力更生、艰苦奋斗的革命精神，依靠集体的力量发展生产，重建家园（"三依靠"）。"云南省抗震救灾办公室当即退回各地捐款11.5万元；通海县黄龙大队只收下红宝书、毛主席像章和慰问信，别的物资全部退还。"[①]对国际援助的态度是：我们感谢外电，但不要他们的物资，我们这么大的国家，内债、外债都没有，我们不向他们化缘。我们要自力更生，艰苦奋斗，发展生产，重建家园。拒绝外援，灾区纷纷给伸出援手的机构和个人退款、退物，成了新闻舆论的主题和主旋律。

特征之三：舆论中包含了莫名其妙的内容。

在"要准备打仗"的大背景下，灾区不少人认为核战争爆发了，或出现了其他莫名其妙的想法，明显被误导。"一个念头在我脑里闪现，是不是'帝、修、反'搞突然袭击，对我国发动了侵略战争？"在通海县图书馆一份现存材料中，时任高大公社革委会主任的李祖德这样讲述震后第一反应。众多村民对地震的理解与他惊人一致。"整个村子已变成一片残垣断壁、土块瓦砾，哭泣、呼救的声音响成一片。我当时想，肯定是敌人的原子弹打进来了，才会造成这样的悲惨场面。"一位张姓小学教师说。"地震第二天，天上飞来了大飞机，我们以为敌人来轰炸了，立即跑到甘蔗林里，用一支没带子弹的老式步枪瞄着它。"当年一民兵回忆说。一位极震区的老人回忆，地震发生后村头地陷下去一大块，有人说那是原子弹爆炸的弹坑。[②] 因灾难信息未披露，灾民基本的知情权被剥夺，他们只能根据眼前所见进行相应的想象和臆测，作出某种判断和发表一定意见。由"众议"形成的舆论与实际情况大相径庭，而所谓"三不要"，其实是一种完全违背民意的做法，是民意在其主体不知情的情况下被不由分说地强行代表。这样的舆论显然是不真实的。

第三种情况：新闻媒体的公开报道采用新华社未及关键信息的通稿。

1976年7月28日，唐山发生7.8级大地震，其严重程度远超1906年旧金山大地震、1923年日本关东大地震，实际死亡约24.2万人。唐山大地震翌日，《人民日报》以采用刊发新华社消息通稿的方式，对灾难进行报道。消息标题为：《河北省唐山、丰南一带发生强烈地震，灾区人民在毛主席革命路线指引下发扬人定胜天的革命精神抗震救灾》，而对伤亡人数等最重要的信息则未予披露，仅用"震中地区遭到不同程度的损失"一语带过，重点报道在毛主席革命路线指引下，以人定胜天的精神抗震救灾，以不报伤亡人数的方式淡化灾情，将对灾难的报道

① 汤国基：《地震新闻见证中国大进步》，人民网，2008年8月11日。

② 郭敏、上官智君：《40年前通海7.8级地震万人丧命》，《云南信息报》2010年1月6日。

一味处理成抗灾报道,片面夸大人的精神力量。其时的舆论状态,明显特点是公众受信息屏蔽的影响,无法有为地介入和参与。而在动辄得咎的政治大背景下,公众自由表达意见的权利已经丧失殆尽。新闻媒体的舆论其实是一种伪舆论。

学者吴廷俊、夏长勇曾指出:“1957 年至 1978 年十一届三中全会前,我国国内政治环境的非正常化致使政府对新闻及新闻媒体的控制开始走向极端化和片面性。在观念上不承认社会主义国家有‘危机’,天灾人祸等危机事件便成了媒体报道的‘禁区’——要么封锁消息,不予报道;要么只讲抢险救灾的英雄事迹,而有关灾祸本身的情况,如损失、责任、处理等,一概回避。”①上述观点是很有道理的。需要补充的是:(1)“文化大革命”中及此前的一段时间,虽然国内政治环境都可以用“非正常化”来概括,但内涵、本质和程度还是有差别的。“文化大革命”期间,林彪反革命集团和“四人帮”,千方百计制造人们思想的混乱和社会秩序的混乱并乘势篡党夺权;而“文化大革命”前则不存在这样的情况。(2)面对重大公共危机事件,“文化大革命”期间,官方和官方媒体有三种选择:要么是封锁消息,剥夺公民的知情权;要么是在片面夸大精神力量方面走向极端,明显留有林彪“精神原子弹”论的印记;要么是刻意扭曲事件真相和真实的民意、民声,体现出江青等人的“事实为政治服务”的错误观点在其中所起的作用。而“文化大革命”前则并非如此。

第二节　对改革开放以来重大公共危机事件舆论的考察

改革开放以来,我国的政治生态和经济体制以及社会生活的各个方面都发生了巨大的变化,加之互联网的迅猛发展,催生并推动了各方面相应的变化。与之相联系,重大公共危机事件发生后的舆论状况,相对于“文化大革命”中发生了质的变化。

一、改革开放以来中国社会所发生的深刻变化

1978 年底至今,即改革开放以来,中国社会发生了翻天覆地的变化。1978 年 5 月 11 日《光明日报》特约评论员文章《实践是检验真理的唯一标准》,引发了关于真理标准的全国性大讨论,为十一届三中全会的召开和稍后揭开序幕的改革开放奠定了基础。

十一届三中全会的召开,带来了一系列巨变:全党全国的工作重心由阶级斗争转向经济建设,改革开放成为社会生活中最重要的内容,社会转型期的特征在诸多方面得到凸显。民主法制建设得到强调并且被提上重要议事日程。随着时间的推移,改革不断深入。在邓小平南方谈话的倡导和推动下,社会主义市场经济体制得以确立,为发展社会生产力找到了符合中国国情的新途径。由此,社会生活发生了许多新的变化。其中之一是:舆论状态与舆论主体的经济利益之间有了更多的联系。对于新闻媒体而言,同行竞争成为常态,它们所具有的市场经营主体身份使其在考虑社会效益的同时也有了经济效益的考虑。中国加入了世界贸易组织(WTO),在更高程度上融入了经济全球化的洪流,发达国家对我国的思想文化渗透与经济渗透同时而至。互联网等新兴媒体和新的传播形态在社会生活中的作用越发突出,为公众提供

① 吴廷俊、夏长勇:《我国公共危机传播的历史回顾与现状分析》,《现代传播(中国传媒大学学报)》2010 年第 6 期。

了主动进行议题和议程设置及参与舆论乃至改变舆论走向的技术手段和现实条件。

二、从两个维度进行的分阶段考察

从官方关于重大公共危机事件的信息公开和公众参与相关舆论两个维度进行考察,可以分为如下三个发展阶段。

(一)第一个阶段:改革开放伊始至20世纪80年代末

在这一阶段,重要时间节点上的事件有:党的十一届三中全会(1978年12月)和党的十三大(1987年10月)。

十一届三中全会终结了一个时代,也开启了一个时代。此次重要会议,提倡解放思想、实事求是,实现了全党全国工作重心的转移,开启了改革开放的巨大社会工程,并开始了民主与法制建设的历史进程。这对重大公共危机事件发生后的舆论状态所产生的影响在于:主管机构和部门在调控此类事件的舆论方面,阶级斗争思维模式的存在空间逐渐缩小;随着各项改革的深入和对外开放力度的加大,有逐渐按照危机传播规律办事的趋势。

十三大提出了关于"重大情况让人民知道,重大问题经人民讨论"的重要命题。人民的知情权与参与权较之以前任何时候都更受尊重。"舆论监督"这一重要概念,也由十三大首次提出并在此后被频繁使用。所有这些,对重大公共危机事件发生后的舆论状态都产生了深层次的直接影响。特别是对运用负面题材进行批评报道的舆论监督加以倡导,无异于对包含舆论监督意味的灾难报道在管理上有了很大调整。

1989年1月28日,国务院办公厅、中宣部发出的《关于改进突发事件报道工作的通知》明确规定:为了争取新闻报道的时效,可分阶段发稿。先对最基本的事实作出客观、简明、准确的报道,然后再视情况的发展作出后续报道。① 对于突发事件进行的报道,"分阶段发稿",先"对最基本的事实作出客观、简明、准确的报道",然后"再视情况的发展作出后续报道",这体现了正确的理念,与十三大的"重大情况让人民知道"的精神是吻合的,同时也是合乎新闻传播规律和体现实事求是的科学态度的。

综上所述,在重大公共危机事件信息的公开和传播问题上,党内高层领导体现了实行信息公开、尊重人民知情权、遵循新闻传播规律和舆论运行规律的新思路。

在这一个阶段发生过"渤海二号"沉船(1979年)、大兴安岭森林火灾(1987年)、上海甲肝流行(1988年)等事件。

1979年11月25日凌晨,石油工业部海洋石油勘探局"渤海二号"钻井平台(船)沉入大海,船上74名员工除2人获救外,其余72人全部遇难,直接经济损失高达3700多万元。② 对此事件,新闻媒体当时并未迅即进行报道,而是在事隔半年多以后由《人民日报》和《工人日报》刊发批评报道,掀起了问责风暴。由此,围绕重大公共危机事件形成的新闻舆论中有了尖锐的批评之音;也由此,舆论监督有了引发问责的经典案例。以上两报对重大事故不见报的惯

---

① 转引自石长顺、徐锐《媒介话语的历史性超越与重建——汶川大地震报道的电视话语分析》,《现代传播(中国传媒大学学报)》2008年第3期。

② 《渤海二号沉没掀问责风暴》,《扬子晚报》2008年10月14日。

例有所突破，并直接导致当时石油部部长被解职、分管石油部的国务院副总理被记大过、海洋石油勘探局负责人被判刑等一系列结果。其时舆论的相对开放性以及舆论监督的极大震撼力，得以充分显现。但在十三大之前，有如此大力度的批评报道并不多见。

与对“渤海二号”沉船事件的报道不同，新闻媒体在大兴安岭森林火灾发生不久就进行了报道，并随着事态的发展不断进行滚动式报道。当年新华社黑龙江分社记者，国内第一个发出“5·6”大火报道的张持坚事后说：“1987 年以前，国家对于灾害的报道一向比较保守。那次大兴安岭森林大火，在突发灾害公开报道方面有了很大突破，这在我们国家新闻史上也是有重要意义的。”[①]大兴安岭森林火灾初起时，张持坚正好去大兴安岭出差，并无特别报道任务。5 月 7 日抵达加格达奇，当晚就听说漠河大火之事。8 日，他写了两个内参发给新华社黑龙江分社(他当时认为这事只能发内参)。但没想到，当天新华社总社就把他的稿子用通稿形式公开发出。这表明：新华社作为国家通讯社，对重大公共危机事件报道的认识出现了新的变化，这同时也是灾难报道管理观念的一次引人注目的更新。稍后，1987 年 7 月 18 日，中宣部《关于改进新闻报道若干问题的意见》第五条规定：“重大自然灾害(如地震，水灾等)和灾难性事故，应及时作报道。”[②]这可以理解为对新闻媒体及时报道大兴安岭森林火灾的一种肯定。在围绕大兴安岭森林火灾这一重大公共危机事件形成的舆论中，以《中国青年报》“三色”系列报道(《红色的警告》《黑色的咏叹》《绿色的悲哀》)为代表，对此次灾难进行了深刻反思，为以后的灾难报道提供了有益启示。然而当地官员的心态与以前事发地官员的心态相比并无明显变化。“大兴安岭的各级政府官员对于这些不速之客(指新闻记者——笔者注)的到来，从心底里是不欢迎的——出了这么大的事儿，他们都有一种负罪之心，想捂还捂不住，为什么还要有这么多人来给宣扬呢？”[③]事发地官员在最好能捂住、即使捂不住也不欢迎记者方面，心理相通。这是充分公开灾难信息和积极调控社会舆论过程中的一种阻力。

与大兴安岭森林火灾时隔半年多，1988 年初春，上海甲肝流行。这是一起重大公共卫生事件。它打乱了上海市民的正常生活秩序。医院门诊空前拥挤，工厂仓库、旅馆和学校教室摆满病床，关于疫情的可怕传闻和流言四处传播。疫病的流行，整整持续了 2 个月，甲肝感染者超过 35 万人，死亡 31 人。[④] 客观地说，公共卫生事件与森林大火有别，对它的传染性、扩散性一时难以作出准确的估计，且主政者、管理者对与此有关的危机传播尚缺乏相应经验。

面对这一突如其来的重大事件，有关机构部门曾有封锁消息的想法和做法。“上海甲肝疫情初期，有关部门出于稳定的考虑，不允许媒体报道。上海人民广播电台记者曾文恭的述评是上海新闻媒介较早提出要求查明‘毛蚶事件’原因和责任的新闻作品之一。有的部门表示反感，匆匆发出公文进行反驳。1 月 20 日，上海的报纸发表一篇报道说：本市近 20 天甲肝发病率并无异常！同日，上海发现第一例甲肝死亡病人，新闻媒介没有告诉上海市民，但谣言很快就在上海市民中传开了。鼠疫、乙型脑炎大流行、霍乱，更传奇的是说这次上海的甲肝病人

---

① 《大兴安岭火灾 20 年祭》，搜狐新闻，2007 年 5 月 15 日。

② 转引自张君昌《中国媒体报道突发事件政策法律法规之变迁》，《电视研究》2009 年第 5 期。

③ 《大兴安岭火灾 20 年祭》，搜狐新闻，2007 年 5 月 15 日。

④ 《1988 年上海甲肝大流行始末》，中国作家网，2009 年 1 月 23 日。

10 年后即要死亡。”①

个别报道疫情者，遭遇反感和反驳。新闻媒体被要求三缄其口，或报道平安无事的假象。媒体不被允许报道疫情，甚至在出现甲肝死亡病例后还是不准报道。传言的大范围流播，并进一步造成了深层次的社会震荡。从某种意义上说，谣言是一种畸形的舆论形式，是对政府和新闻媒体公信力的挑战。相当一部分主政者、管理者、报道者在公共卫生事件舆论控制方面形成的思维模式和操作模式，一直延续到 15 年后的 SARS 事件。

（二）第二个阶段：20 世纪 90 年代初至 2003 年 4 月

在这一阶段，对重大公共危机事件舆论状态产生巨大作用的影响因素主要有以下四点。

一是对历史经验教训进行了深刻反思。

江泽民提出“舆论引导”的重要命题，并进而形成了由舆论导向事关党和人民福祸论、舆论导向衡量标准论、舆论引导艺术论等构成的完整体系。对重大公共危机事件的舆论进行引导，成为整个舆论引导中的一项重要内容。

二是互联网飞速发展带来严峻挑战。

中国于 1994 年接入互联网，由此跨入了互联网蓬勃发展时期。中国互联网络信息中心（CNNIC）《第一次中国互联网络发展状况统计报告》数据显示：至 1997 年 10 月 31 日，我国拥有网民 62 万（大部分用户通过拨号上网，直接上网与拨号上网的用户数之比约为 1∶3），上网计算机 29.9 万台（其中，直接上网的计算机 4.9 万台，拨号上网的计算机 25 万台）。而至重大公共危机事件 SARS 事件发生的年份即 2003 年，据《第 12 次中国互联网统计报告》的统计数据显示：截至 2003 年 6 月 30 日，我国上网计算机数为 2 572 万台，其中以拨号上网为主（1 739 万台）；上网用户总数为 6 800 万人，分为专线上网、拨号上网、ISDN 上网、宽带上网四个类别，尚不可能有通过手机上网的用户及其统计数据。互联网以其传播快捷、既可点对面传播又可点对点传播和可相对隐匿自由地传播为显著特点，从而有别于传统的传播媒介和传播手段。而在此时段，手机主要是作为通信工具而存在的（通电话和发短信），与互联网尚未发生联系。与此情形相对应，公众舆论的活跃度，较之在传统语境中有极大提升：通过网络发帖和聊天，成为公众参与舆论的重要方式。手机短信，逐渐成为使用者参与舆论和舆情的重要手段。由此，舆论和舆情的不可控因素随之大增。

三是新闻媒体与市场发生了紧密联系。

社会主义市场经济体制的确立，极大地解放了社会生产力，使社会成员的积极性和创造性得以充分发挥，各行业和各企业的潜能得以充分释放。中国经济社会发展成就的取得，与市场经济体制密不可分。但伴随市场经济也出现了一些不和谐因素。新闻媒体与市场发生紧密联系后，在竞争中既被激发出活力，也出现了一些乱象。

经济利益往往成为难以抵御的诱惑，致使部分新闻媒体及新闻工作者做出越过底线的举动。以下案例的影响尤为恶劣：2002 年 6 月 22 日，山西繁峙发生特大矿难，38 名金矿矿工不幸罹难。在对矿难进行采访的过程中，11 名新闻记者收受当地有关负责人及非法矿主贿送的现金、金元宝，此后即隐瞒事实真相。这是“有偿不闻”的典型案例。还有的记者以“曝光”

① 程美东主编：《透视当代中国重大突发事件（1949—2005）》，中共党史出版社 2008 年版，第 345 页。

相要挟，对报道对象进行敲诈勒索。他们刻意搜寻线索和相关证据，然后威胁特定对象。对方若想避免被“曝光”，就必须按这些记者的开价支付“封口费”。2012 年，《新快报》记者陈永洲，多次收受他人提供的数千元至数万元人民币不等的“酬劳”。作为回报，他在该报上发表针对中联重科的失实报道，严重损害了企业的商业信誉并造成重大损失。二十一世纪传媒公司原掌舵人沈颢，要求他所辖的 21 世纪网对 IPO 企业进行“正反手”操作：对于上市和拟上市企业，如果愿意和自己签广告合同，就在其上市的关键期保持静默；而对于没有签约的上市企业，则刊发负面题材报道，以此手段非法获取利益。

四是地方主政者怕被问责。

在重大公共危机事件发生后，地方主政者怕被问责因而将封锁事件信息进而控制相关舆论作为维护社会稳定的首选，这样一种现象仍然普遍存在。

发生于 1994 年 3 月 31 日的浙江千岛湖游船失火事件，是此阶段出现的一起重大公共危机事件。是日，24 位台湾旅客乘坐“海瑞号”游船在千岛湖观光时，与 6 名大陆船员及 2 名大陆导游共 32 人，在船舱内被活活烧死。上海《文汇报》驻浙江记者万润龙根据了解到的情况，在 4 月 2 日的《文汇报》上刊发了关于千岛湖游船火灾的独家新闻。除了这条新闻，大陆新闻媒体短期内对此事件没有其他报道。有关方面对这一新闻事实实行了严格封锁。“现场军警密布，任何无关的人禁止入内。在罹难者家属陆续赶赴现场后，当地政府除禁止媒体采访外，还密切监视台湾旅客家属，严禁台湾旅行业代表到现场勘察及摄影拍照。”①实行新闻封锁的本意是淡化舆论，避免两岸关系恶化。然而实际结果是：一时之间，境外谣言四起，甚至有谣传称该案“有大陆军警涉嫌作案”。一起刑事案件由此转化成了严重的政治事件，对两岸关系造成了短时间内难以消除的影响。虽然已经时隔多年，但是这一个案仍然值得今天的人们认真反思。

2002 年 9 月 14 日发生于南京汤山的投毒案，官方的信息公开和舆论控制以及官媒报道，特别具有反思价值。当地政府在事件应急处理和善后方面，公检法在对案件的侦破、检察和判决等方面都是相当成功的。但党政机关在信息公开和舆论控制上则并不成功。在事件信息的公开方面，该案件沿袭的是能少公开就少公开、能不充分公开就不充分公开这样一种思路，采用的是刊播通稿、拒绝记者到现场采访的方式，而未采用充分公开信息、滚动式发布信息的方法。通稿中“经医院抢救无效”“死亡 38 人”的说法存在歧义，客观上给人留下了想象、猜测的空间。官方虽然就事件信息对境内媒体进行了颇为有效的控制，但无法做到对境内的社会舆论和境外的新闻媒体进行有效控制。从根本上说，这种做法不利于官方和官方媒体提升在国人心目中的公信力和权威性，不利于形成良好的舆论状态和舆论环境，也不利于向境外媒体和公众说明事件的真实情况 。

在这一阶段，总的情况是重大公共危机事件的信息公开度有所提高。诚如有研究者所指出的那样：“20 世纪 90 年代后，随着改革开放的推进，民主与法制建设的加快，以及新闻改革的深化，媒体对各类危机事件报道的时效性和客观性大大增强，报道的数量和质量也大幅提

---

① 《千岛湖事件催生“突发报道要争取时效”》，和讯新闻，2008 年 4 月 25 日。

高。"[①]在1994年新疆克拉玛依友谊馆火灾、1998年武汉长江大桥附近公共汽车爆炸案、1998年长江特大洪灾及2001年广西南丹矿难等一系列重大恶性事件发生后,新闻媒体都比较及时地作了公开报道。

就人为灾难进行报道,对新闻媒体及其负责人而言是一种严峻的考验。

1994年12月8日下午,克拉玛依市教委在友谊馆为"基本普及九年义务教育、基本扫除青壮年文盲"验收团举办专场文艺汇报演出,演出中发生火灾,致325人死亡、132人受伤。

当时的中央电视台压下了关于这次火灾的一则报道。时任台长杨伟光一次在接受采访时说:我看完这个节目,节目做得很好,也很感人,但我说克拉玛依的群众情绪躁动得很厉害,我说这个节目播了以后,是会对当地群众情绪的一种平息,还是火上浇油?如果火上浇油的话,就不能播,如果能平息他们的情绪,不会闹事那就可以。问题是那边已经白热化了,你现在播了这个,会使那些失去孩子的父母亲友愤怒起来以后,向领导施加压力。[②] 他注意到了群众情绪躁动问题,并进行了传播效果预判。他当时的想法和做法不无道理,但此处应该具备如下前提条件:及时公开基本事实,不可延误信息和封锁信息,不给谣言和不实传闻预留传播空间;在前期报道和整个报道中避免采用激化群众情绪的言辞和报道方式。

(三)第三个阶段:2003年4月20日至今

这是官方在重大公共危机事件信息公开方面自觉意识明显有所增强的时期,也是公众通过网络参政议政的全盛时期。通常有这样的说法:"2003年是网络舆论年,2007年是网络民意年,2008年是网络舆论监督年。"[③]在我国,网民通过网络加入"众议"并形成特定网络舆论,应当早于2003年。钟瑛说:"2003年以后,互联网进入以博客、RSS、P2P、社交网(SNS)、即时通信(IM)等为主导的web2.0阶段,用户成为网络信息的主要提供者,互动、共享的网络传播理念及其相关技术的使用,为网络舆论兴盛准备了技术条件。"[④]而在2004年9月中共十六届四中全会通过《中共中央关于加强党的执政能力建设的决定》以后,各级党政领导干部应对重大公共危机事件和善管、善用、善待媒体以及进行舆论引导的能力建设,被纳入提高执政能力的范畴,得到更高层次、更高程度的重视和强调。

2003年春天,肆虐神州大地的SARS疫情,为官方重新审视重大公共危机事件信息的传统控制模式和实行重大转变提供了契机。4月20日,中央作出了免去两位高官职务的决定。其中的重要原因之一是:两位高官对由于SARS疫情信息不公开而造成的社会心理震荡负有不可推卸的责任。SARS事件开启了重要政务信息和公共信息必须透明公开、因不公开而造成严重影响就要丢官的先例。这在我国历史上是前所未有的。这从本质上说,就是官员必须从信息公开的角度,对公民的知情权负责,尊重公民依法享有的民主权利。如在此方面失职,就要被问责。这既是以人为本、执政为民理念的题中应有之义,也是加强党的执政能力建设的题中应有之义。

① 夏长勇:《30年来我国公共危机传播的演变》,《当代传播》2009年第6期。
② 《央视前台长杨伟光:我压下了克拉玛依大火报道》,《南方周末》2014年12月9日。
③ 《社科院发布新媒体发展报告 舆论关注反腐与民生》,搜狐新闻,2011年7月14日。
④ 钟瑛、余秀才:《1998—2009重大网络舆论事件及其传播特征探析》,《新闻与传播研究》2010年第4期。

2003年发生的孙志刚事件，虽然并不属于公共危机事件，但是网络舆论中的不少意见发挥了不可低估的正向作用，从而使人们特别记住了网络舆论在参政议政方面所作出的特殊贡献。此后，只要有重大公共危机事件发生，就会有网络舆论相伴。这已成为互联网时代舆论的特有景观。网络空间，已经毋庸置疑地成为重大公共危机事件中的重要舆论场域。

SARS以后，党中央和中央政府加大了信息公开制度建设的力度。在此历史进程中，影响深远的大事件有：

其一，民政部和国家保密局联合发文，决定自2005年8月起，对全国及各省、自治区、直辖市因自然灾害导致死亡人员的总数及相关资料解密。原《民政工作中国家秘密及其密级具体范围的规定》中的相关规定被废止。① 这表明对自然灾害信息公开的进一步放开。

其二，2007年1月17日，国务院第165次常务会议通过《中华人民共和国政府信息公开条例》，2007年4月5日公布，2008年5月1日起施行。政府信息公开，有了法规依据和制度保障。自此，政府信息公开成为原则，不公开成为例外。

其三，2007年6月24日提交全国人民代表大会常务委员会二审的《中华人民共和国突发事件应对法》草案，删除了此前专门针对新闻媒体的不得"违规擅自发布"突发事件信息的规定。引发关注的条文包括要求在突发事件发生后，各级政府"应按有关规定统一、准确、及时发布信息"。据新华社报道，提交二审的草案经激烈讨论，删除了针对新闻媒体的相关罚款规定，对编造传播虚假信息者，代之以新的处罚性条款。该草案还删除了"对新闻媒体的相关报道进行管理"的规定。这一修改，受到舆论的充分肯定。有媒体评价说："新草案的修改不仅维护了宪法赋予的公民言论自由，保障了突发事件中舆论监督的作用，更重要的是，这种修改使得突发事件应对法真正成为了现代意义上的法律，具有了自我实行的能力。"②

其四，2005年11月哈尔滨水污染事件，是一个耐人寻味的个案。受上游吉林化工厂爆炸事件影响，松花江哈尔滨段水体受到严重污染。这本是一个无须遮掩的事实。但市政府出于社会稳定的考虑，在第一个公告中隐瞒了实情，称因自来水管道检修须全市停水4天。市民对此公告怀疑、猜疑、质疑，都在情理之中。市民中出现的耸人听闻的传言、极度恐慌的心理、失去理性的举动，均超出了市政府的预料。于是，市政府不得不发布了第二个公告，将实情相告，市民疑窦渐消。这一案例充分说明：相信公众、公布实情，得民心；与此相反，掩盖事实，则失民心。第一个公告，有违信息公开的原则，对公民的知情权未予尊重，事实证明客观效果不佳。隐瞒和改变事实的真相，哪怕是出于善意也断不可取。"面对恐慌，最好的办法是说实话"，成为该市成功应对水危机的首条经验，同时也成为扭转由危机事件造成的混乱舆论状况的最佳方法。

2009年及此后，微博在舆论场域中的作用与日俱增。微博，文本虽微影响却不微。在披露信息和发表意见方面，微博使用者获得了更大自由和便捷。不止如此，它还催生了大量意见领袖。微博既帮助不少名人兼备意见领袖身份，又使相当一部分"草根"意见领袖脱颖而出。正因为如此，最近若干年来，网络舆论遂成重大公共危机事件的催化剂和孵化器。一些原本影

---

① 《自然灾害导致死亡人员总数不再作为国家秘密事项》，中广网，2005年9月12日。

② 牧歌：《修改〈突发事件应对法〉的意义和作用》，《今日中国论坛》2007年第8期。

响不大的地区性事端，由网络舆论加温而成为大事件。“躲猫猫”事件、杭州飙车案、邓玉娇事件、江西宜黄强拆事件、“我爸是李刚”事件、抢盐风波等，其中有的属于公共危机事件，有的则不属，但相关舆论在网络空间中发酵，则是其共同特点。在自媒体时代，灾难、事故、事端发生以后，封锁消息、掩盖真相并以此控制舆论已经越来越困难。在网络舆论作用下，社会舆论转向，使事态向更严重的方向发展，存在着很大的现实可能性。时任广东省委宣传部副部长的胡国华曾经说过一番相当中肯的话：“现代社会信息发达，想要把资讯全部封锁起来是不可能的，以前可以做到，现在就没办法。以前没有互联网，现在你不报道，网上马上就出来了。对突发事件的报道，我们出了一个《突发性事件应急处理处置办法》，处置办法既是对媒体的，也是对党政部门的，要求媒体如实报道、不能炒作，对事故发生地党政部门要求第一时间发布新闻，为新闻记者采访提供便利，要有新闻发言人。”[①]资讯（信息）是舆论的重要来源之一。由传统媒体时代可以全部封锁重大公共危机事件的资讯，到新媒体语境中“没办法”进行封锁，这是一个重大转变。转变的原因是：互联网使用者发挥了披露事件信息的作用。

2008年发生的三起重大公共危机事件，信息公开程度不一，从而舆论状况不一，自有加以逐一分析的必要。

从危机事件中舆论的角度来看，2008年“3·14拉萨打砸抢烧暴力事件”是一个比较特殊的个案。事发后，媒体记者不被许可进入事件现场，从而无法获得第一手材料。我国新闻媒体几乎都没有发声，第一周仅有新华社发了简讯，西方某些媒体则就此事件进行了大量不符合事实真相的报道。我国媒体一时之间失去了在国际传播格局中对此事件的话语权和话语主导权，显得相当被动。与官方媒体不同，倒是并不掌握话语主导权的网民，于第一时间对西方某些媒体的不实报道作出了灵敏反应和有力回击。笔者认为，在此事件的对外报道和舆论调控上，有值得总结和反思之处。

汶川地震的信息公开和舆论调控，是我国历史上的成功典范，有着里程碑意义。在《中华人民共和国政府信息公开条例》实施11天后发生的这场特大灾难，对政府信息公开无疑是严峻考验和实际检验。而中央政府和当地政府在灾害信息公开方面，则交出了令人满意的答卷。与封严、管死不同的是：让信息充分公开、高度透明；对国内外媒体赴现场采访，实行放开政策；主流媒体对灾情和救灾，进行不间断跟踪和滚动报道；报道充分体现高度时效性和有效信息量；引人注目的是，没有采用发通稿的方式，而由媒体和记者对自己所作报道负责。笔者认为，实行信息公开和对外媒开放，充分发挥事实本身的力量，体现出政府的坦诚和自信，使不负责任的传闻、谣言彻底失去市场。

三鹿奶粉致使大量婴幼儿患有泌尿系统结石病，构成重大公共卫生事件。笔者拟从信息公开和舆论状况的角度对此进行分析。从企业方面看。事件于2008年3月已露端倪。三鹿集团接到消费者关于该企业生产的问题奶粉的许多反馈信息，但对外和对上都蓄意隐瞒，拖延至8月初才向当地政府报告情况并请求指示。从政府方面看。2008年8月2日，当地政府接到三鹿集团《关于消费者食用三鹿部分婴幼儿配方奶粉出现肾结石等病症的请示》后，只就请示提出的严查原料奶质量等问题做了处理，对奶站等涉嫌非法添加三聚氰胺行为进行调查，并

① 孙正一、柳婷婷：《2007：中国新闻业回望（上）》，《新闻记者》2007年第12期。

帮助企业进行事故处理。直到2008年9月9日市政府才向河北省政府报告相关情况。不仅向上迟报信息,而且未及时向社会公开"毒奶粉"信息。从媒体方面看,有记者早些时候就意识到"毒奶粉"的存在,但没有进行报道。直至2008年9月11日,上海《东方早报》刊发记者《甘肃十四名婴儿疑喝三鹿奶粉致肾病》,方才首次点明三鹿奶粉是使婴幼儿致病的元凶。掌握真实信息的企业故意瞒报信息,掌握权威信息的政府有关部门拖延信息发布时间,新闻媒体未能及时跟进作出调查性报道,这些原因综合起来,使公众难以依据真实的事实信息形成舆论监督强势,难以在政府和媒体的合情理、合规律的引领下,将自在舆论提升为自为舆论。这是又一个值得深刻反思的案例。

以上三个典型案例,从不同方面说明同一个道理:在重大公共危机事件发生后,通过封锁信息或提供有限信息的办法来控制舆论是不可取的,媒体必须在信息公开的过程中进行有针对性的舆论引导,体现较强的舆论引导能力。正如胡锦涛2008年6月20日在人民日报社考察工作时所说,"要把提高舆论引导能力放在突出位置"[①]。

上海交通大学舆情研究实验室、舆情网联合发布过《2010中国危机管理年度报告》。报告显示:2010年中国平均每5天就有一起影响较大的危机舆情事件发生。影响较大的危机舆情事件涉及全国29个省、自治区、直辖市,其中河南、北京、湖北、广东危机舆情多发。从行政级别来看,地市是危机舆情高发地带。司法执法类危机舆情高发,社会民生、反腐倡廉、官员及其家属不当言行是2010年影响较大的危机舆情事件关注的焦点。报告显示,33%影响较大的危机都是在事件发生的当天曝光的。影响较大的危机舆情事件由网络首发的比例,从2009年的53%上升到67%。其中微博异军突起,成为危机舆情事件曝光的主渠道之一。[②] 这就意味着重大公共危机事件中的舆论,在许多情况下已经不是由官方通过官方媒体进行议程设置后形成的舆论,也不是发端于新闻媒体的舆论,而往往是由网络肇始、由网民挑头的舆论。这是新媒体语境中重大危机事件舆论状况所体现的深刻变化之一。

令人欣慰的是,顺应舆论发展的态势,官方机构微博方兴未艾。2011年被称为政务微博元年,此后政务微博发展迅猛。《人民日报》和新浪微博联合发布的《2016年上半年人民日报·政务指数微博影响力报告》显示,截至2016年6月30日,经过新浪平台认证的政务微博达到159 320个,较2015年底增加6 930个。报告指出,移动视频直播正成为政务公开和与民互动的新常态,微博则是"移动直播+政务"的主阵地。同时,政务微博在政府信息公开和舆情应对体系中仍处于重要地位,线上线下联动的服务能力进一步提升。这充分说明官方机构对网络舆论和网上民意较之以前更加重视。

但是,官方微博在应对网民的质疑时,也出现了值得引起重视的问题。本章附录中所收案例虽然并不关涉重大公共危机事件,然而云南丽江官方微博应对舆论和舆情的做法留下了沉痛的教训。

---

① 《胡锦涛就提高舆论引导能力发表5点意见 提高舆论引导能力必须坚持以人为本》,新浪网,2008年6月21日。

② 柴逸扉:《2016年政务微博超15万个 微博成"移动直播+政务"主阵地》,《人民日报海外版》2016年8月15日。

第三节 通过考察得出的若干研究结论

新中国成立以来,政府在对重大公共危机事件的信息发布和舆论掌控方面,走过了曲折的道路,留下了诸多经验教训。笔者通过历史性的考察,得出了如下相应结论。

一、事件信息公开历经许多曲折

新中国成立以来,在重大公共危机事件信息公开方面,经历过许多曲折。大而言之,改革开放前经历的曲折颇多、颇大,而改革开放以来的情况,则明显好于改革开放之前,2003 年 4 月 20 日以后的情况又明显好于此前。

在新中国成立以后的历史进程中,围绕重大公共危机事件信息公开,有几个特别重要的时间节点,在这些时间节点之后,信息公开的工作做得相对较好。这些时间节点包括:党的八大、党的十一届三中全会、党的十三大、SARS 事件中的前半期和后半期的分界点、《中华人民共和国政府信息公开条例》实施(2008 年 5 月 1 日)等。

无数事实证明:党内占主导地位的思想理念正确,执政能力建设成为党的自觉意识和理性实践,各级党组织和人民政府对人民的知情权、参与权、表达权、监督权充分尊重,对国内社会舆论和舆情及国际舆论和舆情大势深切了解和准确研判,是做好政府信息公开工作必不可少的重要条件。

二、舆论应对方面的不平衡状态客观存在

以改革开放以来的情况而论,不同时间、不同地域存在不平衡和不协调现象。在对某些事件的信息公开和舆论处置问题上,存在不足和缺陷。一些由中央直接处理的事件,例如 SARS 事件、汶川地震等,都取得了相当不错的舆论传播及舆论和舆情引导效果。在一些由当地政府处理的危机事件中,舆论和舆情引导状况参差不齐,反映出相关主政者、管理者的理念不一、实践不一、水平不一。贵州瓮安事件处理得较为妥帖;而在浙江千岛湖游船失火事件、"三鹿奶粉"事件和大量矿难事故发生后,信息公开和舆论调控存在不少败笔,多封锁信息、钳制舆论和与民间舆论形成对立之势者。如此,不仅在事件的处理过程中十分难堪,而且在事件结束后相当长的时间里留下了一时很难消除的后遗症。

三、知行偏差以及悖谬现象较为普遍

我国已经在信息公开、危机应对方面出台了相应的法律法规。但是事发地某些主政者、管理者道理上清楚、行动上悖谬的现象仍比较普遍,所持的堂而皇之的理由几乎无一不是"维护社会稳定"。说白了,知行偏差的根源其实是两点:一是对公众尚缺乏应有的信任和敬畏,把重大公共危机事件的有关事实当成了可以由己摆布和掌控的信息;二是对官帽的考虑超过对其他因素的考虑。无数事实一再证明:封锁消息必然导致谣言纷飞,谣言纷飞必然导致社会震荡;谣言止于信息公开,社会稳定源于人心稳定。

四、网络时代的话语格局与此前迥异

以互联网为代表的新兴媒体，既是信息的集散地，又是公众意见表达和交流的相对自由的空间。官方和官方媒体要想引领社会舆论和舆情，就应当从汶川地震信息公开及舆论和舆情引导中借鉴经验。在今天的时代背景下，对通稿的传播效果应加以理性审视。应让事发地的主流媒体担当起责任，充分发挥主观能动性。要特别关注网络舆论、舆情，既由政府和新闻媒体设置体现舆论和舆情引导意图和内涵的议题、议程，以引领社会公众舆论和舆情，又顺应网民所设置的合理的议题、议程，使之转化为政府和新闻媒体所关注的议题、议程，在顺应中掌握话语主动权和主导权。在网络空间中，意见领袖的作用不可小觑。与意见领袖多沟通，虚心听取他们及广大网民的意见以汇聚民智，并坦诚地说明情况，争取得到其理解、支持。

第三章　两种语境中重大公共危机事件与舆论和舆情关系的比较

此处所说的两种语境，是指传统语境和新媒体语境。在互联网兴起之前，就存在着我们所说的传统语境；而在互联网兴起之后，传统语境并未消失，新媒体语境与传统语境同时并存且有所互动、相互影响。两种语境之间存在错综复杂的关系。本章将展开新媒体语境和传统语境两种语境中重大公共危机事件舆论和舆情的比较研究。本章涉及以下两个问题：一是围绕重大公共危机事件形成的舆论和舆情，与通常情况下的舆论和舆情（常态舆论和舆情）有何异同？对此所作探讨，将为研讨第二个问题奠定基础。二是在新媒体语境中重大公共危机事件舆论和舆情，较之在通常语境中的此类舆论和舆情有什么差异？笔者希望在探讨第一个问题的基础上有所深化。

第一节　重大公共危机事件舆论和舆情与常态舆论和舆情的异同比较

围绕重大公共危机事件而起的舆论和舆情，较之正常情况下的常态舆论和舆情，既有相同之处，又有不同之处。进行两者的比较，有利于我们更清楚地认识重大公共危机事件舆论和舆情。

一、两者的相同之处

围绕重大公共危机事件而起的舆论和舆情，属于非常态舆论和舆情。它与正常情况下的舆论和舆情相比，都属于舆论和舆情范畴，因而都具有舆论和舆情的基本属性，存在许多相同或相通的方面。

此处用于比较的两类舆论，都是由众人就具有公共性的话题参与议论而形成的。有鉴于此，笔者在一些场合将舆论称作“众议”。既然是舆论，那就定然是众人之论，由多人参与其中，参与的方式是披露信息、发表意见或进行附议。披露信息往往是形成相应舆论的基础。有时，披露信息的过程中就隐含了特定主体的某种意见。而更为常见的情况是：特定主体公开发表自己的意见或进行附议，大致有四种情况：一是对舆论客体或别人的肯定客体的意见表示赞同和支持；二是既有赞成之处，又有反对之处；三是表示反对，加以否定；四是保持中立，不置可否。倘若没有人公开发表意见，则可以构成舆情但不可能构成舆论。[①] 发表意见者及进行附议者甚少，同样不可能形成舆论。

① 参见丁柏铨《略论舆情——兼及它与舆论、新闻的关系》，《新闻记者》2007 年第 6 期。

重大公共危机事件舆论和舆情，与常态舆论和舆情，两者的相同点主要有三个。

（一）它们都是“众议”

此处用于比较的两类舆论，都是由众多的人就共同关注的具有公共性的问题参与议论而形成的。需要说明的是，在新媒体语境中，有一种特别的景观：“围观”。单纯“围观”是舆情的一种形态，但并非舆论本身（因单纯围观者没有参与议论）。

（二）它们都有赖于传播

用于比较的两类舆论中，特定主体的意见，只有经传播才能为他人所了解，并得到他人的呼应、认同或质疑、反对，由此才能产生相应的、有办法测量的或正面或负面的影响。如无人发表意见，则不具备形成舆论的起码条件；如有人提出意见却未经广泛而有效的传播，则发表意见者难免流于自说自话的境地，舆论仍然无以生成，更不可能产生感染和叠加效应。因此，从某种意义上说，舆论的影响力也就是人们意见传播后所产生的对于社会成员精神和心理层面的影响力。

（三）它们都可以形成相当大的力量

此处用于比较的两类舆论，都能够成为某种不可忽视的力量。由舆论形成的力量，是作用、影响于人们的内心世界的或则显性或则隐性的力量。从外观看，它们只是相当多的人的意见（通过口头表达抑或通过声音、文字、图像呈现）；然而说到底，它们是众人之心或向或背所体现的亿万公众心灵的力量，也是能对人心的深层次发生作用的奇妙的无形而巨大的力量。笔者此处所说议论，唯其参与者甚众，方才可能构成足够强大的正面的抑或负面的舆论力量。

二、两者的不同之处

围绕重大公共危机事件而引起的舆论和舆情与正常情况下的舆论和舆情，属于非常态舆论和舆情与常态舆论和舆情。正因为如此，它们之间存在诸多区别。这是我们在进行课题研究时必须考虑的问题。

（一）形成热点的情况有异

常态下的舆论和舆情，会形成同时并存的多个议论和关注中心。其中相当一部分是由负面主题引发的舆论和舆情，如官员腐败、贫富悬殊、物价飙升、房价高昂、社会不公、诚信缺乏等。当然，也不乏由正面主题引发的舆论和舆情。这些常态舆论和舆情的基本主题，会因新的事件的出现和新的人物的登场而常议常新。也有一些是随比较重要的事件而引起的舆论和舆情。一般而言，常态下的舆论和舆情，涉及面宽，关注点多，缺少中心，呈分散之状，常同时存在许多局部性的热点。而围绕重大公共危机事件形成的舆论和舆情，则热点相当集中且往往为亿万公众所共同关注。这种舆论和舆情热点，每每压倒同时存在的其他局部性的舆论和舆情热点，成为特定时段内街谈巷议的中心。围绕 2003 年的 SARS 事件、2008 年的汶川地震和 2011 年的温州动车追尾事件形成的舆论，都是如此。

（二）形成强势的时间有异

常态下的舆论，形成强势、成为狂潮，须积以时日。而得力于新兴媒体及其新的传播形态，围绕重大公共危机事件形成的舆论和舆情，则一时之间甚至会形成压倒其他一切舆论和舆情的、关于特定事件舆论和舆情的狂潮。正如人民网舆情监测室秘书长祝华新所说：“近几年，网络舆论的参与人群越来越庞大。中国已有超过5亿的网民，其中约3亿人使用微博。在突发事件现场，我们身边任何一个不起眼的邻家大哥、小妹，一转身就可能上网发帖，对政府的处置提出质疑，一夜之间掀起全国性的舆论狂潮。现在不仅是专家学者在网上成为呼风唤雨的‘意见领袖’，草根民众借助互联网维权和‘围观’，而且连演艺明星和非公企业投资人等‘新社会阶层’也在网上发声。政府面临前所未有的舆论压力，舆论力度越来越强。”①在当下，几乎在任何时间、任何空间中，任何掌握一定技术和具备相应条件的个人，都可以挑头引发舆论及积极参与舆论和舆情，并可以采用各种手段使舆论和舆情骤然而起、迅速升温。这是重大公共危机事件舆论和舆情易于在短时间里形成狂潮的重要原因。

（三）持续时间的长短有异

围绕重大公共危机事件形成的舆论和舆情，存续时间相对更为长久，不会很快被其他声音湮没而在短时间内就销声匿迹，更不会“朝发夕止”或“夕发朝止”。这是因为：各色人等都在密切关注事件的最新进展，会从不同的角度观照已有信息，补充新发现的材料，更新意见和进行观点交锋，不时通过网络表露自己的情绪和态度，从而使舆论和舆情表现为不断出现新的聚焦点和兴奋点的长过程。

笔者的上述见解，得到相应统计数据的支撑。2012年7月12日中国社会科学院在京发布的《中国新媒体发展报告(2011)》，对十多年来的重大网络舆论事件(“重大网络舆论事件”及后面提到的“突发公共事件”，多为重大公共危机事件——笔者注)，进行了详尽和系统的梳理。该报告指出：艾利艾智库(IRI)提供了2010年近1 000个网络热点事件、72个网络热点及突发公共事件和20个重大突发公共事件。通过对这些事件或热点的整体态势分析表明，持续时间在31～50天的重大突发公共事件占比达50%；持续时间在11～30天的重大突发公共事件占比达40%；持续时间达71天以上的重大突发公共事件占5%，如赵作海事件的持续时间长达79天，是持续时间最长的事件。② 从客观方面说，围绕重大公共危机事件形成的舆论和舆情，多数先在虚拟空间中掀起巨大波澜，而后向现实世界辐射、延伸。来自虚拟空间的舆论和舆情(线上舆论和舆情)与来自现实世界的舆论和舆情(线下舆论和舆情)交汇相融，两股大潮互相作用，最终形成了合力。由于网民的积极参与，重大公共危机事件舆论和舆情每每高潮迭起，历时相对长久。

所谓舆论和舆情历时相对长久，应当是指事件始终处于被热议、被关注的境地、保持相应热度的时间跨度大，而不是舆论和舆情很快“销声匿迹”，或者事件间隔一段时间才被人想起、偶被提及。整个事件舆论的发展过程，一般都会经历几个大致可分的段落，呈现出此起彼伏或波澜起伏的景观。

2010年11月15日，上海胶州路发生重大火灾事件，由此一再形成舆论和舆情的巨浪。有研究者分析了其中的三波舆情危机。第一波舆情危机：火灾后，韩寒对高楼消防能力以及大楼脚手架工程必要性的质疑，在网络上被广为转载、摘录，引出对火灾原因的诘问。笔者认为，这堪称第一个舆论和舆情大浪。第二波舆情危机：《财经》杂志副主编罗昌平、《经济观察报》

① 《微博时代政府要习惯在喧哗中治国理政》，搜狐网，2012年5月17日。

② 《中国新媒体蓝皮书梳理十多年网络舆论事件》，搜狐网，2011年7月17日。

记者仇子明在微博中爆料称，与火灾事故相关的总承包方上海静安区建设总公司和上海佳艺钢厂可能存在“官商勾结”行为。在笔者看来，又一个舆论和舆情大浪由此形成。第三次舆情危机：网络舆论转向对上海市领导“无人道歉”“无人辞职”现象的责问。自2010年11月17日起，部分网络意见领袖（包括杨海鹏、笑蜀、连岳等）发表、转发相关言论，对上海市领导进行质疑和指责，致使危机继续加深；而之后的悼念活动中，“北京厨子”等意见领袖均在微博中发声，号召微博博友自发组织悼念活动，最终导致上海十万民众大祭奠。[①] 这无异于再次掀起了舆论和舆情大浪。几个段落聚合起来，构成了一个历时长久的舆论和舆情过程。

就一些个案而言，重大公共危机事件舆论和舆情的延续时间相对较长，其间，相关信息披露和公众意见表达并非只是简单重复，而总是体现出内容的丰富性和发展的层次感。

第二节　两种语境中重大公共危机事件公众舆论参与度比较

同样是重大公共危机事件，存在于仅有传统语境的时代与存在于同时兼备两种语境的时代，事件舆论和舆情及事件与舆论和舆情之间的关系状况有异。而在同一时代，在两种不同的语境之中，事件舆论和舆情及事件与舆论和舆情之间的关系状况，也不无差异。这些差异，会在公众参与度、公众对于事件及事件舆论和舆情的影响度等方面体现出来。而不同语境中重大公共危机事件与舆论和舆情的关系状况也值得进行比较研究。

一、对新媒体语境的细分

我们可以对新媒体语境作如下细分：

第一类，随着互联网的兴起而形成的新媒体语境及社会话语格局和舆论格局。

此时，尚未实现移动互联。在这样的语境中，公众可以通过互联网方便、自如地在论坛上发帖，通过议论和附议参与舆论甚至成为舆论的始发者，同时参与形成相应的舆情。他们由在社会话语格局中即使发声也产生不了多大影响，转变为手握一定话语权（话语权就在掌上）、发声后就有可能产生相当大的影响。这一转变堪称飞跃。

第二类，随着移动互联网的兴起而形成的新媒体语境及社会话语格局和舆论格局。

2008年底，中国开始发放3G牌照，中国移动、中国电信、中国联通获准于2009年开始提供3G业务。这意味着手机与互联网之间建立了联姻关系。一个新的时代——移动互联时代——由此而开启。至2013年6月30日（距获准开展3G业务，5年不到），我国共有网民5.91亿（是2002年12月31日时的10倍），其中通过手机上网的网民达到4.64亿。[②] 与此相联系的是：微博、微信（特别是微信朋友圈已经成为舆论的重要源头和传播渠道）等新的传播形态风生水起；用户在移动状态中接收信息、披露信息和表达意见，十分自由和便捷。这无异于手机使用者人人都拥有了处于移动状态中的信息接收器和“麦克风”（“全民皆记者”具备了

① 刘锐：《微博意见领袖初探》，《新闻记者》2011年第3期。

② 参见中国互联网络信息中心（CNNIC）发布的《中国互联网络发展状况统计报告（2013年7月）》。

现实可能性)。

毋庸讳言,互联网在很大程度上改变了新中国成立以来一以贯之的社会话语格局和舆论格局。借助于互联网,公众可以不经由报纸、广播、电视等新闻媒体而随时接收信息、披露信息和表达意见并使之在大范围内传播,一些由网民披露的信息和发表的意见,甚至发生过异乎寻常的积极影响。这表明中国社会已进入名副其实的自媒体时代。这一时代的社会话语格局和舆论格局的显著特点是:舆论的始发点多,“草根”作为舆论主体发声后的回声大,虚拟空间中的简短评论和附和性意见数量居高不下,舆论参与者相互之间更容易实现情绪感染,信息和意见的“碎片化”趋向明显。

在主要由移动互联网这样的传播技术手段构成的新媒体语境中,一旦发生重大公共危机事件,其复杂的情景就可想而知了。而人类已迈入风险社会,重大公共危机事件频发成为当今时代的显著特征。风险社会和新媒体语境,这就构成了我们讨论问题的重要背景。

二、在不同语境中因信息公开程度有异而舆论和舆情形态有别

我们知道,舆论和舆情的生成,大抵与关于特定人物、事件相应信息的传播有关。以重大公共危机事件而论,有特定事件发生并且有与此事件有关的信息传播,就会形成相应的舆论和舆情。倘若事件发生后,无与此相关的任何信息的扩散、传播,公众处于毫不知情的状态之中,则不会形成事件舆论和舆情,也谈不上公众的舆论参与度。因此,以往控制舆论和舆情的常用方法是控制与事件相关信息的传播和扩散。这是一种情况。

另一种情况是:关于重大公共危机事件的信息有所传播然而信息不透明、不完整、不对称,或者信息披露不及时。此时,围绕事件而起的舆论和舆情中,就会包含不实传闻乃至出于恶意而制造并用于传播的谣言。而不实传闻和谣言对于公众舆论和舆情有着增加其离心倾向并进而扰乱人心的负面影响。“谣言止于信息公开”的真理,已经被对 SARS 事件及以后的一系列重大公共危机事件的成功处理一再证实。以事件信息公开、消除不实传闻与谣言从而达到优化舆论环境的目的,已无数次地被证明是行之有效的做法。

重大公共危机事件发生后,公众围绕事件形成相应舆论,除了必须具备有“众议”对象(话题和材料——引人关注的话题即事件;真实的素材抑或不真实的素材)和有众多的人参与议论,社会对“众议”有一定的宽容度也是不可或缺的条件。《国语·周语上》记载:周厉王治国,极端凶狠残酷,并以“防民之口,甚于防川”之道钳制民间舆论,因而百姓往往只能“道路以目”。在此情势之下,存在着危及周厉王统治的舆情(腹诽),却难以形成能为他所感觉到的公众舆论和舆情,最后舆论和舆情使人心越来越背离周厉王。周厉王至死都没有明白其中的道理。

对于传统语境,笔者认为对此不宜一概而论。自新中国成立至改革开放之前,就社会政治生活而言,不同时期存在着正常、基本正常、不正常和极端不正常的区别,社会话语格局和舆论格局也随之而显现出一定的差别。

在政治生活不正常或极端不正常的情况下,重大公共危机事件发生后,事件信息被严密封锁,新闻舆论被严重扭曲,公众无法定的知情权可言,遑论正常参与舆论。1970 年 1 月 5 日发生的云南通海地震和 1976 年 7 月 28 日发生的唐山地震,就是相当突出的案例。在当时特殊

的政治生态中,媒体对两次地震发过披露的信息很不充分的报道,而且故意淡化了灾难的严重程度。在灾情不为多数人知晓的情况下,公众参与"众议"和形成舆论的概率很小。新闻媒体即使报道灾难,也不报道灾难中的伤亡人数,少报灾情、多报抗灾。在这样的境况中,公众根本无法以道出真实心声的方式发表意见、参与舆论。新闻舆论与公众舆论和舆情并不吻合,甚至完全背离。

即使是在社会政治生活正常和基本正常的情况下,由于政府信息公开制度的相对缺失,公众的知情权未被置于重要地位,因而在重大公共危机事件发生后,公众的舆论参与度也仍然是相对有限的。事件信息受到严格控制。对于事件信息,官方可以决定并做到想不披露就不披露、想披露多少就披露多少、想什么时候披露就什么时候披露、想怎么披露就怎么披露。由此,社会舆论完全掌握在可控制的范围之内,公众表达意见、参与舆论,在内容、形式、途径等方面都受到相应限制,新闻舆论在某些情况下没有完全反映民意民声、公众舆论。

在新媒体语境中,情况则有很大不同。《中华人民共和国政府信息公开条例》于 2008 年 5 月 1 日正式实施。按此条例,公开重要政务信息和公共信息,是政府的职责。重大公共危机事件一旦发生,及时发布事件信息成为政府的行事规范。退一步说,政府如果不能在第一时间发布事件信息,处于事件发生地现场的特定网民,会通过自媒体迅即发布事件信息并进行同步直播。此时政府和新闻媒体将处于十分被动和尴尬的境地。而更多的网民,将会通过补充信息、提供背景、发表见解、进行附议、加以点赞、进行围观等方式,参与到公众舆论的大军之中。重大公共危机事件的舆论大潮由此而形成。据人民网舆情监测室数据:仅在新浪微博中,"芦山地震"的信息量就为 499 万条,"北京(2012 年)'7·21'暴雨"的信息量则为 61 万条。[①] 如此巨大的信息量,绝大多数源于"草根",可见公众舆论参与度之高。

在新媒体语境中,重大公共危机事件发生后,公众舆论参与度高已不是孤例。2013 年 6 月 3 日清晨,吉林德惠禽业公司发生重大火灾事故。人民网翌日下午即刊出题为《今日舆情热点:吉林禽业公司火灾人员伤亡引多方关注》的文章。[②] 文中称:综合今日舆情数据,舆情热度最高的事件是"吉林德惠禽业公司大火",热度最高的单条网络新闻是腾讯新闻:"吉林一禽业公司发生火灾 目前已致 62 人遇难"。截至当日 13 时,"吉林德惠禽业公司大火"相关话题位居当日舆情热点排行第一位,已有至少 54.6 万网友参与讨论和超过 6.6 万条网友评论。[③] 该文以表格形式,列出了网易、腾讯、新浪和搜狐四大网站当日排名前五位的新闻的评论数和参与人数,"吉林德惠禽业公司大火"是评论数和参与人数最多的事件。

详情见表 3-1:

① 《祝华新:互联网生态治理晴空初现》,人民网,2013 年 10 月 30 日。

② 此处资料截止时间为 2013 年 6 月 4 日 13 时。

③ 《今日舆情热点:吉林禽业公司火灾人员伤亡引多方关注》,人民网,2013 年 6 月 4 日。

表 3－1 吉林禽业公司火灾人员伤亡受关注情况一览表①

热点排行	来源	标题	评论数	参与人数
1	网易新闻	吉林禽业公司液氮泄漏引发爆炸 已致 119 人遇难	11 105	129 109
	网易新闻	吉林大火已致 120 人死 事发时多数门反锁	3 831	52 461
	新浪新闻	吉林德惠禽业公司火灾已致 119 人遇难	1 739	25 114
	新浪新闻	吉林德惠禽业公司大火	23 938	155 191
	新浪新闻	吉林对每个死者家属成立工作小组 防止群体事件	1 669	27 715
	搜狐新闻	吉林火灾幸存者:事故车间仅一个侧门被打开	4 348	39 550
	搜狐新闻	吉林禽业公司火灾已致 119 人遇难	1 998	18 012
	搜狐新闻	吉林禽业公司火灾 120 人遇难 国务院成立调查组	1 595	14 280
	腾讯新闻	吉林一禽业公司发生火灾 目前已致 62 人遇难	12 687	48 413
	腾讯新闻	吉林一禽业公司发生爆炸 已致 119 人遇难	1 638	13 203
	腾讯新闻	组图:吉林禽业公司发生爆炸起火 伤亡惨重	2 180	23 197
2	新浪新闻	日官房长官:钓鱼岛问题原本就不存在搁置争议	8 139	30 453
	新浪新闻	日本官房长官称钓鱼岛问题根本不存在搁置争议	1 586	12 386
	腾讯新闻	日本官房长官:钓鱼岛问题原本就不存在搁置争议	2 197	17 500
3	搜狐新闻	官方:中储粮林甸直属库火灾系配电箱短路引发	7 118	76 678
	搜狐新闻	救援指挥部副总指挥:林甸直属粮库属于超负荷运转	2 106	19 329
4	网易新闻	山东癌症村现死亡名单 村民想炸掉化工厂	1 617	25 688
	腾讯新闻	山东癌症村现死亡名单 村民想炸掉化工厂	5 695	17 996
5	网易新闻	云南高中生在校“吹泡泡”被开除 教育部门调查	3 569	59 292
	搜狐新闻	云南两高中生因在校“吹泡泡扔纸飞机”被开除	1 167	11 403
	腾讯新闻	云南陆良两高中生因在校吹泡泡、扔纸飞机被开除	2 345	22 629

表 3－1 中的“参与人数”是点击和阅读的人次,反映出新闻的受关注度;“评论数”则标出了参与议论者的意见数量,直接体现出公众的舆论参与度。通过对数据加以统计、综合,可看到以下结果:就“吉林德惠禽业公司大火”事件,网易刊发新闻 2 条,计有 181 570 人参与,评论数为 14 936;新浪刊发新闻 3 条,计有 208 020 人参与,评论数为 27 346;搜狐刊发新闻 3 条,计有 71 842 人参与,评论数为 7 941;腾讯刊发新闻 3 条,计有 84 813 人参与,评论数为 16 505。其中网易新闻和新浪新闻的参与人数都达到了 6 位数,这是四大网站当天所载其他新闻无可企及的。而新浪单条新闻《吉林德惠禽业公司大火》获 23 938 条次评论,则表明网民参与舆论之积极、踊跃。此类情形,是传统语境中绝不可能出现的。可见,在新媒体语境中,公众的意见、态度和情绪都得到了比较充分的表达、显现。

① 《今日舆情热点:吉林禽业公司火灾人员伤亡引多方关注》,人民网,2013 年 6 月 4 日。

第三节 两种语境中重大公共危机事件公众舆论影响力比较

舆论影响力是一个用来衡量舆论对社会及其成员发生影响的指标。舆论影响社会的实质是影响其成员的心理层面和精神层面,显在或潜在地影响人心向背。舆论的力量,有形或无形、直接或间接地影响着人心的聚散程度、社会的稳定程度和政权的稳固程度。舆论影响力的指标,可以通过科学的方法确定,并据此对舆论影响力进行评估。

一、公众舆论能否发挥重大作用取决于其影响力

公众舆论能否发挥重大作用,取决于以下三个“度”:(1) 公众对于舆论的参与广度。一般而言,参与议论者愈多,事件舆论的社会影响就愈巨大。(2) 公众参与议论的深度。公众中的一部分人一般性地就事件和人物议论一番,对当事人、责任人都不会有太深的触及。但如果有人深刻地剖析事实、提供鲜为人知的幕后信息、据此发表令人信服的见解,情况就大不一样了。担当此类重任的往往是意见领袖。(3) 舆论传播的力度。口耳相传的舆论,传播范围有限、历时很短,甚至瞬间即逝。而有理有据、能把话说到公众心坎上的博文、帖子、微信,则往往会被广为转载、附议、点击,很可能在一段时间之内引领社会公众舆论。

在传统语境中,通常情况下,新闻媒体的舆论影响力远远大于公众舆论的影响力。原因在于:官方以及新闻媒体在社会生活中掌控着话语权和话语主导权,可以决定信息的披露与否和于何时以何种方式披露,可以决定议题和议程的设置,可以决定报道和文章是否被录用和刊播,还可以决定宣传的口径和舆论的基调。而公众“众议”的原材料,绝大部分来自于官方和新闻媒体,渠道相对单一(其他渠道传播的多为小道消息)。公众“众议”的内容,其中的绝大多数不可能为把关严格的新闻媒体所采用,受到传播技术条件的限制,它们不可能离开新闻媒体而进行大范围传播,因此,一般情况下不存在公众相互感染和舆论在短期之内迅速膨胀、发酵的可能性。

二、传统语境中重大公共危机事件舆论的影响力与新闻媒体密切相关

从历史情况来看,在传统语境中,重大公共危机事件舆论和舆情发挥巨大影响力的个案,都与新闻媒体的舆论影响力密切相关。

“渤海2号”沉船事件发生于1979年11月25日,但最早报道此事件的新华社是1980年8月21日晚发的电讯稿。中央领导作出指示后,《工人日报》就事件刊发了一系列报道和评论,《人民日报》和其他媒体也都发出了自己的声音,从而在全国形成了舆论监督的高压态势。在舆论监督的巨大声浪中,有关人员或被记大过,或被撤职,或被追究刑事责任。在整个事件过程中,围绕事件的舆论主要是新闻舆论,且这种舆论始终存在,影响力之大毋庸置疑。有文章记录了当时的情景:“下午还不到来报纸的时间,各处收发室已经拥挤不堪。”很多人说,《工人日报》等所载的文章反映了工人的心声![①] 可见以《工人日报》为代表的新闻媒体在“渤海2

① 《名稿档案登记表:渤海二号钻井船在拖航中翻沉》,《报刊管理》1999年第12期。

号"沉船事件报道中发出的声音与公众舆论高度吻合。但公众舆论本身的影响力究竟有多大,因无相应资料,故难以查考。

就1987年的大兴安岭森林火灾事件,媒体作了大量报道,由此形成了颇有声势的新闻舆论。虽然公众对此事件的议论颇多,但官方媒体的舆论影响力大于公众舆论的影响力,这是不争的事实。

三、在新媒体崛起并形成相应语境之后舆论生态有了极大变化

(一)网络舆论总是随重大公共危机事件而生并与之相伴

在新媒体崛起并形成相应语境之后,情景就大不相同了。一旦重大公共危机事件发生,既会有在两种语境中舆论都有所反映的情况,又会有在传统语境中初始无所反映而在新媒体语境中反应强烈,然后传统媒体跟进的情况。由于自媒体的存在与发展,官方已很难控制重大公共危机事件的信息。因而,一遇重大公共危机事件发生,不仅总有随之而生、与之相伴的以公众舆论为主的网络舆论,而且网民往往成为事件信息的直接提供者、事件舆论的首发者、传播者和使之发酵者。

有研究者指出:"新媒体环境下的信息传播具有非线性特点,信息可以在一瞬间爆炸性增长,新媒体复杂多变的交流环境,使得危机发展态势的可控性降低,往往一招不慎,危机就全面爆发不可控制,是典型的'蝴蝶'效应机制。新媒体环境下,人人都可以利用手边的计算机、手机、照相机、摄影机等电子工具采集信息,传播信息,宣泄情绪,一个微小的不慎都有可能变成星星之火引发群体性事件。"①

在新媒体语境中,重大公共危机事件一旦发生,舆论和舆情可以发挥前所未有的影响力:将关于事件的各个方面的情况以相互补充的方式全息化地呈现于公众面前(事件真相无可遁形),而不是仅有官方和新闻媒体在说话(想封锁信息已不可能);通过舆论压力,迫使相关机构部门公布众所关注的有关信息;运用网络舆论监督所形成的力量,促使有关机构部门追究责任人的责任;倒逼政府及其相关机构部门改进工作、解决问题,政府部门如果懒政、不作为,将遭遇更大的舆论压力。在2011年温州动车相撞事件发生后,铁道部无法回避公众舆论就事故的原因、被撞毁车体的掩埋、事故的责任人、机制的缺失与缺陷等一系列问题提出的质疑,公众舆论对事故处理形成了一种倒逼之势。《南方日报》曾发表题为《网络舆情推动热点事件解决 倒逼政府部门改革》的文章。文章称,近日,连续几起在网络舆情裹挟下长时间发酵的事件取得实质性或阶段性进展:2011年11月16日,环保部在《环境空气质量标准》修订版中首次制定PM2.5标准,此后北京、广州、上海、山东等省市纷纷表态称将争取尽快实现PM2.5的监测和公布;2011年12月7日,国家安全监管总局再一次通报了"7·23"甬温线特大铁路交通事故调查进展;2011年12月8日继"郭美美风波"后中国红十字总会前所未有地高调公开财务状况。有分析认为,网络已然成为倒逼政府部门改革、促进官民互动的有效方式。专家建议政府在现今的网络环境下应转变思维,变被动为主动,积极开拓更多的民意渠道,完善多元机制,真

---

① 李晓兵:《新媒体环境下的政府公共危机应对》,《青年记者》2011年第11期。

正做到服务老百姓。[①] 而所有这些,在公众话语权和话语影响力相对有限的传统语境中都是很难做到的。

(二) 公众在“虚拟世界”中的舆论和舆情有着现实影响力

从中国 1994 年接入互联网起,至今已有 20 多年。在互联网普及后,与传统语境迥然不同的新媒体语境得以形成。这是一种借助于互联网而形成的有别于以往的特定社会话语环境。在这一语境中,人人都可不露真实身份地发帖、跟帖(即使实名注册,也可以不实名地披露信息和发表意见)、转帖(转帖也是表达意见和表明态度的方式),从而构成了一个人人都有话语权和表达意见较之在现实世界中更为自由的“虚拟世界”。虽说是“虚拟世界”,但其中的舆论和舆情及其影响力并不虚幻,而是现实的、实在的。

新媒体语境本身也处在演变过程之中。近年来,新媒体语境的变化主要有:(1) 移动互联盛行。随着技术的进步,手机与互联网“牵手”,形成移动互联。网民接受信息、披露信息、发表意见,都可以在移动状态中完成。移动,意味着时空束缚被突破,同时意味着使用者获得了发表意见更加方便的条件。这是传播技术方面的动因。(2) 自媒体被广泛使用。博客、微博、微信等社交类媒体,不仅被广泛用于人际交往(人际传播),而且被频频用于公共空间(公共传播);公众常以此作为传播信息和发表意见的便捷工具,作为政治参与的常用载体。自媒体是由新兴媒体推动的传播形态嬗变的产物,标志着社交类媒体的不断壮大。较之此前的传播形态,自媒体更具不受时空制约的实时交互性(与新闻媒体及新闻工作者的交互,网民之间的交互)。(3) 网络环境得到有效整治。在 2013 年 6 月开始的集中打击整治网络违法犯罪专项行动中,利用网络进行违法活动的“立二拆四”、“秦火火”、网络大 V 薛蛮子等被依法查处。网络环境在很大程度上得到改善,网民在网络使用方面的守法意识普遍有所增强。《中华人民共和国网络安全法》于 2017 年 6 月 1 日起正式施行,同时施行的还有《互联网新闻信息服务许可管理实施细则》。前者为维护网络安全提供了强有力的法律保障。后者规定:通过互联网站、应用程序、论坛、博客、微博客、公众账号、即时通信工具、网络直播等形式向社会公众提供互联网新闻信息服务,应当取得互联网新闻信息服务许可。这样,就使未经审核而发布的不实消息失去了很大一部分存在空间。

(三) 由自媒体参与形成的新媒体语境与重大公共危机事件舆论和舆情

社区论坛、博客、微博和微信,都具有社交类媒体的性质,都属于自媒体的范畴。截至 2013 年上半年,仅新浪微博的注册用户就达 5.36 亿[②];截至此年 11 月,微信的注册用户量已超 6 亿。[③] 迄今为止,新媒体已不止是一般意义上的互联网,新媒体语境也已不仅仅是中国刚接入互联网初期的语境。由手机与互联网联姻而获得飞速发展的自媒体及由此参与构成的语境,改变了历来的社会舆论格局。这种语境的主要特点有:自媒体的使用者传播信息方便、迅捷,不受他人、他机构的事先审批和把关,传播过程中也基本不会遇到障碍;任何人都可通过手中的自媒体参与舆论,或发起形成舆论并有可能成为舆论中心;在某些情况下,舆论急遽形成

---

① 张迪、高金花:《网络舆情推动热点事件解决 倒逼政府部门改革》,《南方日报》2011 年 12 月 11 日。

② 曹国伟:《新浪微博注册用户数达 5.36 亿》,领团资讯,2013 年 5 月 18 日。

③ 王润丰:《微信提升编辑的市场敏锐性》,搜狐网,2015 年 9 月 1 日。

并迅速膨胀、发酵,局部性舆论或区域性舆论演变成影响极大的全局性舆论(全国性乃至全球性舆论)的概率大增;传播不实传闻乃至制造并传播谣言成本很低。

重大公共危机事件,因涉及公众和公共领域且重大,发生后必然成为舆论和舆情的焦点,细究起来,其中不无自媒体所发挥的作用。

从一个方面说,正如有研究者所分析的那样:“从重大危机事件爆发的瞬间起,特别是与公众生命攸关、利害攸关的重大危机事件爆发后,公众出于重大危机事件爆发的突然性、事件发生发展及其最终危害的不可知性,以及自身生命财产受到的严重威胁性,对危机信息的迫切需求和巨大渴求一时间必然会达到空前高度,即呈现出‘危机信息渴求’综合征特征。”[①]重大公共危机事件中,有些可能危及每个人的生命或健康,有些则已经损害公共利益;有些令人悲怆和愤懑,有些则让人揪心和扼腕。其实,在重大危机事件发生时和发生后,不仅仅是“危机信息渴求”综合征特征得到凸显,社会的相对平衡、社会心理的相对平衡也被打破。公众获知信息后受到强烈的心理刺激,知晓情况的欲望、表达意见的欲望、发泄情绪的欲望都会大大强于正常时期。唯其如此,事件舆论和舆情就具备了滋生土壤及发酵环境。

在自媒体时代,重大公共危机事件信息的传播情况、舆论和舆情的运行情况发生了很大变化。有研究者指出:“网络舆论的生成发酵机制基本遵循以下规律:传统媒体报道或网友爆料(微博异军突起)—网友讨论(新闻跟帖、论坛发帖等)—形成网络舆论压力(‘意见领袖’作用突出)—媒体跟进呼应、挖掘新的事实(新老媒体互动)—有关部门应对—再掀波澜(假如应对不当)—再次应对—网友注意力转移—网络舆论消解(流行语、视频等娱乐化的尾巴长期流传)。”[②]

在此过程中,事件舆论和舆情形成于起始点,其放大加剧则呈现重要拐点。在上述两个关节点上,自媒体都发挥了关键性的作用。或许可以这样说,没有自媒体(网友通过微博、微信爆料),舆论和舆情的始发未必那么及时,那么令官方和官方媒体措手不及;没有自媒体,事件舆论和舆情未必一点燃即被引爆,一被引爆就引发大范围公众的关注以致变得不可收拾。

(四)重大公共危机事件舆论和舆情与自媒体的传播特点密切相关

有研究者就自媒体的传播特点与突发事件背景下的传播需求进行了如下分析:“从传播学角度分析,传播媒体由信源到信宿的单向传播模式,在自媒体环境下,已完全转变为兼具单向与双向互动、传播者与受众随时发生转变与重合的‘网状传播’模式——只是在‘自媒体’中,随着媒介接近权的增强,网状传播的信息交换频率更快,信息扩散效果更强。而这种高交换频率、强扩散效果,也正好契合了突发事件背景下的传播需求。”[③]

自媒体在传播主体、传播工具、传播渠道、传播模式等诸多方面有着自身的显著特点。

1. 传播主体众多

在通常情况下,自媒体的传播主体是一个个分散的个人,是具备使用自媒体条件和能力的

---

① 明安香:《重大危机事件传播的主要特征与应对研究》,《新闻爱好者》2012年第22期。

② 单学刚、郭晶:《网络舆情:自媒体的“蝴蝶效应”》,人民网,2012年2月21日。

③ 罗昶:《从孟买恐怖袭击事件中的“自媒体”传播看公民新闻背景下的媒介权力转移》,《国际新闻界》2009年第1期。

任何个人(而准入门槛极低)。这就意味着:参与舆论和发起形成舆论者,比以往任何时候都更多,参与舆论比以往任何时候都更加方便。在重大公共危机事件发生后,原先分散的主体会很快围绕事件集结。以上是舆论格局出现新变的主要标志之一,也是重大公共危机事件发生后舆论难以控制的重要原因之一。

2. 传播工具先进

自媒体使用的传播工具是便携的电脑或更便携的智能手机,是可以在移动状态中上网接收信息和传播信息的工具,是兼具文字、图片、音频、视频等综合传播能力的媒介。正如尼葛洛庞帝所说:“在网络上,每个人都可以是一个没有执照的电视台。”[①]这借助于上网的智能手机已经能很容易实现。自媒体传播的重大公共危机事件现场视频,更能给人以现场实在感和视觉冲击力,更能形成震撼人心的事件舆论和舆情。

3. 传播渠道通畅

自媒体的传播渠道,与网络覆盖密切相关。只要网络所及,自媒体的传播就没有盲区和盲点,不像纸媒、广播和电视,传播的信息因覆盖面受限而不能抵达的空间比较多,不能抵达的范围比较大。另外,自媒体传播在时间上是昼夜无休、全年无休的,是全天候的。因此,重大公共危机事件发生后,自媒体形成的舆论和舆情可以实现时间和空间的全覆盖。

4. 传播模式独特

自媒体兼具双向互动、传播者与受众随时发生转变与重合的“网状传播”模式,此说有可取之处,但也有需推敲之处。传播者与受传者的角色身份,确实是随时都可以转换的。但既然是“网状传播”了,怎么还可能是“双向互动”呢?笔者以为,说自媒体所进行的是“双向互动”式的信息传播,似乎欠准确。自媒体所进行的传播,不是以媒体为一方、以受众为另一方的双向互动。其传播过程中的最为独特之处是:不受时空限制的实时交互性。实时交互分为实时双向互动和实时多向互动两大类。实时双向互动,传统媒体中的广播媒体尚可做到。听众可以将电话打进直播间,但这只是由导播控制的、听众与主持人之间有限的实时双向互动,听众之间的交互则难以实现。报纸和电视媒体连这样的实时双向互动都很难做到。而自媒体则呈现出别样的情景:实现实时“双向互动”,只需举手之劳。“互动”,不仅是指公众(受众)为一方,与作为另一方的媒体之间的实时互动,而且是指此受众或一部分受众与彼受众或另一部分受众之间的实时应和与相互感染。在仅有传统媒体存在的时代,实现前一种互动是传播者(媒体及媒体人)的努力目标,但这种互动是存在欠缺的;后一种互动,也可能在较小的范围内进行,但很难对公众舆论产生实质性的影响。在自媒体时代则不然。网民与媒体、网民相互之间的不受时空限制的多向交互性传播,已经成为常态。在重大公共危机事件发生以后,情况就更是如此。

有研究者指出,对震惊世界的“9·11”事件最真实、最生动的描述并不是《纽约时报》,对事件最深刻的反思和讨论,也不是出自哪一个名记者之手,而是存在于诸多博文之中。[②] 自媒体不仅充分运用了信息传播的高科技手段,而且将公众传播信息和参政议政的积极性极大地

---

① 尼葛洛庞帝:《数字化生存》,胡泳、范海燕译,海南出版社 1997 年版,第 205 页。

② 方兴东:《博客:互联网的第四块里程碑》,《电脑报》2002 年 10 月 8 日。

调动了起来。手握自媒体的公众,既是信息传播和意见传播的踊跃参与者,又是社会政治生活的积极参加者和经常性的监督者。

由于人人都可以使用自媒体,都可以发声,都可以发有影响之声,而且,某些声音发出之后,可能在舆论场中产生“化学反应”甚至“核反应”。在重大公共危机事件发生后,传播主体分散、传播工具先进、传播渠道通畅、传播模式独特等特点共同发生作用,舆论管控、舆情研判客观上已变得既更为困难,又更为重要。

(五)自媒体对重大公共危机事件舆论和舆情的影响作用

仔细研究重大公共危机事件发生时、发生后的舆论形成及运行与舆情形成及存在情况,我们能够看到自媒体在其中发生的显而易见的影响作用。

第一,自媒体成为事件舆论和舆情的重要源头。

自媒体常以事件新闻信息首发者和事件舆论引发者的身份,成为事件舆论和舆情的源头。人们利用手中掌握的自媒体,发布信息、发表意见,无须任何机构的审批。身处现场者,总是能先于传统媒体包括传统主流媒体披露关于重大公共危机事件的信息。披露的形式,既可以是文字,也可以是文字加图片及音频视频。新闻工作者除非恰好在场,否则无论如何也不可能在时效方面与恰好在现场的自媒体使用者相比。而事件的信息,是事件舆论形成的原材料。就此而言,网民运用自媒体“爆料”,不仅是在为新闻媒体提供用以大范围传播的新闻线索,而且也是为舆论和舆情的形成提供事实基础,提供舆论和舆情的客体。

重大公共危机事件发生时,数以亿计的自媒体使用者中的一部分人,正好就在事发现场。而专业记者全国仅有数十万,事发时在现场的概率极小。在事发现场的自媒体使用者,有的是事件的近距离目击者,有的甚至是事件的亲历者。他们可以从不同的侧面,进行多点观察和各有侧重的报道,甚至可以进行全程直播。在重大公共危机事件发生时和发生后,“全民皆记者”一语有了更加实际的意义。

新闻工作者则往往是事发后通过不同的渠道获得线索并立即赶赴现场的。虽说是第一时间赶至第一现场,然而实际上赶至现场的时间与事发时间之间总存在着“时间差”。在多数情况下,记者在现场进行合乎专业要求的采访,对事实包括细节加以仔细核对,在此基础上,运思写作、谨慎推敲,成文后须按程序接受审稿,花费的时间会较长。大致可以说,重大公共危机事件发生后,许多时候是由自媒体率先形成了事件舆论和舆情,它们常常发挥了对整个舆论和舆情的先导作用。

第二,自媒体充当了传统媒体重要的线索源和消息源。

目前记者常常将微博、微信作为获得新闻线索的重要渠道。

2008 年 5 月 12 日汶川地震后的第一条消息就是由微博发出的。2010 年 11 月 15 日上海胶州路公寓失火,网友通过新浪微博首发此次火灾的消息,然后各主流媒体大量援引上述微博发布的现场目击报道。不仅如此,主流媒体还多次通过微博寻找火灾报道的线索和素材。可见,在关于公共突发事件的新闻传播中,自媒体发挥了越来越重要的作用。

早在温州“7·23”动车相撞事故发生前 7 分钟,就已有人发微博说:动车“爬得比蜗牛还慢,可别出啥事啊”。事故发生 13 分钟后,被困人员已发微博求救(这时还很难说已形成事件舆论和舆情,但事件舆论和舆情的前奏曲已经奏响——笔者注)。稍后,网友@羊圈圈羊和

@Smm_苗进行了直播。这些直播，虽然文字简短，但报道了事件的最新进展。此时，事件舆论和舆情正在形成。而事件舆论和舆情急遽发展的重要节点有二：铁路部门掩埋受损车厢车体触动了人们的神经，铁道部新闻发言人的现场回答不能令人满意。其时，很大程度上是由自媒体形成的网上舆论一片哗然，相应舆情骤然而起。

在2013年6月7日发生的厦门公交车燃爆事件中，某网友对起火爆炸事件的现场直播被频频转发。这是传统媒体很难做到的。"有网友总结道，如果一则信息在微博上被跟从者过万的知名博友转帖，则有可能在10分钟之内形成全国性的舆论热点，其信息传播的速度和广度上都是史无前例的。"[①]这既是传播技术手段使然，同时也是知名博友影响力的体现。在实际生活中，在微博上被跟从者过万的知名博友转帖并非个别现象，这是重大公共危机事件发生后舆论和舆情往往会出现不可控性的重要原因所在。

第三，使用移动端口使事件舆论和舆情很快达到高峰。

自媒体多基于移动端口进行运作，以此有别于一般的网络媒体。自媒体引发的舆论和舆情由发生至达到高潮，历时短于其他媒体所形成的舆论和舆情，可谓"其兴也'速'焉"。针对2014年3月1日发生在昆明火车站的恐怖暴力事件引发的舆论和舆情，有研究者就移动端口与电脑端口的情况做了比较，分析说："3月2日通过移动端口参与话题的网友帖文为9 076条，达到移动端口信息来源的最高点，之后出现缓慢下降的趋势。而来自电脑参与话题的网友帖文直到3月3日才达到电脑端口信息来源最高点，帖文数16 892条，之后出现急剧下降"，"昆明暴恐事件舆情爆发初期，移动端口比电脑端口更快达到舆论高峰期"，"移动终端较之电脑终端表现出更强的便捷性，这就加速了突发事件舆情发酵时间，使得事件到达舆情高潮的时间大为缩短，危机爆发的可能性大大提升"。[②]"加速""时间"的说法，有待从文字上进行推敲，但其表达的意思是不难理解的。依靠移动端口，自媒体使用者在重大公共危机事件发生后，往往作出了更灵敏（速度奇快）和更率性（情绪强烈）的反应。由于自媒体的作用，事件舆论和舆情的高潮来得更早、来得更快，力度更大、势头更猛。

第四，自媒体的不少使用者往往是议题和议程的设置者。

从舆论学的角度看，先于他人、他机构披露信息和发表意见者，常常握有话语权和话语主动权，他们往往也就是议题和议程的设置者。在网络条件下，先于他人、他机构发帖子、博文、微博、微信，都可能被转发、附议、点击、围观，使他人、他机构成为特定舆论的跟进者。乌鲁木齐"5·22"暴恐案发生后，就有网民设置了对反恐怖暴力形势表示担忧的议题和议程。有网民说："担忧国内反恐局势：今年不太平，先是昆明砍人事件，紧接着乌鲁木齐火车南站爆炸案和街头汽车暴恐案。局势动荡，百姓的心里没底啊！"[③]这样的议题和议程，涉及公众共同的担心，很容易引起普遍关注和强烈共鸣。有分析说："从'谴责暴恐行为、哀悼遇难伤者'网络舆情主流声音的成因来看，网友的自发性情感指向趋同是主要因素，官方媒体信息密集投放、网

---

① 单学刚、郭晶：《网络舆情：自媒体的"蝴蝶效应"》，人民网，2012年2月21日。

② 《2014年昆明暴恐专题网络舆情分析报告》，转引自丁柏铨《自媒体对重大公共危机事件舆论影响研究（下）》，《中国出版》2015年第2期。

③ 贾志丽：《乌鲁木齐暴恐案看自媒体舆论场》，大众网，2018年7月30日。

络引申热点话题匮乏为辅助因素。”[①]网络舆情的底蕴是公众相当一致的心声和情绪，而舆论正是这种舆情的真实反映。这表明：网民最初的议题和议程设置，与绝大多数公众的情感指向和意见指向是完全合拍的。

第五，事件舆论和舆情中真实地流露出公众的质疑之声。

自媒体使用者还经常是官方所公布的事件信息的质疑者。在重大公共危机事件舆论和舆情中，质疑之声总是不绝于耳。

事件舆论会就一些重要结论或细节提出质疑。2014 年 5 月 12 日 16 时 50 分许，四川省宜宾市公交公司一辆公交车在行驶途中突然发生燃烧。后“宜宾公安”发布微博通报了在公交车纵火的嫌疑人身份。5 月 13 日，各大主流媒体跟进报道。这些报道都强调了“唯一死者是嫌疑人”这样一个要点。不少网友对此提出质疑，追问纵火案具体细节。如@我是一佳发问道：厦门 BRT 公交爆炸案的纵火者也死了，每次爆炸纵火者都是死人，表示怀疑。还有，之前报道说有一个学生死亡，现在怎么改了？[②] 可见，官方发布关于事件的信息时，要有面对公众质疑的准备，并应具备就质疑作出令人信服的回应和解释的能力。而稍有疏漏，那就可能被网友发现、逮住，被置于舆论的聚光灯之下，从而在舆论场中引起轩然大波。

事件舆论还会就信息披露的时间提出质疑。在重大公共危机事件发生后，信息公开在时机方面几乎没有选择的余地。因为在信息传播技术高度发达的今天，此类事件不可能在绝密状态中发生，而总是会很快进入公众的视野。在此情况下，选择事件信息的发布时间，无异于延误抢占舆论制高点和进行舆论引导的最佳时机。但是，一些主政者、管理者和新闻工作者，往往仍然采用与自媒体时代不相适应的思维方式进行思维，以与时代要求不相适应的管理方式进行管理，其实际效果自然不佳。

2014 年 5 月 10 日中午，南京市官方微博“南京发布”和“南京环保”向社会发布消息称：5 月 7 日，天津宏迪工程检测发展有限公司，在位于浦六北路 188 号的中石化第五建设有限公司院内进行探伤作业时，丢失用于探伤的放射源铱 - 192 一枚。这一官方发布，距放射源丢失已 80 多个小时，离企业向环保部门报案也已 30 多个小时。江苏省核与辐射安全监督管理局局长陆继根向记者解释说：由于企业报案迟缓，耽误消息发布时间。5 月 7 日凌晨天津宏迪工程检测发展有限公司丢失放射源，9 日 1 时才向南京市环保局报案。为减少大范围公众恐核焦虑，政府在锁定放射源位置后才公布了消息。有人指出，如果及早公布信息，当事人以及关联者可能会及早得知自己碰到了放射性污染源，可能会尽快向有关方面报告。[③] 重大公共危机事件发生后的舆论和舆情引导，与事件信息的及时充分披露紧密相连，而事件信息的及时充分披露，又是取信于民的前提条件。

---

① 贾志丽：《乌鲁木齐暴恐案看自媒体舆论场》，大众网，2018 年 7 月 30 日。

② 《四川宜宾公交纵火案信息发布瑕疵引质疑》，转引自丁柏铨《自媒体对重大公共危机事件舆论影响研究（下）》，《中国出版》2015 年第 2 期。

③ 《突发性公共事件拷问政府信息公开能力》，新华网北京 2014 年 5 月 15 日电。

四、新媒体语境中形成的事件舆论和舆情的特点

（一）与虚拟环境相联系的特点

一般而言，在虚拟言论空间中，舆论主体所发议论较为率真，多无伪装和掩饰。参与议论者，既可公开自己的身份，也可不公开自己的身份（以后者居多），既可做得方便他人辨识，也可做得不易被他人辨识（同样以后者居多）。对为数不少的参与议论者而言，由于身份可以尽可能隐蔽、不易被他人辨识，因而就能没有太多顾忌地披露信息、表明自己的观点和态度，就能更方便地发起议论和介入议论，具有意见表达的更大自由度和灵活性。当然，特定主体披露信息和发表意见负责任的程度，也会因人（两类人：作为主体的人和作为客体的人）、因事（事件的严重程度、敏感程度、复杂程度等）、因时（社会开明和开放程度在不同时段有异）、因地（不同地域的文明和民主程度不同）而有所不同。

（二）与现代传播技术相联系的特点

借助于融诸多方面的高科技为一体的现代传播技术，网络舆论和舆情的形成和传播体现出明显强势。

首先，舆论和舆情无论形成还是传播都极其迅速，可即时生成舆论和舆情、顷刻传播舆论和舆情、迅即形成舆论和舆情狂潮。非新媒体语境中的舆论，显然不占有传播快捷方面的优势。

其次，传播范围宽广。可突破时空限制，在瞬间将一部分舆论主体披露的信息和发表的意见覆盖很大范围乃至传遍全球，使舆论和舆情的主体队伍像滚雪球般迅速扩大。在覆盖面方面，新媒体尽显优势。

再次，便于网民从各个不同方面搜索、发掘和观照素材、发表意见。以 2012 年 8 月 26 日陕西延安发生特大交通事故为例，由于该省安全生产监督管理局局长处理事故不及时，他被网民先是搜索出有 5 块名表，最终搜索出有 11 块名表，从而一次次被推向舆论的风口浪尖。

最后，凭借技术优势，新媒体构成了一个更有利于舆论和舆情生成、放大、勃兴和爆发的环境，且能迅即造成舆论和舆情的“雪崩”和“海啸”，每每呈现出一发而不可收之势。这种景观，在传统语境和线下的现实语境中都极为鲜见。在这一方面，新媒体语境远甚于传统语境和线下的现实语境。而微博作为新的传播形态，则更有其突出的兼容性，“因 API（应用程序编程接口——笔者注）模式而具备了强大的工具整合性，使得微博传播具有极强的便利性。人们可以通过手机、页面、即时通信工具等多种方式实现随时随地参与信息的传播。参与传播的门槛进一步降低，自媒体特征凸显，对传统的制度化传播形成消解和挑战。”①依凭手机，舆论主体能在移动中方便地接受信息、披露信息和发表意见、臧否人事，使网络传播的以上强势和优势得以进一步凸显。

有研究者指出：“网络舆论，是一个自我结构、自我发展、按自己的规律运行的自组织，其中某个不确定微粒的偶然活跃，都可能引发一场舆论哗变。如何看待网络舆论对社会安全构成的新挑战，如何引导网络舆论，对网上不和谐音符采取何种应对策略，都面临一种思维方式

---

① 程诚：《试论微博对舆论形成的影响》，《新闻爱好者》2012 年第 9 期。

转向的问题。”①

应该说，这段论述是很有见地的。笔者赞成其中的局部观点，如：某个不确定微粒的偶然活跃可能引发一场舆论哗变；应对网上不和谐音符的策略，面临的是思维方式的转向问题。但是，对于网络舆论是一个“自我结构、自我发展”的“自组织”的说法，笔者则不敢苟同。倘说网络舆论有某些独特的运行规律，当是正确的和无可非议的；然而，认定网络舆论是一个与社会和社会舆论毫不相干的“自组织”，则有待商榷。网络舆论是公众借助于网络条件、通过意见表达的方式，就特定社会生活内容所作出的意见表达的汇聚；网络舆情则是在上述相应条件下网民中蕴含的意见、态度和情绪。网络舆论和舆情均非无端而生、无迹可寻，也并非与社会绝缘；它们毫无疑问来自生活也受制于社会生活。此其一。其二，网络舆论和舆情与社会舆论和舆情之间的关系，是被包含与包含的关系。前者是后者的一部分，是其中相对更活跃的部分。总之，网络舆论并不是严格的“自我结构”，也不能离开社会和社会舆论而孤立地“自我发展”。

（三）与难以管理相联系的特点

从一定意义上说，由于现代传播技术的作用，新媒体语境中的舆论和舆情可在虚拟环境中形成和传播，又反过来影响现实环境中的舆论和舆情。这与传统形态的舆论和舆情存在一定区别。毋庸讳言，重大公共危机事件具有负面性质。一般来说，官方和官方媒体不希望由此形成舆论和舆情狂潮，并担心因舆论和舆情失控而引起社会震荡。在此情况下，网络舆论和舆情往往围绕重大公共危机事件率先形成巨大波澜，然后才是受到更多规制约束的传统媒体程度不等地跟进。传统媒体因受到各层级严格把关，它们所形成的舆论在时效性方面无法与新媒体语境中的舆论相匹敌。新媒体语境的舆论和舆情中有许多颇有价值的信息和意见，体现了民言和民智。但是由于种种原因，新媒体语境舆论和舆情传播中的一部分信息并不真实可靠甚至是完全虚假的，一部分意见是带有偏颇甚至是完全错误的。

对新媒体语境中复杂的舆论进行管理绝非易事。管理中存在某些难点、盲区，管理制度存有一定缺失，管理者感到棘手，这些都在情理之中。在新媒体语境中，舆论无疑是监督各种违法违规违纪行为和公权拥有者权力运用情况的利剑，然此语境同时也是谣言和不实传闻滋生的土壤和传播的空间，是某些行为主体对相关机构或个体实施侵权行为的事故多发地。而靠传统媒体形成的新闻舆论中，这类情况相对较少；在新兴媒体产生之前，人们之间靠口耳相传所形成的舆论，虽常有以讹传讹的谣言纷飞现象，但不可能传播速度如此快和覆盖范围如此大。

第四节 两种语境中重大公共危机事件与舆论和舆情关系状况比较

新媒体语境中形成的舆论和舆情，通常被称为网络舆论和舆情。这类舆论和舆情，是重大公共危机事件舆论和舆情的重要构成部分。它有自己的显著特点，在重大公共危机事件的发展过程和处理过程中有举足轻重的影响。在传统语境中，重大公共危机事件与舆论和舆情的

① 高红玲、张中全：《网络环境下的舆论运行特征》，《中国记者》2008 年第 8 期。

关系状况相对简单，而在新媒体语境中，重大公共危机事件与舆论和舆情的关系状况则显现出相当复杂的情景。

一、不同语境中重大公共危机事件与舆论和舆情的关系探索

在传统语境中，重大公共危机事件与舆论和舆情的关系状况相对比较简单。之所以如此，是因为官方和新闻媒体是事件信息的掌控者（掌握着消息源和传播渠道），同时也是关于事件的意见的首发者、掌控者和引领者。公众舆论和舆情大抵是顺从官方舆论和新闻舆论的（新闻舆论大抵表达了官方的意志），公众舆论和舆情反作用于事件和关于事件的新闻舆论，也多是与官方舆论相吻合的。

但在新媒体语境中，众声喧哗的公众舆论和情况复杂的舆情，呈现如下状况：在舆论层面，既包含着关于事实的真实而详尽的信息，也包含着与官方和官方媒体提供的事件信息不尽相同的事件信息（其中有些是真实的、准确的，有些则是不真实、不准确的）；既包含着从积极方面影响事件进程的见解，也包含着不利于妥善处理事件、不利于凝心聚力的存在偏颇的意见，正确的观点和错误的观点常常混合在一起。在舆情层面，既包括理性的意见（或公开表达或未公开表达）、态度和情绪，又包括非理性的意见（公开表达抑或未公开表达）、态度和情绪。因此，在处理重大公共危机事件的过程中，既不可闭目塞听，不可罔顾网民的意见、态度和情绪，也不可对网上的意见和情绪不作甄别和筛选，未加取弃、一味顺从，而必须辩证观之，做到兼听则明、择善而从。

二、对同一城市两个具有可比性的案例的分析解读

以下两个案例，具有同样的性质，发生在同一城市；但因处于不同时代、不同语境，事件舆论和舆情的存在及运行状况有很大差异。

案例一：1981 年 6 月 24 日厦门公交车爆炸事件。

当日傍晚，福建厦门一辆通道式公共汽车在行驶中发生了强烈爆炸。公安部门经近一年艰苦细致的工作，终于破获了这起特大爆炸案，确认了凶手系从宁化劳改农场服刑期间潜逃的逃犯黄可芬，其年龄 27 岁。黄可芬因厌世、愤世嫉俗等多种原因，在购买了 22 包炸药、700 多只雷管后在公交车上点燃引爆。“6 · 24”特大爆炸案中，共死亡 40 人，伤 84 人。①

对于如此重大的公共危机事件，舆论和舆情反应如何呢？有文章说：“由于当年信息传播途径之闭塞，曾在厦门市引发少许谣言，但不久便平息；并曾在一段时间内给当地群众带来对于乘坐公交车的恐惧感。”②谣言“给当地群众带来对于乘车的恐惧感”，这很难说是已经形成了舆论，却是实实在在的舆情。谣言看似“不久便平息”，但其在舆情层面所构成的阴影很难消除。

可见，由于传播渠道不畅等客观原因，加上官方的“能不公开就不公开”的主观愿望和处置方法，事件信息在公开传播方面的机制有所缺失，以致舆论仅限于出现“少许谣言”，且谣言

① 贺柳湾：《“6 · 24”特大爆炸案》，中国警察网，2013 年 4 月 7 日。

② 《1981 年“6 · 24”厦门公交车爆炸案》，百度百科，2019 年 1 月 25 日。

缺乏传播手段、载体和渠道,所产生的负面影响只是使市民乘车有了恐惧感。但谣言和事件本身的影响都是暂时的。结果是:事件未对舆论产生太大的影响(未形成持续相当一段时间的事件舆论),舆论并未对事件产生大的影响(未形成对社会产生震荡作用的舆论事件)。然而这种情况,只有在传统语境中才可能出现。

案例二:2013 年 6 月 7 日厦门公交车爆炸事件。

对于 2013 年夏天厦门发生的公交车燃烧、爆炸恶性案件,有网友通过微博直播了现场情景(附有图片),并称:火烧 10 分钟后发生爆炸。厦门网对网民的报道进行了转载:6 月 7 日 18 点 22 分,在快速公交车道蔡塘站往金山站之间,车号为闽 D - Y7396 的公交车突发起火,事故已造成 42 人死亡,33 人受伤,伤员全部送往医院救治(厦门网作了特别说明:本文系转载,不代表厦门网的观点。厦门网对其文字、图片与其他内容的真实性、及时性、完整性和准确性以及其权利属性均不作任何保证和承诺,请读者和相关方自行核实)。[①] 通过以上素材,可以看到:(1) 特定网民对事件进行了报道,且所作的报道先于传统媒体。这就意味着:官方和官方媒体须及时回应社会关切,延误事件信息的公开发布会受到公众的批评;如果故意屏蔽信息,则更是会被诟病。(2) 网友们及时设置了议题和议程(并为事件舆论和舆情的形成提供了必要的原材料和其他相应条件)。回避这样的议题和议程则是很不明智的。(3) 公众通过新媒体参与事件舆论和舆情,并将在很大程度上影响着事件舆论和舆情的走向。所有这些情形,都是传统语境中所没有过的。

在新媒体语境中,任何重大公共危机事件的发生,都必然激发公众舆论和舆情迅速形成并急遽发展,正确应对公众舆论和舆情成为各级政府官员和管理者必须学好的一门重要必修课。而公众舆论和舆情又会反过来成为政府有关部门妥善处理事件的动力、压力或阻力。动力,对有关部门妥善处理事件有推动作用;有压力并不是坏事,如处理得当压力可以转化为动力;但舆论中的不实传闻、谣言以及偏激的情绪和意见,都有可能会成为政府有关部门妥善处理重大公共危机事件的阻力。

三、考察不同语境中重大公共危机事件与舆论和舆情关系时应关注之点

一是新媒体语境中舆论和舆情常常透出戾气和“暴力”。

有研究者清醒地意识到新媒体语境中舆论可能存在的“暴力”:“现在我们注意到,在互联网在新媒体的语境下,事实表达是失灵的,我以前经常用一个比喻,事实越来越成为铅笔画的画,每一个拿橡皮的人都可以修改涂抹它的边界。在互联网的语境下,所有可能的传播平台已经由早期观点的市场变成了情绪的流放地,事实不重要,6 · 28 事件我们随后发现,大部分参与者都没有捕捉到基本的事实真相,基本的事实框架,所有人都是在证据不足的情况下参与了表达,卷入了这场我们所说的‘暴动’。”[②]说“暴动”也许是言重了,但利用自己手中的自媒体,在证据不足或不了解基本事实真相乃至不屑于知晓事情的来龙去脉的情况下,就随心所欲地

---

① 《厦门 BRT 蔡塘—金山段发生火灾事故》,厦门网,2013 年 6 月 7 日。

② 胡百精:《新媒体语境、危机话语与社会性格》,见彭兰主编《中国新媒体传播学研究前沿》,中国人民大学出版社 2010 年版,第 202 页。

发言、发泄、发飙,此类参与舆论和形成舆情的方式是客观存在的,这就和具有特殊含义的“暴动”式的舆论和舆情相去不远了,其中当然不乏“暴力”。

二是信息传播、意见表达中的碎片化倾向和随意性状况程度严重。

新媒体语境中的这类情况,既是技术所限,又是惰性所致。在短短的一条微博内,判断和结论多于分析和说理,情绪的宣泄多于理性的思考。“微博是交流参与的平台,但也具有某种‘毒性’。一条微博 140 字,只能展示结论,不适合充分展示论证过程和论据。《中国青年报》曾撰文分析:微博网友经常 listen half(听一半),understand quarter(理解四分之一),think zero(零思考),却做出了 react double(双倍反应)。消解微博的毒性,不妨鼓励长微博和新闻链接;同时开设博客,用博客梳理思想、沉淀情感。最早的微博玩家‘和菜头’10 月宣布暂时退出微博,怀疑微博的碎片化阅读‘对大脑有所损伤’,让人易怒、易挑衅、易轻信,无法专注。”[①]以碎片化的微博披露信息,常常无法对事件的复杂原因进行条分缕析的交代、说明、分析,不经意之间还会忽略某些重要情节,更无法全面地理解和介绍事件背景;而以“听一半”“理解四分之一”“零思考”,却以意见、态度和情绪的“双倍反应”的方式参与到舆论和舆情之中,就很难说是一种负责任的态度,也很难产生积极的效果。

三是容易滋生并在大范围内传播不实传闻和谣言。

在传统语境中,围绕重大公共危机事件,倘若出现谣言,那是以口耳相传或文字传抄的方式进行传播的(以前者居多);而在新媒体语境中,谣言一旦出现,就会被迅速复制并进行瘟疫式传播。依法打击利用新兴媒体制造和传播谣言者,这是大势所趋、民心所向。与此同时,有必要从学理的角度对网络谣言进行深入研究。

人民网舆情监测室进行了这方面的研究。“美国社会心理学家奥尔波特和波斯特曼总结出一个谣言的公式:R = I × A。R(Rumour)指‘谣传’;I(Important)是‘重要性’;A(Ambiguous)是‘含糊性’。一件事之所以引起谣言,说明它有一定的重要性和含糊性,事件本身的重要性加上初期信息的不确定性,极易让谣言流窜。克服谣言最佳途径就在于建立起权威的即时的信息公布渠道,即让‘A’值为‘0’,则 R = 0。”据此,得出了如下结论:“政务微博就是针对具有‘重要性’的事务,消除‘含糊性’的便捷工具。”[②]笔者认为,越是遇到重大公共危机事件,关于事件的信息就越是容不得含糊。唯其重大,所以广受关注。设若信息含糊,必定引发种种猜疑。2005 年 11 月发生在哈尔滨的水污染危机事件,问题就出在没有让“A”值为“0”上。由此引出的舆论乱象、舆情波涛、群体惶恐、社会震荡,已成前车之鉴。市政府撒了一个善意的谎言,从舆论传播和社会心理的角度看,却是取了个下下策,因为没有使可能被发酵的“A”成为“0”。在自媒体时代,主政者、管理者遇事搞信息封锁,其结果只能是自设困局、自落陷阱,最终是误了国家和民生的大事。

存在于新媒体语境中的网络操盘手、网络水军和网络“大谣”,劣迹斑斑。无论是在平时还是在重大公共危机事件发生以后,他们都对社会舆论造成了很不好的影响。但是,不能据此对新媒体语境进行极端否定的评价。事实上,网络空间中蕴含着、聚集着丰富的民智和民声,

---

① 祝华新、刘鹏飞、单学刚:《2012 年中国互联网舆情分析报告》,人民网,2012 年 12 月 21 日。

② 祝华新、刘鹏飞、单学刚:《2012 年中国互联网舆情分析报告》,人民网,2012 年 12 月 21 日。

特别是经过依法整治，网上的正能量陡然增加。正如人民网舆情监测室祝华新援引余姚水灾和北京暴雨实例所指出的那样："积极的一面是，灾难中现场信息比重提升，网友的隔岸观火式评论影响下降：天涯社区 BBS 的余姚水灾话题中，灾区现场反应类信息占总数的 56%，新闻报道转载占总数的 20%，观点评论和转载占总数 15%；而在北京'7 · 21'暴雨中，灾区现场反映仅占 10%，新闻报道占总数的 20%，观点评论和转载占总数的 60%。"①

应该说，在以传统语境为特征的时代和以新媒体语境为特征的时代，都有重大公共危机事件发生。事实证明：只要关于重大公共危机事件的信息有所披露或泄露，就都会在社会生活中造成反响和形成一定的事件舆论和舆情。这是两种语境中的情形相同之处。然而，在两种语境中，事件舆论和舆情及事件与舆论和舆情的关系状况毕竟有很大的不同：不仅舆论和舆情的状况是不一样的，而且舆论和舆情对于事件的影响方式和影响程度也是不一样的。

① 《祝华新：互联网生态治理晴空初现》，人民网，2013 年 10 月 30 日。

第四章　新媒体语境中涉外重大公共危机事件舆论和舆情研究

在前一章中，我们研究了我国发生在不同语境中的重大公共危机事件的舆论和舆情的运行状况。在这一章中，我们将着重研究涉外的重大公共危机事件的舆论和舆情状况。涉外重大公共危机事件是重大公共危机事件的一部分。一般而言，涉外重大公共危机事件及其舆论和舆情较之涉内重大公共危机事件及其舆论和舆情要复杂得多，这是不言而喻的。而在新媒体语境中，此类事件就更加复杂。

第一节　对几个基础性问题的探讨

涉外重大公共危机事件与涉内重大公共危机事件有一定的区别。作为研究的第一步，对涉外重大公共危机事件及其舆论和舆情的一系列基础性的问题，需要先行探讨。

一、涉外重大公共危机事件概念界定

涉外重大公共危机事件，是指重大公共危机事件中涉及外国抑或外国人的事件。“涉外”是相对于“涉内”而言的。

关于涉内、涉外，须作如下说明：

第一，对此进行区分的重要依据和着眼点，当是和国家领土与主权的完整紧密联系的。

第二，具体而言，港澳人士与台湾同胞均为中国人，他们在中国大陆遭遇公共危机事件（例如 1994 年 3 月 31 日台湾游客在千岛湖游船火灾事件中罹难），不在“涉外”事件范围之内。

第三，港澳台地区均为中国领土的构成部分，因此在港澳台地区发生的重大公共危机事件，倘不涉及外国和外国人，则不在本研究范围之内。

第四，若港澳人士、台湾同胞在别国的领土上成为重大公共危机事件的受害者、受损者，理所当然在本研究之列，例如 2010 年 8 月 23 日发生的香港游客在菲律宾遭劫持事件。

第五，港澳人士和台湾同胞在本土遭遇由外国人造成的灾难，则也在本研究之列。

二、涉外重大公共危机事件的类型

涉外重大公共危机事件，按其性质，可分为天灾、人祸、天灾人祸三类。在这一方面，与涉内重大公共危机事件无甚区别。纯粹是天灾类的涉外重大公共危机事件，它们所引发的舆论和舆情也可能会呈迅猛、强烈之势，但多为对受害者、受损者表示同情和悲悯，对大自然的肆虐

发出慨叹。政府及其相关机构部门的负责人，只要不是在事件处理中出现严重失误，舆论一般不会对其进行质疑和追究。属于人祸类或天灾人祸类的涉外重大公共危机事件，与天灾类的涉外重大公共危机事件相比，前者由于人为因素掺杂其中（甚至是事件的直接原因、深层次原因，或构成其诱因；由此，有关机构或单位、人员对事件程度不等地负有责任），会使舆论和舆情的复杂性因之陡增。经由相互感染，事件舆论和舆情甚至会激起巨大波澜乃至成为"海啸"。因此，属于人祸类或天灾人祸类的涉外重大公共危机事件，无疑应是本研究的重点。

人祸类或天灾人祸类涉外重大公共危机事件，因空间位置的不同而有差异，又呈现为两种不同的情况。

一种情况是：人祸类或天灾人祸类重大公共危机事件发生在中国本土。在这类公共危机事件中，某些中国人是事件的行为主体，是施事者；而他国的特定公众则为事件中受侵害的客体，是受事者。例如，1988 年 3 月 24 日，由南京开往杭州的 311 次旅客列车，运行到沪杭外环线匡巷车站时，由于列车信号原因，与正要进站的长沙开往上海的 208 次旅客列车正面相撞，造成旅客及路内职工死亡 28 人，重伤 20 人，轻伤 79 人。其中，日本旅客死亡 27 人，重伤 9 人，轻伤 28 人。这是外籍旅客在中国伤亡最多的一次严重铁路事故。但彼时，中国还没有接入互联网，而世界范围内也尚未普遍使用网络，因而并无"新媒体语境"这一说，也无新媒体语境中的重大公共危机事件舆论和舆情现象（舆论只是按传统方式形成与运行）。至于中国本土发生的重大公共危机事件，则还很少有外国人充当行为主体和施事者的情况。

另一种情况是：人祸类或天灾人祸类重大公共危机事件发生在中国领土以外。中国公民是此类事件的受害者、受损者，特定外国人则是行为主体。这类事件不在少数。如上文提到的香港游客在菲律宾遭劫持事件，菲律宾罪犯为灾难性事件的行为主体。又如，2011 年 10 月 5 日上午，发生在湄公河金三角的中国船员被枪杀事件（又称湄公河惨案），缅甸罪犯糯康等 4 人为实施犯罪的行为主体。再如，2014 年 3 月 8 日，马来西亚航空公司 MH370 航班从吉隆坡国际机场起飞前往北京，与地面失联后再无音信，飞机上有 154 名中国乘客。当然，也有中国的行为主体在异国造成公共危机事件的案例（一度在日本引起很大舆论反响的中国"问题冻饺"事件就是如此）。在以上事件中，新媒体包括社交类媒体对于事件舆论和舆情发挥了巨大作用的，要数湄公河事件、马航 MH370 航班失联事件。

倘若换一个角度考察问题，我们可以看到：一些涉外重大公共危机事件是事发即事件结束（公众关注事件时，事件已成"过去时态"），之后进入危机处理阶段，此类事件相对较多；而另有一些事件，则是事发时事件尚未结束（事发后一度处于"现在进行时态"），必须就尚未结束的事件紧急进行危机处理。以上两种事件的舆论和舆情形态当是有所不同的。

三、涉外与涉内重大公共危机事件舆论（舆情）的比较

通过比较，我们可以看到两者的相同之处和相异之处。

（一）相同之处

1. 本质上均为"众议"

如前所述，舆论实为围绕公共性话题的"众议"，都由众多的人以披露信息、发表意见的方式形成舆论、参与舆论、助推舆论。事实信息是形成相应舆论的源头、基础和因由。真实、确切

的事件信息,有利于形成负责任和经得起推敲的舆论;虚假的事件信息,则可能为谣言提供"炮弹"或"温床";而封锁、屏蔽事实信息,只能为谣言的生成和流播预留空间。

2. 都围绕事件而展开

事件是相应舆论之原因、内容、焦点,事件舆论和舆情由事件而生、并因之而兴。事件的曲折会带来舆论和舆情的起伏,事发后仍处于"现在进行时态"的事件的舆论和舆情,情形尤其是如此。

3. 舆论的运行方式、所遵循的规律无异

事件舆论和舆情,大致总是呈现如下轨迹:有人或有媒体引发舆论和舆情(舆论和舆情起始),众人参与议论和宣泄情绪(舆论和舆情形成),在某些时间节点上舆论和舆情受刺激、被激发(舆论发展至高潮),持续一定时长(各种舆论较量、博弈,舆情续存),逐渐趋于低落(舆论和舆情最终归于平息)。

(二)相异之处

1. 获得消息源的难度存在差异

涉外重大公共危机事件与涉内重大公共危机事件发生后,媒体记者接近消息源和从那里获得消息的难度,客观上存在差别,这可能对社会舆论和舆情构成一定的影响。如果涉外公共危机事件发生在中国领土上,消息源就在本土,从理论上说,在政府信息公开已经成为制度的情况下,记者接近消息源和从那里获得相关信息不至于成为一个特别的难题(当然也不排除某些主政者、管理者对事件信息进行封锁的情形存在),而事件的涉外性质则往往会在获取信息方面带来实际操作上的难度。若干事件发生在别国的领土上,则消息源主要在别国,关于事件的首发报道往往是由所在国的新闻媒体或由国际上处于强势地位的通讯社和其他新闻媒体做出的。这些报道对外界舆论的牵引作用不可低估。再则,发生在异国的重大公共危机事件,被中国人目击并通过自媒体爆料的概率比较小,也就是说,国人通过披露事件信息充当舆论的主动发起者的角色,机会大为减少。国人大抵只能以基于阅听新闻报道、发表意见和宣泄情绪的方式参与舆论和形成舆情。

2. 舆论形态的复杂程度存在差异

某些涉内重大公共危机事件发生后,也会产生国际影响,引起海外舆论的关注,但并非事事如此和必然如此。涉外重大公共危机事件,往往会涉及国家之间的关系,故而比中国涉内的重大公共危机事件更能引起国际舆论特别是事件关涉国舆论的关注。由此,所涉国的国内舆论与中国的国内舆论往往会交织在一起,国际舆论与国内舆论呈现更高程度的杂陈状态,事件的舆论和舆情形态呈现出非同一般的复杂性。

3. 从国与国之间外交关系方面考量对舆论和舆情的影响

"外交无小事。"涉外重大公共危机事件发生后,从国家层面看,中央政府势必从外交方面考虑问题。地方政府在涉外问题上必须向中央政府报告、请示。必要时,要由外交部或国务院的有关机构、部门代表中国政府"发声"。例如,"问题冻饺"(其实是河北石家庄的一家食品企业所生产并销往日本的冻饺产品被人为投毒)事件发生后,代表中国发声的是国务院新闻办、商务部、国家质量监督检验检疫总局和公安部的高级官员。由于涉及国与国之间的外交关系,甚至涉及国际法的有关内容,中国国内媒体对涉外重大公共危机事件的信息发布及舆论和舆情引导,会得到相应指示,会受到相应控制,会慎而又慎地进行。而从民众层面看,一般而言,网民通过可以方便发声的网络就涉外重大公共危机事件"发声",也会比就涉内重大公共危机事件"发声"多一份谨慎。

4. 国与国之间不同的文化背景对事件舆论和舆情的影响

各国文化背景殊异,而殊异的文化背景又会在涉外重大公共危机事件舆论和舆情中有所折射。如 2007 年中美两国发生的大桥坍塌事件,其实均不属涉外重大公共危机事件,但有论者就此点出的蕴含于其中的文化背景差异及由此采取的对事件的处理方式,却发人深省。2007 年 8 月 1 日,美国明尼苏达密西西比河的大桥垮塌;而此前,6 月 15 日凌晨,中国广东佛山九江大桥第 23 号桥墩被一艘装载河沙的轮船碰撞,大桥第 23 号、24 号、25 号三个桥墩因之倒塌。中美均对大桥坍塌事故进行了调查。有论者在就此加以比较分析的基础上,进行引申发挥,指出:"在道义上,我们更没有形成强大的'耻感文化',许多可耻的事情,不以为耻,反以为荣。上世纪 60 年代,加拿大曾发生一座在建桥梁突然坍塌事故,直接原因是加拿大工学院设计错误所致。为铭记这一'耻辱',该工学院买下断桥的全部废弃钢材,加工成戒指,每年学生毕业时,校方都要向毕业生赠送'耻辱戒指'。这样的行为,在我们这里简直是不可思议的。我们的习惯不是记住'耻辱',而是忙于找到'替罪羊',以尽快'扫'掉'耻辱'。"①"记住耻辱"和"扫掉耻辱",体现的是西方一些国家与中国在文化背景方面的某种差异,当然会在对重大公共危机事件的善后处理以及舆论和舆情引导方面有所体现、有所反映。怎样将公众舆论和舆情适当引向铭记耻辱、杜绝耻辱的方向,是一个有待探讨的问题。如果以不正确的价值取向和官场心态对待涉内及涉外的重大公共危机事件,怎么可能不招致公众的强烈反感?又怎么可能正确地引领社会公众舆论和舆情?

第二节　对"问题冻饺"事件、湄公河事件、马航 MH370 事件舆论的解读和比较

下文将以"问题冻饺"事件、湄公河事件、马航 MH370 航班失联事件为例,探讨新媒体语境中涉外重大公共危机事件的舆论和舆情。三例都发生在中国境外,此为相同点。在第一例中,中国企业和特定个体的行为在日本造成了食品安全事件;在后两个案例中,中国若干公民成为事件受害者。此为第一例与后两例的不同点。就后两例而论,官方媒体及由它们掌控的新兴媒体在前一例中不如在后一例中发声早、发声多,舆论和舆情在这一点上也有不同。

一、"问题冻饺"事件:舆论被人为放大

这是一起在日本境内发生的中国食品安全事件。有人将之称为"问题饺子"事件,是因为这是一起由中国一家企业生产的饺子在日本引起的食物中毒事件。笔者认为,以"问题冻饺"称之比较合适。从 2007 年 12 月底至翌年 1 月 22 日,日本兵库、千叶两县发生逾 10 人因食用中国河北石家庄某食品厂生产的速冻饺子而中毒患病,3 人情况危重,1 名儿童一度昏迷。后

① 徐迅雷:《大桥坍塌的中美调查之别》,《学习月刊》2007 年第 19 期。

日本警方介入调查。“问题冻饺”事件浮出水面。

众所周知，涉日的事件特别容易引起中日舆论的轩然大波，更何况是由中国销往日本的食品引发的安全事件。2008 年 1 月 30 日，日媒披露此事件的信息后，舆论迅即发酵。在此后的一段时间内，日本各大媒体连续大篇幅报道、评论。以共同社为例，1 月 30 日 16 点 11 分，该社率先播发了一条快讯《千叶县一家人食用中国产冷冻饺子后中毒》。此后，这家日本主流媒体一口气连续播发了 13 条相关新闻。[①] 它还就“你还会吃中国食品吗?”这一问题，通过电话进行了一项全国民意调查。结果显示：75.9% 的受访者回答“今后将不买中国食品”。受访者中回答“此前买，今后也会买”的占 21.6%，回答“此前有买，今后不会买”的占 36.3%，而回答“此前从不买，今后也不会买”的占 39.6%。事件发生后，买中国产食品的人从 57.9% 锐减至 21.6%。[②] 民意即舆情。可见，由此事件引发的日本舆论和舆情对中国食品在日本的销售极为不利。而这样的议题和议程设置本身，潜藏着将偶尔出现的中国“问题冻饺”扩大至整个中国食品一贯都有问题之意。这是日本围绕中国“问题冻饺”形成的舆论的比较特别的地方。

涉及该事件的舆论和舆情，大致可分为如下几个阶段。

第一个阶段，事件信息甫一披露，新闻舆论矛头就集中指向中方。

一些媒体报道说：被指为导致食物中毒元凶的剧毒农药甲胺磷，在日本属早已被取缔、难以找到的化学物质。舆论集中指向中方，理由有二：其一，毒物可能为饺子馅中的农药残留；其二，也可能是中方在生产过程中有人投毒。无论是哪种情况，中方都负有不可推卸的责任。中国官方立即作出回应，商务部发言人就事件发表讲话，诚恳表明态度：将会同日方，尽快查明真相，并要求有关生产厂家停产配合调查。国家质量监督检验检疫总局则表示，在调查结论得出前，应避免任何形式的主观臆测。2008 年 2 月 1 日的《南方都市报》则引用有关部门的发言指出：“中国食品生产者不可能故意把有毒的产品销往日本”，并批评了日本媒体的“过度反应”。[③] 日媒一开始就表现出来的媒介审判倾向，对日本国内舆论和舆情产生了相当大的影响。

第二个阶段，中日官方在事件原因方面明显存在分歧意见。

事件舆论的参与者中的相当一部分议论是围绕追根寻因展开的。

在这一时段中，舆论和舆情曾改变过方向。2 月 1 日，日本兵库县警方在调查中发现，有毒冻饺塑料包装袋上似有人为穿刺的小孔，这意味着不能排除在日本国内流通过程中人为投毒的可能性。[④] 后这一猜测很快被否定。

中国官方就舆论和舆情关切作出了回应。2 月 28 日上午，中国政府有关发言人明确表示：该事件是“人为的个案”，而且“在中国境内人为投毒的可能性极小”。日本警方当天下午就召开记者会，质疑中方的调查结论，并敦促中方提供具体的“科学数据”来支持其立场。[⑤] 这

① 陈言：《违背新闻操守妄下结论 从饺子事件看日本媒体责任》，人民网，2008 年 3 月 6 日。

② 左志英：《毒饺子悬疑——一次“全球化背景下民族情绪的集体爆发”》，《南方都市报》2008 年 2 月 22 日。

③ 刘柠：《毒饺子事件的公共舆论危机》，《南方都市报》2008 年 2 月 3 日。

④ 干雯婷：《从“毒饺子事件”看日本媒体的舆论导向》，《新闻记者》2008 年第 5 期。

⑤ 《饺子事件系人为个案且在中国境内投毒可能性极小》，和讯网，2008 年 2 月 28 日。

实际上是中日之间官方层面和消息源层面的较量。从事件的最终结果来看,中方这位发言人是否应当这样发言,是值得推敲的。

第三个阶段,中国国家元首的谈话对舆论和舆情产生了积极影响。

胡锦涛于2008年5月4日表示,希望中日双方继续加强调查和合作,以尽早查明输日饺子问题真相。胡锦涛的表态及其访日活动,增进了中日双方的互信,对日媒及日本国内舆论产生了积极的影响。

第四个阶段,投毒嫌犯吕月庭被抓捕,此后,事件舆论和舆情逐渐趋于正常、平缓。

2008年初事发,约两年后,中国警方查明此次中毒事件是一起投毒案件,将犯罪嫌疑人吕月庭抓捕归案。① 事件终于真相大白,舆论归于理性。由此证明:查出并公布事件的真相,是舆论较量中掌握主动权之所在。

对"问题冻饺"事件舆论进行研讨,我们可以得到两点警示。

警示一:涉日事件舆论中往往充分反映了民族情绪。

中国警方最终查明"问题冻饺"事件是一起刑事案件,但此事件一开始被日媒过度解读。有专家认为:这"实际上是全球化背景下民族情绪的一次集体爆发","世界发展的趋势是全球化,有意思的是,各国间依赖程度增进的同时,民族情绪也会不同程度地反弹。近些年,中国经济快速增长。对于邻居的强大,日本人还不适应。两国间一旦出现问题,在彼此的信赖感与亲近感比较脆弱的当下,很容易被放大化严重化"。② 这里道明了一个观点:在全球化进程中,中国经济快速增长使日本民族心理中出现了不平衡感和相应的民族情绪,这是舆论和舆情的重要影响因素。这种分析判断应该是比较接近事实真相和问题本质的。

警示二:当时日本的一部分舆论,还将"问题冻饺"事件向政治方面和其他方面包括北京即将举办的奥运会延伸。有专家指出:"日本在毒饺子问题上,还有奥运问题上等等出现了一些噪音","不能否认日本国内本身就存在着几种势力,其中在对华问题上有温和友好的,还有一些人不愿意看到中日关系变好","这些人煽风点火、利用媒体炒作,有些人要给福田(时任日本首相——笔者注)难堪、有些人要给中日关系设障","他们没有任何由头也是做不到的,所以像毒饺子啊本来是一个食品安全问题,他们就小题大做,把食品安全问题转嫁成什么政治问题","给外交设置障碍"。③ 不可否认,当时日本国内舆论中确实存在着欲将食品安全问题政治化和复杂化、把小题目炒作成大事件、抓住由头从政治上大做文章的倾向。

二、湄公河事件:中国官方信息迟滞和舆论场域中不乏猜测臆断成分

2011年10月5日上午,"华平号"和"玉兴8号"两艘搭载13名中国船员的商船,在湄公河金三角泰国境内水域遭遇枪击,12人遇难,1人失踪。对此事件,中国官方很快知悉,但碍于涉外而一时又难以核实,故未在第一时间向媒体和公众公开发布事件相关信息。至第三天即10月7日,网友"北纬21度1973"在天涯率先发帖曝光,由此,关于惨案的信息才得以迅速传

① 《"出口日本毒饺子"案侦破 系中国临时工投毒》,腾讯网,2010年3月26日。

② 左志英:《毒饺子悬疑——一次"全球化背景下民族情绪的集体爆发"》,《南方都市报》2008年2月22日。

③ 《金熙德谈最近日本局势与中日关系(3)》,人民网,2008年4月29日。

遍全国。这一帖子称：一艘中国籍船舶和一艘缅甸籍船舶被一群不明身份的人员武装劫持，十多名船员全是中国船员。有媒体报道说：年近 40 岁的吴德昌是中国货船“中盛号”的船长，也是以网名“北纬 21 度 1973”最早在天涯论坛发布湄公河血案消息、引起国内媒体注意的人。① 另有媒体报道说：“10 月 7 日，网友‘北纬 21 度 1973’在天涯发帖曝光湄公河惨案”，“后经证实，该网友为被劫船只的船东郭志强。在帖子中，郭志强对事件展开了较为详尽的描述”。② 可见媒体对于发帖者真实身份的报道不尽一致。就舆论对云南官方反应迟缓的质疑，有记者采访了云南省外事办新闻处负责人。该负责人表示：10 月 5 日晚，云南省政府即已获悉该事件，但因难以核实，故未向媒体和公众发布。③ 他以政府官员身份对舆论的质疑作出了公开回应，但回应中所作解释有待商榷。

由以上材料，我们可以看出如下三点：

第一，关于事件信息的官方发布迟于网民发布。就湄公河惨案，网友“北纬 21 度 1973”使用新媒体最早对事件进行爆料，直接引发了关于湄公河惨案的舆论和舆情。而中国官方的信息发布明显滞后。当然，因涉外须特别谨慎可以成为信息迟滞的一条理由，但它无法改变官方在事件舆论和舆情中显得较为被动这一事实。其实，较好的办法是官方允许新闻媒体先简要报道事实信息（哪怕只是简讯），然后再作滚动式的后续报道，变被动发布信息为主动发布信息，变迟滞发布信息为及时发布信息。这样，方能在事件舆论和舆情形成、发展过程中从一开始就握有话语权和话语主导权。

第二，由于官方信息的缺失，事件舆论中不乏猜测或臆断的成分。有报道指出：“关于案情，舆论还有多种猜测。有人说可能是毒贩劫持人质运毒，计划失败后杀人灭口。报复性屠杀也是猜测的版本之一。有人说，10 天前中国的‘载鑫号’被缅甸政府征用去打过劫匪，有可能劫匪为此对中国船只展开报复。”④ 事发后权威机构信息发布在一段时间里缺失，关心事件而又缺乏信息来源的人们对他人的臆测往往只能姑妄听之。因此，权威信息迟滞，无异于为谣言留下了传播空间。

第三，缅甸及时通过官方微博影响舆论。“10 月 13 日，缅甸佤邦新闻局开通认证微博，并就中国船员遇害事件发表声明。佤邦新闻局在声明中表示，中国船员遇害事件发生在泰国警方管制区域，佤邦人无法进入该地区行凶。声明建议中国政府进行现场调查，并要求让当天在该水域执勤的泰国警察接受中方调查。佤邦方面也愿意接受同样的调查。”⑤ 缅甸官方通过开通认证微博及时“发声”，既巧妙地撇清了关系（此事不是佤邦人所为），又表明了自己的积极态度（愿意接受中国警方的调查），显得很坦诚、恳切，公众舆论中夹杂的对佤邦的怀疑情绪和相应言论随之减少。这应当是比较聪明和合理的做法。

---

① 《湄公河惨案首犯糯康事前并不知道会被移交中国》，《现代快报》2012 年 5 月 11 日。

② 刘鹏飞、周培源：《2011 年网络舆情走势与社会舆论格局》，《新闻记者》2012 年第 1 期。

③ 何小手：《中国船员在泰国遇害事件舆情研究》，人民网，2011 年 10 月 25 日。

④ 尹鸿伟、甄宏戈：《湄公河血案》，《中国新闻周刊》2011 年第 39 期。

⑤ 何小手：《中国船员在泰国遇害事件舆情研究》，人民网，2011 年 10 月 25 日。

三、马航 MH370 航班失联事件:舆论格局中众声喧哗

马航 MH370 航班失联事件于 2014 年 3 月 8 日发生。对这一扑朔迷离的怪异事件,舆论和舆情在比较长的一段时间内始终保持密切关注。3 月 8 日晨间 7 点 24 分,马航官方网站发布声明称:马航 MH370 航班于凌晨 2 点 40 分与吉隆坡雪邦空中管制区失去联系。由此,事件舆论和舆情开始形成并屡成大潮。

经考察,笔者有如下发现:

一是媒体及公众舆论和舆情对事件的关注度极高。

新浪官方曾发布题为《马航失联舆情专报》的长微博,披露有关统计数据:自 3 月 8 日凌晨至 3 月 13 日 12 时,在短短 5 天时间内,关于马航飞机失联的舆情信息总计达 337 241 条。其中,电视节目 2 670 期,报刊报道 9 233 篇,网媒报道、转发新闻 146 420 篇,微博转发、讨论 170 656 条,论坛帖文 8 235 篇。可谓新闻媒体密集报道,社会公众聚焦热议。由此,舆论和舆情热浪迅速形成。

二是新媒体在事件舆论和舆情中的表现相当突出。

突出表现一:新媒体的使用者舆论参与度高。如上所列,新媒体刊播的事件信息数量非常可观,远远超过了传统媒体刊播的事件信息数量;网民参与舆论和舆情的活跃度,不是传统媒体语境所能企及的。

突出表现二:新媒体多处于事件舆论和舆情大潮的前沿。事件舆论前期发展中的几乎每一波大潮都是由新媒体引发的或挑头掀起的。

第一波:新媒体及时传播了由消息源马航提供的信息,舆论由此引发。在马航声明发布一个小时之内,8 点 23 分,法国新闻社的推特发布了第一条突发消息:马航称失去与一架载有 239 人的客机的联系。稍后,新浪微天下、中央电视台的新闻微博、CNN 的推特、新华社微博,美联社的推特,分别在 8 点 29 分、8 点 33 分、8 点 44 分、8 点 49 分、8 点 53 分,转发了法新社的该则报道。[①] 新媒体的灵敏反应程度由此可见一斑。

第二波:事件信息的发布对消息源局限于马航的现状有所突破。第一次有所突破的是新华社的推特。记者采访了中国民用航空局空中交通管理局,证实这架飞往北京的航班失联了。

第三波:关于机上中国人的消息。9 点 10 分,央视的新闻微博发布了如下消息:马航失联客机上有 160 名(应为 154 名——笔者注)中国人。央视的这则报道中国乘客的消息被转发了 19 万次,评论多达 2 万条(次)。[②] 可见被关注和热议程度之高。

三是新媒体使用者的评论中不乏精辟之见。

在马航 MH370 航班失联事件的舆论中,不实信息、传闻纷飞。同属于新媒体传播形态的微博和微信,稍有不慎就会成为传谣的工具,但也有人认为微博的自我净化能力优于和强于微信。有关报道中有这样一段文字:“@ 罗昌平的评价颇为契合马航事件舆情走势:今天的航空事故,应验了我在《经济学人》的分析,在真相面前,微信对体制的伤害性比微博更大。公议市

① 胡家源:《马航失联媒体日志之一:谁抢发了第一条消息?》,经济观察网,2014 年 3 月 13 日。

② 《金熙德谈最近日本局势与中日关系(3)》,人民网,2011 年 10 月 25 日。

场存在谣言对冲，私密交流没法做到这一点，所以现在这会还有大量的滞后虚假信息在微信蔓延。信息已经全球同步，真相时常还在路上。”①微博和微信同样都要面对事件真相。微博存在于公议市场，微信则适宜私密交流。前者发生谣言会“对冲”，后者不仅做不到这一点，而且滞后的虚假信息通过微信还会蔓延。

四是传统媒体也有被他人误导和误导他人之憾。

马航 MH370 航班失联事件，是一段时间内全球新闻媒体和自媒体共同关注的焦点性事件。参与传播事件信息的自媒体使用者，水平、素质参差不齐；新闻媒体基于难以甄别的消息源进行报道，也有可能传播并不完全真实的信息以致误导他人（当然，并非主观故意）。“@孙礼纪事感慨：关注了马航事件这几天，惊诧地发现，看到的谣言几乎都是传统媒体发的，然后在微博被澄清；最有价值、最专业的几条分析不是来自电视评论员，而是几个专业的航空类微博用户……”②必须指出的是，马来西亚在某些重要信息处理上的不当是众多媒体被误导的重要原因之一。

第三节　新媒体语境中对涉外重大危机事件舆论和舆情的引导

在新媒体语境中，如何对涉外重大危机事件舆论和舆情进行引导？这是一件比对涉内重大公共危机事件舆论和舆情进行引导更为棘手的事情。

一、有关部门：力争在第一时间披露应该且可以披露的事件信息

应当说，重大公共危机事件本身所具有的复杂性是此类事件舆论和舆情复杂的一个重要原因。正因为事件复杂，所以就特别需要由有关方面及时提供权威、可靠的信息；正因为事件舆论和舆情复杂，所以就尤其需要官方和官方媒体及时的信息披露和正确的舆论引导。关于事件信息中的原因部分，核实准确了再行发布固然有其道理，这样可以保证信息千真万确从而体现特定主体的公信力。但如果在事发后若干小时内官方不发声，各种不实传闻乃至谣言就会滋生、膨胀、泛滥，从而形成另一种灾难——由不实传闻乃至谣言对公众心灵和社会稳定构成的灾难。比较好的做法是：政府及有关机构先在第一时间披露应该且可以披露的事件信息（告知公众什么时候发生了什么事），同时告知公众调查即将展开或警方已经介入调查，再不失时机地滚动发布后续信息（包括经核实的较为详细的信息）。这样就不会为不实传闻和谣言的传播预留空间。

一项关于马航失联班机的调查表明：“虽然各类消息纷至沓来，但是权威机构的发声始终惜字如金，于是传言四起，一些谣言应运而生。据千龙网舆情测评部监测统计，3 月 8 日—3 月 12 日网上关于马航失联事件的不实信息总量达 2.96 万条。在 3 月 9 日，马航失联事件公布

① 赖龙威：《灾难报道：做网络信息的过滤器》，人民网，2014 年 3 月 14 日。

② 赖龙威：《灾难报道：做网络信息的过滤器》，人民网，2014 年 3 月 14 日。

经过一段时间并没有获得权威部门的有力回应之后，网上的不实信息传播量达到了高峰。"[①] 由于权威部门在特定的时间段内未及时发声、回应、澄清，关于事件的不实传闻乃至谣言因此不断滋生并且泛滥成灾。

吴旭认为："涉外公共危机事件的新闻应对需要遵从一些大的原则，包括：(1) 第一时间、第一现场公布事件的基本情况。(2) 设立专门的新闻中心，负责 24 小时不间断地向国内外媒体汇总和发布最新的、经过核实确认的消息。(3) 指定专门的、经过训练的、熟悉情况的新闻发言人，负责与媒体和公众的沟通。(4) 确定危机事件的'核心利益相关者''次级利益相关者'等，并迅速与相关人员建立畅通无阻的沟通管道。这些措施，能保证在事件发生 24 小时这一最关键的'时间窗口'，危机管理者拥有对事件的发布权、定义权和解释权，同时防止各种流言蜚语、小道消息、阴谋论推理在非传统媒体上的散播流行。"[②]以上论述中的"两个第一"("第一时间""第一现场")、"公布"、确定"利益相关者"(分"核心"和"次级"两类)、用好"时间窗口"、握住事件"发布权、定义权、解释权"等见解，都是颇有启发性的。其中有些完全可以进入危机应对和危机管理的理论层面与实践层面。

笔者认为：在涉外重大公共危机事件发生后，政府及其相关机构应充分显现政治智慧，讲究外交谋略，恪尽职守进行事件调查，主动实行政府信息公开，妥善应对舆论和舆情。这几个方面，哪一个方面都不可缺少。唯有如此，方能引导事件舆论和舆情向健康的方向发展。

所有这些，当是与应对涉内重大公共危机事件舆论和舆情不尽相同的地方，或者说，要求将会更高。

二、新闻媒体：及时发出符合事实之声和应发出之声

对新闻媒体来说，不因重大公共危机事件涉外就可以迟报道或不报道。事实上，在自媒体时代，以"旧闻"或"不闻"方式处置涉外重大公共危机事件信息，即使能够做到，也只能是自毁公信力和权威性。而报道不迟滞与报道不失实，是一个两难命题。报道迟滞，有可能让谣言钻了空子；报道失实，则与传谣无异(即使并非有意)。在报道马航 MH370 航班失联事件的过程中，新华网、人民日报官方微博、人民网、央视新闻官方微博等，都有程度不等的技术性失实报道。[③] 作为某些官方媒体主办的新媒体，虽然对事件进行了及时发声，但是在所发之声中传递了不实信息。因事发地在国外，对消息源提供的信息一时难以辨别，抑或由于专业方面的原因对信息和意见无从鉴别，偶发不实信息委实难以完全避免。问题在于，一旦使用了、传播了不实的乃至虚假的信息，该怎么办？笔者认为：应以醒目的方式，及时作出负责任的自我更正和自我纠错，自觉消除媒体自身所传不实乃至虚假信息产生的不良影响。这对于澄清事实和维护媒体自身的公信力无疑是有好处、有帮助的，但需要媒体有勇气对待，以对社会和公众高度负责的精神加以实施。

传统媒体和传统媒体所办的新媒体，对于来自网上的意见，有必要审慎地进行甄选，只推

---

① 《马航失联事件谣言传播情况分析》，百度文库，2014 年 6 月 7 日。

② 吴旭：《重大涉外公共危机事件的媒体应对策略》，《对外传播》2014 年第 8 期。

③ 靖鸣、潘智琦：《由"马航失联事件"看突发事件中的失实报道》，《新闻爱好者》2014 年第 4 期。

送(引用或转发)那些经过仔细选择的、由专业人士发表的、合乎科学和合乎事实真相的意见。也可就公众议论纷纷、莫衷一是的事情,求教于专家学者以及权威部门的权威人士,引用他们的意见来解释公众的疑惑。在“问题冻饺”事件发生后,中国媒体对日本问题专家王新生等进行的采访,有利于从积极方面引导事件舆论和舆情。

对于事件舆论和舆情中微信和微博中的信息及意见,新闻媒体和新闻工作者宜对它们的可信度加以区别。从微信中获得的信息可以作为消息源和新闻线索,然而不可不加求证就直接地、草率地引用。对提供不同的信息和意见的微博,宜细加分析、比较,选取其中相对可靠的信息和相对合理的意见。不仅如此,还须密切关注事件处理的进展情况,密切关注本媒体刊播过的信息被证实或证伪的情况,就被证伪的信息及时进行匡正。进而言之,需要有比较权威的媒体对事件的各类信息做整理和发布“勘误表”这项工作,以保证公众知晓自己所接受的信息的真假对错。

正确、有效地引导涉外重大公共危机事件中的舆论和舆情,还需要深入研究与事件相关的专业问题、法律问题、心理问题以及可能派生的社会问题。就此而言,有必要采访或请教特定专业领域中的行家里手(如食品安全专家、日本问题研究专家),法学(包括国际法)、心理学、新闻传播学、政治学、社会学等方面的专家,避免在报道和评论中说违背专业常识、违背相应国际法法理、违背新闻传播规律、违背社会心理规律的话,避免对已经形成的舆论和舆情或正在形成的舆论和舆情产生不良影响。

三、意见领袖:以自己的负责精神和真知灼见引领公众舆论

在湄公河惨案案发以后,在网民中,还有与事件知情人不同的另一类人——意见领袖。如网络“大V”董如彬在湄公河中国船员被害事件发生后,编造虚假信息在网络上散布,恶意攻击、诋毁我国政府形象,严重扰乱公共秩序,造成恶劣的社会影响,其行为构成寻衅滋事罪。①

对于网络意见领袖构成犯罪的行为,在查实以后,应该依法处理。而对于意见领袖发出的非理性的声音,如何处理为好?有一种意见值得重视:“对那些意见领袖中的非理性声音,不推送、不升温,不让其成为焦点,不做简单删除,避免引发网民情绪反弹,抵触管理。”②“不推送、不升温,不让其成为焦点”,这是不难理解的。为何“不做简单删除”呢?因为帖子一经发出就会留下痕迹。有时删帖远不如网民点击、转帖、跟帖快。在这种情况下,删帖不仅于事无补,而且还会程度不等地刺激网民的情绪,甚至可能使矛盾陡然具有或者增加对抗的性质,在网民中激起对立的情绪。

在新媒体语境中,新媒体使用者掌握着前所未有的话语权(有时甚至相当于拥有“核按钮”)。一部分人由此成为有众多拥趸的意见领袖。“大V”们自不必说,即如“中V”们在事件舆论格局中也显现出话语的分量和力量。这就要求“大V”和“中V”们自觉约束自己的言论以维护社会稳定和公共利益并对社会负责,慎用手中的鼠标和按钮,而不是信马由缰、不负责

---

① 《网络大V“边民”董如彬获刑6年零6个月 并处罚金35万元》,人民网,2014年7月23日。

② 刘波:《公共突发性事件中微博舆论场域的生成与引导——从北京“7·21”特大自然灾害到钓鱼岛事件》,《中国党政干部论坛》2013年第4期。

任地恣意发挥。诚如一位报道者所说，马航 MH370 航班失联事件发生后，“在消息传播失序的同时，‘中 V’崛起也得以凸显。一批具有专业背景的‘中 V’在信息传播中扮演了专业的阐释者和辟谣者的角色。他们的微博在一定程度上起到了抵消负面影响的效果。他们专业化的解读也被普通网友大量转发”①。“中 V”在新媒体语境中获得了亮相的舞台和发言的机会。因其具有专业化的背景，他们的意见又比较中肯，所以令人信服。这是事件舆论和舆情格局中一支不可小觑的力量，他们在事件舆论和舆情中的正向引导作用理当得到重视。他们自己，则应主动地、义不容辞地担当起相应的重任。

① 《马航事件舆情分析：官方应对得力 社交媒体乱象丛生》，大公网，2014 年 3 月 10 日。

第五章　重大公共危机事件中政府新闻发言人的发言与舆论和舆情的关系

重大公共危机事件发生后，公众对与事件相关信息的需求极为强烈。而在新媒体语境中，政府声音的缺失将会给谣言和不实传闻以可乘之机。此时，最需要涉事单位或政府主管部门的新闻发言人站出来发声，以满足公众的知情欲望。而新闻发言人，则是政府或有关单位的信息披露者、观点阐明者。他们的发言常常会在很大程度上或正面或负面地影响舆论和舆情。在新媒体语境中，就重大公共危机事件由新闻发言人发言是一种制度安排。而其发言对于事件舆论和舆情能否起到良好的引导作用，则是一个相当复杂的问题。

第一节　对新中国成立以来新闻发言人制度的回顾

在重大公共危机事件发生后，由新闻发言人直接发布新闻并回答记者的提问，或由他（她）主持新闻发布会由相关官员发布新闻并回答记者的提问，这在今天已经成为惯例。但在新中国成立后，我国的新闻发言人制度建立后曾走过一段曲折的路程。

一、新中国成立以来新闻发言人制度发展的历史轨迹

在现代社会中，新闻发言人制度已经成为政府信息公开的一项重要制度。它对于舆论和舆情的影响是毋庸置疑的。平时如此，重大公共危机事件发生以后的情况就更是如此。

（一）我国新闻发言人制度建立前对重大公共危机事件信息的处理

如第二章所述，我国在未建立新闻发言人制度时，重大公共危机事件有时被作为“不闻”处理。

在新中国成立后发生了许多重大公共危机事件。但2003年前，只是在极少数情况下，才由新闻发言人或相当于此种角色的官员就事件进行“发言”，对外界发布新闻，以此方式披露信息和表明观点。在尚未建立新闻发言人制度的情况下，重大公共危机事件被作为“不闻”处理，最典型的例子是发生于1970年1月5日的云南通海特大地震（由于媒体未充分报道而不为世人所知）。应该说，在那个时代，信息传播技术很不发达，通过“不闻”或“准‘不闻’”来控制重大公共危机事件信息的传播，从源头上控制与事件相关的舆论和舆情，是不难做到的。而在彼时，普遍建立新闻发言人制度，则尚无相应的社会土壤。

（二）新中国新闻发言人制度的始建

新中国成立后的新闻发言人制度，始建于1983年。1983年初，我国新闻发布制度相关文

件出台。此后不久外交部新闻发言人登台亮相,起初新闻发布频率每周只有一两次,当时这项制度仅限于外交部,且并未成为常态。这项制度在日常社会生活中以及重大公共危机事件(如1988年上海甲肝流行、沪杭线火车相撞事件、2003年SARS事件的前半程)中,都没能充分发挥作用。新闻发言人在重大公共危机事件发生后基本缺席,当然谈不上与事件舆论和舆情有多大的联系。而新闻发言人在各种重要场合基本缺席,其根本原因是政府信息公开的理念的相对缺失。

(三)严格意义上的新闻发言人制度的普遍建立

严格意义上的比较规范的新闻发言人制度,正式且普遍地建立的起始年份,比较公认的是2003年。以是年4月20日为界,关于SARS疫情的信息,经历了由不公开或不充分公开到公开而且是充分公开的过程。对该事件的信息不公开或不充分公开与信息公开而且是充分公开,带来了截然不同的两重天:此前,谣言纷飞,人心散乱;此后,谣言消失,人心凝聚。谣言对于众心而言是迷魂汤、腐蚀剂,而消除谣言的良方妙法即为实行信息公开。从SARS事件后半程及以后的情况来看,政府新闻发言人切实担当起了及时披露重要政务信息和公共信息的重任,名副其实地掌握了话语权和话语主导权以及舆论和舆情引导主动权。

SARS事件的重大收获之一,就是得到了如下认识:谣言止于信息公开。而对政府来说,则开始确立了这样的意识:不实行重要政务信息和公共信息的公开,是会被追责、会丢官的。进一步说,不实行信息公开,是主政者主政过程中的一个严重缺陷。新闻发言人制度是在处理SARS事件过程中,在对由信息不公开所带来的危害进行痛苦反思的基础上重建和普建的。

二、近十多年来中国社会的变化对新闻发言人制度提出了新的更高的要求

从2003年4月至今,在十多年的时间中,中国社会发生了巨大变化(也出现了一系列重大历史事件),从而对新闻发言人制度提出了新的更高的要求。

(一)政治生态发生诸多变化

在对此进行的考察中,我们可以看到如下几个重要节点:

第一个重要节点:2003年10月,党的十六届三中全会召开。这次会议在党的历史上首次提出"以人为本"的重要理念。群体的人和个体的人及其权利、利益、愿望和诉求被置于极其重要的位置上,受到党和政府的高度重视。这是舆论和舆情作为公众表达诉求的主要方式极为活跃的根本原因之一。

第二个重要节点:2004年9月,党的十六届四中全会召开。此次全会通过了《中共中央关于加强党的执政能力建设的决定》。该决定从"党的执政地位不是与生俱来的,也不是一劳永逸的"高度,强调加强党的执政能力建设的极端重要性。此后,各级主政者越来越深刻地认识到:应对舆论和舆情(包括新媒体语境中重大公共危机事件舆论和舆情)和对此类舆论和舆情进行引导的能力,包括处理好与新闻媒体的关系的能力,是执政能力系统结构中的重要构成部分。

第三个重要节点:2007年10月,党的十七大召开。十七大报告提出要"扩大人民民主",要求保障人民的知情权、参与权、表达权、监督权。保障"四权",是"扩大人民民主"的主要内容。而知情权,则是公民行使其他三种权利的基础和前提。在新媒体语境中,在重大公共危机

事件发生后,公民较之平时,行使“四权”的愿望更加强烈而迫切,行动更加切实而有力。

第四个重要节点:2012 年 11 月,党的十八大召开。十八大报告指出:“加强党内监督、民主监督、法律监督、舆论监督,让人民监督权力,让权力在阳光下运行。”①这一表述与十五大报告中的表述(“把党内监督、法律监督、群众监督结合起来,发挥舆论监督的作用”)比较接近,但又有变化。变化在于:(1) 将舆论监督与党内监督、法律监督和十六大报告中的民主监督相并列;(2) 对群众监督(人民监督)进一步加以突出,明确要求对权力及权力运行进行监督,要求通过监督使权力在阳光下运行。人民监督,是无所不在的监督;要让权力在阳光下运行,来自人民的监督必不可少,人民和传播媒介共同参与的舆论监督必不可少。而重大公共危机事件发生后,人民监督尤其重要,尤其须臾不可或缺。

第五个重要节点:2014 年 10 月,党的十八届四中全会召开。这次会议的主旨在于:推进依法治国的历史进程,其中涉及在依法治国框架内进行社会监督体系建设和顶层设计。全会通过的决议指出:加强党内监督、人大监督、民主监督、行政监督、司法监督、审计监督、社会监督、舆论监督制度建设,努力形成科学有效的权力运行制约和监督体系,增强监督合力和实效。尹韵公认为:“上述八种监督方式中,舆论监督的历史最长久、动员最广泛、内容最丰富、触及最直接、效果最显著。”②由八种监督构成的监督体系,包含了各种行之有效、必不可少的监督,构成堪称完备的监督体系。而着力进行各种监督的制度建设,旨在“增强监督合力和实效”,这是一个着眼长远的、根本性的战略命题。由此,完成了关于舆论监督和监督体系建设的顶层设计。

第六个重要节点:2016 年 4 月,网络安全和信息化工作座谈会召开。习近平在会上指出:“我多次强调,要把权力关进制度的笼子里,一个重要手段就是发挥舆论监督包括互联网监督作用。这一条,各级党政机关和领导干部特别要注意,首先要做好。”③权力需要制约,权力必须在制度的笼子里运行。而权力是否被关进笼子,在笼子里权力行使情况怎么样,这些都有赖于监督,而在监督中不可须臾缺失舆论监督包括互联网监督。

上述重要节点上发生的重大历史事件,为新闻发言人制度的不断发展和健全奠定了坚实的基础。

(二)中国社会中的风险系数加大

在当今时代,全球都进入了风险社会,各种因素叠加所产生的综合效应,致使危机事件频发。于建嵘认为,目前中国社会已进入风险社会。主要标志是:第一,近十年来中国社会的群体性突发事件发生的频率及参加人数和规模都呈不断快速增长趋势。据有关部门统计,从 1993 年到 2004 年,全国社会群体性突发事件从 8 709 宗增至近 7 万宗,涉及人数从 70 万人增至 300 多万人。以工人和农民为主体的维权性事件约占全部社会群体性突发事件的 75% 以上。第二,中国近年来涉及社会公共安全的意外事故和灾难性事件不断增加,如 SARS 事件、禽流感、矿难事故、艾滋病扩散等。“风险社会”的两个最基本特征是具有不断扩散的、人为的

① 《十八大以来重要文献选编》上,中央文献出版社 2014 年版,第 23 页。

② 尹韵公:《舆论监督的新常态》,《青年记者》2015 年 3 月上。

③ 习近平:《在网络安全和信息化工作座谈会上的讲话》(2016 年 4 月 19 日),新华社北京 2016 年 4 月 25 日电。

不确定性逻辑，导致现有社会结构、社会制度及社会关系向更加复杂、偶然和分裂状态的转变。[①] 社会生活中各色各样、错综复杂的风险，为舆论和舆情提供了丰富的话题和不竭的材料。风险社会的到来，使围绕风险而生的舆论和舆情在一定条件下成为巨澜狂潮，甚至会引起社会震荡。这就从客观上对新闻发言人、新闻发布会和新闻发布制度提出了新的更高的要求。

（三）公众自媒体使用率空前提高

从2003年至2013年的10年是由互联网发展至移动互联网的重要时期。中国互联网络信息中心（CNNIC）于2003年1月16日公布的第11次互联网统计报告显示，我国当时的网民数是5 910万。拨号上网的网民为4 080万，利用宽带上网（在当时已成为时尚）的网民仅为660万。[②] 其时，手机上网尚未流行。而据CNNIC于2013年7月17日公布的第32次互联网统计报告的数据显示，截至2013年6月底，我国网民规模达5.91亿，其中手机网民规模达4.64亿，较2012年底增加4 379万人，网民中使用手机上网的人群占比提升至78.5%。[③] 如果关注最新数据，则可以看到：截至2019年6月底，我国网民数达到8.54亿，其中手机网民规模达8.47亿，我国网民使用手机上网的比例达99.1%。[④]

解读以上数据，可有这样两个发现：(1) 网民数的剧增，意味着越来越多的公众以网络为接受信息和传播信息的重要渠道。(2) 手机网民增速和规模惊人，这说明移动互联网已成气候。近年来，信息传播技术的迅猛发展已使社会成员人人手握自媒体，既可相当方便地对他人披露事件相关信息并广泛传播，又可相对自由地就事件信息发表意见。他们既可能成为“记者”（人人皆“记者”），又可以根据自己的意志随时随地发声（人人皆评论员），从而在很大程度上改变了社会的话语权格局和舆论格局。在今天，任何重大公共危机事件发生后，要想封锁事件信息，已经是不可能的了。如果坚持封锁事件信息，将为此付出巨大的代价并留下惨痛的教训。

三、新闻发言人的含义及职能

刘建明对新闻发言人作了明确界定，认为，新闻发言人是“国家、政党、社会团体任命或指定的专职（在较小的部门为兼职）新闻发布人员，其职位一般是该部门中层以上的负责人。新闻发言人的职责是在一定时间内就某一重大事件或时局的问题，举行新闻发布会，或约见个别记者，发布有关新闻或阐述本部门的观点立场，并代表有关部门回答记者的提问”[⑤]。

作为一种制度设计，新闻发言人有如下职能：(1) 定期和不定期地面向媒体及其记者，举行新闻发布会，主动披露相关重要信息。(2) 回答记者的提问甚至质疑。(3) 表明本部门、本机构的观点立场。

新闻发言人虽然是具体的个人，但他们无一不是官方的代表。其一言一行、举手投足，都代表着政府或所在机构的。他们身上负载的是政府的公信力。新闻发言人的发言，包括两个

① 于建嵘：《中国社会面临的风险及其出路》，《南方日报》2006年1月6日。
② 《第11次中国互联网络发展状况统计报告》，中国互联网络信息中心，2003年1月16日。
③ 《第32次中国互联网络发展状况统计报告》，中国互联网络信息中心，2003年7月17日。
④ 《第44次中国互联网络发展状况统计报告》，中国互联网信息中心，2019年8月30日。
⑤ 刘建明主编：《宣传舆论学大辞典》，经济日报出版社1992年版，第357～358页。

方面必不可少的内容:既要披露信息(这是发言的首要内容),又要发表意见(并不只是通报情况)。再则,新闻发言人的发言经由新闻媒体向广大公众传播。由于公众无法出现在新闻发布会的现场,记者所提的问题,既是他们从新闻专业角度的发问,也是代表他们的传播对象和服务对象在质询。因此,出现在新闻发布会现场的记者,通常都具有专业新闻工作者和公众代言人的双重身份。从深层次看问题,新闻发言人对记者的态度,也就包含了对公众的态度。而从顶层设计的角度看新闻发言人制度,处其上位者是政府信息公开制度。新闻发言人制度,是政府信息公开制度的重要构成部分。

第二节　重大公共危机事件舆论和舆情与新闻发言人的关系

在重大公共危机事件发生后,无论是对于随事件而起的舆论和舆情,还是设置议题、议程而形成舆论,新闻发言人都有举足轻重的影响。影响可以是正面的,也可以是正负相杂的,甚至可能是负面的。在新媒体语境中,情况就更是如此。

一、新闻发言人制度的建立一定程度上体现了对公民权利的尊重

在重大公共危机事件发生后,公众对事件信息势必十分关注。从一个方面看,知情欲望反映了公众的正常心理。对重大公共危机事件表现冷漠,是不可思议的。另一方面,知晓事件信息,也是每一个公民的法定权利。新闻发言人制度的建立,在一定程度上体现了对公民依法享有的权利的尊重,为满足公民的知情欲望提供了制度保障。新闻发言人理当对事件舆论和舆情进行及时和恰当的引导。而新闻发言人的发言与重大公共危机事件舆论和舆情之间呈现怎样的关系,是一个存在不确定性的问题。

从理论上讲,新闻发言人通过自己的发言将关于重大公共危机事件的信息予以发布,借助于新闻媒体的途径和影响力进行广泛传播,有利于公开事件真相、避免以讹传讹,有利于舆论中健康因素的增长、不健康因素的消减。而新闻发布会,则是新闻发言人发言的平台,是万众瞩目之所在。新闻发言人正可以借此机会影响并引导舆论和舆情。在 SARS 事件的后半程,卫生部和各地政府相关部门、机构的新闻发言人,对于稳定舆论和舆情、稳定民心进而稳定社会发挥了重要作用。以此为开端,这一时期是新中国成立以来新闻发言人制度建设成果最为显著、对舆论和舆情的引领作用发挥得最为突出的时期之一。

二、细析重大公共危机事件后某些新闻发言人发言受诟病的原因

在现实生活中,新闻发言人的发言受到诟病、激惹舆论、引爆舆情的情况,时有发生。细加分析,可以发现:一般而言,关于天灾类的重大公共危机事件,新闻发言人的发言,比较及时也比较流畅,对事件舆论和舆情的引导较为有力和有效;而关于人祸类抑或天灾人祸类的重大公共危机事件,新闻发言人的发言,有时不够及时和流畅,甚至还会在民间舆论场中引起轩然大波。

具体而言,大致有以下几种情况。

其一,披露事件信息严重滞后。

在自媒体时代,第一时间发布重大公共危机事件信息应是不可动摇的原则之一。政府及时公布事件的真相,就是将话语权和话语主导权牢牢握在自己手中。若等到公众受到虚假信息和据此而生的舆论的误导、形成了对政府不利的印象及舆论和舆情后,新闻发言人才出场澄清事实,则为时晚矣。外交部新闻司参赞、《微博时代的新闻发布和舆论引导》一书作者邹建华,在一次论坛上说:"过去新闻发布的第一时间应在24小时内,即所谓'黄金24小时',但这只是适应了'每日新闻时代'的传统传播需求。当前,新闻传播进入了'秒时代',此前提出的'黄金6小时''黄金4小时'等时限都已嫌慢,发言人最好在'黄金1小时'内作出反应。此外,发言人的发言阵地也在变化,应尝试与网络媒介、社交媒体相适应,积极建立'网络发言人'制度。"①最为理想的情况是新闻发言人能在1小时之内举行新闻发布会发布事件信息,然而实际上难以做到。可通过官方微博先行简短发布信息,争取做到信息由官方和官方媒体首发,然后力争在"黄金5小时"内举行新闻发布会。

可是,在现实生活中往往连在事发5小时内举行新闻发布会都做不到。社会舆论和舆情不可能按兵不动,静候政府新闻发言人发布事件信息。在政府新闻发布前,各种传闻和猜测早已传得沸沸扬扬。2013年6月7日18时20分许,福建省厦门市一公交车在行驶过程中突然起火,致80余人伤亡。"备受网友诟病的是,6月7日23时12分,在事发将近5个小时后,厦门官方的简单说明才在福建省厦门市公安局官方微博@厦门警方在线姗姗来迟。"②翌日上午9时50分举行新闻发布会,厦门市政府新闻发言人、市交通局、市卫生局、市教育局、市安监局就7日发生的厦门公交车起火爆炸事件答记者问。此时离事发已有15小时30分。发布会给出的信息较全面,也较权威,可惜不够及时,更说不上是第一时间。

下面是一则国外重大公共危机事件发生后新闻发言人及时发言的案例。关于美国波士顿马拉松比赛爆炸案,有人整理了事发后的"时间线"。2013年4月15日当地时间下午2时50分,波士顿马拉松赛现场发生爆炸,第一次爆炸发生在离终点线不远处,约10秒钟后,第二次爆炸发生在同一条街1 500码以外的地方。2时57分,《波士顿环球报》的推特报道有目击者在马拉松赛的终点线附近听到两声巨响(媒体记者用推特迅速进行报道,离事发仅7分钟。——笔者注。以下括号中的文字均为笔者注)。下午3时14分,爆炸案现场视频上传至网络(离事发24分钟)。下午4时2分,波士顿警方在推特上发消息确认,爆炸已造成2人死亡、12人受伤(离事发1小时12分钟)。下午4时44分,白宫宣布总统奥巴马将于下午6时10分就爆炸案发表讲话(离事发1小时54分钟)。下午4时50分,波士顿警方同马萨诸塞州州长在电视新闻发布会上证实了两起爆炸案,波士顿警方还认为在肯尼迪图书馆发生的大火可能与两起爆炸案有关,但是该推测没有得到确认(离事发2小时)。下午5时6分,肯尼迪图书馆发言人说失火同爆炸案没有关系,事故中没有人员伤亡(离事发2小时06分)。下午6时12分,总统奥巴马发表讲话称:全体美国民众今夜将为波士顿祈祷(离案发3小时22分)。下午6时55分,《波士顿环球报》发布了一张地图,表明了爆炸案发生的地点(离事发4小时05分)。晚上8时49分,在晚间的新闻发布会上,马萨诸塞州州长宣布联邦调查局已开始对事件

---

① 徐瑞哲:《各路新闻发言人聚申城回首新闻发布制度30年》,《解放日报》2013年5月12日。

② 周凯莉:《厦门BRT事件官方应对的三个阶段》,证券时报网,2013年6月14日。

展开调查，在发布会上，证实了在爆炸案中有 3 人死亡，超过 100 人受伤（离事发 4 小时 59 分）。[①] 综上，围绕波士顿马拉松比赛爆炸案的新闻发布可以说是争分夺秒。

从以上两个案例的对比可以看出：(1) 波士顿爆炸案事发后，警方的信息发布在连续、滚动、不断更新方面做得比较好，而厦门公交车爆炸事件的信息发布在时效性方面则明显逊色。(2) 在事发后的 5 小时之内，波士顿警方和事发地所在州州长举行新闻发布会分别是 1 次和 2 次，而厦门公交车爆炸案发生将近 5 小时后，警方微博才发出事件相关信息，15 小时后才举行新闻发布会。(3) 为使事件信息得以及时传播，波士顿警方和媒体都使用推特，后者的推特报道事发后 7 分钟就发出了，而厦门警方的官方微博在事发近 5 小时以后才发布事件信息。波士顿的有关方面，以这样的新闻发布阵势，担当了发布权威信息的重任，不给传闻以滋生和传播空间；而厦门公交车爆炸案发生后，信息的披露很难说非常及时。厦门 BRT 官方微博@厦门 BRT 场站由于反应较为迟缓，遭遇了巨大的舆论压力。[②] 围绕厦门公交车爆炸案的舆论情况和舆情态势一度相当严峻。

其二，发言中公布的事件信息不充分。

重大公共危机事件发生后，公众除非毫不知情，否则是不可能不由他们引发相关舆论和舆情的。而在自媒体时代，要想让公众对重大公共危机事件毫不知情，这绝无可能。此类事件本身产生了严重后果，涉及多人的生命财产安全，带来了深重的灾难。相应的信息通过处于灾难中的当事人、知情者、目击者、受害人亲属等传播出去是必然的，有关舆论和舆情与事件相伴而生、相随而存也是必然的。大致可以说，新闻发言人出场时，往往要面对与事件相关的初起的且不断发展的舆论和舆情。

厦门公交车爆炸案发生后，翌日上午 9 时 50 分，厦门市政府召开新闻发布会，称："经勘查发现，起火公交车轮胎正常、油箱完整，现场发现的助燃剂经检验为汽油，而该公交车使用的是柴油发动机，由此可排除安全生产事故。"公安部门正式将厦门公交车事件定性为"严重刑事案件"。

但是，新闻发言人的发言未涉及具体细节和证据。如果说是因为尚未掌握全部证据，暂不公布是可以理解的。后警方通过再次播报的方式宣布案件告破，犯罪嫌疑人已在事故中丧生，并表示："没有透露办案细节的打算，在现场找到的遗书具体内容目前也不考虑公开。"此言凸显了某些官员漠视公民知情权的心态。舆论斥之为"暗箱操作"，舆情层面对此也有激烈反应。政府有关部门被推上了风口浪尖，自有其必然性。

@南方都市报的一则题为《厦门警方：不透露纵火案办案细节，不公开嫌犯遗书》的微博，更是将厦门官方送上了烤火架。由于云南巧家爆炸案的恶例在前，微博充满了对犯罪嫌疑人身份的质疑，以及对有关部门玩障眼法的病态的推断，甚至有网友列出犯罪嫌疑人不可能是凶手的数个论据。6 月 10 日，厦门市政府不得不放弃"不考虑公开"的原先立场，全面公布了 BRT 事故的人证、物证、技术鉴定等各方面的调查结果，以此确认犯罪嫌疑人"6 月 7 日在闽

① 参见《波士顿爆炸案发生后的时间线》，虎扑网，2019 年 2 月 8 日访问。

② 周凯莉：《厦门 BRT 事件官方应对的三个阶段》，证券时报网，2013 年 6 月 14 日。

DY7396 公交车上实施了放火案”。[①] 官方详细说明了办案细节和公布了一系列证据以后，舆论和舆情才得以逐渐平息。

其三，发布的事件信息不合乎事实。

有的新闻发言人的发言，给人的印象是罔顾事实、违背事实真相，从而招致舆论的反感。

2012 年 8 月 24 日凌晨 5 时 30 分左右，通车不到 1 年的哈尔滨阳明滩大桥引桥发生断裂，致使 4 辆大货车坠落，造成 3 人死亡、5 人受伤。媒体记者试图联系哈尔滨市城乡建设委员会（以下简称哈尔滨市建委）查询事故桥梁的施工单位，相关工作人员表示工程指挥部已经解散，无法查询到情况。有关媒体对此作了报道以后，带有质疑性质的舆论和舆情逐渐形成强势。

8 月 25 日，哈尔滨市政府召开新闻发布会，对哈尔滨市建委表示无法找到施工单位的情况进行了否认。新闻发言人称：“经了解核实，此事并不存在。市建委已经按照事故处理的有关程序，将设计单位、施工单位、监理单位等相关资料提交事故调查组。待事故调查结果确定后，将以上单位名单一并向社会公布。”此消息在网络上一经发布，即刻引起网民集体“拍砖”。[②]

新闻发言人将已经众所周知的确有之事说成不存在，公众必定无法认同其发言。这一类新闻发言人的发言，既缺乏对公众和对事实的必要尊重，又缺乏应有的坦诚态度和实事求是精神，从而使政府公信力在舆论和舆情的猛烈冲击下受到严重损害。

其四，发言回避实质性问题。

关于 2011 年“7·23”温州动车追尾事件，研究论文多有涉及。在安路生（时任铁道部总调度长，“7·23”事故后任上海铁路局局长）公布事故原因认定结果的同时，北京全路通信信号研究设计院在其官网发布了一封道歉信。信中称：面对惨痛的事故结果，我们一定会根据国务院事故调查组和铁道部的统一安排和部署，积极配合国家有关部门和铁道部的事故调查工作，敢于承担责任，接受应得的处罚，对有关责任人进行严肃的责任追究处理。该院党委宣传部部长、新闻发言人田振辉此后举行新闻发布会。有媒体记者追问：责任并未认定，为何急着道歉？田振辉表示：“道歉只是表明一种态度，作为建设单位之一，作为一家中央企业，我们要勇于承担责任。”但对于出问题的具体原因是什么设备，出了什么问题，有多少铁路项目仍在使用，该院是否会定期检查等问题，田振辉以技术问题概不知情为由，拒绝回答。[③] 这是一次引起舆论和舆情强烈反感的新闻发布会。迫于压力，新闻发布会不能不开，既然开了，又拒绝回答实质性的问题。新闻发言人如此做派，能不被卷入舆论和舆情漩涡之中吗？

其五，某些失当的语言激起舆论海啸。

重大公共危机事件发生后举行的新闻发布会，客观上已经使新闻发言人进入了舆论和舆情困局。由于官场失范行为和腐败现象的存在，在有的地方、有的部门甚至是严重存在，因此，事件发生后的公众舆论总是朝事件背后存在问题、存在严重问题的方向推测和探究。加之人

---

① 周凯莉：《厦门 BRT 事件官方应对的三个阶段》，证券时报网，2013 年 6 月 14 日。

② 《桥塌了三天仍不知谁建的》，和讯网，2012 年 8 月 27 日。

③ 《第一线：直击通号院记者会 铁道部嫡系见光》，网易财经，2011 年 7 月 29 日。

们心中有这样那样的积怨，其情绪很容易受舆论和舆情的感染而被调动、被激发。

“7·23”温州动车追尾事件发生后，铁道部新闻发言人王勇平发言中的“至于你信不信，反正我信了”一语，一石激起千层浪，舆论和舆情由此而汹涌澎湃。此言无疑是不恰当的，它起的是点燃导火索的作用。客观地说，如果不是存在那么多潜在的危机因素，它未必会引起如此轩然大波。这一案例提醒新闻发言人：在这样的重要场合，既要坦诚、讲真话，又要睿智、善讲话。

第三节 对天津港爆炸事件新闻发布会的分析

2015年8月12日夜23时30分左右，位于天津滨海新区塘沽开发区的天津东疆保税港区瑞海国际物流有限公司所属危险品仓库发生爆炸。这是一起造成重大人员伤亡和财产损失的公共危机事件。

天津港爆炸事件发生后，自媒体反应迅速。国内新闻媒体迅即对此进行了报道，而且持续了相当长的一段时间。海外新闻媒体也给予关注。据统计，在事发后的12天内，天津市有关方面举行了14次新闻发布会——这是就重大公共危机事件举行的连续性的新闻发布会。笔者认为，现在再来反思当时新闻发布会的成败得失，仍然有其必要性。

一、在两个方面虽有欠缺但尚有值得肯定之处

天津港危险品仓库发生爆炸以后，引起了全社会的持续高度关注。官方及时举办新闻发布会，将事件信息动态地予以披露，公开事实真相，尊重公众的知情权，阻遏谣言和不实传闻，这些都是题中应有之义。

笔者认为：天津港爆炸事件新闻发布会，在以下两个方面虽有欠缺但尚有可肯定之处。

第一，多部门、多机构负责人共同进行新闻发布工作。

鉴于天津港爆炸事件涉及方方面面，情况十分复杂，天津市政府举行的新闻发布会没有采用新闻发言人一人发言的方式，而是主要采用市委宣传部副部长兼市政府新闻办公室主任参加和主持、邀约有关方面人士（包括官员和专家）出席并发布新闻及回答记者提问的方式。这是吸取了2011年“7·23”温州动车相撞事件发生后，当时“单枪匹马”的新闻发言人捉襟见肘、难以满足公众知情欲望和难以应对记者提问的教训，因而作出的相应改进。笔者认为：从理论上说，由相关负责官员和专家出面，就自己管辖、熟悉的领域进行新闻发布和回答媒体记者的提问并与之交流互动，较之由一位新闻发言人自始至终唱“独角戏”，有着优胜之处。新闻发言人固然是受过专业训练和具备专业素养的专门人才，同时也是熟悉该部门、该单位情况的官员；然而，新闻发言人毕竟不可能熟悉诸多特定专业领域的所有重要情况，短期内也不可能掌握公众关心的、关于特大灾难的全部信息，一些涉及敏感问题和深层次问题的“发言”须获得相应授权，所以在多数情况下只能是充当“二传手”。而天津港爆炸事件发生以后，新闻发布会由多个方面的负责人出席，由他们发布自己管理或熟悉的某一方面工作的信息，效果应该会更好。

第二，高频率地举行新闻发布会。

天津港危险品仓库爆炸，是事发后灾难仍然持续了一段时间的重大事件。不言而喻，担负新闻发布工作的特定主体须对各方面情况进行不断跟踪方能胜任。高频率地举行新闻发布会，旨在体现政府在信息发布方面的积极作为和主动态度，初衷是应该得到肯定的。连续式、系列化的新闻发布会，有利于及时地、动态地发布关于这场灾难的各个方面的重要信息，对于澄清事实真相、遏制谣言和不实传闻的流播、避免由哗然的舆论引起次生灾难，都是颇有裨益的。同时，也有利于有针对性地发布信息，有利于占领舆论制高点，有利于牢牢掌握话语主动权和主导权。

二、新闻发布会显现的败笔和弊端

第一，首次新闻发布会不够及时。

天津市政府于事发的第二天下午 4 时 30 分举行首场新闻发布会（距事发 17 小时）。

出席首次新闻发布会的人员包括：滨海新区区长张勇、天津市公安消防局局长周天、天津市卫计委主任王建存、天津市环保局局长温武瑞。张勇是事发地的政府负责官员，周天系消防救灾工作的主管官员，王建存为救灾医疗工作的行政领导，温武瑞乃环境保护方面的行政和技术官员。首场新闻发布会在这场特大灾难发生后 17 小时举行，难言及时。由上述四位负责人出席的新闻发布会，应当可以及早举行。

自媒体时代，人人手中都握有处于移动状态的麦克风。在重大公共危机事件发生后，政府在发布关于事件的真实、确切、权威信息方面，必须有争分夺秒的意识和行动。这既是对社会负责、对公众尊重的表现，也是消除谣言和不实传闻、维护人心稳定和社会安稳的良方。错失事件信息传播的黄金时间，其结果只能是：公众中的不信任情绪不断发酵，代价是政府的解释受嘲弄、诚信受质疑、形象受损害。

第二，主要负责人“出场”太迟。

第二次新闻发布会，分管安全的副市长和安监部门的负责人应出席而未出席。他们是公众期待出场的人物，然而没有及时出场。从赢得公众信任和获得话语主动权计，与其迟出场，不如早出场，早出场总是比迟出场更主动。作为事故责任方，天津港集团直至第九次新闻发布会才出场，虽然有种种理由可推托，但其实际效果只能是挑战公众的忍耐力（不管是否有主观故意的成分），都很难再有话语主动权。有学者指出：“重大危机应对的原则之一，是让首席长官出场；危机公关传播，也是如此。天津港爆炸事件，前几次发布会上，屡见主官、责任官员缺席或失语，这是政府公关的大忌。”[①]在特大爆炸事件发生、公众疑虑重重之时，主要责任人或负有一定责任的官员迟迟不现身、不出声，绝不可能使公众增加对政府的信任度。

第三，在媒体和记者面前屡现“本领恐慌”。

一些出席新闻发布会的发言人，在媒体及记者面前显得能力低下，陷入了频现“本领恐慌”的尴尬境地。具体表现是：（1）不敢说话。胡言乱语应当禁绝，说话谨慎是必须的；但慎言不等于嗫嚅、噤声，也不等于可用“不知道”来消极应对。该说的话不敢说，是对党、政府和人民不负责任的表现。（2）不会说话。不清楚哪些该说哪些不该说，也不清楚该说的话应当

① 杜骏飞：《天津港爆炸案“舆论危机反思”》，《公关世界》2015 年第 8 期。

怎么说。(3) 不善说话。不知道怎样才能把话说好。相关人员的一句"见到大家很高兴"的开场白,虽属平时习见常闻的客套话,但是在当时的特殊场合和气氛中说这样的话显然是不恰当的,容易引起公众的不满和非议。正如习近平所说:"要解决好'本领恐慌'问题,真正成为运用现代传媒新手段新方法的行家里手。"①从根本上解决"本领恐慌"的问题,关键是把人民的需求作为自己的需求,处处把人民的利益和诉求放在心上,放在高于一切的位置上,在此前提下,刻苦学习、熟练掌握与媒体打交道的本领。

第四,前几场新闻发布会几乎每一场都有瑕疵甚至是比较大的缺陷。

第一次新闻发布会,发言人对于有没有氰化物的问题和有多大经济损失的问题,都未予以回应。因为是首次新闻发布会,未作回应尚可理解。对于具体起火爆炸原因,出席者所作的回答是"不清楚"。虽然"不清楚"的回答不能令人满意,但在当时并不会招致过多责备。滨海新区区长在回答危险品爆炸物的位置这一问题时,所说的离居民区"还是蛮远的"的话,虽然带有宽慰相关民众之意,但话语中主观臆断的成分是显而易见的。

第二次新闻发布会仍然无法提供关于危险品的详细信息,这就有些说不过去了。就消防具体处置方法的问题,给出的回答是"目前不清楚"。因救灾尚处于初始阶段,历时短暂,虽遭诟病,但客观地说也还属正常。说"安全评估报告需向交通部门沟通",也在情理之中。发布会结束时,现场多名记者大喊:"只峰是谁?"对此应当如何处置?客观地说,记者提此问题自有其道理。通过记者和媒体传播事实真相,正可以借机消除谣言和不实传闻的不良影响,可谓有百利而无一弊。因为关于只峰,社会上传闻颇多。如果关于这场灾难的舆情监测连这个热点问题都没有监测到,那么在舆情面前未免过于麻木。记者就此进行求解和求证的问题一经提出,即使出席新闻发布会的相关机构部门官员事先并不掌握关于只峰的情况,也应该通过在场的助手与场外的有关部门(如工商局、天津港、天津海关、公安局等)迅速取得联系,问题的确切答案并不难找到,当场答复记者的这一问题并不是不可能做到。让记者带着疑问离场,在社交类媒体中将疑问不断扩散、四处传播实在是下下策。

在第三次新闻发布会上,发言人在回应问题时使用了"这个情况不了解,需要下来问一下""这个情况我需要找同事核实一下"等答复。对此,从正面可理解为"知之为知之,不知为不知",但在深重的灾难发生后,公众想要知悉事件信息的心情异常迫切,对传闻加以证实或证伪的愿望特别强烈。在他们看来,使用上述语言无异于搪塞。进而言之,出席新闻发布会的人员,应该做好必要的功课:应当对公众关注的热点有所了解,对公众的心理需求和心理特点有所了解,并事先掌握相关材料;面对绕不过去的问题,做好尽可能了解真实情况和尽最大努力核实事实的工作。

第四次新闻发布会涉及了"安评"问题。发言人回答说,"安评"情况由交通部门掌握,在回应中频频使用了"不掌握""不了解""无法回答"等否定性词语和表述方式。一次新闻发布会,由于出席会议的发布人员人数有限,不可能对公众欲知晓的各个方面的问题全面覆盖,偶尔出现在场的新闻发布者"不掌握"的情况、"不了解"的信息,在所难免。但经常以"不掌握""不了解"回答记者的提问,则难以令人满意,甚至会使公众对政府及其相关机构部门的诚信

① 习近平:《习近平关于全面深化改革论述摘编》,中央文献出版社 2014 年版,第 83 页。

程度和办事效率心生疑窦。何况一旦重大公共危机事件发生,政府某些机构部门和某些官员事发前的乱作为和事发后的不作为,都将受到公众的猜疑和质疑。在信息化时代,场内连线场外已是易如反掌。一场新闻发布会,完全可以把场外力量调动起来,场内的政府相关机构或有关单位负责人无法回答的问题,可以通过连线的方式,让场外的政府机构部门或有关负责人来回答。如此,新闻发布会的效果就会好得多。

在第五次新闻发布会上,对爆炸是否已经确认源头的问题,有关人员的回应是“不清楚”。因前面几次新闻发布会上已多次出现过此类不能提供有用信息的回答,这时再用此类回答,难免引起记者和公众的激愤。面对记者“危险品与小区建设的距离”的提问,回应竟是这“不是我的职责”。这比回答“不清楚”还要糟糕。因为其中隐含着“这不是我的事”“此事与我无关”的意思,急于撇清关系的心情溢于言表。记者提出的“编外消防员谁统计”的问题,未获回应;当被问及伤亡的具体数据时,官员的回答是“不掌握”。对于这样的新闻发布会,再善解人意的记者和公众也难免会产生不解和不满。

为核实伤亡数字,第六次新闻发布会推迟了开始时间。这往好处说,是体现了实事求是的态度,就此而论,似乎不应受到指责。但也可以被理解为事先准备不足,仓促上阵,草率从事。对于发布会推迟的因由,似有诚恳地加以说明以取得公众谅解的必要。有记者提问,谁负责统筹指挥救援,回应是“将尽快了解情况”。都已经到了第六次新闻发布会了,居然不能回答“谁负责统筹指挥救援”这样一个简单的问题,实在是不可思议。这如果是实情,则反映了救援工作的无序;如果不是实情,则给人以有难言之隐的联想。这样的回答,其负面效果是可想而知的。

至第七次新闻发布会,天津市分管安全生产的副市长何树山方首次参会,给人的感觉是“千呼万唤始出来”。如果早几次新闻发布会他就能出场,效果是否会好得多呢?或者我们也可以思考如下问题:这样的领导干部迟一点出场,是否能确保比早出场取得更好的效果?分管安全生产的副市长何树山的出场,被媒体记者称为该场新闻发布会的一个亮点,这不无讽刺意味。这场发布会的另一个亮点是央视新闻频道首次全程直播了新闻发布会,包括记者提问环节。前几次的新闻发布会,记者提问的环节每每中断,结果是一次次地激起公众的不满情绪,不满情绪很容易转化为群体性的激愤情绪,激愤情绪作为舆情的重要构成部分,又很容易转化成对政府极为不利的舆情波涛、舆论大潮。

直至第九次新闻发布会,事故责任方天津港集团才有人参会。该集团如要求推迟出席,这属于不当要求,天津市政府不可允准。如若有关系到协调的因素需要考虑的话,则应事先进行协调,加以敦促,不可最终将被动的结果呈现于公众。如果这属于政府新闻办的安排,则应该被判为明显的不当安排,是不折不扣的失分之举。

第十次新闻发布会,总指挥、时任天津市党政一把手的黄兴国出席。因有记者问及“谁负责统筹救援指挥”的问题未获得肯定性的答案在前,黄兴国这时(隔了三场)才出场,无论如何是显得过晚了。这其实对展现地方党委和政府的媒介形象是不利的。

综上所述,围绕天津港爆炸事件举行的前十场新闻发布会,从单场来看,没有一场是无懈可击的,合起来看,则集中反映出新闻发布会从策划到实施再到现场表现的水平。提高新闻发布及舆论和舆情应对能力,可谓任重道远。

从已有的情况来看,新闻发布工作不能令人满意,公众就会把以往的旧账翻出来:2015 年的天津港危险物品爆炸事件,与距此时 2 年多前的同是发生在天津的蓟县大火联系在一起。在那场灾难发生以后,天津有关方面的表现已经深植于人们的记忆,以致有人称天津是一座“没有新闻的城市”。由于这样的背景因素在起作用,新闻发布会上的任何不尽如人意之处,都有可能被与蓟县大火以后的新闻发布联系起来进行解读,从而演变成损害政府形象的新的反方向作用力。

三、新闻发布人员的新闻发布能力和水平亟待提高

新闻发布人员应当怎样提高重大公共危机事件新闻发布的水平和引导重大公共危机事件舆论和舆情的能力?

笔者的见解如下。

(一) 正确理解并保持对人民的敬畏

古人有言:“畏则不敢肆而德以成,无畏则从其所欲而及于祸。”说的是人是应该心有敬畏的,倘若无所敬畏,什么都不怕,就会因纵欲而被灾祸牵累。在现代社会中,官员敬畏的对象是人民。1957 年,邓小平在《共产党要接受监督》一文中说:“共产党员谨小慎微不好,胆子太大了也不好。一怕党,二怕群众,三怕民主党派,总是好一些。谨慎总是好一些。”[①]在这里,“怕群众”即敬畏人民。心存对人民的敬畏之心,是为官之正道。为何对人民须有敬畏之心?这是因为:人民是历史的主体也是国家的主人,政府官员所执掌的权力是人民赋予的;人民至高、至尊、至上;敬畏人民方才可能尽心尽力地“以人为本”“以民为本”。对人民心存敬畏之心,是从心底里敬重人民、信任人民,唯恐稍有不慎就会对人民的国家主人和历史主体的地位有所亵渎。这是对人民心存敬畏之心的本质内涵。敬畏人民并不是排斥人民、怕见人民,并不是在人民需要了解情况的重要场合能不出场就不出场,更不是能不说话就不说话。一些官员把敬畏人民曲解成了躲着不见、见了不说,实在是与真理离得太远!

一些官员在事件发生后躲着新闻媒体,这并不是敬畏人民,而是存在种种顾虑:或怕因一语不慎而被问责,或怕因言、形、神不妥而成为公众指责的目标或进而受到牵连,或怕“拔出萝卜带出泥”。在品端行正的前提下,消除种种不必要的顾虑,使自己的底气足起来,这当是可取之道。

(二) 事先认真做好新闻发布的必要功课

出席新闻发布会之前,须认真备课,不打无准备之仗。

首先是做好深入了解公众心理需求的准备。事件发生地的公众与非事件发生地的公众共通的信息需求是:了解灾难造成的伤亡人数、事故的原因、事故的责任者、救灾工作的进展情况等。事件发生地公众较非事件发生地的公众,更关心灾难给自己的生活、工作带来哪些影响和影响严重到什么程度。作为新闻发布者,要就以上几个绕不过去的问题认真准备。不能提供最终的情况,就提供阶段性的真实情况,提供动态性的确凿信息。

其次是做好新闻发布所需数据资料的准备。用事实说话、用数据说话,是新闻发布的主要

---

① 《邓小平文选》第 1 卷,人民出版社 1994 年版,第 271 页。

方式。事实需花时间去了解,数据需下功夫去掌握。有的时候,事实的本真面目有赖于求取和认识,确凿可靠的数据有赖于刻意获得和核实。等着汇报和主动索要,两者是有着很大区别的。该知道而不知道、该清楚而不清楚,是出席新闻发布会者未能尽职的表现,多次出现这样的情况,就只能用不作为和失职来解释了。

最后是做好新闻发布所使用的语言的准备。出席新闻发布会的官员不宜照本宣科,但完全可以谨慎择定核心用语、关键词。自己给自己规定慎用语、忌用语。"不知道""不清楚""不了解",均属忌用语,因为其背后是对公众知情权的轻蔑和鄙视。当然,在自媒体时代,新闻发言人或新闻发布者因一语不慎而在舆论场域中一石激起千重浪的现象并不罕见。然而,倘若能够正确择语、用语,更重要的是对人民怀有应有的真诚和谦恭态度,则问题并非必定无解。

(三)与时俱进地改进新闻发布制度

既有的新闻发布的方式,与传统媒体占据主导地位的语境比较适应。彼时,信息传播的渠道相对单一,传统媒体的话语主导权体现得比较充分,官方发布新闻的紧迫感远不如今天。现在的情况是:公众获得信息的渠道大增且畅通,信息的转发、传播极为方便;重大公共危机事件发生时,有些人就在现场或附近,了解或掌握某些情况者,只要感到有披露信息的需要和欲望,就会主动发布信息,或通过发表意见对先于自己发布信息者作出回应;公众从各个不同的方面披露信息、形成"接力"和互补格局;网民中不乏对事件真相进行不懈探讨者。所有这些,对由一专职新闻发言人从头至尾发布新闻和回答记者提问的方式构成了极大的挑战。当然,新闻发言人背后有着强大的团队,即使如此,新闻发布工作始终是一项充满挑战性的工作。

笔者认为,新闻发布制度尚有进行改革和改进的空间。可以进一步推进线下发布与线上发布的结合,以滚动的、不间断的线上发布弥补线下发布时效性的不足。与此同时,还可以尝试将场内、场外加以紧密关联。现有的信息传播技术,已足以做到场内与场外连线,实现无缝对接。在记者提问的环节,当记者提出的问题让会场内的负责人无法回答时,可由主持人把问题交给场外的政府相关部门、相关机构负责人,由他们当场回答或经过一番求证以后回答,不可让记者提及的、已有很多传闻的问题得不到回答,从而使疑问成为更大的疑问,进而演变成为舆论狂潮的助推力量。

(四)排除新闻信息发布的体制障碍

时任天津港集团公司总裁的郑庆跃在第九次新闻发布会上才露面。他甫一出场就急于辩白:该公司于 2004 年 6 月由原港务局整体转制成为集团公司后,就不再具备原天津港务局的行政管理职能。他特别强调:天津港是个区域的概念,发生爆炸事故的瑞海国际物流公司是坐落在天津港区域范围内的一家民营企业,天津港集团公司是坐落在同一区域范围内的从事港口装卸业务的一家国有企业。"我们是坐落在同一区域的没有隶属关系的两家企业。"这一稍后即被依法立案侦查并采取刑事强制措施的企业负责人,似乎说出了难言之隐:天津港集团公司与瑞海国际物流公司只是同一区域的两家企业,前者对后者没有管辖权、支配权。

进一步说,天津港也确实存在管辖权问题。8 月 18 日上午,在第八次新闻发布会上,在回答记者关于"天津港口管理问题"的提问时,天津市委常委、滨海新区区委书记宗国英解释说:"港口管理是由交通运输部统一的;管理办法,由市委市政府统筹。"也就是说,交通部是实行"条"的管理,天津市则实行"块"的管理。虽说"统筹"是一个看着和听着很管用的词,但在救灾时、追责时、涉及切身利益时、新闻发布关涉敏感问题时，“统筹”就黯然失色、举步维艰了。此时，缺位、扯皮、推诿等现象暴露无遗。据一位资深媒体人称：天津港实际上有两个“婆婆”。天津港在行政上隶属于天津市滨海新区，港口业务归交通部管理，安全生产监管则由市安监局管理。“安监局对天津港的安全监管很弱。”在这种管理体制下，平时就深藏着各种矛盾。一旦重大公共危机事件发生，就更是难以进行统筹。就此而言，新闻发布会上出现各种乱象有其必然性。正因为如此，就更需要有担当总指挥之责的第一首长充当新闻发言人。这位第一首长，不仅是抗灾救灾的总指挥，而且也是新闻发布的总指挥。这既是对“条”和“块”的“统筹”，同时也是对抗灾救灾和新闻发布的“统筹”。

党的十八届三中全会通过的《中共中央关于全面深化改革若干重大问题的决定》，从战略的高度就全面深化改革各个方面的事项进行了部署。其中关于新闻工作的要求包括推动新闻发布制度化的要求，对我国新闻事业的发展以及在全面深化改革的过程中发挥积极作用，具有十分重要的现实指导意义，对重大公共危机事件舆论和舆情引导的指导作用，更是不言而喻的。

第六章　新媒体语境中重大公共危机事件舆论和舆情规律研究

重大公共危机事件的发生具有偶然性，新媒体语境中的舆论和舆情较之此前的语境中的舆论和舆情存在更大的变数。但新媒体语境中的重大公共危机事件发生后的舆论和舆情，看似不可捉摸，实则有规律可循。

第一节　重大公共危机事件舆论和舆情与一般舆论和舆情被引发及其生成原因的异同

新媒体语境中重大公共危机事件舆论和舆情的规律，与舆论和舆情的一般规律有着某些相同的内涵，但它与舆论和舆情的一般规律又不尽相同，因为毕竟与重大公共危机事件有着紧密联系。此类事件舆论和舆情规律包括生成规律及运行规律。

一、舆论和舆情大潮被引发：各类重大公共危机事件缕析

新媒体语境中的重大公共危机事件，都堪称舆论和舆情热点、焦点，且每每形成舆论和舆情大潮乃至狂潮。诚然，各类重大公共危机事件舆论和舆情大潮乃至狂潮的成因不尽相同，但其中又不乏共同之处。

下面分析事件在本身因素方面存在的共同之处。

鸡毛蒜皮之事不可能引发舆论大潮乃至狂潮，即使是在新媒体语境中也是如此。可见，事件本身因素对舆论和舆情大潮乃至狂潮的形成至关重要。舆论离不开“众议”。公众在新媒体语境中的“议”，更多是其真实心声的吐露，是本源意义上的“言为心声”。因不受他人太多干预，相对而言，议论者可自由为之、自甘为之、自如为之，也可直抒胸臆、畅所欲言，议论通常发自肺腑。特定事件使之受到很大触动甚至强烈震撼，如鲠在喉、不吐不快，于是主动发声。或是因事件而引发其宣泄情绪的欲望和冲动。就此而论，新媒体语境中重大公共危机事件舆论和舆情，都是缘事而发的。

重大事件发生后，必然形成舆论和舆情，但未必每个事件都必然形成舆论和舆情大潮乃至狂潮。形成舆论和舆情大潮乃至狂潮的事件，大致呈现如下几种情况：

——重大事件令人痛心、揪心（揪心除有痛心的义项外，还有焦虑之意）。

某些重大公共危机事件（包括突发性灾难事件）产生的严重后果，令人极度痛心，围绕事件形成的舆论和舆情，也就异常迅捷、猛烈。2011 年“7 · 23”温州动车追尾事件和 2012 年 8

月26日延安重大交通事故发生后，人们为之深感痛心，积极参与舆论。参与议论者绝大多数不是事件亲历者，也不是利益相关者。其议论，或出于对遇难者及其亲人的同情，或对罹难者失去生命深表惋惜（都与痛心这一心理状态密切相关），或对某些责任人表达义愤和进行问责，或对某些机制和设施的缺失、相关人员的疏漏加以分析探究（是痛心这一心理状态的延伸）。在这类舆论中，可能会存在某些偏激情绪和偏颇之论，但是一般不会裹挟和传染太多惶恐情绪。事件处理过程中前台有关人员的一言一行、举手投足，都可能成为舆论和舆情的焦点。如时任铁道部新闻发言人的王勇平一句“反正我信了”，迅即引起轩然大波；陕西省安监局局长杨达才在延安交通事故现场的微笑，引发了对其个人情况的“人肉搜索”，对其历年来所戴昂贵手表进行搜索和曝光。公众通过舆论表现出来的痛心这一心理状态，很快转化为强烈的不满和激愤情绪。事件舆论和舆情的急遽升温有其必然性。

社会生活中的一部分事件，表现为一个较长的过程。事件开端与事件终端之间存在较大时间距离，严重后果在事件初起时只露出了冰山之一角。人们广泛议论时，它正处于“现在进行时态”。由于事关重大，事件甫一发生，即进入公众视野，成为数亿人关注和议论的焦点。因后果尚未见底，人们揪心焦虑、唏嘘不已，由此激发更多人进一步关注和热议。由亿万公众参与议论形成的舆论，骤然聚焦于此类事件因而陡显来势凶猛。事件令人揪心的程度使舆论和舆情持续多日。

应该说，重大公共危机事件的舆论和舆情诱发因素，即事件本身。相关舆论和舆情因特定事件而起，与事件或同步发展或不同步发展。同步发展是指舆论和舆情作为事件的回应而存在。不同步发展或指舆论和舆情以事件的先导形态出现，助推事件的最初发展，或指舆论和舆情后于事件出现且重于对事件的问责、检讨和反思。一般而言，造成人民生命财产巨大损失的重大自然灾害、重大人为事故灾难等，都必定成为相应舆论和舆情的诱发因素并进而成为一段时间内舆论的中心内容。这类与重大公共危机事件相连的舆论和舆情，又会反过来扩大事件的影响程度和加剧事件对社会的震荡程度，甚至会引发一连串次生灾害。通常说来，事件愈是重大，通过新媒体语境反映出来的舆论和舆情就愈是强烈，这种正相关关系普遍存在。反过来说，新媒体语境中的舆论和舆情反应愈是强烈，其对应的事件未必愈是重大（不排除两种情况：一为存在人为炒作现象；二为特定主体对事件处理不当、对民意回应不当激怒舆论和舆情）。

——重大公共危机事件令人心生疑窦和惶恐。

有些重大公共危机事件，使相当多的人乃至每一个社会成员都感到了现实的或潜在的威胁。可是由于种种原因，这种事件在一段时间内又得不到明确说明和有效排除。公众的疑虑和惶恐由此而生。相应舆论和舆情充分反映了此种普遍情绪。

最典型的案例莫过于2003年的SARS事件。在这类事件的舆论和舆情中，由于权威信息的缺失，舆论诱因往往是语焉不详的一条短信或一个传闻。“SARS危机给中国的社会、经济、政治与文化等各方面所带来的影响，始自2003年2月8日的一条手机短信‘广州发生致命流感’；当这条只有8个汉字的短信以每天递增100万～500万条的速度悄悄在南方蔓延时，作为新兴传播势力的网络传媒迅速介入，通过非主流的民间网络信息发布的推波助澜，推动了富有影响力的传统传媒对SARS事件发出了迟到的、但却嘈杂而响亮的声音。从此，自2002年末以来深藏地下的SARS医学事件开始成为一个公共事件,蔓延到中国社会生活的各个领域。"[①]8个字的短信,道出了一个被隐瞒的、足以掀起巨大波澜的惊天事实。而短信后面则有着太大的未知空间,几乎每个人都或隐或显地感受到了莫名的致命肺炎的威胁,于是以表现惊恐情绪为主调的舆论和舆情迸发而出。也正因为未知的空间太大而权威信息又缺失,谣言就有了滋生的土壤和流播的市场。其实,SARS事件成为重大公共危机事件,只是时间问题。其内在本质决定了有关方面即使一时没有及时公开相关信息,它也终将成为重大公共危机事件。而隐瞒事实真相、封锁相关信息,在此情况下形成的舆论和舆情,往往是背离事实和真理的,甚至可能产生毁灭性的破坏力。在这一方面,我们已经有了太多的教训。

——重大公共危机事件让人感到不可理喻。

有一些事件,初起时为一般的刑事案件或民事纠纷,其影响有限,甚至并没有进入多少人的视野,如果处理及时、得当,未必会发展成重大公共危机事件,例如江西宜黄强拆事件和杭州飙车案。然而,有关机构和人员处理这些事件时,其言其行都让人感到匪夷所思。强拆民宅者置法律法规于不顾,关于肇事车辆车速"70码"的解释违背常理,由此构成了对政府公信力的严重伤害,酿成了政府公信力危机事件。而在新媒体语境中的一个帖子,其中所披露的一条信息或所发表的一个意见,甚至可能造成舆论和舆情的惊涛骇浪,而舆论和舆情又起了激化矛盾的作用。在这里,舆论和舆情的诱发因素是某些权力部门和握有公权者怪异、反常、极端的行为。

需要说明的是:对可能引发惊天舆论和舆情大潮的事件进行简单分类常常是无济于事的。在一个特定事件中,上面提到的各种情况往往是同时并存的。然而细细考察,不同事件表现出来的、对公众心灵的撞击点也还是有差异的。故笔者有了以上之论。

二、事件舆论和舆情大潮被引发:在相关社会因素方面的共同之处

相关社会因素,涉及现实生活中存在的官员腐败和社会不公等现象,以及与此相关的部分公众的心理失衡。有学者指出:"网络群体性事件往往针对的是公权力大、公益性强、公众关注度高的'三公部门'和其中的公职人员的'涉腐''涉富''涉权''涉色'等问题。"[②]社会不公现象中最能触痛社会神经的是:官员腐败、权力寻租、以权谋私;官商勾结、巧取豪夺、鱼肉百姓;贫富不均,贫者正当权益受损害、利益被剥夺。虽然以上情况不是社会现实的全部,也不是社会生活的主流,但其存在会令任何有正义感的人痛心疾首,且使利益受损者积怨甚深。而积怨是极易被事件及事件舆论和舆情激发的。这是围绕重大公共危机事件,舆论和舆情大潮乃至狂潮得以迅速形成的一个深层次原因。重大公共危机事件一旦与以上内容有关,或者被人引到此类话题上,就无法不引起民众的公愤和激愤。群体性事件是社会风险的总爆发。具体事端是群体性事件的触发因素,深层次的原因是贫富之间、阶层之间、城乡之间、地区之间等结构性差异和矛盾,根本性的问题是相当一部分人的利益严重受损。

贵州瓮安事件、江西宜黄强拆事件和杭州飚车案等,事件的初始阶段都难言重、难言大。

① 杜骏飞:《流言的流变:SARS舆情的传播学分析》,《南京大学学报(哲学·人文科学·社会科学)》2003年第5期。
② 代群、郭奔胜、季明、黄豁:《"网络群体性事件"的现实考验》,《浙江人大》2009年第8期。

以瓮安事件为例，它最后演变成了社会群体性泄愤事件，经由网络传播后产生了全国性的影响。一部分公众，其利益受损且得不到妥善解决，由此积怨日深。这无异于在社会结构系统中埋下了炸药包，一旦点燃了导火索，爆炸就不可避免。而点燃导火索的，则是某些事端。

始发时就已是重大公共危机事件的事件，不受人关注和不被人热议是不可能的。这类事件关涉公众且性质严重，舆论和舆情因此而聚焦，有其必然性。原本的小事端转化为后来的大事件，案例不胜枚举。有关受害者或知情人借助新媒体将这类事端推入公众视野，使之具备被广大公众关注和热议的可能性。经过舆论及舆情的发酵与推动，社会心理中的相当一部分易于产生共鸣的因素被充分调动起来，从而形成了千呼万应的效果。于是，“小事端”最终演变成了“大事件”。

三、事件舆论和舆情大潮被引发：在信息和意见传播方面的共同之处

舆论的种子是经过传播的相关信息和初始意见。有事件而无相关信息的传播，则无以形成舆论，更不可能形成舆论和舆情的大潮乃至狂潮。有事件也有事件信息的传播，但没有引起“众议”和公众关注，仍然不能形成舆论和舆情并进而形成舆论和舆情大潮乃至狂潮。有人起头因某些事而发表意见，又有更多的人跟着发表意见，舆论就此形成。如果发表意见者甚众，公众的意见甚为激烈，舆论大潮乃至狂潮就会由此形成。

常言道：“无风不起浪。”没有“风”的作用，水面再大也起不了“浪”。“风”和“浪”之间存在内在的因果联系。舆论和舆情的生成和勃发也不是无因无由的。关键在于“风”。它从何来？怎样生成？在新媒体语境中，舆论和舆情的信息来源无疑与新媒体有关。有研究者做过如下统计：从单个报道数量统计情况看，阜阳劣质奶粉事件以网络媒体为信息来源的报道不足总量的1/3，而在三鹿奶粉事件中则超过了1/2；而且，网络信源在所有信源中占据的比例也在增高，其中，阜阳劣质奶粉事件中充当信源的网络媒体有20家，占来源媒体总数量的25.6%，约1/4；三鹿奶粉事件时则飙升为48家，占总数量的33.3%，正好1/3。[①] 以上数据说明：对网络提供的信源所发挥的作用不可低估。

第二节 新媒体语境与重大公共危机事件舆论和舆情的触发机理

在研究舆论和舆情的运行过程时，研究其如何被触发显得极为重要。而在新媒体语境中，重大公共危机事件发生后，舆论和舆情被触发和引爆的点骤增。对舆论和舆情的触发机理，不可不予以特别重视。

一、舆论和舆情被触发引爆可在极短时间内完成

舆论和舆情触发中的“触发”，是一触即发中的“触发”，由被触发而被引爆。舆论和舆情被触发引爆，可形成铺天盖地、排山倒海之势。舆论和舆情中的正负因素杂陈。其中的正面因

① 张淑华《新媒体语境下危机传播扩散的加速趋势透析——以新浪网两起“奶粉事件”专题报道的比较为例》，《中州学刊》2009年第3期。

素表现出扶正祛邪的威力,而负面因素则会造成对公众舆论的误导和对有关人员的误伤。

舆论和舆情被触发引爆的作用机理表现为:既是外在因素对事件进行撞击、击发,同时也由事件的内在因素及由此引发的社会心理因素助推了舆论和舆情的骤变。内在因素和外在因素总是共同地发挥作用。触发可在极短时间内甚至是在片刻之间完成。舆论和舆情被触发,在此处有两层意思:一是由特定事件触发舆论。此时的事件是"施事者",舆论是"受事者"。事件具有异常性、震撼力,迅速聚集公众注意力,激发民意。民意通过情绪激动的"众议"在很短的时间里形成舆论和舆情大潮。舆论和舆情一旦被激发,便呈现出不可遏制的强劲势头。在此情势下,特定事件不可能不受到更多公众的关注。二是由相关舆论和舆情触发、激化事件。此时的舆论和舆情是"施事者",事件则是"受事者"。在被触发或被激化的舆论和舆情的助推之下,特定事件或者完成了由"小事端"向"大事件"的演变,或者使事态朝着更趋严重的方向发展。

二、涉及新媒体语境中重大公共危机事件舆论和舆情触发机理时需探讨的问题

新媒体语境中重大公共危机事件舆论和舆情触发研究需探讨四个问题。第一,重大公共危机事件中的舆论和舆情触发,一般说来与哪些条件密切相关?第二,重大公共危机事件中舆论和舆情的触发因素有哪些?第三,在重大公共危机事件形成和发展过程中,舆论和舆情触发有哪些节点?第四,在新媒体语境中,怎样避免重大危机事件因舆论和舆情被触发而激化,并避免因舆论和舆情而使事件本身情况更趋严重?要在探析事件与舆论、与舆情的互动关系的基础上提出应对策略。

(一)新媒体语境中重大公共危机事件舆论和舆情被触发引爆的条件

围绕重大公共危机事件,舆论和舆情触发不可能是无条件的。即便是在新媒体语境中,事件舆论和舆情的触发也不可能是凭空实现的。经过对诸多个案的考察分析,我们可以看到:即使是在新媒体语境中,也并不是任何事件都能引发舆论和舆情的,而只是一部分具有一定特点和具备相应条件的事件,方才能引发舆论和舆情。在对事件的全面分析中,我们可以看到:有一些外部和内部条件是不可或缺的。综合起来看,在新媒体语境中,重大公共危机事件舆论和舆情被触发,有赖于如下三个条件。

1. 事件中有值得议论或"围观"之处

舆论和舆情都是缘事而生的。正常之事、平常之事和与群体或个体的人没有利益关联之事乏人议论、"围观"。一则,这类事甚多,人们见得多了就没有关注的兴趣了;二则,社会生活中需要和值得公众关注的事情颇多,而公众的注意力资源有限,无暇顾及上述之事。无人议论、无人"围观"即意味着无人问津,无人问津则不可能引来社会公众的密切关注和广泛议论,也就不具备形成舆论和舆情的元素。具有显著反常性的事件、群体或个体利益严重受损的事件以及其他激起公愤和令人震撼的事件,传播后往往引起众人的群体性议论和"围观"。有众多的人热议和关注,是舆论和舆情被触发的重要前提条件之一。

在新媒体语境中,有关知情人通过论坛发帖和个人微博披露特定事件的信息以供人知情和议论(但信息的真实性不易辨别)。在虚拟世界中,既有表达对事件的原创意见者,也有对他人意见加以应和及附议者,还有大量"围观"者。"围观"者通过点击帖子的方式关注事件的

进程。这是舆论和舆情气场的一种特殊体现。在某些情况下，“围观”者因受到参与议论者强烈的情绪感染，将转化为舆论和舆情的积极参与者。综上，舆论由“众议”而形成，因热议而升温，舆情则与舆论同步升温。它们都程度不等地显现出相应的心理和精神力量。

2. 设置议题、参与议论、进行“围观”等相应行为有一定保障

公民在法律所允许的范围内享有各项正当的权利。言论自由，这是宪法赋予公民的法定权利之一。党的十七大要求在政治建设中扩大人民民主，切实保障人民的知情权、表达权、参与权、监督权。这意味着：随着政治建设的不断向前推进，公民将享有更为充分的言论表达权。网络舆论及网络舆论监督的盛行，体现了公民对国家事务更多的有序参与。网络舆论的繁盛，从一个侧面反映出社会政治生态的相对宽松和当今社会的历史性进步。很难设想，在一个任何公民的言论受到钳制、人人相见“道路以目”的国度，能允许网民较为自由地披露信息和发表言论、能允许网络舆论如此活跃。从特定意义上说，网络舆论事件频发是民声得到充分表达的表征。当然，公民的权利是有边界的。公民言论的自由表达必须限于法律法规所允许的范围之内，公民无疑应当谨慎地行使自己的权利并加强自律。

3. 广大公众方便地掌握参与形成及传播舆论和舆情的技术手段

如果公众舆论仅仅停留于以往时代的口耳相传的水平，那么，就既不可能酝酿、生成不计其数的网络舆论事件，也不可能将始于一隅的“小事端”发展成举国上下尽人皆知的重大公共危机事件。

2010 年 6 月 1 日，新浪微博中最受关注的是“湖南永州枪击法官”事件。该事件发生在上午 10 点左右，12 点 17 分新浪微博客“易鹏”发布消息：“有一史无前例的新闻：据当地知情人士提供的消息，今日上午湖南永州市零陵区法院庭审过程中，发生严重枪击事件，一当事人持枪扫射，导致三名法官当场死亡，三名受伤，嫌凶当场自杀，更进一步情况正在调查中。”这比最早发布此新闻的新浪网早了 4 分钟，在时间上微博占了先机。随后的几分钟内，新浪微博中有数十个用户转载了该微博，其中有相当数量的用户是中新网、湖南在线、财经网等媒体，这些用户一般拥有数万甚至数十万的关注者，它们的转载意味着在短短的几分钟内这则新闻就在无数的微博用户之间得以广泛传播。①

上例说明：微博作为新媒体的一种传播形态，已经成为大众传媒的重要消息源，成为相当一部分重要消息的通畅的传播渠道，成为众多使用者方便地表达个人意见的常用工具。它具有瞬间吸引众人眼球和迅速传播信息的非凡能力，已非传统媒体和昔日的任何传播形态所能比拟。

人民网舆情监测室的一项数据显示：自 2010 年 10 月至 2011 年 9 月，由互联网特别是微博制造的全国舆论热点从 8 000 个激增到 90 万个。网络给每一个普通老百姓提供了发表信息、发表意见的广阔平台。② 全国范围内舆论和舆情热点增长之快，着实令人惊讶。事实证明，作为新兴媒体的互联网和作为相对较新的传播形态的微博，已经具备了超强的舆论发酵能力和舆情催化能力。在新媒体语境中，一旦其他相应条件成熟，事件舆论和舆情就完全可能在

---

① 贾志丽：《乌鲁木齐暴恐案看自媒体舆论场》，大众网，2018 年 7 月 30 日。

② 《人民日报系列访谈之聚焦网络舆论生态》，人民网，2011 年 11 月 7 日。

极短时间内被触发和被引爆。在"全媒体不断发展,出现了全程媒体、全息媒体、全员媒体、全效媒体,信息无处不在、无所不及、无人不用"[①]的情况下,事件舆论和舆情被触发引爆的可能性大大增加。

对新媒体语境中的重大公共危机事件舆论和舆情触发而言,以上三个条件,缺一不可。第一个条件,涉及新媒体语境中舆论和舆情风生水起的由头及凭借,属舆论和舆情客体的范畴,是由事件舆论和舆情本身提供的构成要件。第二个条件,则关涉公民的民主权利,体现了现代社会中民主发展的大趋势。它属于社会政治、法律环境构成的条件。对于与新媒体及其语境的正面功能相对的负面功能,只能在维护人民民主的前提下,通过健全和加强法治的途径谋求妥善解决。第三个条件,属传播技术革命所提供的条件,无可阻挡。综上所述,在三个条件中,后两个条件不可逆转。因而,应当通过协调各方关系的方法,使第一个条件的作用范围有所缩小,负面事端和事件的数量有所减少。一旦出现负面事端和事件,政府及其相关机构部门应该以真诚、谦恭的态度,直面事端、事件,向公众坦诚地公开相关信息和妥善处理善后事宜。这样做,有望尽可能避免形成可能产生巨大负面影响的网络舆论及舆论和舆情风暴。

(二)重大公共危机事件舆论和舆情被触发引爆的主要因素

然而,仅有以上三个条件,即使是在新媒体语境中,围绕重大公共危机事件,舆论和舆情也未必就会被触发引爆。舆论和舆情触发因素的客观存在并实实在在地发生作用,当是不容忽视的原因。那么,舆论和舆情的触发因素有哪些呢?

1. 相关机构部门对特定事件信息的不当处置激惹了舆论和舆情主体

重大公共危机事件发生后,此时尤须实行信息公开。围绕重大公共危机事件信息的公开情况,客观上,对相关舆论和舆情的生成、传播及运行有着不可低估的影响。如对事件的信息处置不当,就有可能激怒公众。

处置不当主要有两种情况。

一种情况是对关于事件的任何信息都不予披露、严加封锁,试图做到密不透风。

此为在事发后封锁消息,遮掩事实。一些人坚持奉行如下信条:只要特定事件的信息不外泄,就不会有不可控制的舆论,就不可能于短时间内生成与特定事件有关的强大舆论和舆情涡流。然而问题是从来就"没有不透风的墙",以往即已如此,更何况是在当今"自媒体时代"和"舆论全球化"时代。在今天,公众获取信息的渠道大增,公众借助于新媒体获得了相当一部分信息发布权和社会话语权。因此,现在的情况是:并非特定主体想封锁信息就能封锁住信息。而公众一旦获知有关机构、部门有意封锁特定事件信息后,就会怒不可遏,舆论和舆情狂潮瞬间就会形成。退一步讲,即使没有封锁特定事件全部信息然而封锁了其关键信息,此时围绕事件形成的某种"信息真空",仍然会产生极大的弊端。

有研究者以贵州瓮安事件为例指出:"在瓮安事件中,从其发展处置、震荡激化的过程,民间'媒体'主要是自媒体传播过程中的议程设置同样值得深思。在调解与发酵的漫长过程中,自媒体或其他形式的民间发布中的谣言与事实混杂,从李树芬22日(2008年6月22日——笔者注)凌晨溺水身亡起,一些'小道消息'就在瓮安县城内传播。在这些传言中,有的局部是

---

① 《习近平主持中共中央政治局第十二次集体学习并发表重要讲话》,中国政府网,2019年1月25日。

事实但并不完全符合事实,有些则完全不符合事实。这些事实与谣言混杂的信息,迅速激起了不少群众对死者的同情。近几年一些危机事件在被揭示的过程中,信息源都是由网络自媒体中的公共平台发布的。在这些网络意见被有意遮蔽的情况下,便会走向极端,造成动辄百万次的点击率,'网络群体'在信息真空中寻找宣泄的渠道。"[①]试想:倘若网民并不是处于"信息真空"之中,政府及其相关机构部门关于该事件的信息发布渠道始终畅通,信息公开及时、充分、透明、权威,公众能够即时了解关于该事件的真实情况,那么,舆论和舆情还会以一种畸形之态被迅速触发吗? 此处的"信息真空",往往使舆论"一点即燃","一燃即爆"。在这里,"信息真空"当是舆论和舆情有可能被迅速触发和激化的重要因素。

另一种情况是有关机构、部门蓄意提供虚假的抑或歪曲事实真相的信息,从而触犯众怒。

蓄意提供虚假的抑或歪曲事实真相的信息,这是一种主观故意,不能用疏忽大意和出于善意来解释。这样做,定然会受到公众的猜疑、质疑,致使公众的不信任情绪滋生、蔓延,并将在舆论和舆情生成过程中平添对立舆论和舆情的成分。

与上述两种情况相反,只有真实、充分、及时地公布关于特定事件的权威信息,方才能够避免对正面的人和事构成杀伤力的狂潮般的舆论,才能引发和壮大理性占上风的舆论和舆情并以此引领公众舆论。

2. 当事人或相关责任人恶劣表现、有关官员严重失当言行激起公众义愤

舆论是民意和民声的一种反映。解读舆论和舆情的骤然被触发引爆,不能仅仅停留于有众多人参与议论的层面。舆论和舆情骤然被触发引爆,是由于公众对某些恶性事件、劣性现象作出了强烈的情绪反应和心理反应。恶性事件本身,由于其性质严重、情节恶劣,在新媒体语境中很快会引发舆论和舆情。而如果事件当事人、相关责任人的无良表现和有关官员的严重失当言行被揭发并广为传播,后果往往是更会触犯众怒,产生激化公众情绪、激化网络舆论和舆情态势并进而激化社会矛盾的严重后果。

中国传媒大学等机构发布的《2010 中国网络舆情指数年度报告》指出:"70% 的重大舆情突发事件是官员自身言行不当引起的。比如'没有我们这些县委书记,你们知识分子吃什么'、伊春空难笑脸事件等等。"该报告还指出,拆迁问题引发了近 10% 的网民参与讨论,尤其是地市县级的拆迁矛盾最为集中。某地方官员对于拆迁自焚的回应引发更多网民质疑,以及后来的微博直播,甚至出现"没有强拆就没有新中国"等不当语言,使事件的关注度达到高潮。[②] 这些不顾公众感受的霸气言论,不是在撕裂社会心理、在往已经燃起来的舆论和舆情之火上浇油吗?

某些官员的不当言语,往往是不当或出格的言语,三言两语甚至片言只语就足以将公众激怒。此类言语很可能成为舆论和舆情被触发引爆的因素。例如,时任郑州市规划局副局长的逯军在接受采访时质问记者:"你准备替党说话还是替百姓说话?"不管有意还是无意,他将媒体、将党组织放到了与百姓对立的位置上,由此立即引起公众和媒体从业者的强烈愤慨,被推上舆论的风口浪尖。之所以会发此不当之言,是因为他从心底里蔑视公众和民意。它经由新

① 吴晓明:《群体性事件中的自媒体作用考察》,《江海学刊》2009 年第 6 期。

② 刘邦云、弋静:《网络舆情报告:重大舆情突发事件多由官员言行不当引起》,《重庆晚报》2011 年 3 月 25 日。

媒体广泛传播之后，舆论和舆情被触发引爆完全在情理之中。某些贪腐的官员，已经在公众心中埋下了被仇视的祸根，逯军的错误言论则是点燃炸弹的导火索。

一般来说，在重大公共危机事件发生以后，事发地的官员会谨言慎行，但稍有不慎，其语言仍然会激起舆论和舆情的“千层浪”。更重要的是：此情此景会使公众触发对彼情彼景的联想，某些官员已有的与重大公共危机事件无关的言语也会被唤起，原有的情绪和现有的情绪会叠合在一起，此个体的情绪和彼个体的情绪会叠合在一起，此群体的情绪和彼群体的情绪会叠合在一起，舆情的暴风雨由此而产生。

某些官员的另一不当行为是删帖和封堵言论。此类举动也可能成为舆论和舆情的被触发引爆的因素。一些机构部门和官员这样做，其实是将自己放置在公众的对立面。《京华时报》的评论员文章曾指出：地方政府的删帖行为，实际是对问题本身的忽视。一些地方政府部门把网络当成封堵网络舆论的瞭望哨，一见舆情初露端倪就迅速行动封堵舆论，试图让汹涌的舆论潮消解，冀望不要成为舆论关注的中心和批评的靶子。笔者认为，删除帖子和封堵言论，可以除去政府及其机构部门和官员不希望看到的语言文字和视频材料，但是并不能抹去民声和民意特别是其中所包含的民怨的成分，并不能使人心在向背问题上由负面向正面转化。了解民声、符合民意、关心民生，以民为本、以人为本，这才是网络舆论及舆论和舆情引导中的根本要义。

3. 公众的意见表达和情绪宣泄渠道不畅通

在社会系统中，公众的意见表达渠道和情绪宣泄渠道始终畅通，身处困境的人获得援助的渠道始终畅通（而不是四处碰壁），公众和其中的特定个体就不致怨愤累积、与日俱增、挥之不去，也不致一旦爆发就不可收拾。但是，如果公众意见无处表达、情绪无从宣泄，日积月累，久而久之，就会在最易被引发之处爆发。某些个体在通过正常渠道不能解决问题的情况下，会向传统媒体求助。在向传统媒体求助无果后，他们又会转而向网络媒体求助。网络舆论则往往会同情弱者、向弱势群体倾斜，通过形成相应舆论而迫使政府有关机构部门引起重视并着手解决问题。

网络论坛“南京零距离”版块的主持人周桂华曾就轰动一时的南京“徐宝宝事件”分析说：“一些事件反映到地方论坛上，也是因为网下的反映渠道不畅通。”徐宝宝的父亲徐定金在向南京多家媒体求助后，没有一家媒体向他提供援助。万般无奈之下，徐定金将事情的经过发到了“南京零距离”和其他有影响力的网络论坛上。[①] 后来终于酿成了网络舆论事件、受到社会公众关注并促成了事件的解决。对徐定金来说，求助于网络舆论，完全是不得已为之。对公众来说，在许多情况下，不通过网络形成强势舆论就无法有效地解决问题，这已渐成共识。其实，上述网络舆论事件是完全可以避免的。

4. 部分意见领袖表达的意见道出了民众的心声

相当一部分意见领袖是公众中的既有见地又愿意出头表达意见之人。他们的意见假如符合众人之意，那么一俟表达即获公众应和并产生连锁反应。而倘若没有意见领袖出来表达意见，舆论就只能是众声一片喧哗。2007 年 3 月“两会”期间，全国政协委员、中科院院士、厦门

---

① 刘邦云、弋静：《网络舆情报告：重大舆情突发事件多由官员言行不当引起》，《重庆晚报》2011 年 3 月 25 日。

大学教授赵玉芬联合100余位全国政协委员，提交了《关于厦门海沧PX项目迁址建议的议案》，成为政协头号重点议案。提案认为PX存在生态环境安全隐患，建议迁址。提案经传统媒体报道后，引起厦门市民的注意。市民们开始质疑关系重大公共利益的事情政府为何不告知公众。3月29日，作为民间意见领袖，著名专栏作家连岳在其博客"连岳的第八大洲"发表博文《厦门市民这么办》一文，鼓励厦门市民积极参与讨论，并将所有关于PX的信息通过各种途径向周围人传播。以连岳的博客为中心形成一个散射型网络，"一呼百应"，借助于网络，信息传开，形成了网络舆论和舆情热点。厦门PX的相关信息通过网络扩散，厦门市民的反应越来越强烈。① 如果说赵玉芬教授是利用了自己的影响力影响了社会高层的话，那么，连岳等民间意见领袖则是利用新媒体的力量影响和动员了厦门市的广大民众。在新媒体语境中，围绕PX事件，舆论和舆情被触发并造成了极为深广的影响，民间意见领袖在其中无疑发挥了巨大的作用。

（三）重大公共危机事件舆论和舆情的触发引爆点

进一步的问题是：在新媒体语境中，围绕一开始即为重大公共危机事件的事件和由"小事端"演变而成的重大公共危机事件，舆论和舆情被触发引爆有哪些节点呢？

经过对多个案例的分析，我们可以看到：影响较大的舆论和舆情，一般都不乏触发点。

1. 舆论和舆情话题以关于事件的信息发布的方式进入新媒体语境

由此，"众议"被引发从而使事件的影响被不断放大。

一般说来，事件话题未进入新媒体语境，不会迅即触发引爆舆论和舆情。一旦进入新媒体语境，则存在触发引爆舆论和舆情的可能性。宜黄被强拆的房主通过微博向公众直播了强拆过程，南京徐宝宝的父亲徐定金通过友人将事情经过发到了"南京零距离"和其他网络论坛上。他们都选择了将舆论话题尤其是事件信息放入新媒体语境，为"众议"的被引发并放大事件影响创造条件。有研究者指出："互联网的发展改变了我国传媒的结构。特别是在危机事件中，通过互联网这个'扩大器'的放大作用，使得信息得以迅速地传播和扩散，普通的网民可以通过互联网这个'万花筒'了解自己感兴趣的问题，获知信息，并可以通过主帖、跟帖等方式表达自己的意见，信息以几何级数速度得以迅速地扩展。"②

某些事件的重要信息一旦披露，本身就会被公众关注，而经过网民的转帖、跟帖和评论，事件的影响被迅速放大。还以江西宜黄强拆事件为例。与许许多多强拆事件相比，就规模和劣性以及侵民虐民的程度而言，它并非绝无仅有。然而，它在中国的社会发展史上留下了特殊的印记，影响无疑更大。其原因就在于：因微博的及时介入和深度参与，它引起了舆论和舆情的巨大波澜。

针对这一典型个案，正如有的论者所说："我们不得不承认'微波'确实掀起了'巨澜'。被强拆的一个房主通过微博向大家直播了整个强拆过程。顿时，万众的目光齐聚宜黄，巨大的压

① 陈天林、刘爱章：《网络时代预防和处置生态环境型群体性事件的新思路——透视厦门PX事件》，《科学社会主义》2009年第6期。

② 曾祥利、蒋花：《公共危机中舆论"扩大效应"的成因分析》，《内蒙古农业大学学报（社会科学版）》2010年第5期。

力随之导向宜黄的两位名叫'建国'的官员。"[①]如果不是这位房主通过微博进行了广泛传播，舆论和舆情就不会被迅速被触发引爆，事件的影响就不会如此之大。

2. 具有社会影响力的人物介入新媒体语境中的事件舆论和舆情

某些事件的相关信息经微博披露以后，"一石激起千层浪"。"哗然""震荡"，都是舆论和舆情被引爆后出现的情况。而具有社会影响力的人物的介入，则使舆论和舆情迅速升温、"发酵"。如前文所论析的那样，围绕 2010 年 11 月 15 日上海胶州路火灾事件所起的舆论和舆情，其间每出现一个大浪、波峰，几乎都和有社会影响力的人物介入有关。其实，对此事件，传统媒体也比较及时地进行了报道。但在新媒体语境中，短时间内舆论升温、发酵之状了了分明。舆论和舆情的第一次升温、发酵，缘于韩寒的质疑。韩寒粉丝甚多，他的言论产生很大影响在情理之中。而其质疑也有代民立言之效，故此被广为传播。舆论和舆情的第二次升温、发酵，起因是罗昌平、仇子明的微博爆料。两位均为新闻业界人士，有一定的信息来源渠道，也有较大的话语影响力。而他们所爆之料涉及事件中的某些重要隐情，一般人不甚知晓抑或不可能知晓，是为舆论升温、发酵的重要原因。舆论和舆情的第三次升温、发酵，原因在于一些意见领袖发表了自己的观点，说出了公众口中无而心中有的意见。

3. 敏感的社会神经在事件中和事件后被触及

由此，关于特定事件的舆论和舆情产生了更广泛的社会影响。

舆论中的意见因素和舆情中的情绪因素，都具有能"交叉感染"和"由此及彼"的特点。属于纵向上的陈年老账会被提起，属于横向上的异地类似事件会被牵涉，有直接关系、间接关系甚至稍有关系的事件都会被提及。在迅速形成的舆论和舆情涡流中，一些深层次的原因和敏感的社会神经会自然而然地被反复触及。经过这样一个节点以后，参与热议者越来越多，舆论和舆情的影响面越来越大，对社会生活的影响越来越深。

改革开放一方面带来了巨大的社会进步，促进了经济社会的长足发展，但也不可避免地会产生一些新的矛盾。新的矛盾集中在"权"和"利"上。当前，改革已经进入"深水区"。围绕"权"与"利"，会衍生出诸多的深层次矛盾。一些利益集团与民争利、食民之利的现象客观存在，在特定时间和特定空间中还相当严重。一部分无良官员的贪婪行径被官方和官方媒体正式披露，无一不是贪污数额巨大、作案情节恶劣、犯罪性质严重。这是一个方面。另一方面，还有一部分群体的生活与富有的群体之间有天壤之别，社会对贫困者提供的保障相对乏力，一部分社会成员的利益被侵犯、被剥夺。总之，一部分人的积怨甚深、腹诽甚多。所有这些，都有可能转化成一种普遍的社会情绪，成为一遇相应事件的火花就易于被点燃的社会情绪。可见，真正具有触发引爆舆论和舆情的力量的是对公众情绪和心理产生影响的因素。

第三节　新媒体语境中重大公共危机事件舆论和舆情的运行规律

对新媒体语境中重大公共危机事件舆论和舆情的运行规律，研究者们还很少有所涉及。

① 王秀宁等：《微博意见领袖"围观"中国微博治理大事记》，《时代周报》第 106 期（2010 年 11 月 25 日）。

笔者试图尽己所能，对舆论和舆情各自主体的博弈规律、舆论和舆情的交互感染规律、舆论和舆情的演变消长规律三方面进行探索。为避免引起歧义，此处特作如下说明：博弈，并非指舆论与舆情博弈；感染，当然包含了舆论层面与舆情层面的相互感染，但又并不停留于此。

一、舆论和舆情各自主体的博弈规律

在社会转型期，在价值观念多元化时代，新媒体语境中舆论和舆情主体状况呈现相当的复杂性。

舆论和舆情主体之一：新闻媒体。新闻媒体特别是主流媒体，一般都充当此类舆论中的颇具影响力和权威性的主体，但它们往往出手较慢、发声较晚。作为担当引领舆论重任的舆论主体，主流媒体的声音代表着官方的态度和意见，发声须尤为谨慎。报道重大公共危机事件，习惯于采用发通稿的方式。这不无道理，在新媒体出现之前也屡试不爽。但在新媒体时代，这并不是一种理想的选择。如此做法，往往会削弱主流媒体的舆论主体作用。在某些情况下，依赖通稿是主政者和主管部门对当地主流媒体的舆论主体作用不自信的表现。

舆论和舆情主体之二："草根"。在新媒体语境中，"草根"成为异常活跃的舆论和舆情主体。长期以来，"草根"或没有机会发表能产生影响的意见，或发表的意见实际上无足轻重。现在，情况剧变。凭借着新媒体，"草根"拥有了较大的信息披露权和意见表达权，在特定情况下其话语甚至可以对社会话语格局产生重大影响和支配作用。在重大公共危机事件发生后，"草根"通常是最早的发声者，并已然跃升为重大公共危机事件舆论和舆情的实质性主体。

舆论和舆情主体之三：意见领袖。由各类人士中有思想和敢讲话者充当的意见领袖，每每发人之所未发，道人之所未道，引领舆论，拥有影响力不可低估的舆论主体地位。在新媒体语境中，在许多情况下，意见领袖常常成为事实上的舆论领袖。"网络论坛中存在着各种各样的观点和意见，人与人之间的意见总是在相互交流中形成相对集中的情绪方向和意志方向的。在这么多纷繁复杂的观点和意见中，大家更需要看到的是有分量、有深度、有影响力的观点。而网络舆论领袖正好能及时地提出观点和意见，以影响其他受众，充当了这个角色。斑竹、精英和权威人士的言论总是有着明显的引导作用，往往容易得到大家的认可，所以他们自然就充当了舆论领袖的角色。"①在新媒体语境中，新闻媒体所面临的一个重大课题是：通过不懈努力，久久为功，使自己成为意见领袖。它们平时意见中肯、口碑良好，在公众那里得到心向往之的积极回应，呈现意见领袖的风范，临到重大公共危机事件发生，就能依然不减意见领袖的风采。

舆论和舆情主体之四：特定社会组织包括利益集团。此类组织，受自身利益的驱动，往往会不失时机地发声（有些利益集团甚至会不择手段地发声）。它们的发声，更直接地表达了自己的利益诉求。不宜笼统地说由它们参与形成的舆论和舆情一概没有道理，但是狭隘的利益诉求往往会形成相当的局限性。

在新媒体语境中，各类主体在舆论中所体现的作用力，在一些情况下是一致的，但不一致的情况经常出现。其间，各种舆论和舆情主体存在博弈关系。作为普通民众，"草根"所参与

---

① 楼玲娣、周小斌：《网络舆情的运行状态分析》，《特区实践与理论》2009 年第 2 期。

形成的舆论和舆情更多体现了民声和民意。他们对媒体所形成的新闻舆论,既有认同与顺从之处,又不无保留之处。新闻媒体既是党和政府的喉舌又是人民的喉舌,其中的官方媒体则既要代表官方的立场又要在相当程度上反映民意,既要引领公众舆论和舆情,又必须以得到公众的心理认同为前提。如果重大公共危机事件发生后,媒体不发声、晚发声或所发之声不合事实、不合情理,都无法取得公众的认可。意见领袖是在与公众的意见互动中自然形成的。他们与媒体间存在事实上的话语权之争。要取得话语权,根本之道是必须说出众多网民的心里话,得到网民的呼应和拥护。一旦失去了网民的支持,意见领袖就会名存实亡。特定社会组织争取和维护其自身话语权,在情理之中,但其所发之声代表民意,要与公共利益相吻合,才具有生命力。

二、舆论和舆情的交互感染规律

舆论和舆情的交互感染,包括三层意思:一是舆论之间交互感染,二是舆情之间交互感染,三是舆论与舆情之间交互感染。上述三种现象,在非传统媒体语境中即已存在,而在新媒体语境中,这些现象尤甚。有研究者曾经指出:突发事件的影响常常借助于异常强烈的舆论而产生辐射化效应。由于危机事件的发生往往涉及社会不同利益群体,敏感性、连带性很强,聚集效应明显,而且随着社会信息化的发展,传播渠道多元化,这些危机波动方式朝着多元的方向发展,危机事件可能引起的震动频度明显增大。[①] 这段话包含了"敏感""连带""聚集""震动频度"等一系列关键词,为我们探讨新媒体语境中重大公共危机事件舆论和舆情规律,提供了颇有价值的思路。

突发事件往往是公共危机事件中的一部分。无论是作为局部的前者还是作为整体的后者,往往都具有某种敏感性,容易引起交互感染(此处为中性词)和连锁反应。

在新媒体语境的舆论和舆情中,存在这样几种交互感染。

一是不同利益群体之间的交互感染。不同利益群体,从各自利益的角度解读特定的事件并且纷纷发声,从而使舆论和舆情中包含了多个声部,往往使"舆论不一律"达到极致。但各种不同声部的舆论和舆情不乏交叉点及耦合区,常常有着憎恨丑行劣迹、同情弱势群体和主张祛邪扶正的共同底蕴。这是舆论(舆情)交互感染的主要基础。各方意见互相激励、互相补充,终成舆论和舆情大气候。当然,在一定条件下,在负面的方向上,舆论和舆情也会出现交互感染的现象,使吞噬正气的恶劣作用愈演愈烈。

二是意见领袖与一般网民之间的交互感染。通常情况下,是意见领袖施影响于一般网民,在许多关键时刻发挥着引领舆论的作用。然而,前者也常常能从后者那里集思广益、获得智慧、受到启发。由于受到民智的滋养、感染,意见领袖愈发文如泉涌、激情飞扬,与孤身一人、面壁虚构相比,效果不可同日而语。

三是虚拟环境中(线上)的舆论和舆情与现实环境中(线下)的舆论和舆情交互感染。两种语境中的舆论和舆情常相糅合。就同一事件而言,前者往往先于和强于后者,且言论自由度

---

① 温志强:《风险社会中突发事件的再认识——以公共危机管理为视角》,《华中科技大学学报(社会科学版)》2009年第2期。

高于后者,然而后者则可以不受某些条件(手头必须拥有计算机或手机)和技术(必须掌握新媒体传播技术)的束缚,舆论和舆情主体在参与和介入方面也有另一些方便之处。前者为后者提供了关于事件的原生态的信息内容和意见内容,对后者有所激发和推动,后者则以较为理性的方式影响前者(新闻媒体往往能发挥这样的作用)。

有研究者指出:网络媒体聚集的群体是由分化而类聚的,表现出群内同质、群际异质的特性。这样极易导致群体内的网民互相推动,互相支持。持同一观点的网民群体产生一种"群体赞同"的现象。这种现象表现为:网民一开始对某个事件存在态度上的偏向,通过在网上交流之后,发现这种观念有一定市场,于是人们觉得这是大家都认可的方向,人们的想法继续朝该方向移动,最后形成极端的观点。网络讨论只会将他们导向更极端的地方,因为他们彼此推波助澜。[①] 此一论述道明了网络舆论和舆情的通常趋向,这应该就是交互感染所产生的效应、所具备的力量。然而认定"网络讨论"只会"将他们(即网民——笔者注)导向更极端的地方",该结论不免有些武断。"网络讨论"中如果存在正能量,当能对网络舆论和舆情发挥纠偏的作用,从而遏制更极端的情况发生。

三、舆论和舆情的演变消长规律

在非新媒体语境中,舆论会消也会长。但在新媒体语境中,舆论和舆情消长不能不具备某些新的特点。舆论和舆情演变消长,包含四层意思。第一层意思:虚拟环境中舆论和舆情的消长与现实环境中舆论和舆情的消长,存在紧密的联系。两者之间互相呼应、互相影响。一般而言,前者的"长"会带动后者的"长",前者的"消"会滞后于后者的"消"。第二层意思:在新媒体语境中,正向舆论和舆情的"长"或"消"与负面舆论和舆情的"消"或"长",是大致对应的。而负面舆论和舆情的"消",既与事件信息传播的真实、充分、有效直接相关,也取决于正面意见的真理性、说服力、感染力。第三层意思:事件信息越是受到封锁、遮蔽,就越是不利于正面舆论和舆情的"长",就越是不利于负面舆论和舆情的"消"。消除负面舆论和舆情的根本办法,不应该是封锁、遮蔽事件信息,而应该是及时、真实、充分地公开关于事件的权威信息。第四层意思:在新媒体语境中,信息披露相对方便,意见表达相对自由,因而舆论和舆情热点频现,公众的注意力常常会由一个热点转移到另一个新的热点。

这里有必要就有关研究者提出的观点进行商榷。

有研究者借鉴"蝴蝶效应"理论和"羊群效应"理论,来诠释舆论形成初期的情景。气象学家洛伦兹于 1963 年提出了"蝴蝶效应"理论,该理论认为:一只南美洲亚马孙河流域热带雨林中的蝴蝶,偶尔扇动几下翅膀,可能在两周后的美国得克萨斯引起一场龙卷风。[②] 一般舆论中显然不会出现"蝴蝶效应"所喻指的那样一种舆论现象,因此可以认为:这种理论所喻指的当以重大公共危机事件的舆论居多。"羊群效应"理论则认为:羊群是一种很散乱的组织,平时在一起也是盲目地左冲右撞,但一旦有一只领头羊动起来,其他的羊也会不假思索地一哄而上,全然不顾前面可能有狼或者不远处有更好的草。因此,"羊群效应"就是比喻人都有一种

---

① 郭婷:《公共危机中的网络舆论探析》,《今传媒》2011 年第 8 期。

② 百度百科,2019 年 2 月 13 日。

从众心理,从众心理很容易导致盲从。有关学者由羊群的盲目跟从延伸到人群的盲目跟从,进而解释相当一部分舆论和舆情主体的盲从和无理性。学者们认为一般舆论和舆情如此,重大公共危机事件舆论和舆情尤甚。

应用别的学科的理论来进行舆论学研究,有利于研究者拓宽视野和实现触类旁通,从其他学科中得到借鉴和获得启发。但是,人类社会之外的"蝴蝶效应"和"羊群效应",在多大程度上与人类特有的舆论和舆情现象相似,又在多大程度上与网络舆论和舆情的本质相通,这是有待认真探讨和深入研究的问题。笔者认为,即使"蝴蝶效应"能得到大量气象资料的确证,也仅构成人类舆论现象的一种类比;"羊群效应"可以从一个方面揭示人类与某些动物相通的本能,却并不能完全用来说明有着复杂的精神生活内容和丰富的心理活动内涵的人类舆论和舆情现象,也不能完全用来诠释网络舆论和舆情大潮的生成和运行问题。

以上研究者还认为:有许多偶然因素可以诱发蝴蝶扇动翅膀或使马儿发癫,我们无法预测这些马儿发癫的时间、地点和具体的诱因,但能归纳一些舆论诱发时的情状与征兆。这些初始条件有迹可循。那么,是什么样的条件触动了舆论的"扳机"呢?第一,足够生动,使之留在人的记忆之中。第二,激发强大的情感。第三,适合一种设置好的文化期待或信息期待视野。第四,它看上去似乎合理。第五,它不能被权威部门立即强有力地驳倒。不少案例都具备了三个以上的条件。①

这里所探讨的,其实是网络舆论和舆情大潮的生成问题。笔者对上述研究者就舆论和舆情诱因与舆论和舆情诱发时征兆的探讨颇为推崇,认为他们研究问题的思路有一定启发性。然而,其观点尚有可商榷之处。

关于"足够生动"。这似乎不足以构成舆论诱因。而"足够生动"的主体"是谁"或者"是什么",也尚须再探讨。在许多情况下,舆论和舆情大潮的生成与否与事件的生动与否并无必然联系,而同事件的触目惊心与否和异乎寻常与否密切相关。

关于"激发强大的情感"。在这里,同样有一个主体"是谁"或者"是什么"的问题。进而言之,即使有了明确的主体,也未必就能诱发"众议"并进而成为舆论大潮。以笔者之见,激情是舆论和舆情的催长素,但未必就是舆论和舆情的诱发因素或者始发因素。

关于"看上去合理"和"不能被权威部门立即强有力地驳倒"。诚然,这些是一部分带有负面性质的舆论能够占据公众心灵空间的原因,然而却并不是诱因本身。

关于"适合一种设置好的文化期待或信息期待视野"。经过仔细思考,会发现存在一个涉及"谁设置好"文化期待或信息期待的问题,同时,它也并不构成舆论和舆情生成的诱因。

---

① 高红玲、张中全:《网络环境下的舆论运行特征》,《中国记者》2008 年第 8 期。

第七章　新媒体语境中重大公共危机事件舆论和舆情与社会心理关系研究

在新媒体语境中，重大公共危机事件发生后，社会心理会受新媒体语境的影响而发生相应变化，并进而影响舆论和舆情的起落和走向。如果不是就事论事地看问题，那么我们可以说，新媒体语境实际上在很大程度上，或悄无声息地或大张旗鼓地在多个方面影响着社会心理。而社会心理的改变，既在重大公共危机事件舆论和舆情中得以折射，又反过来影响新媒体语境。本章将着重探讨两个问题：新媒体语境中重大公共危机事件与社会心理的关系，新媒体语境中重大公共危机事件舆论和舆情与社会心理的关系。对前一问题的探讨是研究后一问题的基础，对后一问题的探讨是对前一问题研究的发展。

第一节　对新媒体语境中重大公共危机事件与社会心理关系的观照

我们先来对新媒体语境中发生的重大公共危机事件与社会心理的关系进行分析。在此过程中，会不可避免地涉及事件舆论和舆情。

一、兼及新媒体语境、重大公共危机事件、社会心理、舆论和舆情四者关系

应当说，这是一项多因子关系研究：既须研究新媒体语境中的社会心理，又须研究社会心理对新媒体语境中重大公共危机事件舆论和舆情的影响，还须研究新媒体语境、社会心理与重大公共危机事件舆论和舆情之间的相互关系。这里面，实际存在着如下四者之间的关系：新媒体语境、重大公共危机事件、社会心理、舆论和舆情。对重大公共危机事件舆论和舆情而言，其"受力点"有事件本身、新媒体语境和社会心理。事件与舆论和舆情、相互影响。有因事件而发的事件舆论和舆情，也有因舆论和舆情而成的事件即舆论事件和舆情事件。新媒体语境与事件舆论和舆情的关系，一直是笔者在前文中持续探索且已经有较多论述的一个问题，这里不作赘述。社会心理，在新媒体语境中会有所变异，遇有重大公共危机事件更是会有所凸显。它既受影响于新媒体语境，又施影响于新媒体语境；不仅如此，社会心理还会使重大公共危机事件舆论和舆情呈现出与非新媒体语境中社会心理未呈变异时不一样的情况。

二、社会心理即"社会中的人的心理"，系社会中群体的人的心理

马克思主义的一条基本原理是：经济基础决定上层建筑，上层建筑又会对经济基础产生反作用。恩格斯说社会经济状况归根到底对社会意识形态具有决定作用，在两极之间有许多

"中间环节"[①]。恩格斯的论述,有两点值得我们注意:一是"归根到底"的"决定作用"的提法。这就意味着,社会经济状况对社会意识形态有决定作用,但这种决定作用往往并不全然是直接的,说"归根结底"的"决定作用"相当精准。二是关于"中间环节"的思路。恩格斯认为:在社会经济状况与社会意识形态之间,存在"中间环节",这既符合实际情况,又可以把问题阐述得更为透彻。

童庆炳通过考察得出的结论是:"普列汉诺夫在经济基础和思想体系中间,加了一个'社会中的人的心理',后来简称为'社会心理'。"[②]笔者由此受到启发,形成了如下认识:社会心理即"社会中的人的心理";"社会中的人的心理",既有群体的人的心理,也有个体的人的心理;群体的人的心理,由个体的人的心理集合而成,更多地体现出共同性和共通性;能够在经济基础和思想体系之间起到中介作用的社会心理,不是单个人的个体心理,而是数量众多的人的群体心理。普列汉诺夫将社会心理看成是经济基础和思想体系之间的中介,这一见解颇有道理,对我们进行新媒体语境中重大公共危机事件舆论和舆情与社会心理之间关系的研究很有裨益。

普列汉诺夫以上论述给人的启迪是:社会心理往往可以作为两个事物之间的中介而存在。经济基础作用于上层建筑和上层建筑反作用于经济基础这样的双向过程,常常离不开社会心理这一中介。与此相似的是:重大公共危机事件作用于舆论和舆情及舆论和舆情反作用于重大公共危机事件,其间,也常常存在着社会心理这一中介的作用。在新媒体语境中,情况就更是如此。

三、重大公共危机事件常会在很大程度上影响社会心理

也许可以说,重大公共危机事件,其本身常会在很大程度上改变人们的社会生活,并由此影响为数不少的社会成员的心理结构和心理活动方式,抑或使之形成挥之不去的心理阴影。

重大公共危机事件发生以后,广而言之,存在两类人。

一类是处于事件中的人(死伤者及其亲属,在事件现场受到惊吓的人),这类人中除逝去者,对事件均有切肤之痛。他们受到了肉体的伤害或精神的伤害,抑或肉体和精神的双重伤害。

另一类是特定事件之外的社会公众。他们更多地是以事件关注者的身份了解信息,表达意见,参与舆论。此时,为数不少的社会公众,从总体上说能保持较为正常的心态,但在特定时段、特定空间,以下社会心理在形成、在滋长:(1) 由于种种原因,人们对政府部门、机构发布的某些事件信息不甚信任,持有保留态度。(2) 由人及己,从他人的遭遇中萌生出震惊感、恐惧感、孤独感、不安全感。(3) 易无端抱怨、莫名窝火、动辄冲动,有时不免产生乖张心理。(4) 在心理世界中,非理性的因素和极端性的认识有所增加,有时会脱离正常思维和正常心理的轨道。(5) 属于自我暗示的心理现象频发,凸显出人性脆弱的一面。上述五种心理现象,其实是重大公共危机事件形成的次生灾难,严重程度甚至不亚于危机事件对人们的肉体和财

① 转引自童庆炳《马克思早期艺术生产论的现代意义》,《中国文学研究》1997 年第 4 期。

② 童庆炳:《普列汉诺夫论社会心理与文学艺术》,中国文学网。

物的摧残。

作为重大公共危机事件,近年来美国屡屡发生的恐怖袭击事件,对美国社会心理的影响是显而易见的。美国民众的“谈恐色变”,在2013年4月15日的波士顿马拉松比赛遭遇的恐怖袭击和2016年6月12日奥兰多恐怖枪击事件中,都有突出的表现。美国人平静的生活和心境被打破,谈及恐怖事件即惊恐万状,这种社会心理主要源于2001年的“9·11”事件。

在我国2003年的SARS事件中,虽然政府关于疫情信息的公开,以4月20日为界区分为两个不同的阶段,但公众对相关真实信息的需求心理,是前后一贯的,这种需求比以往任何时候都更加强烈,对真实、权威、可靠的信息的期待比平时更迫切,并形成了“谣言止于信息公开”的共同性认知。上述属于社会心理范畴的内容持续至今。2008年5月12日的汶川地震对社会心理的影响极大,给人们的心灵带来强烈震荡。在这场特大灾难中,政府和新闻媒体坚持及时、充分、透明地披露灾难信息,在以正确的导向引导舆论和舆情的同时,在引导社会心理方面也作出了不懈努力。信息公开,既应是政府和新闻媒体进行舆论和舆情引导之所为,同时也是公众永久性的心理需求,因而又是对社会心理进行引导之所为。

由以上分析可以看出:社会心理不可避免地会受到重大公共危机事件的巨大而深刻的影响。

四、社会心理与新媒体及新媒体语境有紧密的联系

新媒体语境是一种特殊的话语环境。它是社会的政治生态、社会心理和舆论氛围的一种折射。在正常情况下,新媒体及新媒体语境与社会心理就有紧密的联系。在重大公共危机事件发生后的非正常情况下,两者之间更是有异常紧密的联系。

(一)在正常情况下新媒体及新媒体语境在很大程度上改变了社会心理

在正常情况下,新媒体及新媒体语境至少在以下三个方面很大程度上改变了社会心理。

其一,新媒体语境中的多元之状影响社会心理。

在新媒体语境中,人们的观点意见、价值观念、思维方式、心理状态多元,并不被认为是怪异现象。客观上,在新媒体语境中,人们在听取别人的意见时,可以有多种来源,可以做多样选择。与此相联系,人们的思维方式不再是简单的、直线式的和非此即彼的,思维结果也不再是唯一的、可以用标准答案来框定的。对此,不能简单地论定为消极现象。这是事情的一个方面。另一方面,在新媒体语境中,意见相同或接近的人们,又很容易形成网络集群乃至群体极化现象。

网络集群是在网络空间中,由诉求或旨趣相同或相近的人聚集而成的特殊群体。这样的集群,会采取自己特殊的集群行为。有研究者说:“在非预期的特定阶段内,一定数量的相对无组织的网民针对某一社会问题,以网络为平台来表达共同诉求而产生具有现实影响力的群体集聚,称为‘网络集群行为’。”[①]网络集群行为,与网民在新媒体语境中的特定的心理、心态紧密关联。“一件网络突发事件可以引起众多网民的关注和参与,其由网络舆论发展为网络集群行为中间必定经历了一个发展壮大的过程。首先是议题的产生与发展。伴随着网络讨论

---

① 许志红:《网络集群行为的社会心理机制分析》,《学术论坛》2013年第3期。

的不断深入，议题从最初事实层面上的探讨上升到价值层面，表现出强烈的泛政治化的倾向。接着是信息在群体暗示与群体感染下迅速传播。在网络传播过程中，任何事件的阐述与评论都存在情绪性甚至成为部分网友情绪发泄的平台，有可能让事实本身变得面目全非。在暗示与感染机制作用之下群体成员相互模仿，网络群体犹如处在现实状态下集合的群体，每一个个体失去了独立思考的能力，很快形成群体意见。"①这一段论述，大致描述了网络集群行为形成和发展的过程，其中，社会心理的演进脉络清晰可见。

所谓的群体极化，是指团体成员一开始就有某些偏向，在商议后，人们朝偏向的一方继续移动，最后形成极端的观点。怀特(Robert Wright,2003)指出，"电子邮件、搜索引擎和网络聊天室提供了一种便利条件，使相同目的的人集结起来，令分散的敌意更加明确，也能够动员致命的武装力量"②。"动员致命的武装力量"，这当然是一种戏谑说法和极端现象，但意见相似或相同者通过网络得以集聚，比非网络状态中的孤立无助更容易采取极端行动，这也是事实。

其二，新媒体语境中的猜疑之风影响社会心理。

在新媒体语境中，人们敢于对政府相关部门、对某些执法机关提出正当的质疑，这是通过网络参政议政的一种方式，是人民"四权"(知情权、参与权、表达权、监督权)得到保障和有所扩大的表现，应当得到肯定。但与此同时，网民中的猜疑之风也在逐渐增长。对此，不能不加以理性关注。

从心理学的角度看，质疑和猜疑并不是一回事。质疑，有时为质询，是对信息真伪的辨别，是对事件真相的探求，是对导致结果的原因的深究，是对现象背后本质的追寻，往往不乏理性思考；而猜疑，其心理基础则是由信息不透明、不对称引起的人们的主观臆测和由此及彼的猜测、联想，表现出公众对有关主体提供的事件信息的不信任情绪。在现实生活中，公众对于某些政府部门、执法机关所提供的重大公共危机事件的信息缺乏信任感，其中，既有质疑，又有猜疑，两者经常夹杂且相互转化。例如，2015 年 8 月 12 日天津港爆炸事件发生以后，有关方面多次举行新闻发布会。某些官员在回答记者提问时，回避要害问题，说辞前后矛盾，不合逻辑，难以令人信服。由此，公众缺乏可靠的信息来源，其质疑和猜疑就混杂在一起了。

其三，新媒体语境中的暴戾之气影响社会心理。

新媒体语境是公众受到的管束相对较少、可以在较大程度上畅所欲言的语境。在这样的语境中，人们可以听到不加掩饰的真心话、大实话，可以听到在现实语境中难得听到的逆耳话、刻薄话，当然也还可以听到各种表现出极端情绪的过头话、极端话。以上各种话语中，率真的话占有很大的比重。然而，一个无可回避的事实是：在新媒体语境中，一些网民的暴戾之气、之语也相当突出。正如人民网舆情监测室所说："在诸多社会热点问题上，网络舆论'愈战愈勇'，搅动社会人心；而官方媒体屡屡'失明''失语'，容易陷入新的一轮思想僵滞。'自为'的民间舆论场，时现乱象，网上谣言满天飞，哀伤太多，戾气太重；'自律'的官方舆论场，则趋于

① 乐国安：《网络集群行为过程解析》，《人民论坛》2010 年第 13 期。

② 王娜：《新媒体环境下谣言传播的受众心理研究》，《今传媒》2013 年第 11 期。

自我边缘化,而政府的公信力持续流失而致贫血。”[①]一部分公众是利益受损者,在现实生活中有不少积怨(往往由买房难、看病难、上学难、求职难、求好环境难、求食品安全难等引发更大的怨气),网络则是他们宣泄情绪的重要渠道。在宣泄情绪的过程中,怨气、戾气混杂,戾气自然难抑。当然,不排除网络空间中也存在一部分以激化戾气为目的、专事挑唆之事的人。

那么,新媒体语境中的暴戾之气对社会心理构成什么样的影响呢？在笔者看来,大致有如下三个方面的影响。一是使社会心理中的理性成分陡减,一些人变得很任性,恣意妄言,信口开河,破口大骂,说话没有节制、不顾后果、不负责任。二是图个人痛快的心理滋长蔓延。图一己、一时之痛快,任个人情绪倾泻、宣泄,而不顾事实的真相和他人的感受,这样的心理状态已经不是一种孤立的存在。三是互相效仿、互相攀比,比谁更任性的现象时有发生。

(二)重大公共危机事件发生后新媒体及新媒体语境与社会心理更是有紧密联系

在重大公共危机事件发生以后,当有对政府不利的传闻在社会舆论空间中流播时,“宁信其有,不信其无”的说法和“任你政府部门怎么说我都不相信”的情绪,都颇有市场。这种说法和情绪,既不合乎真理也不合乎理性,这是一部分公众有待从心理方面改进和提高的地方。而政府的公信力毁于某些政府机构部门自身的现象也确实存在,这是政府有待改进和提高之处。

新媒体语境是众声喧哗的语境。众声喧哗折射出社会心理的繁复驳杂。重大公共危机事件发生后,社会心理的繁复驳杂程度和社会舆论的众声喧哗程度同步剧增。不仅如此,公众的意见因在共同的空间中表达、传递、碰撞,从而有机会产生“化学反应”甚至“核反应”。而他人的意见和特定主体身处其中的话语氛围,又会把特定主体自身深层次的心理因素调动出来,使他人的和自身的、历史的和现实的心理内容叠加在一起,共同进入社会舆论和舆情的层面。如此看来,众声又怎么可能不喧哗？

传播学中“沉默的螺旋”理论认为,大多数个人会力图避免由于单独持有某些态度和信念而产生的孤立。因为害怕孤立,他们便不太愿意把自己的观点说出来,他们会保持沉默。有研究者依据新媒体语境中的情况提出:“社会化媒体时代,‘不沉默的’才是大多数。”[②]即:大多数人由沉默变得不沉默。这就与上述理论完全相对而行了。事实上,在传统语境中,大多数人之所以选择沉默,其心理内涵是:想要避免在意见说出后因不被认同而陷入孤独和孤立的境地。在新媒体语境中,情况则有所改观(如果遇有重大公共危机事件发生,情况就更是陡变):原先的沉默者,因手中握有“麦克风”而不再甘于寂寞和不再害怕寂寞。而他们在发声之后,在广阔的舆论空间中,也不再担心没有应和者、附议者。原先“沉默的大多数”,其中的“大多数”由沉默到在新媒体语境中变得不沉默。这从一个方面说是传播现象;而从另一个方面说,又何尝不在深层次上涉及社会心理层面的内容呢？从社会心理的角度对此进行解读,可望达到对问题进行观照、分析的更深层次和更高境界。

---

① 人民网舆情监测室:《人民网评:打通“两个舆论场”——善待网民和网络舆论①》,人民网,2011 年 7 月 11 日。

② 常宁:《社会化媒体时代,“不沉默的”才是大多数》,新浪博客,2013 年 9 月 5 日。

第二节 对新媒体语境中重大公共危机事件舆论和舆情与社会心理关系的思考

社会心理是社会经济基础和意识形态之间的中介，同样也是新媒体语境中重大公共危机事件与舆论和舆情之间的中介。重大公共危机事件在舆论和舆情中得到反映，或者说社会公众围绕重大公共危机事件形成舆论和舆情，其实都会经由社会心理这一中介，事件舆论和舆情又会反过来经由社会心理而作用于重大公共危机事件。新媒体语境中重大公共危机事件与舆论和舆情的关系，既有直接发生相互作用的情况存在，又更多地通过社会心理这一中介而发生双向作用。社会心理不光对舆论和舆情有影响作用，而且对重大公共危机事件也有影响作用。在此过程中，无所谓什么是正作用，什么是反作用。舆论和舆情的发酵、感染、激变，主要是在社会心理层面或通过这一层面实现的。

一、事件舆论和舆情受到社会心理的制约和影响是不争的事实

如前所述，舆论是“众议”，是众人对特定议题的意见表达和广泛议论。

就参与舆论的个体来考察，公众的意见表达，与有话可说的内容层面不无关系，而同时又与要说和想说的心理层面密切相关。这说明，舆论和舆情受到社会个体及群体心理的制约和影响。再就参与议论的公众来考察，众所关注的舆论和舆情题材及话题，往往也就是在社会群体心理驱使下趋热的题材和话题。得到社会群体心理普遍呼应的舆论和舆情题材及话题，是不可能不引起舆论和舆情的高度关注的。

那么，作为众议的事件舆论和作为民意的事件舆情在哪些方面会受到社会心理的影响呢？主要是以下两个方面：其一，在“议什么”中体现关注，表现出社会公众的兴奋点；其二，在“怎么议”中显露态度，显现出对特定的论题内容作出何种评价。

遇有重大公共危机事件，对这些事件予以关注，这是社会心理使然。可以认为，这里存在的是“必选题”。社会心理中包含了公众知情欲的内容。事件越是重大，公众的知情欲就越是强烈。一方面，不排除好奇心及“别人知道我不能不知道”“对别人的谈资我一无所知就显得比别人矮了一截”的心理在起作用；另一方面，作为公民，也对处于灾难中的人表现出应有的同情和责任。我们经常可以感知受此种心理驱使的一类舆论和舆情的普遍存在。

在正常情况下，以什么样的素材为舆论和舆情题材，以什么样的题目为舆论和舆情话题，这是一个“任选题”。其间，起作用的是社会生活中的推崇心理（对某些人或事的推崇）或贬抑心理（对某些人或事的贬抑）。据媒体报道，2016 年 5 月一对新婚夫妇在洞房花烛夜做了一件非同寻常的事：新郎由新娘陪着抄写《中国共产党章程》。最初的传播者是按对正能量的理解披露此事的，但此事经传播以后，舆论中不乏将此事解读成“作秀”者，并加进了调侃的意味。舆论和舆情在形成过程中被注入了信息披露者始料不及的内容，这是社会心理内涵的表征，同时也是社会心理对舆论和舆情有所制约和有所影响的证明。这件事从某种意义上说明：社会心理有多丰富，社会舆论中的意见和话语以及舆情中的情绪就会有多丰富。

从理论上说，社会心理对于事件舆论和舆情还应该发挥一种作用：过滤。如果事件有关信

息足够透明，主体辨析能力足够突出，社会普遍心理足够坚强，谣言在舆论和舆情空间中就无法存在、更无法发酵。这是社会心理与社会舆论和舆情所应达到的境界。应当说，在2003年SARS事件的后半期和汶川地震抗震救灾中，社会心理及与此紧密联系的社会舆论和舆情达到过这样的境界。

通过以上分析，我们看到：重大公共危机事件中的一部分，固然有其偶然性，但围绕它们形成的舆论和舆情与全部重大公共危机事件舆论和舆情一起，在相当程度上受社会心理的影响，则是确定无疑的。

二、通过案例分析看新媒体语境中社会心理对重大公共危机事件舆论和舆情的影响

我们不妨通过一个案例来分析新媒体语境中社会心理对重大公共危机事件及舆论和舆情的影响。2011年2月10日凌晨2时，有传言说，在江苏响水陈家港化工园区，“化工厂发生泄漏，即将爆炸”。这个传言直接导致化工园区周围陈家港、双港、南河、老舍4个镇40多个村庄的数万名群众自发转移。随后经响水县政府全力辟谣，凌晨6时左右，群众开始陆续回家，事态得以平息。但意外还是发生了，双港镇塘港镇村民在逃离过程中由于慌乱发生交通事故并导致4人死亡。[①] 值得注意的是：无此传言，并不会有重大公共危机事件发生；一则传言，引发了一起重大公共危机事件。这与在多数情况下由事件伴生谣言的情况并不相同。然而，在新媒体语境中，传言和谣言有生存的土壤，有流播的市场。对此，不能不引起高度重视。

在这里，一则传言被疯传，迅速成为舆论和舆情的一种有影响力的特殊形态。它被众多的人议论、传播，成为“大逃亡”行动的依据。事件过程中暴露出来的问题发人深省：如此多的人，怎么就会轻信一则没有确凿可靠的事实作为依据、根本经不起推敲的传言，而采取了失去理智的、近乎疯狂的“大逃亡”行动呢？求生固然是人的本能，就此而言，无可非议。众人为逃生而演绎了“大逃亡”事件，似乎也完全可以理解。但事件的发生，其深层次的原因不是传言具有什么高明的伪装性和很强的欺骗性，而是历史上出现过的事故在当地民众的心里留下了挥之不去的阴影。对现实的谣言缺乏识别能力和抵御能力，固然是社会心理层面存在的缺陷。平时没有筑就抵御传闻的心理防线，或所筑就的心理防线不堪一击，是惨痛的教训。

此事对政府来说也有须反思之处。响水的公众轻信传言而进行“大逃亡”，这是在政府不断辟谣的情况下出现的悲惨事件，同某些重大公共危机事件出现后信息被故意遮蔽的情况有别。政府的权威发布如何在与传言的交锋中胜出，政府及其机构部门如何在关键时刻针对社会心理有效发声，平时如何铸就自己的无可动摇的公信力、权威性，响水“大逃亡”事件给我们的政府留下了必须作出正确回答的思考题。

三、新媒体语境中重大公共危机事件舆论和舆情与社会心理内涵

在新媒体语境中，原本就很复杂的社会心理内涵，在重大公共危机事件及其舆论和舆情面前就变得更加复杂。

---

① 刘超群：《响水“万人大逃亡”那一夜》，网易新闻，2011年2月16日。

（一）信息碎片化与事件复杂性之间的矛盾带来的心理纠结

新媒体语境中重大公共危机事件发生后，社会心理的内涵较之平时更为复杂。关于重大公共危机事件的信息，数量众多、铺天盖地，然而有不少是呈碎片化状态传播的。这固然便于传播也便于接受，但对公众心理结构产生的不良影响也是客观存在的：使许多社会成员对于事件的认知趋于简单、肤浅。信息的碎片化和事件的复杂性，形成了一组结构性矛盾。需要基于众多碎片化的信息，对事实、对事件进行还原和解读，并从中找出事物之间的关系链（其中包括因果链）；需要做去粗取精、去伪存真、由此及彼、由表及里的加工工作。这是一个极其艰难的过程。公众中的不少人由于各种原因，没有进行这样一项还原工作和深挖工作。这就使得他们对事件的认知不免停留于表面，且体现出主观性和片面性。其结果是：在新媒体语境中，公众比在传统语境中更容易从众。

有研究者认为："表达方式和内容模式的简单与否决定了思想的浅薄与丰盛，而这最终决定了人们的思考方式和思维模式。所以，如今看似一切为人'着想'的各种'傻瓜式'媒介（例如：新闻聚合客户端），让内容的'表达方式'变得越来越简单，尤其是新的媒介形式要求表达字数尽可能简短，符号化代替了文字，随意的只言片语代替了对文字的斟酌。与此同时，技术带来的新媒介形式，并没有真正整合起人的碎片化时间，而是让人的时间和空间更割裂。"①其实，事件信息的碎片化呈现，在不少人那里，在许多情况下，不仅割裂了其时间和空间，而且割裂了其心理认知，割裂了其意见表达及由此而形成的社会舆论和舆情。

（二）新媒体语境的构成本身所形成的心理区隔

新媒体语境本身自有其复杂性，这种复杂性可以追溯到由新媒体技术平台所形成的群体分区乃至心理区隔。

有研究者在分析的基础上曾经指出：基于新媒体技术平台的弱势社群的产生，本身就源于制度性的缺失和社会中间组织的严重发育不良。他们在为期两年多（2008 年 1 月—2010 年 9 月）的观察中发现，以腾讯 QQ 群为平台、体制外自发的弱势社群，大部分以网上闲聊为主，虽然不乏告知、倾诉、分享等功能，但这类 QQ 群通常处于松散、无序的状态，活跃度不稳定、人员流动性强，缺乏集体的整合力和行动力。引起这位研究者关注的是另一类集群型的 QQ 群——即由多个群组成、有一定层级形态的 QQ 群系统（如设有总群和分群系统），它们有明确的发起者、较为严格的管理者，最重要的是，它们有具体的目标或宗旨和集体的线上、线下行动，"这一类网络社群"即为"网络自组织"。② QQ 群作为网络传播平台，体现出分区。这样的情况，也还应该出现在网络的其他空间之中。

在这里，姑且不论这位研究者及其团队得出的结论是否正确，笔者认为，其思路还是很能给人以启发的。在新媒体的不同技术平台上，聚集着不同的人群。进而言之，这些不同群体的社会心理又存在差别，随之而来的，是围绕事件所形成的舆论和舆情也会体现出这样那样的差别（当然，有的时候其差别又并不能够一眼就能觉察）。这就是说：在由新媒体技术平台所形成的不同场域中，社会心理的分区和区分是客观存在的。这给社会心理在网络空间中的呈现

① 常宁：《社会化媒体时代，"不沉默的"才是大多数》，新浪博客，2013 年 9 月 5 日。

② 丁未：《新媒体赋权：理论建构与个案分析——以中国稀有血型群体网络自组织为例》，《开放时代》2011 年第 1 期。

带来了相当的复杂性。受此影响，重大公共危机事件舆论和舆情就呈现为更加复杂的形态。

（三）重大公共危机事件舆论和舆情不易达到的心理境界

信息传播渠道的多样，为公众摄取各类信息提供了方便条件，但同时也为信息认同和与此紧密联系的舆论和舆情趋同带来了很大的困难。

认同是人们的心理活动的重要内容之一。认同，首先需要特定主体对事件信息的真伪进行甄别，而这是很不容易做到的。有人对天津港爆炸事件中的瑞海集团的背景，进行穿凿附会的解释，在没有确凿证据证明此说错误之前，人们又难以否定它。因此在海量信息面前、在众声喧哗的语境之中，人们要想做到明辨是非善恶、在此基础上择善而从，并非易事。

舆论中有各种各样的声音和意见，这是正常现象。在新媒体语境中，完全没有必要提出"舆论一律"的要求。但各种意见和声音最终应向事实真相靠拢，向真理性认知靠拢，向公平正义靠拢，防止舆论产生撕裂社会的负面影响。所有这些，应该不是什么不切实际的苛求和不合规律的妄断。可是，如果不是从社会心理层面认识和解决问题，以上"三个靠拢"和"一个防止"，又并不是轻而易举就能实现的目标。

四、在引导重大公共危机事件舆论和舆情时注意对社会心理进行引导

在分析新媒体语境中重大公共危机事件舆论和舆情并对舆论和舆情进行正确引导时，应该增加如下环节和步骤，即：分析与舆论和舆情相对应的社会心理状况。不光是有什么舆论和舆情就针对这些舆论和舆情进行引导，而且要在引导社会舆论和舆情的同时，也要针对与舆论和舆情相对应的社会心理进行引导。这种对社会心理的引导，与对特定个体或群体的心理干预、心理疏导有联系但并不是一回事。它是面向全社会的，而并非只针对重大公共危机事件中的人。它既是舆论引导，又是舆情引导，同时还是心理引导，是舆论和舆情引导与心理引导的紧密结合，是同时顾及舆论引导、舆情引导和心理引导的复合式的引导。

重温 2005 年 11 月下旬发生的哈尔滨水危机事件及与舆论和舆情的关系，我们不难悟出在舆论和舆情引导过程中同时进行社会心理引导的重要性。

关于水危机事件，哈尔滨市政府先后发布过两个公告。第一个公告，不顾公众中已经出现的恐慌心理的苗头，隐瞒了松花江水体受到污染这一真实信息，为停水 4 天而撒了一个"善意的谎言"。结果是公告难以自圆其说，舆论因之而哗然。一时之间，关于地震、投毒、污染等的谣言满天飞，从而在更大程度上加剧了公众的恐慌心理。这不仅是违逆社会舆情和社会心理之所为，还取了无视社会心理这一下下策。第二个公告，政府公开了事实真相，披露了关于水危机的真实信息，获得了稳定人心的良好效果。可见，维护社会的稳定，关键在于维护人心的稳定；维护人心的稳定，关键在于发布的信息充分透明、及时公开。这无疑是政府信息公开所获得的成功，但何尝不是读懂社会心理以后所采取的举措获得了良好的效果呢？公开事实真相，公布关键信息，以此使社会心理中引起恐慌的因素得以消除，公众与政府恢复了互信，舆论和舆情渐趋平缓、正常。可见，政府和新闻媒体要进行舆论和舆情引导，读懂社会心理这本大书何其重要！

2005 年 11 月 27 日 18 时许，黑龙江省省长张左己在退休老干部庞玉成家，端起水杯当众喝下哈尔滨市恢复供水以后的第一口水并通过电视台现场直播，这是政府官员消除社会心理

中疑虑成分的妙招。恢复供水后的自来水可以喝吗？它安全吗？会不会喝出问题来？这是在多少人心头萦绕、挥之不去的问题。省长用自己的行动给出了答案，更重要的是，他用自己实实在在的行动，给市民吃了颗“定心丸”。由于社会心理中的疑问消解了，社会舆论和舆情中的离心力也就向向心力转变了。省长所做的事情并不复杂、也不费劲，但事情做到了点子上，因此效果极佳。关键在于：正确瞄准并使巧劲解决了社会心理层面存在的疑虑。如能这样，问题自然就会迎刃而解了。

下　　卷

实证研究与对策思考

卷 首 语

下卷分为实证研究和对策思考两大板块。在对实证研究板块进行设计时，力图体现如下初衷：在新媒体语境不同类别的重大公共危机事件中，选择近年来发生的、受到舆论广泛关注的人为事故——天津港爆炸事件——作为个案，基于大数据对事件舆论和舆情进行分析，以求有新的发现；选择以往研究者尚未视之为重大公共危机事件的金融类危机事件进行学理探讨，基于大数据对与 P2P 网贷投资风险对应的投资者情绪（属于舆情的层面）进行分析，并得出“舆论和舆情引导要从意见和情绪引导双管齐下”的结论；选择中国、美国、法国遭恐怖袭击的三个案例进行研究，有利于拓宽视野，在“人类命运共同体”的理念指导下思考相应的问题。基于新浪微博对重大公共危机事件中舆论和舆情的研究，与新媒体语境中重大公共危机事件同舆论和舆情的关系模型研究一起，都可以归于对对策所作的思考。最后两章意在探索相应对策，但又不就事论事、就对策论对策（而是立足于根本、着眼于长远），同时，努力避免停留于提出一般性的建议而一无学术的含量和价值。

第八章　基于大数据对事故类重大公共危机事件舆论和舆情的分析

发生于2015年8月12日的天津港爆炸事件，属特大事故、人为灾难。本质为人祸的灾难，是重大公共危机事件中最引人注目的类型之一。围绕这一重大事件，舆论和舆情都表现得相当突出。因本章将较多地涉及对网络舆情的分析，故本章的标题中特冠以“舆情分析”。而这样的分析，是基于大数据作出的。

第一节　基于大数据对事件舆论和舆情的分析关注变数

就天津港爆炸事件所进行的研究已经不在少数，但基于大数据进行研究的似乎尚不多见，而这样的研究较之无数据抑或小数据研究，应该是有其自身价值的。

一、重点关注事件舆论和舆情中变数较大的议题

在新媒体语境中，包括突发灾难在内的重大公共危机事件发生后，舆论和舆情势必陡然而生、而兴。正确研判、有效引导舆论和舆情，成为围绕重大公共危机事件展开的舆论工作中极其重要的课题。

就突发灾难事件中的舆论和舆情，有研究者曾做过如下论述：“突发灾难事件的舆论会成井喷状爆发，在事件发生后的不同阶段，舆论关注点会有不同。新的舆论议题不断出现，但持久度并不高，其主流是网民的情绪表达，其中也兼有理性的思考。社会化媒体在突发灾难事件中承担信息传播和情感宣泄的功能，在应对突发灾难事件舆情的管理中，要让社会化媒体成为信息传播和情感宣泄的通道，理性看待灾难事件中的网络动员，并重点关注舆情中变数较大的议题。”①

突发灾难事件属重大公共危机事件中的一种。确实如上所述，舆情中存在变数（关注并研究变数，方能更准确地把握事件舆论和舆情）。由于存在事件发展的不同阶段舆论关注点不同的变数，因而必须对舆论和舆情进行正确引导和妥善管理。

有必要指出：舆论和舆情是两个既紧密联系又有区别的概念。② 关于天津港爆炸事件，媒体刊播一则报道，博主发出一条微博，尚不能称之为舆论，然而多篇报道、多条微博交集、聚合

① 张悦：《突发灾难事件舆情在社会化媒体上的呈现与管理》，《西南民族大学学报（人文社会科学版）》2014年第5期。

② 参见丁柏铨《自媒体时代的舆论格局与舆情研判》，《天津社会科学》2013年第6期。

在一起,则构成了舆论。笔者拟统一以舆情信息概之,量词则统一用“条”。这是需要加以特别说明的。

二、运用大数据对事件舆论和舆情进行研判至关重要

对新媒体语境中重大公共危机事件与舆论和舆情的关系进行研究时,笔者越来越感到:运用大数据对事件舆论进行研究和对事件舆情进行研判,从而为对事件舆论和舆情进行卓有成效的引导提供决策依据和决策参考,显得至关重要。

“大数据技术是指运用搜索引擎、社交媒体、各类网络数据库,实时聚集数以百万本书那么厚的文本和图像,用一种搜索、分类、分析的软件,通过高速的计算机运算和业内专家的研判,精确描绘现状并预测未来。”①各类数据库、高速运行的计算机,是大数据不可或缺的存在条件。大数据技术为搜集、分析和处理海量数据提供了可能性。本章将致力于借助大数据对天津港爆炸事件的舆论和舆情进行分析。

第二节 研究假设和研究方法

天津港爆炸事件发生后,由于它是特大事故,相应的舆论和舆情迅即形成,并在一周内两度出现舆论和舆情高峰。

一、研究假设

假设 1:事件舆情起起伏伏,对舆情的“起”有决定作用的因素是:重大灾难的突如其来,新的灾情信息的出现,谣言及不实传闻的流播,新闻发布会上官员的失分表现,等等。

假设 2:在整个事件中,微博发挥了不可忽视的巨大作用。

假设 3:作为机构博主,央媒所发微博的影响力远甚于个人博主所发微博的影响力。

假设 4:微博领域中,不排除有“疑似水军”(是否为“网络水军”有待确认)所发、所转的一定量的微博。他们与舆论大潮的形成之间有一定的联系。

二、研究方法

(一) 基于海量样本进行数据挖掘、统计、分析

社会科学研究中历来应用的概率抽样方法,是严谨规范的研究方法,无疑有其科学依据和很高的可信度。即使是在大数据时代,这样的研究方法仍然具有存在价值且无可取代。大数据技术手段毕竟使研究者具备了在掌握海量数据的基础上从中挖掘并进而加以统计、分析、解读的可能性,从而让研究者摆脱了以往不易摆脱的样本困扰。由于大数据所拥有的样本量足够庞大和技术手段足够先进,这就具备了使用某种数据量巨大的海量样本进行研究的可能性。

---

① 李希光:《大数据时代的舆情研判和舆论引导》,《中国广播》2014 年第 5 期。

（二）实行定量研究与定性研究的结合

在上海蜜度信息技术有限公司“微舆情”技术平台（以下简称“微舆情”）的帮助下，笔者进行了事发后一个月之内的全网搜索和在新浪微博中进行的全面搜索，获得了关于天津港爆炸事件的海量样本原始舆情信息数据。在此基础上，笔者对数据进行分析、解读，在进行定量研究的同时，结合当时的相关影响因素进行学理思考，从而实现定量研究与定性研究的结合，力求对舆论和舆情进行准确研判。

第三节 研究发现

经过一系列的研究工作，笔者有如下发现。

一、舆情信息构成和分布引人注目

通过“微舆情”，笔者检索并获得了自 2015 年 8 月 12 日 0 点至 2015 年 9 月 11 日 24 点，围绕天津港爆炸事件的如下一组舆情信息数据（表 8－1）：

表 8－1 天津港爆炸事件发生后一个月内舆情信息数据表①

全部	微博	博客	微信	论坛	国内网站	新闻	国内视频	外媒
4 248 671	3 035 922	65 655	199 823	156 163	386 546	382 244	14 247	8 071

需加以特别说明的是如下两点：（1）微信属于朋友圈内的社交（即熟人之间的社交）的范畴；微博属于博主与陌生人之间的社交。新浪不可能获得腾讯的全部微信数据。（2）每日关于天津港爆炸事件的微博数据并不是仅有表 8－1 中所列数目。“微舆情”根据清理标准对数据作了去水军、去营销、去重复等各种处理。② “微舆情”在所能及的范围内，共得事件舆情信息 4 248 671 条。其中，微博为 3 035 922 条，占 71.46%，其快速反应能力和社会动员力量不可谓不巨大。这就提醒人们：进行舆情监测和舆论引导，均须特别关注微博。再看博客、微信、论坛，在总量中占比分别是 1.55%、4.70%、3.68%，与微博合起来，这些社交类媒体关于事件的舆情信息总计占比 81.39%，在整个事件舆情信息的总量中，占到 4/5 强。由此可见，在重大公共危机事件发生后，如果忽视了社交类媒体在舆情呈现中的作用，舆论和舆情引导就会成为一句空话。

以上研究发现与研究假设 2 相一致。

再看图 8－1：

---

① “微舆情”搜集的数据包含了境内网站 60 924 个，论坛 4 989 个，博客 46 个，电子报刊 1 068 个，境外媒体网站 142 个，微信公众号 200 万个，以及全量贴吧数据。

② 重复数据分为以下三种：一种是来源 URL（Uniform Resource Locator，统一资源定位符）及标题内容完全相同，在清洗环节直接清理掉了；一种是 URL 不同但标题内容相同，这类数据需要内容审核部门判断是否符合重复内容的规则，如果符合，加入重复内容清洗规则库，后面就会自动清洗类似情况的内容；还有一种属于直接转载的，标题内容一样但内容源不一样，归为相似内容，在产品中会有选项可以合并。关于水军的判断，目前只针对微博用户。对营销数据和其他垃圾数据，有专门的清洗环节处理，有垃圾词库 + 语义分析算法判断垃圾词在内容中的权重是否超过阀值，而且每天有专人对清洗掉的内容进行巡检来完善清洗模型。“微舆情”通过对内容的判定，排除了明显的广告类、没有备案的非正规网站等垃圾内容源。

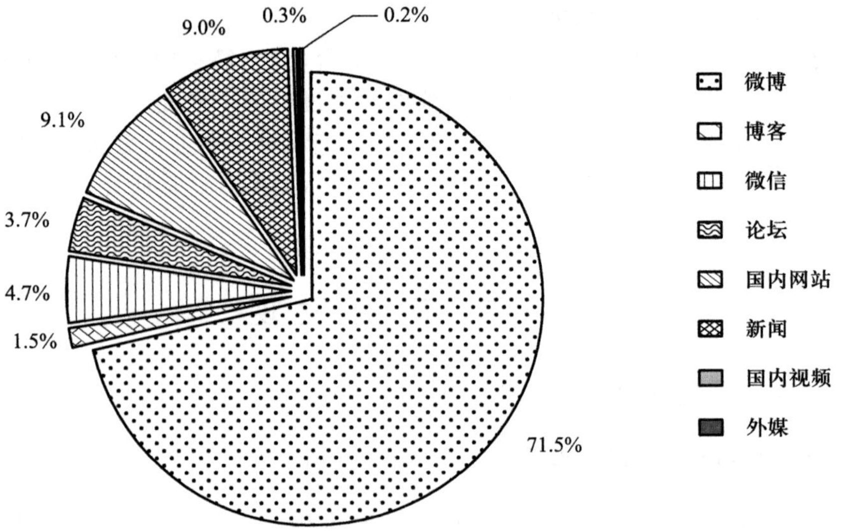

图 8－1 天津港爆炸事件各类媒体舆情信息占比
（2015 年 8 月 12 日至 2015 年 9 月 11 日）

由表 8－1 和图 8－1 可以看出：天津港爆炸事件受到公众高度关注，在一个月内，日均舆情信息达 138 798 条。微博在总量中的占比，是居第二位的各网站在总量中占比（9. 10%）的 7. 85 倍。在此次重大公共危机事件中，微博的活跃程度仍然令人瞩目。

以上研究发现与研究假设 2 相一致。

二、舆论和舆情的起伏曲线内含深意

笔者根据从"微舆情"获得的数据制成了图 8－2。天津港爆炸事件发生后，以微博为主要代表的全部舆情信息异常迅速地一路向上。第一个高峰同时也是一个月内乃至全过程中的舆情最高峰，出现在爆炸事件发生的翌日即 8 月 13 日（共有 814 955 条舆情信息，其中微博 609 406条）。爆炸事件发生时，已是 12 日深夜接近 0 点。如此之大的灾难突然降临，这本身就是一个爆炸性的信息，翌日出现舆情高峰，自有其合理性和必然性。8 月 14 日和 15 日，舆情稍稍趋缓，出现了第一个舆情低谷。而至 8 月 18 日，则又出现了第二个舆情高峰。25 日以后，舆情渐趋平静。舆情不平静的时段约为 2 周。

如果再看爆炸事件发生后至 2016 年 9 月 26 日舆情起伏的状况（见图 8－3），就可以发现：2015 年 8 月 18 日以后再度出现舆情高峰，是在 10 月 12 日，天津港爆炸事件发生两整月之日，显然是受到了天津北辰仓库爆炸事件的直接影响。而 2015 年 12 月，则是舆情的又一个活跃期。

以上研究发现支持了"事件舆情起起伏伏"假设，但是一个月内并没有几起几伏，而只是两起两伏。事发后的一年多时间中，围绕天津港爆炸事件出现的舆情高峰也是有限的。至于舆情起伏中的"起"与哪些因素有关，笔者将在问题讨论部分进行探讨。

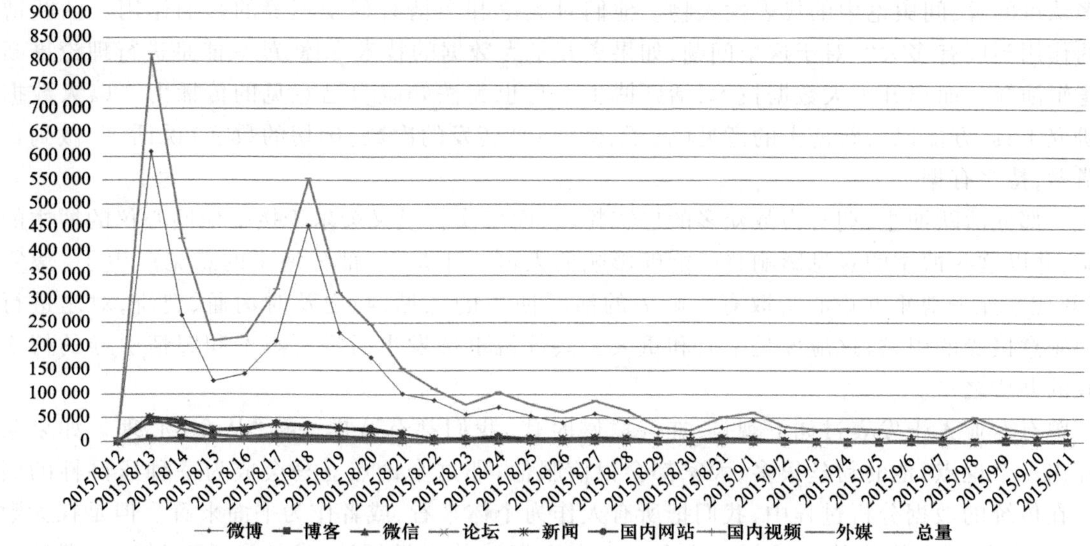

图 8-2 天津港爆炸事件发生后 1 个月内的舆情走势

（2015 年 8 月 12 日至 2015 年 9 月 11 日）

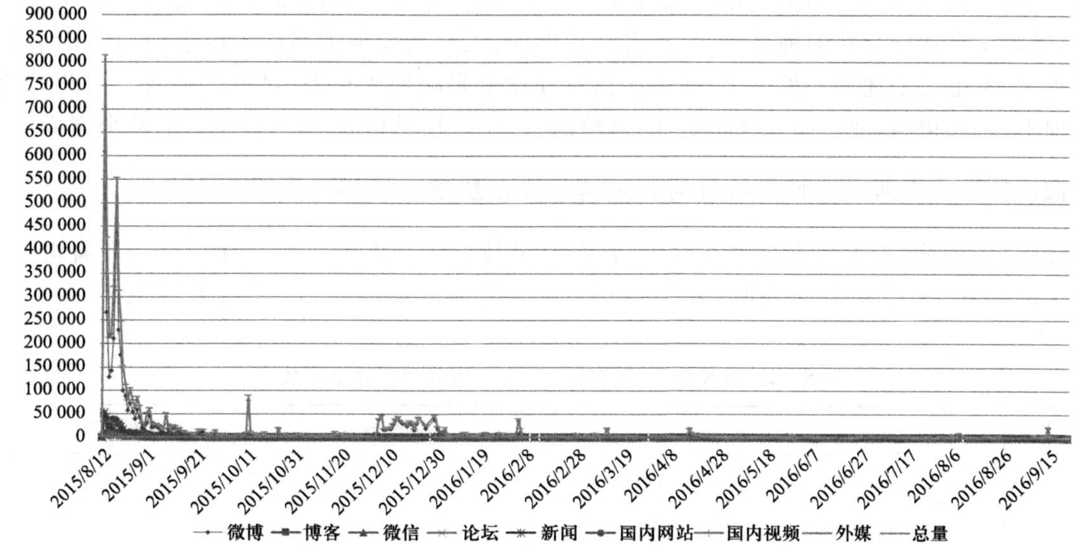

图 8-3 天津港爆炸事件发生后一段时间舆情走势

（2015 年 8 月 12 日至 2016 年 9 月 26 日）

三、活跃博主在事件中发声广受关注

所谓活跃博主，是指频频发声、通过微博发表意见较多的博主，其中包括意见领袖。意见领袖是拥有众多粉丝的、平日里就时常针对社会生活中的某些现象发表个人观点并得到公众较多认可的、民间舆论中的代表性人物。他们对舆论和舆情有程度不等的影响作用。活跃博主的作用到底有多大？对于这个问题，如果离开了大数据的技术支撑，就只能是进行理论推断和逻辑演绎。而离开了大数据技术，活跃博主本身也无法知晓自己意见的传播力。以大数据为研究工具，方能以活跃博主的意见（帖子、微博）被转发的次数（确切的数字）说话，并做到言之凿凿，持之有据。

一部分活跃博主，拥有为数众多的忠实粉丝，而忠实粉丝又会乐于接受他们心仪的博主的影响，并以这些博主的意见影响自己能够影响的人群。于是，这部分博主的意见产生了"滚雪球"效应。充分尊重并虚心听取有影响力的活跃博主的意见，与之及时沟通、交流，对之进行他们乐意接受的引领，这应该是平时和重大公共危机事件发生后进行舆论和舆情引导的行之有效的办法之一。

曾有专业人士发表过如下观点：在互联网时代，我们都有这样一种"从众"心理。如果某人提出一个论点，他的粉丝很多，大家都会很信服他，那这个论点立马会成为一种压倒性的舆论。在传统的数据分析过程中，我们把所有人作为个体来看，或者作为平面来看。但是在大数据时代，它是用立体化的方式刻画这个人。有责任感的意见领袖，发消息的时候还会斟酌一下，但有些人不怕事大，没有想过转发之后对社会影响有多大。经过我们分析，一个大 V 转发一条信息，甚至能够影响全国 7% 的人口。[①] 在此处，笔者对"一个大 V 转发一条信息，甚至能够影响全国 7% 的人口"的说法不做深入探究。不过，一个很明显的事实是，意见领袖除非不发声，只要发声就会存在两种情况：一是自己发微博，二是转发他人微博。由于他们的话语影响力很大，无论是上述哪一种情况，都会在相当程度上影响他人对人、对事的判断。因此对意见领袖来说，有担当、敢于出言和负责任、谨慎出言，应当相辅相成，是可以统一的两个方面。

四、各类博主所发微博数统计为认知博主微博影响力提供了依据

凭借"微舆情"的大数据技术条件，笔者在海量数据中对机构博主（新闻媒体、政府机关、其他单位）和个人博主所发微博（新浪微博）的数据进行了统计（按参与微博数排列）（见表 8－2）。

表 8－2 传统媒体拥有粉丝数及在事件中所发微博数

序号	博主	微博来源	粉丝数	微博参与数
1	央视新闻	新浪微博	45 383 305	231
2	环球资讯广播	新浪微博	42 595 135	211
3	中国之声	新浪微博	19 107 194	194
4	《新京报》	新浪微博	21 031 237	193
5	《法制晚报》	新浪微博	14 063 102	186

① 《大数据让"舆情分析"进入量化阶段》，通信世界网，2016 年 4 月 20 日。

续表

序号	博主	微博来源	粉丝数	微博参与数
6	《人民日报》	新浪微博	48 249 951	179
7	新华视点	新浪微博	20 981 022	179
8	《中国经营报》	新浪微博	23 849 230	176
9	《中国日报》	新浪微博	24 341 803	164

不少传统媒体,除了按传统的方式对爆炸事件进行报道和评论,还以微博频频发声,参与了极具时效性的信息传播和意见表达。这与自媒体时代的舆论和舆情格局是相适应的。而它们所拥有的粉丝数值得研究者关注(《人民日报》,拥有粉丝 4 824 多万;央视新闻,拥有粉丝 4 538多万;新华视点,拥有粉丝 2 098 多万)。

在事发 1 个月内,中国新闻网(粉丝数达 2 833 万多)、头条新闻(粉丝数达 5 091 万多)、人民网(粉丝数达 3 418 万多)、财经网(粉丝数达 2 255 万多)、新华网(粉丝数达 1 736 万多),这些粉丝达到千万甚至数千万级别的网站,发微博都达到或超过 180 条。需要特别指出的是:拥有 1 834 万多粉丝的华尔街日报中文网,也就天津港爆炸事件发了多条微博(见表 8-3)。

表 8-3 有关网站拥有粉丝数及在事件中所发微博数

序号	博主	微博来源	粉丝数	微博参与数
1	中国新闻网	新浪微博	28 335 247	307
2	头条新闻	新浪微博	50 910 425	250
3	人民网	新浪微博	34 188 533	234
4	财经网	新浪微博	22 557 339	195
5	新华网	新浪微博	17 361 717	180
6	新浪财经	新浪微博	13 818 070	45
7	华尔街日报中文网	新浪微博	18 341 437	22
8	思想聚焦	新浪微博	14 838 788	18
9	微天下	新浪微博	16 308 822	6

许多拥有大量粉丝的个人博主,都就爆炸事件发了多条微博(表 8-4 所列是发微博 10 条以上的个人博主)。姚晨所拥有的粉丝数引人注目(达 8 002 万多)。其他就爆炸事件发过微博的有影响力的个人博主有:杨澜(粉丝数 35 309 334,发微博 8 条),王石(粉丝数23 876 727,发微博 4 条),潘石屹(粉丝数 18 378 608,发微博 5 条),伊能静(粉丝数 14 598 763,发微博 5 条)。

表 8-4 个人博主拥有粉丝数及在事件中所发微博数

序号	博主	微博来源	粉丝数	微博参与数
1	徐昕	新浪微博	31 953 689	45
2	陈里	新浪微博	25 472 346	43
3	刘同	新浪微博	22 916 537	19
4	贾樟柯	新浪微博	16 135 249	18
5	延参法师	新浪微博	45 807 216	16
6	当时我就震惊了	新浪微博	26 119 983	14
7	我的前任是极品	新浪微博	14 153 733	13
8	回忆专用小马甲	新浪微博	27 065 305	10
9	姚晨	新浪微博	80 027 994	10

表 8-5 同时考虑到粉丝数和条均被转发数两种因素，按微博条均被转发次数进行排序。作为机构博主，《人民日报》和央视新闻，在天津港爆炸事件中，分别发微博 179 条和 231 条，被转发 43 397 632 次和 645 772 次，每条微博平均被转发分别为 242 445 次和 2 796 次。这些数据说明了三个方面的问题：(1) 上述央媒拥有数量极大的粉丝群，这是它们发挥舆论影响力的现实基础及有利条件。(2) 在整个事件中，它们积极发声，敢于担当，有所作为。(3) 它们所发微博的条均被转发数，分别排在所有博主的第一和第七位，可见其影响力是相当大的。

表 8-5 对天津港爆炸事发后一个月内各类博主微博被转发次数的考察

序号	博主	博主注册时标明的地区	粉丝数	微博参与数	被转发次数	条均被转发次数
1	《人民日报》	北京	48 239 558	179	43 397 632	242 445
2	正直积极好青年	河南信阳	3 503	1	133 913	133 913
3	程逗逗 ZM	其他	805	2	91 976	45 988
4	TFBOYS 组合	重庆	9 146 267	3	66 507	22 169
5	胡冰蜀黍	浙江杭州	58 048	22	148 006	6 728
6	头条新闻	北京海淀	50 908 633	250	944 452	3 778
7	央视新闻	北京	45 413 782	231	645 772	2 796
8	山东卫视张晓磊	山东济南	1 141 018	30	66 546	2 218
9	新浪天津	天津	772 946	327	198 206	606

让人感到遗憾的是：进入上述机构博主名单的，没有政府机构的官方微博（包括天津当地的官微）和新闻媒体官微。从道理上讲，事发地的政府及其与事件密切相关的机构部门和当地的新闻媒体，应当针对公众的疑虑、质疑，利用官方微博频频发声，它们的发微博数和条均被转发数应居于高位才对，然而实际情况并非如此。如何通过发声（披露权威信息和发表权威

观点),从而掌握话语权(话语主动权和话语主导权),这是政府及其相关机构部门必须做好的重要功课。当然,官方微博不发声或只是发微弱之声,客观上是由于情况复杂或尚不甚明了因而不宜发声,或因“块”与“条”之间存在着行使管辖权和信息发布权方面纠缠不清的状况。

博主所发微博是否被转发、在多大程度上被转发,这是衡量博主及其微博的影响力的重要指标。如果按照博主所发微博每条平均被转发的次数来衡量,博主排名与其所拥有的粉丝数不成正比。

在机构博主中,“头条新闻”拥有的粉丝数达 5 068 万多(见表 8 - 5),超过了《人民日报》和央视新闻。在天津港爆炸事件中,它的微博参与数为 250 条,仅次于新浪天津(327 条),在所有博主(包括机构和个人)中排名第 8。被转发 944 452 次,在新闻媒体中介于人民日报和央视新闻之间。其微博每条平均被转发 3 778 次(实际上,同一条微博会被一人或多人多次转发,有的微博则可能未被转发),不及《人民日报》的 242 445 次,但超越了央视新闻的 2 796 次。如果用微博每条平均被转发次数这一指标来考察,那么《人民日报》则在所有博主中遥遥领先。这就告诉人们:主流媒体通过官方微博在关键时刻发声,不仅完全必要,而且有望产生巨大的舆论影响力和引导力。

一些个人博主,平时并非意见领袖,也未必就是活跃博主,但其微博的被转发量惊人。昵称为“正直积极好青年”的个人博主,仅发了 1 条微博,被转发 133 913 次,显得颇为突出。笔者特地调取了其所发微博,发现这是发于 2015 年 8 月 13 日 1 时 23 分 20 秒的微博,内容为天津爆炸完整版视频(见表 8 - 6 第 2 条),具有原创性和独特性。博主程逗逗 ZM,事发时正好在现场,了解附近泰达医院收治伤患的情况,向外发布了诸多第一手资料。TFBOYS 组合为娱乐明星,拥有众多粉丝。胡冰蜀黍因发布在火光中逆行的消防员的背影图片,掀动了人们激昂的情绪。以上几位博主所发微博的被转发次数,都超过了央视新闻。这样的博文产生了巨大影响的博主,显现出值得重视的舆论力量。

以上研究发现使笔者感觉到:“作为机构博主,央媒所发微博的影响力远甚于个人博主所发微博的影响力”这样的研究假设并不完全正确。笔者认为:有必要重新估计活跃的个人博主和平时并不起眼的某些博主所具备或潜藏的舆论动员力量。

五、单条微博被转发(转载)次数排名表的内涵

根据“微舆情”提供的资料,新浪微博单条微博被转载(转发)次数最多的前十名,转载(转发)量均在 13 万次以上(见表 8 - 6)。而这些微博中,灾难发生次日被转的微博有 9 条(占比达 90%)。事件舆情的第一次高峰,可以从这里找到相当一部分缘由。

表 8-6 对 8 月 13 日单条被高频率转发的微博内容的考察①(按时间顺序排列)

序号	来源站点	时间	标题
1	新浪微博	2015-08-13 00:18:08	#突发#【天津滨海新区开发区发生爆炸】天津滨海新区开发区发生爆炸,据网友称是加油站爆炸。具体原因和情况有待进一步调查。另据网友@愚大象称,附近小区家中的门被震掉了好几个,巨大的冲浪、火光。小区三个高层断电了。大家站在外面,能听见时常有玻璃掉地上的声音。
2	新浪微博	2015-08-13 01:23:20	天津爆炸完整版视频,三次爆炸,世界末日一般……
3	新浪微博	2015-08-13 01:24:13	#天津滨海码头爆炸#【天津滨海新区发生爆炸】12 日 23:30 左右,天津滨海新区第五大街与跃进路交叉口一处集装箱码头发生爆炸,爆炸物品是集装箱内的易燃易爆物品。现场火光冲天,附近居民听到巨大爆炸声,有强烈震感。受伤人员已被送往附近医院急救,伤亡情况尚不清楚。(央视记者王晓沛、赵爻之)
4	新浪微博	2015-08-13 01:30:21	#天津滨海新区码头爆炸#【集装箱码头发生爆炸】① 12 日晚 11 时 30 分左右,天津滨海新区开发区发生剧烈爆炸。② 爆炸地点:滨海新区第五大街与跃进路交叉口的一处集装箱码头。③ 发生爆炸的是集装箱内的易燃易爆物品。④ 受伤人员已被送往附近医院急救。关注!愿平安!
5	新浪微博	2015-08-13 08:15:46	#天津滨海爆炸#【爆炸前 19 名消防员进入火场已有 4 人牺牲】目前,火场上空仍笼罩大量浓烟,不时传来爆炸声。一名消防员说,第一批进火场的至少有 19 名消防员,“一开始没炸,他们都进去了,结果炸了。刚才抬出去几个,都没了”。据报道已有 4 人牺牲……新浪新闻正播报进展。
6	新浪微博	2015-08-13 08:24:31	#天津港爆炸事故#【此刻,转发微博,祝福平安】突发爆炸事故,天津不眠之夜。迎来清晨,至少 17 人死亡,400 余人受伤。数字让人沉重,更有救援人员被困的消息令人揪心。此刻,救援仍在继续。转发微博,保持关注,愿救援顺利,愿伤者平安,愿听到更多生命平安的消息。天津,平安。
7	新浪微博	2015-08-13 09:53:12	#天津滨海仓库爆炸#【最新消息:多名消防官兵失联】12 日 23 时 30 分许,天津滨海新区瑞海公司危险品仓库发生爆炸:① 大火仍未完全扑灭,天津全方位开展救援工作;② 已致 17 人死亡,32 人危重,283 人入院;③ 天津成立伤员救治、现场处置、事故调查等五个工作小组;④ 参与救援的多名消防官兵失联、受伤。
8	新浪微博	2015-08-13 10:21:01	#天津滨海仓库爆炸#致所有在危难中“逆行”的背影……

① 根据“微舆情”提供的内容作了相应处理。

续表

序号	来源站点	时间	标题
9	新浪微博	2015-08-13 18:53:03	#天津港爆炸事故#【此刻转发微博,送送这6名牺牲的消防战士】12日晚,天津滨海新区发生危险品爆炸事故。灭火中,10多名消防战士牺牲,18名官兵失联,66名官兵受伤。目前6名牺牲战士的身份已确认。请记住他们的名字:邵俊强、田宝健、杨钢、尹艳荣、袁海、甄宇航。最大的30岁,最小的18岁。走好!
10	新浪微博	2015-08-18 08:12:18	#天津港爆炸事故#【今日头七,向逝去的战士致敬!】他们中,有90后年轻的消防员,有60后敬业工作的民警;在那场爆炸事故中,他们都无畏践行着使命与承诺,把青春与生命定格于火场。今日头七,点颗蜡烛,送别这些勇敢的战士。英雄没有编外,所有牺牲都值得最高的敬意。走好,愿安息!

前9条为博主在爆炸事件发生次日发出的微博,第10条为博主在逝去者离世头七所发的微博,它们与其他微博及新闻媒体报道一起,共同形成了舆论大潮和舆情高峰。它们都涉及如下令人关注的内容:(1) 对人的生命在灾难中逝去的报道。序号8、9、10的微博,对消防战士英雄事迹的追叙,可谓感天动地,具有极强的震撼力和感染力。序号5、9的微博,包含了人员伤亡的、让人感到触目惊心的内容。(2) 对集装箱内的易燃易爆物品爆炸的报道。易燃易爆物品爆炸,牵动着数以亿计公众的心(况且是否存在安全隐患尚不清楚、公众的疑虑尚未消除)。序号为3、6的微博就是这样。(3) 对三次爆炸作完整版记录的视频微博。其中饱含惊恐、痛惜、悲怆等各种感情,在公众心头掀起了巨大波澜。序号为2的微博即如此。

六、对"网络水军""疑似水军"须甄别和考察

根据"微舆情"的数据,"疑似水军"(尚不能断定为"网络水军"时的一种称谓)在事件舆论和舆情中客观存在。在这一点上,研究发现与研究假设相一致。"疑似水军"是否属于"网络水军",有待确认。"网络水军"不是普通网民,而是受雇于人的职业转帖手。

"微舆情"原始数据显示:"疑似水军"占比为41.06%,与假设4大致吻合。判断是否属于"网络水军",在舆论工作实践中很有意义。舆论和舆情的发酵、放大或转向,在某些情况下是在"网络水军"的手中实现的。如果没有"微舆情"或类似机构提供大数据,人们很难就"疑似水军"的占比作出具体判断。值得注意的有如下两点:一是"草根"披露的信息被"网络水军"转发;二是"网络水军"转发的帖子被"草根"再转发。某些舆论和舆情大潮往往是在这样的交叉传播和叠加传播中形成的。清醒地认识和把握"疑似水军"在横向舆论和舆情空间与纵向舆论和舆情发展中的动向,这是舆情研判和舆论引导中一项不可或缺的工作。

第四节 小结与讨论

笔者认为,如下几个问题有待深入讨论。

一、网上的声音在多大程度上反映了民意

网上的声音多反映民意,这是一个大致正确的命题,但它在哪些情况下和多大程度上反映了民意,则又是一个有待认真讨论的问题。应该注意以下四点:(1) 一部分公众不上网或不经常上网。但是,他们也关注天津港爆炸事件,也在以他们的方式发表意见或表露情绪。(2) 有些网民虽然上网但是并不发声,他们只是将上网作为获取事件最新信息的一种渠道。他们有自己的见解,但只是"潜水"然而不"冒泡"、不发声。为什么一部分网民只"潜水"而不发声,有什么心理原因和社会原因,这是大数据无法回答的问题。(3) "疑似水军""网络水军"的存在,使舆情变得更加扑朔迷离、难以判断。(4) 活跃博主的微博被转次数多寡,固然是检验其传播力强弱的一个方面的指标,然而并非是代表民意与否的唯一的衡量标准。因此,网上的声音在相当程度上反映了舆情,但并不是社会舆情的全部。对于网上的声音,需要做仔细鉴别的工作。

二、如何鉴别、判断"网络水军"

有研究者指出:"庞杂而分散的'网络水军'并没有集中、固定的工作场所,他们主要是通过网络和雇佣他们的头目进行联系。正是这种工作机制,让'网络水军'具有了零散性、不可控性的特征,而水军狂轰乱炸式地发表言论,导致受众极容易受到网络伪民意的影响,因此'网络水军'又具有强影响性的特征。"①"网络水军"确实具有某种意义上的零散性、不可控性的特征,具有普遍意义上的强影响性特征。之所以说某种意义上的零散性和不可控性,是因为批量式、集团式转发的情况并不鲜见。而与不可控性相对的可控性(受雇主的支配和控制),其实也是客观存在的。

笔者认为,对"网络水军"进行鉴别和判断,大致有五条标准:(1) 看转发的内容。批量的账号发布的内容一致、或关键词一致,内容机械,呈现规模化。一般而言,"网络水军"是不生产观点和意见的,而是大量重复其"幕后人"的观点(受利益操纵)。他们只是以转发的方式做"灌水"的事。他们会有选择、有目的、有倾向性地大量复制和转发某些人的观点和意见。也就是说,他们在披露信息、发表意见方面没有起到"增量"的作用,却能在使某些声音变得宏大和传得更远方面显现出不可低估的威力。(2) 看采用的手段。"网络水军"所采用的主要手段是:或推波助澜,或添柴加薪,故意进行某些操作,所起的是混淆视听的不良作用。(3) 看是否与人互动。"网络水军"不与关注他们的人或人群互动,这与他们本身不产生观点和意见密切相关。(4) 看他们的套路。"网络水军"发帖往往集中在一个时间段,相当密集。一般而言,特定账号在炒作过某个话题后就沉寂了。他们所用的是某种驾轻就熟的固定套路,而且通常是没有太大变化的,而不像活跃博主包括意见领袖,发微博有一定的随意性和灵活性。(5) 看账号有无个人信息。"网络水军"的账号一般是没有个人信息的。

---

① 朱兆兴:《"网络水军"的形成原因、影响研究》,《今传媒》2015 年第 6 期。

三、哪些因素对事件舆论和舆情的起落发生影响

笔者通过对从“微舆情”获得的原始数据进行的分析，发现8月13日舆情出现高峰，原因不难解释。而舆情的第二个高峰出现在18日，则让人感到出乎预料。在这一方面，研究发现与假设1并不完全吻合。15日没有出现舆情高峰和18日出现舆情高峰，都无法从大略的考察中找到强有力的对应因素。从道理上讲，舆情的第二个高峰出现在8月15日及以后才更符合逻辑。因为在此之前，围绕事件出现了很多舆情诱发因素。

这些诱发因素包括：

其一，事件进程中增添的新内容引起极大震撼。

8月15日，天津港“8·12”瑞海公司危险品仓库特别重大火灾爆炸事故现场被毁坏的车辆再次发生爆炸，救援现场周边多次出现新情况。“上午11点30分，在现场最南端一辆损毁本不严重的轿车突然起火，并迅速向周围车辆蔓延。起火地点冒起十多米高浓烟，并伴有阵阵爆炸声。”①人们普遍担心：爆炸事故的灾情能否得到有效控制？还会不会出现意想不到的巨大灾难？一般而言，只要在灾情方面有新的动向、新的情况，舆情就没有回落的理由和可能性（灾难性事件的舆情与灾情本身往往呈现同步之势）。

其二，此前或此时出现了骇人听闻的谣言和不实信息，激起了强烈的舆论和舆情反响。

2015年8月14日，天津一网民（康某某）在QQ空间散播如下谣言：“普通群众死亡482人，重症监护室52人没脱离生命危险、消防大队死亡11个中队400多人，两次爆炸全部阵亡，总计死亡人数1 300人。”②有媒体报道称：“15日上午11时，在塘沽爆炸核心区域附近，有交警队长拿着喇叭，称接上级命令，要求距离事发核心区方圆两公里内的人员迅速撤离。一名特警称，‘那东西可能在附近，所有人撤离，连指挥部也撤了。’”③

前一则信息经查实属于谣言，虚构的死亡人数，数量之多足以让人感到惊恐。后一则信息使惊魂未定的人们更增添了恐惧感。而更为严重的是，两条信息都挑战了政府有关部门权威发布的公信力。由此可见，在重大公共危机事件发生后，应当花大力气防止由谣言和不实信息的广泛传播而可能造成的次生灾害。正确而有效的办法是：在第一时间发布权威信息，不给谣言和不实信息预留传播空间和市场。当然，像天津警方那样对造谣惑众的康某某依法进行惩处也是完全必要的。而对新闻媒体来说，发现和报道新闻事实固然是自己的职责，但对于传闻如果不经过多源求证的工作，是不可以轻率传播的，在重大公共危机事件发生以后尤其是如此。

其三，新闻发布会上官员的不良表现，直接激化了群众情绪和社会舆情。

在8月14日上午10点举行的第二次新闻发布会上，一名女记者抢问“安评”什么时候公开？主持人回避了问题，说最后要给外媒记者一个提问机会，接着外媒记者问了同样的问题：“安评”什么时候公开？此时全场响起掌声，然而问题没有得到回答。发布会在现场记者大喊

---

① 《天津仓库爆炸现场再次起火 伴有阵阵爆炸声》，《法制晚报》2015年8月15日。

② 《天津爆炸事件：网民散布“群众死亡482人”不实信息被行拘》，新华网，2015年8月16日。

③ 《“三公里内撤离”等传言是真的吗？》，搜狐网，2015年8月16日。

“只峰是谁”声中结束。一条当日12:33:08发出的披露上述情况的微博，被转载了16 070次。“安评”系众所关注，却被无视。只峰为责任单位瑞海国际物流有限公司总经理，关于其背景，坊间多有传闻。可是，记者求证性的提问没有得到出席新闻发布会的官员的回答。漠视公众的心理期待，就会为舆论和舆情重启埋下伏笔。在14日下午6时举行的第三次新闻发布会上，有的官员在回应中使用了明显带有搪塞之意、令人不满的如下说法：“这个情况不了解，需要下来问一下。”“这个情况我需要找同事核实一下。”为什么对公众关切的问题不做准备？这无异于挑战公众心理的容忍底线，为舆论和舆情升至第二个高峰积聚能量。在15日下午5时举行的第五次新闻发布会上，有关官员就危险品放置点与小区之间的距离这一重要而又敏感的问题，回应说：“不是我的职责。”这种推卸责任的说法，会使舆论哗然、舆情涌动，更会引起公众的激愤。在新闻发布会上有关官员的上述态度和言语，经新闻媒体和社交类媒体传播以后，会直接激化公众情绪（属于舆情的层面）。由此看来，进一步改进新闻发布制度，深入了解公众对于事件信息的心理期待，精心准备和认真开好每一场新闻发布会，做好会前会后的舆情研判工作，这应该成为党政领导干部、政府相关机构部门和有关单位负责人应对舆论和舆情的重要必修课。

然而，上述应该引动舆论和舆情勃发的因素合起来，并没有使8月15日前后出现舆论和舆情高峰（高峰却出现在18日），这是什么原因呢？笔者拟通过自己绘制的舆情相关因素作用示意图（图8-4）来进一步进行这方面的探讨。

天津港爆炸事件舆论和舆情，同其他重大公共危机事件舆论和舆情一样，受到多种因素的制约、影响。这些因素大致可分为如下几类：

一为事件信息。该事件的初始信息具有惊恐性和震撼性，舆论和舆情于事发翌日骤然而起具有必然性。而关于灾情的新增信息，通常会受到特别关注，会由此掀起舆论和舆情巨浪。谣传信息，是指谣言和不实传闻，往往会加重公众的惶恐心理，加剧社会震荡程度。事件信息包括新增信息是引发舆论的原材料、引爆舆情的催化剂。谣传信息所起的则是撕裂社会和加剧社会心理紧张程度的负面作用。

二为政府态度。它通过新闻发布会、新闻媒体的报道和评论、政府网站和官方微博等得到体现。天津港爆炸事件发生17小时后，政府举行第一次新闻发布会。至8月23日，总共举行14次新闻发布会。从频次来说，并无多少可挑剔之处。但新闻发布会还是广受诟病：一是首次新闻发布会举行得太迟；二是相关领导干部很晚才露面，越晚露面就越是被动；三是出席新闻发布会的官员在公众关切的问题上反应冷漠、回答令人失望，而事发地官网和官微在回应公众关切时也显得迟钝。

三为各类舆论主体。在民间舆论场中，意见领袖有时发挥了主导性作用，堪称公众舆论的“领头羊”。关于这一点，在前文提供的大数据中已经可以看得很清楚了。意见领袖们有所呼，一般跟帖者、转发者有所应，这就壮大了舆论的声势、使舆情更趋充实。“疑似水军”中的一部分属于“网络水军”。他们则是有所图地意欲改变舆论和舆情的走向。在三种舆论主体中，一般跟帖者、转发者通常是被引导者；意见领袖多充当引导者，但也并不拒绝官方和官媒的引导；唯独“网络水军”的行为由经济利益驱动，对之不易引导。

四为社交类媒体。微博、微信、论坛、博客等是舆论和舆情形成过程中的重要载体，是信息

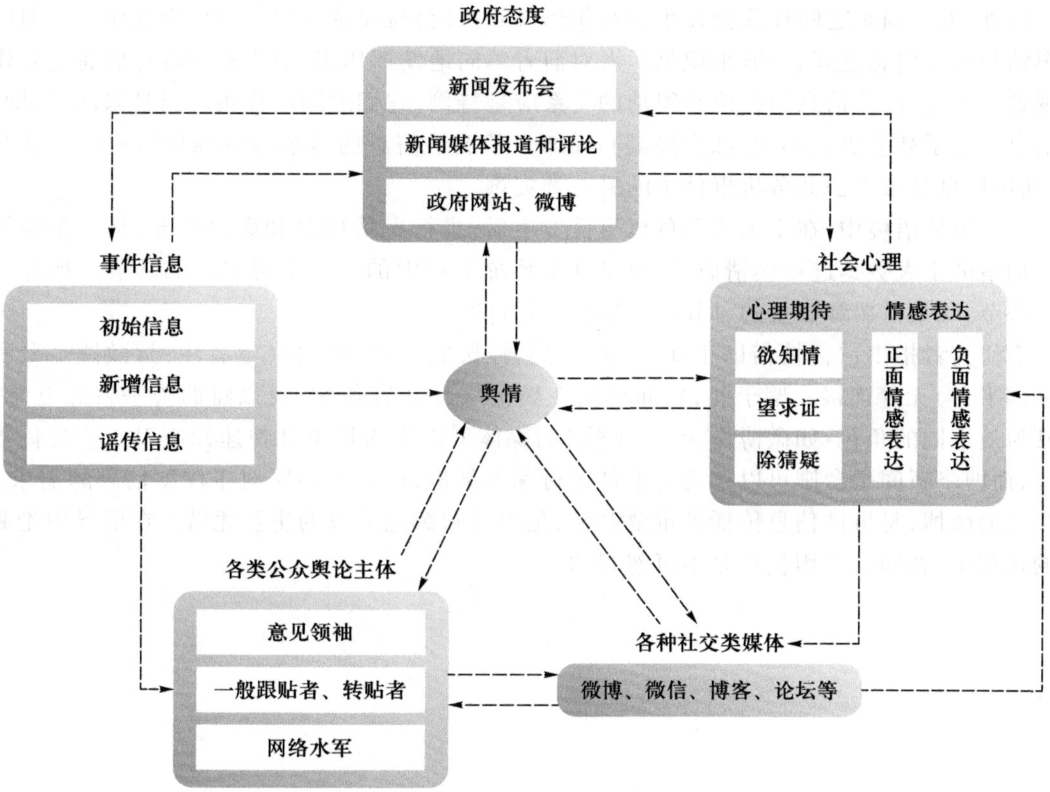

图 8－4 舆情相关因素作用示意图

和观点得以传播的渠道和平台。当今社会中的公众舆论和社会舆情，多借社交类媒体而形成、迸发。社交类媒体与各类舆论和舆情主体之间的关系，是被使用的工具与使用工具者之间的关系。借助于同样的工具，不同的主体可以表达不同的意见和情绪，形成具有不同内涵的舆论和舆情。

五为社会心理。这类因素常常被主政者、管理者和研究者忽视。笔者将这类因素分成两个部分：心理期待和情感表达。正常的社会人，普遍有知欲知、未知、应知之事的愿望，有希望求证的事得到求证的期盼，有质疑的能力也愿意心悦诚服地接受有说服力的事实和令人信服的观点。情感表达有正面和负面之分。对灾难中失去生命者表示哀悼，对伤者及其亲人表达良好的祝福，对事故的责任单位和责任人加以严词批评，这些都是正面的情感表达。正面的情感表达，常常与某些民俗密切相关。8 月 18 日是灾难中遇难者的“头七日”。事件舆论和舆情重现高峰，当与公众于“头七日”寄托对罹难者的哀思密不可分。

以上五大类因素，都可以直接作用于舆论和舆情。值得注意的是社会心理在其中发挥的独特作用。它既可以直接对舆论和舆情发生作用，也可以受制于社会生活的其他方面而对舆论和舆情发生折射作用；它既可以是舆论和舆情的蓄水池，也可以是舆论和舆情的减压阀。洞悉事件舆论和舆情背后的社会心理并有效地引导舆论、缓解舆情，是舆情研判及舆论和舆情引导的要旨所在。对社会心理缺乏深入了解和正确把握就走上新闻发布会的讲坛，必败无疑。

另外,五大因素之间往往会发生交互作用,同时又会与舆论和舆情发生交互作用。但舆论和舆情与事件信息之间,一般来说是后者对前者单向地发挥作用,而少有前者对后者发生作用的现象。不过,谣传信息与舆论和舆情的关系应是特例,它们之间的作用应当是双向的,即:谣传信息引发了社会恐慌心理,社会恐慌心理加大了谣传信息的传播范围和传播速度。就此而言,谣传信息是重大公共危机事件中的另一类灾难。

在新媒体语境中,在重大公共危机事件发生后,进行舆情研判和舆论引导,是一个系统工程。而借助于大数据进行舆情研判,只是这个系统工程中的一个不可忽视的环节。抓好这样一个环节,既是重要和必要的,同时也是切实可行的。

有研究者指出:"微博借助于其'短链'功能轻松地将两类平台(笔者注:指微博平台和网络新闻平台)无缝连接。鉴于此,新闻机构在舆情引导和宣传中,可以将两类平台相互结合,使其扮演不同的角色:如微博作为'短平快'的媒体可以作为让事件快速知晓以及广泛传播的渠道,而网络新闻平台则可以作为对事件进行深入剖析,以满足网民对于深度信息的需求。"① 碎片化的微博,是事件信息传播的重要载体,是舆情和舆论形成的主要凭借。在引导舆论和舆情的过程中,新闻的作用仍然是不可忽视的。

---

① 张玥、孙霄凌、朱庆华:《突发公共事件舆情传播特征与规律研究——以新浪微博和新浪新闻平台为例》,《情报杂志》2014年第4期。

第九章　基于大数据对金融类公共危机事件舆论和舆情的分析

2017年7月15日，习近平在全国金融工作会议上讲话时指出：防止发生系统性金融风险是金融工作的永恒主题，要把主动防范化解系统性金融风险放在更加重要的位置，科学防范，早识别、早预警、早发现、早处置，着力完善金融安全防线和风险应急处置机制。① 由某些金融风险发展而来的危机事件，其中有些即为重大公共危机事件。我国近年来出现的金融类危机事件以及其中隐含的相应风险，以与公众关联度很高的、与公众利益密切相关的P2P网贷行业的风险较为突出。

第一节　研究背景、概念界定和研究路径

作为较为特殊的重大公共危机事件，P2P网贷的风险是金融风险中的一种。这种风险往往与社会风险密切相关（是其诱因或助其发展），而在P2P网贷风险中，与此相对应的舆情危机以及舆情风险是亟待研究的。在与此类风险相对应的舆情风险中，网民的情绪及其波动是其重要内容，同特定个体及群体的行为关系密切。因此，笔者将在舆情研究中，着重进行网民情绪研究（正因为着重研究的情绪属于舆情层次的内容，因此本章主要提及的是舆情概念）。

一、研究背景

当代社会已进入风险社会。风险的类型很多，主要是指来自“被人为制造出来的风险”，金融风险是诸多社会风险中的一种。

近年来，我国经济运行保持在合理区间，稳中向好。与此同时，我国的金融市场日趋复杂，传统金融体系脆弱的一面凸显，宏观调控的难度明显加大。汇率改革、利率改革、刚兑被打破和互联网金融兴起，加上新媒体、自媒体的蓬勃发展和实现了从传播到互播的转变（由此带来了巨大的挑战），使得金融风险与舆情风险相伴而行，且两种风险相互应和、叠加，人为风险每每成为杀伤力和破坏性极强的灾难。刚兑被打破，意味着公众不能再凭借国家信用的背书而高枕无忧。金融风险和相关舆情风险，是各级政府面临的严峻挑战中的一部分。

在一段时间内，顶着金融创新名义的P2P网贷成为非法集资的重灾区。2016年4月，“一

① 《习近平：深化金融改革促进经济和金融良性循环健康发展》，新华网，2017年7月15日。

行三会”“两高”等部委公布的2015年全国非法集资新发案数、涉案金额、参与集资人数，比上一年分别上升71%、57%、120%，达历年最高。截至2016年9月，网贷平台累计达4 278家，停业及提现困难等问题平台累计2 076家。[①] 现实存在的金融风险为以公众情绪为重要内容之一的舆情及舆情风险提供土壤，舆情风险又反过来助推金融风险。

对由P2P网贷危机引起的舆情危机，有关部门和机构的监测工作一直在进行。而网民情绪是舆情、舆情危机中的重要构成部分。因此，对于舆情中的网民情绪进行研究的工作需要更受重视。

二、概念界定

本章将引入正反馈和正反馈螺旋效应、自激型正反馈螺旋和他激型正反馈螺旋的概念。首先须对这些概念进行界定。

在系统控制论中，反馈是指把系统中输出的一部分返送到原输入端，从而对系统再输出发生影响的过程。加剧系统偏离目标的运动，使系统趋于不稳定的“恶性循环”为正反馈。[②] 正反馈是指受控部分发出反馈，其方向与控制信息一致，可加强控制部分的活动，更增大受控量实际值和期望值的偏差，从而使系统趋于不稳定状态。在生产生活中，一般“恶性循环”导致系统的破坏，大都是由于正反馈。

正反馈螺旋效应，是指随着舆情风险加大导致不确定性增加，恐慌加大导致金融风险加大进而导致不确定性增加，恐慌加大导致舆情风险加大，如此恶性循环，到临界点则系统崩溃（平台倒闭、群众上访、政府介入、经侦调查等）。该效应亦可反向循环。

金融的本质是信用。对于负面消息投资者常宁信其有不信其无，争先恐后提现从而造成挤兑。见状，合作伙伴提出苛刻要求先求自保。平台被迫抛售资产以应对资金压力和监管要求。仓皇抛售往往压低市面同类资产价格，由此导致其他金融机构资产质量、偿付能力、流动性和信用度下降。在舆情风险助推下，不确定性和社会恐慌情绪加剧，风险像瘟疫般四处蔓延，波及机构和人数骤然上升。风险一旦被触发，甚至可能从一司、一地危机演变为全行业、全国性危机。此为正反馈螺旋作用的机理。

正反馈螺旋分为自激型正反馈螺旋（图9－1）和他激型正反馈螺旋（图9－2）两类。

我们知道，他激型正反馈螺旋是指特定主体由非自身原因陷入正反馈螺旋，而自激型正反馈螺旋则是指特定主体由自身原因陷入正反馈螺旋。这里存在四种情况：(1) 平台本身无问题，陷入后幸存；(2) 平台本身无问题，陷入后崩溃；(3) 平台本身有问题，陷入后幸存；(4) 平台本身有问题，陷入后崩溃。他激型正反馈螺旋，指平台本身没大问题，但因媒体的报道、舆情的勃发和社会心理的“传染”而被拖入正反馈螺旋之中。其特点是“传染”：因地域和经营模式相似、关联关系紧密而被“传染”。而“传染”多是通过情绪传染实现的。对舆情中情绪的研究和对正反馈螺旋的“传染”研究，自然就形成了交集。

---

① 《中国P2P网贷行业2016年9月月报》，南方财富网，2016年10月8日。

② 《中国百科大辞典》编委会：《中国百科大辞典》，华夏出版社1990年版，第66页。

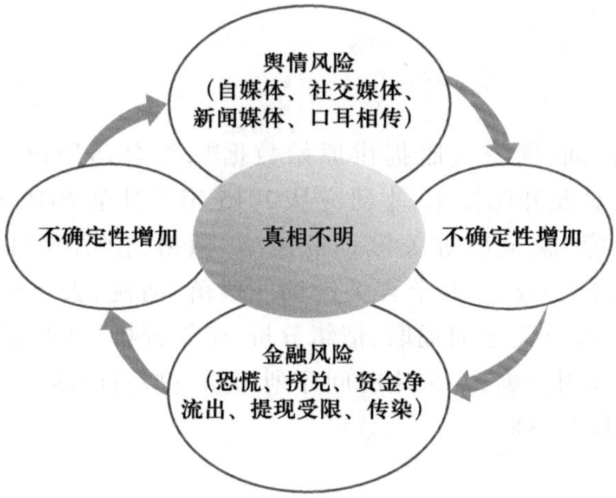

图 9－1 自激型正反馈螺旋

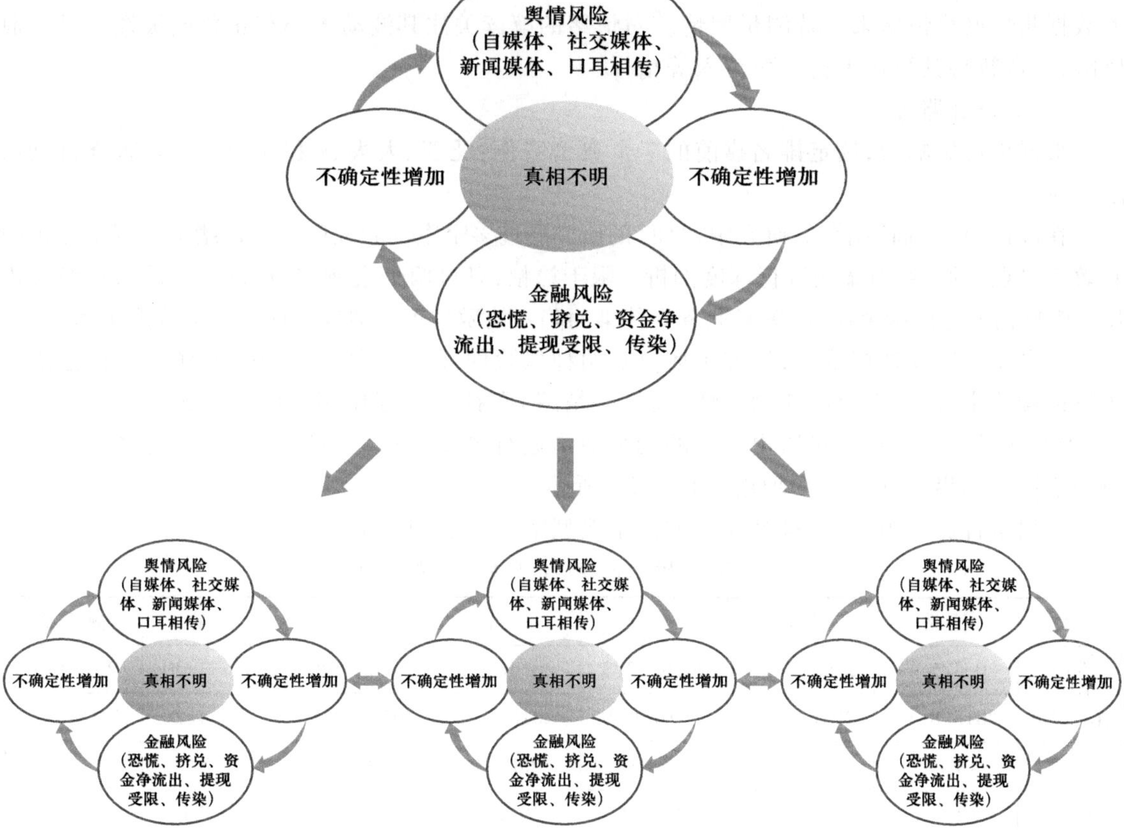

图 9－2 他激型正反馈螺旋

三、研究路径

（一）数据处理

由“微舆情”、盈灿咨询、网贷天眼提供原始数据①，综合运用语言云、腾讯文智、NLPIR、Jieba等中文语义分析工具及开源技术，本研究从2015年7月至2016年12月底近1 063万篇含P2P网贷、e租宝、快鹿、融金所等关键词的网络、微博、论坛、微信、QQ群等文章中的约2.14亿个段落中，爬梳出3 778多万个含关键词的段落，清洗、去重时略去长度小于25的段落。然后以段落为单位，进行关键词提取、情绪分析、聚类分析、热点发现等分析处理。然后将高频数据转换为日数据和周数据，并采用时间序列回归模型对段落条数、节假日等影响进行处理，由此得到网民情绪时间序列。

（二）理论阐释

在自激型正反馈螺旋中，研究个体自身两种风险间互相扩大循环相生的作用。在他激型正反馈螺旋中，研究平台群体的舆情在社会心理作用下的风险传染。舆情风险中的舆情包含了情绪，舆情同时包含了网络舆情。考虑到P2P网贷投资者的人口特征和上网行为，本章用大数据测量网络情绪来代替测量舆情。对情绪的解读关注其波动大小和正负面极性。对金融风险，本章暂将其简化为资金净流入等指标。

（三）研究路径

根据事件影响力，选定排名靠前的7个典型案例：泛亚、大大、e租宝、中晋、e速贷、快鹿、融金所。

在进行“点”“面”结合的研究中，“面”的研究通过多个案例验证舆情中情绪部分测量分析的有效性，“点”的研究对案例进行深度剖析。限于篇幅，只对两个案例进行分析：曾陷入自激型正反馈螺旋而幸存的融金所，因关联业务受传染而陷入他激型正反馈螺旋而崩溃的快鹿集团。

在自激型正反馈螺旋中，研究个体自身两种风险间互相扩大循环相生的作用。在他激型正反馈螺旋中，研究平台群体的舆情（特别是情绪）在社会心理作用下的风险传染。对舆情风险，本章通过大数据技术对历史事件的网络情绪进行测量分析。对舆情层面中情绪的解读及对金融风险的界定，同上面“理论阐释”部分所述。

根据事件影响力，选定排名靠前的7个典型案例（见表9－1）。

表9－1 事发30天内舆情信息数据概览（单位：条）

事件	泛亚	大大	e租宝	中晋	e速贷	快鹿	融金所
事发时间	2015/7/14	2015/12/14	2015/12/3	2016/4/6	2016/5/20	2016/3/30	2015/9/7
结束时间	2015/8/13	2016/1/13	2016/1/2	2016/5/6	2016/6/19	2016/4/29	2015/10/7
全部	43 145	84 209	318 088	108 710	123 289	119 247	23 184
网站	12 864	8 991	26 724	19 042	7 174	21 824	6 998

① “微舆情”、盈灿咨询、网贷天眼为本研究提供了数据支持，专此鸣谢。

续表

事件	泛亚	大大	e 租宝	中晋	e 速贷	快鹿	融金所
论坛	7 933	18 125	39 254	5 965	3 865	6 953	3 395
微博	10 535	41 511	209 688	35 075	101 668	42 983	4 474
微信	7 173	6 408	18 259	22 562	4 003	20 706	2 220
新闻	2 422	4 954	12 945	12 974	3 206	15 196	4 602
博客	1 325	2 421	7 291	5 144	1 073	4 640	1 287
政务	669	153	528	4 121	121	3 215	56
报刊	153	120	395	405	61	291	70
客户端	0	1 459	2 761	3 230	2 088	3 220	0
外媒	66	54	173	117	11	181	55
视频	5	13	70	75	19	38	27

在进行点面结合的研究的过程中，对“面”的研究通过多个案例验证舆情中情绪部分测量分析的有效性，对“点”的研究则就案例进行深度剖析。

第二节 研究发现

经过相应的研究，笔者有如下发现。

一、舆情信息显现出相应特点

从表 9－1 可以看出：

一是在舆情风险中，微博仍然非常活跃，在各类 P2P 网贷事件的舆情信息中，往往数量最大、占比最高，说明它在微信兴起以后并没有衰落（当然也有在全网中“爬”微信信息相对比较困难的因素存在）。

二是在所列事件中，政务舆情信息在总量中占比极低（在融金所事件中仅有 56 条，占该事件舆情信息总量 23 184 条的 0.24%。在快鹿事件中，政务舆情信息相对较多，有 3 215 条，但也只占该事件舆情信息总量 119 247 条的 2.70%。在 7 个案例中，政务舆情信息严重不平衡。它们极有可能被喧哗的众声所湮没。这种情况，应当引起有关部门的高度关注。

三是在 7 个案例中，外媒无一例外地全面介入，说明当下信息传播已经不受国界阻隔。这表明：我国金融界的某些异动及其背后所具有的危机和风险，会立即引起外媒的不失时机的关注。

二、P2P 网贷热点事件对舆情中的情绪影响明显

图 9－3 包含了以上 7 个案例事发前（有时也包括事发后）网民的情绪起落。需要说明的是：此处所说的情绪，专指由 P2P 网贷风险引发的舆情中的情绪。

最早发生的是泛亚事件。据微博“华夏大地的黄昏 2015”于 2015 年 7 月 14 日爆料：“昆

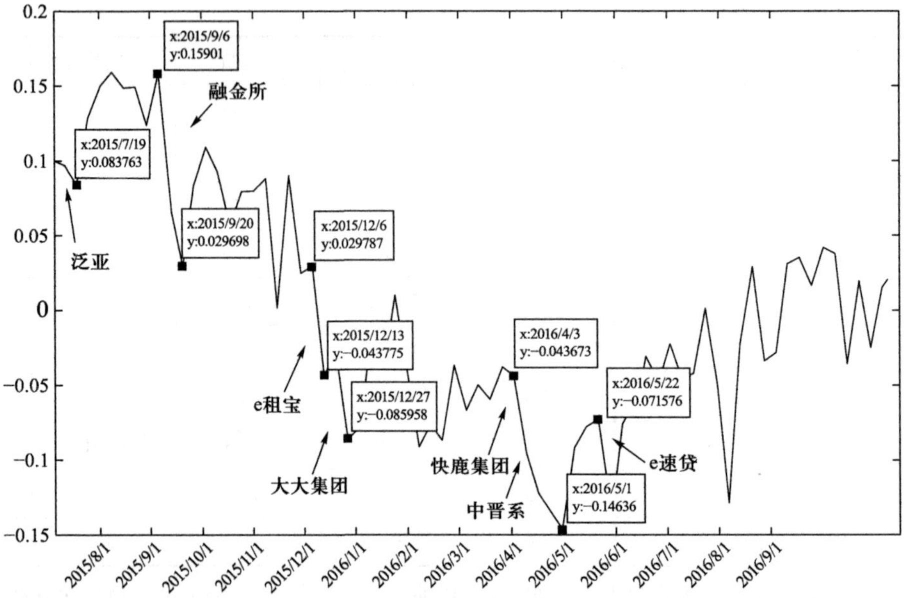

图 9－3　网民对 P2P 网贷的情绪演进(按周)

明泛亚有色金属交易所,昨晚被来自全国各地的 800 多位心急如焚的投资者包围。泛亚交易所资金链断裂,涉及全国 20 个省份,22 万投资者,总金额达 400 亿元。”此微博一出,在线下引起了强烈的舆情包括情绪反响。

2015 年 9 月 7 日晚,深圳知名 P2P 网贷平台融金所被调查。公司管理层共 18 人被带走(下称“融金所‘9・7’事件”)。图 9－3 中,此事件前后及事件发生过程中的 2015 年 9 月 6 日至 20 日,网民情绪呈明显下行之势,且下跌幅度甚大。

2015 年 12 月 6 日至 13 日是网民情绪的又一低谷。此时恰逢 e 租宝事件舆情信息集中爆发期。紧接着,大大集团事发,网民情绪继续下降。

2016 年 4 月 3 日至 10 日,是快鹿系舆情发酵第一周,不断有爆料信息发布到网上,故网上情绪持续下降。几乎是同时,中晋系事件爆发,网民的情绪跌至近年来的最低点。

5 月 22 日是 e 速贷事件爆发翌日,网民情绪在前段时间有所上升的情况下再次出现大幅走低的情况。

2016 年 9 月出现近一年中难得的情绪向上爬升的时期。其间,监管部门发布了对 P2P 网贷行业的管理办法。大部分问题平台良性退出。在泛亚事件和大大集团事件中,没有显现投资者情绪,原因可能是其线下业务占比较大,投资者以老年人居多,在网上较少发帖、点击、点赞、转发和围观。

三、融金所成陷入自激型正反馈螺旋后幸存的案例

融金所系深圳市融金所资本管理集团有限公司旗下独立运营的 P2P 平台,于 2013 年 5 月正式上线。它是少有的在遭遇风险、陷入危机(包括舆情危机和资金危机)以后仍能幸存的平台。

图 9－4 显示:“融金所‘9・7’事件”发生后一个月内网民情绪波动异常剧烈。A 点为情

绪谷底，此时正值融金所高管被经侦带走后舆情爆炸的最高峰，B 点为情绪峰顶，当时正值融金所宣布获得巨额注资，绝处逢生，网民正面情绪高涨。

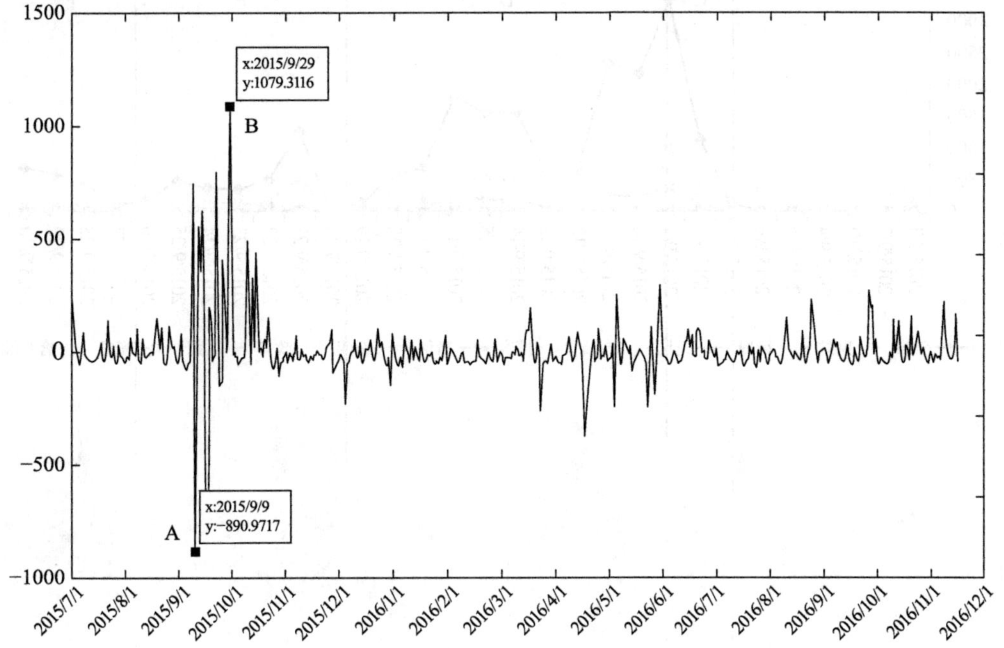

图 9 – 4　“融金所‘9 · 7’事件”中网民情绪波动（按日统计）

图 9 – 5 由三部分组成，上部是融金所的全网舆情热度演化图。笔者将事态演进分为 C、D、E、F 四个阶段。中部为各阶段信息样本中依出现频次提取的关键词，从 4 张词云图中关键词的权重变化和词汇分布，可研判当时网民的关注焦点和即时心态。下部是平台日成交量、资金净流入量、投资人数、借贷人数，可分析出舆情（情绪）对平台产生的影响。

从图 9 – 5 可清晰看出：舆情层面的情绪、投资者投资行为、资金流间的互相作用及正反馈螺旋效应。C 阶段关键词为调查、非法、涉嫌、带走、经侦大队等，网民显现出紧张惶恐情绪。重要节点：9 月 7 日当天，事件舆情尚未形成，投资人数和资金净流入仍上涨。9 月 8 日中午，一方面，被带走的 18 名高管中 10 人被放回，8 人留在经侦继续协助调查；另一方面，围绕被经侦调查事件的舆情在升温。9 月 9 日 17 时许传出消息：“剩下的 8 人，目前已经全部出来了。大家心情平稳，工作正常开展。事情起源已确定是之前被开除的一名员工出于报复的动机而举报。目前警方没有发现大的问题，后期融金所将向警方出具一份情况说明，明天融金所将向投资者出示情况通报”。[①] 8 至 9 日，因不确定性高，恐慌性舆情蔓延，舆情热度达到最高，但情绪降到谷底。与之对应，成交量和资金净流入量下滑幅度达到最大，仅 9 日资金净流出就达 1 620多万元，反过来又增加了舆情层面的情绪恐慌。D 阶段关键词中非法、涉嫌、经侦大队等词权重下降，监管、投资等词的权重上升，出现新词如取保候审、整顿、整治等，可见在平台确认安全后，网民情绪转向理性，关心的是行业整治和监管。重要节点：9 月 10 日，融金所发布公

① 凤凰网，2015 年 9 月 9 日。

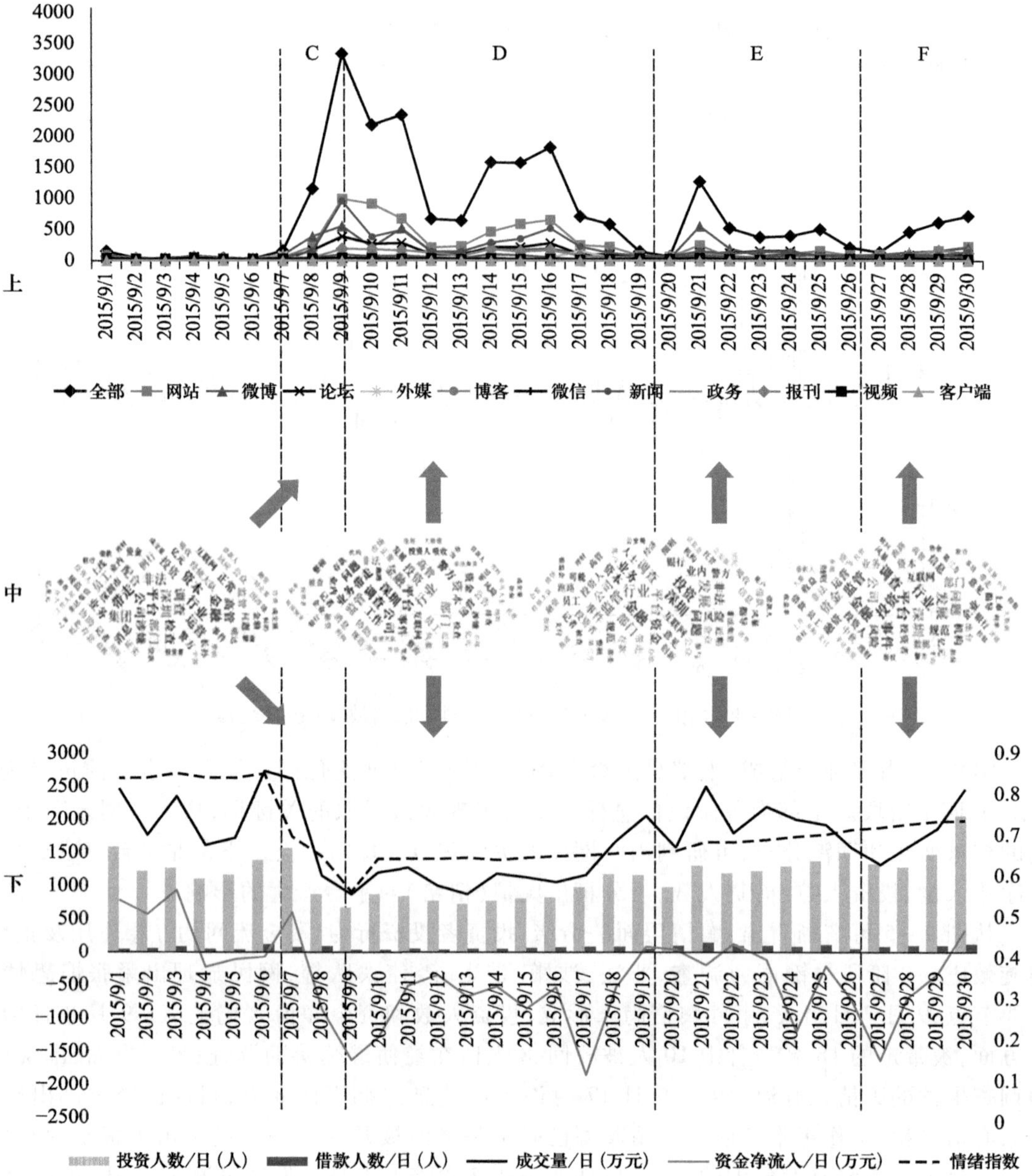

图 9－5 “融金所‘9·7’事件”舆情及财务指标演进

告称“所有相关同事都已回到工作岗位正常工作”[①]。资金净流出旋即减少。E 阶段关键词投资、监管、资本、发展成为主旋律。重要节点：9 月 19 日舆情降温，成交量冲到第一个高峰，融金所渐渐走出挤兑危机。因经侦结束对该所调查，舆情退潮。F 阶段权重上升的关键词有融

① 凤凰网，2015 年 9 月 10 日。

资、九鼎、资本等,反映出投资者情绪趋于平稳。重要节点:9 月 25 日融金所宣布获得战略投资,9 月 28 日起成交量及资金净流入向上升高。

因公众号爆料、各大媒体转载后激发出负面情绪,使投资者担心资金安全,争先提现。媒体对此广为扩散,又使更多投资人慌不择路,触发挤兑危机。螺旋扩散的情况参见图 9 - 6。

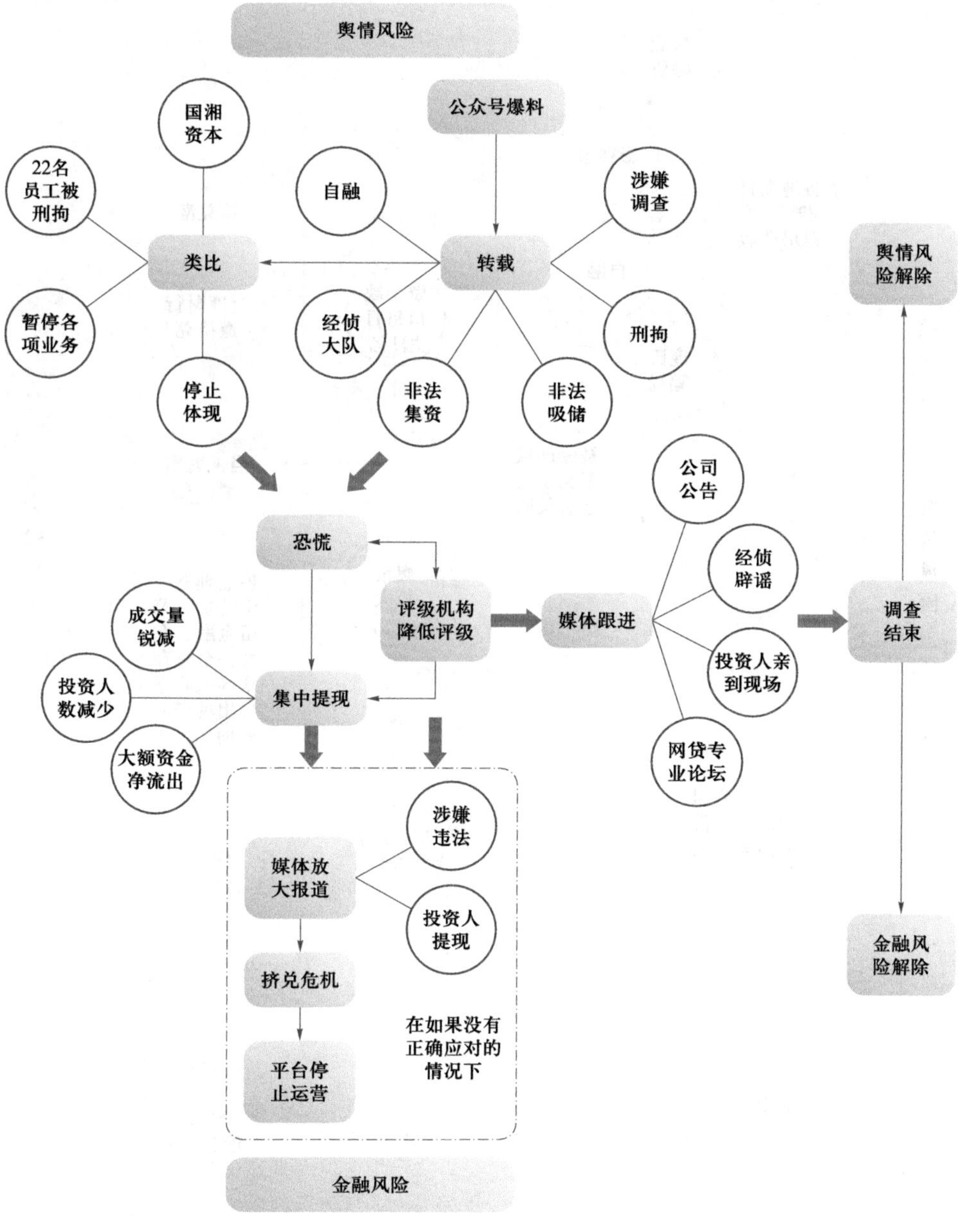

图 9 - 6 "融金所'9 · 7'事件"舆情螺旋扩散

四、快鹿集团是陷入他激型正反馈螺旋后崩溃的典型案例

快鹿集团关联平台较多且有名人卷入，事发后舆情反应十分强烈，子平台之间舆情连环传染，影响甚广。其事件舆情螺旋扩散情况见图 9－7。

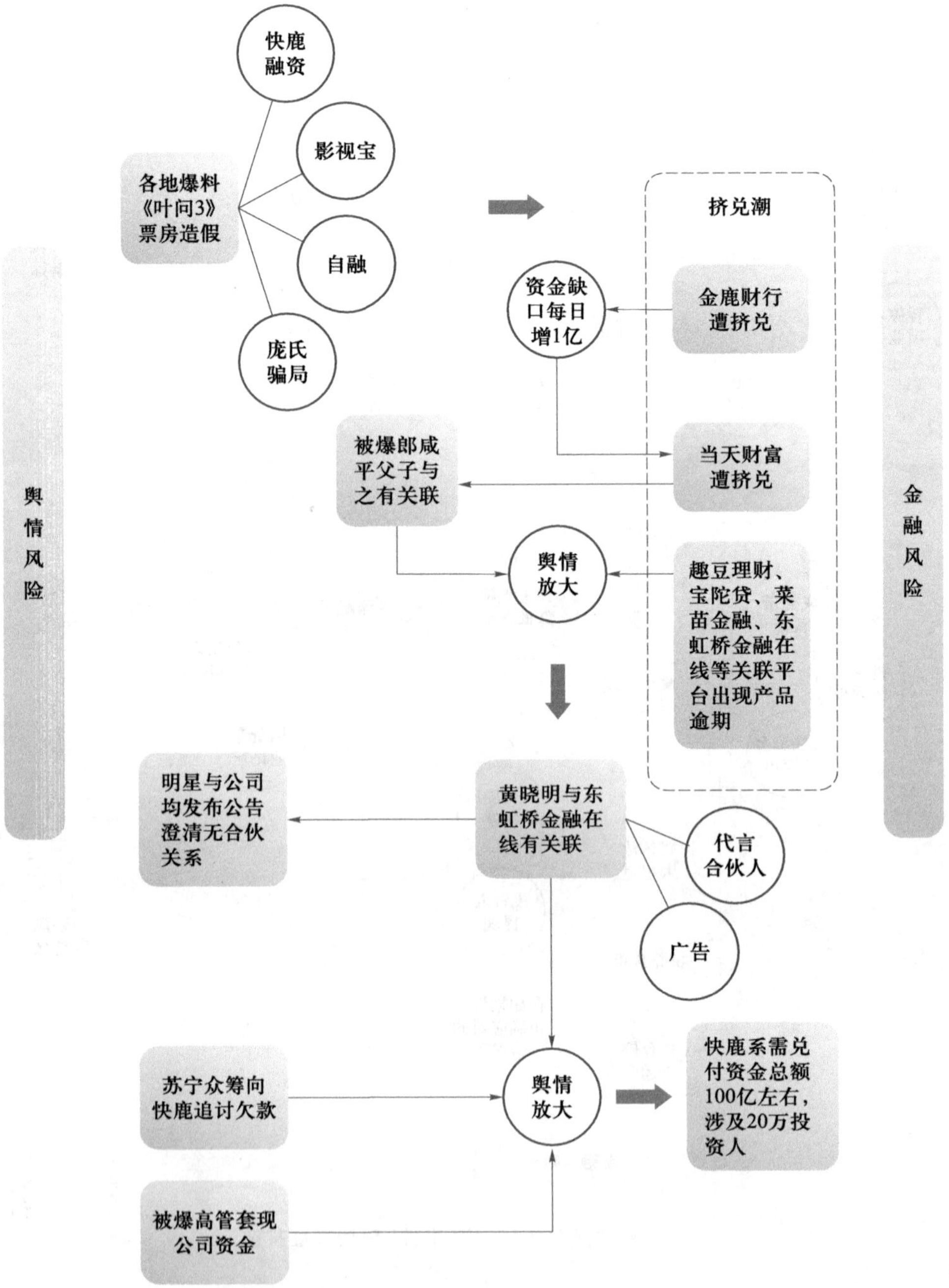

图 9－7　快鹿系事件舆情螺旋扩散

如图 9-8 所示,G 点至 H 点是电影虚假票房至挤兑爆发的时间段,情绪指数向下突降。I 点为快鹿集团发公告称公司高管诈骗公司资金失踪的那一周。J 点过后情绪有所上涨,在此阶段快鹿公布了阶段性兑付方案,也有投资者收到本金 5% 的打款。

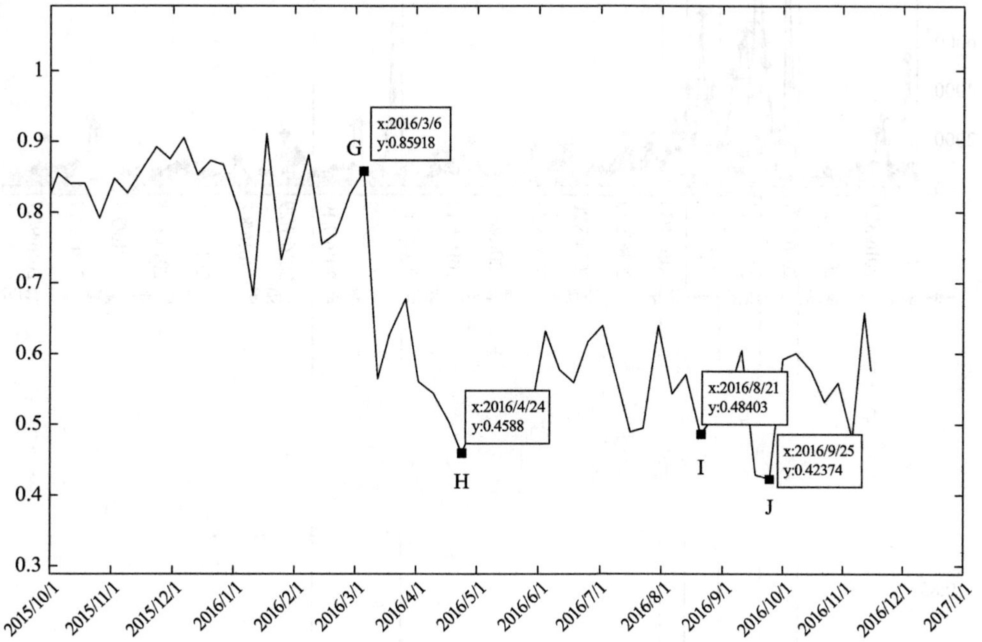

图 9-8 快鹿事件中网民的情绪波动(按周统计)

从图 9-9 中可看出正反馈螺旋效应:

——快鹿系事件舆情引爆点:在微博上频现关于快鹿集团投资的《叶问 3》票房造假信息。此为舆情大浪第一波,关键词为:生疑(K 阶段词云有“造假”“质疑”等词)。

——从《叶问 3》融资方式牵出快鹿集团营利模式。有网民提出是否存在庞氏骗局的疑问。后高管变动,法人出逃,显示庞氏骗局存在的可能性。此时舆情的传染性凸显,各关联平台受到舆情感染。此为舆情大浪第二波,关键词为:警觉(L—M 阶段词云显示“危机”“风险”“缺口”等)。

——众多财经媒体对快鹿的“影视宝”等理财产品的设计提出质疑,快鹿集团几十家公司盘根错节的资金调用网,让投资人深陷恐慌。2016 年 3 月 31 日,投资人不约而同围堵金鹿财行使之陷入兑付危机。3 月 31 日晚,平台发布《兑付公告》:因资金缺口 3 亿,只得暂停兑付。随后快鹿旗下其他关联平台也承认兑付困难,或出现逾期产品。有的平台官网无法打开。舆情汹涌。此为舆情大浪第三波,关键词为:惊恐(L 阶段词云含“兑付”“轰炸”“逾期”等)。

——网民对快鹿系进行层层深挖,终于挖出两个结果:(1) 快鹿采用了自融模式,某名人的两个儿子间接参股快鹿的关联公司。舆情在原有基础上发酵、激化、迸发,笼罩了快鹿旗下所有子公司和关联公司,挤兑风险势在必然。此为舆情大浪第四波,关键词为:愤怒(M—N 段词云中有“跑路”“郎某某”“出事”“坏账”等),对快鹿系表示强烈愤慨。

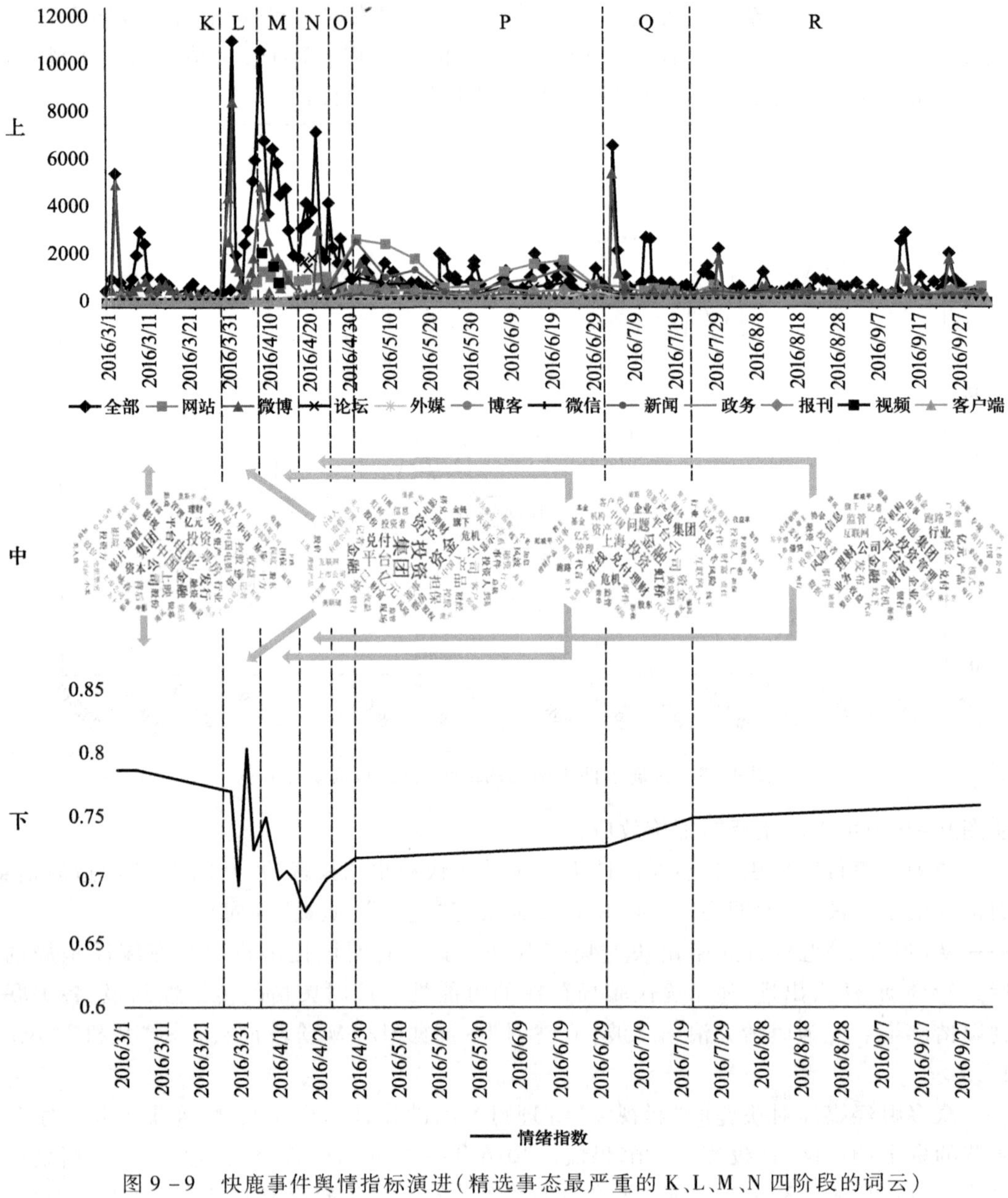

图 9-9 快鹿事件舆情指标演进（精选事态最严重的 K、L、M、N 四阶段的词云）

第三节 小结与讨论

金融风险加大导致舆情风险加大，反之亦然。这应该是很明显的，限于篇幅，不赘述。现论析如下问题：

一、通过研究得出的结论

(一)相应舆情是金融风险的“晴雨表”

2 076家问题P2P网贷平台,单个就可能会形成相应舆情,合起来更会汇成公共危机事件。这一行业中的特殊风险和危机信息会通过微博、微信(微信群)、QQ群、论坛等即时显现,这是不可忽视的先声。传统媒体虽反应不如社交类媒体灵敏,但可发挥求证查验、辟谣澄清、稳定人心的重要作用。如图9-9所示,P2P网贷风险的走向及其消长,会在舆情中快速体现。这是“晴雨表”的表现之一。另一表现是:相应舆情通常会被某些因素触发引爆,凸显公众激烈的情绪反响。

从2015年7月始,陆续有网民在天涯论坛、凯迪社区等论坛发帖称,泛亚交易所突然限制投资者存取资金。7月7日,“桥东拆迁人”在天涯发帖,请求云南省政府敦促泛亚交易所归还20万投资者血汗钱。该帖阅读量达5万余次,回复近300次,引发社会广泛关注,“晴雨表”作用已现。这是正反馈螺旋效应始发点。举凡出现一人呼、众人应或多人呼、万众和的情况,其时舆情“晴雨表”应引起关注。前述情绪测量分析方法可帮助领导者和管理者实时捕捉舆情线索,及早引起对金融风险、舆情危机的警觉,在陷入正反馈螺旋前未雨绸缪。

(二)P2P网贷风险与相应舆情风险联系紧密

P2P网贷风险为相应的舆情风险提供生存土壤、形成条件;后者又反过来助推前者,使之急转直上、跃升到新的等量级。前者对后者的作用是十分明显的,投资者程度不等地蒙受了损失,心中有气、有怨、有愤,总是有情绪要发泄;而后者对前者的反作用,则可以通过抓取和分析大数据得到揭示。一般而言,是先有P2P网贷风险,然后有与之对应的舆情风险,但是在两种风险都已存在的情况下,两者之间往往就呈现互为因果的关系。因此,除了监管部门出台新规对P2P网贷的经营加以规范,疏导舆情、引导舆论往往也是消解P2P网贷风险必须采用的方法之一。

(三)媒体对金融风险会有放大作用

P2P网贷风险很高。一旦出现事主“跑路”的情况,平台投资者会因利益严重受损,紧张、惊恐、愤懑情绪难抑。“你要它的高利息,它却要你的本金”的说法广为传播。舆情风险导致社会心理和行为的不确定性增加,恐慌像细菌一样繁殖、像瘟疫一般传染,使金融风险加大。这又会进一步导致社会心理和行为的不确定性加大、恐慌加剧,反过来导致相应舆情风险猛增,遂陷入正反馈螺旋。不确定性与下述因素有关:特定主体的有关重要信息屏蔽,或失实,或不对称;平台应急处置失当;媒体进行炒作和渲染;监管部门和执法机构不作为或不当干预;投资者的有关行为缺乏理性、失之莽撞。

媒体在传递问题平台信息和引用流行语时稍有不慎,就会给人以满目皆问题平台的错觉。加之舆情信息碎片化,不利于对平台的整体情况和特定平台作出理性判断。舆情信息碎片化,也不利于揭示问题平台本身存在的问题。于是,网民中所及舆情处满目皆疮痍的印象将有所加深,进而造成刻板印象,放大P2P网贷风险。再则,网民对爆料和政府介入,往往有不同观点:诟病者有之,辩护者有之;支持者有之,反对者也有之。“多声部”意见杂存,客观上也放大了风险。

（四）正反馈螺旋对P2P网贷风险有所助推

正反馈螺旋对P2P网贷风险有助推和催化作用。融金所受到正反馈螺旋效应的冲击，最后幸存；快鹿集团各子平台因母子公司关联业务受传染，陷入正反馈螺旋。从测量到的情绪（图9-3、图9-4、图9-5、图9-8、图9-9）来看，正反馈作用基于恐慌情绪，恐慌情绪常常会蔓延开去。恐慌导致挤兑行为的发生，导致资金失去控制地大量流出，从而助推和催化P2P网贷风险。

正反馈螺旋对P2P网贷风险的助推和催化作用，是通过情绪传染、感染实现的。在线上传播的信息，信息中包含着浓烈的情绪，这些信息拨动了经济利益受损的投资者敏感的神经，于是他们的情绪被急速地调动起来。而如果其中有人率先采取了提现行动，其他人就会竞相效仿。他们的情绪和行为叠加起来，就会影响更多的人采取提现行动。这无疑会使一些虽不规范但错不致"死"的平台速亡。

这就意味着：在对相应的舆论和舆情进行引导时，有必要研究正反馈螺旋发生作用的机理，顺着这一机理进行引导，而不是在引导中无视或者违背这一机理。

（五）网民情绪在舆情风险中占重要的一席之地

从总体上说，舆情属于民意的范畴，而情绪则是舆情的重要存在方式和表现方式之一。首发微博、博客、微信，在论坛上发帖或转帖，传递简短信息或推送长篇大论，以此可以形成舆论和相应舆情。而转发、点赞甚至有选择地阅读，抑或只是围观，也都包含着一定的舆情内涵。在快鹿和融金所两个案例中，不仅表达完整意思的信息文本表露了网民的情绪，而且就连高频率出现的词云也隐含了网民的情绪。网民因P2P网贷危机引起的情绪起落，既与群体和个体的经济利益有关，也与特定主体的心理因素有关。因此，对P2P网贷平台的利益受损的投资者进行引导，应该是从舆论方面和心理方面双管齐下的引导。

二、对若干问题的讨论

在研究过程中，笔者得出了一些研究结论，但也有些问题，有必要提出来并进行深入讨论。

（一）舆情及舆情风险与金融风险相互作用、相互影响

P2P网贷这样的金融风险对舆论和舆情的影响，笔者已在本章第二节第二目下作了分析。现在再来分析舆论和舆论对P2P网贷风险的作用和影响（图9-10）。

在通常情况下，金融风险是被反映者，舆情则是反映者。舆情发展到一定程度，会成为相应的舆情危机和风险。舆情反映金融风险，通过社会心理的折射，又反过来影响金融风险，或可使之程度加剧并由潜在风险演变为现实风险。在此过程中，舆情发展至舆情危机的可能性不断增加。从某种意义上说，金融风险本质上并不是由舆论和舆情引发的，也不是舆论和舆情所能完全左右的。但是，因相应舆情的发展加剧金融风险并使之严重化，则与有关主体舆论和舆情引导不力不无关系。而舆情风险和危机被化解，又会反过来影响金融风险，可使之摆脱风险困境，摆脱正反馈螺旋，避开生与死的临界点，最终消解金融风险。这是舆论和舆情引导得力取得的成效。在这一方面，融金所事件颇能给人以启示。就金融风险舆情和相关舆论进行引导，有利于化解金融风险，有利于社会稳定。

P2P网贷风险包括非法集资、事主"跑路"、资金链断裂和挤兑等。它关乎投资者切身利

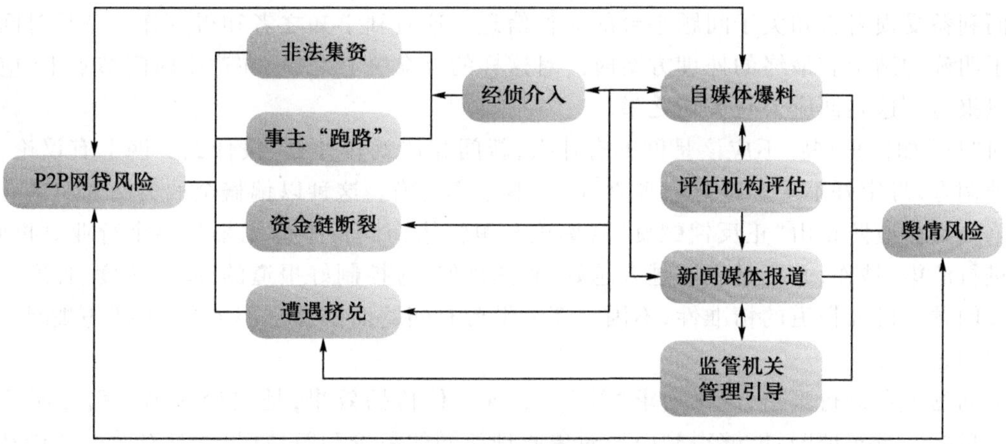

图 9－10　P2P 网贷风险与舆情风险之间的关系

益，易引发紧张、激愤和惶恐情绪。这类情绪本身有很强的传染性。先是社交类媒体爆料，后是公共媒体跟进并联动，舆情交叉感染，愈演愈烈。新闻媒体（大众传媒）和社交类媒体互相应和，舆情热点和高潮由此形成。

受到刺激的投资者蜂拥而至要求提现。本来运行正常的平台，因突遭挤兑而遇灭顶之灾。而闻到"腥味"的某些社交类媒体和公共性媒体愈加兴奋，愈加传播，平台困境进一步加剧，由此陷入绝境。这是正反馈螺旋所造成的景象。

围绕 P2P 网贷形成的舆论和舆情，包括社交类媒体爆料和评论、新闻媒体报道和置评、评估机构披露的评估信息及监管机构发布的公告和信息等。新闻媒体和政府监管部门应是舆论和舆情引导的重要力量。对问题平台的正常报道和客观评估，不会形成舆情危机和风险。只有那些一味博人眼球、罔顾"时、度、效"要求的报道和不负责任的评论，才会参与构成或直接构成舆情危机和风险。

相应舆情风险产生如下影响：一是使潜在金融风险外露化。使潜在风险明显化，并非坏事。但是，如果使本来可控的风险变得不可控，则不可取。二是使显在金融风险扩大化。对经侦介入调查的 P2P 网贷平台进行报道，很有讲究。突查和例行调查差别很大。如将例行调查报道成突查，有使舆情发展成舆情风险并进而妨害社会稳定的可能。三是使风险极端化。评论时主观随意、情绪化倾向严重、全称判断使用不当、对不同情况作笼统概括，这些情况在网上常常见到，"标题党"采用以上手法更是得心应手。新闻媒体如对上述包含风险的信息加以传播，在传播中采用了上述不当做法，就很可能误导公众对 P2P 网贷的判断。

由此看来，P2P 网贷危机引发舆情危机，两者之间呈正相关关系。而两种危机的程度越高，网民通过网络显示或隐含的情绪就越低落。

（二）对问题平台的报道也应该把握好"时、度、效"

对问题平台进行报道，"时"如何把握？笔者认为，有几个时间节点是必须掌握好的。一是平台事发时。为避免谣言和不实传闻弥漫于互联网空间，有必要在第一时间披露权威信息，不宜迟疑。二是警方调查获得某种进展时。如果说第一时间披露问题平台的信息，是使不知者知之的话，那么通报事件调查处理最新进展情况，则是向公众特别是其中的投资特定 P2P

网贷而利益受损者告知关于问题平台的完整信息。这有利于知之者知得更详。三是对问题平台有了明确的结论和最终的处理方案时。对这样的万众关心之事,在这个时间节点上,应当及时加以报道。这是回应公众关切之举。

对“度”如何把握?不应该是网上有什么,新闻媒体就转什么、报什么。网上有议论:平台被经侦调查,肯定好不了。这是一种直觉,并不完全正确。这种以偏概全的舆论和舆情有传染性和杀伤力。应防止由“正反馈螺旋”式舆论和舆情错伤同行中的无辜和整个行业。再则,不应该进行渲染、炒作,并不是报道越多越好、越热越好,应控制好报道的频度、热度、程度。另一个重要问题是讲究报道的精准性,不因一部分平台有问题而推及全部平台,不把违规问题上升到违法问题。

就问题平台进行报道,怎样追求“效”?实现最佳传播效果,是舆论和舆情引导所要追求的终极目标。事实证明:能够得到引导对象心理认同的舆论和舆情引导,是有效的舆论和舆情引导;相反,则难言舆论引导和舆情引导的正面效果。在实际操作过程中,不可扩大公众的心理恐慌,不可助长绝对化倾向,不可为网民的非理性的情绪推波助澜。

(三)将对公众的舆论和舆情引导与对平台的舆论监督结合起来

从一个方面说,特定主体进行的卓有成效的舆论监督,可以使其舆论和舆情引导因之增效。一般而言,公众包括网民都认同敢于为民立言、敢于进行舆论监督的新闻媒体。

在P2P网贷问题上,很重要的是加强对这类平台的日常监督,促使它们行为合规、信息公开。在某些平台出现违规操作的现象时,及时发出预警信息,敦促它们停止并纠正错误行为。在问题平台事发后,立即跟进,深究它们的问题及其原因和教训。而对于公众,则应重视各个阶段上的舆论和舆情引导:投资前,提醒投资者要有风险意识,仔细审视平台的背景、来路(“前世今生”),审慎考察产品详情并推敲其是否合理。在事发后,引导公众理性对待经济损失,避免因情绪冲动而采取鲁莽之举。以恰当的方式,帮助投资者吸取教训,避免出现第二次类似的投资失误。在对公众(网民)进行舆论和舆情引导时,应该十分重视对其情绪所作的疏导和引导。

(四)各个方面采取相应的应对之策

1. 政府在金融风险和舆情风险面前的应对之策

政府对金融创新的基本态度是:鼓励和规范,对其间出现的金融风险、舆情风险,应有有效的应对之策。应防范正反馈螺旋的形成,也应在正反馈螺旋形成后,合理引导和干预,削弱正反馈螺旋,防止滑向临界点。一要在深入调研的基础上,建合理之章、立必要之制,通过规范管理将P2P网贷纳入正确轨道(政策引导);二要在实时监测、正确研判舆情的基础上,进行有针对性和说服力的引导(进行舆论引导和舆情引导)。此处的舆论和舆情引导,其深意在于:“小到个别金融机构的风险事件、声誉风险,大到席卷全球的金融危机、系统性金融风险,以及投资消费预期、通货膨胀预期、系统金融机构运行、国家货币政策制定与实施、金融监管政策效果等无不受到舆情传播的影响。金融舆情能够通过一定的作用机理对实际的金融市场、金融机构甚至宏观金融运行产生现实的影响。”①

① 陈萍:《金融舆情监测分析运用及政府策略》,《中国国情国力》2012年第8期。

因不确定性在正反馈螺旋形成机制中有重要性，政府宜以互联网金融治理为抓手，狠抓信用体系建设，推动平台信息公开。如此，不确定性和风险将减少，社会总运转成本也可降低。舆论和舆情引导应能在这方面担当应担当的责任。

2. 行业应对金融风险和相应舆情风险

对 P2P 网贷平台来说，守法合规是立足之本。其要义是：讲究诚信，及时准确披露信息，不设资金池，定位信息中介，不做信用中介。如此，就不致陷入正反馈螺旋。不确定性来源于信息不对称。信息公开、真实、透明，避免不对称，这是化解舆情风险的良方；相反，隐瞒和歪曲重要信息，一旦败露，就必然引发舆情风险。因此，P2P 网贷风险防范的最关键之点是：信息透明，数据真实、可靠、充分、完整。无论是政府监管部门还是公众，都应能实时获得关于平台的合乎标准的信息。

3. 新闻媒体在化解金融风险和舆情风险中可有所作为

一是实施分阶段性策略。

应和政府及其相关机构部门一起，谋求问题 P2P 网贷的有序退出，最大限度地维护投资人利益：(1) 在初始爆料阶段，小心求证、仔细查验，只查事实，不谈观点、不作评论。帮助平台做到信息透明公开，减少不确定性，使平台尽可能避免跌入正反馈螺旋深渊。(2) 在兑付危机发生、提现困难阶段，秉持中立客观的态度，通过辟谣澄清事实，发挥稳定人心的作用。应帮助投资人、借债者、平台方避开博弈论中所说的“囚徒困境”。(3) 在法律程序阶段，帮助事件各方用法理看待金融风险和舆情风险。无论在哪一阶段都应避免风险扩大化，如将个别公司事件扩大到整个 P2P 网贷行业，避免使正常运营的其他 P2P 网贷公司受到他激型正反馈螺旋传染的影响。

二是进行舆论监督。

部分 P2P 网贷可能含庞氏骗局，新闻媒体负有对信息不公开、不透明和存在异动的 P2P 网贷进行舆论监督的责任。庞氏骗局如何识别？关键是在正反馈螺旋启动前，信息严重不对称，政府和监管部门无法定性，投资者无法判断。而崩溃后，为时已晚。如信息始终真实透明，则庞氏骗局应不难辨识。这有赖于新闻媒体为民立言，督促 P2P 网贷及时充分地公开应公开的信息。

三是引导公众理性看待投资风险。

新闻媒体肩负提升民众金融水平的重任。通过对监管部门、行业专家和法律人士的采访报道，指明辨识、防范 P2P 网贷风险的方法路径，引领公众正确看待投资风险。“通过接受新闻媒体的风险传播来规避和降低风险，已经成为风险社会中公众的生存依靠，成为其做出风险决策的依据。因此风险社会也构成了现代传媒的传播语境，进行风险传播成为传媒的重要功能和社会责任。”[①]如此看来，新闻媒体任重而道远。

---

① 陈寅：《后博客时代媒体的风险传播》，《青年记者》2010 年第 35 期。

第十章　对新媒体语境中中、美、法恐怖袭击事件舆论的比较研究

恐怖袭击事件是重大公共危机事件中比较特殊的事件，不仅直接造成人员伤亡、给特定对象带来深重的灾难，而且给社会成员制造了不可名状的紧张感、焦灼感、恐惧感和心理创伤。恐怖袭击事件在一些国家和地区多有发生。故笔者将新媒体语境中的重大公共危机事件延伸扩展至恐怖袭击事件，将此类事件与舆论的关系亦作为本研究的对象。由于对美国和法国的事件舆情信息不易掌握，故本章的考察内容仅限于舆论。

第一节　恐怖袭击事件和新媒体语境中恐怖袭击事件舆论的新特点

恐怖袭击事件属于重大公共危机事件，然而它们又不同于一般的重大公共危机事件。它们是人为的，是由特定恐怖组织或与特定恐怖组织有联系的个人，故意制造的意在获得恐怖效果的恶性事件。在新媒体语境中，恐怖袭击事件的发生和传播与在传统语境中又有不同之处。新媒体手段的运用，对于恐怖组织的人员扩充和恐怖袭击事件的舆论传播起了推波助澜的作用。

一、对恐怖袭击事件的考察

（一）恐怖袭击事件与一般公共危机事件

2008 年以来，除伊拉克、阿富汗等恐怖袭击事件多发的国家和地区之外，国际上发生的并产生特别重大影响的恐怖袭击事件就有多起。

——印度孟买恐怖袭击事件。2008 年 11 月 26 日夜至 27 日凌晨，印度孟买发生连环袭击。袭击者先后攻击孟买南部市中心繁华区的豪华饭店、医院、火车站、知名餐厅和警察总部等场所。还在两处豪华酒店内绑架人质，与警方对峙。造成的死亡人数至少 195 人，另有 313 人受伤。

——莫斯科地铁连环爆炸案。自 2010 年 3 月 29 日早晨 7 时 50 分（莫斯科时间）始，莫斯科发生地铁连环爆炸案，导致 40 人死亡，近百人受伤。一与车臣分裂分子有关联的网站宣称对此连环爆炸案负责。

——莫斯科多莫杰多沃机场自杀式爆炸案。2011 年 1 月 24 日，位于莫斯科南部的多莫杰多沃机场发生自杀式爆炸，爆炸导致 35 人死亡，近 200 人受伤。袭击者为 20 岁的印古什共

和国居民穆罕默德·叶夫洛夫。

——挪威奥斯陆爆炸枪击案。2011年7月22日，在不到两个小时的时间里，一个名为布雷维克的男子先是在市中心政府办公楼附近引爆汽车炸弹，随后又在奥斯陆以西40公里处的于特岛，开枪扫射一个青少年夏令营，共造成77人死亡。

——美国波士顿马拉松爆炸案。2013年4月15日14时50分，美国波士顿马拉松比赛终点线附近发生两起爆炸。有两枚炸弹于终点线附近观众区及一家体育用品店先后被引爆。爆炸造成3人死亡，183人受伤。

——中国云南昆明火车站恐怖袭击事件。2014年3月1日21时许，中国昆明火车站广场发生蒙面暴徒砍人事件。截至2日6时，事件造成29人死亡、130余人受伤。民警当场击毙4名暴徒、抓获1人。

——《沙尔利周刊》巴黎总部遭袭事件。2015年1月7日，法国漫画杂志《沙尔利周刊》（*Charlie Hebdo*，又译《查理周刊》）巴黎总部遭到武装分子袭击，最终造成12人死亡、11人受伤。

仅2014年，全世界发生的恐怖袭击次数就上升了1/3。根据美国国务院2015年6月19日发布的《2014年度全球恐怖主义报告》，2014年恐怖袭击造成的死亡人数增加了80%，接近3.3万人。① 据新华社2016年12月20日报道，是年全球范围发生袭击事件18起，其中多起为恐怖袭击事件，极端组织"伊斯兰国"所为4起。② 2017年上半年，英国已经遭遇4起恐怖袭击事件。③ 这些事件凸显出这样一个事实：在全球范围内，恐怖袭击事件呈多发态势，世界反恐形势十分严峻。

恐怖袭击事件是重大公共危机事件中的特例。按通常理解，"恐怖袭击是极端分子人为制造的、针对但不仅限于平民及民用设施的不符合国际道义的攻击方式"④。

恐怖袭击事件与一般公共危机事件中因主观故意造成的人祸的不同在于：(1) 恐怖袭击事件的制造者是极端分子；(2) 恐怖袭击事件采用的是不符合国际道义的、极其残忍的攻击方式；(3) 恐怖袭击事件针对的对象多为平民及民用设施但又不限于此。恐怖分子意欲剥夺袭击对象的生命财产并造成相应生存者群体性的恐怖心理。可以说，恐怖袭击事件较之一般公共危机事件中的因主观故意造成的人祸，在主观意图方面要恶劣得多，在使用手段方面要残忍得多，在造成后果方面要严重得多。

(二) 恐怖袭击事件有区别于一般人祸和刑事犯罪的特征

恐怖袭击事件不属于天灾，也有别于一般人祸和刑事犯罪。与一般人祸不同，恐怖袭击事件更令人发指、更令人揪心。大致具有如下特征：

第一，行为主体多属极端分子。

恐怖袭击行为多带有极端的种族和宗教色彩。恐怖分子不仅观念（种族观念、宗教观念

---

① 《外媒：美报告称全球反恐形势恶化 恐怖组织猖獗》，新浪网，2015年6月21日。

② 腾讯网，2016年12月20日。

③ 《盘点英国近20年遭遇的恐袭：2017年"最受伤"》，人民网，2017年6月21日。

④ 新华网：《惨绝人寰！盘点全球近年十大恐怖袭击案》，人民网，2014年6月9日。

等）极端，而且行为极端（包括采用自杀式恐怖袭击这样一种行为方式）；不仅反政府、反社会，而且反人道、反人类。他们将自己置于全人类的对立面，因而其极端行为受到不同国度、不同肤色和有不同宗教信仰的人们的一致谴责和共同反对。

第二，袭击对象多为平民百姓。

恐怖分子往往对无辜、无助且毫无抵抗能力的平民包括儿童进行突然袭击，他们常选择人口密集的旅游景点、交通设施、集会场所下手，制造重大人员伤亡事件，造成对人员伤害最大化的结果。当然，恐怖分子的袭击目标中也包括政府机构及军用设施，但这类目标不占多数。

第三，恐怖活动多有组织背景。

恐怖袭击的实施者，多为有组织的团体行动者，但也不乏个人。他（他们）或是恐怖组织成员，或是与恐怖组织之间有千丝万缕的联系（受恐怖组织蛊惑、指使、收买、指派等）。

第四，作案动机多为造成恐怖效果。

恐怖袭击的行动者制造袭击案，不是仅为一般地伤人解恨和发泄，而是为了在尽可能大的范围内造成“谈‘恐’色变”的社会恐惧感，且恐怖组织并不讳言对特定事件负责。对它们而言，借助于事件造成具有恐怖性的效果正是其罪恶目的之一。

为了造成恐怖效果，恐怖袭击的实施者事先就作案场所进行踩点，对袭击对象加以选择，不仅如此，还从器械准备、作案时间、作案方式等方面加以精心策划。

第五，恐怖袭击手段多样且残忍。

除了经常采用枪击、爆炸等手段，恐怖分子还采用劫持人质、劫持飞行器撞击目标建筑物、驾车冲撞人群、用砍刀砍杀手无寸铁且毫无防备的平民等作案手法。犯罪手段之残忍，令人发指。

第六，恐怖犯罪活动呈现跨国性。

恐怖袭击事件往往具有国际背景，恐怖分子与国际恐怖组织往往有着精神上甚至组织上的联系。就此而言，国际联合反恐的议题显得越发重要。但由于种种原因，国际上对恐怖组织的认识还不尽统一。因地区冲突和政权更迭，外国势力的干预，部分恐怖组织日益壮大并呈现地区溢出效应，将罪恶之手伸向了世界各地。

二、新媒体语境中恐怖袭击事件舆论的新特点

每一起恐怖袭击事件发生，都会引发舆论和舆情大潮。恐怖袭击事件的制造者，也希望形成相应的舆论和舆情。在新媒体语境中和在传统语境中，恐怖袭击事件舆论的状况是不一样的。而恐怖袭击事件制造者对新媒体的利用，也呈现了新的特点。

（一）恐怖组织利用新媒体渲染恐怖气氛

互联网无国界，它可使恐怖组织的信息传播得更远。使用新媒体，对恐怖组织来说已非新鲜事。在社交类媒体还未普及的情况下，“基地”等恐怖组织就曾使用互联网散布其领导人的讲话。随着新媒体传播技术的成熟，各种移动终端的使用，恐怖组织的传播技能进一步提高。现在，“伊斯兰国”不仅制作了专门的客户端，还通过脸谱、推特等各种社交网站发布血腥的“斩首”视频、传播极端思想，遭到世界各国共同谴责。

（二）互联网被恐怖组织用来传播极端思想和扩充队伍

美国学者埃瑟·戴森在《2.0版数字化时代的生活设计》一书中曾预言，互联网2.0时代的发展将导致恐怖主义团体获得新的工具，肆意制造谣言或恶意中伤。[①] 这一预言在“伊斯兰国”的网络传播中得到了体现。新媒体不仅使极端思想得以传播，而且还能帮助恐怖组织扩充队伍。年轻一代使用社交类媒体已相当普遍，他们更容易受到恐怖组织的蛊惑。通过各种招募视频和帖子，“伊斯兰国”把自己塑造成发扬宗教美德的组织。社交类媒体的交互性吸引那些不明真相的追随者纷纷投奔该组织。据美国媒体报道，自2011年至2015年9月，近3万名外国武装人员已经进入伊拉克和叙利亚境内，其中多数加入了极端组织“伊斯兰国”。[②] 那些追随者，或最终抵达伊拉克参战，或可能返回所在国发动恐怖袭击。还有部分受到蛊惑的年轻人，虽未成为“伊斯兰国”成员，却在自己国家效仿极端分子发动“独狼”式袭击。

（三）新媒体对恐怖袭击事件舆论产生了极其深刻的影响

恐怖袭击事件早已有之，且只要发生便广为人知，立即成为舆论焦点，可以说历来如此。但在新媒体语境中，情况有了显著变化。传播技术的高度发达和自媒体的广为普及，对恐怖袭击事件的舆论运行状况产生了极其深刻的影响。其影响主要有三。

一是人人都有可能是事件信息的披露者。

以往在重大公共危机事件发生后，事件信息的披露者通常须具备如下三个条件：

其一，掌握消息源。这才具备负责任地披露信息的前提条件。当然也有并不掌握消息源而进行信息传播的，那只能是当“二传手”，其实不是在披露信息，而是在转发信息。如转发的信息准确可靠，则无以讹传讹之虞；倘转发的是虚假或不实信息，则转发无异于传谣。

其二，拥有传播工具。如此，事件信息才具备在大范围传播的载体和渠道。在网络媒体包括自媒体盛行前，人们的信息传播方式主要有：口耳相传、信函交流、拍电报、通电话（均用于人际传播），张贴告示（可用于组织传播），通过新闻媒体传播（大众传播）。依靠人际传播和组织传播，难以在大范围内造成轰动性效果。借助新闻媒体传播事件信息则能在大范围内产生轰动效应，但是它们受到严格的把关，而且重大公共危机事件信息的披露，是由达到专业水平的新闻记者和专业机构来担当此任的。

其三，在我国，发布信息须获得授权。这是与传播工具和传播内容受到严格控制密切相关的。新闻媒体内部实行严格的把关制。关于事件的报道是否发、怎样发、何时发、发多少，都受到严格把控。媒体发布关于重大公共危机事件的信息，是须得到授权的，未获授权者，无权披露事件信息。强调使用通稿，其实质在于强化授权规制。

以上在传统媒体呈强势时代的通行法则，在自媒体时代受到了全面颠覆。在自媒体时代，公众一旦成为恐怖袭击事件的目击者，他们也就掌握了关于事件的某些信息，成了一定意义上的消息源。与以往的事件目击者不同的是：接触到事件信息者同时拥有传播工具（即几乎人人都有的自媒体），无异于拥有了信息的披露权。一部分公众通过社交类媒体，往往在第一时间披露了自己所目击的恐怖袭击事件及相应信息，从而打破了官方和新闻媒体的信息披露程

① 《社交媒体上的“伊斯兰国”》，《国际先驱导报》2014年9月5日。

② 中国社会科学网，2015年9月28日。

序。更多公众则凭借自媒体及时获知了关于重大公共危机事件包括恐怖袭击事件的信息及舆论。

二是人人都可以是意见表达者。

披露事件信息，只能是少数人之所为；围绕事件发表意见，则是人人可为之事。较之披露信息，这是更大的话语权。借助互联网和移动终端的便捷传输，公众找到了参与讨论、提供线索、表达见解、宣泄情绪甚至是设置议题和议程的平台。在重大公共危机事件包括恐怖袭击事件中，这种分享式的信息流动，经过短时间滚雪球般的传播，能量超乎想象。

三是把关滞后往往使舆论发生反转。

与传统媒体严格的采编流程不同，在新媒体传播中把关作用较弱。互联网上人人都可以成为信息传播者，但并不是人人都在负责地传播信息。由于恐怖袭击事件事关重大，网络上关于事件的任何风吹草动都可能带来大量关注、转发、评论。因此，谣言一旦产生，就会迅速传播甚至产生巨大冲击波。当然，网络的质疑力量也不容忽视。谣言迅速发酵之后，将会快速得到澄清，舆论风向迅速掉头也是常见之事。

第二节 对中、美、法三个个案中舆论运行情况的分析解读

对具有一定可比性的美国、中国、法国的三个个案进行比较研究，有利于在比较开阔的国际视野中思考一些问题，对探讨中国在新媒体语境中的重大公共危机事件与舆论的关系问题将有所裨益。笔者选取 2013 年美国波士顿马拉松连环爆炸案、2014 年我国昆明火车站暴恐袭击事件和 2015 年法国《沙尔利周刊》杂志社被袭案进行比较研究。理由是：(1) 三个个案发生在和现在比较接近的连续三年之中（时间上接近）；(2) 信息传播技术相差无几（水平接近）；(3) 后果严重，都造成了严重的人员伤亡；(4) 引起热议，都一度成为舆论焦点。

一、事件舆论的起落和演变

笔者曾提出如下观点：在新媒体语境中，重大公共危机事件的舆论大致经历形成、发展、变异、终结四个阶段。① 作为比较特殊的一类重大公共危机事件，恐怖袭击事件中的舆论演变也不例外。

与某些公共危机事件不同的是，恐怖袭击事件的突发性使其舆论传播无需酝酿期，直接形成舆论狂潮。随着官方舆论引导以及事件主体、性质和情景的日益清晰，相关舆论会呈现或发展或变异的特质。最终，随着事件的终结，相关舆论将逐渐弱化。此后每逢周年祭等时间节点，会掀起或大或小的舆论波涛。

（一）昆明火车站暴恐案：舆论引导较为及时和到位

2014 年 3 月 1 日 21 时 20 分，一伙暴徒持刀在云南昆明火车站砍杀无辜群众。同日 21 时 25 分，网友@我要存钱买药发出一条求助微博，随后网友不断将相关信息扩散。截至 2 日 14 时，在新浪微博上共引发讨论互动帖 108 万条次。

---

① 参见丁柏铨、夏雨禾《新媒体语境中重大公共危机事件与舆论关系研究》，《当代传播（汉文版）》2012 年第 2 期。

新闻媒体跟进最早的是来自@春城晚报21时46分的一条求证信息，最早的媒体报道来自昆明电视台的8099999热线（发布于3月1日22时08分）。2日#昆明火车站砍人事件#已在新浪微博上成为24小时排名第一的话题，并有4个相关话题排在微博热搜前十位。

突发事件的不可预见性，决定了其在传播初期的信息碎片化。昆明暴恐袭击事件发生之初，媒体也都在求证。随着网友爆料和媒体介入，事件得以逐渐还原。

3月2日，暴徒的动机、警方的抓捕行动、对伤者的救治、官方的声明引起全国网民热议。3月3日破案后，国内舆论朝着多元化方向发展，除了开展悼念活动，还出现了声讨分裂势力、探析恐怖活动动机、还原现场真实图文、传播防暴手册等内容。总体而言，由于政府信息发布及时，官方媒体舆论引导得当，网民在意见表达过程中，理性舆论始终占据上风。

（二）美国波士顿爆炸案：事件性质牵动人心

事发后，时任美国总统的奥巴马承诺全力追缉凶手。他虽未将这一事件定性为恐怖袭击，但他承认正按恐怖袭击的性质调查。美国各大报刊、电视、网络媒体纷纷滚动报道，“恐怖袭击”一词频现其中。并不掌握定义权的新闻媒体先于警方对事件定性，折射出“9·11”后美国社会面对恐怖袭击事件相当普遍的惊恐心态。

此次事件的舆论传播，和“9·11”最大的不同，就在于大量公民记者的参与。传播格局的变化，使得人们可以在传统媒体之外获得更多信息。目击者可以在第一时间就将现场图文、视频上传。与此相对应的是，由于前期官方对事件性质未明确定性，舆论呈多元化：既有对袭击事件的谴责，也有对袭击者身份的推测，还有对美国政府反恐策略的质疑。4天后，案件告破。舆论随之转入对事件的深度反思，渐渐统一而后趋于平息。

（三）《沙尔利周刊》遭袭案：两种意见此消彼长

法国漫画杂志《沙尔利周刊》巴黎总部遭袭事件发生后不到一小时，法国政府就将这起事件定性为恐怖袭击，成立跨部门危机处理小组，并将巴黎恐袭警报级别提至最高级。当地电视和广播纷纷停止正常节目，转向聚焦这场突发恐袭事件。这一案件迅即登上世界各大媒体的头条。法新社播发快讯《漫画家称法国讽刺周刊遇枪击有伤亡》，随后不断跟进报道袭击细节，播发《11人死于法国杂志社“恐怖袭击”》《枪击后法国将巴黎警戒提至最高级》等快讯。法国《费加罗报》网站首页几乎全部被这起事件占据，几小时后该网站头条更新为《沙尔利周刊（事件）：全国各地即将就此集会》。路透社、美联社、英国广播公司（BBC）、美国广播公司（ABC）等世界性大媒体都及时刊发了事件动态。也门境内“基地”组织阿拉伯半岛分支宣称制造了这起恐怖袭击，称袭击原因是报复该刊登载伊斯兰教先知穆罕默德的漫画。

在推特、谷歌和脸谱等网络社交平台上，这次袭击案迅速成为舆论热点，谴责恐怖暴行、呼吁政府尽快破案成为舆论主流。袭击发生5个小时后，在推特上就有超过25万人次转发“我是沙尔利”的相关帖子，主流舆论的声势和力量不断壮大。

事态快速发展。案发第二天，案件告破：一名嫌疑人自首，两名嫌疑人被捕。此时“我不是沙尔利”的舆论逐渐升温，人们开始探讨宗教信仰与新闻自由的界限。特别是案发一周后，随着《沙尔利周刊》再次刊登争议漫画，引发国际舆论关注，法国国内更多人转向“我不是沙尔利”。事发一个月以后，法国舆论关于此事的热议基本平息。

二、对三个个案中舆论特点的探析

三个个案分别发生在三个不同的国家,由于国情和文化背景的差异,与事件相伴的舆论也因之呈现了各自的特点。

(一) 昆明火车站暴恐案舆论的特点

1. 官方舆论与网络舆论互补

长期以来,我国主流媒体在信息发布和引导舆论方面发挥了重要作用。在自媒体时代,人人都是记者,但有担当的传统媒体并非多余。有学者指出,随着网络媒体的迅速普及,民间舆论高度发达,形成了官方舆论和民间舆论互补的格局。在此时,传统媒体的新闻专业主义使其在舆论引导方面更胜一筹。[①] 笔者赞同这一观点。

在昆明暴恐案中,有些网民为了吸引眼球,将现场血腥照片发布到网上,有人甚至认为越血腥的照片越具有传播价值。在他们获得传播快感的同时,却给观者带来不适,对当事人来说更是缺乏人文关怀。与此相对,主流媒体在报道过程中,以新闻专业主义为准则,以救助伤者为导向,充分彰显人文关怀。这对某些网络舆论来说,是一种纠偏。

《人民日报》官方微博,作为央媒中率先对昆明暴力恐怖事件进行报道的媒体,在社交类媒体舆论传播中起到了定海神针的作用。从 2014 年 3 月 1 日 22 点 30 分到翌日 12 点 20 分,《人民日报》共发布相关微博 36 条,其中大部分信息为原创,成为公众了解事件进展的重要信息源。2 日 7 点发布的【早安,昆明】谴责暴力恐怖事件,安抚民众情绪,截至 15 点,被转 215 274次。2 日的《人民日报》头版,两篇文章定下了"严惩暴恐犯罪,保障人民安全"的舆论基调。

2. 网络自净与"大 V"正能量

互联网是一个大平台,有人只是围观者或搬运工,有人喜好传播不实信息,有人喜欢品头论足、臧否人事,还有人喜欢用自己的专业知识为网友释疑解惑。所以,在重大舆论热点事件中,也少不了不同传播主体的思想观点和价值观的交锋。

在昆明暴恐案侦破过程中,网上流传着抓捕行动的不同版本。有网友还将旧照片拿出来充当新闻图片,被另一些网友识破。有人爆料犯罪嫌疑人逃至四川、重庆等地,均被官方和网民辟谣。这显示了网络舆论的自净功能,对谣言的甄别能力和反应速度有所提高。

在这次事件中,网络"大 V"成为培育社会理性心态的中坚力量。不少知名记者和媒体官微提出的自救知识、防暴手册获得大量网友转发。

在暴恐案发生后的 3 天里,网上也出现了各种谣言:暴恐分子被射杀、昆明又现暴恐事件、伤者必须提前缴纳 5 万元押金等。随后,公安机关及时辟谣,新华社等主流媒体及时通过报道澄清事实,帮助公众认清暴恐事件的真相。人民日报官方微博还发布 4 则微倡议,得到了网民大量转载:【面对恐怖暴力我们可以做到】(1) 不要把对恐怖分子的愤怒,扭曲成对一个民族的敌意,那正是他们想要的结果;(2) 不要把对暴力的还击,扭曲成对一个民族的歧视,那正是他们想要的效果;(3) 不要理会个别极端声音,那等于传播他们的主张;(4) 不传播血腥画面,

---

① 林凌:《昆明"3·01"暴力恐怖事件舆论引导机制及启示》,《编辑学刊》2014 年第 3 期。

慎采伤员及遇难者家属。

总体而言，在此次事件中虽也有谣言但被迅速遏制，这离不开自媒体的自净功能。在经历了“华南虎事件”等一系列网络热点事件后，中国网民正日趋成熟与理性。

（二）波士顿爆炸案舆论的特点

1. 良性互动谣言清

波士顿爆炸案，让我们看到了美国相对完备的危机应急机制。案发后，广播、电视、网站滚动直播；警方召开新闻发布会，消除谣言滋生土壤；谷歌开通寻人网页；网友自发为外地和外国参赛者提供住宿……波士顿当地大学的校警在事发后不断向每一位在校学生发邮件，告知最新消息。美国福克斯电视台（FOX）及其网站甚至撤下一集即将播出的动画片，就因该片的一些暴力内容使人容易联想到马拉松爆炸案。

“CNN 逮到了，FOX 逮到了，NBC 没逮到，ABC 没逮到。”这一连串让人莫名其妙的内容出自哥伦比亚广播公司（CBS）记者蒂姆·威廉姆斯所发的推特。就在全美还在推测波士顿爆炸案的调查进展时，美国有线电视新闻网（CNN）等一部分媒体抢发消息，称嫌疑人已被捕。而另一批媒体则报道无人被捕。美国联邦调查局随即发布信息予以澄清，要求各大媒体在调查工作初始阶段谨慎行事，须通过正确、可靠的渠道对信息进行核实。

面对这一重大恐怖袭击事件，美国政府、媒体、企业、公民实现了良性互动，形成了应对危机事件的社会合力。

2. “谈‘恐’色变”成主流

高效的信息发布制度，虽然使谣言易破，但民众抱怨难除。波士顿爆炸案让美国人对本土反恐能力产生新质疑。

波士顿爆炸案是“9·11”事件以后美国遭受的比较严重的恐怖袭击事件之一。紧随其后，从直指奥巴马的有毒邮件到造成重大伤亡的得克萨斯州化肥厂爆炸，一连串的突发事件让美国社会的反恐神经绷得更紧。

虽然美国以反恐之名发起阿富汗战争和伊拉克战争，但越反越恐。美国社会对此多有抱怨。所以，在这次事件中，舆论再次发起对美国反恐策略的反思，呼吁政府加强国土安全。

美国政府建立了相对完备的危机信息发布制度，但在恐怖袭击面前，有时仍会招致不满。路透社与益普索集团在波士顿爆炸案发生两天后所做的民意调查显示：在被问及哪些事件对普通美国人的安全构成最大威胁时，56% 的受访者说是美国人实施的偶发暴力事件，如大规模枪击案，32% 的受访者说是非美国人实施的外国恐怖主义活动，13% 的受访者说是美国人出于政治或宗教目的而在国内实施的恐怖主义活动。另外，有近 2/3 受访者认为，波士顿爆炸案这样的事件可能在他们所在的地区发生。[①]

对美国人来说，恐怖主义给他们留下了挥之不去的黑色记忆。政府对波士顿连环爆炸案的处理也非常慎重。从奥巴马的两次讲话中可以看出，他虽然不能直接将爆炸案定性为恐怖袭击，但是强调该案件按照恐怖主义性质处理，以免被谴责反恐不力。

---

① 《外媒：“独狼”作案成反恐新难题》，搜狐网，2013 年 4 月 19 日。

（三）《沙尔利周刊》被袭案舆论的特点

1. 主流舆论优势明显

据法媒报道，这是近半个世纪以来法国本土遭遇的死亡人数最多的恐怖袭击。此事件导致法国社会产生严重的恐慌心理，对恐怖分子形成一股强大的舆论谴责之势。

法国舆论之路民意调查公司的数据印证了这一点。它在事发当天和次日进行的一项调查显示：83%的调查对象担心未来几周法国会再度成为袭击目标，其中47%“比较”担心，36%“非常”担心。从这里可以看出持“我是沙尔利”观点的公众占了很大一部分。[①]

这股舆论也对法国政府形成了无形的压力，尤其是在案件侦破过程中。法国政府及时发布相关信息，积极进行舆论引导。总统奥朗德反复强调言论自由不能被恐惧吓倒，坚定支持“我是沙尔利”运动，并组织超百万民众在巴黎共和国广场大游行，并有40余位外国领导人以及一些国际和地区组织负责人参与。

值得一提的是，在这股反恐舆论大潮中，一部分国际政要发挥了意见领袖的作用。案发后，英国首相卡梅伦、意大利总理伦齐、挪威首相索尔贝格等，都在社交平台上表示要与法国人民并肩作战，打击恐怖主义。美国驻法国大使馆将其推特账户的头像改为“我是沙尔利”的标语图。这反映出国际社会在打击恐怖主义方面的共识。

舆论的力量是强大的。主流舆论代表了大多数法国民众的诉求，不仅对法国政府形成压力，也对恐怖分子造成威慑。正是因为在社交网络上看到自己的名字被广泛谈论，其中一名嫌疑人才会向警方自首。

2. 两股舆论力量此消彼长

在此次袭击事件发生后，主流舆论“我是沙尔利”位置稳固，但也出现了两种观点的交锋。“我是沙尔利”和“我不是沙尔利”在事态进展中呈现此消彼长的态势。

持“我是沙尔利”观点者，谴责恐怖袭击，支持新闻自由；持“我不是沙尔利”观点者，反思新闻自由的界限。尽管后者规模远不如前者，却凸显出人们的认知差异。

在报道恐怖袭击的相关新闻时，美联社、路透社、《纽约时报》等多家西方主流媒体均避免刊登《沙尔利周刊》的争议漫画。在社交类媒体上，不断有网友表示无法支持一家冒犯宗教的杂志社。事发一周后，《沙尔利周刊》再次刊发争议漫画，引发的质疑声越来越强烈。

网络无国界。由于涉及宗教，这次袭击案所引发的讨论也跨越了国界。国际舆论对法国国内舆论产生了潜移默化的影响。

法国舆论研究所公布的一项民意调查结果显示，近半数法国民众反对刊登伊斯兰教先知穆罕默德的漫画。42%的受访者认为不应该刊登先知穆罕默德的漫画。此外，50%的受访者表示，他们支持“对互联网和社交网络上的自由言论加以限制”[②]。可见，在舆论场中，已经有不少人转换了立场。

3. 网络成反恐新战场

在新媒体条件下，恐怖分子不仅发动恐怖袭击，还将网络作为重要战场。他们通过社交类

---

① 尚栩：《民调显示逾八成法国人担心近期再遭袭》，新华网，2015年1月12日。

② 《近半数法国人反对登先知漫画》，人民网，2015年1月19日。

媒体宣传极端思想,招募新成员。在《沙尔利周刊》被袭后,恐怖分子又攻击数以百计的法国网站,继续宣扬宗教极端思想。

法国法律禁止发表煽动歧视、仇恨或暴力的言论。按照法国法律,美化恐怖主义最高可处以5年监禁和7.5万欧元的罚金。如果通过互联网传播这类言论,刑罚变为判7年监禁和处10万欧元罚金。

《沙尔利周刊》被袭后,法国政府除了在线下关注舆论和对之进行引导,还将网络舆论监管提上议事日程,及时清除渲染恐怖袭击的各种噪音。恐怖袭击发生一周时间内,法国有54人因发表美化恐怖主义或威胁实施恐怖行动的言论而被捕。

法国政府意识到,加强对舆论的控制和加强对网络的管制成为遏制恐怖袭击的重要一环。此次恐怖袭击事件发生后,法国开始酝酿反恐新法案,要求互联网公司对网民发表的煽动仇恨的言论负责。

第三节　小结与讨论

本章所选取的三个个案虽然发生在不同的国家,但在事件舆论方面呈现出了某些共性,由于社会制度、文化背景与危机处理机制的不同,又呈现出某些明显的差异。

一、三个个案中舆论的相同之处

三国在恐怖事件发生后,对事件本身及事件舆论都极为重视,对公民的知情权极为尊重,这也反映了反恐已经成为国际社会的共识。这就为对事件舆论进行恰当处理提供了重要条件。

(一) 新媒体播报:用碎片织就全景化叙事

有美国记者说,恐怖行动让新闻业好起来,"9·11"事件是新媒体发展的催化剂。[①] 此言并无幸灾乐祸之意。恐怖袭击发生,有人要提供独家信息,有人想发表看法,有人想要获取信息,这些都成为传播技术革新的催化剂。可以说,在新媒体条件下,传统媒体和新媒体的互补态势基本满足了受众对事件信息的需求。

"9·11"事件后,新媒体技术突飞猛进。先行者美国,迅速带动了整个世界的传播技术革命。

有美国媒体人回忆说,"9·11"的时候他接到无数的电子邮件,人们谈恐怖袭击,有些观点非常有价值。但由于版面有限,只有被选中的才能在传统媒体上进行公开传播。[②]

如今,每次恐怖袭击事件的发生,都成为一次信息大爆炸,新媒体平台成了信息的集散地。在本章所选取的三个个案中,手机的随手拍、点击发送功能使来自现场的文字、照片、视频得以迅速传播。新媒体巨大的信息聚合与分类功能,通过发起讨论话题和搜索量排行,将一个个碎片化的细节构筑为全景化的叙事和全景化的事件场景。

---

① [美]丹·吉摩尔:《草根媒体》,陈建勋译,南京大学出版社2010年版,第15页。

② [美]丹·吉摩尔:《草根媒体》,陈建勋译,南京大学出版社2010年版,第15页。

（二）作用力解析：新媒体和传统媒体互补又竞争

恐怖袭击由于其突发性和破坏性，引人关注，很容易由此形成舆论狂潮。特别是在传播技术如此成熟的今天，每当有恐怖袭击发生，都会引起线上线下的高度关注，从而形成令人无法摆脱的舆论氛围。新媒体和传统媒体在其中共同发挥了重要作用。

1997 年，有学者提出了“超媒体”的概念：“（超媒体）不仅仅体现了科技的融合，也暗示了电子媒介对于新媒体环境的大量渗透和普遍存在……‘超’（意味着超越或超出）强调了这个新环境的两个核心特点：传播发生的速度和不相关联的媒体的互文性或互操作性……连在一起构成了一个单一的无缝数字 - 电子 - 通信网。”①这很难说是一个很精准的概念，但对我们思考问题有一定的启发性。我们看到：在内容上，传统媒体和新媒体互为信息源，呈现互文性和互操作性；在传播手段上，传统媒体越来越倚重新的技术手段，以开放的姿态争取尽可能多的受众。在实际使用中，不仅“超”传统媒体，也“超”新媒体。这一点，在三个案中得到了相当充分的体现。

比如，在波士顿暴恐事件中，《波士顿环球报》的多媒体报道就非常出彩。该报当天推出一幅爆炸案的多媒体地图，内嵌爆炸案的相关照片与视频等多媒体内容，读者可以通过时间点和空间点的选择对事件相关信息进行直观查找，这种方式既优于传统媒体，又优于一般新媒体。在同年白宫记者协会年度晚宴上，美国总统奥巴马发表讲话时专门提到该报在这次袭击事件中的表现：“如果有人认为，报纸已经是明日黄花，他们只需要拿起一份像《波士顿环球报》一样的报纸，或登录它们的网站。当它们服务的社区和世界最需要它们时，它们一定不负众望，对那些第一眼看起来让人难以理解的事情做出解释。这就是真正的新闻，这就是优秀的记者。”②

（三）“乌龙”难免：纠错机制作用得以发挥

在关于突发的重大危机事件的新闻报道中，由于各种信息源纷繁复杂，难免出现“乌龙”现象。

在波士顿爆炸案发生三天之内，美国 CNN 等权威媒体两次发布嫌疑人落网的“乌龙”消息，美国官方分别通过新闻发布会和社交类媒体进行澄清。两次“乌龙”事件还波及那些以翻译外电为新闻来源的我国国内媒体。在我国的昆明暴恐案中，类似的“乌龙”消息也曾发生过。由此看来，面对重大突发公共危机事件，新闻媒体还是需要通过权威的官方渠道对信息进行核实，以免误报新闻致使公众对其公信力产生怀疑。

在新媒体语境中，假新闻的生命期越来越短。官方及时快速的新闻发布机制成为重要的纠错机制。新的传播手段将各类信息呈现于众目睽睽之下，不实信息无处遁形。与此同时，新媒体和无数自媒体的使用者，积极发挥自身优势，挖掘新闻、跟踪事态，甚至自行“破案”。网上大量分析文章令人慨叹“高手在民间”。新媒体构筑的开放平台促进了理性声音的传播。

---

① Deibert，Ronald J. Parchment，*Printing and Hypermedia：Communication in World Order Transformation*. New York：Columbia University Press，1997。

② 王丰丰：《求证调查还是抢夺首发？——波士顿爆炸案美国媒体报道得失》，《中国记者》2013 年第 6 期。

（四）社会有共识：强大民意构筑舆论引导基础

在上述三次恐怖袭击事件中，我们看到三国高效的信息发布机制。实施高效的事件信息发布，其实是舆论引导的一种重要方式（虽然西方并不使用舆论引导的称谓，但在恐怖袭击事件发生后，舆论引导的实践是存在的）。现在，反恐已经成为国际社会的共识，这为舆论引导提供了重要前提。另外，每当有同情恐怖分子的声音出现，舆论便会迅速积聚并予以回击。

2013 年 8 月出版的美国《滚石》杂志选用波士顿马拉松爆炸案嫌疑人焦哈尔做封面人物，并引述袭击者同学的话称“焦哈尔相信恐怖袭击是正当行为”，遭到舆论的猛烈抨击。网民直斥报道渲染了恐怖主义，表示将“罢买”，部分商铺则表明了“罢卖”的态度。

《沙尔利周刊》袭击案发生后，美联社、路透社、《纽约时报》等多家西方主流媒体在报道时均避免刊登《沙尔利周刊》的争议漫画。英国《金融时报》欧洲新闻编辑托尼·巴伯批评《沙尔利周刊》借助敏感漫画挑衅是“愚蠢的”行为。这也是当时国际社会最强舆论阵营的声音。

二、三个个案舆论的不同之处

三个个案的舆论，除由于社会制度、文化传统的差异而呈现不同之外，西方国家在反恐问题上持有的双重标准以及数字鸿沟的存在，也是重要的原因。

（一）舆论特点：源自特定社会背景

同样是恐怖袭击事件，在不同的媒介体制和文化背景下形成的舆论特点、运行态势是存在差异的。因为，舆论是社会发展的晴雨表。好的舆论是社会矛盾和问题的减震器，它既依附于现实社会，真实地反映和折射社会公共事务、公共问题，又依托媒介空间形成独立的社会力量，因此，舆论引导既要遵从舆论传播的规律，又必须具有社会思想基础。[①]

在《沙尔利周刊》被袭事件中，不仅法国国内舆论分为两派，国际舆论也呈同样的分化。

在大革命中产生的激进主义是法兰西政治文化的重要表现，并已渗透到法国的社会生活、政治体制和国民心态之中。即便是《沙尔利周刊》再次刊登宗教题材漫画引发国际争议，法国总统奥朗德也再次强调法国拥有自身的原则和价值观，尤其是言论自由的价值观。可见，如今法国和欧洲的社会政治环境虽然发生了巨大变化，激进主义仍不失为法国和法国人的重要思想特征。[②] 即便是在新媒体时代，社会主流舆论中总是包含着这个民族和国家的文化特色。这也是为什么“我是沙尔利”这一话题能一直占据主流地位的原因。

在美国，恐怖袭击也可以引发和演变成民主党、共和党两党的党派之争，执政党的反恐策略经常被在野党口诛笔伐。如在波士顿爆炸案发生之后，就有人指摘奥巴马的反恐战略。

在我国，社会主义核心价值体系的形成，使得反恐的民意基础异常坚实。2011 年 10 月通过了《全国人民代表大会常务委员会关于加强反恐怖工作有关问题的决定》，形成了“以专门法为主导，其他部门法相配合”的反恐怖法律体系。所以在昆明暴恐案件发生后，政府

---

① 林凌：《昆明“3·01”暴力恐怖事件舆论引导机制及启示》，《编辑学刊》2014 年第 3 期。

② 马胜利：《法兰西民族的激进主义传统》，《欧洲研究》2005 年第 4 期。

和公众一致谴责暴力恐怖活动,虽有谣言,但没有发生严重的舆论分歧与冲突。[①]《中华人民共和国反恐怖主义法》已于 2016 年 1 月 1 日起施行。它的出台进一步增强了全社会的反恐共识。

(二)数字鸿沟:在新媒体主导权方面存在差异

据中国互联网络信息中心(CNNIC)2015 年 7 月发布的《第 36 次中国互联网络发展状况统计报告》(距三个个案时间上最为接近的一次统计报告),截至 2015 年 6 月,我国网民规模达 6.68 亿,互联网普及率为 48.8%。手机网民规模达 5.94 亿,网民中使用手机上网人群占比提升至 88.9%。中国是当之无愧的世界新媒体用户第一大国。但是不得不承认,13 亿多的庞大人口基数下存在着社会不同群体之间的数字鸿沟。这客观上限制了新媒体在重大公共突发事件中的传播效用。

近些年新媒体在全球普及迅速,但是作为发展中国家,我国不拥有根服务器(全球有 13 台域名根服务器,均设置在美国等西方发达国家)。作为互联网发源地的美国,掌握着全球互联网的开关。"在美国优势明显的全球 IT 产业格局下,数据自由跨境流动可能导致我国数据主导权丧失。"[②]因此,不管是在信息技术的整体发展上,还是在公民的新媒体使用习惯上,我国都还有很长的路要走。

(三)联合反恐:西方双重标准有待破除

近年来,互联网已成为恐怖组织煽动、策划和实施恐怖活动的重要手段。在当今各种政治势力不断发生冲突的背景下,恐怖组织利用网络暗中进行串联,使恐怖活动手段变化无常。

压缩恐怖分子的话语空间,成为各国反恐最直接的举措之一。但是单靠网上堵截和秒删,对遏制恐怖主义信息传播来说既不治标也不治本。建立一个跨国的国际网络反恐联盟势在必行。但由于各国不同的国情和不平衡的网络发展状况,至今全球未能达成一致的网络反恐规则。

特别是某些西方国家的政府和媒体的反恐双重标准,给国际联合反恐增添了一定障碍。如关于中国昆明暴恐案的报道,美国 CNN 的报道标题《持刀的"恐怖分子"在中国的火车站杀死 29 人,砍伤 130 人》,将恐怖分子打上了引号。这与美国政府对此事件的看法一致,引发中国舆论的一致谴责。

一直以来,美国对发生在中俄等国的恐怖袭击造成的严重人员伤亡视而不见,故意有倾向性地报道恐怖袭击事件,同情恐怖主义者。这种双重标准折射出其根深蒂固的偏见,不利于国际间反恐合作的全面展开。

(四)群体极化:须警惕的网络舆论现象

恐怖袭击不仅给事发国家和地区带来巨大灾难,也严重影响世界的和平与稳定。恐怖主义已经成为人类社会的公敌。

我国已经建立了政府信息公开制度,但部分政府官员的信息发布意识仍然较弱。一旦恐

---

① 《全国人民代表大会常务委员会关于加强反恐怖工作有关问题的决定》,中国人大网,2011 年 10 月 30 日。

② 方兴东、张静、胡怀亮、刘国辉、李志敏、严峰、张雪征:《安全操作系统"中国梦"——中国自主操作系统战略对策研究报告》,《中国信息安全》2014 年 4 月。

怖袭击事件发生，在关于事件信息发布不及时、不充分的情况下，公众的情绪如果得不到安抚，便会带来网络条件下的群体极化现象。

美国著名学者克利福特·斯托尔说过："网络是历史上存在的最接近真正的无政府主义状态的东西。"[①]一方面，新媒体的匿名性使人的道德约束感弱化，在相关话题上任意发表不负责任的言论是常见现象。另一方面，新媒体的交互性，使得持相同观点的人迅速聚集在一起。特别是当这些人被网络谣言所左右的时候，极易对现实社会带来冲击。在恐怖袭击事件发生时，尤须警惕这种情况的发生。

① 陈岗、潘飞虎：《网络参与对中国民主政治消极影响》，《人民论坛》2012 年 1 月中。

第十一章　基于新浪微博对重大公共危机事件舆论和舆情的实证研究

2010年以来，微博作为一种新型的互联网应用方式，开始在社会舆论场频频发力，并迅速成为重大公共危机事件（包括突发性公共危机事件）的舆论和舆情中心之一。在社会舆论和舆情复杂化、传播渠道多样化的今天，微博何以能够在社会舆论场迅速脱颖而出并持续保持影响力？重大公共危机事件中的微博舆论具有什么样的特色？本章将以对重大公共危机事件背景下新浪微博调查所得的数据资料为基础，对重大公共危机事件中微博舆论和舆情的构成要素、生成机制和主要模式等问题展开尝试性探究。

第一节　研究设计与必要说明

本章围绕两起重大公共危机事件——抚州爆炸案和增城聚众滋事事件，从新浪微博中获得样本。在此处，将对样本抽取、类目构建及其他相关问题作出必要的说明。

一、对相关概念所作的说明

作为社会结构的某种负面、紧张的现象，重大公共危机事件必然会在社会舆论场产生连锁反应，形成相应的事件舆论和舆情。

近年来，重大公共危机事件的舆论和舆情，其两种截然相反的发展态势值得关注。一方面，随着信息公开制度的不断完善，一般意义上的公共危机事件如自然灾害、事故灾难等，在通常情况下已不会引发危及社会稳定的舆论激浪和舆情大潮；相反，舆论和舆情作为社会凝聚力的动力源，不仅有助于重大公共危机事件的顺利解决，而且还可以大大提高相关机构的公信力。“5·12”汶川地震抗震救灾的胜利便是典型的成功个案。另一方面，一些偶发性的、地区性的突发危机事件，却能够借助舆论和舆情的作用而被瞬间引爆，突发危机事件舆论和舆情的负面意义远远超过事件本身，进而演变为真正意义上的重大公共危机事件。[①] 贵州瓮安事件、上海胶州路大火事件等，均属此类案例。突发危机事件如何从小型发展到中型乃至大型事件，舆论和舆情在其中发挥了怎样的作用，这是本章所要着力研究的问题。

重大公共危机事件中的微博舆论和舆情，是指微博平台所反映出来的人们对重大公共危机事件的意见、态度和情绪的总和。

---

① 突发事件或灾难事件本身并非公共危机事件，对突发事件或灾难事件的不当处理或响应，才会引发公共危机事件。参见张海波、童星《公共危机治理与问责制》，《政治学研究》2010年第2期。

2006 年,美国旧金山的 Obvious 公司推出了推特服务,这款基于 Web2.0 技术,被称为"微博客"的新型互动平台。因其在 2008 年美国总统竞选中大显身手而迅速走红,并为广大网民所追捧。

推特在美国的成功,引来众多效仿者,中国也不例外。据统计,2008—2010 年,中国微博网站在鼎盛时期超过 30 家。[①] 经过短短两年时间的发展,新浪、网易、搜狐等大型门户网站均已拥有自身的微博平台。2010 年,中国的微博用户已经达到 6 311 万人,在网民中的使用率为 13.8%。[②] 数年前,微博呈现出异常迅猛的发展势头。截至 2011 年 6 月底,我国微博用户数已从 2010 年底的 6 311 万爆发增长到 1.95 亿,成为用户增长最快的互联网应用模式。[③] 截至 2018 年 6 月底,中国微博用户规模为 3.37 亿,占网民总数的 42.1%。[④] 而近年来,微博仍然没有式微,相反依旧保持着增长的势头。[⑤] 根据《2017 政务指数 · 微博影响力报告》,截至 2017 年,经过微博平台认证的政务微博达 173 569 个,其中政务机构官方微博 134 827 个,公务人员微博 38 742 个。中国政务新媒体通过实行统筹协调机制、实施一站式服务、加快信息互联互通等举措,不断加强在国家治理和社会治理中的作用。[⑥] 微博的规模庞大的用户数、技术上的集成优势,使重大公共危机事件舆论和舆情获得了新的存在空间,但也变得更加错综复杂和难以把握。如何理性、客观地认识和对待突发事件中的微博舆论和舆情,已是相关研究中的一个十分重要的课题。

由于具备准入门槛低、即时传播、广场化效应等传播特征,微博甫一亮相,便以迅雷不及掩耳之势改变了中国的舆论生态。在被称作为"微博元年"的 2010 年,崭露头角的微博便在社会舆论场占据了中心位置。在青海玉树地震、舟曲泥石流灾害中,微博让人们见证了它在凝聚社会力量方面的强大作用。而在山西王家岭矿难、上海胶州路大火、三鹿奶粉事件、江西宜黄强拆事件、浙江乐清钱云会案等事件中,由微博"搅动"的社会舆论生态发生了剧烈的变化。

二、对研究设计及抽样方式的说明

(一) 两起事件的简要情节

本章将以 2011 年 5—6 月间发生的两起重大公共危机事件——抚州爆炸案和增城聚众滋事事件——为研究对象。抚州爆炸案指因拆迁问题与当地政府发生纠纷的农民钱明奇,于 2011 年 5 月 26 日分别在抚州市检察院、临川区政府大楼和区药监局三处制造爆炸并造成人员伤亡的事件。增城聚众滋事事件发生于 2011 年 6 月 10 日晚至 11 日,因 1 名孕妇在广东增城新塘镇大敦村占道经营而与治保人员发生冲突并出现骚乱,同时引发数次大规模群众围观

---

① 邝新华:《国产微博盛衰史》,《新周刊》2010 年第 2 期。

② 《第 27 次中国互联网络发展状况统计报告》,中国互联网络信息中心,2011 年 1 月 18 日。

③ 《第 28 次中国互联网络发展状况统计报告》,中国互联网络信息中心,2011 年 7 月 19 日。

④ 《2018 上半年中国微博用户数据分析:全国微博用户数达 3.37 亿》,中商情报网,2018 年 8 月 21 日。

⑤ 2017 年 2 月 23 日,微博发布 2016 年财报。据财报披露:截至 2016 年底,微博月活跃用户数突破 3 亿,移动端占比达 90%。中智林数据显示,自上市以来,微博活跃用户规模已经连续 11 个季度保持了 30% 以上的同比增长。2016 年,微博月活跃用户数全年净增 7 700 万,达 3.13 亿,移动端占比达 90%。日活跃用户数也增长到 1.39 亿。

⑥ 《〈2017 政务指数 · 微博影响力报告〉今日发布》,人民网,2018 年 1 月 23 日。

起哄。由于两起事件均具备偶发性、地区性突发公共危机事件的要素特征，而且在各大微博平台也因关注人数骤增而位居话题榜前列，因此它们对于研究突发性的公共危机事件中的微博舆论和舆情具有代表性的意义。

（二）样本微博的选取及构成

由于重大公共危机事件牵动社会敏感神经，上述事件爆发后，“抚州”“增城”旋即成为各大微博平台上的敏感词，这给相关信息的搜索和整理带来了一定的难度。为此，笔者在试调查的基础上，将研究对象定位于目前我国最大的微博平台——新浪微博中的三类微博，即事件关联方的政务微博、媒体微博和相关领域的名人微博，拟通过观察这三类微博在突发事件期间发布的消息及其评论的情况，对重大公共危机事件中的微博舆论和舆情展开全方位的探究。基于此，本章所要具体展开研究的样本微博为 6 个："抚州公安""广州公安""每日头条""新周刊""于建嵘"和"胡锡进"。

样本微博在重大公共危机事件（包括突发事件）期间发布的消息如表 11－1 所示。

表 11－1 重大公共危机事件期间样本微博消息发布情况一览

微博类别	样本微博	抚州爆炸案（条）	增城聚众滋事事件（条）
事件关联方政务微博	抚州公安	3	/
	广州公安	/	4
媒体微博	每日头条	6	5
	新周刊	2	/
相关领域名人微博	于建嵘	1	1
	胡锡进	2	1

为了提高实证研究的信度和效度，本章拟从宏观和微观两个层面对样本微博展开同步分析：一是宏观层面，即对样本微博的总体特征及其在两起突发事件期间发布消息的相关情况展开描述性探究；二是微观层面，即对样本微博发布的部分消息的评论情况展开深入探究。正式调查时间为：2011 年 6 月 25 日至 30 日。

鉴于样本微博在上述两起重大公共危机事件期间发布的消息所获评论较多，本文在上述 25 条消息中，根据消息分布情况，以简单随机抽样的方式抽取了 11 条消息，以这 11 条消息的前 50 条评论作为消息样本（表 11－2）。这样，研究的样本为 6 个样本微博和 550 条消息样本。

表 11－2 消息样本构成情况一览

样本微博	获抽样消息	发布时间（日期/时间）	转发数/评论数	消息样本量（条）
抚州公安	关于网民为"妖燕"的记者反映，……	5.26/15:44	12 498/9 751	50
	就在您这位网友发稿之时，……	5.28/20:15	38/148	50
广州公安	针对昨天晚上发生在……	6.11/15:10	4 063/2 273	50
	6 月 11 日晚，增城新塘镇大敦村……	6.12/03:31	3 613/2 139	50

续表

样本微博	获抽样消息	发布时间（日期/时间）	转发数/评论数	消息样本量（条）
每日头条	【江西抚州连续爆炸案原因初步查明】……	5.26/12:23	2 677/2 078	50
	【视频:广州通报增城聚众滋事事件】……	6.13/01:51	871/737	50
新周刊	官方回应@江西省抚州市公安局:……	5.26/22:16	191/174	50
于建嵘	许多网友要我对抚州@钱明奇说些什么……	5.27/04:28	4 134/1 450	50
	现在看来,广东潮州和增城事件……	6.13/18:58	2 672/1 330	50
胡锡进	对于钱的非理性爆炸案,……	5.27/01:32	7 456/1 795	50
	南方日报报道,广州新塘镇……	6.12/21:43	434/437	50

三、研究类目的建构

为了达到客观认识重大公共危机事件背景下微博舆论和舆情的研究目的,本书的主要研究类目如下。

（一）用户属性特征

即分别对样本微博以及消息样本发布者微博的属性特征进行考察,主要包括:(1) 微博的类型。根据新浪微博的实际情况,用户可以被区分为匿名个人、实名个人、实名组织机构。(2) 微博的粉丝数。

（二）消息的属性特征

本书对消息属性特征的考察包括以下几个方面:

其一,样本微博发布的消息所获取的转发数和评论数。

其二,消息样本的发布类型。主要包括 3 种类型:帖出(即对样本微博发布的消息做出直接响应)、跟帖(即对样本微博发布的消息做出间接响应)和转帖(即用户只是“中转”样本微博发布的消息,而不直接予以响应)。

其三,消息性质。本章在试调查的基础上,按性质将消息样本区分为 6 种类型,即信息分享(以提供和分享相关信息为主)、情绪宣泄(以发泄不满情绪为主)、理性讨论(即围绕突发事件展开相关理性讨论)、质疑(即对消息发布者及其消息进行质询)、强调(即对消息发布者及其消息持认同和支持立场)、其他。

第二节　研究发现

微博用户拥有的粉丝越多,其所发布消息获得转发和评论的概率也越大——这是微博舆论的一般逻辑。但是,突发的重大公共危机事件背景下微博舆论和舆情的分布情况并不完全符合这一逻辑。

一、重大公共危机事件中微博舆论和舆情的分布形态

(一) 媒体微博和相关领域名人微博在信息传播方面的优势并未发生变化

在大众传媒占据传播格局中主导地位的时代,媒体是重大公共危机事件舆论和舆情形成的中心所在;在论坛、博客等虚拟平台,意见领袖在这类事件舆论和舆情的形成和传播中发挥着重要作用。微博出现后,重大公共危机事件的信息传播格局发生了改变,政务微博、媒体微博以及个人微博(包括意见领袖和普通“草根”的微博),处于同台竞争的状态,突发重大公共危机事件舆论和舆情的分布形态是否也随之而发生变化呢?

如表11－3所示,从样本微博粉丝数的分布情况来看,媒体微博和相关领域名人微博在信息传播方面的优势并没有发生变化,“每日头条”和“新周刊”的粉丝数依然雄居前两位,“胡锡进”和“于建嵘”的粉丝数分列三、四位,而“广州公安”和“抚州公安”的粉丝数则名列末两位。但是,从样本微博在突发事件期间发布的25条消息的转发数和评论数均值分布来看,情形却大相径庭。粉丝数最少的“抚州公安”发布的3条消息的转发数和评论数均值分别达到4 196.00次和3 382.67次,位列第一。“于建嵘”“胡锡进”和“广州公安”处于同一水平线,而两个媒体微博发布消息的转发数和评论数均值都低于1 000次,位列末两位。

表11－3 样本微博粉丝数及其发布消息转发、评论均值情况一览

样本微博	粉丝数(个)	消息转发数均值(次)	消息评论数均值(次)
抚州公安	46 241	4 196.00	3 382.67
广州公安	810 732	2 356.00	1 272.25
每日头条	3 353 457	794.45	570.91
新周刊	2 381 358	802.50	415.00
于建嵘	841 583	3 403.00	1 390.00
胡锡进	1 132 487	2 743.33	840.00

(二) 舆情集结的样本微博与突发公共危机事件的相关度是决定微博舆论和舆情分布的重要变量

一般情况下,微博用户拥有的粉丝越多,其所发布消息获得转发和评论的概率也越大。显然,公共危机事件背景下微博舆论的分布情况并不符合这一逻辑。从消息转发数和评论数均值分布情况来看,舆论集结的目标主体(即样本微博,下同)与公共危机事件的相关度成为决定微博舆论和舆情分布的重要变量。目标主体与事件的相关度越高,舆论和舆情集结的可能性也就越大。这也就意味着,事件关联方的政务微博、当事人或“爆料者”微博以及相关领域的名人微博,将是事件中微博舆论和舆情的“风暴眼”所在。

比较而言,因与公共危机事件相关性较弱,媒体微博在舆论和舆情形成方面的优势将趋于弱化。由此可见,突发公共危机事件中微博舆论和舆情的分布形态与传统媒体语境存在本质区别,与BBS(论坛)、博客等虚拟平台也有差异。

(三) 微博主体间互动空间的拓展也是关键变量

重大公共危机事件中微博舆论和舆情分布形态的变异,是微博中信息传播格局变化的结

果,而微博主体间互动空间的拓展也是关键变量。与其他互动平台相比较,微博的突出优势在于能够同时提供即时性和异时性交流的双重功能,解除了“不在场”状态下主体间直接互动的诸多限制,使用户近距离“触摸”重大公共危机事件现场或与事件相关主体“零距离对话”成为可能。因此,选择近距离“围观”而非远距离“眺望”,成为重大公共危机事件中微博舆论和舆情的一道重要风景线。如图 11－1 所示,根据消息发布类型,550 条消息样本中,原帖的消息占 85.6%,而跟帖与转帖的消息所占比例均为 10% 以下。原帖出消息占绝对主流地位,标志着直接互动已成为突发重大公共危机事件中微博舆论和舆情形成的源动力。这也意味着,现身于微博的突发重大公共危机事件关联主体,包括政务微博、当事人或“爆料者”微博以及相关领域的名人微博等,将同时从幕后走向台前,完全暴露于由舆论和舆情构筑而成的“包围圈”之中,这无疑是突发重大公共危机事件中微博舆论和舆情的重要特色。

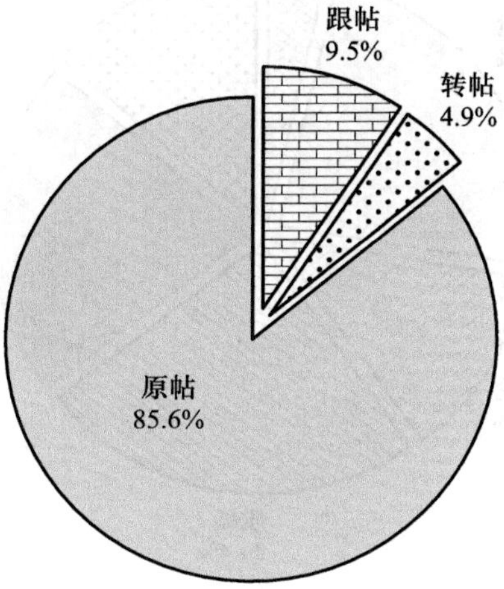

图 11－1 消息样本发布类型构成

二、重大公共危机事件中微博舆论和舆情的要素特征

舆论和舆情的形成,是多方要素合力促成的产物。要素特征不同,舆论和舆情的性状、传播方式和社会效果等也有所差异。与微博技术平台相关联,重大公共危机事件中的微博舆论和舆情有 3 个关键构成要素,即消息、舆论参与主体及互动网络。通过对 3 个构成要素的观察,可以更加清晰地了解和把握重大公共危机事件中的微博舆论和舆情。

(一) 消息

与现实空间的人际交往不同,虚拟平台的对话和交流都需要有一个信息中介。

在微博中,这个信息中介就是消息。微博的消息以“语录体”即时表达为主要形式,表面上看似支离破碎,然而,恰恰是大量的关于事件细节的、现场的、个人解读式的消息,才最大限度地还原了舆论和舆情的“本真”面貌,同时也展现了微博舆论和舆情的基本特征:(1) 相关消息以裂变式传播的方式被精确地传至大量的用户,舆论和舆情的能见度大大提高;(2) 消息内容的多样化呈现使得舆论和舆情“引爆点”变得越来越密集并愈加难以预料和控制。此外,根据穿梭往来的微博消息,还可以勾画出突发重大公共危机事件中微博舆论和舆情的大致面貌。

如图 11－2 所示，根据消息样本的性质构成，“质疑”类占 24.4%，居第一，其中既包括对突发公共危机事件“真相”的质疑，也包括对目标主体立场和态度的质疑；“情绪宣泄”类占 24.0%，主要是带有攻击性、辱骂性色彩的非理性消息。“质疑”类和“情绪宣泄”类消息累计约占消息样本总量的半数，显示了突发公共危机事件中微博舆论“火药味”十足的性质。此外，有 22.0% 的消息属于“其他”类别，主要表现为大量与中心话题无关的消息掺杂其中，使得舆论充满“噪音”。相比之下，“强调”类、“理性讨论”类和“信息分享”类消息所占的比例较小，说明以目标主体为核心的认同性舆论和舆情空间较小。总体来看，消息样本的构成情况显示，突发公共危机事件背景下微博舆论场大致可以被描述为“对抗性、充满噪音的情绪空间”。

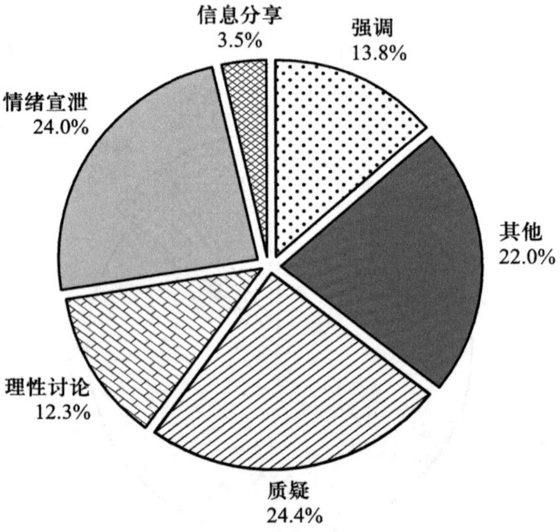

图 11－2 消息样本性质构成

就性质而言，突发事件中的微博舆论距离真正意义上的公共舆论尚有一定的距离。在哈贝马斯看来，“只有在从事理性的讨论的公众存在的条件下”[①]，公共舆论才得以形成。显然，突发公共危机事件中的微博为公共舆论提供的成长空间仍然十分有限。

（二）舆论参与主体

舆论主客体边界模糊，是微博舆论传播的重要特性之一。由于具备独特的“加关注”功能，绝大多数舆论参与者都是以“双面人”的角色现身于微博舆论舞台的，即任何主体都有权决定自己成为什么样的舆论客体，同时又有可能在不自觉中扮演着舆论主体的角色。因此，在微博中，不存在严格意义上的舆论主体或客体，只有舆论参与主体。这在客观上造成的后果就是：对身份比较明确的舆论参与主体（实名个人和实名组织机构）而言，会因避免造成不良社会后果而有所顾忌，“较易形成模式化的行为方式”；而对匿名个人来说，情形恰恰相反，他们“可能因规范性因素较少而显得比较‘超脱’”。[②] 因此，突发事件中的微博舆论参与主体在行为方式上存在结构化差异。

---

① 哈贝马斯：《公共领域》，见汪晖、陈燕谷主编《文化与公共性》，生活・读书・新知三联书店 2005 年版，第 126 页。

② 夏雨禾：《微博互动的结构与机制——基于对新浪微博的实证研究》，《新闻与传播研究》2010 年第 4 期。

消息样本发布主体属性特征的构成情况从某个角度验证了上述观点。如图 11－3 所示，550 个消息样本的发布主体中，匿名主体共 506 人，占 92.0%；实名主体 43 人，占 7.8%；实名组织机构只有 1 家，占 0.2%。这表明，突发公共危机事件背景下的微博，是匿名主体的表现舞台，而绝大多数实名主体则因有所顾忌而选择沉默。匿名主体和实名主体的结构性失衡，令人不免联想到“沉默的螺旋”理论。“沉默的螺旋可以是一个过程，一种新的、朝气蓬勃的舆论通过这一过程得到发展，或者原有舆论的内涵通过这一过程赖以扩散。”①在大众传播在舆论格局中占主导地位的时代，经由大众传媒和意见领袖的中介作用，沉默的螺旋“有助于促进社会一体化，保障基本行为和观念达到足够的一致水平”②。然而，重大公共危机事件中微博舆论所表现出来的情形却不容乐观，匿名和实名主体行为方式上的差异所产生的可能性后果，恰恰是在现实社会中占有话语权优势的实名主体，将因保持沉默而部分地失去“意见领袖”的地位，从而使得重大公共危机事件中的微博舆论和舆情更趋复杂并充满变数。

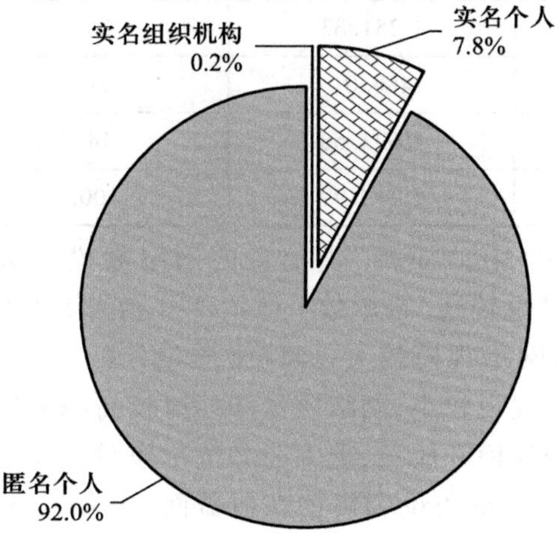

图 11－3　消息样本发布主体属性特征构成

（三）互动网络

虚拟空间中，互动网络既是主体间交流的纽带，又是消息传送的重要“生命线”，对于舆论和舆情的生成具有不可或缺的基础性意义。微博互动网络是典型的嵌套式网络结构，即处于互动网络中的每一个“节点”，同时又是大小不等、以自我为中心的“次生网络”。互动网络中主体的交流和消息的传递，不仅具有平面运动的特征，而且呈现网络间立体互动的复杂性状。从这个意义上说，重大公共危机事件中微博舆论和舆情的生成网络，至少应该包括两方面的内容：(1) 网络规模。即舆论和舆情在水平方向的分布规模，前文对消息样本构成情况的分析，所指涉的即为网络规模问题。同质性的消息越多，说明网络规模越大，特定性质的舆论和舆情在水平方向的覆盖面越广。(2) 网络质量。即特定性质舆论和舆情的参与主体所拥有的“次生网络”的总体状况，也就是每一位舆论和舆情参与主体拥有的粉丝数的总体均值。总体均

① Elisabeth Noelle-Neumann, *The Spiral of Silence: Public Opinion and Our Social Skin.* University of Chicago Press, 1993.

② Elisabeth Noelle-Neumann, *The Spiral of Silence: Public Opinion and Our Social Skin.* University of Chicago Press, 1993.

值越高,表示特定性质舆论和舆情的网络质量越高,这就意味着该性质舆论和舆情向“次生网络”垂直渗透的可能性越大,舆论和舆情的生命力也就越强。

消息样本的网络规模和网络质量情况如表 11-4 所示。

表 11-4 消息样本的网络规模和网络质量

消息性质	抚州爆炸案		增城聚众滋事事件	
	样本百分比(%)(网络规模)	粉丝数总体均值(个)(网络质量)	样本百分比(%)(网络规模)	粉丝数总体均值(个)(网络质量)
信息分享	1.3	1 669.00	6.0	4 362.67
情绪宣泄	28.0	619.92	18.8	342.23
理性讨论	12.7	2 600.55	12.4	1 333.48
质疑	21.0	1 251.33	26.8	1 203.73
其他	23.7	488.01	21.6	587.24
强调	13.3	1 623.58	14.4	1 671.33
合计	100.0	1 119.99	100.0	1 057.57

总体来看,两起突发事件中,“质疑”类消息的网络规模较大(分别占消息样本总体的 21.0% 和 26.8%),网络质量也较高(粉丝数总体均值分别为 1 251.33 个和 1 203.73 个):“情绪宣泄”和“其他”类消息的网络规模较大,但网络质量较低(粉丝数总体均值均为 700 个以下),而其余三类消息的网络规模较小,网络质量却相对较高(粉丝数总体均值都在 1 000 个以上)。因此,根据互动网络的规模和质量,重大公共危机事件中微博舆论可以被区分为 4 个不同的区间(图 11-4),不同区间的舆论和舆情在覆盖面、生命力方面的特征有所不同。其中,区间Ⅰ的舆论和舆情覆盖面较大、生命力较强,如“质疑”类消息所形成的舆论和舆情;区间Ⅱ的舆论和舆情覆盖面较小,但生命力较强,“理性讨论”类和“强调”类消息所构成的舆论和舆情即属此类;区间Ⅲ的舆论覆盖面大,但生命力较弱,比较典型的是“情绪宣泄”类和“其他”类消息所构成的舆论和舆情。

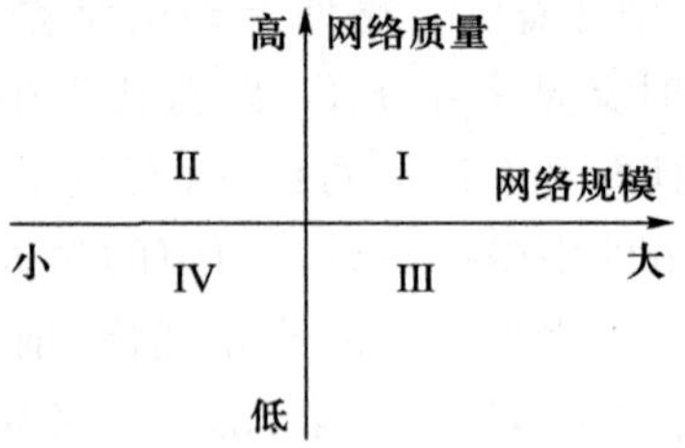

图 11-4 突发公共危机事件中微博舆论和舆情互动网络的分析矩阵

三、重大公共危机事件中微博舆论和舆情的生成机制和主要模式

突发事件中微博舆论和舆情的特色,不仅仅体现于静态层面的消息、舆论参与主体和互动网络等构成要素所具备的特性,要素间动态的耦合机制同样值得关注。下面将尝试通过对动

态层面要素组合方式的论析，展示重大突发公共危机事件中微博舆论和舆情的生成脉络和机理，提供更具普遍意义的一般化舆论和舆情图式。

（一）重大公共危机事件中微博舆论和舆情的双层机制作用

在微博中，消息和舆论参与主体之间互为建构的动态关系，构成了重大公共危机事件中微博舆论和舆情聚合与裂变的基本动力。这种动态的关系主要表现为：舆论参与主体因规范意识不尽相同，发布的消息在性质上会呈现结构性差异，不同性质的消息又会向特定的目标主体自我聚合，形成性质各异的舆论和舆情“包围圈”。舆论参与主体－消息－目标主体的动态组合，构成了重大公共危机事件中微博舆论和舆情的基本生态链。

首先，舆论和舆情参与主体发布的消息在性质上存在结构性差异。

如前所述，因规范意识不同，匿名主体成为重大公共危机事件中微博舆论和舆情的绝对主体力量。事实上，除了在构成比例上存在巨大落差，匿名主体和实名主体所发布的消息在性质上同样也存在着结构性差异。如表 11－5 所示，实名主体、匿名主体和实名组织机构所发布的消息在性质构成上差异显著（P ＝0.000）。在消息样本中，实名组织机构发布的消息只有 1 条，因此，该比较主要是在实名主体和匿名主体之间展开的。

表 11－5 用户属性特征与消息性质交互分析（%）

消息性质	用户属性特征			总体占比
	实名个人用户	匿名个人用户	认证的组织	
信息分享	9.3	3.0	/	3.5
情绪宣泄	4.7	25.7	/	24.0
理性讨论	30.2	10.9	/	12.3
质疑	18.6	24.9	/	24.4
其他	20.9	22.1	/	22.0
强调	16.3	13.4	100.0	13.8
合计	100.0	100.0	100.0	100.0
N ＝550 Likelihood Ratio ＝27.679 df ＝10 P ＝0.000				

实名主体发布的消息中，“理性讨论”类消息所占的比例最高（30.2%），“情绪宣泄”类消息所占的比例最低（4.7%）；匿名主体发布消息的情形则几近相反，“情绪宣泄”类消息所占的比例最高（25.7%），而“理性讨论”类消息所占的比例为 10.9%，仅高于“信息分享”类消息。结合前文分析结果，不难发现：实名主体在构成比例上处于劣势，而他们恰恰又是发布“理性讨论”类消息的主体力量。因此，以“理性讨论”类消息为主要支撑的公共舆论空间的逼仄自然也就在所难免。

其次，由消息自我聚合而成的舆论“包围圈”在性质上也有明显差异。

前文对舆论分布形态的分析结果显示，目标主体与重大公共危机事件的相关度，是舆论集结的重要变量。其实，舆论的聚合与分化，不单体现于量的层面，以不同目标主体为中心的舆论“包围圈”在性质上也有所不同。如表 11－6 所示，事件关联方政务微博、媒体微博和相关领域名人微博作为不同的目标主体,三者所获评论(消息)性质分布上有显著的差异(P = 0.000)。其中,“抚州公安”和“广州公安”是“质疑”类消息分布较为密集的地带,二者所获评论(消息)中,“质疑”类消息分别达到了42.0%和33.0%,高于其他性质消息所占的比例。“每日头条”和“新周刊”则是“情绪宣泄”类消息的集中地带,分别占二者所获评论(消息)总量的35.0%和50.0%。“于建嵘”和“胡锡进”的微博则是“理性讨论”类消息的聚集群落,二者比例均为31.0%。由此可见,在目标主体和舆论性质之间,存在较为明显的相关关系。事件关联方政务微博较易“身陷”以质疑为主要特征的舆论和舆情“包围圈”;媒体微博则容易成为情绪宣泄的主要场所;相关领域的名人微博的周边,则易产生以理性精神为主导的公共舆论和相应舆情。

表 11-6 样本微博所获评论(消息)性质分布情况(%)

消息性质	样本微博						总体占比
	抚州公安	广州公安	每日头条	新周刊	于建嵘	胡锡进	
信息分享	2.0	8.0	1.0	2.0	4.0	3.0	3.5
情绪宣泄	18.0	24.0	35.0	50.0	16.0	14.0	24.0
理性讨论	/	2.0	4.0	/	31.0	31.0	12.3
质疑	42.0	33.0	21.0	8.0	14.0	20.0	24.4
其他	27.0	14.0	33.0	18.0	15.0	23.0	22.0
强调	11.0	19.0	6.0	22.0	20.0	9.0	13.8
合计	100.0	100.0	100.0	100.0	100.0	100.0	100.0
N = 550 Likelihood Ratio = 184.056 df = 25 P = 0.000							

综上所述,消息、舆论参与主体和目标主体三者之间的动态组合,呈现公共危机事件中微博舆论生成的基本脉络:舆论参与主体和目标主体以消息为中介展开互动,形成性质各异的舆论“群落”。这是重大公共危机事件中微博舆论生成的第一层面。

此外,结合前文对互动网络的分析,可知承载不同性质舆论和舆情的互动网络在规模和质量上存在差异,舆论和舆情“群落”的覆盖面和生命力也有很大的不同。这又构成了重大公共危机事件中微博舆论和舆情生成的第二层面。由此可见,突发公共危机事件中微博舆论和舆情的生成,是双层作用机制的结果,如图11-5所示,在第一层面,舆论参与主体、消息和目标主体是关键变量,三者共同决定舆论和舆情的性质构成,属质的层面;第二层面,互动网络的网络规模和网络质量是关键变量,二者共同决定舆论和舆情的覆盖面和生命力,属量的层面。

(二)重大公共危机事件中微博舆论和舆情的主要生成模式

对重大公共危机事件中微博舆论和舆情生成作用机制的分析,使得在错综复杂的舆论和舆情中提取一般化的舆论和舆情图式有了清晰的思路。综合前文对样本微博和消息样本的分析结果,重大公共危机事件中的微博舆论和舆情,可以被整合为认同模式、协商模式、质疑模式、情绪模式和游离模式这五种可供参照的主要生成模式。

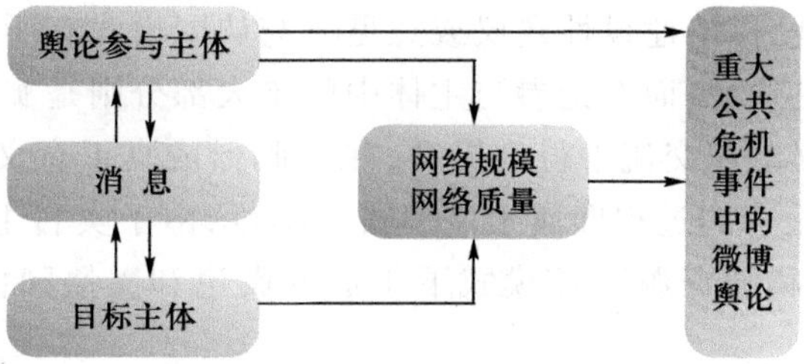

图 11-5 重大公共危机事件中微博舆论的生成机制

上述五种生成模式的分布态势，是以目标主体为圆心，按“中心-边缘”方式由内而外依次排列的，除情绪模式和游离模式之外，其余三种模式均处于以目标主体为圆心的同心圆之中。(图 11-6)

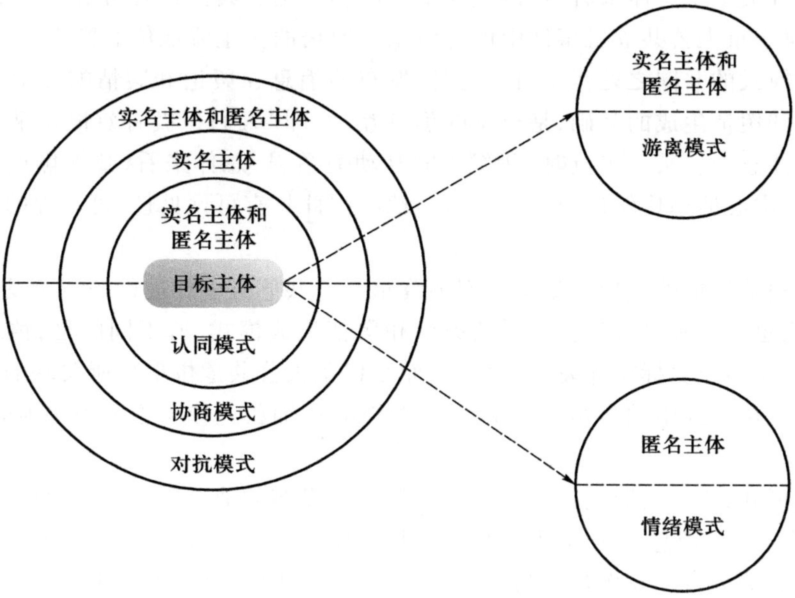

图 11-6 突发事件中微博舆论的主要生成模式

以下将结合前文分析对五种模式的主要特征作简要概括。

1. 认同模式

所谓认同模式，指的是目标主体对重大公共危机事件的态度和立场，受到舆论参与主体的广泛认同，并形成同质化的舆论和舆情空间。在前文分析中，具有“强调”类性质的消息的聚合过程即属于该模式。认同模式的特别之处在于，舆论参与主体中的绝大部分人，不管是实名主体还是匿名主体，都是目标主体的忠实“粉丝”。这些舆论参与主体所形成的“小圈子”，在不同情况下，都会积极拥护目标主体的言论，因此最具稳定性。总体来看，认同模式下生成的舆论和舆情具有网络规模小、网络质量较高的特征。

2. 协商模式

即舆论参与主体在一定程度上认同目标主体对重大公共危机事件的态度和立场，但同时也基于自身的立场和态度,提出建设性建议或意见。与认同模式有所不同,协商模式中的目标主体多为相关领域的意见领袖,而舆论参与主体中的绝大部分则是实名主体,舆论和舆情的性质和意义往往在良性的互动和交流中得到提升,并由此形成真正意义上的公共舆论。本章论及的“理性讨论”类消息聚合的过程即属于该模式。不过,由于实名主体在重大公共危机事件微博舆论和舆情中属于“稀缺资源”,该模式下生成的舆论和舆情同样也具有网络规模小、网络质量高的特征。

3. 质疑模式

即舆论参与主体所持的立场和态度完全与目标主体背道而驰,表现为对目标主体或目标主体发布的消息提出质疑,是一种具有反弹性质的舆论和舆情生成模式。在该模式中,目标主体较为明确,主要是重大公共危机事件关联方的政务微博,而舆论参与主体同时包括实名主体和匿名主体两种类型。总体来看,在该模式下生成的舆论和舆情具有网络规模较大、网络质量较高的特征,属于重大公共危机事件中微博舆论和舆情的占主流地位的模式。

上述三类模式的共同之处在于,目标主体发布的消息在舆论和舆情的形成过程中占有中心地位。舆论和舆情生成的基础,是典型的焦点互动,即“人们积极有效地在某一时间里集中感觉和视觉的注意力于某一焦点时”所发生的互动关系。[①] 总体来看,基于焦点互动的舆论和舆情生成模式,中心话题比较确定,网络质量较高,因此具有可预见性、可控性的特征。

4. 情绪模式

即舆论和舆情生成的主导力量是人们围绕重大公共危机事件进行的情绪发泄。与质疑模式相似的是,它也是一种具有反弹性质的舆论和舆情生成模式;所不同的是,情绪模式的矛头所指,并非目标主体或目标主体发布的信息,而是以重大公共危机事件所关联的政府及其相关机构部门为主。该模式中的目标主体主要是媒体微博,而舆论参与主体则多为匿名主体。

5. 游离模式

所谓游离模式,指的是舆论参与主体对目标主体发布的消息置之不理,自行确立话题。前文所论及的“其他”类消息的聚合过程即属于此类模式。该模式在重大公共危机事件舆论和舆情中占有一定的分量。在舆论参与主体中,既有实名主体,又有匿名主体。

如上文分析所示,情绪模式和游离模式同处于以目标主体为圆心的同心圆之外。两者具有许多相似之处。比如:两种模式下生成的舆论和舆情空间,具有话题多样性、弥散性和不可知性的特征,目标主体发布的消息形同虚设,被置于可有可无的境地,等等。不同之处在于:情绪模式是重大公共危机事件的衍生物,它属于重大公共危机事件直接引发的一种舆论和舆情生成模式。而游离模式则与突发公共危机事件的关联性不大,比如,个体与个体之间的“私聊”,或者利用目标主体的网络进行营销活动,等等。从严格意义上来讲,游离模式下生成的并不是纯粹意义上的舆论和舆情,更像是重大公共危机事件微博舆论和舆情中的“噪音”。从实证分析的结果来看,情绪模式和游离模式的网络规模都比较大、覆盖面比较广,尤其是在情绪模式下生成的舆论,具有较强的破坏力,因而不可等闲视之。

---

① Erving Goffman. *Encounters: Two Studies in the Sociology of Interaction*. Indianapolis: Bolobs-Merrill, 1961.

第三节 小结与讨论

从某种程度上说,重大公共危机事件微博舆论和舆情的勃兴,是技术变迁背景下社会舆论场发展的必然趋势。由于低准入门槛、高效率互动的技术优势,微博的出现为在某种意义上重大公共危机事件舆论和舆情提供了成长的"飞地"。

一、更多"草根"借助于微博获得对重大公共危机事件信息的编辑权

多样化的信息随时有可能在高效运作的互动网络中被整合、放大为强烈的舆论"冲击波"和潜能很大的舆情"引爆点"。在此过程中,人数众多的普通"草根"所拥有的"编辑权"发挥了重要作用。所谓"编辑权",是指参与者不经过审查就可以发布自己的信息或者对现有信息进行再阐释。① 比如,在重大公共危机事件中,参与主体可以即时地以文字或者多媒体形式,将重大公共危机事件现场所发生的事件或相关观点,即时提供给其他参与主体分享。有了"编辑权",无异于掌握了话语权,就具备了参与舆论和舆情甚至成为舆论始发点的可能性,同时具备了使舆论和舆情改变发展方向的可能性。

二、对信息和观点的分享可以灵活而低成本地配合人们的集体行动

"在过去,少数动力十足的人和几乎没有动力的大众一起行动,通常导致令人沮丧的结果。……而现在,有高度积极性的那些人能够轻易地创造一个环境,让那些不那么积极的人不必成为激进分子而能同样发挥作用。"②由于重大公共危机事件具有牵动社会敏感神经的特性,且只需将自己或他人提供的信息和意见发给更多的人分享,投入的时间成本和经济成本相对比较低,因而更容易成为普通"草根"集体行动的"机遇"而被充分利用。由此可见,微博时代的重大公共危机事件舆论和舆情将变得更加频繁且更具冲击力。

三、重大公共危机事件微博舆论和舆情的引导显得困难重重

如前所述,由于重大公共危机事件微博舆论和舆情具有向目标主体近距离自发聚合的特性,以重大公共危机事件关联方政务微博为代表的舆论和舆情引导主体将失去"防火墙"的保护,不得不从幕后走向台前,直接面对舆论和舆情构筑而成的"包围圈",这无疑是对各级政府及其相关机构部门舆论和舆情应激能力的重大考验。此外,"当一种通信手段变得越来越普及和为人所熟悉,实时的协调也将越来越多地取代事件的安排,而群体的反应将越发难以预计"③。面对突发事件微博舆论和舆情日益增加的不确定性,长期以来形成的、被认为是行之有效的舆论引导方式方法,极有可能在多变的舆论和难以驾驭的舆情中"失灵"。而更为重要的是,受地位、规范、程序等的诸多限制,政府、媒体和意见领袖的能量难以迅速聚合和充分释

---

① Alan Scott, John Street, "From Media Politics to E-protest." *Information, Communication & Society* 2000. 3(2):215-240.

② [美]克莱·舍基:《未来是湿的:无组织的组织力量》,中国人民大学出版社 2009 年版,第 111 页。

③ [美]克莱·舍基:《未来是湿的:无组织的组织力量》,中国人民大学出版社 2009 年版,第 111 页。

放,舆论和舆情引导也将因此而显得相对迟缓和孱弱。

由上可知,重大公共危机事件中微博舆论和舆情生成及舆论和舆情引导力量之间的非对称态势是显而易见的。如何在充分了解和把握重大公共危机事件中微博舆论和舆情生成的规律性特征的基础之上,扭转和改善舆论和舆情引导的被动局面,将有待人们进一步探讨与思考。

第十二章　新媒体语境中重大公共危机事件与舆论和舆情的关系模型

近年来,重大公共危机事件与舆论和舆情之间的关系变得十分微妙:一方面,在舆论和舆情的"搅动"作用下,重大公共危机事件的复杂程度显著提升,事件的危机"多角化"趋势特征明显,危机应对过程中"按下葫芦又起瓢"的现象屡屡发生;另一方面,一些原本属于局部性、区域性的事件,在舆论和舆情的放大作用下经常会以令人意想不到的方式骤然升级为影响社会稳定的全局性危机。事件与舆论和舆情之间关系的变化,与媒体语境的变迁不无关系。众所周知,在传统媒体语境中,与重大公共危机事件相关的舆论和舆情的可控性较强,管理者可以通过媒体议程设置的方式,引导舆论和舆情朝着有利于事件解决的方向发展,"事件主导、舆论和舆情呼应"关系模式具有一定的稳定性。但是,在新媒体语境中,舆论格局发生骤变、裂变,事件与舆论和舆情之间固有的关系格局随之发生变化,舆论和舆情大有后来者居上的发展态势,即事件往往会被舆论和舆情"牵着鼻子走",有时舆论和舆情不但主导着事件的发展方向,甚至会改变事件的性状特征。

第一节　重大公共危机事件与舆论和舆情关系的演变路径

在传统媒体语境中,重大公共危机事件的界定权属于官方。具体而言,政府及其相关机构部门可以根据现实需要,对一个事件是否足够重大、是否属于公共危机等问题,进行清晰的界定。从某种程度上说,拥有对重大公共危机事件的界定权,事关重大。但在新媒体语境中,特定舆论和舆情的影响是否重大,也可以成为对重大公共危机事件进行界定的重要依据。

一、传统媒体语境中重大公共危机事件与舆论和舆情关系的基本逻辑

(一) 对关键变量展开探索与分析

新媒体语境中重大公共危机事件与舆论和舆情之间关系格局的突变,给重大公共危机事件的处置带来了许多不确定因素,令以往许多被公认是行之有效的危机应对方式、方法纷纷趋于失效。那么,如何辨析新媒体语境中重大公共危机事件与舆论和舆情之间的基本关系形态,对影响两者关系形态的关键变量展开探索与分析,显然是提升新媒体语境中重大公共危机事件的应对能力的题中应有之义。这里实际上包含了两个层次:一是事件与舆论和舆情之间的基本关系形态,较之以前即在非新媒体语境中有了哪些明显的变化(对此,本书第三章已有论述);二是这些变化对两者之间的基本关系形态中的关键变量产生了什么样的影响。如果通过研究能把以上这个问题讲明白、说透彻,对于重大公共危机事件舆论和舆情的引导及处置将

是很有裨益的。

（二）事件与舆论和舆情双向互动关系的基本逻辑

但凡一起事件被界定为重大公共危机事件,那就意味着政府及相关机构部门可以调用必要的社会资源来保障事件顺利解决,以达到平息危机、维护社会稳定之目的。这里所谓的社会资源,就包括公共传播资源,即通过新闻媒体议程设置的方式,营造有利于事件朝着预期方向发展的舆论氛围。在这种情况下,舆论居于从属地位,其目的就是引导社会公众、凝聚社会力量,进而推动事件朝预期的方向发展。由于具有明确的目的性,舆论和舆情的可控性水平较高,风险程度也就相应较低。就此而言,传统媒体语境中重大公共危机事件与舆论和舆情之间的关系,一般呈现为以事件为主导的双向互动关系。在互动中,后者的作用力、影响力可大可小,但一般并不起主导作用。其基本逻辑是:新闻媒体根据形势发展需要,界定重大公共危机事件的性质,并有目的地设置相关议题、议程;社会公众在媒体设置的议题、议程的引导下,形成相应的、良好的舆论氛围,推动事件朝预期的方向发展。新媒体语境中重大公共危机事件与舆论和舆情之间的关系,则往往是以舆论和舆情为主导的双向互动关系。舆论和舆情成为牵引事件发展的重要力量,成为政府及其相关机构部门必须慎重面对和谨慎应对的现实力量。

（三）大规模人群的非正式传播同样可能产生共振效应

当然,传统媒体语境中重大公共危机事件舆论和舆情的生成,其重要前提是传播资源具有稀缺性和可控性。在传统媒体语境中,新闻媒体是信息大规模传播的唯一渠道,尽管难免也有“坊间议论”或“小道消息”,但由于受制于特定的时空环境,人际间的口耳相传的传播方式终究还是无法与作为大众传媒的新闻媒体相匹敌的。然而,在特定条件下,事物的发展会有其违背常理的一面。2003 年 2 月 8 日的那条 8 个字的短信(“广州发生致命流感”),在我国的南方地区悄然而迅速地传播,加之新兴的网络媒体的介入,“致命流感”“禽流感”“鼠疫”“生化武器”等触目惊心的词语成为飘忽在民间舆论场中的幽灵,流言开始泛滥且撼动了传统媒体的垄断地位,处于恐慌性舆论和舆情之下的市民纷纷涌向商店抢购板蓝根、白醋、口罩、大米和食盐。这让人们见识了庞大人群的大规模的非正式传播同样也有可能产生共振效应,并对官方所垄断的公共传播资源构成强有力的冲击,最终倒逼官方媒体正式介入关于 SARS 事件的报道。

二、SARS 事件中破土而出的流言让人们见识舆论和舆情的另一面

（一）舆论和舆情不再只是新闻媒体议程设置的产物

SARS 事件中破土而出的流言让人们见识了舆论的另一面:它不仅仅是新闻媒体议程设置的产物,而且也对公众的社会行动产生了深刻的影响;它不再驯服地服务于危机事件的解决,有时反而与原有的危机事件相叠加,形成更为复杂的危机“共振”效应。它意味着口耳相传的传播与网络新势力的合流,不仅可以打破官方定义重大公共危机事件及发布事件信息的垄断权,同时也撕裂了重大公共危机事件与舆论和舆情之间较为稳定的关系格局:舆论不再是被“驯化”了的、易于掌控、容易摆布的舆论(舆情也不是可以无视其存在的舆情),不再只是事件的附庸。它也有可能脱离主政者、管理者预设的解决事件的轨道并主导事件的发展方向。SARS 事件的后续发展证明了这一点,比如,撤销了在事件处置包括信息公开问题上犯错的卫

生部和北京市政府主要官员的职务，为满足公众对SARS疫情的知晓权、回应公众对政府在SARS疫情中存在过失行为的质疑，官方启动了疫情通报制度和政府问责机制，整个事件的不利局面才得以从根本上扭转。

（二）SARS事件是我国重大公共危机事件与舆论和舆情关系史上一个重要分水岭

这一事件，不仅打破了人们对舆论和舆情居于从属地位的"刻板印象"，同时也推动了重大公共危机事件处置的科学化和制度化进程。国务院发布的《国家突发公共事件总体应急预案》，中华人民共和国第十届全国人民代表大会常务委员会第二十九次会议通过的《中华人民共和国突发事件应对法》，分别于2006年和2007年出台。它们对公共事件、突发事件进行了明确界定，同时也规范了两者的预防与应急准备、监测与预警、应急处置与救援、事后恢复与重建等应对活动的程序，并特别强调了事件信息公开和发布活动的重要性。上述制度的出台，意味着重大公共危机事件的界定权将不再被官方垄断，而是转由根据客观事实来判断。它们对信息公开和发布活动的强调与重视，反映出官方对舆论和舆情重视程度的进一步提升。此后，重大公共危机事件的信息发布工作逐步走上制度化轨道。

三、新媒体从根本上改变了以新闻媒体为主导的舆论基本格局

（一）2010年崭露头角的微博在社会舆论场占领了中心位置

如果说SARS事件改变了重大公共危机事件与舆论和舆情之间的关系，提升了舆论和舆情的地位的话，那么，以微博为代表的新媒体的新的传播形态迅速崛起，则改变了以新闻媒体为主导的舆论和舆情基本格局。在不少场合，在舆论和舆情格局中，新媒体特别是其中的微博这样一种传播形态发挥了某种主导作用。

（二）新媒体快速刷新人们对重大公共危机事件与舆论和舆情关系的认知

首先，在舆论和舆情的"放大"作用下，重大公共危机事件的边界趋于模糊。

如前所述，SARS事件以后，《国家突发公共事件总体应急预案》《中华人民共和国突发事件应对法》等相继出台，重大公共危机事件的边界本来是清晰的。比如，根据《国家突发公共事件总体应急预案》，突发事件必然是"造成或者可能造成重大人员伤亡、财产损失、生态环境破坏和严重社会危害，危及公共安全的紧急事件"，而根据《中华人民共和国突发事件应对法》，它是"造成或者可能造成严重社会危害，需要采取应急处置措施予以应对的自然灾害、事故灾难、公共卫生事件和社会安全事件"。但是，如我们所看到的，在新媒体语境中，一些局部性质的事件，如江西宜黄强拆事件、浙江乐清钱云会案等，原本并不属于公共危机的范畴，但是在舆论和舆情的"放大"作用下，最终发展成为令国人关注的"大事件"。部分意见领袖在事件中还从"线上"走向"线下"，直接参与事件的处理过程，使得事件最终发展成为有可能影响社会结构稳定的全局性危机或"准全局性危机"。

其次，在舆论多元的"张力"作用下，重大公共危机事件的失控风险急剧扩大。

新媒体崛起之后，"'意见'的表达变得格外的容易，借由论坛、博客、微博、微信等Web2.0与UGC（用户生成内容）平台，任何一个普通网民都有条件对外发表自己的意见。也就是说，

不但'意见'发表变得容易了,而且参与意见表达的主体变得扩大、多元了。"[①]由于意见表达主体众多,因而针对某一特定事件,有可能存在不同的解读视角,纵使是从同一解读视角出发,也极容易出现意见之间的竞争或对抗现象。"新媒体事件的底层赋权与大众书写特征使得其发展方向充满着不确定性,它打破了事件传播与舆论进展的单向性而呈现出复杂状态,事件的发展方向和最终结果往往很难由事件中的单一力量决定,这就使得事件呈现出难以控制的特征,极易走向失控。"[②]如在"7·23"温州动车追尾事故中,"搜救行动是否过早结束""恢复通车是否过急""事故处理过程中是否草菅人命""官方是否控制媒体和司法系统""赔偿协议是否有差异"等,都曾经成为左右事件发展的关键议题,舆论和舆情导致整个事件成为危机四伏的"地雷阵",稍有不慎便有可能危及全局。

最后,全新的舆论生态对已有的应对制度和经验构成了巨大的挑战。

SARS事件后,随着《国家突发公共事件总体应急预案》《中华人民共和国突发事件应对法》《中华人民共和国政府信息公开条例》等制度的出台,各级政府在重大公共危机事件处理方面更趋规范,逐步积累了一些应对经验。但是,在新媒体语境中,舆论和舆情往往"不按常理出牌",在绝大多数情况下,汹涌而至的多元化声音会"扰乱"事件处理的正常步骤,致使已有的制度和经验不同程度地暂时性失效,事件舆论和舆情一度或数度失控。

综上所述,新媒体语境中舆论生态的突变,已经不仅仅是提升舆论和舆情的地位那么简单,而且很大程度上改变了重大公共危机事件的性状特征,舆论和舆情不仅不再"屈居"于从属地位,而且往往呈现超越并凌驾于事件之上的发展态势。

第二节 对新媒体语境中重大公共危机事件与舆论和舆情的多元关系研究

新媒体语境中舆论主导性地位的凸显,在某种程度上意味着,考量重大公共危机事件与舆论和舆情之间关系问题的前提条件,就是要深入理解新媒体语境中舆论生态的变化情况。在人人都有"麦克风"的新媒体语境中,人们获得了相对更为方便和相对更为自由的意见表达机会,原有的话语权格局面临重新"洗牌"。但值得关注的是,新媒体语境虽然为人们的自由表达提供了大致均等的机会,但是并不意味着人人都拥有平等的话语权。在信息如潮的情境中,绝大部分的信息在发布的那一刻就已经迅速淹没,能够引发人们关注并激起"围观"与讨论的,永远只有少数的信息。就此而言,看似一盘散沙的新媒体语境中的舆论和舆情,事实上是被少数言论所主导的,重大公共危机事件舆论和舆情也不例外。

因事关公众利益,重大公共危机事件天然地具有引人关注的特征,因此也成为多元舆论主体争夺话语权的重要契机。因此,重大公共危机事件期间多元主体同时亮相舆论舞台展开同台竞争,已经成为新媒体语境中社会舆论生态的一道风景线。就此而言,重大公共危机事件也

① 周葆华:《社会化媒体时代的舆论研究:概念、议题与创新》,《南京社会科学》2014年第1期。

② 周葆华:《突发事件中的舆论生态及其影响:新媒体事件的视角》,《中国地质大学学报(社会科学版)》2010年第3期。

是人们观察新媒体语境中舆论格局的重要“时间窗口”。

下面，笔者将试图通过实证研究的方法，以 2012—2014 年的新浪热门微博为研究样本，对重大公共危机事件发生后新媒体平台的舆论和舆情多元关系格局问题展开探索和分析。

一、抽样说明及研究类目的建构

（一）抽样说明

新浪微博是当前我国用户数最多的微博平台，日消息发布量数以亿计，尤其是在重大公共危机事件发生后，微博消息发布量则更呈现“井喷”态势。但是，信息流量极大，能够引发公众关注并且产生充分互动的消息却只占很小的比例。为了能够对这些消息展开分析，此处将以新浪微博 2012 年 8 月推出的热门微博为主要研究对象。热门微博是新浪微博通过机器运算的方式，在综合计算新浪微博全站信息转发数、点赞数、热度权重等指标后得出的排行榜。根据单位时间的不同，热门微博有小时榜、24 小时榜、周榜和月榜等类别。这里的研究对象抽样框，是 2012 年 8 月到 2014 年 8 月两年之间新浪热门微博的 24 小时排行榜。

抽样的具体步骤为：

第一步，基于重大公共危机事件的视角，对两年间热门微博 24 小时排行榜的前 100 名进行排查，选取所有相关信息。

第二步，在首轮排查的基础上，对所有信息按事件进行归类，并选取相关信息作为具体研究对象。根据抽样结果，共计 14 个事件样本和 1 003 个消息样本入选成为研究的对象。

（二）类目构建

抽样完毕之后，根据以下研究类目对事件样本和消息样本展开分析。

1. 所属事件类型

如表 12－1 所示，根据《国家突发公共事件总体应急预案》《中华人民共和国突发事件应对法》的分类方法，将 14 个事件样本区分为自然灾害、事故灾难、公共卫生事件、社会安全事件 4 种类型。

表 12－1　事件样本和消息样本的构成情况

序号	类别	事件名	发生日期	样本量(条)
1	自然灾害	云南彝良地震	2012 年 9 月 7 日	18
2		雅安地震	2013 年 4 月 20 日	304
3		云南鲁甸地震	2014 年 8 月 3 日	43
4	事故灾难	哈尔滨跨桥事件	2012 年 8 月 24 日	41
5		包茂高速交通事故	2012 年 8 月 26 日	18
6		义昌大桥垮塌事件	2013 年 2 月 1 日	24
7		东黄输油管道泄漏爆炸事故	2013 年 11 月 22 日	21
8		马航事件	2014 年 3 月 8 日	145
9	公共卫生事件	H7N9	2013 年 3 月 31 日	48

续表

序号	类别	事件名	发生日期	样本量(条)
10	社会安全事件	反日骚乱事件	2012 年 9 月 13 日	149
11		宁波 PX 事件	2012 年 10 月 26 日	35
12		厦门公交爆炸事件	2013 年 6 月 7 日	29
13		首都机场爆炸案	2013 年 7 月 20 日	16
14		昆明暴恐事件	2014 年 3 月 1 日	112
合计				1 003

2. 发布主体类型

根据微博的分类方法,拟将消息样本的发布主体区分为以下 6 种类型:实名个人微博、微博达人微博、普通“草根”微博、政务微博、媒体微博和其他机构微博。

3. 消息主题

因消息样本量较大,消息内容具有极强的异质性特征。为了确保分析的有效性,将消息样本按主题区分为 7 种类型:信息分享(以提供和分享事件相关信息为主),理性讨论(围绕事件展开相关理性讨论),质疑或监督(即对消息发出者及其发布的消息进行质询或监督),哀悼、祈福或倡议(对利益受损方或遇难者表示哀悼、祈福或发起救助倡议),段子或冷笑话(以段子或冷笑话形式表达对事件及当事主体的态度或情绪),个人感言或感悟(就事件表达个人化感言或情绪)和其他。

4. 消息的点赞数和转发数

即对消息样本所获得的点赞数和转发数展开分析。

二、主要研究发现

(一) 热门微博之所以“热门”的主要原因

热门微博之所以称得上“热门”,主要原因在于“荣登”热门微博的每一条消息都能引发广泛关注与充分互动,而其背后所隐藏的,是多元主体对话语权的激烈角逐。因此,从热门微博的总体分布情况,可以得知主体话语权竞争的大体格局。

如图 12 - 1 所示,不同类型发布主体在事件样本发生期间能够名列热门微博排行榜的机会是不均等的,“实名个人微博”和“媒体微博”的中心性地位十分突出,两者发布的消息样本分别占总体的 43. 0% 和 33. 9% ,居于前两位,其余各类主体发布消息的比例均为 10% 以下,依次分别是普通“草根”微博(8. 4%)、其他机构微博(6. 3%)、政务微博(4. 7%)和微博达人微博(3. 8%)。值得关注的是,个体性质微博(实名个人微博、普通“草根”微博和微博达人微博)发布消息之和占消息样本总量的 55. 1% ,而机构性质微博(政务微博、媒体微博和其他机构微博)发布消息仅占 44. 9% 。由此不难推测,个体力量迅速崛起,已成为重大公共危机事件发生后微博舆论和舆情的重要特征。

一则消息,能够从数以亿计的微博消息中脱颖而出,成为热门微博家族的一员,这就意味着该消息在重大公共危机事件发生后的微博舆论和舆情舞台已经具备一定的影响力。当然,

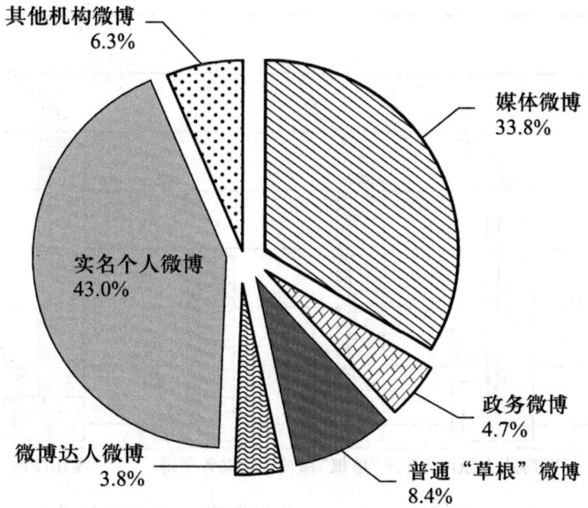

图 12 - 1　主体发布消息样本构成情况

影响力也可以被区分为正面和负面两种不同的类型。比如,一条消息发布以后,有可能广受追捧,同时也有可能成为众矢之的,引发“围观”“吐槽”和“拍砖”。因此,单单依靠是否能跻身热门微博来判断主体在微博舆论和舆情中的影响力还是不够的,还必须综合转发数和点赞数等指标来对主体影响力的性质进行判断和分析。消息转发数,指的是它被转发的频次,被转发的频次越高,表明该消息扩散的范围就越大。不过,消息在被转发的过程,转发者有可能会对转发的内容追加正面或负面的评论,从这个角度来看,消息扩散范围越大,所产生的舆论“圈”的异质性程度也越高。与转发数有所不同,点赞则是接收者对消息认同、赞赏的标志,因此,点赞数越高,意味着该消息所产生的舆论“圈”的同质性的程度就越高。

如图 12 - 2 所示,1 003 个消息样本所获的总体转发数均值为 23 988. 23 次,称之为“一呼万应”毫不为过。从消息样本获得认同的角度来看,点赞数均值也达到了 4 452. 65 次,热门微博的“热度”由此可见一斑。不过,不同主体发布消息样本的转发数均值和点赞数均值存在巨大差异。其中,转发数均值最高的是其他机构微博(30 551. 7 次),其余依次为媒体微博(25 048. 4 次)、实名个人微博(23 992. 7 次)、普通“草根”微博(21 988. 2 次)、微博达人微博(18 419. 5 次)和政务微博(15 556. 8 次)。而点赞数均值最高的为实名个人微博(6 393. 66 次),其余依次为:普通“草根”微博(4 173. 74 次)、微博达人微博(4 162. 79 次)、媒体微博(3 059. 87 次)、其他机构微博(1 589. 78 次)和政务微博(1 298. 91 次)。政务微博所获点赞数大大逊于实名个人微博,甚至逊于普通“草根”微博,实际情况不容乐观。

(二)个体性力量的崛起已成为重大公共危机事件舆论和舆情格局的重要趋势特征

转发数和点赞数均值的分布情况再次表明,个体性力量的崛起已经成为重大公共危机事件舆论和舆情格局的重要趋势特征。总体来看,个人微博发布的消息样本转发均值为 23 305. 25次,稍逊于机构微博(24 827. 54 次)。但从点赞数均值分布情况来看,个人微博发布的消息样本点赞数均值为 5 903. 16 次,较之机构微博 2 670. 14 次有明显的领先优势。由此可见,个人微博在认同性舆论生成方面所具备的力量,已经超越了机构微博。这在某种程度上意

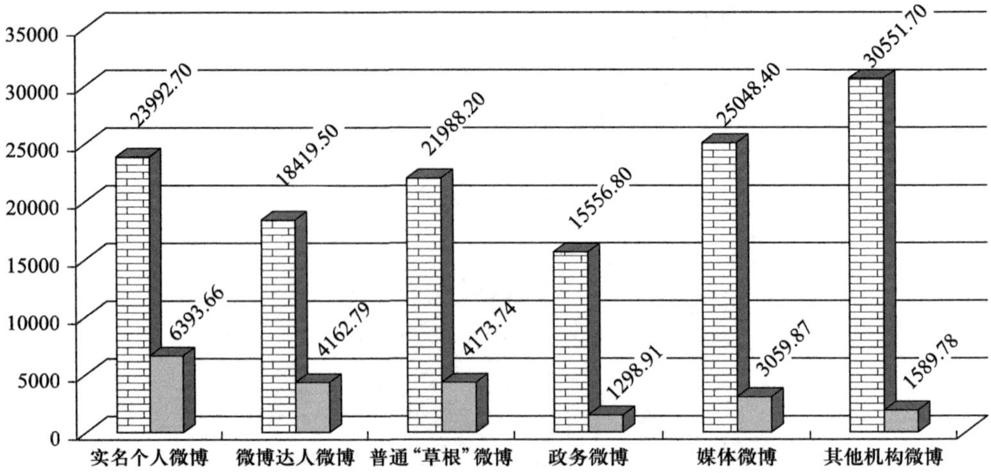

图 12－2 主体发布消息样本转发数和点赞数均值情况(次)

味着,微博平台重大公共危机事件舆论和舆情的"人格化"趋势特征已经比较明显。与之形成鲜明对比的是,政务微博发布的消息样本无论是在转发数均值还是在点赞数均值方面,均名列末位,其在舆论和舆情引导方面的弱势地位由此可见一斑。

(三)消息能得到广泛关注与充分互动,主题是极为重要的影响因素

在微博平台,消息是否能够得到广泛关注与充分互动,除发布主体这一影响因素之外,消息主题也是极为重要的影响因素。那么,什么样的消息在微博平台能够得到广泛传播呢?如图 12－3 所示,根据转发数均值分布情况,转发数均值居于榜首的是哀悼、祈福或倡议(32 880.93 次),其余依次为:段子或冷笑话(29 836.41 次)、信息分享(22 781.65 次)、个人感言或感悟(20 140.06 次)、理性讨论(18 132.78 次)、质疑或监督(16 819.78 次)和其他(16 236.67 次);与转发数均值分布情况有所不同,点赞数均值的分布情况依次为:哀悼、祈福或倡议(9 553.12 次),其他(7 554.33 次)、个人感言或感悟(7 340.17 次)、段子或冷笑话(4 485.08 次)、理性讨论(3 036.93 次)、信息分享(2 758.12 次)和质疑或监督(1 320.53 次)。消息主题转发数和点赞数均值分布情况表明,重大公共危机事件舆论和舆情生成过程中,感性力量占了绝对的上风,以理性力量为主导的、主题为"信息分享"的消息虽然以转发数均值 22 781.65 次位列第三,但点赞数均值居于倒数第二,其余的主题如"理性讨论""质疑或监督"等主题的消息转发数和点赞数均值都处于相对较低的水平。

此外,如表 12－2 所示,不同类型主体发布的消息主题也存在明显差异(P＝0.000)。总体来看,具有机构性质的微博以信息发布为主导,政务微博、媒体微博和其他机构的微博所发布的消息样本中,"信息分享"为主题的消息样本均占 60% 以上,其余主题样本所占比例较低,消息主题结构的单一化色彩较浓。由此不难发现,机构微博尚未完全脱离传统媒体语境中大众传媒的做法,即以信息传播为主导进行舆论和舆情引导。比较而言,个人微博发布的消息主题结构具有多样化色彩,无论是进行理性讨论、质疑或监督,还是发布带有感性色彩的相关消息等,较之机构微博均有一定的优势。总体来看,机构微博和个体微博发布消息的主题也截然不同,其中,机构微博发布消息的主题结构单一、以理性色彩为主导,这是重大公共危机期间机

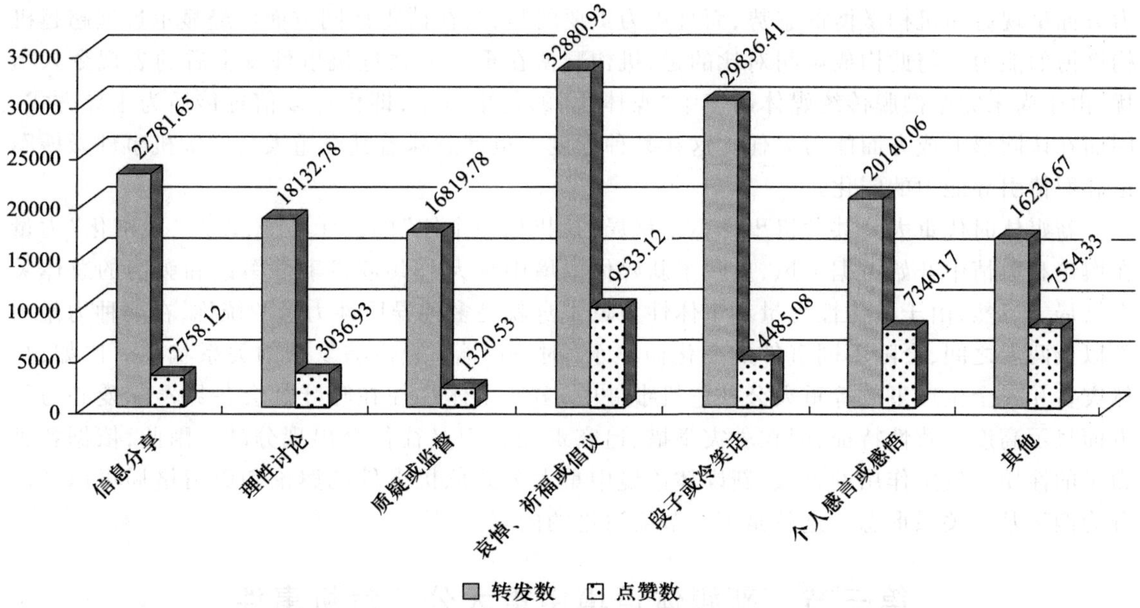

图 12－3 不同主题消息样本转发数和点赞数分布情况一览(次)

构微博发布消息的主要特征;与此相异,个人微博发布消息的主题结构相对多样,具有感性与理性相融、刚柔并济的风格特征。

表 11－2 发布主体样本与消息主题样本交互分析(%)

主体属性	发布主题							
	信息分享	理性讨论	质疑或监督	哀悼、祈福或倡议	段子或冷笑话	个人感言或感悟	其他	合计
实名个人微博	29.9	13.0	20.4	23.0	6.0	6.3	1.4	100.0
微博达人微博	38.0	10.5	7.6	27.1	8.9	7.9	/	100.0
普通“草根”微博	31.0	7.1	8.3	38.1	7.1	3.6	4.8	100.0
政务微博	74.5	6.4	2.1	14.9	/	/	2.1	100.0
媒体微博	61.8	8.8	7.1	20.6	1.5	/	0.3	100.0
其他机构微博	68.3	1.6	6.3	23.8	/	/	/	100.0
合计	46.1	10.0	12.5	23.0	3.7	3.6	1.2	100.0
N = 1003 Likelyhood Ratio = 193.948 df = 30 P = 0.000								

(四)重大公共危机事件期间微博舆论已显示“机构－个体”裂变格局的特征

综上所述,重大公共危机事件期间微博舆论及与此对应的舆情,已经显示出“机构－个体”裂变格局的趋势特征。其中,舆论的“人格化”色彩较为显著,即个人微博在重大公共事件期间开始发挥重要的甚至是主导的作用。从个人微博发布消息的行为来看,其“微博行动”具有多样化、灵活性的风格特征,而这恰恰是与微博平台的互动特性相吻合的,因而不仅在传播力方面呈现赶超机构微博的态势，而且更为重要的是，其在博得认同方面已经显示远远超越机构微博的能力。与此构成鲜明对比的是，机构微博在重大公共危机事件发生后的表现令人担忧，由于尚未完全摆脱传统媒体语境中“媒体化”的行事风格，即仍然以信息传播为主导方式，因而在认同感形成方面能力欠佳。这在某种程度上也就意味着其在重大公共危机事件微博舆论和舆情引导能力的弱化。

新媒体时代重大公共危机事件舆论格局的“机构－个体”的二元裂变，以及“人格化”力量在舆论和舆情中开始占据上风，反映了新媒体语境中重大公共危机事件舆论和舆情的总体关系格局。当然，由于机构性力量和个体性力量本身就是多种异质性力量的统称，在两种力量内部以及两者之间，会随不同事件的变化而显示“时分时合”的错综复杂的关系状态。比如，自然灾害和安全生产事故等重大公共危机事件中，多元主体往往在呼吁社会各界奉献爱心力量方面显示高度一致性特征，但在救灾举措、追究责任方面又往往会出现分歧。因此，依据各种力量的性质与发生作用的方式，新媒体语境中重大公共危机事件的舆论和舆情格局可以被区分为四种基本关系形态。这就是下一节要讨论的内容。

第三节 新媒体语境中重大公共危机事件舆论和舆情格局的基本关系形态

在新媒体语境中，围绕重大公共危机事件形成的舆论和舆情格局包含各种基本关系。本节将探讨其中所呈现的四种基本关系形态。

一、协作关系

随着媒体语境的变迁，重大公共危机事件舆论和舆情的生成机制也在发生变化。在传统媒体语境中，舆论和舆情的生成机制是与新闻媒体的议程设置紧紧联系在一起的；而在新媒体语境中，舆论和舆情的生成机制离不开众多网民的参与互动。从某种程度上说，没有数量规模极大的主体参与互动，就不会有所谓的舆论大潮和舆情海啸。笔者的实证研究的分析结果表明：重大公共危机事件发生后热门微博动辄就有成千上万的转发数和点赞数。这就意味着，在新媒体语境中，舆论和舆情其实就是多元化主体共同协作生产的产物。缺乏最基本的协作关系，舆论和舆情也就无从谈起。就此而言，协作关系是新媒体语境中舆论格局和舆情态势的基本关系形态之一。

舆论中的协作关系形态，首先表现为同质化主体间的协作。比如，在意见领袖与其追随者（“粉丝”）之间、微博矩阵各成员之间、微信朋友圈成员之间，往往就存在较为稳定的协作关系形态。同质化主体之间形成的协作关系网络，是单数形态的“言论”向复数形态“舆论”和与此对应的舆情转化的网络基础。重大公共危机事件发生后舆论和舆情的大规模集结现象，多与此密切相关。

当然，除了同质化主体之间存在较为稳定的协作关系，异质性主体之间同样也会因利益或情境使然，形成一种以某些“议题”为核心的临时协作关系。比如，在自然灾害与生产事故发生后，第一时间传播事发现场相关信息、为拯救生命开辟安全通道、实行自救及救助他人等议题，往往会引发多元主体的共鸣并产生强大的同质化“舆论波”“舆情潮”。当然，以“议题”为核心的协作关系网络只是一种临时性的、松散化的网络结构，一旦竞争性的新议题出现，这种协作关系就有可能趋于消失。请看图 12－4 和图 12－5：

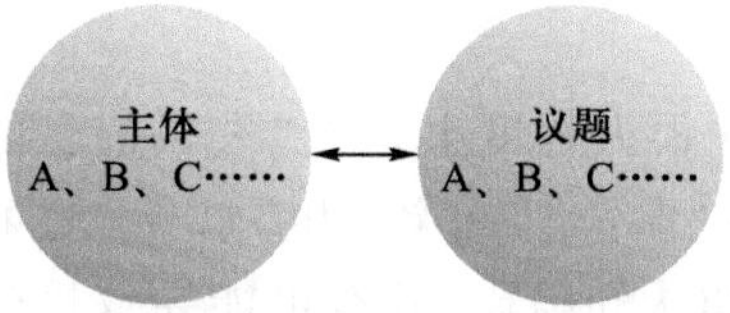

图 12－4　稳定的协作关系网络

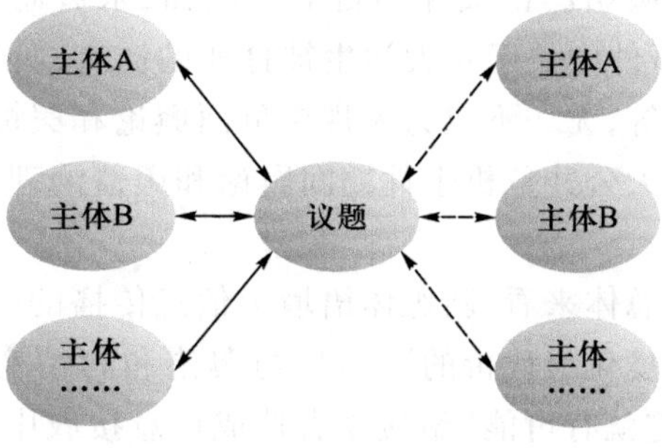

图 12－5　松散的协作关系网络

二、竞争关系

如前所述，由于事关公众利益，重大公共危机事件具有引人关注的特征，因此也成为多元主体争夺话语权的重要契机。重大公共危机事件发生后，多元主体“登台亮相”，围绕话语权展开激烈的角逐竞争，已经成为新媒体舆论场的必演“剧目”。相应的，竞争关系也已经成为新媒体语境中重大公共危机事件与舆论和舆情关系格局中的主流形态。总体来看，主体之间的竞争关系主要体现于他们在舆论参与过程中采用的策略性行为，其中，“求快”“求新”“求异”三种不同的行为策略尤其明显。

“求快”指的是通过快速传播信息以抢占舆论先机为目的的策略性行为。由于重大公共危机事件具有引人注目的特性，任何关于事件“风吹草动”的信息都有可能瞬间引爆舆论，进而将发布主体推向舆论前台。厦门公交车爆炸事件中，网友@猪立叶思在第一时间发布的《一个普通厦门市民对 BRT 提出的几点建议》，立即引发舆论对 BRT 公交的热烈讨论；昆明暴恐事件中，目击者@上官罂通过微博传递暴恐现场信息，瞬间引发网民关注并引发舆论对暴恐分子的大规模谴责；义昌大桥垮塌事件中，@长安县令发布的一张现场照片迅速引来舆论的声讨……上述普通“草根”所发微博能在事件中迅速上位并引发舆论的关注，表明“快”字诀已经成为新媒体语境中舆论竞争的基本要领之一。

重大公共危机事件发生以后，人们往往被浩如烟海的同质化信息所包围。在这种情形下，让人耳目一新的信息自然格外引人关注。从这个角度来看，“求新”即以新颖的视角、观点或态度等来吸引人们，同样也是抢占舆论和舆情高地的“制胜法宝”。因此，以“求新”的方式来博取眼球的现象，在舆论和舆情竞争中已是屡见不鲜。雅安地震中官方拒收市民所捐方便面、哈尔滨大桥垮塌事件中当地主政官员发表讲话、云南鲁甸地震中武警官兵用餐报道、义昌大桥垮塌事件中的媒体报道等，虽然看似是与公共危机事件并无多大关联的细枝末节，却引发了“捐助门槛”“官员套话”“浑水煮面”“无眼泪只有领导”等舆论热议的话题，进而将危机引向相关甚至无关领域，这在某种程度上意味着，议题或话题“创新”同样也已经成为新媒体语境中舆论竞争的主要手段之一。

与“求新”具有相似之处，“求异”也是通过一定的手段来博取眼球的一种舆论“操控”方式。这里的“一定的手段”，主要指特定主体通过夸张甚至是捏造事实的方法来混淆是非，以达到吸引舆论关注的目的。比如，东黄输油管道泄漏爆炸事故中关于环境污染的谣言、宁波PX事件中关于女大学生被打死的谣言、哈尔滨大桥垮塌事件中关于“临时工”当“替罪羊”的流言等，无一不成为大规模负面舆论和舆情的导火索。从某种程度上说，谣言、流言之所以成为重大公共危机事件期间舆论和舆情治理的“重灾区”，舆论和舆情竞争中的“求异”策略难脱干系。

总体来看，新媒体语境中信息传播的碎片化特征，在很大程度上是以“失去信息的完整性和语境化为代价的”，一旦与舆论和舆情竞争格局中的“求快”“求新”和“求异”等策略相结合，它就有可能“给接受者造成信息接收中的译解误导和认知障碍，并有可能导致接受者理解力和判断力趋于偏狭”①，因此极有可能导致事件和事件舆论不断趋于复杂化，进一步扩大危机的涉及面，并使其烈度愈发加大。

三、抗争关系

这里所指的抗争，即通过新媒体平台形成强大的协作网络，以舆论造势的方式对社会不公、社会矛盾以及某些价值观等进行揭露和批判。借助新媒体的传播网络“围观”甚至“围攻”某一目标主体（往往是政府及其相关机构部门），迫使它们就相关事件进行回应或妥协，以达到实现特定利益诉求或价值诉求的目的，这已经成为当前社会舆论生态的“常备剧目”。

如图 12－6 所示，在以抗争关系为主导形态的舆论关系格局中，共存在“利益受损方”“舆论参与主体”和“目标主体”三类主体，三者之间构成了两种不同形态的抗争关系：在“利益受损方”与“目标主体”之间，存在一组以利益诉求为内容的抗争关系；而在“舆论参与主体”与“目标主体”之间，存在一组以价值诉求为内容的抗争关系。

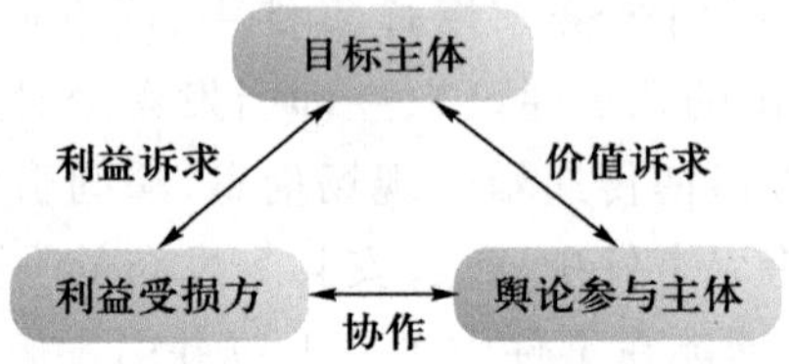

图 12－6　抗争关系网络

以宁波 PX 事件为例，“利益受损方”宁波镇海当地居民与“目标主体”当地政府之间就形成以利益诉求为主要内容的抗争关系，而各方舆论参与主体则是在基于同情和支持受损方的情形下，与当地政府之间构成一种以价值诉求为主要内容的抗争关系。而在“利益受损方”和“舆论参与主体”之间，则形成一种共进退的协作关系网络。与此相类似，在浙江温州钱云会事件、江西宜黄强拆事件的相关舆论中，利益受损方（个体或群体）、舆论参与主体和当地政府三者之间，同样也存在上述的抗争或协作关系。值得关注的是，在这个以“三位一体”为主要

①　周宪：《时代的碎微化及其反思》，《学术月刊》2014 年第 12 期。

特征的舆论和舆情关系格局中，利益受损方与目标主体之间的以利益诉求为主要内容的抗争关系往往会因特定主体的让步、妥协而得到解除。但是，舆论参与主体与目标主体之间的以价值诉求为主要内容的抗争关系会“溢出”事件之外，比如，宁波 PX 事件中“故乡在沦陷”的环保议题等。这些议题一旦形成，往往会持续发酵，最终发展成为一种难以消除的“舆论记忆”“舆情记忆”乃至“国人记忆”，并对整个舆论生态的变化产生深远的影响。

四、对抗关系

除上述三种关系形态之外，新媒体语境中重大公共危机事件发生后的舆论场，经常还会出现大规模的“对峙”或“口水战”现象。这种群体性的对抗关系与抗争关系有所不同，后者是因特定利益诉求引发的对特定主体的抗争行为，而对抗关系则是群体与群体之间的对抗性裂变。其所涉及的只是话语权之争而很少有利益诉求的成分，比如，厦门公交车爆炸事件、首都机场爆炸案后，当事人陈水总、冀中星的身世被媒体曝光，舆论场随之裂变为“挺派”和“反派”两大阵营，一方将重点锁定在严惩凶手，而另一方则呼吁要及时追究对百姓诉求麻木不仁的部门及官员的责任。马航事件中，马来西亚籍歌手梁静茹转发央视微博对死者表示悼念，却遭网友辱骂而不幸“躺枪”。此后，“挺梁”与“反梁”两派间的口水战成为舆论场的焦点事件。

对抗关系形态的生成，有多方面的原因。其中最主要的原因是舆论和舆情参与主体之间“派系”斗争的结果，比如，“粉丝”群体之间的对抗关系。微博中的“死忠粉”和“黑粉”现象就代表着两种不同类型的群体①，一旦某些意见领袖就特定议题产生对抗或分歧，就立马会产生舆论“站队”现象，随之而来的就是“死忠粉”与“黑粉”之间的“对战”和“厮杀”。

除舆论参与主体之间存在的较为稳定的对抗性关系之外，重大公共危机事件发生后的一些特殊、敏感的议题也会产生一种临时性的对抗现象。比如，哈尔滨大桥垮塌事故、义昌大桥垮塌事故中，意见领袖之间就存在“桥塌了”“桥面掉下去了”等差异化解读现象，而不同“技术帖”的拥趸之间形成“对峙”之势，进而产生大规模的“口水战”现象。

第四节 事件、舆论和舆情及危机的动态关系模型

乌里尔·罗森塔尔将“危机”理解为“对一个社会系统的基本价值和行为规则架构产生重要威胁，并在时间压力和不确定性极高的情况下必须对其做出决策的事件”②。从这个角度来看，可知危机首先是以“事件”的形态呈现的，只有当“事件”对社会系统的基本价值和行为规则架构产生重要威胁时，事件才会演变成危机。因此，在事件和危机之间，必然存在其他变量的“催化”作用，而舆论和舆情就是关键变量之一。

---

① “粉丝”一词源自英文 fans，原意指大众文化现象中的追星一族。在微博等新媒体平台，“粉丝”被用来指称特定主体的“关注者”，当然，“关注者”（粉丝）也据其立场也被区分为很多类型，如“死忠粉”指的是对特定主体死心塌地的追随者，“黑粉”则是指虽然是关注者，却总是与被关注对象持对立立场的群体或个体。

② Uriel Rosenthal, Michael T. Charles, and Paul T. Hart (Ed.). *Coping with Crisis: The Management of Disasters, Riots, and Terrorism*. Springfield: Charles C. Thomas, 1989: 10.

一、新媒体语境中重大公共危机事件舆论和舆情的主体性地位

在传统媒体语境中，新闻媒体的议程设置所营造的舆论和舆情氛围，对事件的顺利解决有推动或帮助作用，因此，事件往往就不会朝着危机或危机加剧的方向发展。但是，在新媒体语境中，因舆论主体多元化，在许多情况下，舆论和舆情非但不能"切断"事件向危机发展的进程，反而还会扮演重要"推手"的角色。从这个角度来看，相同性质的事件，在传统媒体语境中发展成为危机的概率较小，而在新媒体语境中则概率非常高。这就可以解释，近年来重大公共危机事件频发的主要原因并不是事件增多了，而是事件向危机转换的概率增大了。基于这种判断，不同媒体语境中事件、舆论和舆情与危机的基本关系结构是有着本质区别的：在传统媒体语境中，舆论和舆情对事件向危机演变的进程往往有"熔断"效应，而在新媒体语境中，虽然不排除这种"熔断"效应，但更多的还是"助推"效应。比如，在"7·23"温州动车追尾事件中，微博舆论和舆情呼吁开辟生命通道、献爱心救助伤者，对于事件向危机演变就产生了一种"熔断"效应，但随之而来的关于搜救行动、事故处理等方面的舆论和舆情声浪，又产生了强有力的"助推"效应。

此外，对新媒体语境中重大公共危机事件的探究，不可忽视舆论和舆情的"主体性"地位，即舆论和舆情并非总是扮演"推手"的角色，在许多情形下，舆论和舆情本身甚至可以与事件"分道扬镳"，发展成为一种新型的"人造"危机。如前分析所示，在舆论和舆情的竞争关系形态中，舆论和舆情的参与主体有可能通过"求异"的方式来制造谣言以达到博取眼球的目的，而谣言一旦大规模传播，就极有可能对现实社会结构的稳定性造成威胁，这无疑是危机的一种表现形态。此外，在舆论和舆情的抗争关系形态中，基于价值诉求的抗争行动也有可能为了特殊的政治目的，抨击现行体制，最终就有可能演变为意识形态领域的程度不等的危机。而在舆论和舆情的对抗关系形态中，大规模的舆论（舆情）"对战"，同样也有可能对现实社会结构的稳定性造成极大威胁。

二、事件、舆论和舆情与危机及相互关系均处于变化之中

首先，就事件本身而言，它既是舆论和舆情的导火索，同时也是危机的初级形态。而更为重要的是，在特定情形之下，事件性质会因舆论和舆情的演变发展而发生深刻变化。

其次，新媒体语境中的舆论和舆情在事件、舆论和舆情、危机这三者中处于核心地位。它既可以"熔断"事件向危机演变的进程，同时又极有可能扮演"推手"的角色，更有可能脱离事件发展成为一种新型的危机。此外，因舆论格局的四种基本关系形态处于不断变化之中，这将有可能进而加大事件或危机处理的难度系数。

最后，作为事件发展的终极形态之一，危机的发展程度、涉及范围和性质始终受制于事件的性质与舆论和舆情的关系格局的变化情况。如图 12－7 所示，由事件、舆论、危机之间的互动建构起来的动态关系，可以被区分为四种不同的作用机制。

一是熔断机制（路线①）。

该机制表明，舆论和舆情中的协作关系对事件的顺利解决具有推进作用，因而对事件向危机的演变进程具有"熔断"效应。在自然灾害以及重大安全生产事故的初级阶段，舆论和舆情

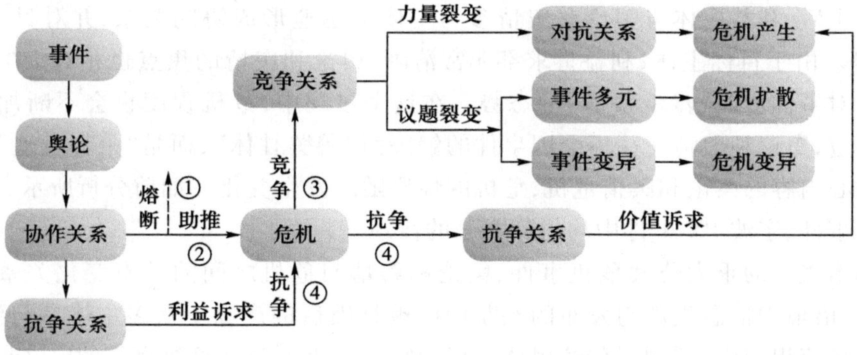

图 12－7　事件、舆论和舆情、危机的动态关系模型

中占主流地位的往往是救死扶伤、哀悼祝福的呼声，这对于阻止事件向危机的演变具有至关重要的意义。

二是助推机制（路线②）。

与熔断机制的作用力方向恰恰相反，助推机制中的舆论和舆情非但无助于事件的顺利解决，反而会加剧事件向危机的演变进程。在大多数公共事件中，一旦涉及官民冲突、贫富分化、责任追究等热点话题和敏感话题，往往就会引发大规模的舆论和舆情集结现象，进而导致事件面临失控的风险，并逐步滑入危机“陷阱”。比如，前文提及的江西宜黄强拆事件、浙江温州钱云会事件等，之所以能够从局部性质的民事或刑事案件迅速发展成为广为国人知晓的全局性危机，就与舆论和舆情的“助推”作用密切相关。

三是竞争机制（路线③）。

当事件初级阶段的第一轮“舆论波”和“舆情波”出现之后，竞争往往会取代协作成为舆论格局变化的主导性机制。此时，关于事件的舆论和舆情会出现裂变现象，或多种舆论力量会围绕单一的议题展开角力与竞争，或多个竞争性的议题会同时“现身”舆论和舆情舞台。一旦出现前一种情况，舆论和舆情中的关系形态就有可能向对抗关系演变，大规模的舆论和舆情中的“对峙”或“口水战”现象就有可能产生全新的舆论和舆情危机。它与事件所导致的危机一道，形成“危机叠加”效应，从而改变了危机的性质。如前文分析所示，义昌大桥垮塌事件中关于“桥塌了”和“桥面掉下去”的论战，厦门公交车爆炸事件和首都机场爆炸事件中当事人身世曝光后的“是否要追究相关部门责任”的论争，以及马航事件中“挺梁”派和“反梁”派的“口水战”等。

而当多个竞争性议题出现之时，事件的性质有可能会在多个议题的“牵引”之下发生改变，相应的，在舆论的“助推”作用下，危机也会随之向相关或无关领域扩散与蔓延。如前分析所示，温州动车相撞事件中，事故救援、追责、赔偿等议题引发的一波又一波舆论和舆情浪潮，使得事件的“头绪”越来越多，而危机的责任主体也由铁道部向当地政府、救援力量、保险机构蔓延。在云南鲁甸地震、东黄输油管道泄漏爆炸事故等事件中，由于媒体所报道的人物、使用生硬的正面报道方式等舆论引导引发网民的反感，同样也使得事件性质趋于复杂，导致媒体也“躺枪”，几乎成为危机的责任方。当然，更为极端的案例是包茂高速交通事故，在关于“表哥”杨达才的议题在竞争中胜出之后，事件和危机的性质更是发生了根本性的改变。

四是抗争机制（路线④）。

事件发生后，利益主体与舆论和舆情参与主体会迅速形成协同关系，并对目标主体形成“围攻”之势。由于目标主体、利益诉求都非常清晰，舆论和舆情的焦点也相对集中。因此，舆论和舆情会对事件形成“步步紧逼”的态势。在这个过程中，危机程度也会不断加深，直至事态平息。不过，舆论和舆情往往不会因事件的解决而“善罢甘休”，而是“乘势直追”，形成以价值诉求为核心内容的舆论和舆情危机，危机的性质随之发生变化。如前分析所示，该模式在江西宜黄强拆事件、宁波 PX 事件中均得到充分的体现。

新媒体语境中的重大公共危机事件、舆论和舆情与危机之间的动态变化关系，从根本上说，是新媒体语境中信息生产与发布的垄断局面被打破后的产物。众多主体参与到相关信息的生产和传播流程当中，解构了传统媒体语境中官方对重大公共危机事件的定义权，以及等级森严的信息生产和传播方式。来自各方面的信息汇流成河，其中，既有现场的、细节性的信息，同时也包括与事件相关性较弱甚至是毫无关系的信息，这些信息“有可能被触手可及的终端所捕捉、累积、去时空化和重新调用”①，从而加速了事件和舆论的裂变与分化。此外，事件相关信息的传播也并不是简单的信息传递过程，而是一个被不断解读、放大或缩小的过程。“信息某些方面的特征更加突出，现有的符号和形象会被重新解读和阐释，从而引起社会体系中其他参与者做出特定的再解释与反应。”②在这个过程中，事态极有可能被持续放大、改变或因舆论和舆情而发生变异，危机的程度、涉及范围和性质也会随之发生变化。就此而言，如何准确把脉事件、舆论和舆情与危机的动态演变逻辑，是提升新媒体语境中重大公共危机事件舆论引导、舆情引导和应对能力不得不解决的重要课题。

第五节 小结与讨论

以上实证研究的分析结果表明，新媒体语境中的重大公共危机事件舆论场已经发生了深刻的裂变。

一、个体性舆论力量迅速崛起并呈现出赶超机构性舆论力量的势头

总体来看，个体性舆论力量迅速崛起并呈现赶超机构性舆论力量的势头，这是舆论场总体格局的一个重要特征。这也在某种程度上意味着，舆论和舆情的发展已经进入“人格化”时代，传统媒体时代形成的以信息传播为主、理性思维为主导的舆论引导方式面临重大挑战，舆论和舆情引导如何实现由“官方本位”或“媒体本位”向以互动交流、刚柔并济为特征的“人本位”的回归，是新媒体语境中重大公共危机事件舆论和舆情引导必须重点探索和妥善解决的问题。

二、协作关系是新媒体语境中重大公共危机事件与舆论和舆情最基本的关系形态

当然，“个体 - 机构”之间的分立，只是对重大公共危机事件舆论格局的总体性形态的概

① Michele H. Jackson, “The Mash-up: A New Archetype for Communication”, *Journal of Computer-mediated Communication*, Vol. 14, No. 3, 2009: 730 - 734.

② 许静：《社会化媒体对政府危机传播与风险沟通的机遇与挑战》，《南京社会科学》2013 年第 5 期。

括。因主体多元化、意见多样化,故舆论格局内部存在错综复杂的关系形态,主要包括协作关系、竞争关系、抗争关系和对抗关系四种基本关系形态。其中,协作关系是最基本、最常见的一种关系形态,重大公共危机事件舆论和舆情的大规模集结现象,是协作关系最直接的体现;竞争关系反映了新媒体语境中舆论和舆情参与主体竞相角逐话语权地位的现状,主要体现为"求快、求新、求异"三个主要策略;抗争关系是个体或群体为特定利益诉求,在与其他舆论和舆情参与主体共同协作的情况下,针对特定主体展开的批判、声讨或抗议行动,它可以被区分为利益诉求和价值诉求两种不同类型的抗争关系;对抗关系则反映了舆论和舆情参与主体之间的"派系"之争以及围绕特定议题展开的针锋相对的"口水战"与舆论和舆情中的大规模"对峙"现象。

三、四种基本关系形态并非孤立地存在,而是存在着内在的关联

上述四种基本关系形态虽然在性质与发生作用的方式上各不相同,但并非孤立的存在,而是存在着内在的关联。

从静态的角度来看,作为新媒体舆论场发展过程中的阶段性产物,舆论和舆情参与主体之间的某些关系形态已经沉淀与固化。比如,在意见领袖与"死忠粉"之间、微博矩阵成员之间就存在较为稳定的协作关系。而在意见领袖与"黑粉"之间就存在针锋相对的对抗关系。这种主体之间较为稳固的关系在通常情况下不会因情境的改变而变化。

而从动态的角度来看问题,各种关系又会因情境的变化而发生改变。如图 12－8 所示,以主体 1 和主体 2 之间的"两两关系"为例,两者在事件(议题)1 的情境下,发生纯粹的共同协作关系,产生舆论的共鸣。而在事件(议题)2 的情境下,两者发生协作关系,有可能是为了特定利益诉求或价值诉求与第三方(目标主体 A)之间形成抗争关系,也有可能是为了与第三方(目标主体 B)形成对抗关系。在事件(议题)3 的情境下,两者有可能是为了争夺话语权地位展开竞争与角逐并形成竞争关系。当然,这种竞争关系也有可能会进一步演变为抗争关系或对抗关系。

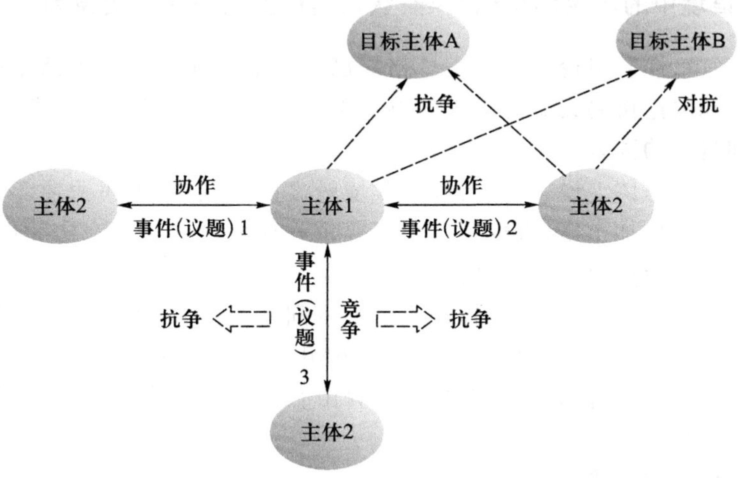

图 12－8 舆论和舆情格局的动态关系模型

第十三章　新媒体语境中重大公共危机事件舆论和舆情引导对策思考(上)

在正常情况下,舆论和舆情就需要引导,在新媒体语境中重大公共危机事件发生后,舆论和舆情尤须引导。不仅舆论需要引导,而且舆情也需要引导。既然是舆论和舆情引导,那么必定不是任其自然。当然,也不是堵塞言路、钳制舆论,不是无视舆情、激怒舆情。本章和下两章将对在新媒体语境中重大公共危机事件发生后舆论和舆情引导的对策进行思考。本章侧重于从培养理性自觉的角度进行探讨,会涉及特定主体在平时应该做出的努力、所付出的辛劳。事实上,如果没有平时付出的努力、所培养的素质,事到临头,必然捉襟见肘、难掩笨拙。

第一节　将意识、理念和素养提到应有的高度

新媒体语境总是与互联网密切相关。互联网给信息发布和传播、官方和民众意见表达以及社会舆论格局带来了许多新变化。在重大公共危机事件发生后,特定主体的舆论和舆情引导意识和理念是否先进、是否科学、是否体现理性自觉,特定主体是否具有较高的素质,往往决定着舆论和舆情引导的成败得失。

一、新媒体语境中的舆论和舆情引导:认识舆论变局的深层次原因

在新媒体语境中,社会舆论生态和舆论格局已经今非昔比。社会生活中的一系列重要因素,对于舆论生态和舆论格局无疑有极大影响。出现舆论变局有以下五个深层次的原因。

(一) 民主和自由的因素

改革开放以来,从总体上说,我国的政治环境较之以前宽松,人民民主不断扩大。民主制度更加完善,民主形式更加丰富,人权得到切实尊重和保障。人们可在法律的框架内,通过相应渠道比较自由地发表自己想要发表的意见。

从总体趋势来看,在社会生活中,钳制言论的空间在缩小,尊重民意的空间在扩大。这是社会进步在一个方面的具体体现,也是舆论格局和舆论引导格局发生巨大变化的一个方面的重要原因。这种由人民民主的扩大和公民言论自由获保障所带来的舆论格局变化,是社会进步发展的题中应有之义。

(二) 观念和利益的因素

舆论的形成,有赖于参与发表意见者有一定数量基础。舆论反映的是群体性的观念(意见)。舆论往往受制于主体利益,在许多情况下主体的利益成为舆论的重要驱动因素和影响

因素。而舆论主体意见的表达，每每成为其利益的某种特定诉求方式。社会主义市场经济体制确立以后，人们之间的利益关系因之而发生多方位调整、大幅度改变，社会成员价值观念的多元化已是不争的事实。而利益分配格局的变化和其中存在的某些不公，贫富之间差距的扩大，党内和社会上腐败现象的存在，使一部分利益受损的群体和个体的积怨加深，其通过相应渠道发表意见、宣泄情绪的欲望较之以往更为强烈。围绕敏感问题进行的情绪宣泄多呈群情激奋之状。情绪是舆情的重要构成部分，从心理方面牵引舆论。这是舆论难以控制的重要原因之一。

最近若干年来，局部地区的小事端往往在很短时间内演化成全社会关注的轰动性大事件，如云南孟远事件、贵州瓮安事件、“邓玉娇案”、“躲猫猫”事件、杭州飙车案、“跨省追捕”事件、江西宜黄强制拆迁事件等等。正如有的研究者所言：“某些‘在地议题’，一旦脱离个案语境，在互联网的作用下，容易被外地‘围观’网民过度解读和过激反应，从地区性问题、行业性问题迅速放大成全国性问题、全局性问题。”①“风起于青萍之末。”从社会普遍心理方面来说，局部地区的小事端迅速演化成为一段时间内全社会关注的大事件，是存在充足的社会心理内在依据的。

而从新闻媒体方面说，在进入市场之后，经济利益对其诱惑力大增。诚然，耻于言利并不是法人和自然人应有的现代观念。然而，取之必须有道，谋利不能越界；更何况，新闻媒体及从业者担当着神圣而崇高的使命。但是，一些不良媒体忘记了自己的责任，不顾社会效益和职业道德，一味趋利和逐利。这是“四大公害”（有偿新闻、虚假报道、低俗之风、不良广告）产生的重要原因，也是完善舆论引导格局的实际障碍之一。

（三）传播技术进步的因素

中国于1994年接入互联网。此后，互联网在中国的影响日甚一日。互联网的迅猛发展，深刻地改变着社会大多数成员的生存方式和思维方式，乃至影响着整个社会生活。

由互联到移动互联，手机由与互联网无关到密切相关，由模拟到智能，并由2G到3G到4G再到5G，实现了由单纯的通信工具向既是通信工具又是媒体的双重身份的华丽转身。近年来，新兴媒体以及相继问世的博客（微博）、微信等新的传播形态，已明显改变了国内舆论格局和舆论引导格局。各类信息的披露和公众意见的表达，情况已迥异于以往，重大公共危机事件发生以后的舆论状况尤其是如此。对社会舆论，已难以用往常行之有效的方法进行引导和控制。舆论由单一变成多元。多元舆论中的一部分舆论，是体现负面性的舆论。另一部分舆论，是代表公理和正义的，它体现出正向作用。还有一部分舆论，在得到正确有效的引导的情况下，将有望朝正向发展。但它们在失去正确引导时将会以两种不同的方式朝负面方向发展——既可能进一步朝着“碎片化”的方向演进，使不利于凝心聚力而体现出离心倾向的舆论向社会的各个方面发散，这部分舆论又有可能围绕某些特定事件而迅速聚集、升温乃至迸发，从而使特定事件变得一发而不可收。

当前，一部分主流媒体或已经或正在或有可能被边缘化，而在特定情况下网络媒体则已显现核心化趋势。在不少场合，新兴媒体往往成为重要议题议程的设置者、重大舆论事件的引爆

① 人民网舆情监测室：《人民网评：打通两个舆论场——善待网民和网络舆论①》，人民网，2011年7月12日。

者、社情民意的代表者。新兴媒体不仅是产生重大社会影响的舆论和舆情的“集散地”,而且经常是表现出巨大力量的公众舆论的始发者和“发源地”。诚如人民网舆情监测室撰文所说:“依托于口口相传特别是互联网的‘民间舆论场’,人们在微博客、BBS、QQ、博客上议论时事,针砭社会,品评政府的公共管理。互联网成为‘思想文化信息的集散地和社会舆论的放大器’,改写了‘舆论引导新格局’。”①

总之,社会舆论场域面临“众声喧哗”和非理性的风险将大大增加。对这样一种舆论变局,亟待进行专门的研究。

(四)全球化的因素

以加入世界贸易组织为标志,中国在更大程度上融入了经济全球化的洪流,同时也就意味着中国的对外开放进入了一个新的历史阶段。由经济全球化带来的,是国人视野和思维空间的进一步拓展,是中国在许多方面与国际接轨,是中国在全球经济中占据了比以前更重要的地位,与此同时,西方经济、政治、文化对中国的辐射程度也在加大。在此情势下,信息流的传播速度加快,传播范围扩大,传播手段升级。西方发达国家对发展中国家包括中国进行思想渗透的力度加大。这是我国近年来舆论出现变局的一个方面的重要原因。

(五)公共危机的因素

当今世界已进入风险社会。在风险社会里,重大公共危机事件频发,风险的社会生产与财富的社会生产相伴而行,给人们带来深重灾难。

2003 年以来我国频发的重大公共危机事件中,既有自然因素造成的重大灾难,也有人为因素形成的或人为因素与自然因素共同形成的重大公共危机事件。其中相当一部分,折射出社会转型期和改革进入攻坚阶段以后社会矛盾的复杂情况。而新兴媒体对于社会生活的深度参与,则每每使社会舆论得以围绕敏感事件或特定事端发酵、放大甚至爆发,从而增加了舆论和舆情引导的艰难程度。而在一些地区,官方和主流媒体所进行的舆论和舆情引导收效甚微。

以上五大因素,既各自发挥着作用,又共同发挥着作用。舆论格局因之而变化、调整,舆论引导的理念、方法也就不可能不发生深刻的变化。而其中的一些变局,对国家意识形态安全和中国共产党的执政之基构成了一定程度的威胁,对此不可掉以轻心。

二、新媒体语境中的舆论和舆情引导:应有的意识和理念

对新媒体语境中重大公共危机事件舆论和舆情进行引导,必须具备相应的正确意识和理念。

(一)六种相关的意识

1. 全面认识互联网作用的意识

互联网不是洪水猛兽,新媒体语境也并不就是舆论和舆情引导者的困境、绝境。本书绪论部分第一节第二目所引习近平总书记关于“互联网日益成为创新驱动发展的先导力量”的论述,关于“互联网真正让世界变成了地球村,让国际社会越来越成为你中有我、我中有你的命

---

① 人民网舆情监测室:《人民网评:打通“两个舆论场”——善待网民和网络舆论①》,人民网,2011 年 7 月 12 日。

运共同体”[①]的论述，是他对于互联网的极为理性、极为深邃的基本判断，体现高度，充满睿智。这是我们正确认识互联网和新媒体语境的思想指南。以这样的自觉意识来认知互联网和新媒体语境，可以收到两个方面的效果：一是消除一部分主政者、管理者对互联网和新媒体语境的抵触，对网民的某些行为增进理解。二是以“地球村”的视野和“人类命运共同体”的胸怀来看待新媒体语境中的重大公共危机事件，从而进入一种全新的认知境界。

2. 强烈的问题意识和忧患意识

习近平说：“面对传播快、影响大、覆盖广、社会动员能力强的微博客、微信等社交网络和即时通信工具用户的快速增长，如何加强网络法制建设和舆论引导，确保网络信息传播秩序和国家安全、社会稳定，已经成为摆在我们面前的现实突出问题。”[②]这是一个绕不过去的问题，是一道必须迈过去的“坎”。在这一方面，需要有非同一般的问题意识和忧患意识。

一是要清醒地意识到：在西方某些发达国家对中国进行的意识形态渗透的过程中，互联网是被认为有望“扳倒中国”的“最大变量”而存在的。

之所以说是“最大变量”，是因为：互联网在传播信息、观点、情绪等因素方面是一体化的，在情绪传染和心理感应方面是特别灵敏的，舆论和舆情的倍增效应是瞬间即可实现的。一旦出现上述这些情况并持续存在，社会心理就会出现“决堤”“崩溃”现象。如果大范围、长时间如此，那么“扳倒中国”就并非危言耸听。“最大变量”，其实就在社会心理之中，就在人们的内心世界之中，也就是人心向背、人心聚散。而重大公共危机事件发生后，相当一部分人的心灵受到了冲撞、猛击，也最容易受到舆论和舆情的影响，然后又会将自己的观点意见、心理感受、情绪因素传递给他人，使他人受到感染，他人又传染给更多的他人。对引导者来说，防止社会心理出现“决堤”“崩溃”现象的任务，尤为迫切。

二是要清醒地意识到：随着国内主流传统媒体逐步被边缘化，它们对新媒体语境中重大公共危机事件的舆论和舆情引导力也在下降，而且这种颓势还在继续。

在传统语境中屡试不爽的舆论引导方法往往失去效果或效果陡减。如果没有这方面的问题意识和忧患意识，显然是不可行的。在问题意识和忧患意识的驱使之下，主流传统媒体应进行旨在重新获得受众关注和重塑话语影响力的艰苦转型。

三是要清醒地意识到：不少主政者和管理者在互联网面前存在着“本领恐慌”，且情况尚未有根本性的改观。

如果明明存在而又意识不到“本领恐慌”，那么，这是麻木不仁。如果意识到“本领恐慌”却不能尽全力改变这种状况，那么，这是缺乏内在的自觉意识和责任感、紧迫感。

在现实条件下，不同意识形态之间的较量，在很大程度上是在网络空间中展开的，而且还有逐步加剧的趋势。在这样的空间中，矛盾和争斗的一部分内容或直接或间接地关乎文化安全、意识形态安全和国家安全。不同意识形态之间的较量，往往渗透于网络舆论和舆情之中。如果主政者和管理者对此毫无察觉，就会在不知不觉中忘记维护上述安全的责任，而如果显现

---

① 中共中央文献研究室编：《习近平：深化文化体制改革，加强社会主义核心价值体系建设》，人民网，2014 年 8 月 8 日。

② 习近平：《关于〈中共中央关于全面深化改革若干重大问题的决定〉的说明》，《人民日报》2013 年 11 月 16 日。

出“本领恐慌”,则会在意识清醒的状态中败下阵来。一些主政者如果不能改变“本领恐慌”的现状,将会丢失在互联网这个意识形态主阵地上的领导权、主导权和主动权,就无法确保马克思主义意识形态始终占据主导地位。在新媒体语境中,在重大公共危机事件发生后,不同意识形态之间的较量表现得尤为充分。“本领恐慌”的状态未有改变的主政者、管理者,势必无法胜任新媒体语境中重大公共危机事件舆论和舆情引导的重任,无法在不同意识形态的较量中始终立于不败之地。

3. 及时地、充分地发布事件信息的意识

昆明恐怖暴力事件发生以后,官方和官媒在事件信息发布方面的不足是略显迟滞。

官方延迟权威信息的发布,无异于为不实信息乃至谣言的传播留下了空间。在公众如饥似渴地企求获得事件信息之时,出现信息真空,这是一种极其危险的状态。为了不失时效性,政府及相关机构部门应有第一时间披露事件信息的强烈意识。可以通过官方微博及官方网站,先行公布关于事件的简讯。这样,就不至于与自媒体披露的信息相隔太久,有利于把握披露事件信息的主动权,抢占舆论制高点。然后再由新闻发布会和传统媒体跟进,作后续的滚动式或纵深式的信息发布和信息解读工作。在自媒体已经将事件传得沸沸扬扬之时,如果官方和官方媒体仍然失声,没有任何理由可以解释,只能被理解为失责。在不实传言甚至谣言成为舆论主潮并扰乱人心的情况下,社会稳定、人心稳定无从谈起。

4. 就公众舆论和舆情中的质疑之声进行理性反思的意识

由自媒体引发、培育的事件舆论和舆情,其间充满质疑之声,这是自媒体时代重大公共危机事件发生后舆论的独特景观。面对舆论和舆情中的质疑之声,有必要进行冷静的理性反思。在2013年7月6日厦门公交车爆炸事件发生后,警方举行新闻发布会,宣布破案而又声称不考虑公布办案细节和嫌犯陈水某生前留下的遗书。公众对此提出了诸多质疑。有网友质问:为什么家属不知陈水某留有遗书?在某论坛上甚至有网友发帖说警方造假。还有的网民以陈水某的口吻贴出了“遗书”。一时之间,事件舆论和舆情围绕陈水某遗书的真伪形成了巨大波涛。相当一部分网民持不信有遗书的态度。

其实,在新闻发布会上不公开应该公开的细节,不公开已死的嫌犯陈水某的遗书,是不利于公众消除对政府部门不信任感的做法,是取了下下策。遗书是案件得以告破和依此服众的关键性的证据。在这样重要的问题上语焉不详,如何能够使人信服?如何能够平息由自媒体在其中发挥显而易见作用的舆论风潮?在这里,暴露出了某些部门、某些官员对公众尚缺乏敬畏这样一个严重问题。公众舆论和舆情特别是由自媒体牵引的舆论和舆情,给了某些官员以当头棒喝。

5. 不断改革新闻发布制度的意识

有研究者提出:应当建立“协同机制”。“所谓协同机制(collaboration)是指将各股力量整合、协调起来以发挥整体效应的机制。新媒体环境下探讨新闻发布协同机制的目的在于:整合、协调新闻发布会与政府网站、微博、微信等多种平台、资源,建设新闻发布的新体系、探索新闻发布的新策略。”①

---

① 张志安、徐晓蕾:《新媒体环境下新闻发布的协同机制》,《新闻与写作》2014年第4期。

在正常情况下,新闻发布会制度是体现现代社会治理要义的有效制度。在重大公共危机事件发生后,新闻发布会更是有其无可取代的作用。但在自媒体时代,在自媒体使用者多向度地、不失时机地发布重大公共危机事件信息的情势下,单单依靠新闻发布会和新闻发言人,或新闻发布会只是走过场,就不能适应自媒体倒逼事件信息发布的严峻态势。这时,信息发布的重任不能只是由新闻发言人或新闻发布会“一肩挑”,举行新闻发布会,也不能只是由新闻发言人唱“独角戏”,而应该由级别更高的官员甚至是党委“一把手”担纲。新闻发布会仅仅是信息公开的一种渠道,而不是唯一和全部渠道。特别是重大公共危机事件发生以后,举办新闻发布会有一个准备过程,无论如何也赶不上自媒体的传播速度。因此,有必要根据自媒体时代的特点来考虑新闻发布制度的建设和改革问题。

6. 在深层次上解决根本性的问题的意识

重大公共危机事件发生后,先是线上勃兴、后是线上线下汇成舆论和舆情的洪流。这种舆论和舆情,既会围绕事件,又会不止于事件,而及于与此相关或不甚相关甚或毫不相干的事情,一部分公众还会将在别处或别的问题上郁积的愤懑情绪移置到眼前的事件语境中。这时,积怨、积愤无异于发挥了酵母的作用。

于建嵘认为,在自媒体时代,由于信息发布的平民化、个性化、交互强、传播快等特点,人们可相对容易地表达自己的情感与观点。这种观点经网络传播极易引起舆论响应与集体共鸣,从而使一个微小事件演化为一个社会焦点话题。随着事件发展,它甚至会产生连直接利益相关者都无法掌控的破坏性力量。“事件背后,都隐藏着民众无名的怒火。这不是一种‘具体’的气愤及怨怒,不是特定之人对特定之事的怒气冲天,更不同于钉子户因自身权益受损、自认人格尊严受到侵犯时的愤怒”,而是“不特定之人对特定之事的集体性的义愤填膺;或者是特定之人对不特定之事产生的愤怒”。这是一种“抽象愤怒”。[①] “抽象愤怒”在形成时是由具体的因由引起的,也就是说,“抽象愤怒”的成因一般而言并不抽象,但形成后并不因抽象而被高高挂起,而是一遇具体的事件发生就会被激发(事件与“抽象愤怒”有时有关系,有时则毫无关系)。这种“抽象愤怒”,时而会显现出其不可低估的破坏性。

为从根本上减少由重大公共危机事件舆论和舆情所引起的连锁反应,有必要从消解公众的“抽象愤怒”破题,从平时做起,从消除公众的积怨、积愤入手。特别是要致力于反腐,通过建立相应的机制,增加贪腐者的犯罪成本,加强法治,整肃吏治,并致力于逐步铲除食利群体不当得利行为的存在土壤。与此同时,权力部门、职能部门不能把能解决的问题变得难以解决和无望解决,把自己的服务对象推向绝望之境。天涯论坛上一位网友说得好:“从某种意义上说,那辆被炸毁的公交车(厦门——笔者注),很像一个意味深长的隐喻:大家都在同一辆车里,如果一个人绝望,那么所有的人都不安全。所以,永远不要对他人的苦难无动于衷。”此话说得很到位,也很深刻。

① 于建嵘:《自媒体时代公众参与的困境与破解路径——以2012年重大群体性事件为例》,《上海大学学报(社会科学版)》2013年第4期。

(二)必须确立的两个理念

1. 把握好“时、度、效”的理念

巩固壮大主流思想舆论,无论是作为近期目标还是长远目标,都是非常明确的。实现这一目标,至关重要的问题是要做好舆论和舆情引导工作,关键之一是要确立引导必须把握好“时、度、效”的理念。这可以归为舆论和舆情引导艺术的范畴,但它作为正确理念所起的引领作用是毋庸置疑的。

此处所说的“时、度、效”,是在舆论引导范畴提出的概念。由新闻媒体通过新闻报道和新闻评论形成的舆论名为新闻舆论。通过新闻舆论引导社会舆论和舆情,是舆论和舆情引导的主要方式(当然,不排除舆论和舆情引导还可以有其他方式)。

以下三点至关重要。

第一点:准确认识“时”。

应该说,通过新闻的方式与通过新闻以外的方式来引导社会舆论和舆情,时效性要求有异。新闻舆论引导强调时效性,而非新闻舆论的引导则不一定强调时效性。新闻讲究时效性,因为它本质上姓“新”。但从舆论和舆情引导的效果考虑,对新闻的时效性要求似乎可以进行细分。

“时”,其内涵是对于时效、时机、时宜的准确把握。新闻传播通常的做法应当是:先发制人、先声夺人、拼抢时效(抢先披露信息、抢先发表意见),以抢占社会舆论的制高点。重大公共危机事件发生后,尤其应当如此。故意封锁真实的、关键的信息,结果往往是招致公众因不知实情而发生心理恐慌、社会震荡,而公众在明了事实真相以后,又往往对政府及其相关机构部门表示不信任。这是绝对应该避免的。然而,对于某些非重大公共危机事件,在不及时披露信息和发表意见不至于引起公众误解和社会震荡的前提下,在及时披露信息和发表意见反而会引起恶性连锁反应甚至不可收拾的情况下,选择恰当的新闻传播时机以体现时宜性,就显得特别重要了。

重大突发性事件发生后,重要信息发布和事件进展报道,要力求有最强的时效性和最高的真实性,发布宜迅速及时,以避免谣言和不实传闻充斥舆论和舆情空间。SARS 事件的前半期(2003 年 4 月 20 日前)、哈尔滨水危机事件(2005 年 11 月下旬)等,之所以闹得人心惶惶、沸沸扬扬,都与关键信息发布缺乏时效性和透明度有着密切的关系。而在自媒体时代,重要信息的缺失,无异于为谣言和不实传闻腾出了空间,而微信、微博、短信等传播形态又为之准备了现代传播手段。在一定时间内,舆论就可能会被谣言和不实传闻绑架。

对非突发性事件的新闻报道,通常情况下也不能丧失时效性,但如果涉及的矛盾繁多、情况复杂,报道时机不当可能引起连锁反应。那么,在此情况下,时效性就应让位于报道的准确性(报道无懈可击)和时宜性(对报道时机进行恰当的选择)。负责任的新闻工作者,在把握新闻时效性时不会忘记对舆论和舆情引导效果的预判。如有把握预判特定事件的信息传播会产生撕裂社会的效果,而信息又不能不公开,那么,一则要选择好发布信息的最佳时机,二则要防止在传播后产生撕裂社会的负面作用。

第二点:精准把握“度”。

“度”是与恰到好处、恰如其分相联系的概念。超过了“度”叫“过度”,失去了“度”叫“失度”,分寸把握得当叫“适度”。新闻媒体关注社会舆论和舆情中的热点问题包括重大公共危机事件是理所当然的,否则,公众就会认为媒体冷漠、与他们之间存在隔膜、与社会现实生活脱节,自然不会表示亲近,而会离媒体而去。

“度”,其内涵是掌握好新闻传播的分寸、尺度、火候。新闻传播、舆论和舆情引导都有一个“度”的问题。对新闻来说,从如下几个方面对“度”加以把握至关重要:一是把握好冷热,让该热的热起来(但又不能热过了头),让该冷的冷下去;二是把握好疏密,理想的境界是疏密有致;三是把握好分寸,既不对人事过于赞誉,也不对人事过于贬损;四是把握好频次,同样的人事,频频出镜、见报,不一定就是好事,频次高与效果好并不呈正相关关系。调控舆论的方法也可以表述为:掌握好刊播的频度(高低疏密)、引导的力度(篇幅大小、时段长短、所放位置)、评论的程度(叙述恰当、说理恰当、评价恰当、言辞恰当)。

对重大公共危机事件舆论和舆情引导来说,把握好度还有某些特定的含义,即在如下几个方面要审慎,要有所避忌:(1) 对于可能会影响逝者人格尊严的文字和画面,不宜传播;(2) 对于可能会加深罹难者亲属痛苦的资讯,不宜报道;(3) 对于可能会泄露逝者和生者个人隐私的信息,不宜透露;(4) 对于可能会引发民族和宗教矛盾的内容,不宜扩散。前面三项,体现的是特定主体对事件中生命财产受损的人员及其亲人的人文关怀,最后一项则体现出舆论和舆情引导在民族和宗教问题上的谨慎态度。

第三点:不懈追求“效”。

“效”,其内涵是争取实现舆论和舆情引导预期的理想效果。舆论和舆情引导,当然需要有良好的动机,但有良好的动机而未取得预期的理想效果,最终只能被归于失败的舆论和舆情引导的范畴。“效”是对舆论和舆情引导的效益的理所当然的强调。重视有过传播(宣传)行为和引导行为,而忽视真实效果,满足于传播(宣传)过了、引导过了,而无视传播对象和引导对象的实际感受和认同程度,这是许多新闻从业人员以及媒体领导者、管理者存在的通病和误识。

对舆论和舆情引导而言,“时、度、效”体现了引导主体的综合性和一体性的理念,而非只作“单打一”的考虑。在“时、度、效”中,“效”有着毋庸置疑的重要性。它既是归宿,也应是出发点。舆论和舆情引导,要以能取得良好效果为出发点去考虑全部问题。不能全不顾及效果。引导过了然而没有产生预期的良好效果,与未作引导其实没有本质的区别。把获得良好引导效果放在至高至尊的位置上,并致力于不懈探索如何取得良好的舆论和舆情引导效果,这是新闻舆论工作者的必备素质之一。

“时、度、效”,三者之间有着密不可分的关系。“时”“度”是实现“效”的路径和抓手,它们是为“效”服务的。“时”和“度”是否合宜,当由“效”来检验。因此可以说,“效”是最终落脚点。宜将“时”“度”“效”结合起来,着力进行舆论和舆情引导。对于“时”和“度”的把握,必须和对“效”的追求相一致、相统一。

2. 网上存在着积极的舆论力量的理念

网上积极的舆论力量,一来自于众多的网民,二来自于部分网络意见领袖。

“网民来自老百姓,老百姓上了网,民意也就上了网。群众在哪儿,我们的领导干部就要到哪儿去。各级党政机关和领导干部要学会通过网络走群众路线,经常上网看看,了解群众所思所愿,收集好想法好建议,积极回应网民关切、解疑释惑。"[①]

在重大公共危机事件发生后,网民中有代表正义的声音。在2014年5月22日乌鲁木齐恐怖暴力案发生后,在网络世界中出现的令人唾弃的意见表达立即受到网民的抵制,彰显了网络正义之声的客观存在。一份事件舆情报告在分析昆明暴恐事件舆情时指出,一小部分网友发表"过激观点,还对暴徒的死伤表示哀悼,极大地激怒了社会大众的底线。一名为'上海某酒业有限公司'的微博账号对昆明暴恐事件称'反正是云南人,大快人心啊!'随后遭到无数网友的批判和人肉搜索。不一会儿其称'我错了,请大家不要去他的公司,已经离职。'这样的道歉并未能化解矛盾,批判声音持续增长。"[②]对死伤的暴徒表示哀悼,众多网民表示愤慨,这是社会公理和正义的体现。可见,违背社会良知、挑战道德底线的极端观点,即使在自媒体所形成的舆论场中,也是不得人心的,会触犯众怒和成为众矢之的。此间就存在着蕴含积极因素的舆论力量。就此而言,自媒体舆论具有一定的自我净化功能。发现这样的蕴含积极因素的舆论力量,并使之影响有所扩大,这是问题的一个方面。问题的另一方面是,要努力避免舆论"走火""越界",避免恶语相向式的非理性表达。将蕴含积极因素的舆论和舆情,引导至夹杂于其中的消极因素逐渐减少乃至消失,体现正确方向和导向,释放愈来愈多的正能量,这是大有学问的。

对于网络意见领袖,似乎不可一概而论。其中有不负责任地传播谣言或不实传言者,也有因有所图谋而制造谣言者,也有发表不当评论者。但这并不是网络意见领袖的全部。笔者认为,网络意见领袖中的相当一部分人,有正义感、责任心,见解独特、言语精辟。他们是社会中的仗义执言者,敢作敢为者。当然,他们的言语内容和方式,往往会使有关官员面红耳赤、如坐针毡、心中不悦。有一种意见认为,官方和官员应当将网络意见领袖当作"统战对象"。笔者认为,如果官员容不得有思想、有主见、敢表达的网络意见领袖,则不可能将他们作为"统战对象"。而其实,仅将有正义感的网络意见领袖作为"统战对象"是远远不够的,应当把他们作为重要的依靠力量。在重大公共危机事件发生以后,尤其应当如此。

三、新媒体语境中的舆论和舆情引导:当务之急是引导者提高自身修养

在相对开放的舆论格局中,主政者、管理者的当务之急是进一步从根本上提高舆论和舆情引导能力,这是解决"本领恐慌"问题的根本之道。其中尤为重要的是以下四点。

(一)纠正在维护社会稳定问题上的误识

一些误识阻碍着主政者、管理者提升舆论和舆情引导能力。比如,有些主政者、管理者认为,要维护社会稳定就要稳住舆论和舆情,要稳住舆论和舆情就要从源头上控制舆论和舆情,控制某些信息传播和屏蔽某些事实真相,重大公共危机事件发生后尤应如此。

其实,这样做不仅与政府信息公开的时代要求背道而驰,而且也不利于赢得民心,不利于从根本上维护社会稳定。在现代社会中,人们有多种获得信息的渠道。传播信息的大道不畅,小道消息就会传得沸沸扬扬。"重大情况让人民知道",民心才会不乱,社会才会安稳。信息

① 《习近平:领导干部要学会通过网络走群众路线》,中国新闻网,2016年4月20日。

② 冷朝普、段金志:《舆情报告:云南昆明火车站"3·01"暴恐事件舆情分析》,天涯舆情,2014年3月21日。

公开，是维护社会稳定的不可缺少的前提；信息不公开，则难言维护社会稳定。在2005年11月下旬的哈尔滨水危机事件中，该市政府前后两份公告所产生的截然不同的效果，就是最有力的证明。人民网舆情监测室撰文分析说："民间舆论场为何在多数时候，失去了对官方媒介的信任？最重要的不过是三点：在突发公共事件发生之初，官方反应迟缓，新闻发布没几句实话，反而指责群众'不明真相'；在事件发展演变过程之中，总是试图以封堵信息甚至抓捕网民的手段，来打压或控制民间舆论场；在事态平息后，没有痛定思痛，反躬自省，认真修复制度的漏洞。"①各级主政者不断提升自身修养，不断提升舆论和舆情引导能力，不断提升执政水平，才是解决"本领恐慌"问题的根本之道。

（二）尊重相应的客观规律

与新媒体语境中重大公共危机事件舆论和舆情引导有关的规律主要有：新闻传播规律、网络传播规律、新闻舆论的传播规律，涉及媒体融合的规律除了新闻传播规律，还有新兴媒体发展规律（与重大公共危机事件中的舆论和舆情引导有着一定的联系）。关于探索和遵循相关规律的内容，将在本章第二节详细展开。此处从主政者、管理者素养的角度进行论述。

新闻生产和新闻传播、舆论和舆情运行有其自身的规律。而在全媒体时代，新闻生产和新闻传播及舆论和舆情运行在呈现诸多一般规律之外，又呈现某些特殊规律。在新媒体语境中，舆论和舆情触发突生、主体博弈、交互感染、演变消长，都是有规律可循的，但是这些规律又不同于传统媒体时代的传播规律及舆论和舆情运行规律。而虚拟世界中的舆论和舆情与现实世界中的舆论和舆情互动、互渗、互补，更是先前所无，但仍然有其规律。因此，无视新闻传播规律，无视网络传播规律，无视舆论和舆情运行规律，抑或停留于对传统媒体时代某些规律的认识，显然是远远不够的。

深刻认识自媒体时代的舆论和舆情运行规律及舆论和舆情引导规律，将是提升舆论和舆情引导效果的关键所在。愈是舆论和舆情出现变局、舆论和舆情引导效果具有不可控性，就愈是应当重视对新闻传播规律及舆论和舆情运行规律的探讨。认真地探索相应规律，发自内心地尊重相应规律（处处表现出对规律的敬畏态度），严格恪守和遵循规律，是重大公共危机事件发生后舆论和舆情引导的"不二法门"。这是主政者、管理者的必不可少的素质之一。认清舆论和舆情变局，循着体察民情民心、把握新闻传播规律、网络传播规律及舆论和舆情运行规律的基本路径，方才可能做到从容应变、立于不败之地。

对新闻传播规律、网络传播规律、新闻舆论的传播规律和新兴媒体发展规律视若无睹，是无知；挑战上述规律并反其道而行之，则是狂妄。无论是无知还是狂妄，都不应该是主政者、管理者应有的素质和行为，以此态度和行为对待重大公共危机事件舆论和舆情，都会受到这些规律的惩罚。

（三）提高自身的媒介素养

媒介素养是特定主体在与媒介发生关系时综合呈现的素养及深层次的潜在素养，通常在接触、面对、使用、评价媒介时会有所表现。主政者、管理者是媒体的受众，又不是一般的受众，因为他们手握掌控媒体或影响媒体的权力。对主政者、管理者而言，在相对开放的舆论格局中

---

① 人民网舆情监测室：《人民网评：打通"两个舆论场"——善待网民和网络舆论①》，人民网，2011年7月12日。

引领舆论和舆情,无疑有赖于其政治智慧,而高水准的媒介素养也不可或缺。主政者、管理者的媒介素养,集中体现在善待、善用、善管新闻媒体上。有些官员将新闻媒体作为党和政府的喉舌的功能,与作为人民的喉舌的功能相对立。这既反映出他们对媒体功能认知的偏差,也暴露了他们在深层次上媒介素养的欠缺。

一部分主政者、管理者,之所以面对媒体显现出"本领恐慌",究其原因,与他们缺乏媒介素养不无关系。

(四)在尊重民意中赢得民心

舆论是民意、民心的反映,而舆情甚至就是民意本身。舆论直接道出了民意、作用于民心,又可反过来影响和改变民意,产生使民心或向或背或聚或散的效果。舆论和舆情在一定程度上是民意、民心的"晴雨表"。关注民生,就应当尊重民意;尊重民意,就应当重视舆论和舆情。"得民心者得天下。"舆论和舆情引导能力乃至执政能力,说到底是顺应民意和赢得民心的能力。加强执政之基,须以得到舆论和民心的支持为基础、为前提。执政能力强、水平高的主政者,善于从社会舆论中倾听公众的呼声,从社会舆情中感知民声的底蕴,善于放下身段听取代表了民意的意见领袖们的意见。确保与意见领袖对话渠道的畅通,并恰当地借助他们的影响力引领社会舆论和舆情。

这里着重对"舆论倒逼"进行分析。

"舆论倒逼",是近几年来出现的引人注目的现象,已经不是孤例,不仅在平时屡屡发生,而且在重大公共危机事件发生后也常常出现,因此尤有研究的必要。

以往,政府通过直接发布政务信息和公共信息,通过制定和颁行政策以及就各方面的工作和情况提出主导性意见,或通过官方媒体和其他新闻媒体传播上述内容,以设置议题和议程,引导社会公众舆论和舆情。而特定情况下发生的"舆论倒逼"现象,则与官方和官方媒体的舆论和舆情引导反其道而行之。这对舆论和舆情引导而言,直接构成了严峻挑战。

有研究者认为:"目前,在中国形成了网络舆论'倒逼'传统媒体舆论、市场化媒体'倒逼'主流媒体的舆论格局。在双重'倒逼'的情势下,很多时候,主流媒体被边缘化了,其及物性以及有效性被严重稀释,很难应对充满巨大张力的中国社会现实。"①这是一段很有见地的论述。

依笔者之见,"舆论倒逼"是指在公众中形成的与官方、与官方媒体期望形成的舆论不相协调、出乎所料的舆论,这些舆论反过来迫使官方和官方媒体对其中涉及的问题作出回应,并迫使政府及相关机构和有关单位作出相应的处理。这是自媒体时代特有的舆论现象。此类舆论不可能首发于受到严格控制的官方媒体。但是它在相当程度上代表了民意、民声、民心,因而"舆论倒逼"就有了不可低估的力量。

在新媒体崛起之前,社会舆论通常处于官方和官方媒体可控制的范围之内,对公众中的不利于政府形象的舆论,可通过"防""堵""卡""封"等方法严加控制,因而完全有办法阻止与官方、官方媒体所期望形成的舆论相左的舆论和舆情的大范围传播。公众掌握的信息和发表的意见想要产生巨大影响,必须经由大众传媒所提供的传播平台和传播渠道。舍此,既形成不了舆论和舆情大潮,也不可能产生强有力的舆论和舆情影响。在那样一个时代,社会公众舆论的

① 张涛甫:《人民日报的改版不是孤立事件》,《东方早报》2013年1月7日。

形成，不外乎两种方式：一是依靠口耳相传（相互交谈）或文字传播（书信、宣传材料等）方式形成；二是在体现官方意志的官方媒体主导下形成（媒体机构及其中的成员、公众中的一部分人，在媒体上发表意见并广泛进行传播）。在此情势下，虽说舆论未必一律，但绝不可能出现"倒逼"官方和官方媒体的现象。

然而，在自媒体时代，"舆论倒逼"现象频频出现。这与社会生活中的一系列重要因素密切相关，如社会政治生态、社会利益分配格局以及社会思想文化现状等。

这些因素综合起来，使公众视野开阔，在不少问题上有自己的见解。随着新媒体的兴盛而兴起的网络文化，更是构成了特有的文化景观。在这样一种文化氛围中，公众变得更有个性，更具独立性，更乐于参与议事，更容易被激发和被感染。假若没有与"舆论倒逼"相适应的社会文化背景，一个爆料的帖子发出以后，没有多人跟帖附议、"围观"关注，那么，一则是因为缺乏人气，具有强力的舆论和舆情无以形成，再则是即使形成了相应舆论和舆情，也未必就能起到倒逼的作用。

"舆论倒逼"主要有如下四种类型。

第一类：由某些政府部门信息不公开或公开了不实信息而引起的"舆论倒逼"。

政府与公众之间存在着信息不对称现象，非自今日始。如果是在传统媒体时代，政府不公开应该公开的信息，抑或公开了不实信息，公众只能接受。但在新媒体时代，公众则可以运用手中的自媒体，自如地发布信息、发表意见、参与"众议"，以舆论对政府及其有关机构部门施压，逼迫政府及其有关机构部门如实公开信息和纠正错误信息。典型案例如"华南虎事件"。网民联手，搜查资料，相互补充，进行甄别，共同证伪，以此形成的舆论倒过来迫使政府有关部门承认失误、承担责任。由黎明撰写、刊于《东方早报》的题为《"华南虎事件"见证网民力量》的评论说，这次"纸老虎事件"，有三个特点值得注意：第一，依赖民间的努力和民间的能力解决全部疑难问题，未经政府权力和智力的裁决。第二，主流网民表现得相当理性与成熟。他们用冷静的话语摆事实讲道理，技术性地证明真假善恶。第三，无组织无指挥的网上互动自发形成"热情和智慧的增长点"，最终"功到自然成"。① 当然，"纸老虎事件"不属于重大公共危机事件，但其中蕴含的道理当是很有启发性的。

政府实行信息公开，特别要在公开有关灾难事件信息、敏感事件信息、棘手事件信息和可能担责的事件信息方面经受考验，争取主动。厦门公交车爆炸事件发生后，当地公安部门及时侦破案件并通过新闻发布会披露了这一重要信息，但发布的信息不充分、不完整，且不打算公布犯罪嫌疑人的遗书。呼啸而来的舆论形成了强大的倒逼之势，有人甚至对陈水某是否就是犯罪嫌疑人提出质疑。这类舆论愈演愈烈，最后迫使公安部门不得不取消了不公布陈水某遗书的最初打算。从一定意义上说，2005 年 11 月哈尔滨水危机事件中市政府的第二份公告，也是由舆论倒逼出来的。因为第一份公告隐瞒了实情，引起了民心的震荡和社会的震荡，拉响了这方面的警报。

重大公共危机事件发生以后，改变以前的等待通稿和只发通稿的习惯做法，而由事发地的主流媒体在第一时间发声、发权威之声，以不失时机地占领舆论制高点，这是减少"舆论倒逼"

---

① 《东方早报》2007 年 11 月 19 日。

现象的一种值得探索的做法。事实上,通稿只能约束主流媒体,未必能约束其他新闻媒体,更不可能管住人人手中都有的自媒体。与其如此,不如顺势而变。

第二类:由某些政府部门不作为引起的“舆论倒逼”。

政府及其机构部门受人民委托,应该用手中掌握的公权而有所作为。然而,有些政府部门常年不作为,一旦事故发生或者酿成大祸,就不能不陷入“舆论倒逼”的困境。2013 年 1 月 4 日发生在兰考的弃婴被大火吞噬的悲剧,主因是当地有关部门的公共责任缺位。事发后,该部门必然处于舆论的漩涡之中。在遭遇“舆论倒逼”以后,它才开始检讨自己的缺位和不作为。正如《光明日报》上的一篇评论所说:“兰考,不要在‘亡羊’后才想起‘补牢’”,“一次‘亡羊补牢’是吸取教训,总是等‘亡羊’之后才想起‘补牢’就是懒政思维在作祟了。而且,‘补牢’之后还不免发生‘亡羊’事故,更令人怀疑相关部门是否真正吸取了前次‘亡羊’的教训,是否在‘补牢’方面下了真功夫”。[①] 因此,应对这种“舆论倒逼”的根本之道,当是重心前置,彻底改变懒政思维和惰政行为。

第三类:由某些政府部门乱作为引起的“舆论倒逼”。

政府及相关机构部门应当依法依规而作为,不应违法违规胡乱作为。胡乱作为者,在自媒体时代必定遭遇“舆论倒逼”。公众会通过手中的“麦克风”,质问作为的依据何在、意欲何为。此时,众声其实并不喧哗,而有着许多共同的音符。温州“7·23”动车相撞事故发生后,有关负责人指挥匆忙掩埋车体,受到舆论的责问和“倒逼”,其行为被制止。有研究者在谈到由温州动车追尾事故引发的“舆论倒逼”现象时,分析说:“动车事故,首先是铁道部的救援不力和处置失当,伤害了民众的感情,然后才轮到检讨媒体和微博是否‘失控’的问题。很多负面事件,首先是政府的公共管理危机,然后才是舆论危机。打压媒体报道,封堵网络舆论,并不能使政府工作的缺陷消失,而只会小事拖大,大事拖炸。”[②]

此类“舆论倒逼”所体现的逻辑是:政府部门的不当作为或胡乱作为在先,充满批评和质疑之声的“舆论倒逼”在后。前者是后者的因,后者是前者之果。只要某些政府及其相关机构部门的令人不解甚至气愤的不当作为和胡乱作为行为存在,这类“舆论倒逼”现象就不可能消失。

第四类:由某些腐败行为没有受到惩处引起的“舆论倒逼”。

网络反腐是制度反腐的必不可少的补充,尤其是在反腐尚存在制度缺失的现在,网络反腐尤其不可或缺。“要求舆论对腐败给予一些宽容是不现实的,对腐败‘零容忍’尤其是互联网的天性。但腐败在现阶段又的确是消灭不了的,这个矛盾将制造社会情绪的反复发作,扰乱国家政治生活本应有的节奏。中国只会朝着廉洁社会的方向走,即使是有些激进的舆论,官方也必须适应它的倒逼。发达社会有些官员因为某个在我们看来不大的廉洁过失而下台,这种情况将会逐渐在中国上演。”[③]从栽于“九五之尊”的周久耕,到“表哥”杨达才、“房叔”蔡彬,由东窗事发至被彻查、撤职或法办,都源于“舆论倒逼”。

---

① 凌国华:《兰考不要在“亡羊”后才想起“补牢”》,《光明日报》2017 年 1 月 7 日。

② 祝华新:《网络舆论倒逼中国改革》,人民网,2011 年 10 月 9 日。

③ 《反腐败应跟上舆论倒逼的节奏》,《环球时报》2012 年 2 月 21 日。

从以往的情况来看，"舆论倒逼"可能"逼"出两种结果。一种结果是：由于政府有关部门及时、积极、正确地应对，由被动转为主动，被"逼"出体现正面效果的结局来，政府形象得以修复。另一种结果是：政府有关部门处理不善，公众被激怒，产生更大的对立情绪，政府公信力和形象受损严重。"一次次网络舆论危机，实质是民意通道淤塞、政府应答机制缺失所致的瞬间决堤、垮坝效应。如果政府不能及时疏浚民意通道、理顺应答机制，一味只是封堵民意，只会使民怨的海平面越涨越高。"[①]后一种结果是人们不愿意看到的，应该力避。前一种结果固然不错，但是政府及其相关机构部门经常被"舆论倒逼"，这说明其平时该作为而不作为，或是未正确作为而是胡乱作为，或是信息应当公开而未公开、未如实公开。这就需要从源头上解决问题，而不是在遭遇"舆论倒逼"后再进行危机公关。"舆论倒逼"现象一旦出现，官方和官方媒体不可采取简单的做法，不能无视它，或者与之逆向而行，或者封杀它，而必须在一定程度上顺应它，着力解决舆论反应强烈的问题。

所谓"从源头上解决问题"，包括四层意思：

其一，坚持实行信息公开制度。人民依法行使知情权、表达权、参与权、监督权，而行使"四权"的基础和前提则是依法享有知情权。因此政府部门应从信息的主动公开、及时公开、充分公开入手，自觉地向公众公布重要信息，杜绝瞒报、谎报、不报现象。这仅靠相关部门和个人的自觉是不够的，要靠制度进行严格的约束。

其二，摆正与人民之间的关系。人民的利益至高无上，为人民服务至高无上，民生问题至高无上。与此相反，摆不正与人民的关系，则不可能从根本上解决"舆论倒逼"问题。因为舆论和舆情问题不单单是舆论和舆情问题。

其三，正确认识"舆论倒逼"现象。相当一部分"舆论倒逼"，是公众在帮助政府部门改进工作、弥补过失，而不是在制造麻烦或借故刁难，是在"补天"，而不是在"拆天"。在这部分"舆论倒逼"中，汇聚了公众的群体智慧和创造活力。从本质上说，相当一部分"舆论倒逼"是在探求和维护真理，是在推动社会进步。当然，对其中的偏激情绪、过激之词和不实传闻，当纠正要纠正，当引导要引导，当澄清要澄清。

其四，在管理理念和管理方法上应该顺时而改。在自媒体时代，对舆论简单地管、人为地卡、粗暴地压，是不合时宜的。鸵鸟政策不可取，官老爷做派行不通。改革和改进管理理念、管理方法，势在必行。

第二节　遵循新闻传播规律和其他相应规律

新闻传播规律和其他相应规律极其重要。对规律必须始终存有敬畏之心，并在平时就深刻理解其精髓和要义。规律并不是遇事时可以用来救急的灵丹妙药。即使是对新媒体语境中发生的重大公共危机事件，媒体对此进行报道也必须遵循新闻传播规律。而由于新媒体的作用，重大公共危机事件舆论和舆情的形态又与传统语境中舆论和舆情的形态有着诸多相异之处，因而舆论和舆情引导遵循网络传播规律是题中应有之义。当今的传统媒体，正处于与新兴

---

① 祝华新：《网络舆论倒逼中国改革》，人民网，2011 年 10 月 9 日。

媒体在诸多方面的深度融合之中。新媒体语境中重大公共危机事件发生后，传统媒体往往是以媒体融合的方式发声的，因此加强对新兴媒体发展规律的探讨十分必要。

一、更深刻认识、更准确地把握新闻传播规律

（一）列宁为我们深刻地认识规律提供了科学的路径

2014 年 8 月 18 日，习近平在中央深化改革领导小组第四次会议上讲话时指出：要推动传统媒体和新兴媒体在内容、渠道、平台、经营、管理等方面的深度融合；推动媒体融合发展要遵循新闻传播规律。而早在 2008 年 6 月 20 日，胡锦涛在视察人民日报社时曾经说："按照新闻传播规律办事，努力使新闻宣传工作体现时代性、把握规律性、富于创造性，不断提高舆论引导的权威性、公信力、影响力。"那么，对于新闻传播规律应当如何理解呢？

规律是人们耳熟能详的一个概念。如何理解规律，似乎不应是一个问题。其实不然。要正确界定和把握规律，并非易事。

列宁为我们深刻地认识规律提供了科学的路径。他说："规律就是关系……本质的关系或本质之间的关系。"[①]这就是说，不管是哪一种规律，都涉及相应的关系。探索、认知规律，往往需要从揭示关系即本质的关系或本质之间的关系入手。列宁将我们领进了一个"关系"视域。在这一视域中，我们得以更深入地考察、思考新闻传播规律。

此处的问题是：何谓本质的关系或本质之间的关系？根据笔者的理解，这其实是指对事物的本质有着重要决定作用或重要影响作用的各种联系。毛泽东在《矛盾论》一文中曾经说："外因是变化的条件，内因是变化的根据，外因通过内因而起作用。"[②]毛泽东所说的，是外因和内因对事物变化所起的作用。从他的上述论述中，我们可以得到如下启发：在对规律的探索与认知过程中，对本质关系的考察极为重要。而在对本质关系的考察中，对事物的内部联系及事物与外部的联系的考察也都极为重要。

（二）新闻传播的外部规律和内在规律

新闻传播规律大致可以分为内在规律和外部规律。外部规律体现了新闻传播以外的因素对新闻传播的影响、制约作用，而内在规律则体现了新闻传播系统内的因素对新闻传播活动的影响、制约作用。以上两种规律，缺一不可。它们合起来，方才构成完整的新闻传播规律。

对新闻传播规律作上述理解，我们可以从马克思的有关论述中找到一定的依据。

在《〈莱比锡总汇报〉的查封》一文中，马克思说过这样一段富有深意的话："要使报刊完成自己的使命，首先不应该从外部施加任何压力，必须承认它具有连植物也具有的那种为我们所承认的东西，即承认它具有自己的内在规律，这种规律它不能而且也不应该由于专横暴戾而丧失掉。"[③]

马克思的这一番话，是针对普鲁士政权查封《莱比锡总汇报》一事而发的，有着特定的话语环境。但其关于报刊"内在规律"的见解无疑具有真理性。对于报刊的"内在规律"，我们可

---

① 列宁：《哲学笔记》，见《列宁全集》第 38 卷，人民出版社 1974 年版，第 161 页。

② 《毛泽东选集》第 1 卷，人民出版社 1991 年版，第 302 页。

③ 《马克思恩格斯全集》第 1 卷，人民出版社 1956 年版，第 190 页。

以做如下解读:(1) 马克思以尽人皆知的植物作比,称此规律为我们所必须“承认的东西”(而且是无法不承认它)。其意在强调报刊内在规律的客观实在性、毋庸置疑性。(2) 这种规律,不会因为外界强力施压而丧失。外力是无法改变报刊内在规律的。马克思意在强调报刊内在规律对抗外部强力的品格。(3) 报刊的内在规律与新闻传播规律并不是同一个概念。然而,报刊是大众传媒中的重要种类,而且是马克思所处的那个时代仅见的新闻媒体。报刊的内在规律与新闻传播规律之间存在着紧密的联系,甚至有一定的同质性,这应当是无可否认的事实。

在这里,马克思以“内在规律”的称谓来指称报刊的某些与生俱来的规律,所表达的意思非常明确。循此思路,笔者拟将新闻传播规律分为内在规律及与之相对应的外部规律这样两个部分。

(三) 由系统内三组关系切入探讨新闻传播规律

对探索、认知新闻传播规律而言,新闻传播系统内的各种因素之间的关系,这无疑是首先值得关注的。在新闻传播系统内,着眼于传播者(新闻工作者),如下三组关系有待仔细考察、深入探讨。

1. 从传播者与事实的关系看,新闻传播规律的要义是真实及时地报道新闻事实

传播者是特定传播活动的主体,事实或关于事实的信息是传播过程中必不可少的内容。光有传播者而无可传播的新闻事实,或是光有可传播的新闻事实而无传播者,都不可能进行新闻传播活动,更不可能实现有效的新闻传播。

进行新闻传播,除了对传播者和事实有各自的要求,两者的关系也很有讲究之处。

对传播者的要求是:

——坚持坚定正确的政治方向(在重大公共危机事件发生后更应当如此)。

——对受众深有了解(特别是深入了解受众在重大公共危机事件发生后对于新闻报道和信息发布的心理期待)。

——真实报道新闻事实,以真实性为新闻的生命,以时效性为新闻的追求。与同样以真实性为生命的文学和广告的不同之处在于,新闻以据实报道和如实报道(不含任何虚构成分,对事实的报道与事实的实际情况相吻合)体现真实性。在真实性方面出现任何问题,都是对新闻生命的剥夺,也是对整个新闻的亵渎。

——具有新闻传播的专业技能。善于发现具有新闻价值的事实,具备通过深入采访获取优质素材的能力,能形成高人一筹的新闻作品并进行有效传播。以报道具有特定价值的事实为己任。对新闻评论来说,特定价值即议论价值(被议之事、之物有值得议论之处);对新闻报道来说,特定价值即新闻价值,指报道后产生的效能能满足受众的新闻需求。重大公共危机事件无疑具有新闻价值,但事件中的有些好新闻,并不是自己找上门来的,而要靠记者去寻找、发现。“脚板底下出新闻”的至理名言和“我在现场”的行业经验,在新兴媒体强劲的时代,并没有失去其不可低估的意义。新闻工作者以展示事实为“说话”的基本方式。新闻传播面对世界说话的方式是:报道事实(新闻报道)和评论事实(新闻评论)。新闻在报道事实时,使用的是“展示”和“呈现”的方式。在一篇报道中,对事实进行的客观报道和对事实的主观评论,应当是可以明显区分的,而不是相互混杂的。新闻评论也要根据事实说话,摆事实、讲道理,就事

论理。这样的新闻传播往往能够卓有成效地引导舆论和引导舆情。

——确保时效性,以此彰显新闻的品格。新闻之所以为新闻,就在于它具有毋庸置疑的时效性,失去时效性,新闻就不成其为新闻。关于重大公共危机事件的新闻报道和新闻发布,更应该体现时效性。对新闻传播的时效性规律,似乎无须多言。但以往多有将新闻事实压一压,审时度势,使新闻事实成为“旧闻”以后才发布的案例,也有了解到、掌握了新闻事实,但出于某种考虑使之成为“不闻”的实例。这些,在由传统媒体主宰新闻传播格局的时代,是并不难做到的。出于稳定大局的考虑而这样做,在许多情况下也不无道理。但对于大局的界定,往往有一定的、因人而异的主观性,对尺度的把握缺乏客观标准。如果说在自媒体时代到来前“旧闻”“不闻”尚不难做到的话,那么,在今天要想如此做,则必定会被舆论的声浪击倒并吞噬。

——以新闻产品价值的最终实现为旨归。新闻生产不是一种漫无目的的生产,也不是传播者的自娱自乐和自说自话。其出发点是受众,为了让受众能接受而采、而写、而制、而传;其归宿是受众认可性接受,以新闻产品价值的实现为旨归,这也就是其终极目标。为了实现上述目标,新闻生产者必须进行一系列努力,其中包括:不辞劳苦采集素材,慧眼识珠发现新闻,独具匠心精选角度,入木三分分析问题,另辟蹊径报道事实,充满情趣使用语言。

对事实的要求是:具有较高的新闻价值和社会价值,具备公开报道以后被公众广泛关注、频频传播并产生正能量的显质或潜质,可以用来进行舆论引导和舆情引导并收到良好效果。重大公共危机事件发生后,许多事实都具有极高的新闻价值(例如遭遇灾难的人们的惨状,包括血淋淋的画面和图景、凶手令人发指的作案细节等)。但经过预判,考虑到传播以后可能会产生比较大的负面效应,新闻工作者应该舍去或淡化此类内容,而不是加以渲染和炒作。这才是符合新闻传播规律的做法。

毛泽东曾经在《时事简报》一文中谈到怎样做新闻:“《时事简报》的新闻,特别是本地的和近地的新闻,一定要是与群众生活紧密地关联着的。如牛瘟、禾死、米荒、盐缺、靖卫团、赤卫队、AB 团造谣、共产党开会等等,都是与群众生活密切关联的,群众一定喜欢看。凡属不关紧急的事不登载。”[①]重大公共危机事件与公共利益关系密切,与受众的利益有着显在或潜在的联系,特别是与公众的知情欲望联系紧密。2008 年 5 月 12 日 14 点 28 分发生汶川地震以后,当日 22 点,央视由晚间新闻始,开启了综合频道与新闻频道并机直播的特别报道模式,此举符合新闻传播规律,值得称道。

传播者与事实的关系并不只是传播者主动、事实被动的简单关系。传播者发现不了优质的新闻事实,本身就会很被动。发现、选择和报道事实,就此而言,传播者掌握着主动权和主导权。然而,他们又受到事实的严格制约,不能违背新闻真实性的要求报道事实。可见,传播者的主动只是相对意义上的主动。他们能及时发现优质的新闻事实并把事实的新闻价值充分挖掘出来,能把用事实“说话”和借事实“说话”的效能发挥至最佳状态——这也就是两者关系的最佳状态。

2. 从传播者与受众的关系看,新闻传播规律的要义是善待受众

传播者的目的和努力都是向受众传播预期要传播的信息和希望收到预期的效果。传播者

① 《毛泽东文集》第 1 卷,人民出版社 1993 年版,第 264 页。

的素质和水平当然是至关重要的，但如果稍有不慎，处理不好与受众的关系，传播者的一切努力也将枉然。

在传播什么（传播这些而不传播那些）和怎么传播（这样传播而不那样传播）的问题上，传播者是主动者和施事者，受众是被动者和受事者。但是，在选择什么抑或不选择什么、接受什么抑或不接受什么的问题上，受众又成了握有很大自主权的行为主体，传播者甚至是奈何受众不得。传播者如果想要成功地施影响于受众，有效的办法不是无视受众的存在，不是不顾受众的感受，更不是目中无人、自说自话，而应该是以受众的认可性接受为出发点和归宿，以在受众那里实现新闻作品的价值（新闻作品的价值与事实的新闻价值是两个不同的概念）为旨归。这就是传播者（新闻产品生产者）与受众之间的良性关系。

进一步说，在传统传播语境中，传播者和受众是传播过程中的“双主体”。前者是传播活动的发起者，是传播的主体；后者是接受行为的主体，是使新闻作品的价值得以实现的主体。他们的主体作用在特定传播过程的两端——开端和终端——分别得到了明显的体现。效果良好的新闻传播，不只是由传播者向受众输出信息，也还应该吸收受众参与传播过程。如能这样，受众接受信息的积极性就会被极大地激发出来。在以上传播过程中，双主体是关系协调的，是形成了合力的，也是符合新闻传播规律的。

而在另一些传播过程中，受众作为接受主体，对来自传播主体的媒体及新闻工作者传播的内容和形式不予认同、不予接受。以往一些媒体习惯于将重大公共危机事件造成的丧事当成喜事来办，而且不报或少报灾情、专注于报道抗灾救灾。2013 年 11 月 22 日上午 10 时左右，青岛市黄岛区中石化一输油管道发生重大爆炸事故，事故造成 62 人遇难、数百人受伤。如此严重的事故，必然引起全社会关注。可是某些主流媒体的表现却不能令公众满意，相关报纸的版面被有的博主转发到微博中，招来网上舆论的一片诟病之声。“在事故发生的第二天即 23 日，青岛市委机关报《青岛日报》以及本地的《青岛早报》《青岛晚报》《半岛都市报》等主要报刊，在头版虽对事故都有提及，但是着眼点无一例外都是中央领导对事故作出重要指示，而对事故本身的报道却较少，引起了舆论的极大不满”，“24 日，青岛一些主要媒体不再沉默。但遗憾的是，青岛媒体只见各方如何救灾的报道，而几乎看不到事故的核心信息及对事故灾难无辜遇难者的应有态度，进而引起了舆论更进一步的质疑”。[①] 受众对此报道理念和报道方式十分反感，自然难言心悦诚服地接受媒体观点和进而接受引导。之所以如此，其源盖出于两种主体认识发生了巨大偏差，而主因是传播者违背了新闻传播规律。

3. 从传播者与媒介的关系看，新闻传播规律的要义是要让媒介发挥双向传播效能

媒介是传播者与受众之间的信息传输载体。处理好传播者与媒介的关系，就需要将媒介的效能发挥到最佳。应是同时在两个方向上实现最佳效能：向受众传播信息，堪称最佳；向传播者反馈信息，同样堪称最佳。但是不少传播者在使用媒介时，往往只注意了前一个方向上的传播，而忽视了后一个方向的传播。

传播者与媒介的关系，当然是行为主体与所用工具/平台/渠道之间的关系。然而，媒体不

① 靖鸣、马丹晨：《地方媒体本地负面新闻报道的怪象与消解——以青岛媒体报道“11·12”输油管线爆炸事故为例》，《新闻爱好者》2014 年第 1 期。

是一般意义上的工具/平台/渠道,而有着很高的技术含量,往往被用来传播与媒体定位相关联的通常具有意识形态性质的内容(当然,在这方面并不能搞绝对化)。

新闻传播内在规律在上述三组关系中得到充分彰显,并在新闻传播实践中一再发挥作用。这是新闻传播规律的一个方面的内容。

(四)系统内部因素与外部因素之间的关系也不可忽视

外部规律是新闻传播受到外部条件、外部因素影响制约的规律,主要包括:政治生态、法治环境等政治层面的影响制约,宏观实体经济、经济政策等经济层面的影响制约,传统文化积淀、西方文化渗透、传播科技日进等文化层面的影响制约,等等。外部条件、外部因素的影响制约,归根结底是通过影响人(传播者、使用者、管理者、领导者等)发挥作用的,而且是以各种因素交互作用的方式发生影响的。因此,在探索、认知新闻传播规律的过程中,系统内部因素与外部因素之间的关系,也有予以关注的必要。具体地说,应研究新闻传播与外部因素包括政治、经济、文化等方面的关系(揭示后者对前者的制约、影响作用)。这属于探索新闻传播外部规律的内容。

1. 从新闻与政治的关系看,新闻传播受政治的影响制约是显而易见的

政治并不是新闻、新闻事业,新闻、新闻事业也不是用政治就能取代的。然而不能否认,政治对新闻、新闻事业影响甚大。新闻工作者不可能与世隔绝,总是会受到或这样的政治或那样的政治的影响,社会政治生态对新闻、新闻事业有着直接的影响,媒体(实际上是媒体中的负责人和从业者)的政治方向,决定或影响媒体的舆论导向。新闻工作者是否具有政治敏感,关系到对新闻事实的判断和选择的正确与否。因此,对新闻、新闻事业来说,政治是来自外部的十分重要的制约、影响因素。

重大公共危机事件发生以后,事发地的社会神经往往会立即绷紧,舆论和舆情的一星半点火苗,就有可能产生引爆效应,甚至引起严重的次生灾难。在这种情况下,从政治大局方面考虑问题,维护社会稳定和人心稳定是完全必要的,是理所当然的。社会稳定和人心稳定,要通过关于事件的重要信息的公开才能实现。而如果实行信息封锁,就会招致人们因不明真实情况而发生心理恐慌并进而引发社会震荡。

行文至此,我们就不难理解"政治家办报"对于办报纸、办媒体的重要意义了,也就不难理解坚持新闻事业的党性原则的毋庸置疑的重要性和必要性了。而在重大公共危机事件发生后,坚持"政治家办报"、坚持新闻事业的党性原则,不可有丝毫动摇。早些年曾经有坚持党性原则属于不属于新闻规律的争论。笔者认为,把党性原则说成是新闻传播内在规律,是不甚恰当的,它应该属于新闻和新闻事业受到外部条件影响、制约的规律,是外部因素中的一项相当重要的内容。

2. 从新闻与经济的关系看,新闻传播不能不受到经济的影响制约

经济是人类社会的基础(也是个体的人和群体的人生存和发展的基础)。人类社会不能没有上层建筑,也不能没有经济基础。

新闻与经济基础是反映与被反映的关系。毛泽东于 1957 年说:"在社会主义国家,报纸是社会主义经济即在公有制基础上的计划经济通过新闻手段的反映,和资本主义国家报纸是无

政府状态的和集团竞争的经济通过新闻手段的反映不相同。”①报纸只是新闻媒体之一，其他新闻媒体的情况当与此大致相同。在这里，新闻媒体是反映者，而社会主义经济抑或资本主义的无政府状态和集团竞争则是被反映者。这体现了唯物论的反映论的精髓。而反映是通过新闻手段实现的。新闻手段构成了报纸（以至各种新闻媒介）与其他反映者反映特定对象时所体现的特点的明显不同。这些，充分体现了思维的深邃性。对新闻手段以及运用新闻手段的理解、阐释，往往涉及新闻传播规律。虽然毛泽东的论述对社会主义经济的概括不尽准确，对资本主义国家的无政府主义状况的判断不免绝对，但整个论述仍然不失真理性的光辉。

新闻、新闻事业与经济的关系如何？经济是整个人类社会的重要支撑，当然也是新闻事业的重要支撑。经济同时又是新闻所反映的社会生活内容中的重要构成部分。新闻反映社会生活，是通过新闻手段所作的反映，是通过记者的眼睛和大脑所作的反映。在我国确立市场经济体制和新闻媒体走向市场以后，经济之于新闻、新闻事业的重要性得到了更充分的彰显。再则，经济利益是人行为的重要驱动力，是构成舆论和舆情的重要底蕴。在重大公共危机事件发生后，尤其不能忽略这一点。

3. 从新闻与文化的关系看，文化对新闻的影响是通过对传播者的影响实现的

文化包括科学技术对于新闻、新闻事业的制约、影响作用是显而易见的。

新闻传播受到科技发展水平的制约。纸质媒体只能出现在造纸术和印刷术发明以后，广播电视在无线电波传输和接收技术问世之后方才可能出现，移动互联网只能是高科技时代的产物。当下，媒体融合已经成为大趋势。这是特定的科技文化在起作用的表征。但科技文化对媒体发展的影响作用，尤其重要的是通过影响媒体的使用者（传播者、受众抑或从另一个角度进行言说时所使用的用户概念所指，其实均为使用者）实现的。

文化对于新闻、新闻事业的更深层次的影响，在于它对新闻工作者和受众心灵的潜移默化的影响。优秀文化的影响是浸润式的，不良文化的影响是污染式的。文化对人的影响可能是看不见摸不着的，但又是实实在在的。由于传播者掌握着新闻媒体，掌握着比较大的话语权，文化对他们的影响会从他们那里产生扩散效应。而新闻、新闻事业对文化的反作用也是不可忽视的。

举凡规律，都不是飘忽不定的，也不可能让人无所适从。遵循规律，良好的效果是可以预期的。就从事新闻工作而言，遵循新闻传播规律而行，和历史上的条件和情况大致相同，特定行为主体就能取得与以往一样的成功，取得预期的理想成效。反之，违背新闻传播规律，就必然失去受众、失去市场、失去效益（社会效益和经济效益），重蹈历史上违背新闻传播规律的案例的覆辙，可以说是概莫能外。遵循规律的新闻传播，虽然没有外力的干预和强制，但能使受众乐于接受并心向往之；违背规律的新闻传播，令受众心生厌烦，他们甚至可能拂袖而去。是否遵循新闻传播规律，其结果的差异竟是如此之大！重大公共危机事件的新闻传播及舆论和舆情传播，情况虽然比较特殊，但上述客观规律同样也是要发挥作用的。

---

① 《人民日报》1957 年 6 月 14 日编辑部文章。

二、网络传播规律:亟待引起重视的规律

习近平在中央网络安全和信息化领导小组第一次会议上说:做好网上舆论工作是一项长期任务,要创新改进网上宣传,运用网络传播规律,弘扬主旋律,激发正能量,大力培育和践行社会主义核心价值观,把握好网上舆论引导的时、度、效,使网络空间清朗起来。[①] 他把网络传播规律放到了极其重要的位置上。那么,网络传播规律有哪些内涵呢?

(一) 同网民各发其声与从众之声同时存在的传播相联系的规律

在网络空间中,网民因人、因事而各发其声,这就有了众声喧哗的舆论常态,在重大公共危机事件发生后的情况更是如此。网民有话就说,一方面是因为得益于自媒体,人人手中都有了"麦克风",这是客观上可为,另一方面也是因为网民通过发声而能获得存在感,这是主观上欲为。主客观两方面的因素相结合,众声喧哗就每每成为现实。

但是,在网络世界中,从众也表现得特别明显。一般而言,粉丝顺从偶像,"草根"顺从意见领袖(当然有的"草根"在特定情况下也会成为意见领袖)。特别是意见领袖的意见经过验证被确认为有见地、有道理的情况下,为意见领袖的意见而倾倒、而附议的现象屡见不鲜。点赞是对他人包括意见领袖的意见表示认同和赞赏之意,暗含用他人的思考覆盖和代替本人思考的意思。不予置评的转发多半隐含了肯定的意思。围观是予以关注但不置可否。转发者、围观者会因为附议者、点赞者体现的人气上升而人数同步飙升,也会因受感染而发声,最终加入意见表达者的行列(不过,他们的从众实质并未改变)。

可见,在新媒体语境中,网民各发其声与从众之声同时存在,两种情况是相联系和共存的。

(二) 同碎片化信息与系统化观点交互作用的传播相联系的规律

准确地说,微博受到篇幅限制,传播的信息和观点都呈碎片化之态。这对思维的系统性和深度化常常会构成严峻挑战。加之在网络文化的培育下,不费心神地读图成为公众接受信息和观点过程中一种带普遍性的倾向。不宜娱乐化的话题和内容,往往也被作娱乐化处理以博人们眼球,稍稍深邃一点的思想观点受到排斥,具有思辨色彩的思维成果不被看好。

相当一部分网民存在着"'智力递减'而'暴戾递增'"[②]的思维方式和行为方式。别人的意见通过微博表达,原本已经简而又简了,结果对此不等看完或听完,就自以为已经完全理解了(其实是只理解了几分之一甚至更少),而后几乎是不假思索,即作出自以为是的强烈反应。过程是"智力递减"(惰性在增加),结果则是"暴戾递增"(理性在减少)。长此以往,网民的思维深度和处事方式将会程度不等地受到影响。如果在重大公共危机事件发生后出现这种现象,就势必在网民的相互感染和感应中增加网上戾气和发生网络暴力,这对于重大公共危机事件的舆论和舆情,无异于火上浇油。

再从"即时性应激性特征"看,网络传播也有其非同寻常之处。在网络的海量信息中,网络的使用者一般会在瞬间对网络信息进行判断。有研究者指出:"无论是意见领袖还是一般

---

① 《习近平主持召开中央网络安全和信息化领导小组第一次会议 强调总体布局统筹各方创新发展 努力把我国建设成为网络强国 李克强刘云山出席》,人民网,2014 年 2 月 27 日。

② 徐百柯:《网上行事切忌"智力递减"而"暴戾递增"》,《中国青年报》2012 年 6 月 5 日。

网民，他们往往是在看到某个事件、某种现象的最初时刻，通常不会超过30秒，就已经作出判断，表达意见。这样的即时性应激性的意见，显然还没有经过深思熟虑，与经过深思熟虑后的意见当然不会完全一致。”[①]说任何网民对人对事作出判断的时间不会超过30秒钟，不免略显夸张和武断，但是，网民往往即时进行判断，一般不会在深入调查研究后并在此基础上有理有据地作出判断，这是事实。因此，最先发布信息者往往占有先发优势，这应当既有技术上的依据，又有心理上的佐证。

在关注微博呈现的碎片化传播特点的同时，有必要对微信的有别于此的特点予以关注。微信用在基于亲戚、朋友、师生、同事和其他熟人关系建起来的群里传播信息和观点，通过亲戚的朋友、朋友的亲戚、同事的师生、师生的同事，可以把信息和观点传到无远弗届的地方。就此而言，微信的传播力不容小觑。而微信往往可以推送有思考、有深度的文章从而弥补微博碎片化传播的相对不足。

如此看来，即时性强、呈碎片化开放式传播（无明确的目标受众）的微博，与相对闭合（有明确的目标受众）、不乏长篇大论的微信，其实是同时并存的。这样，在重大公共危机事件发生后，就可以给予它们以明确的、构成互补的分工：官方微博主要披露关于事件发展的即时信息，可滚动式发布，以回应公众关切。微信公众号则主要对事件的因由、个中的令人疑惑之处进行解剖和深度解读，担负释疑的重任。现在的常见情况是：在重大公共危机事件发生后，官微噤声，有官方背景的微信公众号也很少发声，这就难以掌握重大公共危机事件舆论和舆情引导的主动权和主导权。

（三）同个体性传播与圈层化传播共存共荣的传播相联系的规律

在网络平台上，存在大量个体性的传播，一个个体就是一个发声主体和意见表达主体（其间往往存在很大的差别）。但与此同时，网上也存在着由相应的个体通过“缘”交集而成的圈层。谢新洲把圈层传播归结为网络传播的第三条规律：“网络促使人与人的连接方式由血缘、地缘向趣缘、业缘转变，大量网络群体由此形成，这些群体就是我们常说的圈子。圈子往往具有一定的封闭性，与圈子主流意见相似的意见不断被强化，而相左的意见常常被排斥。”[②]个体当然也会排斥与己意见不合的某些他人意见，但毫无疑问，圈子对与圈子中主流意见相左的意见的排斥力度更大。意见产生了聚合效应，当是其中的重要原因。应当说，圈子现象是网络传播中比较突出的现象。重视对网络传播中圈层的研究，进而深入对各种“缘”的研究，而不是仅仅满足于大而化之的大众传播。这是舆论引导和舆情引导中需要认真考虑的问题。

也有的研究者分析说：“与传统媒体的舆情传播线性路径和圈层式受众覆盖不同，网络舆情传播呈现的是非线性的散播路径和交叉、重复、叠加式传播覆盖，具有传播爆炸性的特点。”“就好像是在网络空间上存在的一个个舆情信息地雷或炸弹，在一定条件下触发后，其信息传播能量可以瞬间得到释放，相关信息及其评论在网络空间上快速生成，并产生巨大的传播影响。……网络舆情传播则不像在投石子，而是引爆炸弹，不但可以直接激起巨大水柱，而且其弹片可以同时溅落在广阔的水面上，产生强大而交织的波纹，其传播时间更快、受众范围更广、

① 超然：《网络民意的虚与实》，《民主与法制》2011年第23期。

② 谢新洲：《要适应和把握网络传播规律》，《青年记者》2016年第27期。

效果影响更大。”①

这位研究者对于网络传播的“爆炸性”的说法是值得重视的。从理论上说,每一起重大公共危机事件发生,在新媒体语境中都存在着舆论和舆情炸弹被引爆的可能性。必须清醒地认识新媒体语境中舆论和舆情的厉害之处,不可有丝毫懈怠和侥幸。应深刻了解此语境中舆论的作用机理,进行相应的防范和主动的引导。

(四)同官方和新闻媒体与精英及“草根”共同参与的传播相联系的规律

在互联网时代到来之前,关于重大公共危机事件,政府及相关部门一般不直接参与传播(政府及其相关机构部门提供信息然后交由新闻媒体进行传播)。而在互联网时代,重大公共危机事件发生后,不仅新闻媒体参与事件信息传播,而且官方也直接参与了事件信息传播,不仅精英参与事件信息传播和观点交流,而且大量“草根”也参与了事件信息传播和意见表达及传播。这样的传播,不再是由官方完全能够设定程序、规定方向、控制节奏的传播,这就在很大程度上改变了重大公共危机事件的信息和意见传播格局。

如果以主流媒体和自媒体引发的公众的关注和应和的情况来看,通常是后者甚于前者。不排除公众情绪所起的作用,但是对社会热点事件的披露,大抵总是自媒体早于主流媒体,主流媒体常常充当“跟进者”的角色。这是很发人深省的。

(五)同关于事件舆论和舆情资料的历时性留存与共时性传播相联系的规律

自媒体是既没有准入门槛也没有“把关人”的媒体,是使用特别普遍、特别方便和特别有“记忆”的媒体。在自媒体使人人都拥有话语权的现实条件下,关于同一重大公共危机事件的多种信息及意见和关于不同重大公共危机事件的繁多信息及观点,既历时性留存又共时性传播。人们在此一事件发生以后,可以把彼一事件甚至更多相关事件发生后的舆论信息和舆情信息很容易地调取出来,用以联系、对照、贯通。例如,天津港爆炸事件发生后,网民调取出2012年天津蓟县“6·30”大火致多人伤亡事件的信息,一起公交车燃烧事件发生后,以往的公交车燃烧事件的记忆就在网上被唤醒,一起在小学和幼儿园门前砍杀少年儿童的恶性事件发生后,以往的同类事件被追溯。这就使公众在接受官方和官媒传播的事件信息时,多了许多相应的参照系,多了方便使用的“数据库”。

三、深化对新兴媒体发展规律的认识

目下,新兴媒体已从深层次上改变了社会现实生活,改变了社会成员的工作方式、生活方式和思维方式。在新闻传播领域,新兴媒体则深刻地改变了新闻产品的生产与传播模式,以及原有的新闻传播格局和社会舆论格局。新兴媒体发展规律是媒体融合必须遵循的规律。这一规律的作用,既会在重大公共危机事件发生后的公众舆论中直接表现出来(通过自媒体体现出来),也会通过影响媒体融合而对事件舆论和舆情发生影响(通过传统媒体和新兴媒体的融合体现出来)。

新兴媒体的发展有其固有的、不以人的意志为转移的客观规律。那么,以列宁的“规律即关系”的观点观之,新兴媒体发展规律具体有哪些内涵呢?

---

① 曹劲松:《网络舆情的基本特点》,《新闻与写作》2009年第12期。

（一）数字化律

从新兴媒体与数字技术的关系，可以看到：新兴媒体的每一步发展都是由数字化技术推动的。这里涉及新兴媒体的存在方式：数字化生存。

在新兴媒体的发展过程中，计算机的诞生和被广泛使用，有着里程碑式的意义。新兴媒体的发展得益于数字化和数字化程度的不断提高。这是新兴媒体发展的一条重要规律。

新兴媒体总是要运用计算机的相应技术，进行信息处理。这里所说的计算机的相应技术，很重要的就是数字化技术。数字化技术就是将许多复杂多变的信息转变为可以度量的数字、数据，再以这些数字、数据建立起适当的数字化模型的技术。把复杂多变的信息转变为一系列二进制代码，引入计算机内部，进行统一处理，这就是数字化的基本过程。没有数字化技术，就没有计算机技术，就没有新兴媒体的存在与发展。新兴媒体的发展史，也即数字化生存史和数字化发展史。处理数字的能力强，与此相联系的是数字化技术水准高，带来的结果是新兴媒体的发展就从一个重要方面获得了强大的推动力。计算机和互联网的面世，离不开数字化；音频、视频作品的制作、传播，离不开数字化；互联网进而发展到移动互联网，也离不开数字化。而从手机由模拟到智能、由3G到4G的发展轨迹中，我们可以清晰地看到数字化的卓著功勋。说数字化是新兴媒体发展的命脉，当是一点也不为过。

（二）方便使用律

从新兴媒体与用户的关系，可以看到它在发展中具有的原动力和丰厚底蕴。

一是因用户使用方便而具有巨大生机和活力。

此项内容关涉用户被唤醒的使用动机，被培养起来的使用习惯。这从新兴媒体为用户提供什么样的服务方面体现了两者的关系。把诉诸视觉器官和听觉器官的功能整合在一起，把作为媒体的接收信息、表达意见功能和作为通信工具的接听电话和拨出电话的功能整合在一起，这是新兴媒体之所长、之所便。“因为方便，所以使用”，这是用户最基本的使用动机。通过新兴媒体，受众可以方便地、饶有兴味地使用由文字、图片、音频、视频提供的信息。在工具的选择和使用上，舍繁难、求简易，弃繁复、求便捷，新兴媒体发展规律的这一真谛，是与社会普遍心理暗合的。

二是因适应用户使用而广受青睐。

这与用户使用新兴媒体的行为方式紧密相连。此处所说的用户，既包括普通网民，也包括新闻机构和其他机构。新兴媒体是个人和机构可以方便地使用的媒体。用户如何使用新兴媒体，从另一个角度涉及用户和新兴媒体两者之间的关系。

个人使用新兴媒体直接披露信息、个人发表意见和评论他人意见，一无准入门槛限制（网民使用新兴媒体，没有准入限制），二无时间空间限制（使用时间，没有8小时内外之分，也没有白昼与黑夜之别，可以是24小时中的任何时间点；使用地点，可以是具备上网条件的任何空间）。

新闻机构使用新兴媒体，也获得了很大的便利。天津港爆炸事件发生于2015年8月12日23时30分左右。有学者研究了《人民日报》官微发布微博的情况，指出：翌日0时43分，《人民日报》官微发布了第一条天津港爆炸的微博。【突发：#天津发生爆炸#腾起蘑菇云 河北多地有震感】网友爆料，天津港港区附近发生爆炸，网友@愚大象称：万通新城的家里门被震掉了好几个,巨大的冲浪、火光。河北河间、肃宁、晋州等地均有震感。目前伤亡情况不明。当天,《人民日报》官微共发布微博55条,关于天津港爆炸事件的微博为50条,约占总微博数的91%,平均每28.8分钟发布一条该事件微博。其中,31条微博关注事件的最新进展,以及事件本身的还原,包括爆炸的具体地点、伤亡人数、附近医院位置和号码及呼吁民众踊跃献血等。[①]《人民日报》官微援引了网友的爆料,对此事件作出了最为敏捷的反应,这是纸媒无论如何都无法做到的。微博最初坦承"伤亡情况不明",然而能作出即时灵敏反应是非常必要的。这也是顺应新兴媒体发展规律之举。此日《人民日报》官微密集发布微博,滚动发布实时信息,收到了"准直播"效应。这更是纸媒无论如何也无法做到的。

(三) 全天候互动律

从新兴媒体处理传受关系可以看出它们在传受的全天候互动中获得发展基础。

这涉及新兴媒体发展的内在动力。说新兴媒体的发展是由传播技术推动的,固然不错,但从根本上说,新兴媒体的发展在很大程度上得益于使用者的推动。一种媒体,使用者寥寥,是很难有大的发展的。新兴媒体不仅使用者甚众,而且使用者始终能够参与传播过程,参与与传者的互动,这就使它的发展获得了源源不断的动力。

新兴媒体天生就具备传受互动的功能。这是它的基本特性,而且是越发展越利于传受互动,或者说,它在传受互动方面不断地有所发展。这又是其发展规律。随着传播科技的日新月异,新兴媒体在传受双方的全天候互动方面,程度在不断加深,场域在不断拓展。网络论坛已经做到了传受界限被打破、互动可以全天候进行。博客、微博的盛行,都充分彰显了其开放和互动的特点,以致开放和互动成为其与他人广泛交流的推广链。及至微信问世,更利于互动的特点发挥得淋漓尽致。

新兴媒体的传受互动,是全天候的互动,是传与受之间没有明显界限的互动,是传者身份与受者身份相互转变和切换极为方便的互动。正因为如此,在新兴媒体面前,"受众"不是一个确切的概念,准确的概念,是"使用者",是"用户"。

(四) 包容融合律

从新兴媒体与其他媒体、元素的关系,可以看到极强的包容性和融合力,它是在包容和融合中发展的。

新兴媒体具有巨大的包容性。广播和电视堪称近邻,但广播无法包容电视。报纸是传统媒体中诞生最早的媒体,但它若想包容广播和电视媒体同样也是无能为力。而新兴媒体则可以包容一切传统媒体。正因为如此,传统媒体应走与新兴媒体融合发展之路。这种融合既可以是正向地与之融合,也可以是逆向地为之所融合。

还不止于此。新兴媒体在最大程度上包容了各种传播符号和元素,包容了各种传播平台和渠道,包容了各种传播形式和终端。新兴媒体包容和融合了报纸、广播、电视媒体的一切值得包容和融合的东西,例如文字、图片、声音、画面等。

进而言之,新兴媒体凭借着自身在包容和融合方面的巨大能耐,将自己发展成了"全媒

---

① 李劭强:《突发事件报道中媒体官微的传播价值——以人民日报官微天津港爆炸事故报道为例》,《视听》2016年第12期。

体”。“‘全媒体’不再是以往简单的传统媒体和新媒体的两者合一,而是所有接收、表达的方式和形态完全一体化”。[①] “全媒体”的要义是所有的接收方式、表达方式及所有的传播形态达到完全一体化的境界和程度。

四、新闻传播规律与新兴媒体发展规律的相互关系及交互作用

新兴媒体发展规律与新闻传播规律,有着各自的内容,但并不是互不相干的。现在来探讨新闻传播规律与新兴媒体发展规律之间的关系及其交互作用。

(一) 两种规律之间的关系

新兴媒体发展规律和新闻传播规律,并不是两个并行的概念,也不是在同一逻辑层面上的概念。前者的主体是新兴媒体,更多地体现为纵向性和过程性,通过考察新兴媒体的发展轨迹更能把握其真谛。研究新兴媒体发展规律,目的并不是复制已有的新兴媒体,或者创造出新的新兴媒体,而是为了用好新兴媒体,科学地促进和推动传统媒体与新兴媒体的融合发展。对传统媒体的从业者来说,认识和理解新兴媒体发展规律,就可以卓有成效地使传统媒体与新兴媒体融合,从而产生 1 +1 >2 的效果。新闻传播规律,其主体是新闻传播活动,更多地体现出横向性和应用性。它是被人们在综合性地总结经验教训的基础上揭示出来的。满足了遵循新闻传播规律的相应要求,新闻传播的良好效果是可以预期和复得的。这也就是新闻传播规律被反复强调的原因之所在。

新兴媒体包含着多种媒体和媒体形态(包括社交类媒体),其中一部分媒体和媒体形态被用于新闻传播。此时,两种规律存在于共同的空间中,出现了交集。用于进行新闻传播的新兴媒体,既要遵循其自身发展规律,又要遵循新闻传播规律(比如,恪守新闻真实性,采取“用事实说话”的方式,注重事实的新闻价值,讲究新闻的时效性,等等),受到两种规律的双重制约。新兴媒体的从业者,不可因自己所在媒体强势而无视新闻传播规律。而传统媒体融合新兴媒体进行新闻传播,无疑依然必须遵循新闻传播规律,与此同时,不能罔顾新兴媒体发展规律(比如,不能对数字化律视若无睹,不能对适应个性律不闻不问,等等),不能只是沿用、固守与传统媒体相适应的惯常的思维方式和工作方式。

(二) 两种规律的交互作用

如前所述,两种规律有存在于同一空间的时候。此时,无论是对传统媒体还是对新兴媒体来说,两种规律都不是孤立的存在,它们会发生交互作用。交互作用包括两层意思:(1) 在完全相同的方向上发挥作用。新兴媒体在满足用户个性化需要的过程中迅速发展,而新闻传播规律也隐含了以满足分众的需求为追求的取向。这是两种规律的相同之处,它们将会在同方向上发挥作用。(2) 在不尽相同的方向上发挥作用。新闻传播规律的固有内容中,并没有运用数字和数据这一说,所具有的内容是满足受众的新闻需求。由于新兴媒体及其发展规律所发挥的作用,传统媒体出现了数字化转型,传播领域中出现了数据新闻。对此,应予以关注。

下面就两种规律的交互作用进行具体分析。

---

① 陈力丹:《习近平论“建设全媒体”》,《新闻爱好者》2019 年第 4 期。

先看新兴媒体发展规律对新闻传播规律的作用。前者的数字化律,在相当程度上改变了新闻产品的生产方式。相应数据及对相应数据的处理,在新闻传播中不仅有了前所未有的地位,而且地位在不断提升。数据新闻,已经成为新闻报道中的一个富有生命力的新品种、新样式。有研究者说:"数据新闻作为大数据时代新闻创新表达方式,意味着传统新闻生产流程的一大变革。从数据新闻采编流程看,它是通过反复抓取、筛选和重组来深度挖掘数据,聚焦专门信息以过滤数据,可视化地呈现数据并合成新闻,是一个不断提炼信息的过程。"[①]由此看来,这还是一种全新的新闻生产方式。"从数据中发现新闻,从数据中解读新闻",只有在新兴媒体加盟新闻传播以后方才可能做到,显现出新兴媒体发展规律对新闻传播规律的深度影响。

再看新兴媒体发展规律中的方便使用律所起的作用。它提示新闻媒体及其从业者,新闻传播的某些规则因新兴媒体而有所改变。一是与用户在移动状态中接受新闻信息有关,新闻传播中的碎片化和新闻接受中的浅阅读现象有所增加。碎片化的信息更方便受众在移动中接收,浅阅读(读图片、读标题、读梗概)成为快餐文化时代为数不小的一部分人的选择。二是用户对新闻媒体和新闻工作者的要求更加严苛,新闻传播必须方便他们的接收。因为他们是在掌上(靠手机、用手指)完成对新闻信息的选择和接收的。

至于说新兴媒体的互动律,它对新闻传播规律也是有所突破的。作为新兴媒体发展规律中的一项重要内容,互动律几乎是颠覆了原先固有的新闻传播格局和社会舆论格局。与传统媒体的实践相对应的新闻传播规律,并没有包含太多的传受互动的内容,这种状况显然不能适应新兴媒体所进行的新闻传播,也不能适应媒体融合后的新闻传播,更不能适应自媒体时代受众的新闻需求。在今天,吸引受众参加新闻传播的过程,将用户作为受者和传播者两个方面的积极性都充分调动起来,是自媒体时代新闻传播的成功之道。

如果我们不是片面性和绝对化地考察和思考问题,就会发现新闻传播规律对新兴媒体发展规律同样也是发挥了作用的。其中的相当一部分真谛和要义,对于新兴媒体的新闻传播是有所制约的。

例如,传播新闻必须符合新闻真实性要求,这是新兴媒体进行新闻传播必须严格遵循的规律,是铁律。新兴媒体的从业者,作为传播者,不能把传闻甚至谣言当新闻,不能把自己的工作降格为在电脑上"涂黑""复制""粘贴",使自己沦为"抄手"和"二传手"。所做的和所传的新闻,发布前应多源求证、反复核实,确保其达到无可挑剔的真实性。而新兴媒体在确保新闻真实性方面还有比较大的提升空间。当然,由于利用新兴媒体传播新闻者,有一些是普通网民,是非专业工作者,对他们所传播的信息客观上难以把关,法治、德治,他律、自律,多管齐下,当是从根本上解决问题的路径。

又如,将新闻传播的重心前置,把大量的时间、精力放在调查采访上,放在深入基层上,以扎实的采访支撑报道。新闻生产者深入采访、独立思考、勤于发现(包括发现有意味的线索,发现事实的新闻价值,发现耐人寻味的细节,发现新闻事实的特点,发现深层次的问题等)、精于表现(有异于寻常和高人一筹之处)。

---

① 汪平:《大数据时代新闻传播力重构》,《今传媒》2014 年第 9 期。

以上所列，几乎可以说是优质地进行新闻产品生产的“不二法门”。这样看来，进行媒体融合不能将新闻传播规律和新兴媒体发展规律抛在一边，也不能将两种规律割裂开来，或对其中之一有所偏废，而宜同时遵循两种规律，并且潜心研究新闻传播规律受新兴媒体发展规律的影响所发生的变化。

在新媒体语境中发生重大公共危机事件以后，为了更好地引导舆论和舆情，必须更加自觉地遵循上面提到的各相关规律，以免受到规律的惩罚。

第十四章 新媒体语境中重大公共危机事件舆论和舆情引导对策思考(中)

在新媒体语境中对重大公共危机事件舆论和舆情进行正确有效的引导,从根本上说,官员和官方须对公众表现出足够的诚意。在此前提下,引导工作既与特定主体准确的舆情研判直接相关,也与其避免激化舆论和舆情的策略以及及时举办高质量、高水准的新闻发布会的得力举措密不可分。

第一节 官员和官方对公众表现出足够的诚意

下面要探讨的问题是:在新媒体语境中,怎样在重大公共危机事件中避免舆论和舆情被触发、被激化,避免舆论和舆情反过来使事件的严重程度因之而加剧?笔者认为,至关重要的是官员和官方面对公众时表现出足够的诚意:尊重的诚意、信任的诚意和敬畏的诚意。

重大公共危机事件发生后,公众希望知情,表现出强烈的知情欲望,这不仅是人正常的心理反应,而且是每一位公民依法享有的权利。这时,重要的问题在于:要从如下四个方面让公众感到官方的诚意。

一是在坦然公开信息方面显出诚意。

在第一时间发布关于事件的权威信息,使公众感觉到官方以诚相待、毫无隐瞒、光明磊落。这样就能使公众在舆论被触发、被引爆和被激化之前就接触到较为完整和较为充分的事件信息,为他们作出冷静的、理性的判断提供基础性条件。唯有如此,官方才能变被动为主动。官方愈是信任人民、尊重人民,愈是把人民视为国家的主人和自己的衣食父母,人民就愈是能够理解政府的难处并愿意分忧解难。在2005年11月哈尔滨水污染事件中,市政府先后两次发布的公告所产生的截然不同的效果,就是明证。"将心比心""以心换心",自古而然。倘若怕着、怨着、躲着、防着人民,其实质是先将自己置于与人民相对立的地位了,且稍有不慎就会陡然激化矛盾,从而在被触发引爆的舆论和舆情面前陷于彻底被动的境地。

舆论和舆情的形成和发展,与信息的公开程度密切相关。离开政府的政务信息和公共信息公开,公众舆论和舆情包括网络舆论和舆情中的正能量就难以聚集、弘扬,难以发挥作用,处理好政府与舆论和舆情的关系也就无从谈起。

目前政府在信息公开方面的整体状况,与2003年4月20日前相比已有较大进步。SARS事件中,因两位高官处置疫情信息不当、受到严厉处罚而成为政府信息公开历史进程中的重要节点。2008年5月1日,《中华人民共和国政府信息公开条例》正式实施。政府公开重要信息成为制度,政府新闻发言人代表政府发言和披露信息也已成为常态,政府信息公开的渠道一般来说是比较畅通的。

但在某些时候、某些情况下,政府信息公开的状况仍不容乐观。作这样的判断,是基于如下现实:

其一,因信息性质的不同,某些地方政府信息公开的情况迥然不同。遇到喜事、好事、光彩之事,政府公开信息会很主动、很及时、很到位,遇到丑事、坏事、棘手之事,遇到天灾人祸特别是人祸(人为灾难),公开信息则难言主动、及时、到位,某些地方的政府及其相关机构部门甚至依然采取封、堵、卡、瞒等错误做法对待信息公开。这并非个例。

其二,涉及敏感、棘手的话题,避而不答,信息公开只是"走过场"。曾经有这样的事情:某市政府新闻办召开新闻发布会,通报经济适用房摇号出现"六连号"的情况。新闻发布会由于未设置记者提问环节,仅持续了约55秒钟。[①] 还有只有160秒钟的新闻发布会。[②] 此类新闻发布会形同虚设,让人感觉到某些部门或有关单位在信息公开方面心不诚、理不直、气不壮,只是在做样子。

其三,在一些地方,新闻发布会上无新闻(无公众关注的有效信息),名为新闻发言人的官员却不"发言"(不回应公众关切)。新闻发布会流于形式,新闻发言人徒有虚名。

其四,政府官员遇事怕媒体、躲记者。究其原因:一是媒介素养欠缺,这成为执政能力结构系统中的"短板";二是怕媒体、记者惹事,说到底是怕担责、怕丢官;三是对人民缺乏基本信任,以为人民知情了,事儿就难办了。在其意识的深层,存在着"民可使由之,不可使知之"的陈腐观念。

在公众参与国家事务管理的热情不断高涨、新媒体越来越发达高效的情况下,某地一旦发生重大公共危机事件,官方和官方媒体如不及时公开信息,就很可能遭遇"舆论倒逼"。隐瞒、遮掩、封杀、躲避,只会引起猜测和怀疑,激起民怨和民愤。官方和官方媒体唯一可取的做法是:根据监测到的舆情,尽快据实公开相关信息,正面作出积极回应,不可存在侥幸心理。《人民日报》记者曾经就兰考孤儿收养所火灾采访民政部相关部门,代表了人民的心声和意愿,是主流媒体面对公众瞩目的事件及时"发声"的很好的案例。

二是在主动检讨失误方面显出诚意。

因某些人为的重大公共危机事件中的失误向公众致歉,这也是必需的。这种致歉不是被动的而是主动的,不是敷衍了事的而是真诚的。这是获得公众谅解的必要前提。相反,迟迟不致歉,或者在致歉中推诿、搪塞,都不可能获得公众的心理认同。

在三鹿奶粉事件发生以后,石家庄市政府在新闻发布会上向广大婴幼儿患者及其家长道歉。发言人在道歉中着重强调这三条:"一是政治上敏感性差,站位不高,只是就事论事,就请示说请示,对事故缺乏政治上的敏感性";"二是认识不到位,后果估计不足,对这次事故的严重危害,缺乏前瞻性分析","以至于在国内外造成了重大不良影响";"三是由于信息的迟报,贻误了上级机关处理问题的最佳时机,给群众生命安全造成重大危害,严重影响了党和政府的

---

① 《武汉开55秒新闻发布会 称组专班查"六连号"事件》,荆楚网,2009年6月22日。

② 邹文彪:《消息:囧!160秒新闻发布会》,中国江西网,2011年3月14日。

形象”。[①] 但有人质疑道歉不够真诚。道歉者应该向广大婴幼儿患者及其家长表示发自内心的歉意和自责。这应是最主要的道歉内容。然而恰恰是在这一方面都显得很不够,因此受到公众的批评。

三是对人民怀有敬畏之心。

在我国,人民是国家的主人,各级干部是人民的公仆。主人与公仆的关系不可颠倒。公仆对于主人,不可视之为子民,而应该表现出应有的敬畏。这是公仆在人民面前应有的心态。对负一方之责的公仆来说,人民是其衣食父母,得到人民的拥护,是公仆得以立足的根基。在重大公共危机事件信息公开的问题上,人民不高兴、不乐意、不欢迎的事绝不能做。在平时,公仆应该时刻想为公众谋利之事,而不该有与民争利和食民之利之思、之行。倡导和推进社会公平正义,注重于协调社会各个方面的利益关系,保护弱势群体的利益不受侵犯,加强对公权拥有者的监督。确保公民维护自身合法权益的各种渠道的畅通,特别是意见表达渠道和情绪宣泄渠道的畅通,避免公众的怨愤累积、叠加。从深层次看这个问题,这需要以干部选拔、任用制度和其他相关制度的进一步改革为保障条件。

四是善待网民及网络意见领袖。

网上的情况十分复杂。以忧患意识和从国家安全的角度看待网络之事完全必要。但主政者、管理者不应把自己与网民、与民间意见领袖对立起来。事实证明:绝大多数网民关注重大公共危机事件,是出于对事件的关心,是他们有序参与国家事务管理的题中应有之义。民间意见领袖,其中的大多数不是麻烦制造者,而是在网民中有思想、有号召力者。善待网民和意见领袖,对他们的合理意见择善而从。而意见领袖也应该本着对社会高度负责的精神,用好自己的话语权和影响力。诚如人民网舆情监测室所撰文章《人民网评:对话“意见领袖”》所说:“微博客、BBS、博客等本是个人表达的媒介,但‘意见领袖’由于公众关注度很高。已然使这种‘自媒体’升级为社会‘公器’,具有公共服务性和社会共享性,议题设置和舆论放大效用明显,在某些情形下甚至有可能掌握着‘舆论核按钮’。这种情势下,‘意见领袖’们不妨更谨慎地用好‘拇指话语权’,不失语也不妄言,以法律、公序良俗和专业精神为边界,勇敢而稳妥地为社会代言。”[②]主政者、管理者善待民间意见领袖,民间意见领袖也完全可以成为联系官方与民间的桥梁和纽带,可以帮助化解相当一部分社会矛盾。

第二节 准确、及时地研判重大公共危机事件舆论和舆情

舆论与舆情之间的紧密联系提醒我们:准确及时地研判舆情,对于行之有效地进行舆论和舆情引导工作,是何其重要。舆情研判包含对公众未公开表露的意见、情绪的关注和把握,涉及舆论和舆情的更加丰富的底蕴。舆情研判,既应当建立在全面及时地掌握真实准确的舆情信息的基础之上,同时也离不开对舆论和舆情关系的精准理解和把握。

---

① 《石家庄市政府新闻发言人解释三鹿奶粉事件为何迟报》,《人民日报》2008 年 10 月 1 日。

② 人民网舆情监测室:《人民网评:对话“意见领袖”——善待网民和网络舆论③》,人民网,2011 年 7 月 13 日。

一、以正确的认知指导舆情研判

舆情研判的行为受到主体一定认知的支配。在正确认知的指导下，舆情研判有望得出正确的结论；在错误认知的驱使下，舆情研判必然得出错误的结论。确立正确的认知，是正确地进行舆情研判的必要条件。

正确认知主要有以下三点。

（一）将敬畏人民贯穿于舆情研判的始终

主政者、管理者现在已普遍将应对媒体、应对舆论作为自己的重要必修课。经过课程研修和实际锻炼，不少主政者、管理者在这方面确有很大长进。但也有一些主政者、管理者出现了如下偏向：应对媒体渐渐成为应付媒体，研判舆情也变成了应付乃至对付公众。

有论者指出："应对，还是应付，这是个问题。在一个信息时代，媒体集中关注某一起事件，确实会形成强大的监督力。面对舆论热点，很多公权部门、公司组织也摸索出一些'经验'，经常不再沉默不语，常常会迅速回应、果断处理……表面看起来是重视舆论、尊重舆论，当然算很难得，但也要警惕有些人还是心不诚，意不切，信奉的逻辑还是'舍卒保车''避重就轻''转移矛盾'，或者只是态度积极，却因为不愿意触及根本、不深挖病源，只是哪里疼在哪里挠一挠，效果不明显。"①舆情研判似乎也面临类似的问题。研判舆情是为应对实时的舆情，尚可理解，倘若研判舆情是为了探寻应付乃至对付舆情和公众之道，这就完全偏离了舆情研判的正确目标和方向。应对舆情与对付舆情的本质区别在于：后者视舆情的主体——人民——为提防的对象，而前者则视人民为敬畏的对象；前者立足于信任人民，而后者则缺乏对人民的基本信任。

应付或对付媒体、舆论、舆情乃至人民，之所以如此，是因为有些主政者、管理者并不是从心底里敬畏人民，并不视之为自己的衣食父母，并不认同自己手中的权力是由人民赋予的这一最基本的道理，并不把以人民为中心作为自己的工作导向。只有在潜意识层次将自己看成是高于人民、是治人者的人，才会将舆情研判用来应付和对付民众。

（二）把信任人民作为舆情研判的基本准则

舆情是民意而非"敌情"，研判舆情也非研判"敌情"。面对即使很复杂的舆情，也不应该秉持"如临大敌"的态度。人民，既是舆情和舆论的主体，同时又是国家的主人。舆情和舆论，与人民以主人翁的身份参与国家事务管理和行使宪法所赋予的权利密切相关。不管舆情有多复杂，作为其主体的人民始终是中国共产党执政的依靠力量和国家的坚实基石。因此，信任人民应是舆情研判过程中自始至终坚持的基本准则。如果对人民缺乏应有的信任，那么必然带来如下严重后果：放大舆情中的消极方面，无视其中的积极方面，导致对舆情的误判和一系列后续措施失当，甚至火上浇油，使原有的问题变得更加严重和不可收拾。

（三）把探索规律作为舆情研判的重要路径

舆情研判中的"研"和"判"，都离不开特定主体主观因素的介入。但研判不应该是主观臆断和盲目猜测。研判的重要路径是从实际出发，循规律而行。我们知道，舆论的生发和运行是

---

① 毕诗成：《"应对媒体"莫沦为"应付舆论"》，《山东商报》2011 年 11 月 25 日。

有规律可循的,舆情的存在与发展同样也是有规律可循的。

舆情存在与发展的规律大致有:(1) 作为民意,舆情受到政治、经济、文化等多重因素的共同影响和制约;(2) 舆情与社会普遍心理密切相关,有着丰富的社会心理内涵;(3) 舆情常常在政府作为和诸多社会问题上交汇、聚焦,此为舆情的永恒主题;(4) 舆情总是会引起人们之间的相互感应并因此而凸显其影响力,而相互感应又会反过来促使舆情产生叠加效应;(5) 舆情不是一成不变的,既随客体的变动而变化,也随主体的变化而异动。离开了对舆情规律的认识,舆情研判很可能是瞎子摸象,会失去方向、失去准星。

准确地进行舆情研判的前提是:及时掌握关于舆情的全面、真实的信息。在此基础上,进行梳理分析,由结果追溯原因,由现象探究本质,研究异常舆情背后所包含的深意。特别是要下苦功夫探索和认知舆情规律,使舆情研判更具有科学性。与此同时,舆情研判需强调时效性,关于突发性事件的舆情研判尤其是如此。时过境迁,舆情很可能又是另一番模样了。

二、在深入了解舆论和舆情的基础上准确研判舆情

(一) 根据网络舆论和舆情进行准确的研判

网络舆论和舆情充分地表达、反映了社会舆论和舆情。关注网络舆论和舆情是了解和把握舆论和舆情的最好途径之一。宜把网络平台作为了解舆论和舆情的有效渠道。在这个平台上,人们几乎是无话不说,会说出在现实条件下不可能说的话,说话时的顾忌明显小于现实生活中说话的顾忌。人民网舆情监测室所做的大量舆情监测是结合对网络舆论和舆情的监测进行的,此项工作做得颇有成效。

有关材料显示:宁波市委宣传部对舆情研判十分重视,而且抓得也比较得法。该部门要求:如果涉事有关部门面对舆论和舆情应对迟缓,主管部门应根据舆论和舆情研判,提出应对方案,并以“舆论引导抄告单”形式发书面通知,要求组织实施新闻发布会。如果舆论应对出现偏差,主管部门应及时予以纠正。如 2012 年 12 月 16 日该市在江东区危房倒塌事件的后续处置的新闻发布预案,没有提及责任人处理。对此,主管部门就提出,一定要把责任追究情况作为发布内容,否则,必然会掀起新一波的舆论炒作,影响党委和政府的形象。[①] 一旦出现新一波的舆论炒作,网络是必不可少的条件。而市委宣传部所作的舆情研判,也正是在密切关注网络舆论和舆情的基础上才可能做到的。后来的事实证明:宁波市委宣传部对舆情所作的研判是正确的。在该部门的提醒下,有关涉事部门采取的措施是得力而有效的。这应该是舆情研判方面的一个内涵丰富、深刻的成功案例。

如下案例可以用来证明深入了解舆情对于准确研判舆情的重要性。

2017 年 7 月 16 日凌晨 4 时左右,江苏常熟虞山镇漕泾 2 区 74 幢发生火灾(当地消防部门于 4 时 29 分接到报警),造成 22 人死亡、3 人受伤。经当地公安部门侦查,确认此为一起人为纵火案,犯罪嫌疑人被抓获。

从对事件的处置来看,有如下三点值得肯定:一是政府及其相关机构部门能比较及时地披

① 参见《扩大舆论引导主体 重构宣传部门角色——宁波改进舆论引导工作的探索和启示(上)》,此为新华社浙江分社记者张奇志撰写的调研报告。

露信息、发布新闻(当日7时03分,江苏省常熟市委对外宣传办公室、常熟市政府新闻办公室官方微博@常熟发布披露火灾信息;11时04分,@常熟发布通报介绍事件过程与进展;18时许,常熟市人民政府召开新闻发布会,市长周勤第通报"7·16"火灾情况及善后工作信息及嫌疑人被抓获的信息;19时11分,@常熟发布通报了事件的整个过程与善后处理)。通过以上努力,体现对公民知情权的尊重,消除了群体不安全感。二是公安部门快速侦破案件并抓获犯罪嫌疑人,体现出相当高的工作效率。三是善后处理工作有序进行。与此相联系,围绕事件,舆论和舆情虽也形成过风浪,但总体而言尚属平稳。

不过即便如此,事件舆论和舆情中仍凸显出不可忽视的问题:

第一,与平时有关部门管理工作中的漏洞相联系。火灾事件发生后不久,微信公众号"大白新闻"发布的《江苏常熟民房起火22人遇难,3天前刚召开全市整治会,有市民称事发地为群租房》一文,既进行爆料又提出质疑,从而引起激烈的舆论和舆情反应。后央广网、环球网、凤凰网、网易、搜狐网、人民网舆情监测中心等媒体和机构纷纷介入,和网民一起,不仅集中议论"群租房"治理的话题("常熟群租房火灾致22死3伤事发地系餐厅员工宿舍""又一场大火,22人死亡,群租房中的你还好吗?"等),而且将话锋直指3天前召开的整治会和更早就提出的整改措施("常熟民房起火:3天前刚召开整治会 事发地为群租房""江苏常熟起火民房:1个月前曾作为群租房被责令整改""江苏常熟起火民房:曾作为群租房被责令整改")。人民网舆情监测中心的文章《常熟火灾一年前就曾被举报!如何把握本地论坛中的舆情风向?》更是将该事件暴露出的存在的问题追溯到了一年前。其实,2016年11月,就有网友在当地一网络论坛"12345阳光便民·苏州"发帖称该居民楼人员流动大,存在安全隐患。常熟市便民服务员曾回复称要求房东整改。2017年6月6日,又有群众在论坛投诉称房内群租,电线凌乱、电器繁多,存在火灾隐患。6月9日,便民服务员回复已有民警和消防人员实地检查,并责令整改。便民服务员的两次回复,态度不错,但经惨痛事实检验,其回复声称的"整改"都是无效的。舆论和舆情就此聚焦,完全在情理之中。

第二,与发生于2017年6月22日的浙江杭州蓝色钱江小区的保姆纵火案相联系。两场火灾,相隔不到一个月。两起事件均为人为纵火,犯罪嫌疑人均为采取极端行为的个人,受害人均为无辜者。呼唤对常怀极端情绪的人加以关注,对社会公共管理工作中存在的相关问题加以关注,成为事件舆论和舆情的一项重要内容。

根据以上舆论和舆情进行舆情研判,才可能作出正确的舆情研判。

(二)根据网上微弱和零星的声音预测舆情走向

人们通过博客、微博、BBS以及其他社交类媒体所发出的某些声音,开始可能只是微弱的、零星的声音,发出了也未必受到关注。但是由于它们涉及了敏感的社会问题,虽然开初并没有形成声势浩大的舆论和引人瞩目的舆情,却有着发酵、膨胀因而被放大的极大可能性,有着从微弱的、零星的舆论和舆情转化为舆论狂潮、舆情海啸的极大可能性。有研究者分析说:"网络舆情处在萌芽状态时,相关信息传播具有分散的特点,具体表现为舆论起点分散、信源分散和传播主体分散。起点分散是指诱发舆论的信息起初只是零星地出现在新闻转载、新闻评论、社区论坛、博客、留言或跟帖的页面上,往往不容易引起人们的注意;同时,相关信息来源也处于分散状态即信源分散,某一舆情信息的来源不是集中在一个网站、网页或专题上,而是散布在关联度并不高的页面,由不同的网络个体披露。这时,网络舆情信息的传播主体也具有分散性,并没有形成集聚,即使有网友转载或跟帖,其数量也不大。"①

但是,这些零星的分散的网络舆论和舆情中的一部分,因涉及敏感问题或容易引起公众激愤的事件,总是有机会引起有影响的机构或意见领袖的关注并由其发帖、转帖,或被人移置到重要网站,由此进入公众视野,或者,在特殊情况下被翻出来、被重新提起。在进行舆情研判时,不可忽视那些处于萌芽状态的零星、分散的网络舆论和舆情,要注意从中发现某些正在酝酿的事件的端倪和可能产生的严重后果,特别是关注舆论和舆情可能的走向,对此当有足够的估量。如果舆论和舆情引导者,细察细节且敏于思考,就能主动设置议题和议程,督促政府部门通过冷静反思,认真吸取教训。如果对某些处于萌芽期的网络舆论和舆情缺乏应有敏感,就会丧失舆论引导的良机,甚至有可能达到不可收拾的地步。

还以常熟"7·16"火灾为例。事发后,央广传媒新闻微信公号"有下文"报道说:当地居民早先就在特定网络论坛反映这座居民楼存在火灾隐患、群租和电线凌乱等问题,管理不到位,给犯罪嫌疑人提供了可乘之机。这是对2016年11月网友在当地网络论坛"12345阳光便民·苏州"所发的如下帖子的重提:该居民楼"人员流动大,存在安全隐患"。而人民网舆情监测中心又接过央广传媒新闻微信公号"有下文"的话题继续往前推进,把舆论和舆情引向更深层次理性思考的方向。

(三)通过线下调研了解到的公众情绪深刻把握舆情

通过网络监测舆情,并不是舆情调查的全部方法,也不是舆情研判的全部根据。了解舆情还有其他方式和渠道,如开小型座谈会、调查会,通过发放问卷,进行民意调查,个别访谈(应特别加以提倡)。通过以上调查,深入了解公众尚未公开表达和表露的意见、态度和情绪。

正如刘峰所说的:政府面对网络舆论的冲击和压力之所以很被动,之所以很无奈,其根本原因既在"网上"更在"网下",既在"方法"更在"观念"。"某些政府官员面对一些可能诱发公共事件的问题看不出苗头,看不出倾向,看不出问题背后的民意和诉求,以至于小问题变成了大问题,小事件变成了大事件。再者,事件发生后,有些官员不善于积极应对,结果情况越来越糟糕。"②有一些重大公共危机事件,事发前已有征兆,群众也有反应,可是某些政府官员却未能见微知著,未能及时察觉"青萍之末"的异常之处,失去了避免重大公共危机事件及舆论和舆情发生的机会。

第三节 不断完善新闻发布和新闻发言人制度

在重大公共危机事件发生以后,政府及相关部门的新闻发言人面对各路新闻媒体的记者发布事件信息,回答记者们的提问,阐明政府的观点和立场,然后由记者们通过自己供职的新闻媒体把政府的信息、声音传播出去,这是符合现代民主要求的制度设计。

① 曹劲松:《网络舆情的发展规律》,《新闻与写作》2010年第5期。

② 杨敏:《网络舆论冲击波》,《决策》2009年第9期。

一、坚持不懈地推动新闻发布制度化

（一）推动新闻发布制度化的必要性

今天我们所处的是媒介化时代，又是媒介大变革时代。在这样的时代，各类传播媒介在社会生活中的作用远非昔日可比。建设顺应时代需要的政府新闻发布制度，已成为推进政府治理创新和中国共产党执政方式转变的主动选择。我国的新闻发布制度始建于 1983 年，然而真正使政府重视新闻发布制度建设的，是 2003 年爆发的 SARS 事件。2003 年 5 月 9 日施行的《突发公共卫生事件应急条例》、2008 年 5 月 1 日正式实施的《中华人民共和国政府信息公开条例》等法规都在相当程度上反映出政府在信息公开方面的努力和进步。党的十八届三中全会在以往新闻发布和信息公开制度建设的已有基础上，进一步提出了推动新闻发布制度化的要求，反映了十八大以来党中央领导集体推动政府治理转型的决心和信心。

笔者认为，推动政府新闻发布制度化是时代发展之需，理由如下：

第一，是政府信息公开之需。

现代民主政治的首要前提，就是政府信息充分公开，因为只有信息充分公开，公众的知情权方能得到有效保障，理性的政治参与方始可能。政府信息公开是与新闻发布紧紧联系在一起的。推动新闻发布制度化是促进政府信息公开、实现公民有序参政议政的重要渠道。中国在严格意义上的信息公开和新闻发布制度建设方面起步较晚，但最近若干年内建立起来的这方面的相应制度，在公共治理领域已经发挥了有目共睹的积极作用。因此可以说，在建设、改进和完善现代民主政治和公共治理的背景之下，推动新闻发布制度化成为历史的必然。

第二，是政府形象展示之需。

在大众传媒高度发达的当今时代，如何通过媒体展现政府形象，这是各级政府及其部门所面临的一个重要课题。[①] 为了赢得社会公众的理解，缓和社会群体与政府之间难以完全避免的矛盾，同时也为更好地将改革开放推向深入，各级政府越来越重视政府形象展示。[②] 通过新闻媒体展示政府形象已经成为各级政府提高社会治理水平的重要手段。但是，很长时间以来，大众传媒展示政府形象方面的功能尚未得到充分发挥。一个重要原因在于：新闻发布制度还不够完善和健全，在已有的制度设计中存在缺漏，而已有制度的执行情况不尽如人意。推动政府新闻发布制度化，不但可以借助新闻媒体集中发布政务信息，及时有效地履行向公众汇报权力运行情况的职责，而且可以使政府与新闻媒体之间形成良性互动的关系，从而更有效地展示和传播政府形象。

第三，是引导社会舆论和舆情之需。

舆论和舆情引导始终是意识形态工作的重要内容。在当今时代，世界形势风云多变，各种社会思潮错综交织。我国已进入改革深化期、社会转型期、风险频发期，社会矛盾复杂，而由自媒体等带来的新的舆论格局，则使民意表达相比于以前更增加了复杂的程度。在此情势下，舆

---

① 丁柏铨：《论政府的媒介形象》，《西南民族大学学报（人文社科版）》2009 年第 2 期。

② 陈相雨：《政府形象传播：畸变、批判及面子技术——一种本土社会心理学分析视角》，《政治学研究》2010 年第 4 期。

论和舆情引导无疑是涉及意识形态安全、关乎社会安定团结的一项十分重要的工作。

随着改革的深入,舆论和舆情引导的任务将会更加艰巨。而推动新闻发布制度化,则可以通过主动设置议题、议程,使政府及其机构部门在舆论和舆情引导中掌握主动权,特别是在重大公共危机事件的舆论和舆情引导上,可以也应该通过抢占舆论制高点的方式,确保自己的话语权和话语主导权,而不至于被不实信息及负面舆论和舆情牵着鼻子走。

综上所述,推动新闻发布制度化是顺应时代要求的正确选择,也是推动政府治理转型的有效举措。

(二) 推动新闻发布制度化的含义

中国共产党第十八届中央委员会第三次全体会议于2013年11月12日通过的《中共中央关于全面深化改革若干重大问题的决定》,从战略的高度,就全面深化改革各个方面的事项进行了部署。其中关于新闻工作的要求,对我国新闻事业本身的发展及在全面深化改革过程中发挥了积极作用,具有十分重要的指导意义。

该决定要求推动新闻发布制度化。我国新闻发布已有相应的制度,那么,推动新闻发布制度化,新意何在呢?根据笔者理解,新意主要体现在两个关键词上。第一个关键词:“制度化”。此前,经多年努力,在新闻发布方面已建立了这样那样的制度,但与“制度化”还有差距。“制度化”,当是制度建设所达到的一种程度很高的境界。按“制度化”的要求,就不能只是停留于一般的制度建设,而应是进行高标准、高水平的制度建设,不仅有应对性的制度,而且有更健全的制度,有根据特定情况制订的制度,更应该有各种制度形成的完整的制度体系。第二个关键词:“推动”。要将新闻发布朝制度化方向推动。推动的力量,既来自党,也来自政,既来自官,也来自民。推动新闻发布制度化,工作内容涵盖党政和其他有关各方面,而不仅仅是针对政府提出的要求。此处着重谈的是推动政府新闻发布制度化。

(三) 现有的新闻发布存在的有待改进之处

新闻发言人要发言,在发言中提供事实真相和真实信息,要讲真话和实话,要为以上各条提供制度保障,并不断进行改进和完善。笔者认为,某地一旦发生重大公共危机事件,新闻发言人应当有权了解与事件相关的全部重要信息,在对公众发布新闻方面得到充分的授权。在特别紧要和紧急的情况下,党政的一把手应当有勇气走上前台充当“新闻发言人”,直接面对新闻媒体记者,坦诚地回答他们及他们代表公众所提出的问题。在2003年的SARS事件中,党和国家所采取的信息公开举措,改变了党政官员在信息公开问题上的传统思维模式。2008年的汶川地震,对政府信息公开是一次“大考”。强震发生后,从第一时间始,由媒体不间断地滚动报道(发布)灾情,不仅是对公民知情权的应有尊重,同时也体现了对公众的高度信任。不仅对境内媒体开放,而且对境外媒体开放。媒体对地震的报道,政府的灾情信息发布公开而及时,详尽而透明,折射出社会的进步和历史的巨变。2011年的温州动车追尾事故,则从反面提醒人们:新闻发布制度存在有待完善之处。

二、推动新闻发布制度化的路径选择

推动新闻发布制度化是一项系统工程。

重大公共危机事件发生后,新闻发言人的发言对事件舆论和舆情有直接的影响。而就事件所作的新闻发布往往不尽如人意。那么,新闻发布制度及实践在哪些方面需要改进呢?

(一) 从制度设计上进行改进

重大公共危机事件均为性质严重的大事件,而且往往会涉及被追究责任和其他敏感问题。

从现有制度设计看,新闻发言人是一种比较尴尬的角色。主要表现在以下两个方面:(1)他们往往并不是一个单位的领导班子成员,并不掌握关于事件的全部信息。(2)他们发言的口径和底线,并不由自己决定,而是由其背后的领导特别是主要领导决定。如果领导特别是主要领导比较开明、正派,则新闻发言人的发言会比较符合实际情况,或能被包容;反之则新闻发言人要讲真话也难,要讲得全面也难。诚如范以锦所言:新闻发言人作用的发挥受到当前干部生态的影响。"如果没有一把手同意,发言人不敢说;如果真的有问题,发言人很难有底气。"①即使是没有问题,发言人也须得到一把手的同意并且揣摩其意图才能发布信息。

有学者坦言:从以往有些案例就可以看出政府新闻发言人的处境,他们既要满足上级,又不能得罪老百姓。② 新闻发言人确有为难之处。但有的新闻发言人的尴尬由其自身原因造成。在"7·23"温州动车追尾事故发生后,北京全路通信信号研究设计院宣传部部长、负责新闻发布的田振辉,面对中外记者的提问,要么一问三不知,要么语出惊人、匪夷所思。当然,其发言固然有无可推托的个人因素,但毋庸讳言,也有制度设计方面的原因。

北京市政府新闻发言人王惠认为:"需要在机制上保障,如果新闻发言人说话的权力还受到限制,所能了解的情况有限,重要的事情没有授权,他自然不敢说。"③王惠提出的新闻发言人"说话的权力"的问题,发人深省,有赖于从机制上得到解决和保障。

麦尚文认为,现行制度安排中,新闻发言人的自由表达度不大,深陷"身份焦虑"之中。发言人变身"代言人",特别是成为某种利益的"代言机器",在一些突发事件的应对与处置中,这种代言方式迟早会"现出原形",被舆论围攻。④

陈力丹认为,"很多单位都习惯性隐瞒,直到隐瞒不了了才勉强出来应对,这不能怪新闻发言人,而是出于领导的决策。现在的问题是,新闻发言人制度仍是一种被动应付的状态,在这种意义上建立新闻发布会(制度)肯定不行——等到人家都开始发问的时候,就已经晚了。"⑤把新闻发言人当作信息没法再隐瞒时出的牌,这是某些官员习惯性思维出的差错。

针对上述制度设计的缺失,笔者认为新闻发言人制度有待改进:日常的新闻发布,由新闻发言人进行此项工作;重大公共危机事件发生后,应由各个单位的"一把手"走到前台,充当新闻发言人,直接面对媒体及其记者,并通过媒体引领公众舆论和舆情。这有利于避免如下悖论:掌握全面信息、最有发言权和说话最权威的人不发言;发言的人并不掌握全面信息、发言并不权威且就某些核心问题发言并没有得到授权。

在中国共产党的历史上,"一把手"当新闻发言人早有先例。1944 年 6 月,中外记者西北参观团抵达延安,毛泽东亲自担任"新闻发言人",阐述中共主张,堪称新闻发言人发言的典

---

① 《中国人民大学教授陈力丹谈"如何推动新闻发言人制度走向成熟"》,人民网,2011 年 8 月 17 日。

② 《新闻发言人"难言"之隐:没一把手同意不敢说》,人民网,2013 年 7 月 13 日。

③ 《北京市新闻办主任:新闻发布不能"绕行"热点》,《人民日报》2012 年 6 月 8 日。

④ 《新闻发言人"难言"之隐:没一把手同意不敢说》,人民网,2013 年 7 月 13 日。

⑤ 《陈力丹:新闻发言人制度摆脱"人治"需建立在法制化基础上》,人民网,2011 年 8 月 18 日。

范。现实中,武汉市洪山区各街道、乡镇以及各委办局的“一把手”,都是新闻发言人。但只在这个层面实行这项“一把手”工程,显然是远远不够的。

笔者认为,在重大灾难事件发生后,由“一把手”出面直接面对媒体记者的提问和进行新闻发布,这样一种理念和做法是值得肯定的,是具有推广价值的,体现的是主政者有担当、敢负责的精神。

(二)领导和新闻发言人具有真理性认识

一是以真实和逻辑先说服自己。

不少新闻发言人仅仅将发言当作一份差使,在重大公共危机事件发生后硬着头皮上,目的只为帮单位灭火,连自己都没法说服,打的是“太极”,缺的是对公众的坦诚。在新闻发言人理论和实践中颇有建树的赵启正曾经说:新闻发言人是否为公众所信任,取决于他是否具有深切的使命感,是否对国家富有感情,是否尊重人民。拿连自己都说服不了的一套说辞来忽悠媒体记者,能让记者和公众信服吗?如果不尊重人民,人民凭什么相信新闻发言人和他所在机构以及他所代表的机构部门?与尊重人民紧密相连的是信任人民。倘若新闻发言人面对媒体记者的提问,涉及事实真相时躲躲闪闪、遮遮掩掩,处处提防记者、提防人民,这是对人民缺乏基本信任的典型表现。有的新闻发言人甚至将应对媒体变成了应付媒体甚至对付媒体,这是自己站到了公众舆论和舆情的对立面。这样的新闻发言人只会激起公众舆论和舆情的反感和愤怒。

二是将政府信息向公众充分公开。

许多新闻发言人乃至他们的上级领导在信息公开的问题上存在一定的误区,认为公众知晓的信息越多,工作中的麻烦就越大,因此,一些重要信息,能不公开就不公开。其实,信息的充分公开,与必须尊重和信任人民这样一种真理性认识是密切相关的。

三是正确认识政府与媒体之间的辩证关系。

武和平提出,在政府(及职能部门)和媒体之间,有四对辩证统一的关系需要探究和完善:第一,博弈中的制衡;第二,趋同中的差异;第三,非对称性中的统一;第四,互动中的双赢。[①]以上认识体现了辩证思维的特点,为正确、深入理解政府与媒体的关系,提供了颇具启发性的思路。政府与媒体之间的关系,并非对立关系,既互相制衡又可以达到某种统一和实现双赢。重要前提是共同对人民群众负责,作为政府及相关机构部门的代表的新闻发言人,理当对新闻媒体及记者增进理解。新闻发言人作为一种制度设计,应该充当重要信息的源头和披露者,不是“踩刹车”者和管道“封堵者”。武和平说得相当到位:“当发言人成为‘防弹背心’的时候,肯定有一天会被密集的炮火打透。”[②]踩刹车、封管道、防子弹,都是对付敌对者而使用的手段,和中国共产党全心全意为人民服务的根本宗旨,和以人民为中心的工作导向完全背道而驰。

(三)不断实质性地推进新闻发布制度建设

1. 新闻发布的实施常态化

推进政府新闻发布制度化,重在保障公众的知情权、参与权、表达权和监督权。近年来我

---

① 武和平:《公安部新闻发言人撰文:让媒体说话,天塌不下来》,《中国青年报》2007年4月20日。

② 郭翔鹤:《专家称微博时代新闻发言人应去行政化走职业化》,《新闻晨报》2011年9月8日。

国公众的“四权”意识日益增强，对公权力运行信息极为关注，对政府及其机构部门的新闻发布充满“常态化”的期待。但是，不少地方政府的新闻发布不能与时俱进，仅在突发事件或重大事务上发布经过“精挑细选”的信息，以致公众在日常生活中很大程度上处于“信息饥渴”状态。这种情况出现在传统的舆论格局中，通常不会酿成大事。但在新兴媒体异常活跃的新舆论格局中，在特定情况下，由于新闻发布或缺席、或滞后、或残缺、或搪塞，而网络舆论则迅速发酵，由此，小事端成为大事件、大事件成为更大的事件，这方面的例子已经不胜枚举。

在新的舆论和舆情格局中，公众已具备随时表达意见、求证信息及进行质询的条件。他们就自己关心的议题询问政府及相关机构部门，如果后者不能及时回应，其公信力就会受到影响。公众对于政府及其机构部门的信任，不是一朝一夕形成的，而是在长期日常互动中累积而成的。有学者通过对十个省市新闻办网站的统计发现，北京、广东、上海等省市新闻办网站互动功能比较健全，尤以广东最重视与网友互动，设置了“网上提问”“网友意见”“现场问答”三个栏目，几乎每天都有网民发帖提问，但是不足之处在于新闻发布机构回复网友提出的问题和意见不够及时，而其他省级政府新闻办网站则没有设置互动功能。[①] 因此，在新的舆论格局中，政府推动新闻发布制度化，不仅要在突发公共危机事件新闻发布方面继续努力，而且要在日常互动方面多下功夫。

2. 新闻发布的形式多样化

近年来，我国新闻发言人制度不断完善。目前，国务院各部委和各省、市、自治区政府机构部门均实施了新闻发言人制度，甚至一些基层的重要职能部门也都实施了新闻发言人制度。这是推动新闻发布制度化的坚实基础。但是，新闻发言人制度只是新闻发布制度体系中的重要组成部分之一，尽管作用很大，但也有其局限性。所以，推进政府新闻发布制度化，有必要注重形式的多样化。一般而言，新闻发布的形式主要包括：新闻发布会、媒体吹风会、组织记者集体采访、接受专访、网站发布新闻信息、通过电话电邮等接受记者质询、发布新闻公告及白皮书等。

在江苏常熟2017年“7·16”火灾中，当地政府的新闻发布形式就是多样化的：江苏省常熟市委对外宣传办公室、常熟市政府新闻办公室通过官方微博@常熟发布滚动发布事件的最新信息，该官微先后发布多次，充分体现了时效性，弥补了新闻发布会时效性相对较弱的不足，避免出现信息真空，实际效果相当好。通过新闻发布会（通气会）向各路媒体记者直接地、比较详细地通报事件的有关情况，再通过媒体在更大的范围内进行传播。在以上实践中实现了各种形式的新闻发布的互相配合。

3. 新闻发布操作的专业化

与传统舆论格局相比，新的舆论格局中的新闻媒体及记者更具有独立性。虽然“喉舌”的基本性质没有改变，但是在具体情境中，针对某些特定事件，新闻媒体及其记者则是政府及其机构部门的诤友。这是我国新闻媒体作为人民的“喉舌”的一种存在方式。政府新闻发布的对象中，有相当一部分是具有较强独立性和专业性的新闻媒体及其记者。这就要求作为新闻发布主体的政府及相关机构部门的新闻发言人，也是专业化或专业化程度比较高的人士。

---

① 侯迎忠、余菲：《地方政府新闻发布网络平台建设初探》，《当代传播（汉文版）》2012年第5期。

在新的舆论格局中,公众的理性研判能力逐步增强,特别是他们中的一些意见领袖,大都是各个领域的精英,而且政府及其相关机构部门的新闻发布,完全是在公众视域中进行的,任何细节上的纰漏,都会被公众察觉并通过自媒体加以放大。因此,在推动政府新闻发布制度化的进程中,新闻发言人具备专业化的素质和水准就显得尤为重要。发达国家政府机构的新闻发言人,大都接受过新闻学、传播学、社会心理学、语言学、修辞学、管理学等相关学科的专业训练,而且有在政府和媒体长期工作的经验。有学者认为:“新闻发言人是一项专业性很强的工作。它首先不是一个‘官职’,而是一个特殊的专业岗位。”[①]相比之下,我国的新闻发言人则大都由官员兼任,面对尖锐敏感或专业要求较高的问题,常感窘迫和力不从心。另一个值得关注的现象就是,一些接受过短期专业训练的新闻发言人,并不将新闻发言人视为一种神圣的职业。而一些新闻发言人,则刚入门又面临新的岗位选择和调整。此类制度性缺陷,有待在推动新闻发布制度化的过程中予以探讨和解决。

4. 新闻发布视角的平民化

建立新闻发布制度,在本质上就体现了对公众主体地位的尊重,因而推动新闻发布制度化,在相当程度上就是进一步推进新闻发布视角的平民化。

随着社会的不断进步,公众参与公共事务的意识明显增强。政府新闻发布制度的建设和改进是满足公众有序参政议政要求的有效形式。但是,参与政府新闻发布的大都为新闻媒体的记者,而鲜有普通民众在场。因此,推进政府新闻发布制度化,就应该设法让广大公众更容易接近和参与政府及其相关机构部门的新闻发布。这就要求,政府新闻发布载体是平民化的,视角是平民化的,是广大公众比较容易接近和参与的。网络新闻发布具有即时性、互动性、整合性、非制约性、广泛性和灵活性等优势。[②] 因此,重视网络新闻发布是推动政府新闻发布制度化的一个重要方面。政府在网络新闻发布方面,重视程度有待继续提升,力量投入应当有所增加。

新闻发布是权力机构向公众汇报工作情况、接受公众监督的一种形式。只要政府是为全体公众服务的,那么它就应该有责任和义务让所有公众知道政府在做什么、做到什么程度、取得什么效果等一系列问题,否则,就是一种失职。在这个意义上,推动政府新闻发布制度化,理应让新闻发布朝平民化的方向努力。

(四)推动新闻发布实现若干转变

自 2003 年以来,从中央到地方,各级政府在新闻发布制度建设方面做出了很大努力,在发布形式、发布密度及发布效果等方面,都体现出不断改进、不断进步的态势,在多数情况下得到了公众的认可。在新的舆论格局中推动新闻发布制度化,宜推动如下四点转变。

1. 从“注重技巧”到“优化制度”

单就新闻发言人制度建设而言,推进制度化就有许多文章可做(新闻发言人在政府新闻发布制度中占有重要地位,但它并不是新闻发布制度的全部)。在我国,不少地方的新闻发言人承载的任务过重,在某些情况下甚至被要求“堵枪眼”,或代人受过。这与此项制度设计的初衷不符。以往,一些地方在新闻发言人制度建设中,更多强调的是提高新闻发言人发言的技

① 史安斌:《从“官职本位”到“专业本位”:微博时代新闻发言人的“变脸术”》,《人民论坛》2011 年第 25 期。

② 陈琳、丁晔、王健:《网络发言人制度传播优势探析》,《现代传播(中国传媒大学学报)》2011 年第 12 期。

巧,有的甚至致力于把工夫花在琢磨对付媒体记者和公众的办法、策略上。这显然不能从根本上提高政府新闻发布的水平,所以有必要探讨如何进一步优化新闻发言人制度。笔者认为,理念上应强调敬畏人民群众,将尊重其知情权放到重要位置上。规制上,对新闻发言人进行赋权,使之在制度层面具有对所代表的机构部门重要情况的完整知情权,准许在特定的紧急情况下临时调整政府信息发布内容和策略,视情况作最优化发言。操作上,应围绕新闻发言人,整合所在单位各机构部门的资源,建设专业性较强、地位较突出的信息收集和发布团队,以有效提高政府新闻发布的层次和水平。

2. 从"通报告知"到"实现互动"

在新的舆论格局中,网络环境中的公众舆论已是一种蕴藏着巨大力量的存在。公众舆论与政府之间的互动,不但是社会进步的重要标志之一,而且也是政府治理转型所取得的一项重要成果。在这种情势下,政府及相关机构部门倘若仅仅视新闻发布为情况通报和告知的宣传方式,则必定不能满足公众行使"四权"的内在要求。更何况,全能型政府并不能够解决社会治理过程中的所有问题,相反会置自身于矛盾及舆论和舆情的风口浪尖。所以,政府应该悦纳公众(包括公众舆论)中的巨大正能量,并和公众一起通过协商互动的方式处置各类问题。因而,在这个意义上,政府新闻发布不应该仅仅局限于情况的通报和告知,而应该通过顶层设计吸纳公众参与互动,逐步使之具有"听取民意、集聚民智"的社会治理的多元协商机制。

3. 从"信息管理"到"政府公关"

在当前的舆论格局中,公众借助于社交类媒体进行意见表达已经成为现实,围绕特定议题时常出现"众声喧哗"现象。这无疑加大了政府及相关机构部门舆论和舆情引导的难度。一些地方的政府及其机构部门,将新闻发布制度建设视为强化信息管理的重要内容,往往以"信息归口"为由,给新闻媒体采访和公众知情带来困难。显然,此种做法违背了政府新闻发布制度设计的宗旨。从这个意义上说,各级政府及相关机构部门负责人、各级党委的负责人,应该转变思路,不但不能给新闻媒体和公众的知情制造障碍,而且还要以积极主动的态度,将政府新闻发布视为"政府公关"的重要形式,由此建立政府、媒体及公众之间的良性互动关系。

有研究者指出:"自媒体的'自我赋权'带来了新型传播生态和多元舆论格局。因此,对于政府而言,依赖传统宣传系统自上而下的舆论引导范式遭遇到了巨大挑战。有鉴于此,面对重大公共危机,一方面,政府要强化对社会心态的分析与研判,厘清不同舆论场的特征与关系,另一方面,也要转变沟通机制和话语方式,在专业的舆情回应中寻求社会共识,在科学的舆论引导中实现社会善治。"①

4. 从"要求发布"到"有效问责"

党和国家对新闻发布制度的建设极为重视,先后出台了与之相关的多个重要文件,对诸如"三公经费"等信息公布还提出了时间要求。应该说政府及相关机构部门做出了极大努力,取得了比较显著的成绩,这些都是值得肯定的。但是,也出现了这样的现象:积极参与和改进新闻发布制度的单位,在当前复杂的舆论环境中,却成了"众矢之的",而有些机构和部门在新闻

① 刘勇、王雅琪:《公共危机中"次生舆情"的生成与演化——基于对"8·12天津港爆炸事故"的考察》,《国际新闻界》2017年第9期。

发布方面不太积极,甚至有些遮遮掩掩。就此而论,建设和改进政府新闻发布制度,应该考虑建立有效的问责机制,而不能仅仅依靠地方政府及相关机构部门"一把手"认识的提高。

概而言之,推动政府新闻发布制度化,不但关系到我国公共治理转型,而且关系到对公民知情权、参与权、表达权、监督权的有效维护。当今的舆论格局,给政府新闻发布制度建设提出了新的要求。相关主体应在深入理解十八届三中全会精神的基础上,针对新的舆论格局的特点,打破旧观念,探索新思路,积极有效地推动我国政府新闻发布制度取得更大进步。

三、潜心研究新闻发布的说话艺术

新闻发言人的发言,固然是宣传工作,然而又不应是一般的宣传工作:既是与新闻媒体和记者的对话,又是与舆论和舆情的主体——公众——的对话。

有的新闻发言人清醒地意识到了公众所发生的变化:"从'知情权'到'话语权',公众的'在场意识'在不断强化。除'知道'之外,公众还要'说话',还要质疑、跟进。"①因此,不能一般地将公众作为被告知者、政府信息和态度的被动接受者,要有回答由记者代表公众提出的尖锐问题的心理准备和内容准备。

有论者认为:"现在发言人职业化程度还不高,大多带有行政级别,有些发言人做发言人的工作,思维和说话的方式还是官员的套路,这样是不行的。"②此言点出了问题的要害所在。

笔者认为,说现在的新闻发言人多半是兼职的,说得颇有道理,但倘说有行政级别的新闻发言人就一定不能发好言,又不免显得绝对化了。问题的关键显然不在这里。关键在于,新闻发言人是否具有深切的使命感,是否对国家富有感情,是否尊重人民。要在解决这个关键问题的前提下,努力研究如何发言,如何把话说好。"要和公众、媒体把话说好,首先要了解事件真相,准备好可以发布的信息。然后要认真研究说话的方式,把真话说真、好话说好,避免真话说成了假话,好话说成了坏话。最关键的是避免准备不足、研究不够的风险,如果公众、媒体掌握的信息比你掌握得充分,你还自认为是'权威发言人',怎么可能权威?在公众关切的核心信息上模糊了,其他方面说得再多也无济于事。"③这番话说得颇为在理。在公众关切的核心信息上模糊不得,一旦模糊了,新闻发言人就会满盘皆输。这一经验之谈,应该成为新闻发言人理论中的核心内容之一。

在此基础上,新闻发言人要在语言表达上力求达到最佳的效果:说符合事实真相、客观实在的话,而不说虚假和骗人的话;说有实际内容的话,而不说空话、套话;说接地气、平易近人的话,而不说打哈哈、打官腔和居高临下的话;说暖人心窝的话,而不说冷冰冰的话;说顺应民心的话,而不说激起公众愤怒的话;说体现人文关怀的话,而不说不通人情、缺乏人性的话。

① 《北京市新闻办主任:新闻发布不能"绕行"热点》,《人民日报》2012年6月8日。

② 郭翔鹤:《专家称微博时代新闻发言人应去行政化走职业化》,《新闻晨报》2011年9月8日。

③ 《北京市新闻办主任:新闻发布不能"绕行"热点》,《人民日报》2012年6月8日。

第十五章　新媒体语境中重大公共危机事件舆论和舆情引导对策思考(下)

在新媒体语境中,重大公共危机事件发生后,舆论和舆情中充满了各种意见力量之间的博弈。官方和主流媒体对舆论和舆情进行有意识的引导,这是有责任感的表现。但是,引导的效果如何?对引导效果如何进行评估?这是一个亟待探讨的问题。本章将就实施科学的舆论和舆情引导的效果评估进行探索。

第一节　进行引导效果测量和评估的必要性

一般而言,就重大公共危机事件舆论和舆情进行引导,是所有的舆论和舆情引导中难度最大的引导。在新媒体语境中,这种引导的难度更是陡增。而无论是政府还是新闻媒体,对事发后的舆论和舆情引导总是慎而又慎,费尽心思,但还很少有机构进行过引导效果方面的事后评估。然而事实上,这样的评估非常重要,十分必要。

一、通过科学评估可以找准与社会普遍心理的对接点

重大公共危机事件发生后,公众往往会产生如下普遍心理:(1)渴求知晓事件信息的心理。因为事关公共且危害重大,所以人人都具有知情的欲望,且享有法定的知情权利。屏蔽、封锁信息,与政府的社会治理方略相违背,是对公众知情权的亵渎,是对社会普遍心理的无视。(2)渴求知晓事件的后果,以及对自身有无影响和有何影响。比如某些公共卫生事件、社会安全事件等发生后,人们会由此及彼,推人及己,感到紧张、惶恐。(3)渴求知晓事件的善后处理情况,包括追究责任人责任的情况。(4)渴求知晓政府在事件处理中的作为,特别是吸取教训、进行整改和杜绝今后发生类似事件的情况。

对重大公共危机事件舆论和舆情的有效引导,应该是与上述社会普遍心理相对接的引导。如果与此相脱节、相违背,引导则将无济于事,甚至事与愿违。而对接的情况如何,只有通过效果评估才能有所知晓。

二、通过科学评估可以明察舆论和舆情引导的失分点

在重大公共危机事件发生后(有的事件发生后还会持续一段时间),善后处理及信息发布刻不容缓,无法像平时一样从容不迫地进行深入调研、仔细论证、研究决策,而必须当机立断。在新媒体语境中,舆论和舆情中充满变数、难以预料。更何况,这样的事件中的相当一部分往往是前所未遇的,没有经验可供借鉴和参考,客观上增加了对舆论和舆情进行有效引导的

难度。

事件过后，对已经做过的舆论和舆情引导进行评估、进行反思，理性思考其中的失分点，可以明察在哪里失分、明白何以失分、探讨如何避免失分。这是避免盲目、增加智性之举。

三、通过科学评估可以感知社会机体神经中的敏感点

在重大公共危机事件发生后，舆论和舆情的运行中出现的拐点往往与社会神经中的敏感点有关。那么，通常有哪些敏感点会使舆论和舆情被激发，或者使之转向，或者出现反弹呢？这也是需要通过评估进行反思的。

所谓敏感点，往往是指涉及具有敏感性的人和事的话题及其他相关信息（一经提起，公众即网民便会迅即抓住、紧追不舍）。内容大致包括：被持续热议的问题人事，引起人们激愤的信息，造成连锁反应的内容。从深层次看问题，它们与社会成员有着切肤之痛的记忆和情绪相关联，且是蓄之已久，一旦“扳机”被扣动，立即就会造成堤坝被毁、洪水决堤式的严重后果。

第二节 旨在构建评估指标体系的问卷调查

笔者早有设想，要建立新媒体语境中重大公共危机事件舆论和舆情引导效果评估指标体系，以供政府及其有关机构部门在事后使用。2017 年 8 月 18—19 日，在郑州举行的中国新闻史学会 2017 年学术年会上，就指标体系建构对新闻传播学者进行了问卷调查，旨在了解专家学者们对各指标合理性所持的态度和意见，以冀使指标体系更具有合理性和科学性。

一、问卷设计

该指标体系分一级、二级、三级指标。问卷主要使用程度量表进行测量，共分为六级：“非常合理”“合理”“一般”“不合理”“非常不合理”“说不清楚”。对各项指标都统计了百分比，在此基础上又引入性别、年龄、学历、职称等变量进行交叉分析。各项指标中，“非常合理”“合理”“一般”占比超过 60% 为通过。

二、问卷发放与回收

这次调查共计发放问卷 200 份（问卷见附录），回收 190 份，回收率 95%。回收后对问卷进行了鉴别、整理，剔除 3 份废卷，共获有效问卷 187 份，有效率为 93.5%，符合问卷调查要求。需说明的是：有的专家对问卷上的个别选项未加选择（选这些指标的人数未达到 187 人），统计时总人数一律以 187 人计算（将这些学者视为对特定标准不认可）。

三、样本基本信息

性别：女性学者 107 人，占 57.2%。男性学者 80 人，占 42.8%（见图 15－1）。

年龄：30 岁以下青年学者 58 人，占 31.0%。31～40 岁和 41～50 岁两个年龄段学者分别为 49（占 26.2%）和 50 人（占 26.7%），基本持平。51 岁以上学者 30 人，占 16.0%（见图 15－2）。

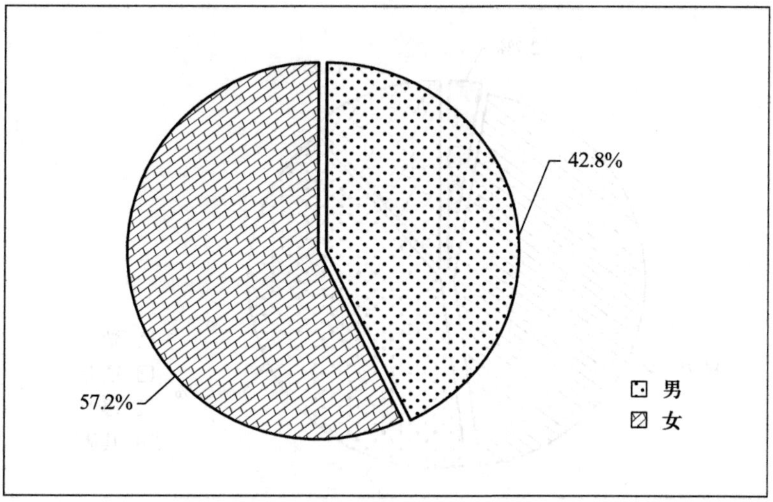

图 15 -1　样本性别分布图

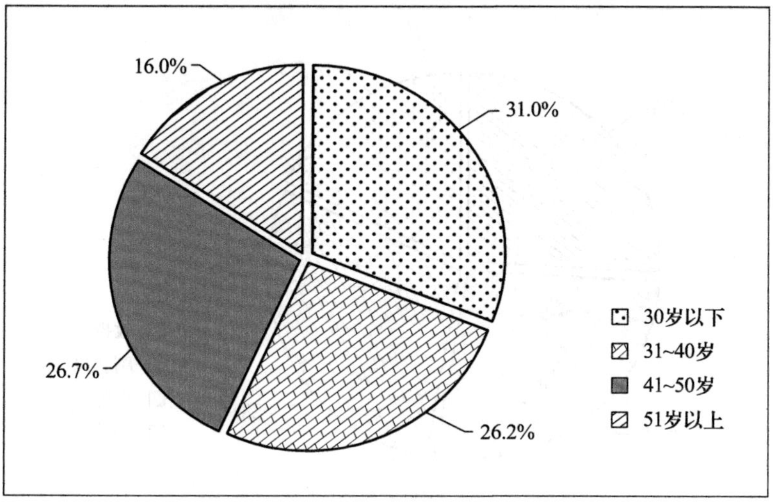

图 15 -2　样本年龄分布图

学位:博士 84 人,为 44.9% ,占比最高。硕士占比次之,为 77 人,占 41. 3%。学士 21 人,占 11.2%。其他 5 人,仅占 2.7%(见图 15 -3)。

职称:教授 35 人,占 18.7%。副教授 54 人,占 28.9%。有高级职称者合计占比 47.6%。讲师 50 人,占 26.7%。助教 48 人,占 25.7%(见图 15 -4)。

学科:新闻传播学 111 人,占 59.4%;文学、社会学、管理学占一定比例(见图 15 -5)。

四、对三个方面数据所作分析

(一) 用于测评当地政府的指标

对当地政府进行测评的一级指标为:信息公开、善后处理、舆论和舆情处置。

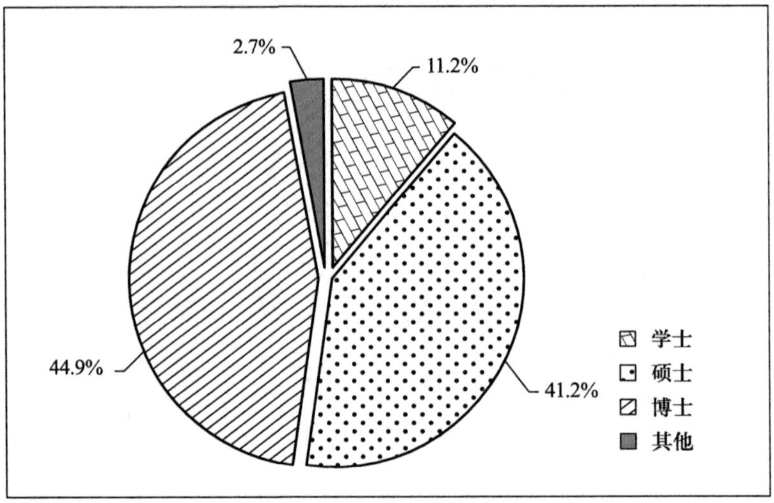

图 15-3 样本学位分布图

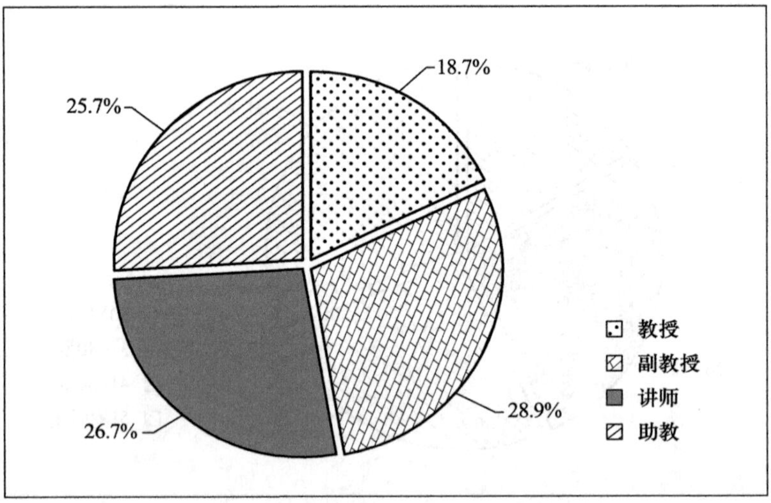

图 15-4 样本职称分布图

1. 信息公开

这是事件舆论和舆情引导的良好起始点,也是事中对舆论和舆情的重要牵引力,故被安放到重要位置上。其下二级指标包括:新闻发布会、官方微博运用情况、官民互动情况。

(1) 新闻发布会。重大公共危机事件发生后,政府及相关机构部门举行新闻发布会必不可少,且在一定程度上决定了对事件舆论和舆情的引导成功与否。不举行,不可思议,晚举行,必受诟病。新闻发布会不公布实情,会备受指责。这些情况都会在舆论和舆情中有所反映。此处设置了三个三级指标,包括:新闻发布会时效性(着重考量举行第一次新闻发布会与事件发生的"时差")、频次(根据事件的最新进展及时举行新闻发布会,能收到舆论和舆情引导之效)、新闻发言人的表现(对媒体和公众的坦诚度、对事件信息的熟悉度、回答记者提问的精准

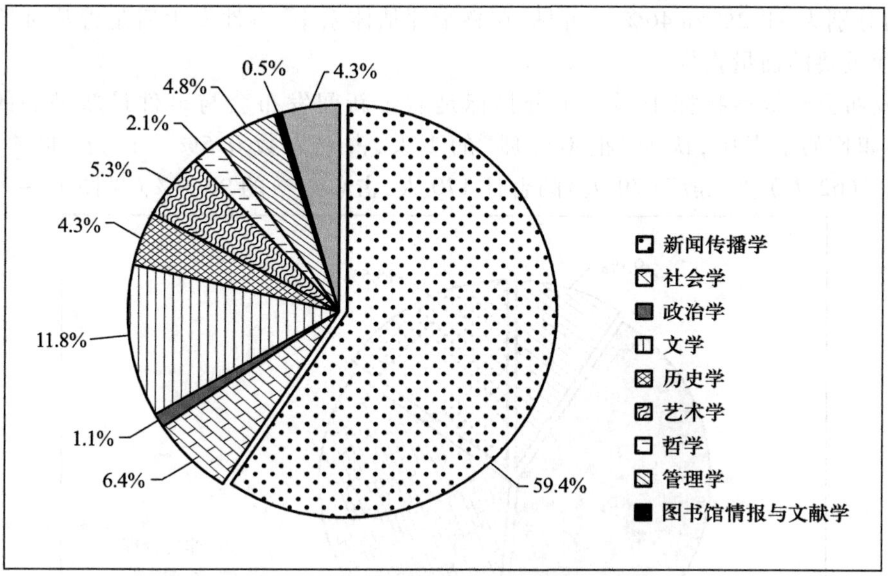

图 15－5 样本学科分布图

度、语言使用的合宜度）。

评估新闻发布会的时效性有两个分指标。其中之一是举行首次新闻发布会与事件发生之间的“时差”。187 人中，没有人认为此指标“很不合理”，只有 3 人表示“说不清楚”，仅占总人数的 1.6%。从与年龄变量交叉分析的情况看，在 31～40 岁和 51～60 岁两个年龄段中，认为“说不清楚”的均为 0。各年龄段人员中认为此标准“非常合理”和“合理”的占 51.3%，连同认为“一般”的 41.7%，不持否定态度的占到 93%（见图 15－6）。可见新闻传播学者对此项指标相当认同。再从与职称变量的交叉分析来看，教授和讲师中均无感觉“说不清楚”者，副教授中认为“非常合理”的比例为各种职称中最高，达 31.5%。教授和讲师对此项标准给予“合

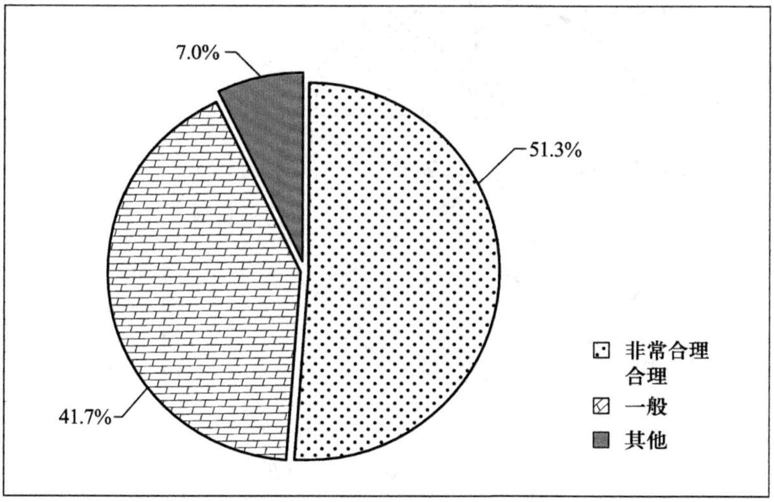

图 15－6 首次新闻发布会与事件发生的“时差”

理”评价的分别为41.2%和46%。可见,在整个评估体系中,事件发生后是否及时举行新闻发布会是一项重要的衡量指标。

新闻发布会时效性指标中另一个分指标是后续新闻发布会与事件最新进展的“时差”。对此,各种职称的学者中,认为“很不合理”的1人,占总人数0.5%。认为“非常合理”(29人)、“合理”(62人)、“一般”(79人)的合计170人,占总人数的90.9%(见图15-7)。

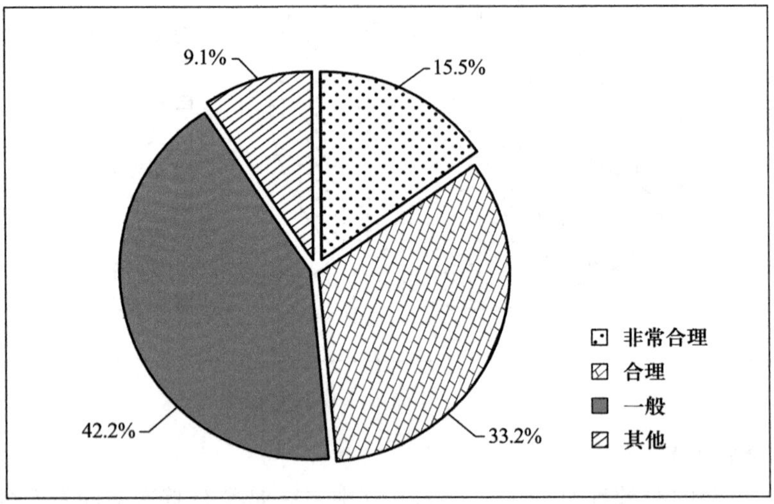

图15-7 后续新闻发布会与事件最新进展的“时差”

关于“政府对媒体和公众的坦诚度”指标。经与职称变量的交叉分析,可看到:认为“非常合理”的为37人,占总人数19.8%。认为“合理”的为27人,占总人数14.4%。认为“一般”的为82人,占总人数43.9%。三项总计,占总人数78.1%(见图15-8)。

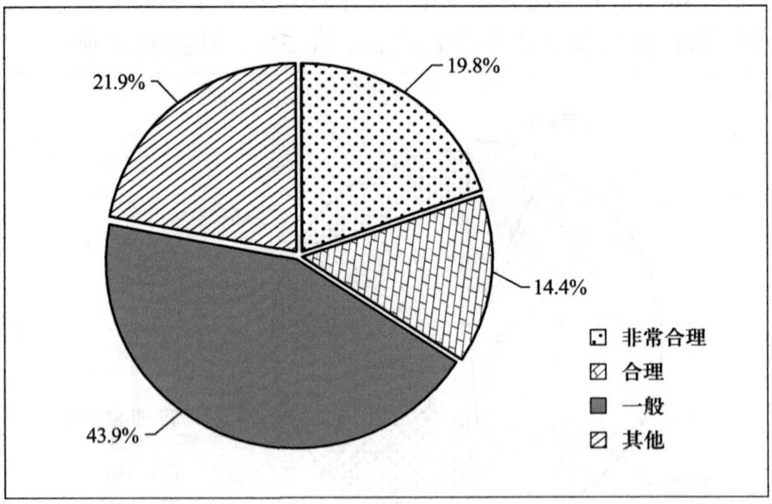

图15-8 政府对媒体和公众的坦诚度

就“对事件信息的熟悉度”指标,经与年龄变量交叉分析,可看到:认为“非常合理”的,

41 ~50 岁年龄段占比最高,为 13 人,占该年龄段人数的 26%。认为"合理"的,30 岁以下占比最高,为 22 人,占该年龄段的 37.9%。总体来看,认为"非常合理"的占 17.7%、认为"合理"的占 36.4%,认为"一般"的占 29.4%(见图 15 -9),合计占各年龄段总数 83.5%。

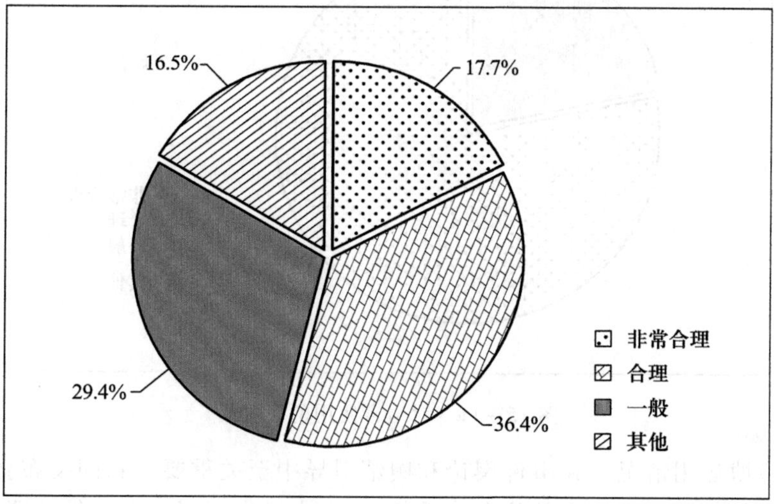

图 15 -9　对事件信息的熟悉度

关于"回答记者提问的精准度"这一指标,各种职称的人员中认为"非常合理"的,为 29 人,占总人数的 15.5%。认为"合理"的,为 40 人,占总人数的 21.4%。认为"一般"的,为 86 人,占总人数 46.0%。三项合计共有 155 人,占总人数 82.9%(见图 15 -10)。

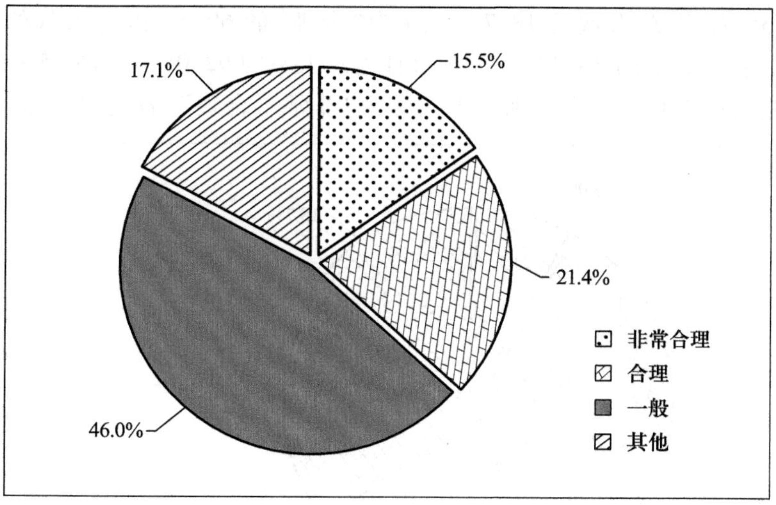

图 15 -10　回答记者提问的精准度

对于"语言使用的合宜度"这一指标,博士中认为"非常合理"的,为 15 人,占博士总数 17.9%。认为"合理"的,为 31 人,占 36.9%。认为"一般"的,为 28 人,占 33.3%。三项合计,总共 74 人,占博士总数 84 人的 88.1%。而所有各种学位层次人员合起来,认为"非常合理""合理"和"一般"的,合计占总人数 78.6%(见图 15 -11)。

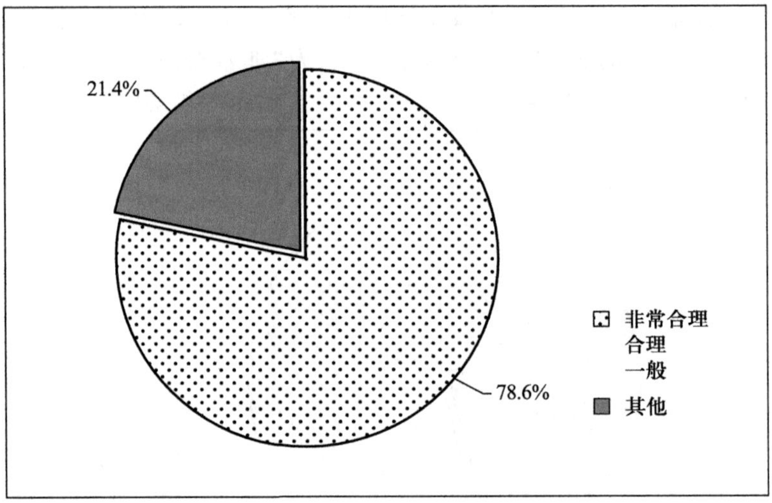

图 15-11 对语言使用的合宜度

(2) 官方微博运用情况。在事件舆论和舆情引导中至关重要。新闻发布会不可能承担事件新闻发布的全部任务。首发事件信息的重任,应由官微来担当。在事件处理进程中,官微宜不断进行滚动发布,并与新闻发布会形成互动之势。如官微不发声、迟发声、发不合事实之声,都会在评估中失分。此处设置了两个三级指标:首条官微的发布时间、是否能随事件进展进行滚动发布。

关于"首条官微的发布时间"指标。经与职称变量交叉分析,有各级职称的学者中认为"非常合理"的 35 人,占总人数的 18.7%。认为"合理"的 69 人,占总人数的 36.9%。认为"一般"的 68 人,占总人数的 36.4%。三项合计占总人数的 92.0%(见图 15-12)。经与学位交叉分析,可看到:博士和硕士中分别有 1 人认为"非常不合理",各占总人数 0.5%。学士中

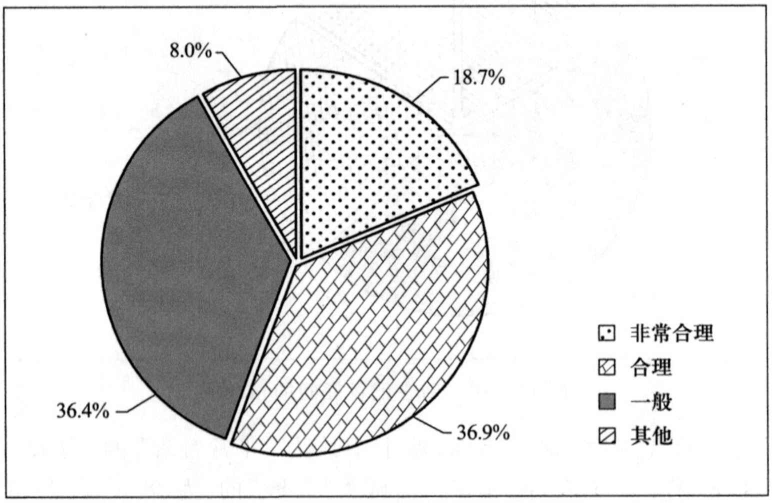

图 15-12 首条官微的发布时间(与职称交叉)

则没有认为此指标“很不合理”的。从与性别的交叉分析来看,男性中认为对此指标“说不清楚”的比例高于女性(男性 3 人,占总人数的 1.6%;女性 1 人,占总人数的 0.5%)。与此构成对照的是:男性认为“非常合理”和“合理”的为 42 人,占总人数 22.5%;女性认为“非常合理”和“合理”的为 62 人,占总人数 33.2%(见图 15－13)。对此指标,女性认可度高于男性。

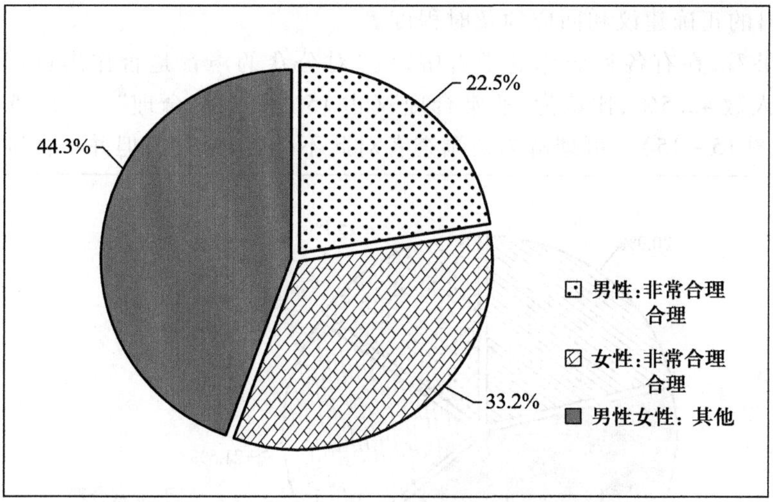

图 15－13　首条官微的发布时间(与性别交叉)

关于“官微是否能随事件进展进行滚动发布”指标。经与职称变量交叉分析,发现:认为“不合理”的,教授 2 人,副教授 1 人,讲师 5 人,助教 1 人。认为“很不合理”的,仅副教授 1 人。认为“说不清楚”的,副教授计 4 人,讲师、助教各 1 人。认为“不合理”“很不合理”“说不清楚”的合计 16 人,占总人数 8.6%。这表明不认可该项指标的人数比例相对高于其他指标。不排除有人将就应然指标所作民意测验视为对实然情况的评定了。而认为“非常合理”“合理”和“一般”的比例分别是 15.6%、33.3%、42.5%,合计占总数的 91.4%(见图 15－14)。

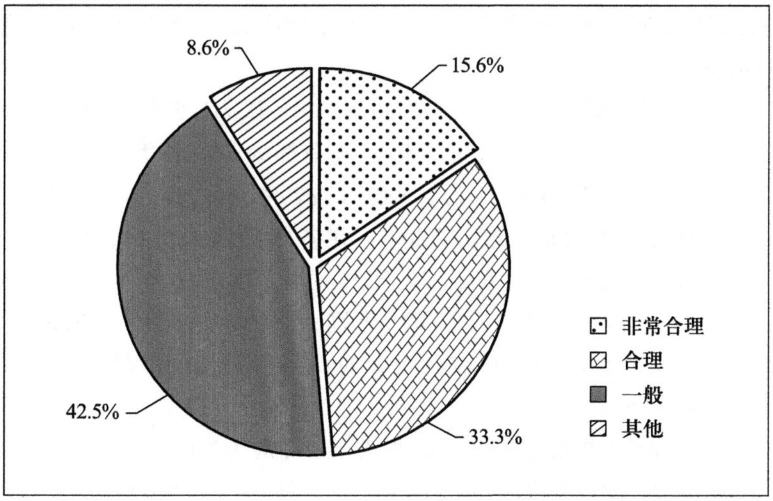

图 15－14　官微是否能随事件进展进行滚动发布

(3) 官民互动情况。在新媒体语境中,公众的言路较畅通,但言路畅通不等于网民言论进入官方视野,更不等于官民之间就事件有了互动和官方及时解答了网民疑问。拒绝或疏于与公众互动,不利于舆论和舆情引导深入人心。故在评估中需考虑政府及其机构部门在这方面的得分。此项的三级指标有:对公众的声音是否作出过回应、回应是否及时、回应是否得体、是否采纳公众提出的正确建议和回应的及时程度。

从调查结果看,在有各种职称的学者中,就“对公众的声音是否作出过回应”指标,认为“一般”的占总人数42.5%,比认为“非常合理”(占15.1%)和“合理”(占21.5%)合起来多近6个百分点(见图15-15)。可理解为被调查者对此不持否定态度,但并不特别看重。

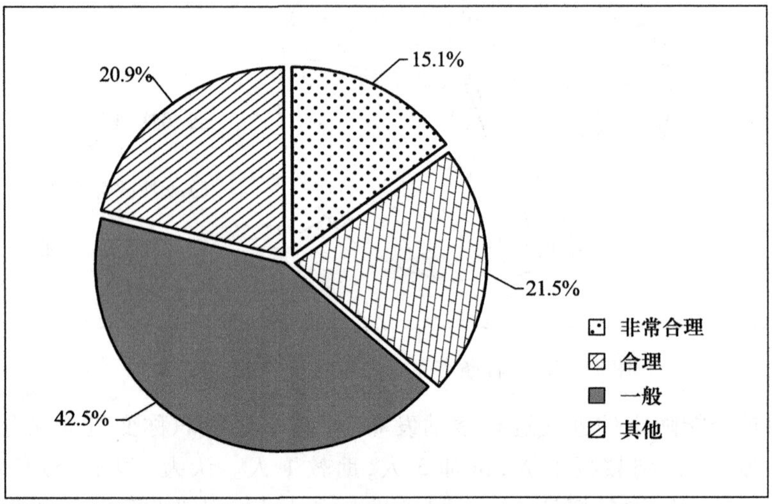

图15-15 对公众的声音是否作出过回应

至于对“回应是否及时”指标,教授中虽没有认为“很不合理”和“说不清楚”的,但认为“不合理”的为12人,占教授总数35.3%,比重不小。从总体情况来看,认为“非常合理”“合理”和“一般”的,总计为68.9%(见图15-16)。由此看来,接受调查者并没有将此指标作为一项极为重要的指标。

面对“回应是否得体”指标,在有各类职称的人员中,认为“非常合理”的,教授占该类人员的8.8%,副教授占该类人员的20.3%,讲师和助教中都为零。各类人员中,认为“非常合理”的占8.6%,认为“合理”的占27.0%,认为“一般”的占34.1%,合计69.7%(见图15-17)。

对“是否采纳了公众提出的正确建议”指标,在各年龄段人员中,41~50岁认为“非常合理”的占20%。51~60岁认为“合理”的占36.7%。30岁以下认为“一般”的占52%。各年龄段人员认为“非常合理”“合理”和“一般”的,分别占8.0%、18.9%、37.3%,合计占总人数64.2%(见图15-18)。在所有指标中,被调查者对此指标是认同度较低。原因是一部分答题者疑似在对现实情况进行评价。

针对“回应的及时程度”指标,各种学位的人员中,认为“非常合理”的,占15.5%。认为“合理”的,占26.7%。认为“一般”的,占36.9%。合计占总人数79.1%(见图15-19)。认为“一般”的,学士、硕士、博士分别占各自类别的33.3%、35.5%、41.2%,占比都比较高。

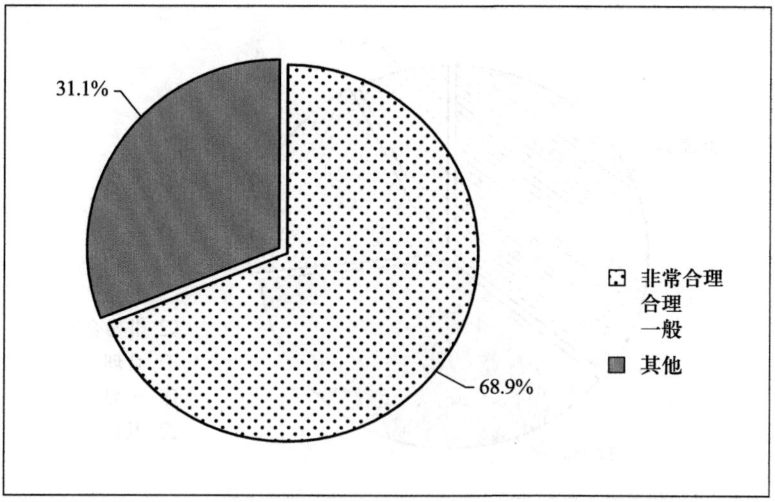

图 15－16 回应是否及时

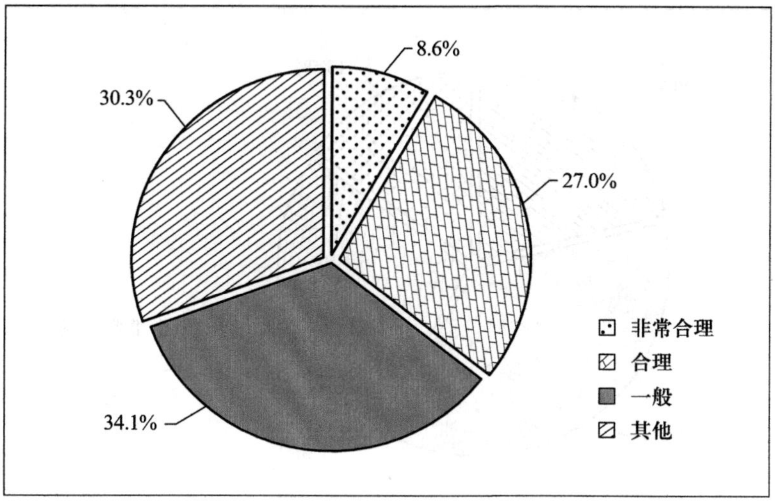

图 15－17 回应是否得体

2. 善后处理

事件善后处理，反映出政府对事件本身的重视程度、作为程度、有效程度，是舆论和舆情的关注之点。事件的次生灾害往往与此有关。此处设有三个二级指标：善后处理及时程度、善后处理合理程度、善后处理得力程度。

（1）善后处理及时程度。及时采取应采取的措施往往能得到舆论的较高评价，在舆情层面也会有好的反应。而延误对生命的抢救、人为或非人为地错失减少人民生命财产损失的机会，都会在舆论和舆情层面招致猛烈批评，政府形象也会受损。

对“善后处理及时程度”指标，有各种职称的人员中，认为“非常合理”的，教授占 11.8%，副教授占 26.6%，讲师占 5.1%，助教占 17.2%。认为“合理”的，教授占 41.2%，副教授占

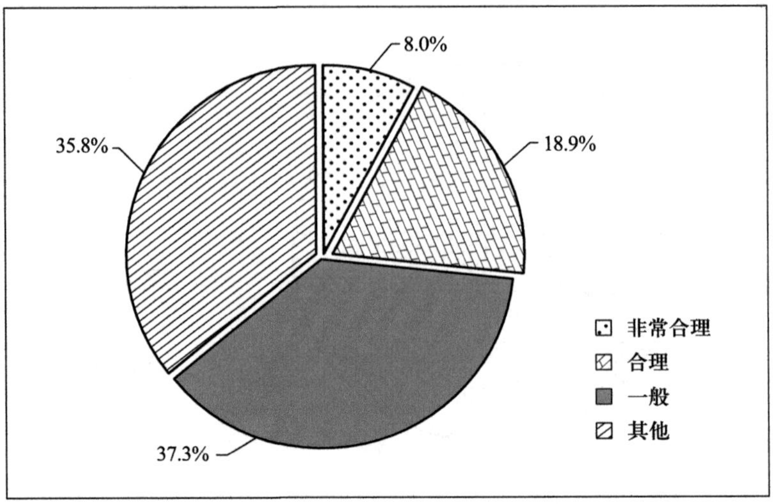

图 15－18 是否采纳了公众提出的正确建议

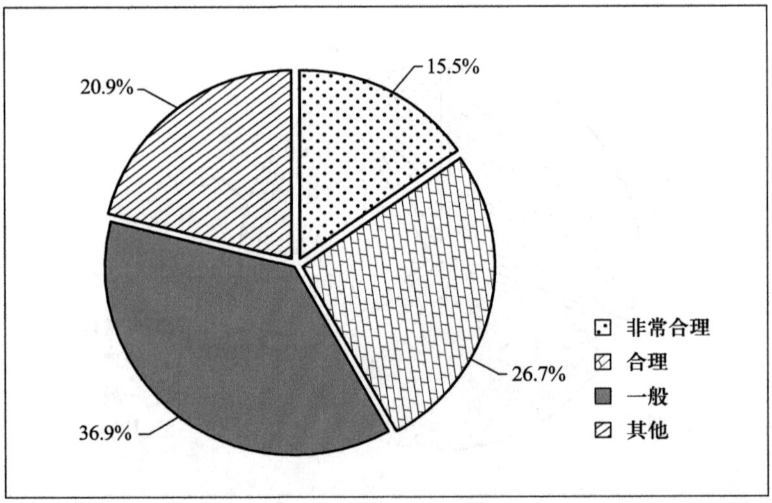

图 15－19 回应的及时程度

25%，讲师占 16.9%，助教占 31%。认为“一般”的，教授占 44.1%，副教授占 25%，讲师占 49.2%，助教占 31%。认为“非常合理”“合理”和“一般”的，分别占 15.6%、26.3%、37.1%，合计占总人数 79%(见图 15－20)。

(2)善后处理合理程度。及时和认真地进行事件善后处理，体现的是政府及其相关机构部门的态度。但光有好的态度，并不能在舆论和舆情中受到好评，还需要对事件进行合理的处理，如就事件原因、责任调查作出合理的、令人信服的解释。

对“善后处理合理程度”指标，各个年龄段人员认为“非常合理”“合理”和“一般”的，分别为 12.5%、25.0%、42.4%，合计占总人数 79.9%(见图 15－21)。其中 41～50 岁年龄段认为“非常合理”“合理”的，分别为 25.5%、31.9%。

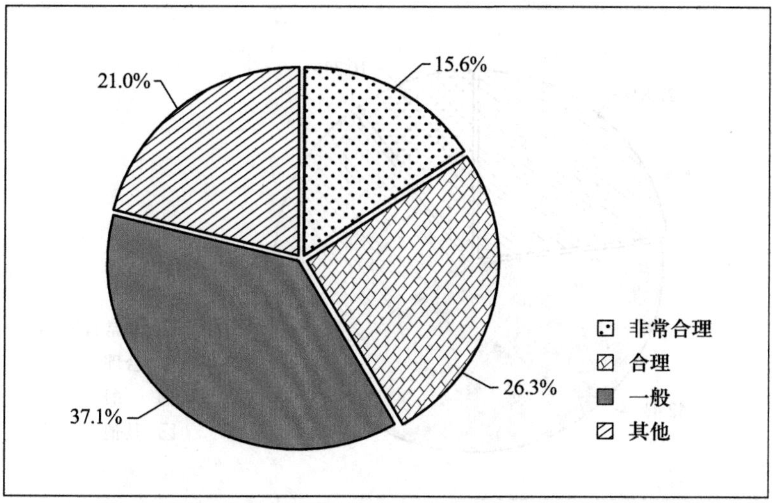

图 15－20　善后处理及时程度

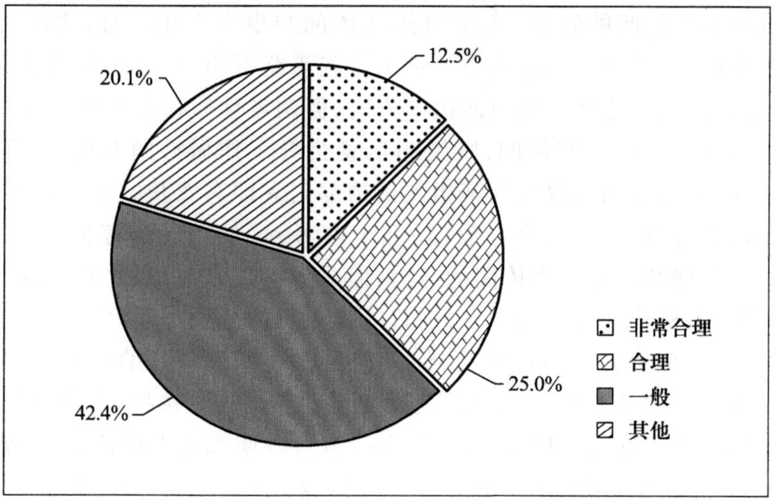

图 15－21　善后处理合理程度

（3）善后处理得力程度。政府及其相关机构部门，是否尽最大努力进行事件善后处理，这也是在舆论和舆情中得分或失分的重要因素。

对“善后处理得力程度”指标，各年龄段的人员认为“非常合理”“合理”“一般”的，分别为10.3%、24.5%、42.4%，合计占总人数77.2%（见图15－22）。认为“一般”的，以51～60岁这一年龄段的比例最高，高达60%。

3. 舆论和舆情处置

对事件舆论和舆情的处理，与政府及相关机构部门的舆论和舆情引导效果直接相关。此处设置了四个二级指标：对谣言和不实传闻的处置、对舆论和舆情中质疑之声的处置、对网民中极端情绪的处置、舆情研判的精准程度。

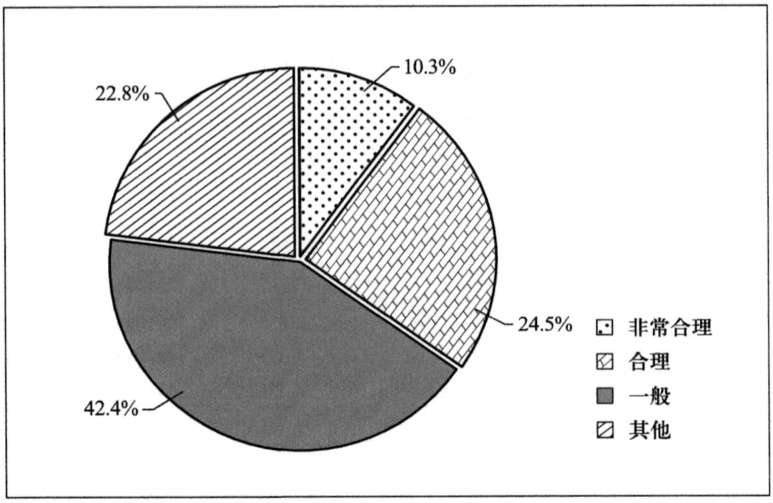

图 15－22 善后处理得力程度

(1) 对谣言和不实传闻的处置。谣言和不实传闻与事实真相不符,往往会误导舆论和舆情。造谣者有主观故意,其意在蛊惑人心。不实传闻来路不明,有关人则以讹传讹。谣言和不实传闻都会搅乱人心,把舆论和舆情引向错误方向,但两者性质存在某些差异。如重大公共危机事件发生后未出现谣言和不实传闻,则说明信息公开工作做得颇有成效,在测评中应得高分。如出现谣言和不实传闻后,政府及其相关机构部门立即有效开展了澄清事实工作,使谣言和不实传闻很快消失,同样可获较高分数(略低于前者)。如出现谣言和不实传闻,政府及其相关机构部门做了辟谣和消除不实传闻的努力,但成效不佳,应得次之的分数。如对谣言和不实传闻,政府及其相关机构部门无动于衷,则只能得更低的分数。

对"谣言和不实传闻处置是否及时"指标,教授、副教授、讲师、助教选择"非常合理"的分别占 23.5%、26.6%、12.1%、20.7%,以副教授的占比为最高。选择"合理"的分别占 35.3%、35.9%、20.7%、20.7%,同样是副教授占比最高。有各种职称的人员认为"非常合理""合理"和"一般"的,分别为:20.5%、28.6%、31.9%,占总人数 81%(见图 15－23)。

对"谣言和不实传闻是否得到澄清"指标,有各种职称的人员选择"非常合理""合理""一般"的占比分别为 23.1%、19.9%、36.0%,合计占总人数 79.0%(见图 15－24)。选择"非常合理",占比最高的是助教,为 34.5%。其次是教授,占比 29.4%。经与学位变量交叉分析,可看出:选择"非常合理"的,博士所占比例最高,为 27.1%;其次是硕士,为 23.7%。

关于"造谣者是否依法受到处理"指标,各年龄段人员选择"非常合理""合理""一般"的比例分别为 10.8%、28.6%、30.8%,合计占总人数 70.2%(见图 15－25)。41～50 岁年龄段的人员中选择"非常合理"和"合理"的,分别为 14% 和 36%,均为各年龄段中最高。

(2) 对舆论和舆情中质疑之声的处置。此指标所衡量的是政府及相关机构部门就舆论和舆情中的质疑所作的应对及其效果(此处的回应舆论和舆情中公众的质疑,与在官民互动中回应公众的质疑存在一定差别,故予以分列)。公众对事件缘由、过程和重要环节并不了解,但由于政府及相关机构部门披露的信息准确、充分、无懈可击,舆论和舆情中并没有质疑之声。

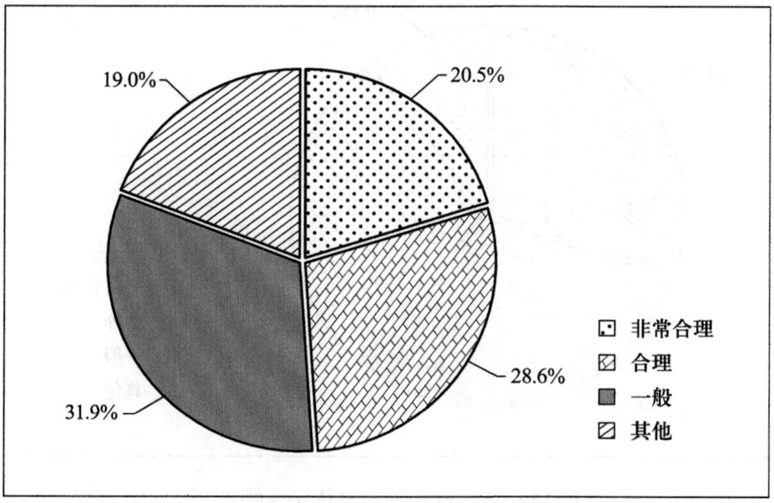

图 15－23 谣言和不实传闻处置是否及时

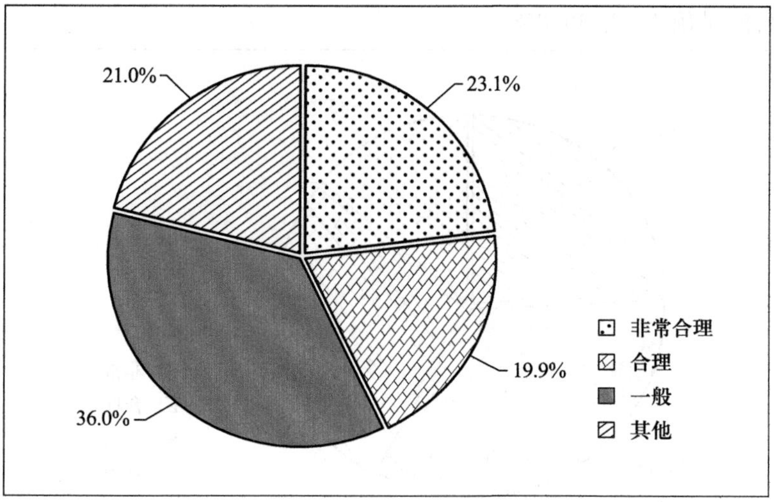

图 15－24 谣言和不实传闻是否得到澄清

这应得高分。如公众对政府及相关机构部门披露的信息并不相信,并提出了质疑,政府及相关机构部门作出了回应并使质疑之声得到平息,那么也应得到较高评价。如对公众的质疑之声,政府及相关机构部门作出了回应,但公众并不认可,这时须作具体分析——若是因政府及相关机构部门回答不到位,则应由它们承担责任;假若政府及相关机构部门回答颇好而仍不能消除部分公众的质疑,则可视情况给予中等得分;如政府及相关机构部门对公众的质疑视而不见,则只能给予较低得分。

关于"有无留意和关注舆论和舆情中质疑之声"的指标。经与学位变量交叉分析,可看到如下结果:"非常合理""合理""一般"的比例分别为 13.9%、27.8%、34.2%,合计占总人数的

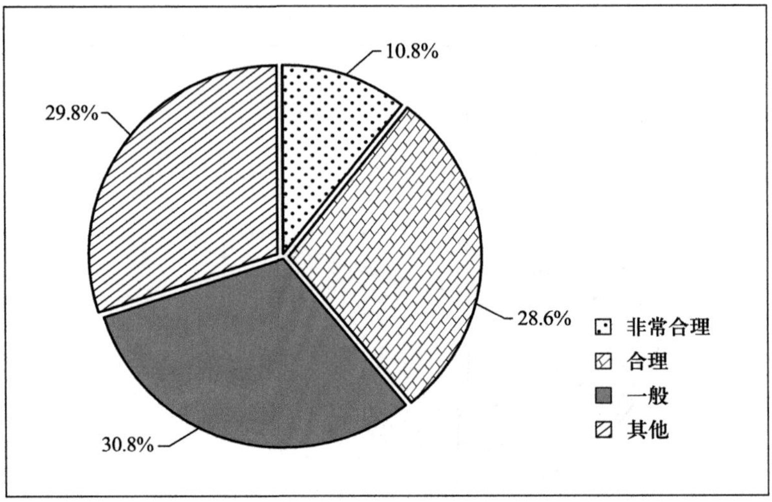

图 15－25 造谣者是否依法受到处理

75.9%(见图 15－26)。其中,选择“非常合理”的,比例最高的是博士,占 22.4%。选择“合理”的,比例最高的是硕士,占 36.8%。

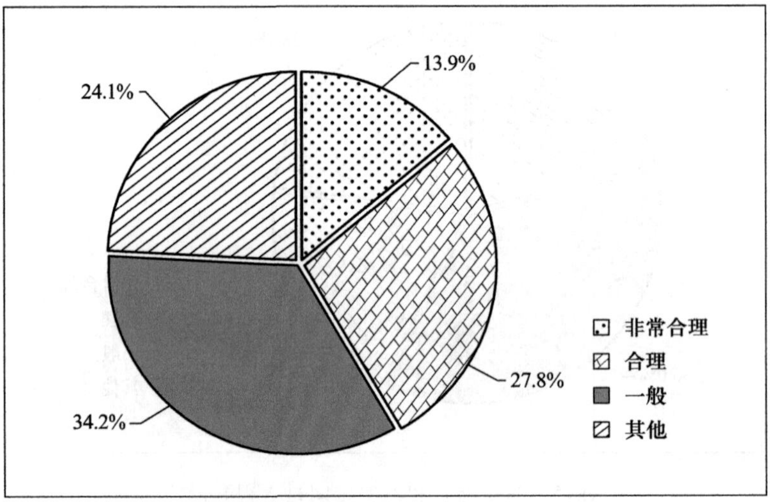

图 15－26 有无留意和关注舆论和舆情中质疑之声

对“有无对舆论和舆情中质疑之声进行回应”指标,经与职称变量交叉分析的结果是:认为“非常合理”“合理”“一般”的比例分别为 19.5%、21.6%、43.2%,合计占总人数 84.3%(见图 15－27)。其中认为“非常合理”的,副教授占比最高,在副教授人数中的占比达到 28.1%。

关于“回应舆论和舆情中质疑之声的主动程度”指标。经与职称变量交叉分析可知:具有各种职称的人员,选择“非常合理”“合理”“一般”的比例,分别为 19.1%、13.7%、42.6%,合计占总人数 75.4%(见图 15－28)。选择“非常合理”的副教授,占该职称中的 26.6%。选择“合理”的,教授比例最高,占 23.5%。选择“一般”,比例最高的是讲师,占 50%。

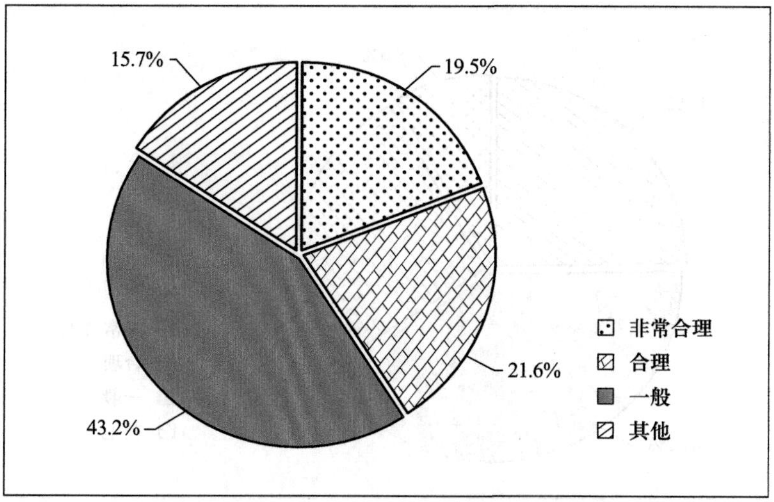

图 15－27 有无对舆论和舆情中质疑之声进行回应

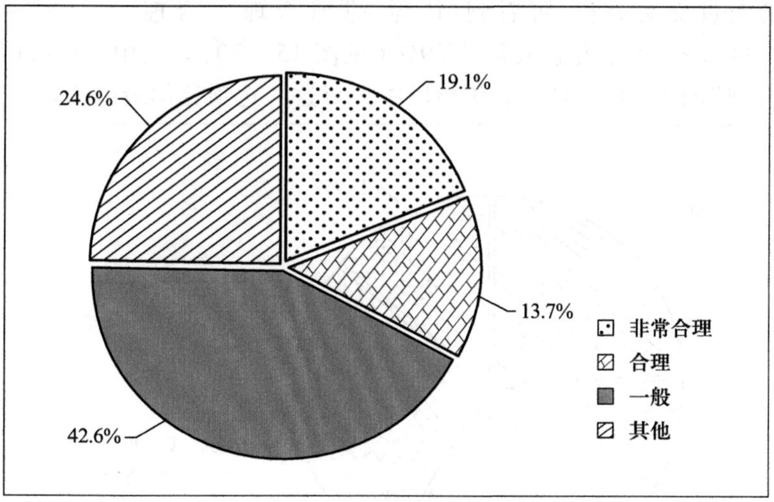

图 15－28 回应舆论和舆情中质疑之声的主动程度

对“回应舆论和舆情中质疑之声的效果”的指标，经与年龄变量的交叉分析可见：选择“非常合理”“合理”和“一般”的，比例分别为 8.6%、25.7%、41.2%，合计占总人数的 75.5%（见图 15－29）。其中选择“非常合理”的，比例最高的是 51～60 岁年龄段，达 13.3%。选择“合理”的，比例最高的是 41～50 岁年龄段，为 36%。

（3）对网民中极端情绪的处置。首先测评对网民中极端情绪是否有所了解和掌握（极端情绪主要表现在哪些方面，由哪些原因引起——对于政府相关机构部门所做的这些工作，第三方未必能全部掌握，但政府相关机构部门完全可以进行自我检测），其次是监测是否就极端情绪进行过引导，最后是评估引导的效果如何。

“对网民极端情绪有没有加以留意和关注”指标，用于衡量舆论和舆情引导的敏锐度和针

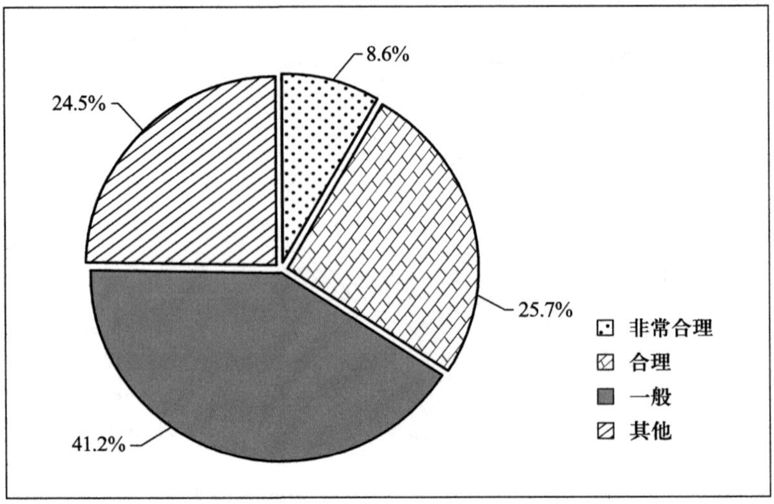

图 15－29 回应舆论和舆情中质疑之声的效果

对性。经与年龄变量交叉分析,可看到:认为“非常合理”“合理”“一般”的比例分别为:13.9%、27.8%、34.2%,合计占总人数75.9%(见图15－30)。其中,41～50岁年龄段的人员,认为“非常合理”的占24%,是所有年龄段中选择这一选项比例最高的。

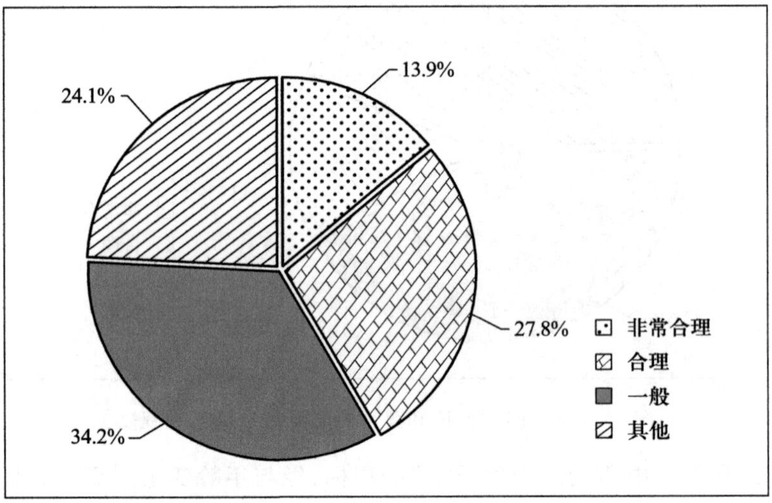

图 15－30 对网民极端情绪有没有加以留意和关注

“对网民的极端情绪有没有进行过引导”的指标,比上一项指标更进了一步。经与学位变量的交叉分析,可看到:认为“非常合理”“合理”“一般”的比例分别为12.8%、27.0%、31.6%,占总人数71.4%(见图15－31)。

关于“对网民极端情绪引导的实际效果如何”指标,各类人员对此认可度不是很高。经与职称变量交叉分析,可看出:认为“非常合理”的仅占7.5%;认为“合理”和“一般”的,分别占20.4%和40.3%;三项合计占总人数68.2%(见图15－32)。讲师中认为“很不合理”的占16.9%。

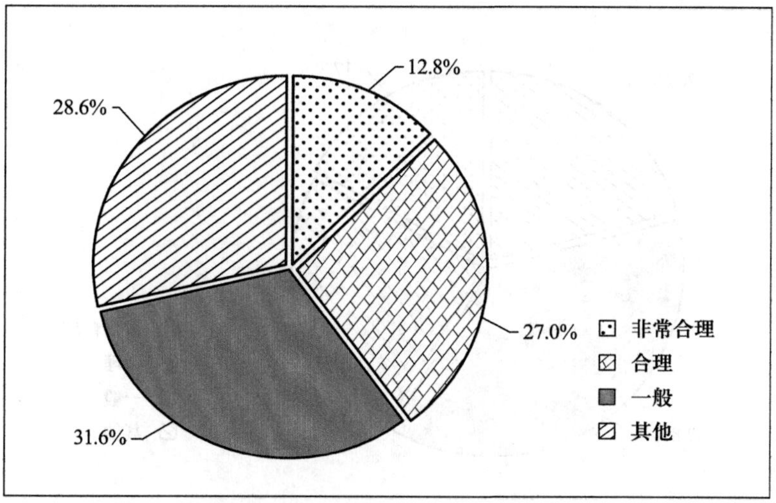

图 15－31　对网民的极端情绪有没有进行过引导

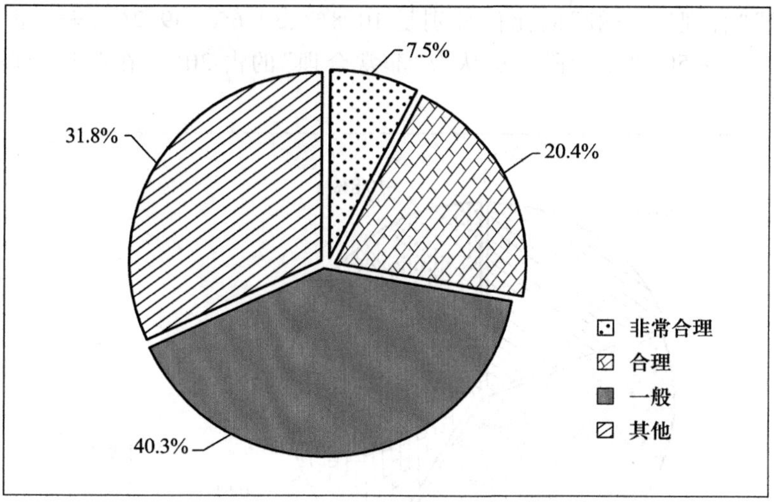

图 15－32　对网民极端情绪引导的实际效果如何

（4）舆情研判的精准程度。此指标的情况如何，直接影响舆论和舆情引导效果。政府及相关机构部门特别是网信办，对舆情有所监测和研判，需要评估的是对舆情监测和研判是否准确。以天津港爆炸事件为例，有关方面对关于瑞海国际物流有限公司总经理只峰的舆情、关于安评的舆情，显然并没有掌握且更缺乏准确判断，有关官员在新闻发布会上被问及时显得十分被动。

对"是否出现意外的引爆点"指标，经与学位变量交叉分析发现：认为"非常合理""合理""一般"的占比为 17.3%、24.3%、37.8%，合计占总人数 79.4%（见图 15－33）。博士中认为"非常合理"的占 20.2%，高于拥有其他学位者。

关于"是否出现舆论和舆情失控"指标。经与年龄变量交叉分析，可看到：各年龄段人员，

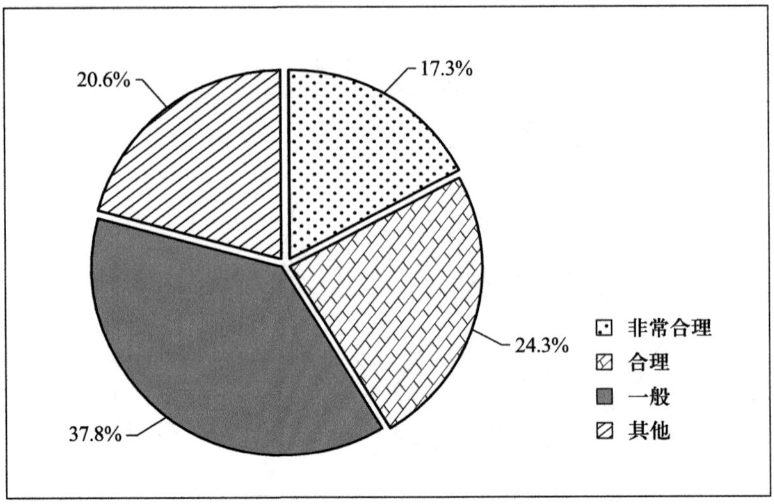

图 15－33 是否出现意外的引爆点

认为“非常合理”“合理”“一般”的比例分别是 10.8%、30.6%、39.2%，合计占总人数 80.6%（见图 15－34）。41～50 岁年龄段人员认为“非常合理”的占 20%，在各年龄段人员中选择此项的比例为最高。

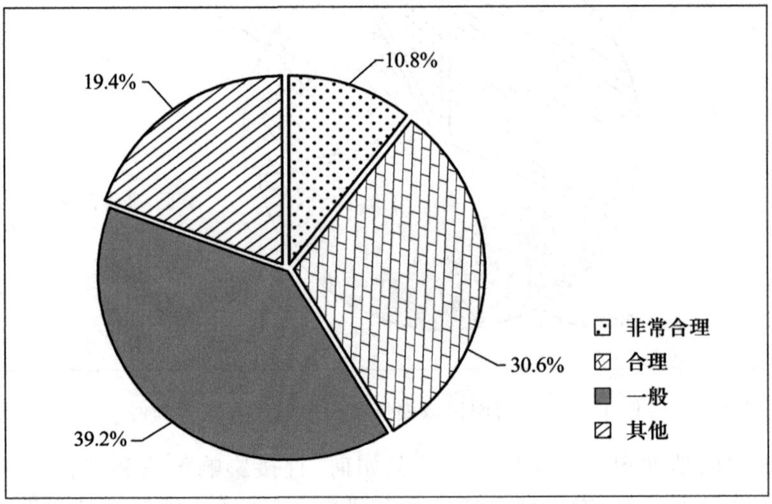

图 15－34 是否出现舆论和舆情失控

该不该将“是否主动设置过议题和议程”作为衡量指标？经与职称变量交叉分析，可看到：有各种职称的被调查者，认为“非常合理”“合理”“一般”的比例分别是 11.4%、29.7%、38.4%，合计占总人数 79.5%（见图 15－35）。因此，对上述问题给出的答案是肯定的。副教授以“非常合理”为选项的占 20.3%，教授以“合理”为选项的占 45.5%，都是同一选项中比例最高的。

关于“议题和议程的设置效果”指标。经与年龄变量交叉分析。可看到：认为“非常合理”

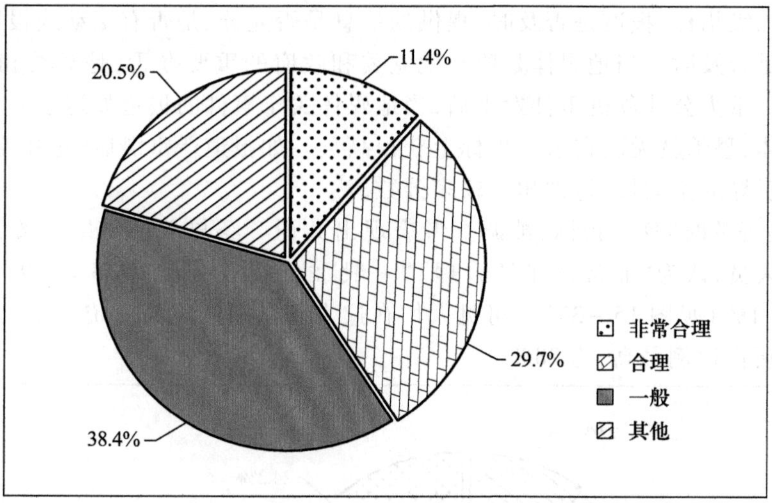

图 15 - 35　是否主动设置过议题和议程

“合理”“一般”的比例分别为 15.6%、23.1%、36.6%，合计占总人数 75.3%（见图 15 - 36）。41 ~ 50 岁年龄段人员，认为“非常合理”的占 26%，在所有年龄段人员中选择此项的比例最高。

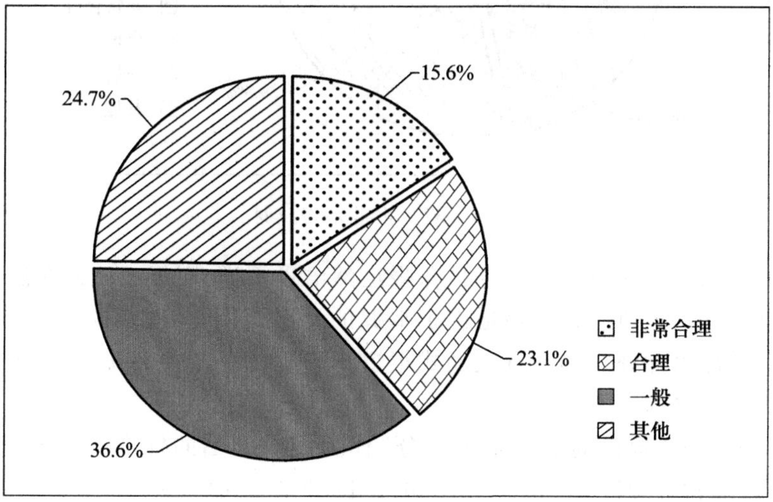

图 15 - 36　议题和议程的设置效果

（二）用于测评当地媒体的指标

此处纳入评估范围的是当地媒体。理由是：按照属地管理原则，当地媒体由所在地党委和政府管理。会有多家媒体对重大公共危机事件进行报道，但中央级、省级媒体及异地各级媒体对事件的报道，并不能归入当地政府对舆论和舆情引导的范畴。此处设有三个一级指标：报道情况、表明观点情况和媒体使用情况。

1. 报道情况

下设三个二级指标:报道是否及时、提供的信息是否充分、是否有滚动式报道。

(1) 报道是否及时。当地媒体是所在地党委和政府的重要喉舌,是党委和政府发声的主要平台和渠道。重大公共危机事件发生后,当地媒体关于事件的报道如迟于外地媒体、迟于省级和中央级媒体,恐怕就无法在这一指标上获得高分。如报道严重滞后,意味着失去了话语权及舆论和舆情引导的主动权,将被扣去较多分数。

对"报道是否及时"这一指标,被调查者表现出共识。经与学位变量交叉分析可看到:拥有各种学位的人员,认为"非常合理""合理""一般"的占比分别是 24.3%、29.3%、36.5%,合计占总人数 90.1%(见图 15-37)。可见人们在这个问题上认识高度统一。其中,认为"非常合理"的,博士所占比例最高,为 28%。

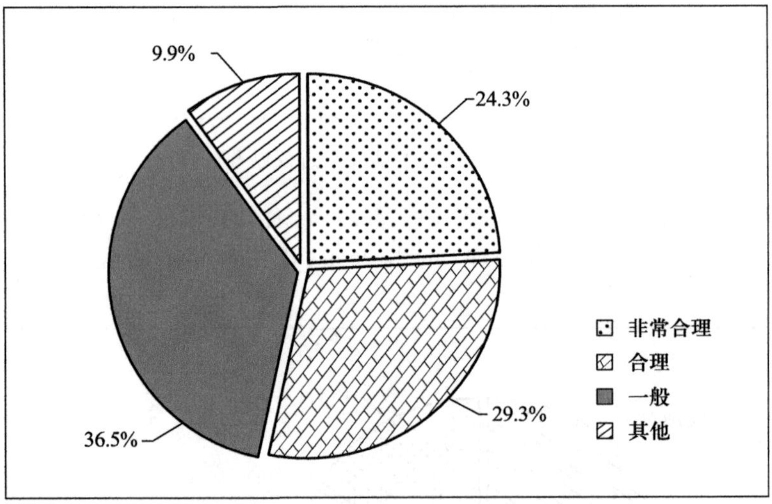

图 15-37 报道是否及时

(2) 提供的信息是否充分。对事件虽作报道然语焉不详,则很难让公众满意。

(3) 是否有滚动式报道。首发报道由于掌握的情况有限,相对简略,情有可原,但应通过此后的滚动式报道加以弥补。如没有滚动式报道不断提供关于事件的即时进展情况,这样的媒体表现不能算是合格的。

该不该将媒体报道"提供的信息是否充分"作为效果评估的标准?经与年龄变量交叉分析,可看到:认为"非常合理""合理""一般"的比例分别是 12.4%、33.9%、38.7%,合计占总人数 85.0%(见图 15-38)。其中,41~50 岁年龄段人员认为"非常合理"的占 18%,是各个年龄段中占比最高的。

要不要把"是否有滚动式报道"作为指标?经与学位变量交叉分析,可看到:认为"非常合理""合理""一般"的比例分别是 15.0%、44.4%、26.7%,合计占总人数 86.1%(见图 15-39)。选择"非常合理"的,博士占比最高,达 16.5%。

在评估体系中收不收录"是否有滚动式报道"指标?经与职称变量交叉分析,可看出:认为"非常合理""合理""一般"的比例分别是 15.1%、44.1%、26.9%,合计占总人数 86.1%(见

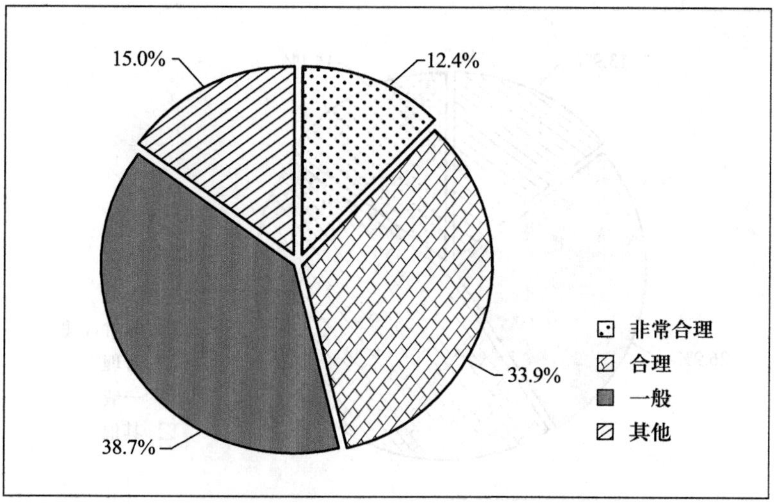

图 15－38　提供的信息是否充分

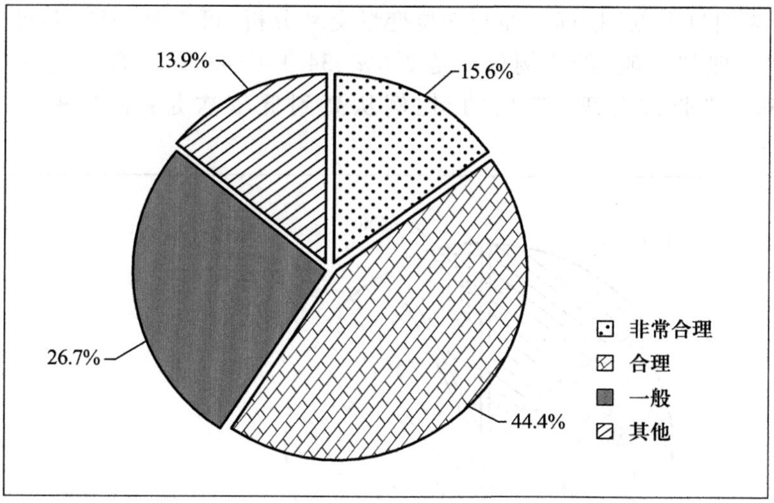

图 15－39　是否有滚动式报道(与学位交叉)

图 15－40)。副教授认为“非常合理”的,占比为 28.1%。讲师有 16.9% 选择“不合理”。教授选择“不合理”的占 5.9%,副教授选择“不合理”的占 9.4%。

2. 表明观点情况

此处设置了三个二级指标:是否表明过观点、观点是否体现了真理性和公众对当地媒体观点的认同度。

(1) 是否表明过观点。媒体对事件舆论和舆情中明显错误的说辞和情绪,应当表明自己的观点。对此佯装不知、置之不理,不是舆论和舆情引导应取的正确态度。

(2) 观点是否体现了真理性。媒体所表明的观点,大致可分为四种情况:完全正确、基本正确、局部有误、完全错误。四种情况的得分,应该是有区别的。

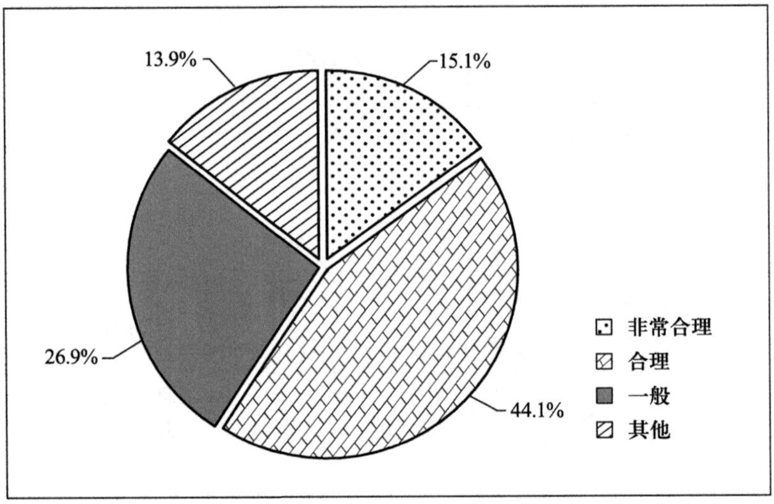

图 15－40 是否有滚动式报道(与职称交叉)

关于“是否表明过观点”指标。经与学位变量交叉分析,可看到:具有各种学位的人员,选择“非常合理”“合理”“一般”的比例分别是 7.6%、34.1%、43.2%,合计占总人数 84.9%(见图 15－41)。选择“非常合理”选项的,比例从高到低依次是:学士 9.5%、硕士 8%、博士 7.1%。

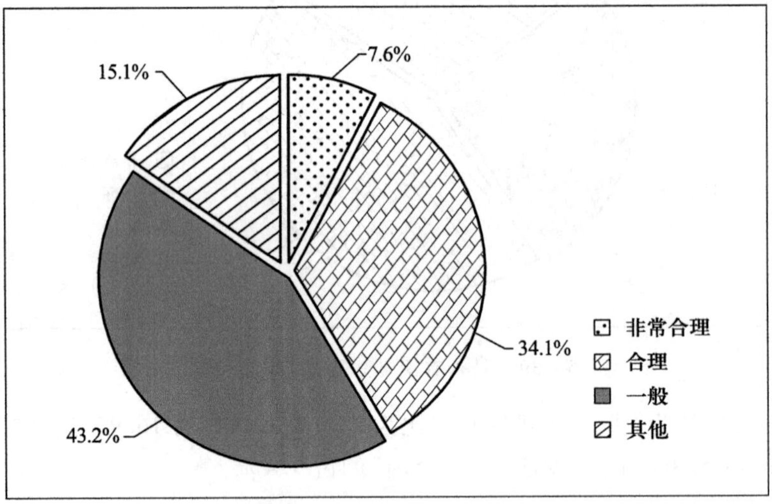

图 15－41 是否表明过观点

“观点是否体现了真理性”,就此指标各年龄段人员选择“非常合理”“合理”“一般”的比例是 4.3%、31.2%,34.4%,合计占总人数 69.9%(见图 15－42)。选择“非常合理”的,41～50 岁这一年龄段比例相对较高,达到 8%。

(3) 公众对当地媒体观点的认同度。观点正确,公众(网民)认同(没有网民表现出否定态度),这是最理想的状况。观点正确,公众大都予以认同,此为较好的效果。观点正确,但遭

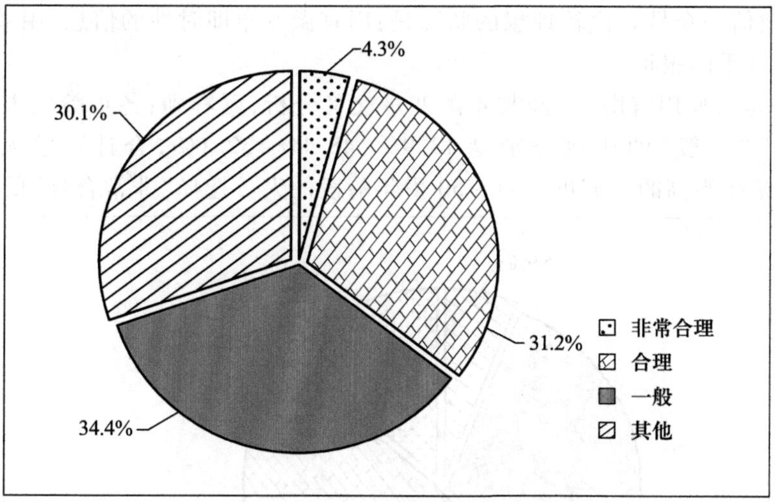

图 15－42　观点是否体现了真理性

到公众抵制、反对，就有必要进行专题研究（探讨是传播方式、话语系统、媒体文风出了问题，还是某些网民接受媒体的正确观点需要一个过程）。公众对当地媒体观点的认同度，可以通过在网上爬取网民的点赞、批评、转发等方面的数据进行评估。需说明的是：此处的“公众”，不限于事发地的公众，参与评论的公众不分天南地北；而将公众限于事发地的公众，既无意义，也不可能。

关于“公众对当地媒体观点的认同度”。经与职称变量交叉分析，可看到：认为“非常合理”“合理”“一般”的比例分别是 5.9%、32.3%、39.2%，合计占总人数 77.4%（见图 15－43）。教授选择“非常合理”和“合理”的，高于副教授、讲师、助教，分别为 8.8%和 44.1%。

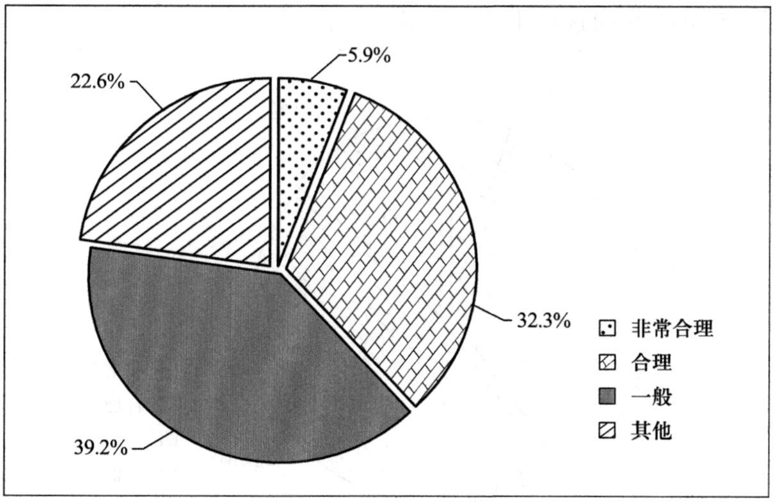

图 15－43　公众对当地媒体观点的认同度

3. 媒体使用情况

这项指标考量的是媒体是否使用了所有可以使用的平台、渠道。除了传统媒体，是否同时使用了官微和微信公众号。比较理想的状况是:用官微发布即时性的信息,用微信公众号发布篇幅较大、分量较重的报道。

关于"媒体是否使用官微"。经与年龄变量交叉分析,可看到:各年龄段人员中,认为"非常合理""合理""一般"的比例分别是 13.9%、48.1%,32.1%,合计占总人数 94.1%(见图 15-44)。这是相当高的认同度。41~50 岁年龄段的人员选择"非常合理"的,占 24%。

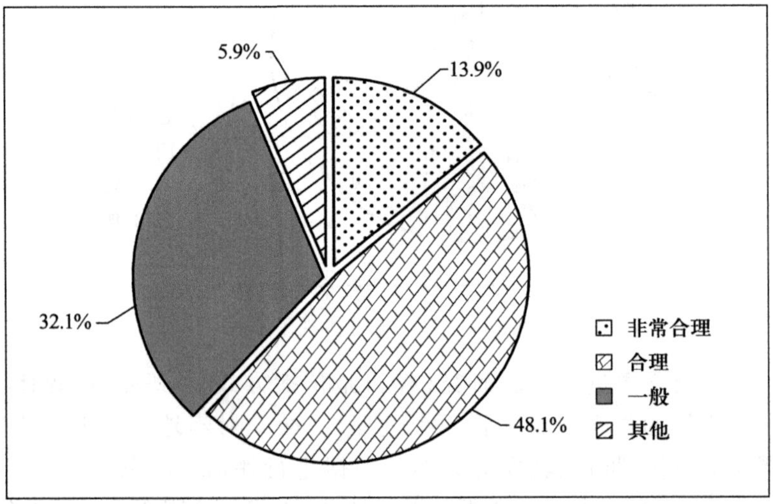

图 15-44 媒体是否使用官微

关于"媒体是否使用微信公众号"。经与学位变量交叉分析可看到:被调查者中认为"非常合理""合理""一般"的,比例分别为 13.9%、46.0%、35.3%,合计占总人数 95.2%(见图 15-45)。这是所有指标中获最高认可度的选项。博士选择"非常合理"的占 16.5%,硕士选择"合理"的占 55.3%,在同选项中均是占比最高的。

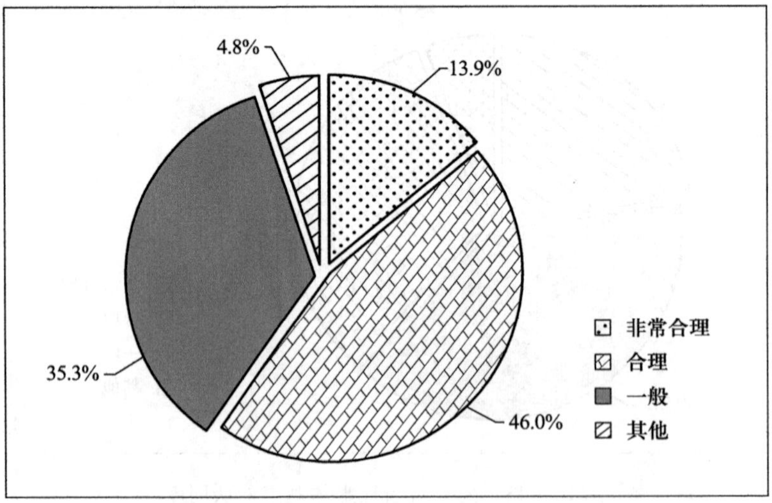

图 15-45 媒体是否使用微信公众号

（三）用于测评公众反应的指标

公众是舆论和舆情引导的对象。引导效果如何，最终要在公众身上体现出来。此处设置四个二级指标：对当地官方和官方媒体表现的认可度、对新闻发言人表现的认可度、对官方所作善后处理的认可度和对政府和官方媒体引导公众意见、态度、情绪的认可度。

1. 对当地官方和官方媒体表现的认可度

此处侧重于以公众（网民）的感受进行评估，与前述以自评为主的评估结果会有所出入。再则，官方和官方媒体被融成一体进行考察。下设三个二级指标：对当地官方和官方媒体披露信息的反应、对当地官方和官方媒体观点的反应和对网络谣言的听信度。

（1）对当地政府和官方媒体披露信息的反应。与公众满意度正相关，与公众反感度负相关。公众满意度和反感度，可通过大数据技术从网上获得支撑性材料。

关于“对当地官媒披露信息的信任度”。经与年龄变量交叉分析，可看到：各年龄段人员认为“非常合理”“合理”“一般”的比例为 17.4%、26.6%、42.9%，合计占总数 86.9%（见图 15－46）。31～40 岁年龄段人员选“非常合理”的占 21.4%，在各年龄段中占比最高。

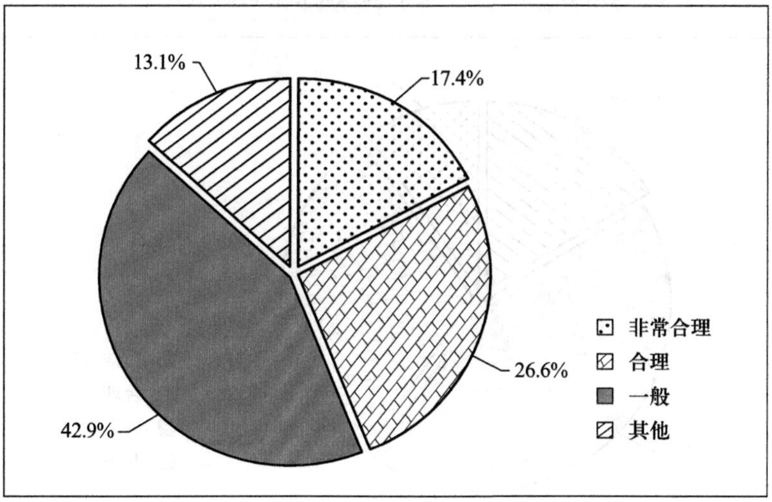

图 15－46　对当地官媒披露信息的信任度

关于“对当地官媒披露信息的满意度”。被调查者中选择“非常合理”“合理”“一般”的比例分别为 12.0%、28.4%、41.5%，合计占总人数 81.9%（见图 15－47）。

（2）对当地政府和官方媒体观点的反应。如公众对当地官方媒体的观点表现出较高认可度，则得分自然较高。如公众没有反应，说明媒体本身及其观点的影响力十分有限，则得分较低。如招来的反对声较大、较多，则需要进行具体分析，要考察公众的不同意见更有道理还是当地媒体的观点更有道理，且要认真研究这样一个问题：今后如何防止出现媒体观点确有道理但不为公众普遍认同的现象？由于是事后评估，已经和事件发生之时拉开了时间距离，应具备这种可行性。

关于“对当地官媒表达观点的关注度”。被调查者中认为“非常合理”“合理”“一般”的比例分别是 9.8%、31.0%、42.9%，合计占总人数 83.7%（见图 15－48）。

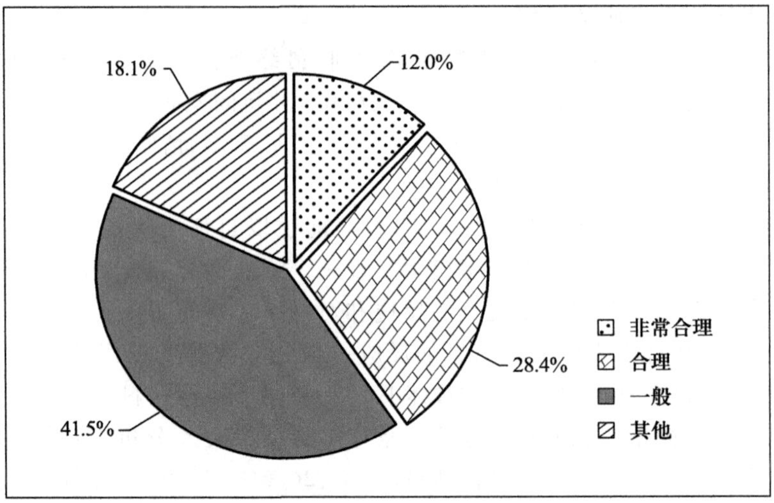

图 15-47 对当地官媒披露信息的满意度

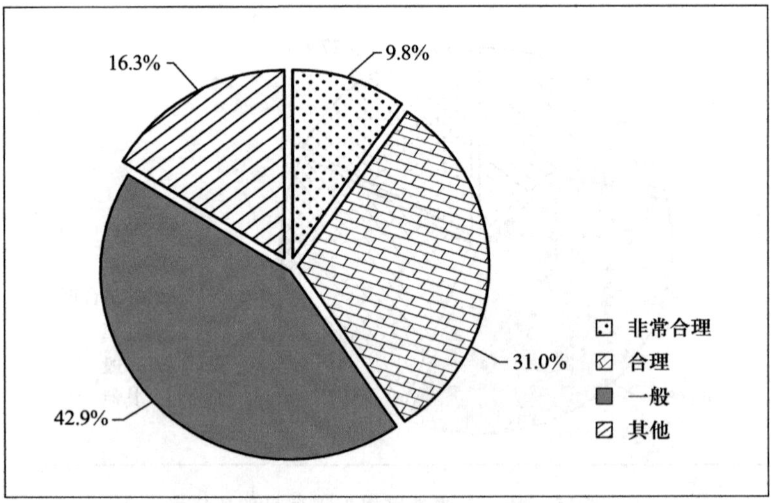

图 15-48 对当地官媒表达观点的关注度

关于“对当地官媒表达观点的认同度”。经与学位变量交叉分析,可看到:拥有各种学位的人员中,选择“非常合理”“合理”“一般”的比例分别为 10.9%、25.0%、49.5%,合计占总人数 85.4%(见图 15-49)。选择“一般”的,学士占 47.6%,硕士占 47.4%,博士占 53.7%。

(3)对网络谣言的听信度。经与年龄变量交叉分析,可看到:各年龄段人员认为“非常合理”“合理”“一般”的比例分别是 10.5%、32.2%、38.6%,合计占总人数 81.3%(见图 15-50)。各个年龄段中认为“说不清楚”的占了一定比重,分别是:30 岁以下,占 4.3%;31~40 岁,占 13.2%;41~50 岁,占 8.2%;51~60 岁,占 4.3%。网络谣言是舆论和舆情引导的大敌。如没有出现网络谣言,可直接得满分。如出现网络谣言,则公众对网络谣言的听信度越高,此项得分也就越低。

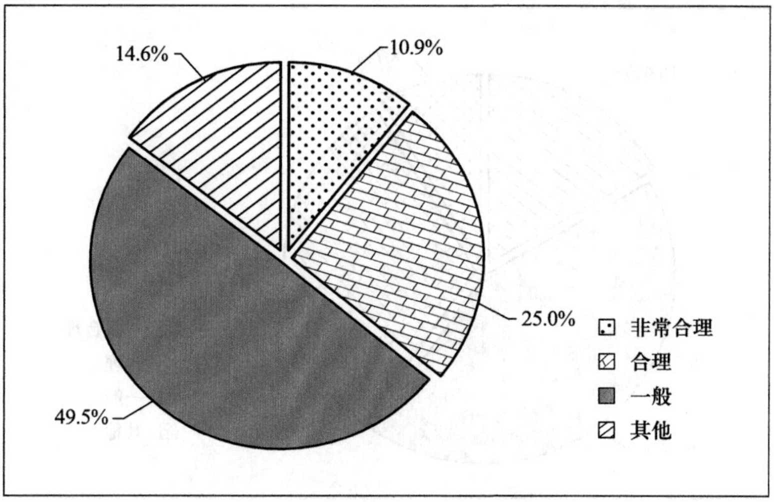

图 15－49　对当地官媒表达观点的认同度

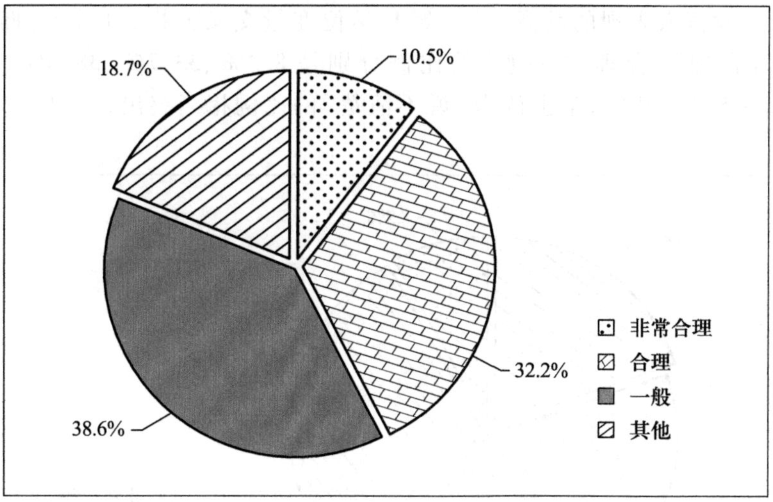

图 15－50　对网络谣言的听信度

2. 对新闻发言人表现的认可度

在重大公共危机事件发生后，新闻发言人是代表政府发布重要信息的人员，也是政府与媒体、公众联系的纽带和桥梁。新闻发言人的表现如何，直接影响政府形象，影响官方对舆论和舆情的引导效果。下设两个二级指标：对新闻发言人发言的信任度和对新闻发言人表现的满意度。

关于"对新闻发言人发言的信任度"。经与职称变量交叉分析，可看到：有各种职称的人员认为"非常合理""合理""一般"的比例分别是 8.7%、31.7%、43.2%，合计占总人数 83.6%（见图 15－51）。其中，认为"一般"的占了很大比重，分别是：教授，占 50%；副教授，占 47.6%；讲师，占 42.4%；助教，占 27.6%。

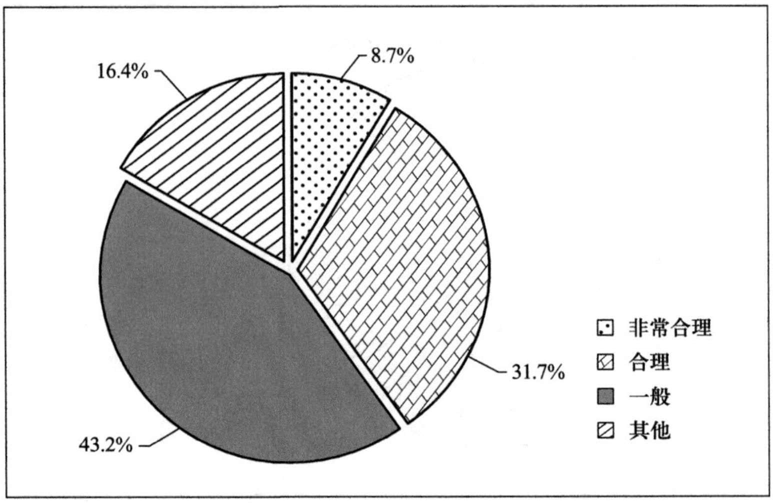

图 15－51 对新闻发言人发言的信任度

关于“对新闻发言人表现的满意度”。经与学位变量交叉分析,可看到:拥有各种学位的人员,认为“非常合理”“合理”“一般”的比例分别是 8.2%、33.7%、38.6%,合计占总人数 80.5%(见图 15－52)。其中,学士认为“说不清楚”的比例相当突出,占 19%。博士选择“一般”的,占 50%。

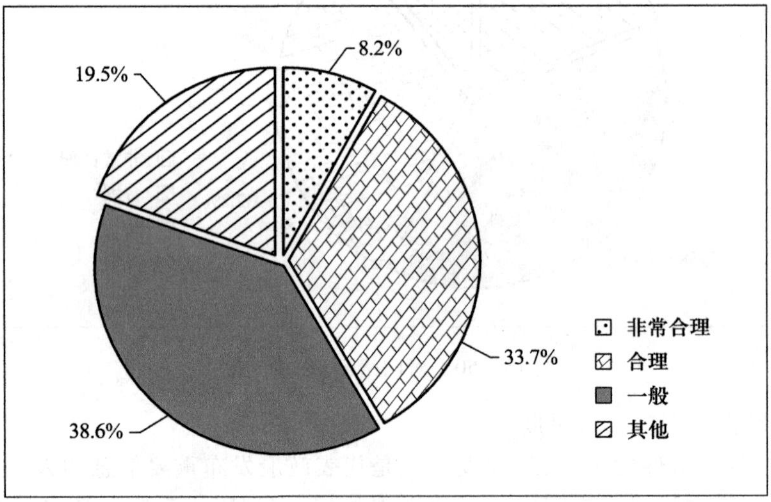

图 15－52 对新闻发言人表现的满意度

3. 对官方所作善后处理的认可度

政府及相关机构部门在事件善后处理方面做出的努力和取得的成效,是进行政府形象修复及舆论和舆情引导的实事基础,属于公众“听其言”后“观其行”的范畴。“行”如果不到位,则必然严重影响“言”的效果。此处设置的三级指标有:对官方善后处理态度的认可度、对官方善后处理工作效率的认可度和对官方追究责任人责任的认可度。

（1）关于“对官方善后处理态度的认可度”。经与年龄变量交叉分析，可看到：各年龄段人员认为“非常合理”“合理”“一般”的比例分别是13.0%、27.2%、35.9%，合计占总人数76.1%（见图15－53）；认为“非常不合理”的，占1.6%。

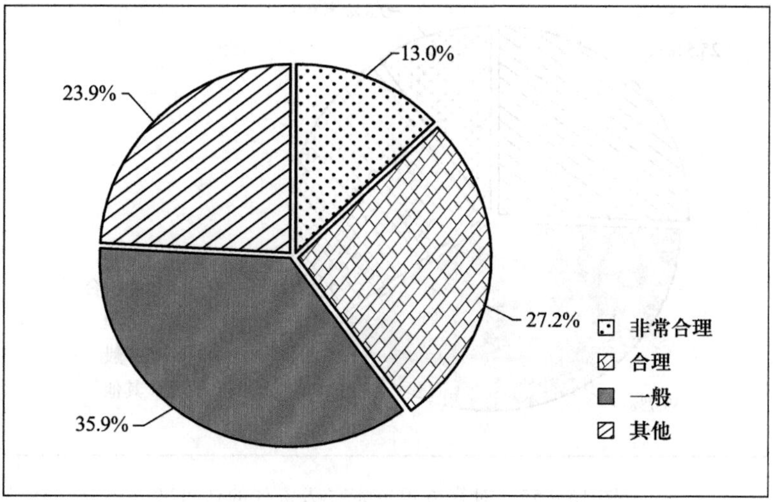

图15－53　对官方善后处理态度的认可度

（2）关于“对官方善后处理工作效率的认可度”。经与职称变量交叉分析，可看到：有各类职称的人员，认为“非常合理”“合理”“一般”的比例分别为12.0%、25.1%、41.0%，合计占总人数的78.1%（见图15－54）。其中选择“一般”的，教授、副教授、讲师、助教占比分别是50%、36.5%、45.8%、31%。

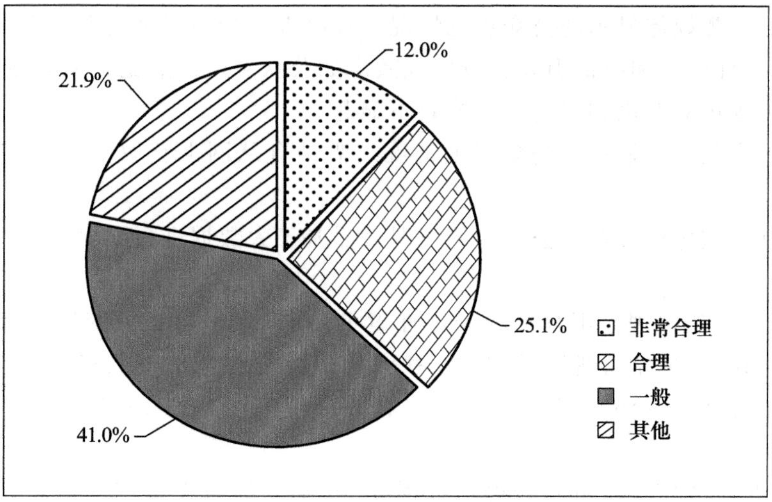

图15－54　对官方善后处理工作效率的认可度

（3）关于“对官方追究责任人责任的认可度”。经与学位变量的交叉分析，可看到：拥有各种学位的人员中，认为“非常合理”“合理”“一般”的比例分别为9.8%、25.0%、39.7%，合计占总人数的74.5%(见图15－55)。其中硕士认为“很不合理”的占13.2%。学士中认为“说不清楚”的占19%。

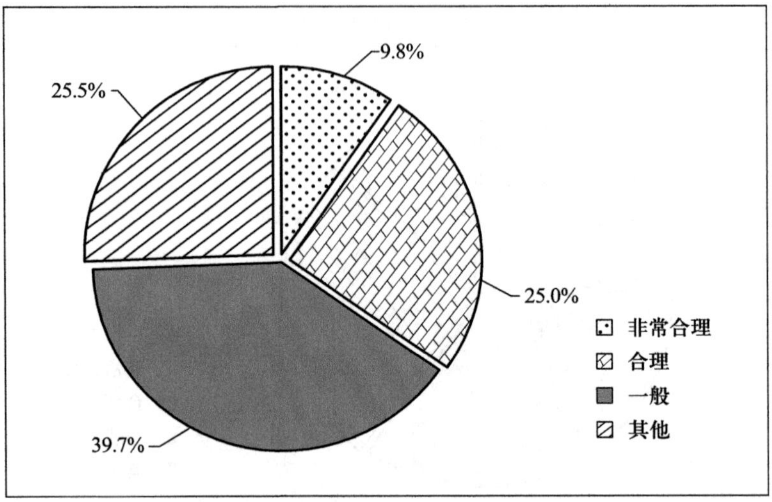

图15－55 对官方追究责任人责任的认可度

4. 对政府和官方媒体引导公众意见、态度、情绪的认可度

舆论和舆情引导应包括对公众意见、态度和情绪的引导。如进行了意见引导而未同时进行态度和情绪引导,引导效果就会大打折扣。此处设置了三个三级指标有:通过社交类媒体显示的公众意见情况、通过社交类媒体显示的公众态度情况和通过社交类媒体隐含的公众情绪情况。

(1) 通过社交类媒体显示的公众意见情况。如公众否定性意见趋缓,或虽有起伏但总体趋缓,则表明对事件舆论和舆情引导有较好成效。如公众否定性意见始终激烈且未能平息,则表明政府及官方媒体对舆论和舆情引导成效不显著。

(2) 通过社交类媒体显示的公众态度情况。需结合从网上获取的相关信息进行大数据分析。

(3) 通过社交类媒体隐含的公众情绪情况。需基于大数据进行专门的网民情绪分析进行评估。

关于“公众中是否出现过不合理的否定性意见”指标。经与年龄变量交叉分析,可看到:各年龄段人员中认为“非常合理”“合理”“一般”的比例分别为8.0%、37.4%、45.5%,合计占总人数90.9%(见图15－56)。被调查者选“非常合理”的占8%,其选择集中于“合理”“一般”。

关于“不合理的否定性意见是否得到过引导”指标。经与学位变量交叉分析,可看到:认为“非常合理”“合理”“一般”的比例分别为7.5%、27.8%、43.9%,合计占总人数79.2%(见图15－57)。学士中认为“说不清楚”的占19%。

关于“对不合理的否定性意见的引导效果”。经与职称变量进行的交叉分析,可看到:认为“非常合理”“合理”“一般”的比例分别为4.8%、30.6%、36.6%,合计占总人数72.0%(见

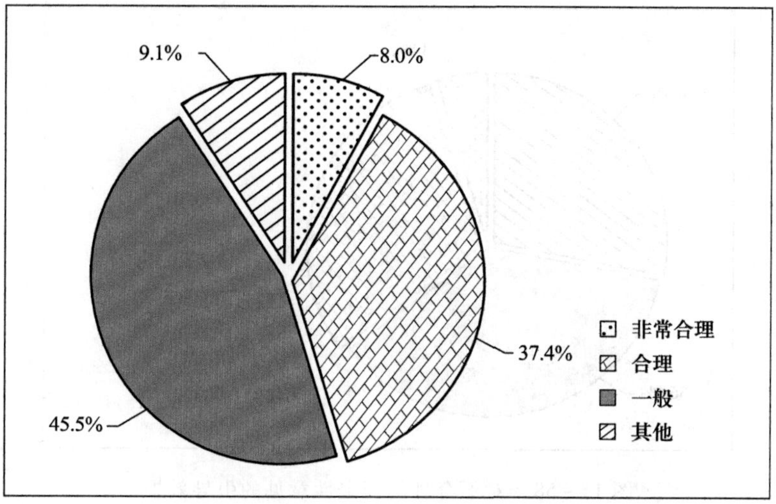

图 15－56　公众中是否出现过不合理的否定性意见

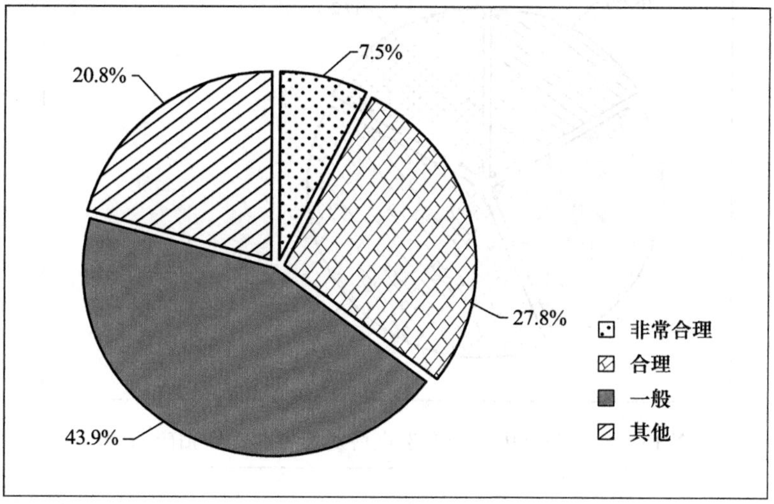

图 15－57　不合理的否定性意见是否得到过引导

图 15－58）。讲师中认为“不合理”和“很不合理”的分别占 32.2% 和 8.5%。

关于“公众中是否有发微博对官方和官媒拍砖的情况”。经与年龄变量交叉分析，可看到：认为“非常合理”“合理”“一般”的比例分别是 17.2%、39.2%、27.4%，合计占总人数 83.8%（见图 15－59）。认为“不合理”的，教授占 8.8%，讲师占 16.9%。副教授中，认为“说不清楚”的占 12.5%。

关于“官方对公众态度的引导是否有效”。经与学位变量交叉分析，可看到：认为“非常合理”“合理”和“一般”的比例分别是 9.1%、26.9%、46.8%，合计占总人数 82.8%（见图 15－60）。学士中认为“说不清楚”的，占 19%。

关于“公众中是否存在极端情绪”。经与职称变量交叉分析，可看到：认为“非常合理”“合

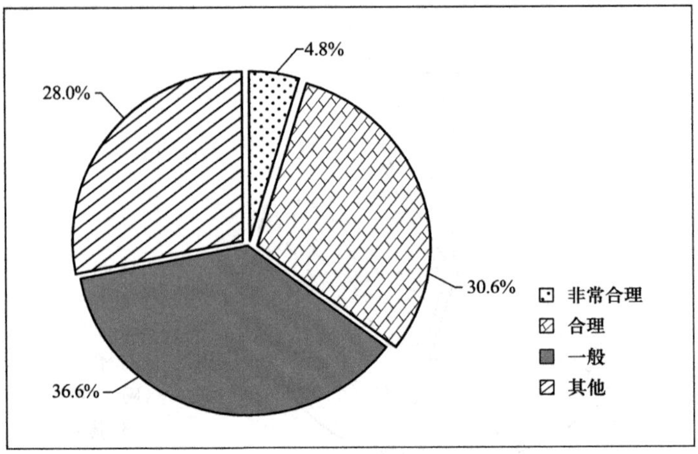

图 15 - 58 对不合理的否定性意见的引导效果

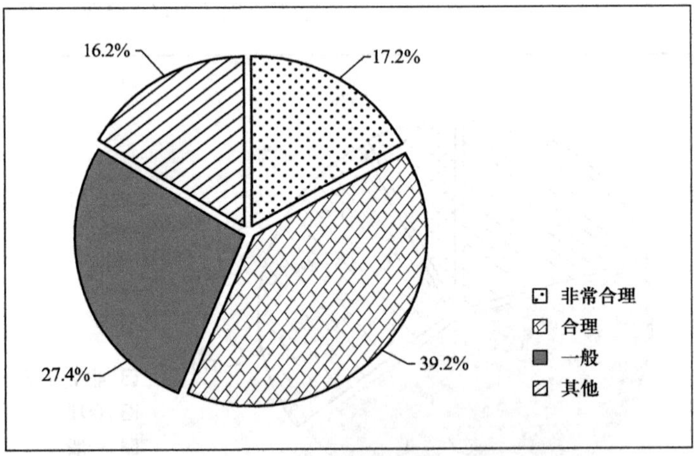

图 15 - 59 公众中是否有发微博对官方和官媒拍砖的情况

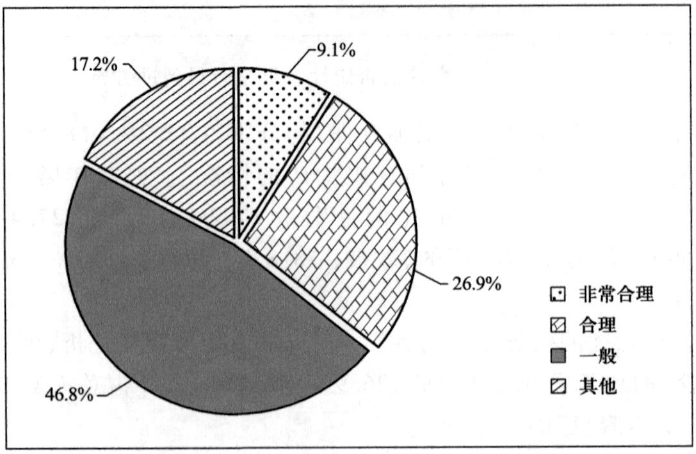

图 15 - 60 官方对公众态度的引导是否有效

理”“一般”的比例分别是15.6%、31.2%、41.4%，合计占总人数88.2%（见图15-61）。认为“一般”的所占比例较大：教授52.9%、副教授35.9%、讲师40.7%、助教41.4%。

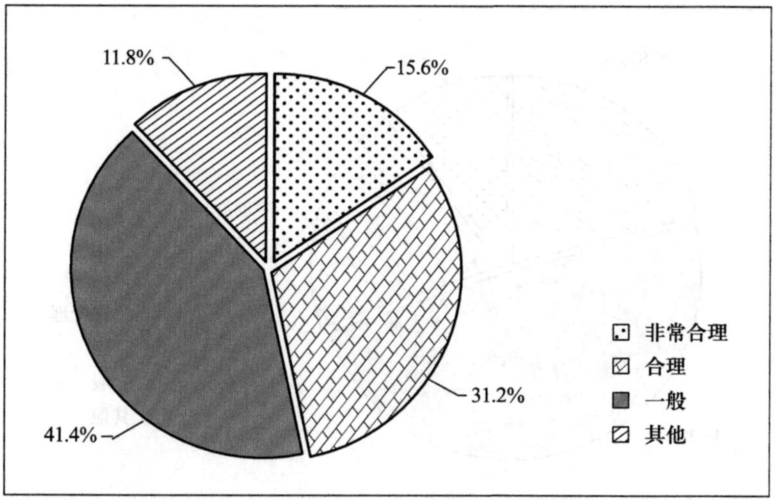

图15-61 公众中是否存在极端情绪（与职称交叉）

对于这一指标，各年龄段人员的共同点是：均集中在“合理”（占31.6%）和“一般”（占41.8%）两项指标上：认为“合理”的，30岁以下、31~40岁、41~50岁、51~60岁年龄段分别为19、17、18、5人，占总人数百分比依次是10.2%、9.1%、9.6%、2.7%。认为“一般”的，上述年龄段分别为22、19、19、18人，占总人数百分比依次是11.8%、10.2%、10.2%、9.6%。如果与认为“非常合理”的人数合起来，则达88.3%（见图15-62）。

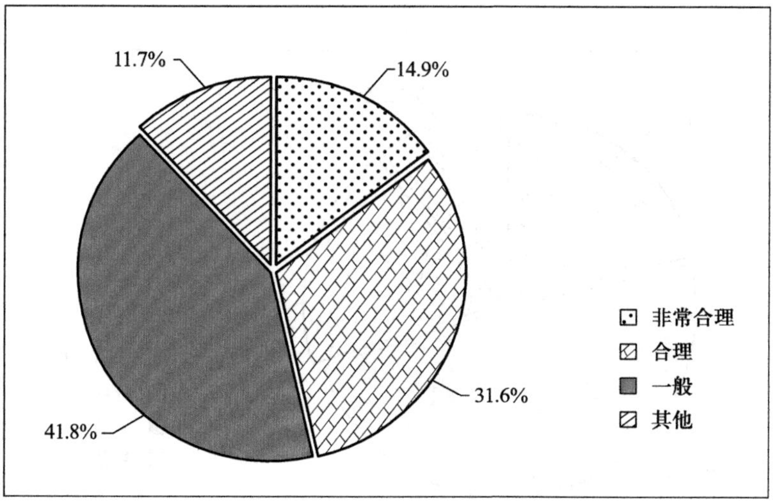

图15-62 公众是否存在极端情绪（与年龄交叉）

对于“官方引导公众极端情绪是否有效”这一指标，不同年龄段人员认为“非常合理”“合理”“一般”的比例分别是10.7%、19.8%、48.7%，合计占总人数的79.2%（见图15-63）。认为“一般”的,30 岁以下占 34%,31～40 岁占 43.9%,41～50 岁占 60%,51～60 岁占 63.3%。比例随年岁增长而增加。

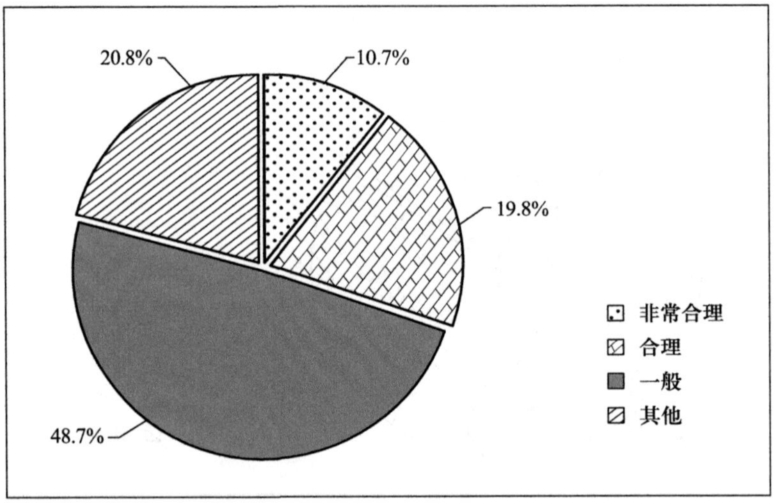

图 15-63 官方引导公众极端情绪是否有效(与年龄交叉)

关于“官方引导公众极端情绪是否有效”指标。经与职称变量交叉分析,可看到:认为“非常合理”的占 10.8%,认为“合理”的占 19.4%,认为“一般”的占 48.7%,合计占总人数的 78.9%(见图 15-64)。引人注目的是:选“一般”的非常集中:教授 20 人,副教授 33 人,讲师 29 人,助教 9 人,分别占各自所在类别的 57.1%、61.1%、58%、18.8%。虽然问卷将“官方引导公众极端情绪是否有效”作为评估的指标,但调查结果大致可说明他们对这方面的现状并不满意。

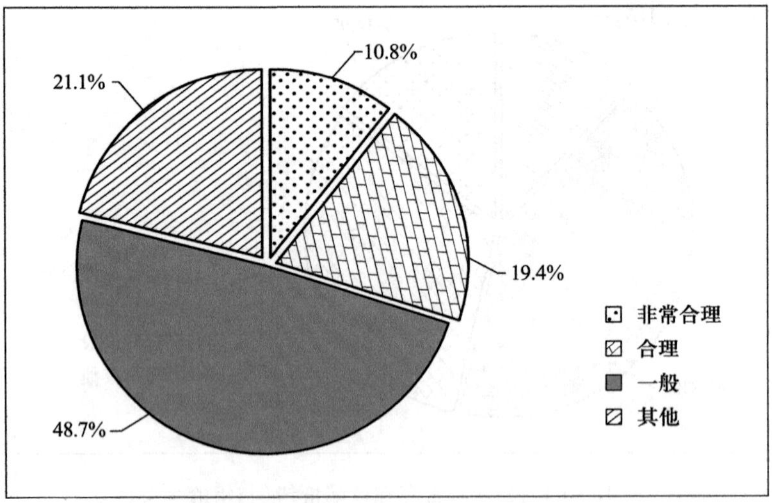

图 15-64 官方引导公众极端情绪是否有效(与职称交叉)

第三节　旨在验证评估指标体系的问卷调查

2018 年 7 月 18 日至 8 月 28 日,课题组借助腾讯问卷网对有关省市的新闻工作者进行了网络调查,旨在通过上述指标体系了解新闻从业人员对重大公共危机事件中政府与媒体进行舆论和舆情引导的评价,有使用和验证该指标体系之意。课题组通过经上一轮专家学者认定的评估指标体系对新闻从业人员进行问卷调查,了解他们对重大公共危机事件期间当地政府和新闻媒体新闻发布行为的评价。这是对策性研究的依据。

一、问卷调查的基本内容和样本分布的总体情况

为了能够全面了解新闻从业人员对重大公共危机事件期间当地新闻媒体新闻发布行为的态度和意见,这次问卷调查从新闻报道和新媒体使用两个维度着手,展开调查问卷的设计工作。问卷的主要内容包括两大板块:其一,当地媒体新闻报道行为相关指标,主要包括新闻报道的及时性、充分性以及是否有跟踪报道、是否具备鲜明的立场和观点等;其二,当地媒体的新媒体使用行为相关指标,主要包括信息发布的及时性、多样性、滚动发布以及是否与意见领袖展开良性互动、是否能够及时澄清谣言和流言等。

经充分论证和试调查,课题组通过腾讯问卷网对有关省市的新闻工作者进行了网络调查。根据腾讯问卷网后台的反馈情况,调查中显示"正常完成"的问卷共计 1 601 份,共有 15 个省(直辖市)的新闻从业者参与了本次调查。其中,江苏、广东、海南、福建、北京、四川和黑龙江 7 个省(直辖市)的样本集中度较高,均达到 50 个以上,7 个省(直辖市)的样本合计为 1 561 个,约占有效样本的 97.5%(由于问卷调查是在网上进行的,无法按随机抽样的方法实施,但应当说仍然有其意义)。为了确保分析的信度和效度,本研究将以上述 1 561 个样本作为研究的总体样本,具体分布情况如图 15 -65 所示。

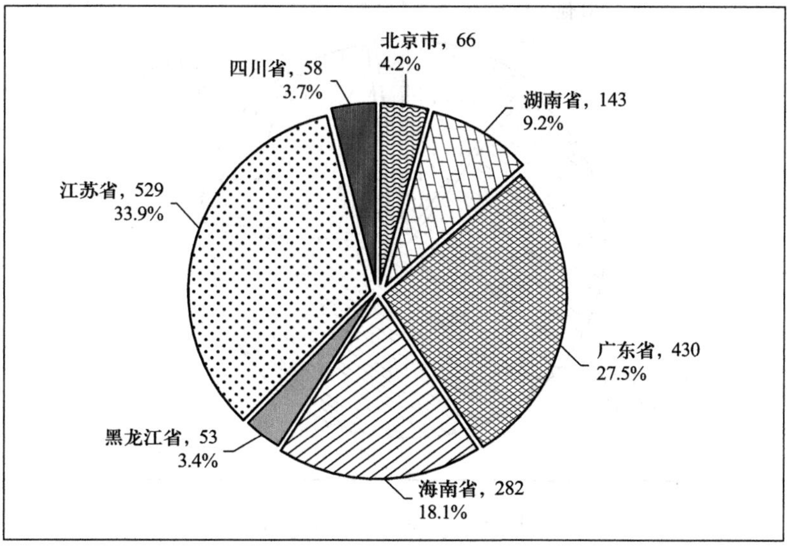

图 15 -65　样本的分布情况

如图 15 - 66 所示,在 1 561 个样本中,从供职的媒体的属性来看,来自平面媒体的样本有 752 个,占样本总体的 48.2%。来自广电媒体的样本有 673 个,占 43.1%。来自网络媒体的样本有 116 个,占 7.4%。来自其他机构的样本有 21 个,占 1.3%。

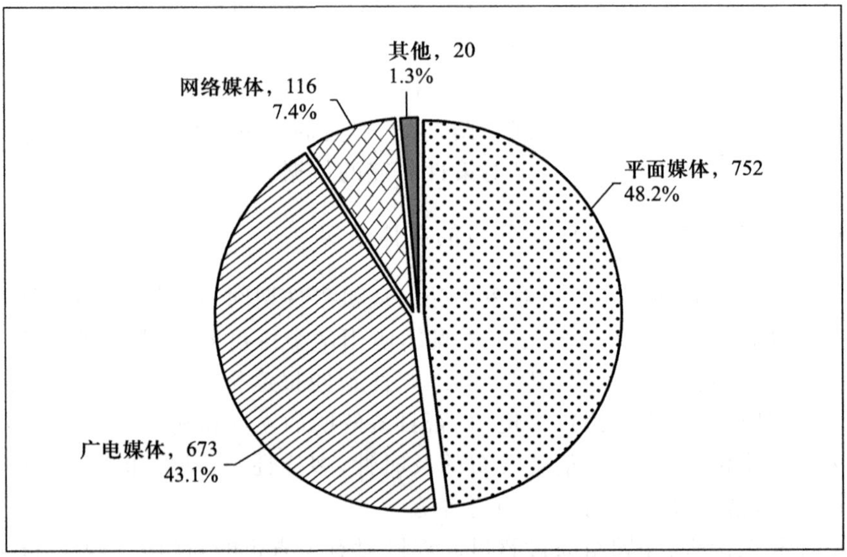

图 15 - 66 样本供职的媒体属性分布情况

样本的职务分布情况如图 15 - 67 所示,普通员工所占的比例最高,有 1 026 个,占样本总体的 65.7%,中层领导居其次,有 338 个,占 21.7%,其他人员居第三,有 159 个,占 10.2%,决策层领导有 38 个,占 2.4%。

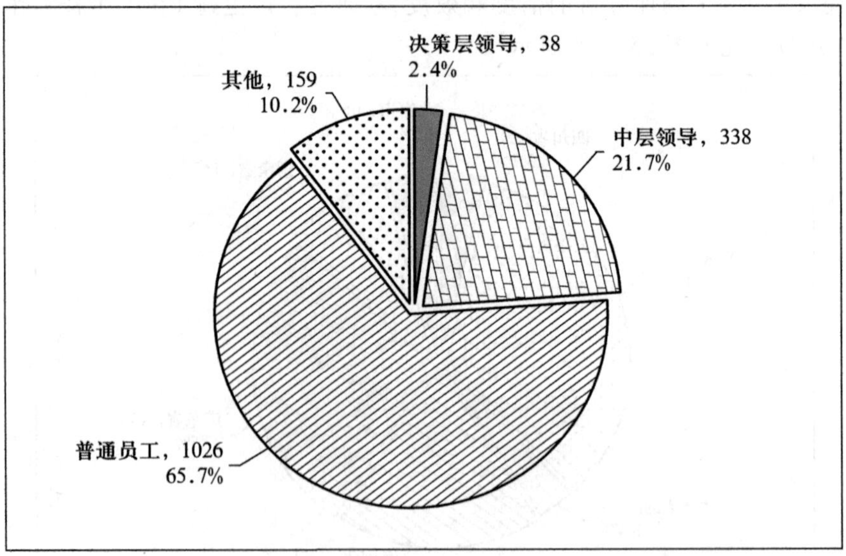

图 15 - 67 样本职务分布情况

需要说明的是，样本中对特定指标表示“满意”“非常满意”者之和占样本总体比例超过50%，则本研究认为此时多数样本对指标的实然情况已达到比较高的认可度，低于50%，则处于不甚理想的状态。

二、主要研究发现

（一）对当地媒体的评价

1. 对当地媒体新闻报道的评价

如图15－68所示，样本对重大公共危机事件中当地媒体新闻报道各方面指标——新闻报道的及时性（及时性）、信息提供的充分性（充分性）、对事件进行跟踪报道（跟踪报道）、有鲜明的立场和观点（态度立场）的评价总体情况较好，对各指标表示“满意”“非常满意”者之和占样本总体比例均超过50%，比例最高的达到61.3%。所占比例由高到低排序分别为：及时性（样本有957个，占61.3%）、态度立场（样本有894个，占57.3%）、跟踪报道（样本有871个，占55.8%）和充分性（样本有866个，占55.5%）。可见，回答问卷者对关于事件信息的及时披露所获的满意度最高，而对信息充分披露的评价略低，在这方面有着进一步提升的空间。

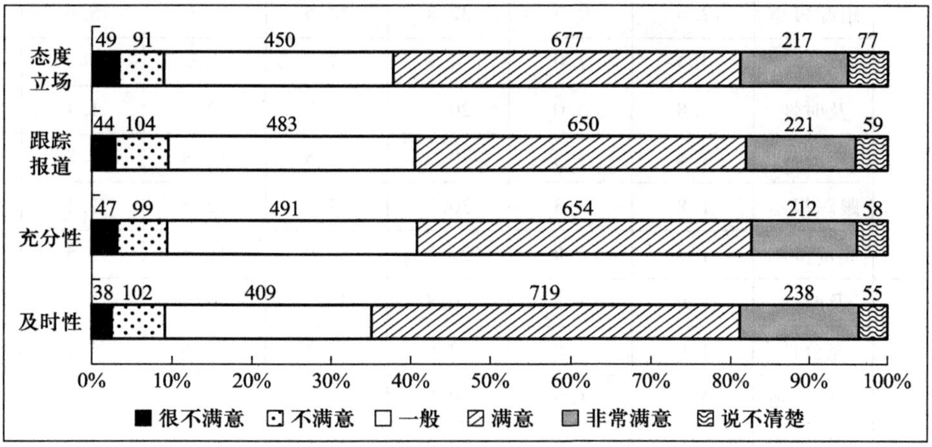

图15－68　样本对重大公共危机事件中当地媒体的评价（个）

虽然从样本对重大公共危机事件期间当地媒体新闻报道的总体评价较高，但是不同省（直辖市）样本对各指标的评价还是有一定差异性的。如表15－1所示，根据对不同省（直辖市）样本与上述四个指标的交叉分析可以发现，在所有7个省（直辖市）的样本中，四川省的样本对各指标的评价最低（对“即时性”评价为“很不满意”的达到8.6%），对“及时性”“充分性”指标表示“满意”“非常满意”者之和均只占本省样本的40%以下，对“跟踪报道”“立场鲜明”表示“满意”“非常满意”者之和也分别只占41.4%。这在所有7个省（直辖市）中显得颇为突出。福建省样本对四个指标表示“满意”“非常满意”者之和均未达到该省样本的50%。广东省的样本对“充分性”“跟踪报道”“立场鲜明”三个指标表示“满意”“非常满意”者之和也低于该省样本的50%。而北京市的样本对“充分性”“跟踪报道”表示“满意”“非常满意”者之和也未达到该市样本的50%。对上述情况，有关省（直辖市）的主管部门须予以高度重视。

表 15－1 不同省(市)样本对重大公共危机事件当地媒体的评价(%)

省(市)	指标	很不满意	不满意	一般	满意	非常满意	说不清楚	合计
北京市	及时性	4.5	4.5	28.8	42.4	13.6	6.1	100.0
	充分性	6.1	9.1	30.3	36.4	12.1	6.1	100.0
	跟踪报道	4.5	7.6	40.9	27.3	12.1	7.6	100.0
	立场鲜明	3.0	7.6	22.7	39.4	15.2	12.1	100.0
福建省	及时性	2.8	7.0	39.9	34.3	10.5	5.6	100.0
	充分性	3.5	4.2	42.7	38.5	7.0	4.2	100.0
	跟踪报道	2.1	8.4	40.6	35.0	9.1	4.9	100.0
	立场鲜明	3.5	11.9	30.8	41.3	8.4	4.2	100.0
广东省	及时性	2.1	7.2	28.6	45.8	10.9	5.3	100.0
	充分性	3.5	8.4	35.6	38.4	9.3	4.9	100.0
	跟踪报道	2.6	9.3	32.8	40.5	9.3	5.6	100.0
	立场鲜明	4.4	7.0	34.2	37.4	9.8	7.2	100.0
海南省	及时性	1.8	6.0	20.2	57.8	12.8	1.4	100.0
	充分性	1.8	5.3	30.9	47.5	12.8	1.8	100.0
	跟踪报道	1.8	5.3	30.1	47.9	12.8	2.1	100.0
	立场鲜明	1.4	5.0	27.7	50.0	12.4	3.5	100.0
黑龙江省	及时性	1.9	7.5	20.8	37.7	26.4	5.7	100.0
	充分性	1.9	3.8	22.6	43.4	22.6	5.7	100.0
	跟踪报道	3.8	1.9	20.8	41.5	22.6	9.4	100.0
	立场鲜明	3.8	1.9	22.6	41.5	22.6	7.5	100.0
江苏省	及时性	2.1	5.3	23.3	46.9	20.6	1.9	100.0
	充分性	2.6	4.5	25.3	45.4	18.5	3.6	100.0
	跟踪报道	3.0	4.7	25.9	44.4	19.7	2.3	100.0
	立场鲜明	2.5	3.4	25.1	47.4	18.7	2.8	100.0
四川省	及时性	8.6	15.5	32.8	24.1	13.8	5.2	100.0
	充分性	5.2	17.2	41.4	22.4	13.8	/	100.0
	跟踪报道	6.9	10.3	41.4	27.6	13.8	/	100.0
	立场鲜明	6.9	10.3	36.2	29.3	12.1	5.2	100.0

如表 15－2 所示，根据不同属性媒体样本对重大公共危机事件中当地媒体新闻报道各指标的交互分析，不难发现，除了来自平面媒体的样本对“跟踪报道”表示“满意”“非常满意”之

和占该类样本49.9%，各类样本对所有指标"满意""非常满意"之和均占各自样本的50%以上。这在某种程度上表明，来自不同属性媒体的样本对重大公共危机事件中当地新闻报道各指标的评价是形成了共识的，并不存在明显的差异。

表15－2 不同属性媒体（部门）样本对重大公共危机事件中当地媒体的评价（%）

媒体属性	指标	很不满意	不满意	一般	满意	非常满意	说不清楚	合计
平面媒体	及时性	2.5	6.9	29.4	44.8	12.2	4.1	100.0
	充分性	3.6	6.9	35.0	39.6	10.9	4.0	100.0
	跟踪报道	2.8	8.2	34.7	38.7	11.2	4.4	100.0
	立场鲜明	3.9	6.1	32.7	40.4	10.6	6.3	100.0
广电媒体	及时性	2.7	6.4	24.5	44.9	18.7	2.8	100.0
	充分性	2.7	5.5	28.2	43.2	17.1	3.3	100.0
	跟踪报道	2.8	5.1	28.5	43.1	17.5	3.0	100.0
	立场鲜明	1.9	5.6	25.4	45.8	17.7	3.6	100.0
网络媒体	及时性	0.9	5.2	15.5	62.1	14.7	1.7	100.0
	充分性	1.7	7.8	27.6	50.0	10.3	2.6	100.0
	跟踪报道	2.6	6.9	20.7	52.6	13.8	3.4	100.0
	立场鲜明	6.0	6.0	22.4	50.0	12.9	2.6	100.0
其他	及时性	0	5.0	25.0	40.0	15.0	15.0	100.0
	充分性	0	5.0	30.0	35.0	15.0	15.0	100.0
	跟踪报道	5.0	0	30.0	40.0	15.0	10.0	100.0
	立场鲜明	0	0	35.0	35.0	15.0	15.0	100.0

如表15－3所示，经过对来自担任不同职务的样本与其对当地媒体各评价指标的交互分析，笔者有如下发现：职务为"决策层领导"的样本对"充分性"表示"满意""非常满意"者之和仅占该类样本的42.1%，远低于该类样本的50%。职务为"中层领导"的样本对"充分性""跟踪报道"表示"满意""非常满意"者之和分别为45.0%和46.7%，比"决策层领导"对相应指标所作的评价略高。其余各类样本对各指标表示"满意""非常满意"者之和均占各自样本的50%以上。可见，来自决策层领导和中层领导的样本对于重大公共危机事件中当地媒体新闻报道的评价略低于其他类型的样本，出现了层级越高满意度越低的负相关现象。

2. 对当地新闻媒体新媒体使用行为的评价

在重大公共危机事件发生后，事发地新媒体几乎无一例外发挥了传播事件信息的重要作用。这里讨论的是新闻从业人员对当地新闻媒体使用新媒体所作评价。

表15－3 不同职务样本对重大公共危机事件中当地媒体的评价(%)

职务	指标	很不满意	不满意	一般	满意	非常满意	说不清楚	合计
决策层领导	及时性	5.3	15.8	26.3	39.5	10.5	2.6	100.0
	充分性	2.6	13.2	39.5	28.9	13.2	2.6	100.0
	跟踪报道	5.3	7.9	34.2	36.8	13.2	2.6	100.0
	立场鲜明	/	10.5	34.2	36.8	13.2	5.3	100.0
中层领导	及时性	3.0	8.6	33.4	40.8	10.4	3.8	100.0
	充分性	3.8	7.7	39.9	36.4	8.6	3.6	100.0
	跟踪报道	3.6	10.4	36.1	38.5	8.3	3.3	100.0
	立场鲜明	4.7	6.8	34.3	41.4	9.2	3.6	100.0
普通员工	及时性	2.1	5.9	24.3	48.1	16.4	3.1	100.0
	充分性	2.5	5.7	28.8	44.2	15.0	3.8	100.0
	跟踪报道	2.4	6.0	28.6	43.7	15.7	3.6	100.0
	立场鲜明	2.6	5.5	27.0	44.5	15.2	5.2	100.0
其他	及时性	2.5	3.8	23.3	45.3	19.5	5.7	100.0
	充分性	4.4	6.3	28.3	42.1	15.1	3.8	100.0
	跟踪报道	3.1	2.5	34.6	36.5	17.0	6.3	100.0
	立场鲜明	3.8	5.0	27.7	41.5	15.7	6.3	100.0

如图15－69所示,从样本对当地新闻媒体新媒体使用行为的五个指标——信息发布的及时性(及时性)、信息发布形式的多样性(多样性)、随事件进展及时滚动发布(滚动发布)、与意见领袖展开良性互动(良性互动)和及时回应公众质疑、澄清谣言和传言(澄清谣言)的总体评价情况来看,样本对当地媒体新媒体使用行为的满意度较高。按“满意”“非常满意”之和在样本总体中占比的排序情况来看,“及时性”所获满意度最高,样本有998个,占63.9%;“澄清谣言”居其次,样本有954个,占61.1%;“滚动发布”列第三,样本有946个,占60.6%;“多样性”排第四,样本有932个,占59.7%;“良性互动”满意度最低,样本有761个,占48.8%。由此可见,在重大公共危机事件发生后如何与意见领袖及普通网民保持良性互动,如何与意见领袖和普通网民保持良性互动,是当地新闻媒体在新媒体建设中亟须注意的一个问题。

虽然从总体上看,样本对重大公共危机事件期间当地新闻媒体在新媒体使用方面的评价较高,但是,与前文分析结果相似,不同省(直辖市)的样本对各指标的评价具有较为明显的差异性。如表15－4所示,根据不同省(直辖市)样本与当地新闻媒体的新媒体使用行为相关指标的交互分析的结果,可以发现,在所有省(直辖市)的样本中,四川省的样本对各指标实现情况的评价最低,除了对“滚动发布”表示“满意”“非常满意”者之和占该省样本的43.1%,对其余各指标表示“满意”“非常满意”者之和均占该省样本的40%以下。对此应加以重视。来自北京市的样本对“滚动发布”“良性互动”和“澄清谣言”表示“满意”“非常满意”者之和也分别

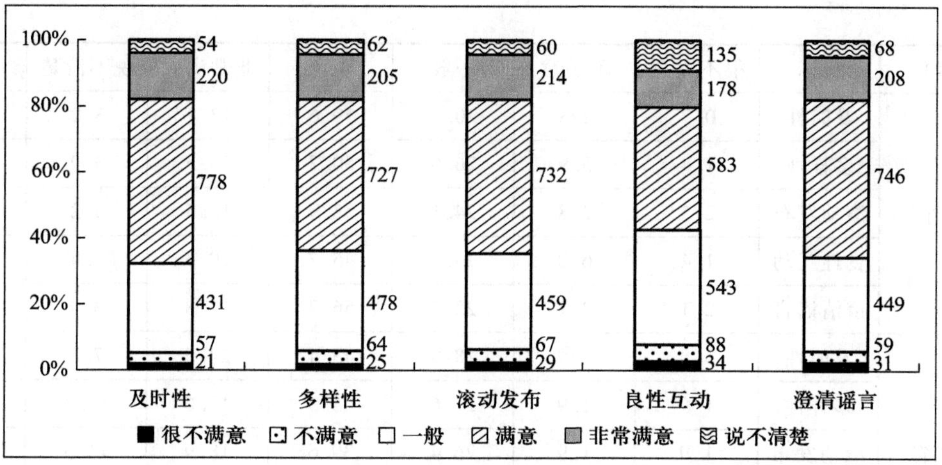

图 15－69 样本对重大公共危机事件中当地媒体新媒体使用行为的评价(个)

只占该市样本的 48.5%、39.4% 和 45.4%。福建省和广东省样本对“良性互动”表示“满意”“非常满意”者之和也分别只占本省样本的 39.9% 和 41.4%，也不可等闲视之。

表 15－4 不同省(市)样本对重大公共危机事件当地媒体新媒体使用行为的评价(%)

省(市)	指标	很不满意	不满意	一般	满意	非常满意	说不清楚	合计
北京市	及时性	3.0	4.5	34.8	42.4	7.6	7.6	100.0
	多样性	4.5	6.1	33.3	42.4	7.6	6.1	100.0
	滚动发布	4.5	4.5	37.9	40.9	7.6	4.5	100.0
	良性互动	4.5	10.6	36.4	30.3	9.1	9.1	100.0
	澄清谣言	4.5	7.6	33.3	34.8	10.6	9.1	100.0
福建省	及时性	1.4	4.2	34.3	51.0	6.3	2.8	100.0
	多样性	1.4	5.6	40.6	45.5	6.3	0.7	100.0
	滚动发布	1.4	4.9	37.1	46.9	6.3	3.5	100.0
	良性互动	4.2	7.0	39.2	35.7	4.2	9.8	100.0
	澄清谣言	2.1	2.8	33.6	49.7	6.3	5.6	100.0
广东省	及时性	1.9	4.4	28.6	48.1	12.6	4.4	100.0
	多样性	2.1	3.7	33.0	46.5	10.0	4.7	100.0
	滚动发布	1.9	5.1	32.6	44.0	11.4	5.1	100.0
	良性互动	2.3	6.3	39.1	32.8	8.6	10.9	100.0
	澄清谣言	2.8	4.4	30.9	46.3	9.3	6.3	100.0

续表

省(市)	指标	很不满意	不满意	一般	满意	非常满意	说不清楚	合计
海南省	及时性	0.7	2.8	20.6	59.6	13.1	3.2	100.0
	多样性	1.4	3.9	26.6	50.7	13.5	3.9	100.0
	滚动发布	2.5	2.8	24.1	53.9	13.5	3.2	100.0
	良性互动	1.4	6.0	29.1	45.7	10.3	7.4	100.0
	澄清谣言	2.1	2.1	22.3	56.7	12.8	3.9	100.0
黑龙江省	及时性	3.8	1.9	18.9	43.4	24.5	7.5	100.0
	多样性	1.9	1.9	22.6	45.3	17.0	11.3	100.0
	滚动发布	1.9	1.9	26.4	39.6	18.9	11.3	100.0
	良性互动	1.9	/	26.4	41.5	15.1	15.1	100.0
	澄清谣言	/	1.9	20.8	47.2	20.8	9.4	100.0
江苏省	及时性	0.6	2.1	27.0	49.5	18.3	2.5	100.0
	多样性	0.8	3.0	27.4	47.3	18.1	3.4	100.0
	滚动发布	1.1	3.4	25.7	48.6	18.3	2.8	100.0
	良性互动	1.5	4.3	31.8	39.3	16.3	6.8	100.0
	澄清谣言	0.9	3.4	27.4	47.4	18.9	1.9	100.0
四川省	及时性	3.4	15.5	43.1	29.3	8.6	/	100.0
	多样性	3.4	13.8	41.4	29.3	8.6	3.4	100.0
	滚动发布	3.4	13.8	39.7	32.8	10.3	/	100.0
	良性互动	3.4	6.9	53.4	20.7	10.3	5.2	100.0
	澄清谣言	3.4	10.3	46.6	29.3	8.6	1.7	100.0

如表 15－5 所示,根据对来自不同媒体的样本与当地新闻媒体新媒体使用行为各评价指标的交互分析的结果,可以发现,平面媒体的样本除了对“良性互动”表示“满意”“非常满意”之和占该类样本的 42%,对其余各指标的满意度普遍较高,都达到了样本的 50% 以上。此外,广电媒体和网络媒体的样本对各指标表示“满意”“非常满意”者之和均占各自样本的 50% 以上,后者更是普遍高于 60%。相较而言,类型为“其他”的样本对“多样性”“滚动发布”和“良性互动”表示“满意”“非常满意”者之和分别只有 40%、45% 和 40%。总体来看,平面媒体、广电媒体和网络媒体对各评价指标的评价并不存在明显的差异。笔者认为,平面媒体、广电媒体和网络媒体的样本,较多从专业的角度进行观照,由此而给予较高的评价,类型为“其他”的样本,未必是从专业的角度进行衡量和打分的。

表 15－5　不同属性媒体样本对重大公共危机事件中当地媒体新媒体使用的评价(%)

媒体属性	指标	很不满意	不满意	一般	满意	非常满意	说不清楚	合计
平面媒体	及时性	1.3	3.9	29.1	50.1	12.1	3.5	100.0
	多样性	1.7	4.1	32.8	45.9	11.3	4.1	100.0
	滚动发布	1.9	4.9	31.8	46.7	10.9	3.9	100.0
	良性互动	2.3	6.6	38.7	33.0	9.0	10.4	100.0
	澄清谣言	2.5	4.3	31.8	47.2	10.0	4.3	100.0
广电媒体	及时性	1.3	3.7	27.5	48.4	15.9	3.1	100.0
	多样性	1.3	4.0	29.7	46.4	15.2	3.4	100.0
	滚动发布	1.3	4.3	28.8	45.6	16.2	3.7	100.0
	良性互动	2.2	4.6	31.8	40.6	13.5	7.3	100.0
	澄清谣言	1.2	3.9	27.3	46.8	16.8	4.0	100.0
网络媒体	及时性	1.7	2.6	16.4	59.5	15.5	4.3	100.0
	多样性	1.7	5.2	19.8	55.2	13.8	4.3	100.0
	滚动发布	3.4	0.9	17.2	58.6	17.2	2.6	100.0
	良性互动	0.9	6.0	25.0	48.3	14.7	5.2	100.0
	澄清谣言	3.4	0.9	15.5	60.3	14.7	5.2	100.0
其他	及时性	0	0	40.0	30.0	20.0	10.0	100.0
	多样性	5.0	0	40.0	30.0	10.0	15.0	100.0
	滚动发布	10.0	0	30.0	30.0	15.0	15.0	100.0
	良性互动	5.0	0	45.0	30.0	10.0	10.0	100.0
	澄清谣言	0	0	40.0	30.0	15.0	15.0	100.0

如表 15－6 所示，来自担任不同职务的样本对当地新闻媒体新媒体使用行为的评价存在明显差异，其中职务为“决策层领导”的样本对各指标的满意度总体偏低，表示“满意”“非常满意”者之和均未超过该类样本的 50%，对“多样性”“滚动发布”表示“满意”“非常满意”者之和都是只有 39.5%，而对“良性互动”指标表示“满意”“非常满意”者之和只有 29%（满意度相当低）。这些数据说明：相当一部分媒体领导干部并不认为“多样性”“滚动发布”的现状已经达到理想境界，而中层领导对“多样性”“良性互动”表示“满意”“非常满意”者也分别只占该类样本的 46.5% 和 35.5%。比较而言，普通员工和其他类型的样本对各指标的满意度水平相对较高。以上现象此前并不为人所知，很值得深入探讨。笔者将在后面加以论析。

表 15－6 不同职务样本对重大公共危机事件中当地媒体新媒体使用行为的评价(％)

职务	指标	很不满意	不满意	一般	满意	非常满意	说不清楚	合计
决策层领导	及时性	/	13.2	42.1	26.3	15.8	2.6	100.0
	多样性	2.6	10.5	39.5	26.3	13.2	7.9	100.0
	滚动发布	2.6	15.8	39.5	23.7	15.8	2.6	100.0
	良性互动	2.6	7.9	42.1	13.2	15.8	18.4	100.0
	澄清谣言	2.6	15.8	28.9	28.9	18.4	5.3	100.0
中层领导	及时性	2.1	3.6	36.4	45.6	8.6	3.8	100.0
	多样性	1.8	5.0	42.3	38.5	8.0	4.4	100.0
	滚动发布	2.1	5.3	37.0	42.3	8.9	4.4	100.0
	良性互动	2.7	8.0	42.3	29.9	5.6	11.5	100.0
	澄清谣言	1.8	4.4	37.9	41.7	8.6	5.6	100.0
普通员工	及时性	1.2	3.4	23.9	52.6	15.7	3.2	100.0
	多样性	1.5	3.7	26.7	50.1	14.7	3.3	100.0
	滚动发布	1.9	3.5	26.9	49.5	14.9	3.3	100.0
	良性互动	1.9	5.2	31.9	41.2	12.6	7.2	100.0
	澄清谣言	1.9	3.0	25.8	51.3	14.3	3.6	100.0
其他	及时性	1.3	3.1	29.6	46.5	15.1	4.4	100.0
	多样性	1.9	3.1	28.9	45.9	13.8	6.3	100.0
	滚动发布	1.3	4.4	27.0	45.3	15.7	6.3	100.0
	良性互动	2.5	3.1	35.8	34.0	15.1	9.4	100.0
	澄清谣言	2.5	4.4	28.3	42.8	15.7	6.3	100.0

(二) 对政府舆情处置的评价

1. 对当地政府新闻发布会的评价

综合表 15－7 和图 15－70 可见,样本对重大公共危机事件中当地政府新闻发布会的组织、频次和时效性等指标的评价集中于“合理”“一般”和“非常合理”三个选项。其中,认为新闻发布会组织、频次和时效性等指标“合理”的样本分别为 690 个、640 个和 669 个,分别占总人数的 43.1%、40.0%和 41.8%。样本中评价为“一般”的样本分别为 486 个、525 个和 515 个,分别占总人数的 30.4%、32.8%和 32.2%。认为“非常合理”的分别为 232 个、197 个、241 个,分别占总人数的 14.5%、12.3%和 15.1%。总体来看,对各指标评价为“满意”和“非常满意”者所占的比例均达到 50%以上。由此不难发现,样本对重大公共危机事件中当地政府新闻发布会的满意度较高。

表 15－7 样本对重大公共危机事件中当地政府新闻发布会的评价

指标		很不合理	不合理	一般	合理	非常合理	说不清楚
组织	样本量(个)	22	44	486	690	232	127
	百分比(%)	1.4	2.7	30.4	43.1	14.5	7.9
频次	样本量(个)	30	68	525	640	197	141
	百分比(%)	1.9	4.2	32.8	40.0	12.3	8.8
时效	样本量(个)	30	57	515	669	241	89
	百分比(%)	1.9	3.6	32.2	41.8	15.1	5.6

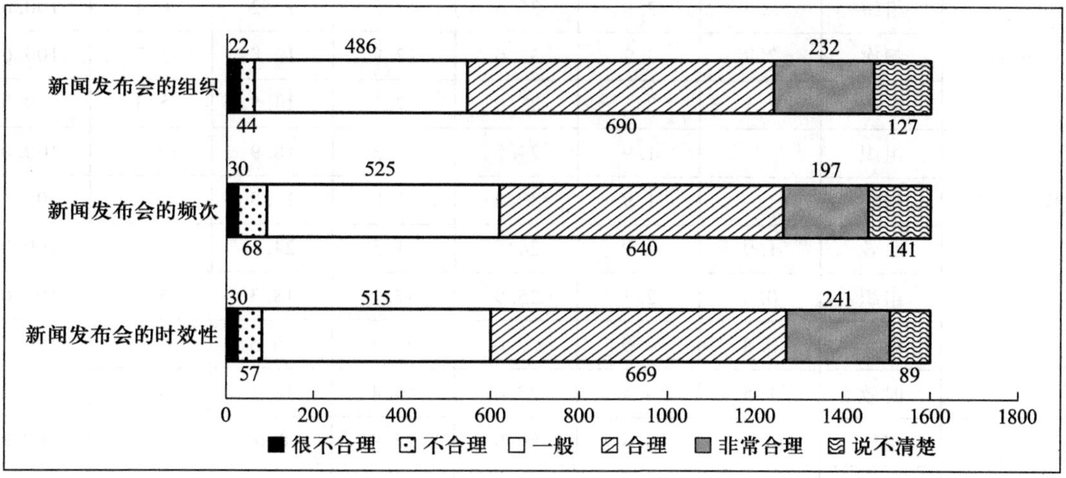

图 15－70 样本对重大公共危机事件中当地政府新闻发布会的评价(个)

为能显示不同省(直辖市)样本对新闻发布会各指标评价的差异度,以下将选取样本量达到 50 个以上的省(直辖市),对不同区域样本就新闻发布会各指标的评价情况进行对比分析。如表 15－8 所示,不同省(直辖市)的样本对各指标的评价存在明显差异,四川省的样本对三个指标表示“合理”“非常合理”者占该省样本比例均未达到 40%,而北京市、福建省的样本对三个指标表示“满意”“非常满意”者占该省(直辖市)样本比例均未达到 50%。而其他省(直辖市)的样本,对上述三个指标的评价为“合理”“非常合理”者均占该地样本的 50% 以上。北京市、福建省和四川省的样本对重大公共危机事件中当地政府新闻发布会评价偏低。

表 15－8 不同省市样本对重大公共危机事件中当地政府新闻发布会评价(%)

省(市)	指标	很不合理	不合理	一般	合理	非常合理	说不清楚	合计
北京市	组织	/	10.6	31.8	36.4	12.1	9.1	100.0
	频次	4.5	12.1	28.8	37.9	9.1	7.6	100.0
	时效	3.0	9.1	39.4	31.8	12.1	4.5	100.0

续表

省(市)	指标	很不合理	不合理	一般	合理	非常合理	说不清楚	合计
福建省	组织	0.7	3.5	43.4	31.5	7.7	13.3	100.0
	频次	1.4	2.1	48.3	31.5	5.6	11.2	100.0
	时效	/	5.6	44.8	35.7	7.0	7.0	100.0
广东省	组织	1.6	1.6	30.2	43.5	13.0	10.0	100.0
	频次	2.3	4.9	30.9	41.4	11.6	8.8	100.0
	时效	2.1	3.5	31.6	41.4	14.4	7.0	100.0
海南省	组织	2.5	2.8	25.5	47.5	15.2	6.4	100.0
	频次	2.8	3.2	32.6	42.9	12.8	5.7	100.0
	时效	2.1	2.5	28.0	47.5	14.5	5.3	100.0
黑龙江省	组织	/	1.9	24.5	45.3	18.9	9.4	100.0
	频次	/	1.9	30.2	35.8	18.9	13.2	100.0
	时效	1.9	1.9	24.5	41.5	24.5	5.7	100.0
江苏省	组织	0.8	2.3	25.9	47.1	18.3	5.7	100.0
	频次	0.8	4.0	27.0	43.3	15.5	9.5	100.0
	时效	1.5	3.4	27.4	45.4	18.1	4.2	100.0
四川省	组织	3.4	3.4	56.9	25.9	8.6	1.7	100.0
	频次	1.7	8.6	58.6	17.2	6.9	6.9	100.0
	时效	3.4	3.4	51.7	22.4	12.1	6.9	100.0

不同媒体部门的样本对重大公共危机事件中当地政府新闻发布会的评价是否具有差异性呢？如表15－9所示，根据样本所属媒体指标与新闻发布会的组织、频次和时效等三个指标的交互分析结果，不难发现，平面媒体、广电媒体样本中，对上述三个指标的评价为“一般”者占该类样本的比例均达到30%以上，而网络媒体、平面媒体的新媒体部门和广电媒体的新媒体部门的样本对上述三个指标的评价则多为“合理”“非常合理”（两者之和均占该类样本的60%以上），评价为“一般”的样本大多在30%以下。可见来自平面媒体和广电媒体等传统媒体属性较强的样本对重大公共危机事件中当地政府新闻发布会的评价略低于来自新媒体属性较强的样本。

表15－9 不同属性媒体(部门)样本对重大公共危机事件中当地政府新闻发布会评价(%)

媒体属性	指标	很不合理	不合理	一般	合理	非常合理	说不清楚	合计
平面媒体	组织	1.7	3.0	33.7	41.3	11.8	8.5	100.0
	频次	2.7	5.6	35.4	37.5	9.7	9.1	100.0
	时效	2.6	2.7	35.7	40.4	12.6	6.1	100.0

续表

媒体属性	指标	很不合理	不合理	一般	合理	非常合理	说不清楚	合计
广电媒体	组织	1.4	2.9	30.3	42.9	14.7	7.9	100.0
	频次	1.5	3.9	33.5	38.5	12.8	9.7	100.0
	时效	1.7	4.8	31.5	41.4	14.9	5.8	100.0
网络媒体	组织	/	3.1	28.2	45.0	18.3	5.3	100.0
	频次	/	2.3	25.2	52.7	13.7	6.1	100.0
	时效	/	3.1	30.5	44.3	20.6	1.5	100.0
平面媒体的新媒体部门	组织	2.8	2.8	19.4	46.3	16.7	12.0	100.0
	频次	1.9	4.6	25.2	44.7	15.3	8.3	100.0
	时效	1.9	5.6	25.0	42.6	17.6	7.4	100.0
广电媒体的新媒体部门	组织	/	/	22.1	51.6	23.2	3.2	100.0
	频次	/	/	25.3	48.4	22.1	4.2	100.0
	时效	/	1.1	23.2	50.5	22.1	3.2	100.0
其他	组织	/	/	33.3	38.1	19.0	9.5	100.0
	频次	4.8	/	33.3	33.3	14.3	14.3	100.0
	时效	4.8	/	28.6	38.1	19.0	9.5	100.0

与此同时，不同职务的样本对重大公共危机事件中当地政府新闻发布会的评价也存在差异。如表15－10所示，根据样本的职务与新闻发布会的组织、频次和时效三个指标的交互分析结果，可以发现，职务为“决策层领导”的样本对三个指标表示“合理”“非常合理”者之和均未达到该类样本的40%，而职务为“中层领导”的样本对三个指标表示“合理”“非常合理”者之和均达到该类样本的47%以上。相比之下，普通员工、编外人员和其他的样本对三个指标的评价则为“合理”“非常合理”者均达到或超过各自类型样本的50%。

表15－10　不同职务样本对重大公共危机事件中当地政府新闻发布会评价(%)

职务	指标	很不合理	不合理	一般	合理	非常合理	说不清楚	合计
决策层领导	组织	2.6	7.7	46.2	33.3	5.1	5.1	100.0
	频次	/	10.3	46.2	28.2	5.1	10.3	100.0
	时效	5.1	5.1	43.6	30.8	7.7	7.7	100.0
中层领导	组织	1.1	2.8	37.6	42.2	9.1	7.1	100.0
	频次	1.7	5.7	36.5	40.2	7.1	8.8	100.0
	时效	1.4	5.1	41.3	37.9	10.3	4.0	100.0

续表

职务	指标	很不合理	不合理	一般	合理	非常合理	说不清楚	合计
普通员工	组织	1.3	2.7	27.2	44.6	16.1	8.1	100.0
	频次	2.0	3.5	30.6	41.1	14.1	8.7	100.0
	时效	1.8	2.9	28.9	44.1	16.6	5.8	100.0
编外人员	组织	1.4	2.1	30.8	37.8	18.2	9.8	100.0
	频次	1.4	4.2	32.7	34.3	17.0	10.5	100.0
	时效	2.1	4.9	30.8	37.1	17.5	7.7	100.0
其他	组织	5.6	/	33.3	38.9	16.7	5.6	100.0
	频次	5.6	5.6	38.9	38.9	11.1	/	100.0
	时效	5.6	/	33.3	44.4	16.7	/	100.0

2. 对新闻发言人表现的评价

综合图 15－71 和表 15－11 可见,样本对重大公共危机事件中当地政府新闻发言人表现相关指标——“对待媒体和公众的坦诚程度”(坦诚度)、“对事件信息的熟悉程度”(熟悉度)、“对记者提问回答的精准程度”(精准度)、“语言使用的合宜程度(有无推诿、搪塞以及错误等)”(合宜度)等指标的评价多集中于“一般”“满意”和“非常满意”三个选项。其中,对上述指标表示“一般”的样本分别为 555 个、547 个、609 个和 567 个,分别占总人数的 34.5%、33.7%、37.9%和 35.3%。表示“满意”的分别为 569 个、659 个、577 个和 614 个,分别占 36.0%、41.7%、36.4%、38.7%。表示“非常满意”的分别为 154 个、180 个、155 个和 159 个,分别占 9.7%、11.4%、9.8%和 10.1%。

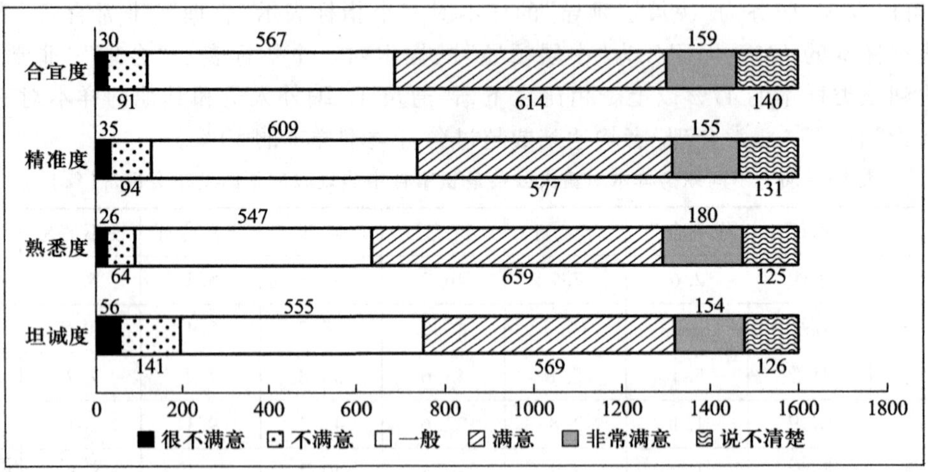

图 15－71 样本对重大公共危机事件中新闻发言人表现的评价(个)

总体来看,样本对新闻发言人表现的满意度要略低于对新闻发布会的满意度。前文对新闻发布会各指标的分析结果表明,对新闻发布会的组织、频次和时效评价为“合理”和“非常合理”者之和均达到或超过样本总体的50%,而对新闻发言人表现各指标的评价则不然,如表15-11所示,除了对“熟悉度”这个指标表示“满意”和“非常满意”的样本总和占样本总体的52.4%,对其余指标表示“满意”和“非常满意”者所占比例均低于样本总体的50%——“坦诚度”为45.1%,“精准度”为45.7%,“合宜度”为48.3%。

表 15-11 样本对重大公共危机事件中新闻发言人表现的评价

指标		很不满意	不满意	一般	满意	非常满意	说不清楚
坦诚度	样本量(个)	56	141	555	569	154	126
	百分比(%)	3.5	8.8	34.7	35.5	9.6	7.9
熟悉度	样本量(个)	26	64	547	659	180	125
	百分比(%)	1.6	4.0	34.2	41.2	11.2	7.8
精准度	样本量(个)	35	94	609	577	155	131
	百分比(%)	2.2	5.9	38.0	36.0	9.7	8.2
合宜度	样本量(个)	30	91	567	614	159	140
	百分比(%)	1.9	5.7	35.4	38.4	9.9	8.7

根据样本地域指标与上述三个指标的交互分析结果,可以发现:不同地域样本对当地政府新闻发布会的评价具有差异性。总体来看,这种差异性特征与样本对新闻发布会的评价具有同构特性。如表15-12所示,北京市、福建省、广东省和四川省的样本对四个指标表示“满意”“非常满意”者之和占该省(直辖市)样本的比例均未达到50%,其中,福建省和四川省的样本对“坦诚度”“精准度”两个指标表示“满意”“非常满意”者之和只占该省样本的30%以下。

表 15-12 不同省(市)样本对重大公共危机事件中新闻发言人表现评价(%)

省(市)	指标	很不满意	不满意	一般	满意	非常满意	说不清楚	合计
北京市	坦诚度	9.1	9.1	36.4	31.8	4.5	9.1	100
	熟悉度	/	7.6	34.8	37.9	9.1	10.6	100
	精准度	3.0	13.6	37.9	34.8	4.5	6.1	100
	合宜度	3.0	12.1	34.8	34.8	4.5	10.6	100
福建省	坦诚度	2.8	7.0	57.3	22.4	3.5	7.0	100
	熟悉度	0.7	3.5	46.2	37.8	4.9	7.0	100
	精准度	2.1	3.5	58.0	21.7	2.8	11.9	100
	合宜度	1.4	2.1	51.7	31.5	2.8	10.5	100
广东省	坦诚度	4.9	12.6	31.9	32.8	7.0	10.9	100
	熟悉度	2.6	3.5	35.3	39.3	8.1	11.2	100
	精准度	3.7	6.7	36.5	34.4	7.4	11.2	100
	合宜度	3.5	6.0	37.4	34.9	7.0	11.2	100

续表

省(市)	指标	很不满意	不满意	一般	满意	非常满意	说不清楚	合计
海南省	坦诚度	3.2	6.4	33.7	39.7	9.6	7.4	100
	熟悉度	1.8	4.6	29.8	44.3	10.6	8.9	100
	精准度	1.8	6.0	35.8	41.5	8.9	6.0	100
	合宜度	2.1	4.6	33.7	41.1	10.3	8.2	100
黑龙江省	坦诚度	/	3.8	24.5	47.2	13.2	11.3	100
	熟悉度	/	1.9	24.5	54.7	11.3	7.5	100
	精准度	1.9	1.9	28.3	45.3	13.2	9.4	100
	合宜度	/	/	22.6	47.2	15.1	15.1	100
江苏省	坦诚度	1.9	6.6	29.5	42.2	14.2	5.7	100
	熟悉度	0.8	3.0	30.2	44.6	16.6	4.7	100
	精准度	0.8	4.9	32.9	40.8	14.7	5.9	100
	合宜度	0.6	5.5	28.9	44.2	14.6	6.2	100
四川省	坦诚度	5.2	17.2	53.4	13.8	8.6	1.7	100
	熟悉度	6.9	8.6	48.3	22.4	10.3	3.4	100
	精准度	5.2	6.9	62.1	15.5	6.9	3.4	100
	合宜度	1.7	10.3	56.9	19.0	10.3	1.7	100

如表15－13所示,根据不同媒体(部门)与新闻发言人表现相关数据的交叉分析,不难发现,除来自广电媒体新媒体部门的样本对所有指标评价为“满意”“非常满意”者之和达到或超过该类样本的60%,其余各类样本对各指标的满意度参差不齐,平面媒体和“其他”类型的样本对各指标的满意度水平较低,特别是对“坦诚度”指标的评价,表示“满意”和“非常满意”者所占比例均低于40%。

表15－13 不同属性媒体(部门)样本对重大公共危机事件中新闻发言人评价(%)

省(市)	指标	很不满意	不满意	一般	满意	非常满意	说不清楚	合计
平面媒体	坦诚度	4.5	11.5	36.3	32.7	6.7	8.3	100
	熟悉度	2.4	4.4	38.6	37.7	7.7	9.2	100
	精准度	3.0	8.3	38.6	33.7	7.3	9.1	100
	合宜度	2.7	7.1	38.1	35.4	6.8	9.8	100
广电媒体	坦诚度	2.4	7.0	35.0	36.4	12.1	7.0	100
	熟悉度	1.4	4.1	31.8	42.6	13.3	6.8	100
	精准度	1.9	5.0	40.0	35.6	11.1	6.5	100
	合宜度	1.0	4.8	35.4	39.5	12.1	7.2	100

续表

省(市)	指标	很不满意	不满意	一般	满意	非常满意	说不清楚	合计
网络媒体	坦诚度	4.6	8.4	32.8	40.5	6.9	6.9	100
	熟悉度	/	3.8	32.1	48.1	10.7	5.3	100
	精准度	1.5	2.3	35.1	47.3	6.9	6.9	100
	合宜度	0.8	7.6	32.1	45.0	9.2	5.3	100
平面媒体的新媒体部门	坦诚度	3.7	8.3	29.6	32.4	13.0	13.0	100
	熟悉度	0.9	5.6	28.7	39.8	13.0	12.0	100
	精准度	0.9	5.6	32.4	33.3	13.9	13.9	100
	合宜度	2.8	5.6	28.7	38.9	11.1	13.0	100
广电媒体的新媒体部门	坦诚度	1.1	2.1	29.5	48.4	14.7	4.2	100
	熟悉度	1.1	/	26.3	50.5	21.1	1.1	100
	精准度	1.1	1.1	30.5	43.2	17.9	6.3	100
	合宜度	1.1	/	29.5	42.1	17.9	9.5	100
其他	坦诚度	4.8	9.5	33.3	28.6	9.5	14.3	100
	熟悉度	/	/	38.1	33.3	14.3	14.3	100
	精准度	/	/	47.6	33.3	4.8	14.3	100
	合宜度	4.8	/	33.3	38.1	9.5	14.3	100

如表 15－14 所示,根据样本职务与新闻发言人表现各相关数据的交叉分析结果,在所有类型样本中,职务为“中层领导”的样本对各指标的满意度明显低于其他各类样本,除了“熟悉度”指标,对其余指标表示“满意”“非常满意”者所占比例均不及该类样本的 40%,其中对“坦诚度”指标表示“很不满意”“不满意”者所占比例达到了 15.4%。此外,职务为“决策层领导”的样本对“精准度”指标表示“很不满意”“不满意”者所占比例也高达 12.9%。由此不难发现,在所有类型样本中,“决策层领导”“中层领导”两类样本对新闻发言人表现相关数据的满意度略低,尤其是后者表现得更为明显。

表 15－14　不同职务样本对重大公共危机事件中当地新闻发言人评价(%)

省(市)	指标	很不满意	不满意	一般	满意	非常满意	说不清楚	合计
决策层领导	坦诚度	/	2.6	41.0	35.9	10.3	10.3	100
	熟悉度	/	2.6	41.0	41.0	12.8	2.6	100
	精准度	2.6	10.3	43.6	33.3	7.7	2.6	100
	合宜度	/	5.1	41.0	38.5	12.8	2.6	100

续表

省(市)	指标	很不满意	不满意	一般	满意	非常满意	说不清楚	合计
中层领导	坦诚度	3.7	11.7	39.9	32.5	4.8	7.4	100
	熟悉度	2.0	4.6	39.6	39.0	6.0	8.8	100
	精准度	2.3	6.8	46.2	31.3	5.1	8.3	100
	合宜度	2.0	9.1	43.6	32.2	4.8	8.3	100
普通员工	坦诚度	3.5	8.7	32.4	36.7	10.6	8.2	100
	熟悉度	1.7	4.0	32.0	42.3	12.4	7.6	100
	精准度	2.4	5.5	35.5	37.5	10.8	8.3	100
	合宜度	1.9	4.6	33.0	40.6	10.8	9.2	100
编外人员	坦诚度	4.2	4.9	36.4	33.6	14.7	6.3	100
	熟悉度	0.7	3.5	35.0	37.1	16.1	7.7	100
	精准度	0.7	4.9	36.4	36.4	14.0	7.7	100
	合宜度	2.1	4.9	32.2	37.1	15.4	8.4	100
其他	坦诚度	/	5.6	38.9	44.4	5.6	5.6	100
	熟悉度	/	/	33.3	50.0	5.6	11.1	100
	精准度	/	5.6	27.8	44.4	5.6	16.7	100
	合宜度	/	11.1	33.3	38.9	11.1	5.6	100

3. 对当地政府官方新媒体使用情况的评价

综合图15-72和表15-15可见,样本对重大公共危机事件中当地政府官方新媒体(如政务微博、微信公众号)使用情况的相关指标——信息发布的及时性(及时性)、信息发布的得体性(得体性)、信息的准确性(准确性)、随事件发展及时滚动发布(滚动发布)、与意见领袖展开良性互动(良性互动)、及时回应公众质疑(回应质疑)等指标的评价多集中于“一般”“满意”和“非常满意”三个选项。其中,对上述六个指标表示“一般”的样本分别为513个(占32.0%)、525个(占32.8%)、459个(占28.7%)、550个(占34.4%)、553个(占34.5%)和559个(占34.9%),表示“满意”的样本分别为703个(占43.9%)、738个(占46.1%)、793个(占49.5%)、670个(占41.8%)、526个(占32.9%)和606个(占37.9%),表示“非常满意”的分别为197个(占12.3%)、170个(占10.6%)、183个(占11.4%)、185个(占11.6%)、164个(占10.2%)和174个(占10.9%)。

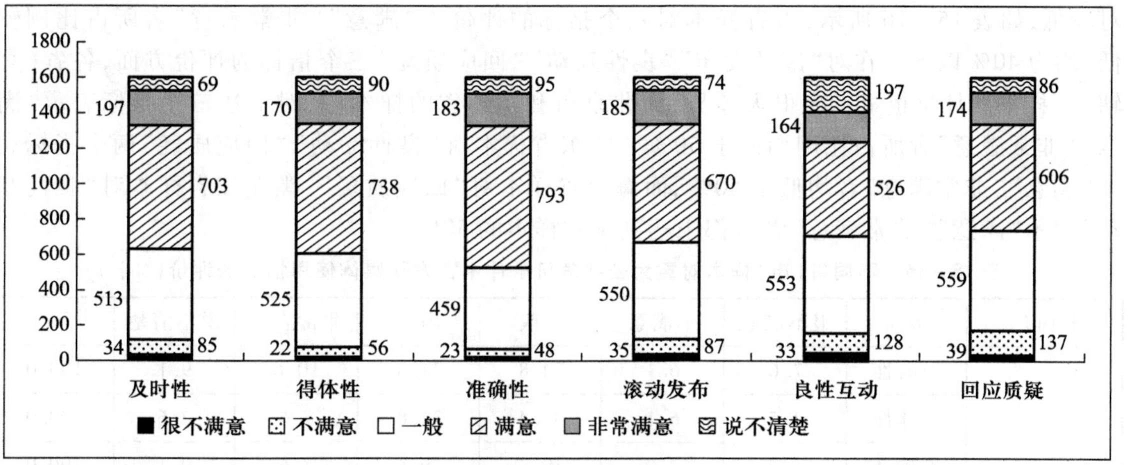

图 15－72　样本对当地政府官方新媒体使用情况的评价（个）

表 15－15　样本对重大公共危机事件中官方新媒体使用情况的评价

指标		很不满意	不满意	一般	满意	非常满意	说不清楚
及时性	样本量（个）	34	85	513	703	197	69
	百分比（%）	2.1	5.3	32.0	43.9	12.3	4.3
得体性	样本量（个）	22	56	525	738	170	90
	百分比（%）	1.4	3.5	32.8	46.1	10.6	5.6
准确性	样本量（个）	23	48	459	793	183	95
	百分比（%）	1.4	3.0	28.7	49.5	11.4	5.9
滚动发布	样本量（个）	35	87	550	670	185	74
	百分比（%）	2.2	5.4	34.4	41.8	11.6	4.6
良性互动	样本量（个）	33	128	553	526	164	197
	百分比（%）	2.1	8.0	34.5	32.9	10.2	12.3
回应质疑	样本量（个）	39	137	559	606	174	86
	百分比（%）	2.4	8.6	34.9	37.9	10.9	5.4

从对各类指标评价为“满意”“非常满意”者总和的排序情况来看，样本对“信息的准确性”指标满意度最高，“满意”“非常满意”者之和占样本总体的 60.9%。对“良性互动”指标的满意度最低，“满意”“非常满意”者之和仅占样本总体的 43.1%，对该指标表示“说不清楚”者占了样本总体的 12.3%。此外，对“回应质疑”指标的满意度也略低，“满意”“非常满意”者之和仅占样本总体的 48.8%。由此可见，样本对于官方新媒体使用过程中与意见领袖和公众的保持互动的满意度不高。

根据不同省（直辖市）样本对重大公共危机事件中官方新媒体使用情况各指标的回应，来自 7 个省（直辖市）样本的评价也有差异。四川省样本对官方新媒体使用情况的总体评价相对较低,如表 15－16 所示,该省样本对六个指标的评价为“满意”“非常满意”者所占比例较低,均为 40% 以下。在对“滚动发布”“良性互动”“回应质疑”三个指标的评价方面,各省(直辖市)样本的评价也显示出很大差异,如北京市和福建省的样本中,对上述三个指标表示“满意”“非常满意”者所占比例均低于 50%。广东省样本对“良性互动”“回应质疑”两个指标表示“满意”“非常满意”者均低于 50%,而海南省样本对“回应质疑”、黑龙江省样本对“良性互动”表示“满意”“非常满意”者也都未达到本省样本的 50%。

表 15－16 不同省(市)样本对重大公共危机事件中官方新媒体使用情况的评价(%)

省(市)	指标	很不满意	不满意	一般	满意	非常满意	说不清楚	合计
北京市	及时性	7.6	6.1	34.8	31.8	10.6	9.1	100.0
	得体性	4.5	6.1	39.4	34.8	7.6	7.6	100.0
	准确性	1.5	3.0	39.4	39.4	7.6	9.1	100.0
	滚动发布	3.0	4.5	42.4	33.3	9.1	7.6	100.0
	良性互动	3.0	10.6	40.9	16.7	13.6	15.2	100.0
	回应质疑	7.6	12.1	34.8	28.8	7.6	9.1	100.0
福建省	及时性	2.1	2.1	48.3	40.6	3.5	3.5	100.0
	得体性	1.4	1.4	46.2	41.3	3.5	6.3	100.0
	准确性	1.4	2.1	37.8	46.9	4.2	7.7	100.0
	滚动发布	2.8	6.3	44.1	39.2	4.9	2.8	100.0
	良性互动	2.8	10.5	43.4	23.8	2.1	17.5	100.0
	回应质疑	2.1	9.8	48.3	30.1	3.5	6.3	100.0
广东省	及时性	2.6	5.1	34.4	42.3	10.0	5.6	100.0
	得体性	1.4	4.0	31.9	47.0	8.8	7.0	100.0
	准确性	2.1	4.7	25.6	51.4	8.6	7.7	100.0
	滚动发布	2.1	5.6	35.8	41.2	10.0	5.3	100.0
	良性互动	2.8	11.6	33.7	30.0	7.2	14.7	100.0
	回应质疑	2.6	10.0	33.7	37.7	8.8	7.2	100.0
海南省	及时性	2.1	5.7	27.3	49.6	11.7	3.5	100.0
	得体性	1.1	4.6	31.2	49.3	8.9	5.0	100.0
	准确性	1.8	2.1	28.0	52.8	11.3	3.9	100.0
	滚动发布	2.5	5.3	31.2	46.5	10.3	4.3	100.0
	良性互动	1.1	7.4	32.6	40.4	9.6	8.9	100.0
	回应质疑	2.8	8.9	34.8	39.4	9.9	4.3	100.0

续表

省(市)	指标	很不满意	不满意	一般	满意	非常满意	说不清楚	合计
黑龙江省	及时性	/	5.7	20.8	47.2	15.1	11.3	100.0
	得体性	1.9	/	18.9	50.9	13.2	15.1	100.0
	准确性	1.9	1.9	17.0	58.5	13.2	7.5	100.0
	滚动发布	1.9	5.7	20.8	45.3	13.2	13.2	100.0
	良性互动	/	3.8	26.4	32.1	15.1	22.6	100.0
	回应质疑	/	3.8	22.6	52.8	13.2	7.5	100.0
江苏省	及时性	1.1	4.5	26.7	46.9	18.1	2.6	100.0
	得体性	1.3	1.5	27.8	49.1	16.3	4.0	100.0
	准确性	0.6	1.5	24.8	51.0	17.2	4.9	100.0
	滚动发布	1.5	4.0	30.2	44.2	16.6	3.4	100.0
	良性互动	1.5	3.6	31.9	37.6	15.5	9.8	100.0
	回应质疑	1.5	5.7	31.4	41.2	16.4	3.8	100.0
四川省	及时性	3.4	13.8	50.0	25.9	6.9	/	100.0
	得体性	/	10.3	58.6	24.1	5.2	1.7	100.0
	准确性	3.4	1.7	62.1	25.9	6.9	/	100.0
	滚动发布	3.4	8.6	56.9	22.4	6.9	1.7	100.0
	良性互动	3.4	12.1	50.0	19.0	5.2	10.3	100.0
	回应质疑	3.4	10.3	55.2	22.4	6.9	1.7	100.0

如表 15－17 所示，根据不同媒体（部门）与官方新媒体使用相关数据的交叉分析结果，不难发现，除了来自广电媒体新媒体部门的样本对所有指标评价为“满意”和“非常满意”者之和占该类样本的 60% 以上，其余各类样本对各指标的满意度参差不齐。总体来看，平面媒体和“其他”类型的样本对各指标的满意度较低，其中，对“良性互动”指标表示“满意”“非常满意”者所占比例均低于 40%，平面媒体样本对“滚动发布”“回应质疑”指标表示“满意”“非常满意”者之和占该类样本的比例均低于 50%，而”其他”类型的样本对“及时性”“得体性”和“回应质疑”指标表示“满意”“非常满意”者所占比例也者低于 50%。

如表 15－18 所示，根据不同职务样本和重大公共危机事件中官方新媒体使用情况各相关数据的交叉分析结果，不难发现：职务为“决策层领导”的样本对“回应质疑”“良性互动”表示“满意”“非常满意”者所占比例仅为 35.9% 和 30.8%，对“及时性”“得体性”“滚动发布”表示“满意”“非常满意”者之和所占比例都未能达到 50%。而职务为“中层领导”的样本对“良性互动”表示“满意”“非常满意”者所占比例也只有 31.4%，除了“准确性”，对其余指标表示“满意”“非常满意”者所占比例都未达到 50%。由此可见，“决策层领导”和“中层领导”样本对官方新媒体使用情况的满意度普遍不高。

表 15－17 不同属性媒体(部门)样本对重大公共危机事件中官方新媒体使用情况评价(%)

省(市)	指标	很不满意	不满意	一般	满意	非常满意	说不清楚	合计
平面媒体	及时性	3.2	5.9	34.6	42.8	8.5	5.0	100.0
	得体性	1.5	4.1	36.3	45.2	6.7	6.2	100.0
	准确性	2.3	3.8	30.0	50.4	7.1	6.5	100.0
	滚动发布	2.3	5.7	39.5	39.8	8.2	4.5	100.0
	良性互动	2.7	9.5	36.5	31.3	5.9	14.1	100.0
	回应质疑	3.2	9.8	36.6	37.5	6.5	6.4	100.0
广电媒体	及时性	1.4	6.2	32.1	43.6	13.0	3.8	100.0
	得体性	1.2	3.2	33.3	44.3	11.8	6.2	100.0
	准确性	1.0	1.7	31.3	47.2	13.2	5.6	100.0
	滚动发布	2.4	6.3	33.7	39.5	13.7	4.4	100.0
	良性互动	1.7	7.0	33.8	32.8	12.0	12.6	100.0
	回应质疑	1.9	7.4	36.1	36.6	12.8	5.3	100.0
网络媒体	及时性	1.5	3.8	25.2	48.9	15.3	5.3	100.0
	得体性	0.8	3.1	30.5	51.9	12.2	1.5	100.0
	准确性	/	4.6	23.7	51.9	13.0	6.9	100.0
	滚动发布	2.3	3.1	30.5	51.1	9.9	3.1	100.0
	良性互动	0.8	8.4	35.1	32.8	12.2	10.7	100.0
	回应质疑	1.5	12.2	31.3	41.2	11.5	2.3	100.0
平面媒体的新媒体部门	及时性	1.9	2.8	27.8	48.1	14.8	4.6	100.0
	得体性	2.8	3.7	21.3	52.8	13.0	6.5	100.0
	准确性	0.9	4.6	20.4	56.5	11.1	6.5	100.0
	滚动发布	1.9	5.6	24.1	50.0	13.9	4.6	100.0
	良性互动	1.9	9.3	31.5	38.9	11.1	7.4	100.0
	回应质疑	1.9	9.3	28.7	41.7	12.0	6.5	100.0
广电媒体的新媒体部门	及时性	/	1.1	27.4	43.2	28.4	/	100.0
	得体性	/	1.1	21.1	50.5	25.3	2.1	100.0
	准确性	/	1.1	21.1	48.4	28.4	1.1	100.0
	滚动发布	/	2.1	22.1	48.4	21.1	6.3	100.0
	良性互动	/	2.1	28.4	38.9	25.3	5.3	100.0
	回应质疑	1.1	3.2	28.4	40.0	26.3	1.1	100.0

续表

省(市)	指标	很不满意	不满意	一般	满意	非常满意	说不清楚	合计
其他	及时性	4.8	4.8	33.3	38.1	9.5	9.5	100.0
	得体性	4.8	4.8	33.3	33.3	14.3	9.5	100.0
	准确性	4.8	4.8	23.8	42.9	14.3	9.5	100.0
	滚动发布	4.8	/	23.8	42.9	14.3	14.3	100.0
	良性互动	9.5	4.8	33.3	23.8	14.3	14.3	100.0
	回应质疑	9.5	/	33.3	33.3	14.3	9.5	100.0

表 15-18　不同职务样本对重大公共危机事件中官方新媒体使用情况的评价(%)

省(市)	指标	很不满意	不满意	一般	满意	非常满意	说不清楚	合计
决策层领导	及时性	/	10.3	43.6	25.6	15.4	5.1	100.0
	得体性	/	10.3	30.8	41.0	5.1	12.8	100.0
	准确性	/	/	43.6	43.6	10.3	2.6	100.0
	滚动发布	/	7.7	41.0	35.9	10.3	5.1	100.0
	良性互动	2.6	15.4	41.0	20.5	10.3	10.3	100.0
	回应质疑	2.6	12.8	43.6	28.2	7.7	5.1	100.0
中层领导	及时性	2.8	7.1	40.5	37.9	6.8	4.8	100.0
	得体性	2.3	3.7	41.0	41.6	6.0	5.4	100.0
	准确性	1.7	3.1	34.2	48.4	5.4	7.1	100.0
	滚动发布	3.7	7.1	40.5	37.9	6.0	4.8	100.0
	良性互动	2.8	8.8	41.6	27.1	4.3	15.4	100.0
	回应质疑	3.1	10.8	40.2	35.6	5.7	4.6	100.0
普通员工	及时性	2.0	4.7	29.1	46.2	13.8	4.2	100.0
	得体性	1.2	3.3	30.2	47.4	12.0	5.8	100.0
	准确性	1.3	3.3	26.1	50.4	12.8	6.1	100.0
	滚动发布	1.8	4.8	32.3	43.5	13.0	4.6	100.0
	良性互动	1.7	7.5	32.3	34.4	11.9	12.2	100.0
	回应质疑	2.3	8.1	32.9	38.3	12.4	6.1	100.0
编外人员	及时性	2.1	4.9	30.8	44.8	14.7	2.8	100.0
	得体性	0.7	2.8	32.2	48.3	14.0	2.1	100.0
	准确性	2.1	1.4	31.5	44.8	17.5	2.8	100.0

续表

省(市)	指标	很不满意	不满意	一般	满意	非常满意	说不清楚	合计
编外人员	滚动发布	2.1	5.6	32.9	40.6	15.4	3.5	100.0
	良性互动	2.8	7.0	35.0	37.1	13.3	4.9	100.0
	回应质疑	2.1	5.6	37.1	39.9	14.0	1.4	100.0
其他	及时性	/	/	22.2	61.1	5.6	11.1	100.0
	得体性	/	/	33.3	50.0	5.6	11.1	100.0
	准确性	/	/	16.7	72.2	5.6	5.6	100.0
	滚动发布	/	5.6	33.3	44.4	5.6	11.1	100.0
	良性互动	/	11.1	11.1	50.0	5.6	22.2	100.0
	回应质疑	/	5.6	16.7	61.1	5.6	11.1	100.0

4. 对当地政府舆情处置的评价

综合表15－19和图15－73可见,样本对重大公共危机事件中当地政府舆情处置情况的相关指标——“舆情判断准确,有效防范次生舆情”(舆情研判)、“主动设置议程,吸引公众关注”(议程设置)、“及时澄清谣言和流言”(澄清谣言)、“及时组织力量,对冲和化解网络极端情绪”(力量组织)等指标的评价同样也多集中于“一般”“满意”和“非常满意”三个选项。其中,对上述六个指标表示“满意”的样本分别为667个(占41.7%)、598个(占37.4%)、750个(占46.8%)和643个(占40.2%),表示“一般”的样本分别为522个(占32.6%)、590个(占36.9%)、472个(占29.6%)和527个(占32.9%),表示“非常满意”的分别为185个(占11.6%)、165个(占10.3%)、210个(占13.1%)和188个(占11.7%)。总体来看,样本对“澄清谣言”的满意程度较高,表示“满意”和“非常满意”者共计960个(占样本总体的59.9%)。对“议程设置”的满意程度相对较低,有143个样本表示“很不满意”和“不满意”,表示“一般”者也达到了590个,表示“满意”“非常满意”的样本之和为763个,仅占样本总体的47.7%。

表15－19 样本对重大公共危机事件中当地政府舆情处置行为的评价

指标		很不满意	不满意	一般	满意	非常满意	说不清楚
舆情研判	样本量(个)	42	75	522	667	185	110
	百分比(%)	2.6	4.7	32.6	41.7	11.6	6.9
议程设置	样本量(个)	41	102	590	598	165	105
	百分比(%)	2.6	6.4	36.9	37.4	10.3	6.6
澄清谣言	样本量(个)	34	70	472	750	210	65
	百分比(%)	2.1	4.4	29.6	46.8	13.1	4.1
力量组织	样本量(个)	40	85	527	643	188	118
	百分比(%)	2.5	5.3	32.9	40.2	11.7	7.4

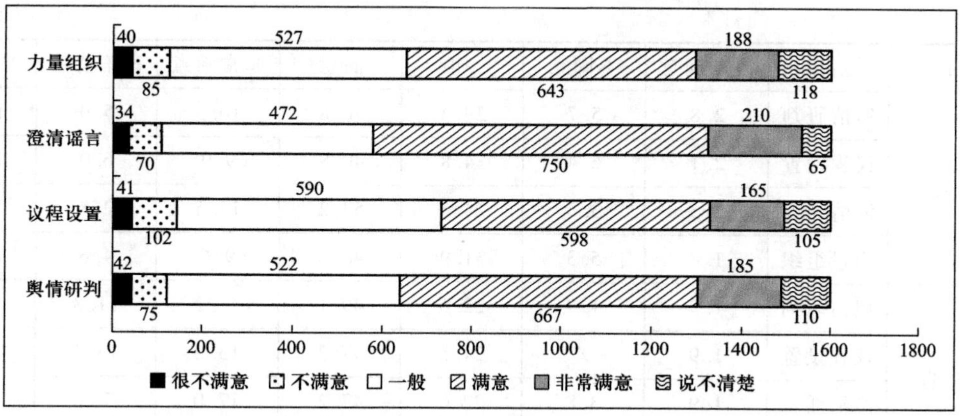

图 15－73　样本对重大公共危机事件中当地政府舆情处置行为的评价（个）

根据不同省（直辖市）样本对重大公共危机事件中官方舆情处置各指标的回答情况来看，来自 7 个省（直辖市）样本的评价也具有差异性特征。如表 15－20 所示，与前文分析结果颇为相似，福建省和四川省的样本与其他省（直辖市）的样本有较大不同，四川省样本对所有指标表示“满意”“非常满意”者之和在该省样本中占比低于 50%，其中，对“议程设置”指标表示“满意”“非常满意”者之和所占比例仅有 27.6%，对“澄清谣言”指标表示“满意”“非常满意”者之和所占比例也只有 36.2%。而福建省样本对“议程设置”“力量组织”指标表示“满意”“非常满意”者之和所占比例仅有 31.5% 和 38.5%，除了“澄清谣言”指标，对其余指标表示“满意”“非常满意”者之和均未达到 50%。北京市和广东省样本对“舆情研判”“力量组织”表示“满意”“非常满意”者之和均低于 50%。

表 15－20　不同省（市）样本对重大公共危机事件当地政府舆情处置行为的评价（%）

省（市）	指标	很不满意	不满意	一般	满意	非常满意	说不清楚	合计
北京市	舆情研判	9.1	13.6	27.3	33.3	9.1	7.6	100.0
	议程设置	6.1	12.1	33.3	33.3	7.6	7.6	100.0
	澄清谣言	6.1	9.1	28.8	42.4	9.1	4.5	100.0
	力量组织	9.1	12.1	33.3	30.3	6.1	9.1	100.0
福建省	舆情研判	2.1	3.5	42.0	37.1	5.6	9.8	100.0
	议程设置	2.8	7.0	53.8	27.3	4.2	4.9	100.0
	澄清谣言	2.1	2.8	39.2	46.2	6.3	3.5	100.0
	力量组织	2.8	4.2	45.5	33.6	4.9	9.1	100.0
广东省	舆情研判	2.6	5.3	37.7	35.1	9.8	9.5	100.0
	议程设置	2.8	8.1	38.1	34.0	8.8	8.1	100.0
	澄清谣言	2.3	5.6	30.5	44.7	11.4	5.6	100.0
	力量组织	2.8	6.5	34.4	35.3	10.7	10.2	100.0

续表

省(市)	指标	很不满意	不满意	一般	满意	非常满意	说不清楚	合计
海南省	舆情研判	2.8	5.7	29.4	46.8	10.3	5.0	100.0
	议程设置	2.1	6.4	34.8	40.8	9.9	6.0	100.0
	澄清谣言	2.5	3.5	24.5	53.2	13.5	2.8	100.0
	力量组织	1.8	5.3	31.9	46.8	9.6	4.6	100.0
黑龙江省	舆情研判	1.9	1.9	22.6	49.1	13.2	11.3	100.0
	议程设置	1.9	/	24.5	47.2	13.2	13.2	100.0
	澄清谣言	1.9	3.8	22.6	47.2	17.0	7.5	100.0
	力量组织	1.9	3.8	24.5	43.4	13.2	13.2	100.0
江苏省	舆情研判	1.5	2.5	28.0	46.9	16.4	4.7	100.0
	议程设置	1.9	3.0	32.7	42.7	14.6	5.1	100.0
	澄清谣言	1.1	2.6	26.5	49.1	17.2	3.4	100.0
	力量组织	1.5	3.2	27.8	44.6	17.0	5.9	100.0
四川省	舆情研判	3.4	6.9	41.4	34.5	8.6	5.2	100.0
	议程设置	3.4	17.2	46.6	22.4	5.2	5.2	100.0
	澄清谣言	1.7	10.3	50.0	25.9	10.3	1.7	100.0
	力量组织	3.4	5.2	46.6	32.8	8.6	3.4	100.0

如表 15－21 所示，根据不同媒体(部门)与当地政府舆情处置相关数据的交叉分析结果，不难发现：除了来自广电媒体的新媒体部门的样本对所有指标评价为“满意”和“非常满意”者之和占该类样本的60%以上，其余各类样本对各指标的满意度参差不齐，总体来看，平面媒体和“其他”类型的样本对各指标的满意度较低。其中，平面媒体样本对“舆情研判”“议程设置”“力量组织”等指标表示“满意”“非常满意”者所占比例均低于 50%，而“其他”类型的样本对“议程设置”“澄清谣言”指标表示“满意”“非常满意”者所占比例也都低于 50%。

表 15－21　不同属性媒体(部门)样本对重大公共危机事件中当地政府舆情处置的评价(%)

省(市)	指标	很不满意	不满意	一般	满意	非常满意	说不清楚	合计
平面媒体	舆情研判	2.9	5.9	37.1	38.0	7.9	8.3	100.0
	议程设置	3.2	7.0	40.8	34.6	6.8	7.6	100.0
	澄清谣言	2.7	5.0	33.4	45.1	9.4	4.4	100.0
	力量组织	3.0	6.2	35.7	38.0	8.2	8.9	100.0

续表

省(市)	指标	很不满意	不满意	一般	满意	非常满意	说不清楚	合计
广电媒体	舆情研判	2.1	3.9	30.3	45.6	12.5	5.6	100.0
	议程设置	2.2	6.2	35.4	39.7	10.8	5.8	100.0
	澄清谣言	1.0	4.4	29.4	46.7	14.4	4.1	100.0
	力量组织	1.9	4.4	32.8	41.9	12.5	6.5	100.0
网络媒体	舆情研判	3.8	3.8	29.0	45.0	12.2	6.1	100.0
	议程设置	2.3	7.6	33.6	40.5	11.5	4.6	100.0
	澄清谣言	2.3	2.3	24.4	57.3	11.5	2.3	100.0
	力量组织	2.3	6.1	31.3	43.5	12.2	4.6	100.0
平面媒体的新媒体部门	舆情研判	3.7	5.6	31.5	33.3	19.4	6.5	100.0
	议程设置	1.9	7.4	28.7	37.0	16.7	8.3	100.0
	澄清谣言	3.7	4.6	22.2	41.7	23.1	4.6	100.0
	力量组织	1.9	6.5	26.9	36.1	20.4	8.3	100.0
广电媒体的新媒体部门	舆情研判	/	2.1	24.2	47.4	22.1	4.2	100.0
	议程设置	/	2.1	33.7	38.9	23.2	2.1	100.0
	澄清谣言	1.1	2.1	18.9	53.7	23.2	1.1	100.0
	力量组织	2.1	3.2	25.3	44.2	22.1	3.2	100.0
其他	舆情研判	9.5	/	23.8	42.9	9.5	14.3	100.0
	议程设置	9.5	/	28.6	33.3	9.5	19.0	100.0
	澄清谣言	9.5	4.8	23.8	38.1	9.5	14.3	100.0
	力量组织	9.5	/	23.8	42.9	9.5	14.3	100.0

如表 15－22 所示,根据不同职务样本和重大公共危机事件中当地政府舆情处置各相关数据的交叉分析结果,不难发现:职务为“中层领导”的样本对所有指标的表示“满意”“非常满意”者所占比例均低于 50%,尤其是对“议程设置”指标表示“满意”“非常满意”者之和所占比例仅为 39%,而职务为“决策层领导”的样本对“舆情研判”“议程设置”指标表示“满意”“非常满意”者之和所占比例也都未能达到 50%。由此可见,“决策层领导”和“中层领导”样本对当地政府舆情处置行为的满意度普遍不高。此外,“其他”类型的样本对“舆情研判”“议程设置”指标表示“满意”“非常满意”者之和所占比例都未达到 50%,编外人员对“议程设置”指标表示“满意”“非常满意”者之和所占比例也未达到 50%。

综上所述,样本对重大公共危机事件中政府舆论引导四个方面的 17 个细分化指标进行评价时,表示“满意”“非常满意”者之和达样本总体 60% 以上的指标有 1 个,介于 50% ~60% 之间的指标有 10 个,低于 50% 的指标有 6 个。由此可见,从调查情况来看,样本对政府舆论引

表 15-22 不同职务样本对重大公共危机事件中当地政府舆情处置行为的评价(%)

省(市)	指标	很不满意	不满意	一般	满意	非常满意	说不清楚	合计
决策层领导	舆情研判	/	7.7	30.8	41.0	7.7	12.8	100.0
	议程设置	/	10.3	33.3	38.5	7.7	10.3	100.0
	澄清谣言	/	10.3	23.1	46.2	12.8	7.7	100.0
	力量组织	/	10.3	30.8	41.0	10.3	7.7	100.0
中层领导	舆情研判	3.7	5.4	36.5	43.0	5.4	6.0	100.0
	议程设置	2.8	7.4	44.2	33.6	5.4	6.6	100.0
	澄清谣言	3.7	4.0	37.9	42.2	7.7	4.6	100.0
	力量组织	2.8	5.1	40.7	36.8	7.1	7.4	100.0
普通员工	舆情研判	2.2	4.8	31.1	41.4	13.4	7.0	100.0
	议程设置	2.7	5.9	34.0	39.1	11.6	6.7	100.0
	澄清谣言	1.8	4.4	26.6	48.8	14.6	3.9	100.0
	力量组织	2.2	5.4	30.1	41.4	13.1	7.7	100.0
编外人员	舆情研判	4.2	2.1	34.3	39.9	15.4	4.2	100.0
	议程设置	2.1	5.6	40.6	33.6	14.0	4.2	100.0
	澄清谣言	1.4	4.2	32.9	42.7	16.8	2.1	100.0
	力量组织	4.9	3.5	35.7	37.8	14.0	4.2	100.0
其他	舆情研判	/	/	33.3	44.4	/	22.2	100.0
	议程设置	/	11.1	38.9	33.3	5.6	11.1	100.0
	澄清谣言	/	/	22.2	61.1	5.6	11.1	100.0
	力量组织	/	5.6	27.8	50.0	5.6	11.1	100.0

导行为有较高的满意度。而从满意度较低的6个指标来看,舆论引导工作中的“短板”也显而易见。比如,样本对新闻发言人是否坦诚面对媒体和公众、回答记者提问的精准程度以及语言使用的合宜程度,对官方新媒体是否保持与意见领袖及公众的良性互动,对舆情处置过程中政府的议程设置能力和各方力量组织能力等方面的工作,满意度水平依然不高。由此可见,如何在舆论引导工作中有的放矢地弥补上述“短板”,当是提升重大公共危机事件舆论引导水平的重中之重。

此外,分析结果也表明,不同类型样本对重大公共危机事件中政府舆论引导行为各指标的评价也具有差异性特征。比如,不同省(直辖市)样本对各指标评价时呈现出结构性的差异,即北京市、福建省和四川省的样本对所有指标的满意度总体偏低,而广东、海南和黑龙江等省的样本对官方新媒体使用、政府舆情处置等部分指标的评价也存在满意度偏低现象。此外,不同属性媒体(部门)的样本对各指标评价时也呈现出较为明显的差异,即平面媒体的样本对所有指标的满意度总体偏低，与之相反，来自广电媒体的新媒体部门的样本对所有指标的满意度总体较高，而其余类型的样本对各指标进行评价时则显示出参差不齐的特征。不同职务的样本对各指标评价时同样也呈现出较为明显的差异。总体来看，职务为“决策层领导”和“中层领导”的样本对大部分指标的满意度总体偏低。

（三）对当地媒体的评价

1. 对当地媒体新闻报道的评价

综合图 15－74 和表 15－23 可见，样本对重大公共危机事件中当地媒体新闻报道各方面指标——新闻报道的及时性（及时性）、信息提供的充分性（充分性）、对事件进行跟踪报道（跟踪报道）、有鲜明的立场和观点（立场鲜明）的评价同样也集中于“一般”“满意”和“非常满意”。其中，对上述指标表示“满意”的样本分别为 732 个（占 45.7%）、667 个（占 41.7%）、662 个（占 41.3%）和 687 个（占 42.9%），表示“一般”的样本分别为 423 个（占 26.4%）、507 个（占 31.7%）、498 个（占 31.1%）和 464 个（占 32.2%），表示“非常满意”的分别为 241 个（占 15.1%）、213 个（占 13.3%）、223 个（占 13.9%）和 220 个（占 13.7%）。

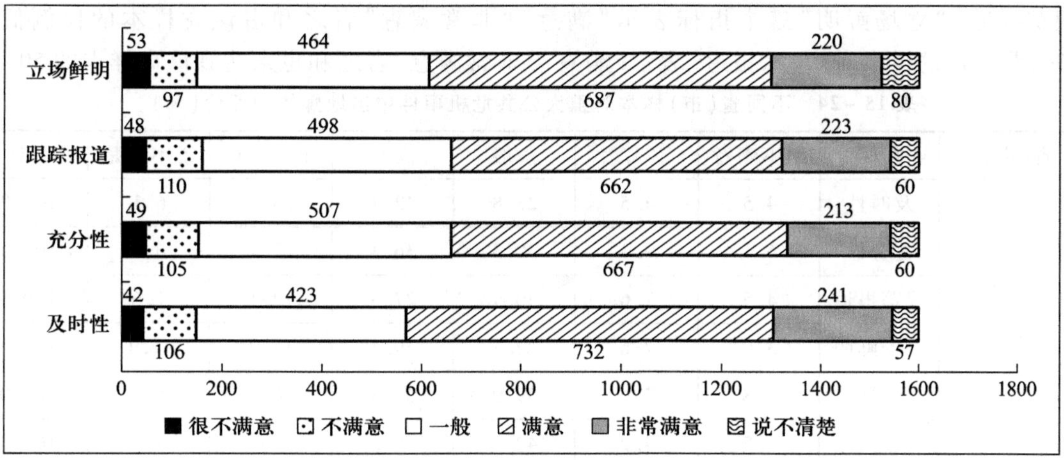

图 15－74　样本对重大公共危机事件中当地媒体的评价（个）

从总体情况来看，样本对重大公共危机事件中当地媒体的新闻报道具有较高的认同程度，对所有指标表示“满意”“非常满意”者之和占样本总体的比例均达到 50% 以上，其中，对“及时性”指标表示“满意”“非常满意”者之和占样本总体的比例更是达到了 60.8%。

表 15－23　样本对重大公共危机事件中当地媒体评价

指标		很不满意	不满意	一般	满意	非常满意	说不清楚
及时性	样本量（个）	42	106	423	732	241	57
	百分比（%）	2.6	6.6	26.4	45.7	15.1	3.6
充分性	样本量（个）	49	105	507	667	213	60
	百分比（%）	3.1	6.6	31.7	41.7	13.3	3.7

续表

指标		很不满意	不满意	一般	满意	非常满意	说不清楚
跟踪报道	样本量(个)	48	110	498	662	223	60
	百分比(%)	3.0	6.9	31.1	41.3	13.9	3.7
立场鲜明	样本量(个)	53	97	464	687	220	80
	百分比(%)	3.3	6.1	29.0	42.9	13.7	5.0

根据样本地域指标与上述四组相关数据的交叉分析结果,可以发现,不同地域样本对当地媒体新闻报道各方面指标的评价同样也具有结构性差异。这种差异与前文对当地政府舆论引导各方面指标的评价具有同构性,即福建省和四川省的样本对各指标的满意度要低于其他省(直辖市)的满意度。如表 15-24 所示,福建省和四川省的样本中,对四个指标表示"满意""非常满意"者之和占该省样本的比例均未达到 50%。四川省的样本对"及时性""充分性"指标表示"满意""非常满意"者之和均只占该省样本的 40% 以下。广东省的样本对"充分性""跟踪报道""立场鲜明"三个指标表示"满意""非常满意"者之和占该省样本的比例低于 50%,北京市的样本对"跟踪报道"表示"满意""非常满意"者之和也未达到该市样本的 50%。

表 15-24 不同省(市)样本对重大公共危机事件中当地媒体的评价(%)

省(市)	指标	很不满意	不满意	一般	满意	非常满意	说不清楚	合计
北京市	及时性	4.5	4.5	28.8	42.4	13.6	6.1	100.0
	充分性	6.1	9.1	30.3	36.4	12.1	6.1	100.0
	跟踪报道	4.5	7.6	40.9	27.3	12.1	7.6	100.0
	立场鲜明	3.0	7.6	22.7	39.4	15.2	12.1	100.0
福建省	及时性	2.8	7.0	39.9	34.3	10.5	5.6	100.0
	充分性	3.5	4.2	42.7	38.5	7.0	4.2	100.0
	跟踪报道	2.1	8.4	40.6	35.0	9.1	4.9	100.0
	立场鲜明	3.5	11.9	30.8	41.3	8.4	4.2	100.0
广东省	及时性	2.1	7.2	28.6	45.8	10.9	5.3	100.0
	充分性	3.5	8.4	35.6	38.4	9.3	4.9	100.0
	跟踪报道	2.6	9.3	32.8	40.5	9.3	5.6	100.0
	立场鲜明	4.4	7.0	34.2	37.4	9.8	7.2	100.0
海南省	及时性	1.8	6.0	20.2	57.8	12.8	1.4	100.0
	充分性	1.8	5.3	30.9	47.5	12.8	1.8	100.0
	跟踪报道	1.8	5.3	30.1	47.9	12.8	2.1	100.0
	立场鲜明	1.4	5.0	27.7	50.0	12.4	3.5	100.0

续表

省(市)	指标	很不满意	不满意	一般	满意	非常满意	说不清楚	合计
黑龙江省	及时性	1.9	7.5	20.8	37.7	26.4	5.7	100.0
	充分性	1.9	3.8	22.6	43.4	22.6	5.7	100.0
	跟踪报道	3.8	1.9	20.8	41.5	22.6	9.4	100.0
	立场鲜明	3.8	1.9	22.6	41.5	22.6	7.5	100.0
江苏省	及时性	2.1	5.3	23.3	46.9	20.6	1.9	100.0
	充分性	2.6	4.5	25.3	45.4	18.5	3.6	100.0
	跟踪报道	3.0	4.7	25.9	44.4	19.7	2.3	100.0
	立场鲜明	2.5	3.4	25.1	47.4	18.7	2.8	100.0
四川省	及时性	8.6	15.5	32.8	24.1	13.8	5.2	100.0
	充分性	5.2	17.2	41.4	22.4	13.8	/	100.0
	跟踪报道	6.9	10.3	41.4	27.6	13.8	/	100.0
	立场鲜明	6.9	10.3	36.2	29.3	12.1	5.2	100.0

如表 15－25 所示，根据不同属性媒体(部门)样本对重大公共危机事件中当地媒体新闻报道各相关数据的交叉分析结果，可以发现："其他"类型的样本对"充分性""立场鲜明"两个指标表示"满意""非常满意"者之和均未达到该类样本的 50%，平面媒体的样本对"跟踪报道""充分性"两个指标表示"满意""非常满意"者之和也未达到该类样本的 50%。相反的，广电媒体的新媒体部门的样本对各指标表示"满意""非常满意"者之和均达到该类样本的 70% 以上。

表 15－25　不同属性媒体(部门)样本对重大公共危机事件中当地媒体的评价(%)

省(市)	指标	很不满意	不满意	一般	满意	非常满意	说不清楚	合计
平面媒体	及时性	2.6	6.5	30.0	45.1	11.5	4.4	100.0
	充分性	3.6	7.4	35.2	40.1	9.5	4.1	100.0
	跟踪报道	2.9	8.9	35.7	38.4	9.7	4.4	100.0
	立场鲜明	3.8	6.4	33.3	40.5	9.7	6.4	100.0
广电媒体	及时性	3.1	7.4	25.5	43.6	17.6	2.9	100.0
	充分性	3.1	6.3	29.4	41.9	16.2	3.1	100.0
	跟踪报道	3.2	5.8	29.1	42.1	16.6	3.2	100.0
	立场鲜明	2.4	6.3	26.2	44.6	17.3	3.2	100.0

续表

省(市)	指标	很不满意	不满意	一般	满意	非常满意	说不清楚	合计
网络媒体	及时性	1.5	6.9	19.1	56.5	13.7	2.3	100.0
	充分性	1.5	8.4	30.5	46.6	9.2	3.8	100.0
	跟踪报道	3.8	7.6	22.9	49.6	12.2	3.8	100.0
	立场鲜明	6.9	6.1	25.2	45.8	12.2	3.8	100.0
平面媒体的新媒体部门	及时性	2.8	9.3	26.9	43.5	14.8	2.8	100.0
	充分性	3.7	5.6	34.3	36.1	17.6	2.8	100.0
	跟踪报道	2.8	5.6	29.6	39.8	18.5	3.7	100.0
	立场鲜明	4.6	6.5	29.6	38.9	14.8	5.6	100.0
广电媒体的新媒体部门	及时性	1.1	/	17.9	52.6	26.3	2.1	100.0
	充分性	1.1	1.1	18.9	52.6	22.1	4.2	100.0
	跟踪报道	1.1	/	25.3	48.4	24.2	1.1	100.0
	立场鲜明	/	2.1	20.0	51.6	21.1	5.3	100.0
其他	及时性	4.8	4.8	23.8	38.1	14.3	14.3	100.0
	充分性	/	4.8	33.3	33.3	14.3	14.3	100.0
	跟踪报道	4.8	4.8	28.6	38.1	14.3	9.5	100.0
	立场鲜明	/	4.8	33.3	33.3	14.3	14.3	100.0

如表15－26所示,根据不同职务样本与当地媒体各评价数据的交叉分析结果,不难发现:职务为“决策层领导”的样本对当地媒体各评价指标表示“满意”“非常满意”者之和均低于该类样本的50%,而职务为“中层领导”的样本对“充分性”“跟踪报道”两个指标表示“满意”“非常满意”者之和也都低于该类样本的50%。除此之外,“其他”类型的样本对“及时性”指标表示“满意”“非常满意”者之和也不到该类样本的50%。

表15－26 不同职务样本对重大公共危机事件中当地媒体的评价(%)

省(市)	指标	很不满意	不满意	一般	满意	非常满意	说不清楚	合计
决策层领导	及时性	5.1	17.9	25.6	38.5	10.3	2.6	100.0
	充分性	2.6	15.4	38.5	28.2	12.8	2.6	100.0
	跟踪报道	5.1	10.3	33.3	35.9	12.8	2.6	100.0
	立场鲜明	/	12.8	33.3	35.9	12.8	5.1	100.0
中层领导	及时性	3.7	8.3	33.3	41.0	10.0	3.7	100.0
	充分性	4.3	7.7	39.9	36.5	8.3	3.4	100.0
	跟踪报道	4.0	10.3	35.9	38.5	8.3	3.1	100.0
	立场鲜明	5.1	7.1	33.9	41.0	9.1	3.7	100.0

续表

省(市)	指标	很不满意	不满意	一般	满意	非常满意	说不清楚	合计
普通员工	及时性	2.2	6.1	24.6	47.6	16.3	3.2	100.0
	充分性	2.5	5.9	29.1	43.8	14.8	3.9	100.0
	跟踪报道	2.6	6.3	28.9	43.2	15.4	3.6	100.0
	立场鲜明	2.8	5.6	27.3	44.0	15.0	5.2	100.0
编外人员	及时性	2.8	3.5	22.4	46.9	20.3	4.2	100.0
	充分性	4.9	5.6	28.7	41.3	16.8	2.8	100.0
	跟踪报道	3.5	2.8	35.0	35.0	18.9	4.9	100.0
	立场鲜明	4.2	4.2	28.7	40.6	17.5	4.9	100.0
其他	及时性	/	5.6	33.3	33.3	11.1	16.7	100.0
	充分性	/	11.1	27.8	50.0	/	11.1	100.0
	跟踪报道	/	/	33.3	50.0	/	16.7	100.0
	立场鲜明	/	11.1	22.2	50.0	/	16.7	100.0

2. 对当地媒体新媒体使用的评价

结合图 15－75 和表 15－27 可见,从样本对当地媒体新媒体使用行为的五个指标——“信息发布的及时性”(及时性)、“信息发布形式的多样性”(多样性)、“随事件进展及时滚动发布”(滚动发布)、“与意见领袖展开良性互动”(良性互动),“及时回应公众质疑、澄清谣言和传言”(澄清谣言)的评价,同样也集中于“满意”“一般”“非常满意”三个选项。

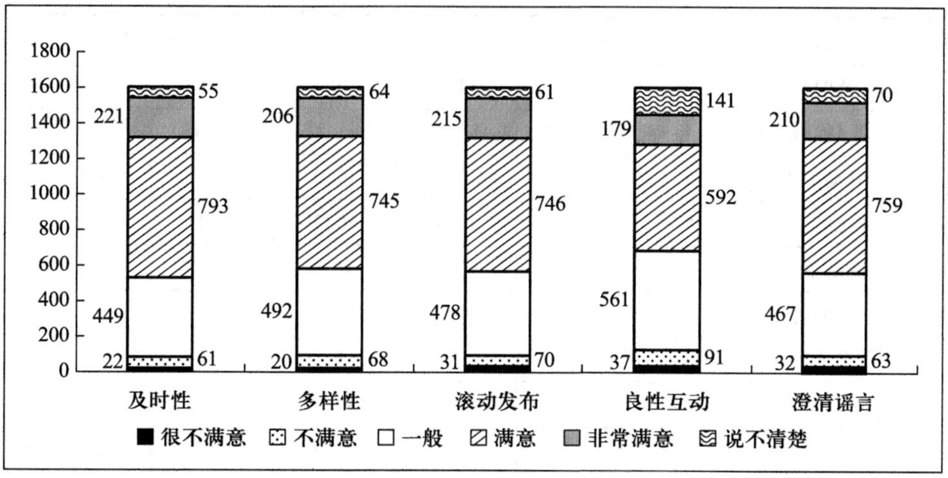

图 15－75 样本对重大公共危机事件中当地媒体新媒体使用行为的评价(个)

从样本对各指标满意度的排序情况看,表示“满意”“非常满意”之和占样本总体比例由高到低依次是“及时性”(63.3%)、“澄清谣言”(60.5%)、“滚动发布”(60%)、“多样性”

(59.4%)和"良性互动"(48.2%)。可见样本对当地媒体新媒体的互动性满意度不高,这与样本对官方新媒体使用行为的评价有相似之处。

表 15-27 样本对重大公共危机事件中当地媒体新媒体使用行为的评价

指标		很不满意	不满意	一般	满意	非常满意	说不清楚
及时性	样本量(个)	22	61	449	793	221	55
	百分比(%)	1.4	3.8	28.0	49.5	13.8	3.4
多样性	样本量(个)	26	68	492	745	206	64
	百分比(%)	1.6	4.2	30.7	46.5	12.9	4.0
滚动发布	样本量(个)	31	70	478	746	215	61
	百分比(%)	1.9	4.4	29.9	46.6	13.4	3.8
良性互动	样本量(个)	37	91	561	592	179	141
	百分比(%)	2.3	5.7	35.0	37.0	11.2	8.8
澄清谣言	样本量(个)	32	63	467	759	210	70
	百分比(%)	2.0	3.9	29.2	47.4	13.1	4.4

如表 15-28 所示,根据不同省(市)样本与当地媒体新媒体使用行为各评价相关数据的交叉分析结果,四川省的样本对各指标的满意度最低,除了对"滚动发布"指标表示"满意""非常满意"者之和达到该省样本的 43.1%,对其余四个指标表示"满意""非常满意"者之和均未达到该省样本的 40%。此外,北京市的样本对"滚动发布""良性互动""澄清谣言"三个指标表示"满意""非常满意"者之和也未到该市样本的 50%。福建省和广东省的样本对"良性互动"指标表示"满意""非常满意"者之和也未到该省样本的 50%。

表 15-28 不同省(市)样本对重大公共危机事件中当地媒体新媒体使用行为的评价(%)

省(市)	指标	很不满意	不满意	一般	满意	非常满意	说不清楚	合计
北京市	及时性	3.0	4.5	34.8	42.4	7.6	7.6	100.0
	多样性	4.5	6.1	33.3	42.4	7.6	6.1	100.0
	滚动发布	4.5	4.5	37.9	40.9	7.6	4.5	100.0
	良性互动	4.5	10.6	36.4	30.3	9.1	9.1	100.0
	澄清谣言	4.5	7.6	33.3	34.8	10.6	9.1	100.0
福建省	及时性	1.4	4.2	34.3	51.0	6.3	2.8	100.0
	多样性	1.4	5.6	40.6	45.5	6.3	0.7	100.0
	滚动发布	1.4	4.9	37.1	46.9	6.3	3.5	100.0
	良性互动	4.2	7.0	39.2	35.7	4.2	9.8	100.0
	澄清谣言	2.1	2.8	33.6	49.7	6.3	5.6	100.0

续表

省(市)	指标	很不满意	不满意	一般	满意	非常满意	说不清楚	合计
广东省	及时性	1.9	4.4	28.6	48.1	12.6	4.4	100.0
	多样性	2.1	3.7	33.0	46.5	10.0	4.7	100.0
	滚动发布	1.9	5.1	32.6	44.0	11.4	5.1	100.0
	良性互动	2.3	6.3	39.1	32.8	8.6	10.9	100.0
	澄清谣言	2.8	4.4	30.9	46.3	9.3	6.3	100.0
海南省	及时性	0.7	2.8	20.6	59.6	13.1	3.2	100.0
	多样性	1.4	3.9	26.6	50.7	13.5	3.9	100.0
	滚动发布	2.5	2.8	24.1	53.9	13.5	3.2	100.0
	良性互动	1.4	6.0	29.1	45.7	10.3	7.4	100.0
	澄清谣言	2.1	2.1	22.3	56.7	12.8	3.9	100.0
黑龙江省	及时性	3.8	1.9	18.9	43.4	24.5	7.5	100.0
	多样性	1.9	1.9	22.6	45.3	17.0	11.3	100.0
	滚动发布	1.9	1.9	26.4	39.6	18.9	11.3	100.0
	良性互动	1.9	/	26.4	41.5	15.1	15.1	100.0
	澄清谣言	/	1.9	20.8	47.2	20.8	9.4	100.0
江苏省	及时性	0.6	2.1	27.0	49.5	18.3	2.5	100.0
	多样性	0.8	3.0	27.4	47.3	18.1	3.4	100.0
	滚动发布	1.1	3.4	25.7	48.6	18.3	2.8	100.0
	良性互动	1.5	4.3	31.8	39.3	16.3	6.8	100.0
	澄清谣言	0.9	3.4	27.4	47.4	18.9	1.9	100.0
四川省	及时性	3.4	15.5	43.1	29.3	8.6	/	100.0
	多样性	3.4	13.8	41.4	29.3	8.6	3.4	100.0
	滚动发布	3.4	13.8	39.7	32.8	10.3	/	100.0
	良性互动	3.4	6.9	53.4	20.7	10.3	5.2	100.0
	澄清谣言	3.4	10.3	46.6	29.3	8.6	1.7	100.0

如表 15 – 29 所示,根据不同属性媒体(部门)与当地媒体新闻媒体使用行为各评价相关数据的交叉分析结果,可以发现:“其他”类型的样本对各评价数据表示“满意”“非常满意”者之和占该类样本比例均未达到 50%,而其余类型的样本则对各指标的满意度水平总体较高,对各指标表示“满意”“非常满意”者之和几乎都占各自类型样本的 50% 以上。

表 15-29 不同属性媒体(部门)样本对重大公共危机事件中当地媒体新媒体使用行为的评价(%)

省(市)	指标	很不满意	不满意	一般	满意	非常满意	说不清楚	合计
平面媒体	及时性	1.4	4.1	30.4	50.4	10.3	3.5	100.0
	多样性	1.8	4.7	33.0	46.4	9.8	4.2	100.0
	滚动发布	1.7	5.6	32.5	47.4	9.1	3.8	100.0
	良性互动	2.1	7.0	39.8	32.8	7.6	10.7	100.0
	澄清谣言	2.4	4.7	33.1	47.0	8.6	4.1	100.0
广电媒体	及时性	1.5	4.3	28.0	48.2	14.7	3.2	100.0
	多样性	1.5	4.6	30.1	46.3	14.2	3.2	100.0
	滚动发布	1.5	5.0	29.1	45.5	15.0	3.9	100.0
	良性互动	2.6	5.0	32.1	40.7	12.3	7.4	100.0
	澄清谣言	1.4	4.4	28.2	46.5	15.6	3.9	100.0
网络媒体	及时性	1.5	3.1	22.1	55.0	14.5	3.8	100.0
	多样性	1.5	4.6	25.2	50.4	13.0	5.3	100.0
	滚动发布	3.1	1.5	22.1	54.2	16.0	3.1	100.0
	良性互动	0.8	6.1	29.8	43.5	13.7	6.1	100.0
	澄清谣言	3.1	1.5	19.8	55.7	13.7	6.1	100.0
平面媒体的新媒体部门	及时性	1.9	3.7	22.2	47.2	21.3	3.7	100.0
	多样性	1.9	2.8	28.7	45.4	18.5	2.8	100.0
	滚动发布	3.7	1.9	29.6	40.7	20.4	3.7	100.0
	良性互动	3.7	5.6	30.6	33.3	16.7	10.2	100.0
	澄清谣言	3.7	2.8	25.9	46.3	16.7	4.6	100.0
广电媒体的新媒体部门	及时性	/	/	24.2	51.6	22.1	2.1	100.0
	多样性	/	/	27.4	48.4	20.0	4.2	100.0
	滚动发布	/	/	27.4	48.4	22.1	2.1	100.0
	良性互动	1.1	2.1	30.5	40.0	20.0	6.3	100.0
	澄清谣言	/	/	22.1	49.5	24.2	4.2	100.0
其他	及时性	/	4.8	38.1	28.6	19.0	9.5	100.0
	多样性	4.8	4.8	38.1	28.6	9.5	14.3	100.0
	滚动发布	14.3	/	28.6	28.6	14.3	14.3	100.0
	良性互动	9.5	/	42.9	28.6	9.5	9.5	100.0
	澄清谣言	/	4.8	38.1	28.6	14.3	14.3	100.0

如表15－30所示，根据不同职务样本与当地媒体新媒体使用行为各评价数据的交叉分析结果，不难发现：职务为“决策层领导”的样本对各指标的满意度水平总体偏低，表示“满意”“非常满意”者之和占该类样本的比例均未达到50%，其中，对“良性互动”指标表示“满意”“非常满意”者之和占该类样本的比例仅为28.2%。职务为“中层领导”对“良性互动”“多样性”指标表示“满意”“非常满意”者之和也分别只占该类样本的35%和47%。除此之外，“其他”类型的样本对“澄清谣言”“编外人员”类型的样本对“良性互动”表示“满意”“非常满意”者之和占该类样本的比例也未达到50%。

表15－30 不同职务样本对重大公共危机事件中当地媒体新媒体使用行为的评价(%)

省(市)	指标	很不满意	不满意	一般	满意	非常满意	说不清楚	合计
决策层领导	及时性	/	12.8	43.6	25.6	15.4	2.6	100.0
	多样性	2.6	10.3	41.0	25.6	12.8	7.7	100.0
	滚动发布	2.6	15.4	41.0	23.1	15.4	2.6	100.0
	良性互动	2.6	7.7	43.6	12.8	15.4	17.9	100.0
	澄清谣言	2.6	15.4	30.8	28.2	17.9	5.1	100.0
中层领导	及时性	2.3	3.7	35.9	46.2	8.3	3.7	100.0
	多样性	2.0	5.1	41.6	39.3	7.7	4.3	100.0
	滚动发布	2.6	5.1	36.8	42.7	8.5	4.3	100.0
	良性互动	3.4	7.7	42.2	29.6	5.4	11.7	100.0
	澄清谣言	2.0	4.6	37.6	42.2	8.3	5.4	100.0
普通员工	及时性	1.1	3.6	24.6	52.0	15.4	3.2	100.0
	多样性	1.4	3.9	27.0	49.7	14.5	3.4	100.0
	滚动发布	1.8	3.7	27.5	49.0	14.7	3.3	100.0
	良性互动	1.9	5.3	32.2	40.8	12.4	7.4	100.0
	澄清谣言	1.9	3.2	26.4	50.6	14.2	3.7	100.0
编外人员	及时性	1.4	3.5	30.8	46.2	15.4	2.8	100.0
	多样性	2.1	2.8	29.4	45.5	15.4	4.9	100.0
	滚动发布	1.4	4.9	26.6	45.5	16.8	4.9	100.0
	良性互动	2.8	2.8	37.8	32.9	16.1	7.7	100.0
	澄清谣言	2.8	4.2	28.7	43.4	16.8	4.2	100.0
其他	及时性	/	/	22.2	50.0	11.1	16.7	100.0
	多样性	/	5.6	22.2	55.6	/	16.7	100.0
	滚动发布	/	/	33.3	44.4	5.6	16.7	100.0
	良性互动	/	5.6	22.2	44.4	5.6	22.2	100.0
	澄清谣言	/	5.6	27.8	38.9	5.6	22.2	100.0

综上所述,样本对重大公共危机事件中当地媒体表现两个方面9个细分化指标进行评价时,表示“满意”“非常满意”者之和达样本总体60%以上的指标有4个,介于50% ~60%之间的指标有4个,低于50%的指标仅有1个。由此可见,从调查结果所表明的情况来看,样本对重大公共危机事件中当地媒体的表现的满意度要高于对政府舆论引导行为的满意度。从满意度较低的1个细分化指标来看,当地媒体的新媒体使用中如何保持与意见领袖及公众的良性互动,是新媒体建设过程中亟须解决的重点问题,这与官方新媒体建设有相似之处。

此外,分析结果表明,不同类型样本对重大公共危机事件中当地媒体表现各指标的评价有差异性。与前文对政府舆论引导行为颇为相似的是,四川省的样本对当地媒体表现各指标的满意度依然是所有省(直辖市)中最低的,而福建省的样本对当地媒体新闻报道各指标的满意度同样偏低。除此之外,北京市和广东省的样本对大部分指标的评价也存在满意度偏低现象。此外,不同属性媒体(部门)的样本对各指标评价时也呈现出较为明显的差异,其中,“其他”类型的样本对所有指标的满意度水平总体偏低,而平面媒体对当地媒体新闻报道行为各指标的满意度水平也略低。再者,不同职务的样本对各指标评价时同样也呈现出较为明显的差异,总体来看,职务为“决策层领导”的样本对当地媒体表现各相关指标的满意度总体偏低,而职务为“中层领导”的样本对大部分指标的满意度也不高。

第四节 小结与讨论

经过两轮问卷调查,虽然可以得出一些结论,但也有一些问题,需要提出来讨论。

一、关于第一轮调查的结论和讨论

(一)第一轮调查的结论

1. 三份排序表显示的结论

问卷所列各项指标都指向政府及其相关机构部门的舆论和舆情引导的效果。包括对当地政府的评估、对当地媒体的评估、对公众反应的评估,涉及的评估标准分别是29项、8项、17项,合计54项。以上所有指标,都得到新闻传播学者占比超过60%的认可(专家们对评估指标的认可情况,并不因年龄、性别、职称、学位等变量的不同而有很大差异,因此变量的因素可以忽略不计)。预设的所有评估指标,应予以悉数保留。该指标体系具有可行性和可操作性。

请看以下三份表格(见表15-31、表15-32、表15-33)所列评估指标被选占比情况。

表15-31 用于对当地政府及其相关机构部门进行评估的指标被选占比排序

序号	具体指标	百分比(%)
1	首条官微的发布时间	94.5
2	首次新闻发布会与事件发生之间的“时差”	93.0
3	官微是否能随事件进展进行滚动发布	91.4
4	后续新闻发布会与事件最新进展的“时差”	90.9

续表

序号	具体指标	百分比(%)
5	有无对舆论和舆情中质疑之声进行回应	84.3
6	对事件信息的熟悉度	83.5
7	回答记者提问的精准度	82.9
8	是否出现舆论和舆情失控	80.6
9	善后处理合理程度	79.9
10	是否主动设置过议题和议程	79.5
11	是否出现意外的引爆点	79.4
12	对公众的声音是否作出过回应	79.1
13	善后处理及时程度	79.0
14	谣言和不实传闻是否得到澄清	79.0
15	语言使用的合宜度	78.6
16	政府对媒体和公众的坦诚度	78.5
17	善后处理得力程度	77.2
18	有无留意和关注舆论和舆情中质疑之声	75.9
19	对网民中的极端情绪有没有加以留意和关注	75.9
20	回应舆论和舆情中质疑之声的效果	75.5
21	回应舆论和舆情中质疑之声的主动程度	75.4
22	议题和议程的设置效果	75.3
23	对网民的极端情绪有没有进行过引导	71.4
24	对谣言和不实传闻处置是否及时	71.0
25	造谣者是否依法受到处理	70.2
26	回应是否得体	69.7
27	回应是否及时	68.9
28	对网民极端情绪引导的实际效果如何	68.2
29	是否采纳了公众提出的正确建议	64.2

表 15-32 用于对当地媒体进行评估的指标被选占比排序

序号	具体指标	百分比(%)
1	媒体是否使用微信公众号	95.2
2	媒体是否使用官微	94.1
3	报道是否及时	90.1
4	是否有滚动式报道	86.1

续表

序号	具体指标	百分比(%)
5	提供的信息是否充分	85.0
6	是否表明过观点	84.9
7	公众对当地媒体观点的认同度	77.4
8	观点是否体现了真理性	69.9

表 15-33 用于对公众反应进行评估的指标被选占比排序

序号	具体指标	百分比(%)
1	公众中是否出现过不合理的否定性意见	90.9
2	公众中是否存在极端情绪	88.2
3	对当地官媒披露信息的信任度	86.9
4	对当地官媒表达观点的认同度	85.4
5	公众中是否有发微博对官方和官媒拍砖的情况	83.8
6	对当地官媒表达观点的关注度	83.7
7	对新闻发言人发言的信任度	83.6
8	官方对公众态度的引导是否有效	82.8
9	对当地官媒披露信息的满意度	81.9
10	对网络谣言的听信度	81.3
11	对新闻发言人表现的满意度	80.5
12	不合理的否定性意见是否得到过引导	79.2
13	官方引导公众极端情绪是否有效	79.2
14	对官方善后处理工作效率的认可度	78.1
15	对官方善后处理态度的认可度	76.1
16	对官方追究责任人责任的认可度	74.5
17	对不合理的否定性意见的引导效果	72.0

2. 一组统计数据显示的结论

在整个体系的54项指标中,专家学者选择“非常合理”“合理”“一般”的比例超过80%的指标有25项(占指标总数的46.3%)。这些指标能获得比较高的被选比例,和笔者的预想是比较吻合的。

被选占比在70%以下、60%以上的指标有5项(占总数的9.3%):“新闻媒体的观点是否体现了真理性”(69.9%),“回应是否得体”(69.7%),“回应是否及时”(68.9%),“对网民中的极端情绪引导的实际效果如何”(68.2%),“是否采纳了公众的正确建议”(64.2%)。专家学者对“(政府)是否采纳了公众提出的正确建议”这一评估指标的认可度相对偏低,这是笔者事先没有料到的。

综观这次调查的总体情况,被选占比低于60%的指标为0项,被选占比在60%以上、70%以下的指标只占很小的比重。应该说,专家学者对该评估指标体系的整体认可度还是比较高的。

(二)有待讨论的问题

其一,为什么有些评估指标的被选占比较低?不排除这样的情况:有些专家学者在回答问卷时,将回答"指标该不该设""设置的合理性如何"误回答为"现实中做得怎么样""您对现实情况如何评价"。以上5个指标的认可度偏低,可能不无这方面的原因。

其二,评估指标体系三大板块之间体现了怎样的逻辑联系?它们之间存在如下逻辑关系:第一板块,用于测评政府及其相关机构部门的直接所为对舆论和舆情引导所发挥的作用;第二板块,用于测评政府管辖的当地媒体在舆论和舆情引导中发挥的作用和产生的影响;第三板块,用于直接检测公众(网民)对政府和媒体的舆论和舆情引导及与此有关的工作的评价。三个板块,缺一不可。整个测评,既可以委托第三方进行,也可以由政府及其相关机构部门和当地媒体进行自评。

其三,如何使评估指标体系进一步完善?现在完成了在新闻传播专家学者中的问卷调查。后续的工作主要有两项:一则,如果能在政府官员和新闻传播业界也进行此类问卷调查,那就很圆满了,但这样的调查难度极大;二则,由事后评估逐渐向事中评估发展,以利改进后半程的事件舆论和舆情引导工作。

不断完善新媒体语境中重大公共危机事件舆论和舆情评估指标体系是一项极有价值然而有相当难度的工作。可谓任重而道远。该课题的研究者未来将继续进行这方面的工作,勉力而为,矢志不渝!

二、关于第二轮调查的结论和讨论

(一)新闻从业人员对当地新闻媒体的事件信息发布总体满意

上文通过2个类别9个细分指标的调查结果表明,样本对重大公共危机事件中当地媒体新闻发布行为的满意度(即"满意""非常满意"者之和占样本总体的比例)处于较高水平。在9个细分指标中,样本表示"满意""非常满意"者之和占比达60%以上(这是比较高的比例)的有4个,占比达50%以上的有3个,仅有"良性互动"的满意度较低(48.8%)。由此看来,近年来重大公共危机事件事发地新闻媒体的事件信息发布总体情况良好,新闻从业人员对此较为满意。

(二)新闻从业人员对事件中当地政府新闻发言人的满意度普遍偏低亟待引起重视

如表15-34所示,根据样本对重大公共危机事件中政府新闻发布的满意度(即"满意""非常满意"者之和占样本总体的比例)的分布情况可知,样本对新闻发布会的发布时效、频次和组织的满意度总体较高,但是对新闻发言人的满意度普遍偏低,在对新闻发言人评价的4个细分指标中,"坦诚度""精准度"和"合宜度"的满意度分别只有45.7%、46.2%和49.2%。新闻发言人是政府新闻发布活动的主角,其一言一行不仅关乎政府形象,而且也直接影响政府新闻发布的效果。重大公共危机事件发生后,直面问题,官方和公众真诚沟通,以坦诚的态度面对新闻媒体和公众，以真实的信息披露进行释疑解惑的工作，是凝聚共识、化解危机的基础和要诀。此外，能否以得体的语言向媒体和公众精准传达事件的相关信息，事关新闻发布的成败得失。新闻发言人如果闪烁其词、词不达意或应对失当，均有可能引发媒体和公众猜忌，进而导致次生舆情危机的发生。因此，如何通过制度建设、人才培养等多元化路径，打造一支具有高水平专业素质的新闻发言人队伍，是提升重大公共危机事件新闻发布效果的重要保障。

有研究者指出："地方政府的新闻发布效果主要受其整体治理能力、自身组织能力、沟通协调能力、运用媒体能力、效果评估反馈能力的制约和影响。地方政府在公共危机事件的新闻发布，通过提升这五方面的能力，从而提高其在公共危机事件中的新闻发布效果，维护社会和谐稳定。"①

表 15－34 样本对政府新闻发布行为满意度情况汇总（%）

指标类别	细分指标	满意度	指标类别	细分指标	满意度
新闻发布会	时效	57.4	官方新媒体使用行为	准确程度	61.6
	频次	52.7		滚动发布	53.9
	组织	58.2		有效互动	43.4
新闻发言人	坦诚度	45.7		回应质疑	49.2
	熟悉程度	53.1	舆情处置行为	舆情研判	53.6
	精准度	46.2		议程设置	48.0
	合宜度	48.8		澄清谣言	60.5
官方新媒体使用行为	及时程度	56.7		力量组织	52.3
	得体程度	57.2			

（三）官方新媒体与意见领袖、网民的良性互动状况亟须改善

加强官方新媒体与意见领袖、网民之间的良性互动，提高议程设置的能力和水平，是提升新闻发布效果不可或缺的重要环节。如表 15－34 所示，在所有指标中，样本对"有效互动"的满意度最低（43.4%），对"议程设置"的满意度也仅有 48.0%。这在某种程度上意味着，政府新闻发布并未完全适应传播语境的变化。在重大公共危机事件发生后，人们对事件充满疑惑和猜忌，众说纷纭、莫衷一是，相关信息也会经由多样化的传播网络汇聚和散播。在这种情况下，如何在众声喧哗之中发出"最强音"显得至关重要。近年来，各地政府虽然十分重视官方新媒体建设，布局"三微一端"已成大势所趋。但是，新媒体建设并非"摆设"，而应该与各方意见领袖、普通网民建立常态化的互动机制，将自身打造成有影响力和号召力、拥有众多粉丝的新型意见领袖。唯有如此，方可将平时的"民有所呼、我有所应"转化为关键时刻的"我有所呼、民有所应"，在传递正能量的过程中官民互相呼应，并进而在重大公共危机事件中以自身的权威且能有效影响公众舆论的观点，引领社会舆论和从正向影响社会舆情。

① 邵玉英、英明：《公共危机事件中地方政府新闻发布的能力研究》，《辽宁大学学报（哲学社会科学版）》2018 年第 6 期。

在9个细分指标中,样本对“良性互动”的满意度最低(仅为48.8%)。互动,既包括与普通网民的互动(由此可以及时了解和回应公众关切),也包括与意见领袖的互动(由此可以形成认知和理念的最大公约数)。在重大公共危机事件中和事件后,人们对事件充满疑惑和猜忌。此时,意见领袖的意见对舆论和舆情往往发挥了比较大的影响作用(有可能改变舆论和舆情走向,也有可能引爆舆论和舆情)。当地官方和新闻媒体如何通过新媒体平台与意见领袖保持良性互动,这是事发地新闻媒体提升舆论和舆情引导能力所面临的一个重要而又棘手的现实问题。进一步的问题是:新闻媒体要努力使自己成为有影响力和号召力的意见领袖,拥有众多的拥趸,把“民有所呼、我有所应”转化为“我有所呼、民有所应”。作为基础的公信力是平时铸就的,号召力是经长期努力形成的。在重大公共危机事件发生后,意见领袖以正确意见、新闻媒体以自身的权威观点引领社会舆论和从正向影响社会舆情,就更有了用武之地。

(四)对各类指标评价中的地域性差异有待深入探究

从地域变量与样本满意度的交互分析结果来看,不同省(直辖市)样本对各类指标的评价显现出比较大的差异。总体来看,来自四川省、福建省、北京市和广东省的样本对各指标的总体满意度水平明显低于其他省份样本,尤其是四川省的样本对所有指标的评价都明显低于平均水平。笔者认为,简单地进行各个地区之间的横向比较是缺乏意义的,因为不同省(直辖市)的情况客观上是存在着差异的。但是为何评价偏低,又应引起充分重视。建议这些地区的主管部门就此展开专题研究,并努力发现数据背后可能隐含的问题,特别是注意获取新闻从业人员中围绕同一指标今天与昨天具有比照价值的数据,并据此推动新闻媒体通过采取相应措施力图有所改进。

(五)来自不同职务的样本的评价差异也有发人深省之处

职务为“决策层领导”“中层领导”的样本对各指标的满意度水平,有明显低于普通员工和其他类型的样本之处,这是出乎笔者意料的。何以如此?笔者试图探寻其中的缘由:决策层领导和中层领导由于站位比较高,掌握的信息比较多,由此而对“充分性”“跟踪报道”的要求相对严苛,并在对相应问题的回答中得到了充分的体现,可谓合乎情理。这一方面的意见平时不方便公开表达、表露,只在无须留下个人信息的答卷中回答问题、表露心迹,这同样合乎情理。普通员工对媒体“及时性”“充分性”“跟踪报道”的不满意程度是各类样本中占比最高的,这不能不说是维护其知情权的基本诉求发挥了重要作用。这些,当属反映心声的深层次的信息,不经问卷调查未必就能掌握。了解、掌握这样的深层次信息,有利于新闻舆论主管部门把重大公共危机事件发生后的新闻发布工作做好、做优。

附　　录

“重大公共危机事件舆论和舆情引导效果评估”
调查问卷

个人基本信息

1. 您的性别？

A. 男(　　)　　B. 女(　　)

2. 您的年龄？

A. 30 岁以下(　　)　B. 31 ~ 40 岁(　　)　C. 41 ~ 50 岁(　　)　D. 51 ~ 60 岁(　　)
E. 61 岁以上(　　)

3. 您的学位？

A. 学士(　　)　　B. 硕士(　　)　　C. 博士(　　)　　D. 其他(　　)

4. 您的职称？(研究系列和业界人士，请分别填写对应职称级别)

A. 助教(　　)　　B. 讲师(　　)　　C. 副教授(　　)　　D. 教授(　　)

5. 您最后学历所属学科？

A. 新闻传播学(　　)B. 社会学(　　)C. 政治学(　　)D. 文学(　　)E. 马克思主义(　　)F. 历史学(　　)G. 艺术学(　　)H. 哲学(　　)I. 管理学(　　)J. 图书馆、情报与文献学(　　)K. 经济学(　　)L. 其他(　　)

一、用于对当地政府及其相关机构部门进行评估的指标

(供政府及其相关机构部门自评，也可供第三方对政府及其相关机构部门进行评估)

一级指标	二级指标	三级指标	四级指标	非常合理	合理	一般	不合理	很不合理	说不清楚
1. 信息公开	1.1　新闻发布会	1.1.1　新闻发布会时效性	1.1.1.1　首次新闻发布会与事件发生的时差						
			1.1.1.2　后续新闻发布会与事件最新进展的时差						
		1.1.2　新闻发布会频次							

续表

一级指标	二级指标	三级指标	四级指标	非常合理	合理	一般	不合理	很不合理	说不清楚
1. 信息公开	1.1 新闻发布会	1.1.3 新闻发言人的表现	1.1.3.1 对媒体和公众的坦诚度						
			1.1.3.2 对事件信息的熟悉度						
			1.1.3.3 对记者提问回答的精准度						
			1.1.3.4 语言使用的合宜度（是否使用了推诿、搪塞等错误语言）						
	1.2 官方微博运用情况	1.2.1 首条官微的发布时间							
		1.2.2 是否能随事件进展进行滚动发布							
	1.3 官民互动情况	1.3.1 对公众的声音是否作出过回应							
		1.3.2 回应是否及时							
		1.3.3 回应是否得体							
		1.3.4 采纳公众提出的建议情况							
2. 善后处理	2.1 善后处理及时程度								
	2.2 善后处理合理程度								
	2.3 善后处理给力程度								
3. 舆论和舆情处置	3.1 对谣言和不实传闻的处置	3.1.1 是否及时进行处置							
		3.1.2 谣言和不实传闻是否得到澄清							
		3.1.3 造谣者是否依法受到处理							
	3.2 对舆论和舆情中质疑之声的处置	3.2.1 有没有对舆论和舆情中质疑之声进行回应							
		3.2.2 对舆论和舆情中质疑之声回应的主动程度							
		3.2.3 对舆论和舆情中质疑之声回应的效果							
	3.3 对网民中极端情绪的处置	3.3.1 有没有进行留意和关注							
		3.3.2 有没有进行过引导							
		3.3.3 引导的实际效果如何							

续表

一级指标	二级指标	三级指标	四级指标	非常合理	合理	一般	不合理	很不合理	说不清楚
3. 舆论和舆情处置	3.4 舆情研判的精准程度	3.4.1 是否出现意外的引爆点							
		3.4.2 是否出现舆论和舆情失控							
	3.5 舆论和舆情引导的主动程度	3.5.1 是否主动设置过议题和议程							
		3.5.2 设置的议题和议程的效果							

二、用于对当地媒体进行评估的指标

（此处纳入评估范围的是当地媒体。按属地管理的原则，当地媒体由所在地党组织和政府管理。对重大公共危机事件会有多家媒体进行报道，但中央级和省级媒体及异地媒体对事件报道，不能归入当地政府对舆论和舆情引导的范畴）

一级指标	二级指标	非常合理	合理	一般	不合理	很不合理	说不清楚
1. 报道情况	1.1 报道是否及时						
	1.2 提供的信息是否充分						
	1.3 是否有滚动式报道						
2. 表明观点情况	2.1 是否表明过观点						
	2.2 观点是否体现了真理性						
	2.3 公众对当地媒体观点的认同度						
3. 媒体使用情况	3.1 是否使用了官微						
	3.2 是否使用了微信公众号						

三、用于对公众反应进行评估的指标

（以下评估通过网络爬取的数据进行，或通过在线问卷调查进行）

一级指标	二级指标	三级指标	非常合理	合理	一般	不合理	很不合理	说不清楚
1. 对当地官方官媒表现的认可度	1.1 对当地官方官媒披露信息的反应	1.1.1 对官媒披露信息的信任度						
		1.1.2 对官媒披露信息的满意度						
	1.2 对当地官方官媒观点的反应	1.2.1 当地官媒有没有表达过对事件的观点						
		1.2.2 公众对当地官媒观点的认同度						
	1.3 对网络谣言的听信度							
2. 对新闻发言人表现的认可度	2.1 对新闻发言人的信任度							
	2.2 对新闻发言人表现的满意度							
3. 对官方所作善后处理的认可度	3.1 对官方善后处理态度的认可度							
	3.2 对官方善后处理工作效率的认可度							
	3.3 对官方追究责任人责任的认可度							
4. 对公众意见、态度、情绪引导的认可度	4.1 通过社交类媒体显示意见情况	4.1.1 是否出现过不合理的否定性意见						
		4.1.2 不合理的否定性意见是否得到引导						
		4.1.3 对不合理的否定性意见的引导效果如何						
	4.2 通过社交类媒体显示态度情况	4.2.1 是否有通过发微博对官方和官媒拍砖的情况						
		4.2.2 是否有通过发微信对官方和官媒拍砖情况						
		4.2.3 是否有通过论坛发帖对官方和官媒拍砖情况						
		4.2.4 官方对公众的态度进行引导是否有效						
	4.3 通过社交类媒体隐含情绪情况(公众是否存在极端情绪)							

如您对该指标还另有宝贵意见的话,敬请写在以下空白处。非常感谢!

主要参考文献

中文论文：

C

蔡尚伟、唐丕跃：《重大突发事件中的政府网络舆论引导——以成都“6·5”公交车燃烧事故为例》，《新闻与写作》2009年第8期。

曹劲松：《网络舆情的基本特点》，《新闻与写作》2009年第12期。

超然：《网络民意的虚与实》，《民主与法制》2011年第23期。

陈力丹：《论突发性事件的信息公开和新闻发布》，《南京社会科学》2010年第3期。

陈力丹：《群体传播的心理机制》，《东南传播》2016年第1期。

陈岗、潘飞虎：《网络参与对中国民主政治消极影响》，《人民论坛》2012年1月(中)。

陈琳、丁晔、王健：《网络发言人制度传播优势探析》，《现代传播(中国传媒大学学报)》2011年第12期。

陈萍：《金融舆情监测分析运用及政府策略》，《中国国情国力》2012年第8期。

陈天林、刘爱章：《网络时代预防和处置生态环境型群体性事件的新思路——透视厦门PX事件》，《科学社会主义》2009年第6期。

陈相雨：《政府形象传播：畸变、批判及面子技术——一种本土社会心理学分析视角》，《政治学研究》2010年第4期。

陈寅：《后博客时代媒体的风险传播》，《青年记者》2010年第35期。

程诚：《试论微博对舆论形成的影响》，《新闻爱好者》2012年第9期。

程曼丽：《网络舆情研判——政府面临的新课题》，《新闻与写作》2010年第11期。

D

丁柏铨：《略论舆情——兼及它与舆论、新闻的关系》，《新闻记者》2007年第6期。

丁柏铨：《自媒体时代的舆论格局与舆情研判》，《天津社会科学》2013年第6期。

丁柏铨、夏雨禾：《新媒体语境中重大公共危机事件与舆论关系研究论纲》，《当代传播(汉文版)》2012年第2期。

丁未：《新媒体赋权：理论建构与个案分析——以中国稀有血型群体网络自组织为例》，《开放时代》2011年第1期。

东鸟：《当下中国网络舆论生态的十个问题》，《中国党政干部论坛》2015年第9期。

董天策：《在开放与控制之间：危机传播的基本准则与尺度——汶川大地震新闻报道的经验与

启示》,《新闻与传播研究》2008 年第 4 期。
杜骏飞:《流言的流变:SARS 舆情的传播学分析》,《南京大学学报(哲学·人文科学·社会科学)》2003 年第 5 期。
杜骏飞:《天津港爆炸案"舆论危机反思"》,《公关世界》2015 年第 8 期。

F

方兴东、张静、胡怀亮、刘国辉、李志敏、严峰、张雪征:《安全操作系统"中国梦"——中国自主操作系统战略对策研究报告》,《中国信息安全》2014 年 4 月。

G

干雯婷:《从"毒饺子事件"看日本媒体的舆论导向》,《新闻记者》2008 年第 5 期。
高红玲、张中全:《网络环境下的舆论运行特征》,《中国记者》2008 年第 8 期。
高晓虹、陈欣钢:《新格局、新路径:媒体融合中的新型主流媒体舆论引导》,《电视研究》2015 年第 4 期。
郭婷:《公共危机中的网络舆论探析》,《今传媒》2011 年第 8 期。
郭翔鹤:《专家称微博时代新闻发言人应去行政化走职业化》,2011 年 9 月 8 日《新闻晨报》。

H

《湖北日报社史》编辑室:《集中突出报道抵御 1954 年特大洪灾》,《新闻前哨》2008 年第 6 期。
韩庆祥:《中国共产党面临八个"新的伟大斗争"》,《人民日报》2014 年 7 月 23 日。
何广平:《关于英美等国骚乱事件的分析及其对我国加强完善互联网管理问题的启示》,《公安研究》2011 年第 11 期。
侯迎忠、余菲:《地方政府新闻发布网络平台建设初探》,《当代传播(汉文版)》2012 年第 5 期。
胡振虎:《应对公共危机的国际经验与启示》,《中国经济时报》2009 年 9 月 11 日。

J

蒋晓丽、王亿本:《新媒体在灾难报道中实施舆论引导的若干问题》,《湘潭大学学报(哲学社会科学版)》2011 年第 3 期。
靖鸣、马丹晨:《地方媒体本地负面新闻报道的怪象与消解——以青岛媒体报道"11·12"输油管线爆炸事故为例》,《新闻爱好者》2014 年第 1 期。
靖鸣、潘智琦:《由"马航失联事件"看突发事件中的失实报道》,《新闻爱好者》2014 年第 4 期。

K

邝新华:《国家微博盛衰史》,《新周刊》2010 年第 2 期。

L

雷跃捷、李汇群:《媒体融合时代舆论引导方式变革的新动向——基于微信朋友圈转发"人贩子一律死刑”言论引发的舆情分析》,《新闻记者》2015 年第 8 期。
李良荣、郑雯、张盛:《网络群体性事件爆发机理:“传播属性”与“事件属性”双重建模研究——基于 195 个案例的定性比较分析》,《现代传播(中国传媒大学学报)》2013 年第 2 期。
李劭强:《突发事件报道中媒体官微的传播价值——以人民日报官微天津港爆炸事故报道为例》,《视听》2016 年第 12 期。
李希光:《大数据时代的舆情研判和舆论引导》,《中国广播》2014 年第 5 期。
李晓兵:《新媒体环境下的政府公共危机应对》,《青年记者》2011 年第 11 期。
林凌:《昆明“3 · 01”暴力恐怖事件舆论引导机制及启示》,《编辑学刊》2014 年第 3 期。
刘波:《公共突发性事件中微博舆论场域的生成与引导——从北京“7 · 21”特大自然灾害到钓鱼岛事件》,《中国党政干部论坛》2013 年第 4 期。
刘丛、谢耘耕、万旋傲:《微博情绪与微博传播力的关系研究——基于 24 起公共事件相关微博的实证分析》,《新闻与传播研究》2015 年第 9 期。
刘建明:《“舆论场、宣传场与舆论机构”的种种悖论》,《新闻爱好者》2014 年第 10 期。
刘琳:《“无组织化”:转型期群体性事件的主要风险因素》,《当代世界社会主义问题》2012 年第 2 期。
刘柠:《毒饺子事件的公共舆论危机》,《南方都市报》2008 年 2 月 3 日。
刘鹏飞、周培源:《2011 年网络舆情走势与社会舆论格局》,《新闻记者》2012 年第 1 期。
刘锐:《微博意见领袖初探》,《新闻记者》2011 年第 3 期。
刘勇、王雅琪:《公共危机中“次生舆情”的生成与演化——基于对“8 · 12 天津港爆炸事故”的考察》,《国际新闻界》2017 年第 9 期。
楼玲娣、周小斌:《网络舆情的运行状态分析》,《特区实践与理论》2009 年第 2 期。

M

马斗全:《〈为了六十一个阶级兄弟〉的内幕真相》,《南方周末》2003 年 7 月 3 日。
马胜利:《法兰西民族的激进主义传统》,《欧洲研究》2005 年第 4 期。
孟彦、樊剑英:《怎样看待当今的国际舆论格局》,《军事记者》2010 年第 11 期。
明安香:《重大危机事件传播的主要特征与应对研究》,《新闻爱好者》2012 年第 22 期。

R

芮必峰、李小军:《大众传媒与社会风险——以南方雨雪灾害报道为例》,《淮海工学院学报(人文社会科学版)》2008 年第 6 期。

S

邵玉英、英明:《公共危机事件中地方政府新闻发布的能力研究》,《辽宁大学学报(哲学社会科学版)》2018 年第 6 期。
史安斌:《从“官职本位”到“专业本位”:微博时代新闻发言人的“变脸术”》,《人民论坛》2011 年第 25 期。

孙立明:《网络舆情的三个世界——关于网络舆情的一个初步分析框架》,《中央社会主义学院学报》2017 年第 1 期。

T

唐绪军:《科学分析舆情: 正确引导舆论的基础与前提》,《人民日报》2016 年 6 月 19 日。
陶达嫔:《一个公共危机事件非冲突式解决的标本——番禺“垃圾门”事件的传媒介入观察》,《新闻实践》2010 年第 3 期。
童兵:《“民意中国”的破题——兼议民意及其特征》,《南京社会科学》2014 年第 3 期。
童兵:《新媒体时代舆论表达和舆论引导新格局》,《新闻爱好者》2014 年第 7 期。
童兵、傅海:《正确研判舆情是协商民主成功的基础》,《当代传播》2014 年第 4 期。

W

汪平:《大数据时代新闻传播力重构》,《今传媒》2014 年第 9 期。
王丰丰:《求证调查还是抢夺首发? ——波士顿爆炸案美国媒体报道得失》,《中国记者》2013 年第 6 期。
王蕾:《论我国灾难新闻报道理念的转变》,《新闻大学》2008 年第 4 期。
王娜:《新媒体环境下谣言传播的受众心理研究》,《今传媒》2013 年第 11 期。
王少磊:《互联网之火:网络舆情和时代焦虑——从南京的突发事件谈起》,《南京邮电大学学报(社会科学版)》2010 年第 1 期。
王秀宁等:《微博意见领袖“围观”中国 微博治理大事记》,《时代周报》第 106 期(2010 年 11 月 25 日)。
温志强:《风险社会中突发事件的再认识——以公共危机管理为视角》,《华中科技大学学报(社会科学版)》2009 年第 2 期。
吴廷俊、夏长勇:《我国公共危机传播的历史回顾与现状分析》,《现代传播(中国传媒大学学报)》2010 年第 6 期。
吴晓明:《群体性事件中的自媒体作用考察》,《江海学刊》2009 年第 6 期。
吴旭:《重大涉外公共危机事件的媒体应对策略》,《对外传播》2014 年第 8 期。
武和平:《公安部新闻发言人撰文:让媒体说话,天塌不下来》,《中国青年报》2007 年 4 月 20 日。

X

夏长勇:《30 年来我国公共危机传播的演变》,《当代传播》2009 年第 6 期。
夏文蓉:《公共危机事件中的媒体表现》,《新闻知识》2003 年第 8 期。
夏雨禾:《突发事件中的微博舆论——基于新浪微博的实证研究》,《新闻与传播研究》2011 年第 5 期。
谢新洲:《要适应和把握网络传播规律》,《青年记者》2016 年第 27 期。
辛欣:《论传统媒体与新媒体的业务融合》,《新闻爱好者》2012 年第 8 期。

邢祥、王灿发:《社交媒体对重大突发危机事件舆论影响的研究——从天津港“8·12”特别重大火灾爆炸事故看社交媒体的“渗透”》,《新闻爱好者》2015 年第 11 期。
徐百柯:《网上行事切忌“智力递减”而“暴戾递增”》,《中国青年报》2012 年 6 月 5 日。
徐迅雷:《大桥坍塌的中美调查之别》,《学习月刊》2007 年第 19 期。
许静:《社会化媒体对政府危机传播与风险沟通的机遇与挑战》,《南京社会科学》2013 年第 5 期。
许伟、刘令宇、王明明:《基于跨媒体分析的突发事件检测及趋势研判研究》,《系统工程理论与实践》2015 年第 10 期。
许志红:《网络集群行为的社会心理机制分析》,《学术论坛》2013 年第 3 期。

Y

杨敏:《网络舆论冲击波》,《决策》2009 年第 9 期。
杨敏、王运宝、徐浩程:《网络舆论关注公共事件 各级政府面临大考》,《决策》2009 年第 7 期。
杨维:《论微博在网络舆论形成中的作用》,《现代视听》2011 年第 1 期。
杨振英、刘石检:《新媒体时代的语境解读》,《今传媒》2013 年第 5 期。
姚迈新:《互联网舆论的演变逻辑与作用机制——对几起网络公共事件的解读》,《行政与法》2010 年第 6 期。
阴立影:《试析新媒体语境下的“网络水军”现象》,《今传媒》2012 年第 2 期。
尹韵公:《舆论监督的新常态》,《青年记者》2015 年 3 月上。
于建嵘:《中国社会面临的风险及其出路》,《南方日报》2006 年 1 月 6 日。
于建嵘:《自媒体时代公众参与的困境与破解路径——以 2012 年重大群体性事件为例》,《上海大学学报(社会科学版)》2013 年第 4 期。
喻发胜、赵振宇:《新形势下突发事件舆论引导机制的构建》,《新闻记者》2010 年第 10 期。

Z

曾祥利、蒋花:《公共危机中舆论“扩大效应”的成因分析》,《内蒙古农业大学学报(社会科学版)》2010 年第 5 期。
张海波、童星:《公共危机治理与问责制》,《政治学研究》2010 年第 2 期。
张淑华:《新媒体语境下危机传播扩散的加速趋势透析——以新浪网两起“奶粉事件”专题报道的比较为例》,《中州学刊》2009 年第 3 期。
张涛甫:《人民日报的改版不是孤立事件》,《东方早报》2013 年 1 月 7 日。
张元龙:《关于“舆情”及相关概念的界定与辨析》,《浙江学刊》2009 年第 3 期。
张玥、孙宵凌、朱庆华:《突发公共事件舆情传播特征与规律研究——以新浪微博和新浪新闻平台为例》,《情报杂志》2014 年第 4 期。
张悦:《突发灾难事件舆情在社会化媒体上的呈现与管理》,《西南民族大学学报(人文社会科学版)》2014 年第 5 期。
郑保卫、叶俊:《论复杂性突发事件的舆论引导策略——基于天津爆炸事故舆论引导的反思》,

《新闻爱好者》2016 年第 2 期。
郑保卫、叶俊:《舆论引导:变被动为主动——“东方之星”沉船事件舆论引导的经验及启示》,《当代传播》2015 年第 6 期。
钟瑛、余秀才:《1998—2009 重大网络舆论事件及其传播特征探析》,《新闻与传播研究》2010 年第 4 期。
周葆华:《社会化媒体时代的舆论研究:概念、议题与创新》,《南京社会科学》2014 年第 1 期。
周葆华:《突发事件中的舆论生态及其影响:新媒体事件的视角》,《中国地质大学学报》2010 年第 3 期。
周宪:《时代的碎微化及其反思》,《学术月刊》2014 年第 12 期。
左志英:《毒饺子悬疑——一次“全球化背景下民族情绪的集体爆发”》,《南方都市报》2008 年 2 月 22 日。

中文著作:

《列宁全集》第 38 卷,人民出版社 1974 年版。
《马克思恩格斯全集》第 1 卷,人民出版社 1956 年版。
《毛泽东新闻工作文选》,新华出版社 1983 年版。
《毛泽东选集》第 1 卷,人民出版社 1966 年版。
〔德〕乌尔里希 · 贝克:《风险社会》,何博闻译,译林出版社 2004 年版。
〔美〕丹 · 吉摩尔:《草根媒体》,陈建勋译,南京大学出版社 2010 年版。
〔美〕克莱 · 舍基:《未来是湿的:无组织的组织力量》,中国人民大学出版社 2009 年版。
〔美〕尼葛洛庞帝:《数字化生存》,胡泳、范海燕译,海南出版社 1997 年版。
〔美〕塞缪尔 · 亨廷顿:《文明的冲突与世界秩序的重建(修订版)》,新华出版社 2010 年版。
陈力丹:《舆论学:舆论导向研究》,中国广播电视出版社 2005 年版。
程美东主编:《透视当代中国重大突发事件(1949—2005)》,中共党史出版社 2008 年版。
胡锦涛:《在人民日报社考察工作时的讲话》,人民出版社 2008 年版。
蒋晓丽、侯雄飞等:《舆擎中国:新形势下舆论引导力提升方略研究》,中国社会科学出版社 2013 年版。
刘毅:《网络舆情研究概论》,天津人民出版社 2007 年版。
彭兰主编:《中国新媒体传播学研究前沿》,中国人民大学出版社 2010 年版。
齐佳音、张一文等:《突发性公共危机事件与网络舆情作用机制研究》,科学出版社 2016 年版。
史安斌:《危机传播与新闻发布》,南方日报出版社 2004 年版。
童庆炳著,赵勇编:《在历史与人文之间徘徊——童庆炳文学专题论集》,北京师范大学出版社 2007 年版。
汪晖、陈燕谷主编:《文化与公共性》,生活 · 读书 · 新知三联书店 2005 年版。
王来华主编:《舆情研究概论》,天津社会科学院出版社 2003 年版。
新华社新闻研究所编:《新闻工作文献选编》,新华出版社 1990 年版。

叶皓:《突发事件的舆论引导》,江苏人民出版社 2009 年版。

郑保卫:《中国共产党新闻思想史》,福建人民出版社 2005 年版。

中国社会科学院新闻研究所编:《中国共产党新闻工作文件汇编(中)》,新华出版社 1980 年版。

邹建华:《突发事件舆论引导策略——政府媒体危机公关案例回放与点评》,中共中央党校出版社 2009 年版。

英文论著:

Bond R M, Fariss C J, Jones J J, et al. A 61-Million-Person Experiment in Social Influence and Political Mobilization[J]. *Nature*, 2012, 489(7415).

Erving Goffman. *Encounters: Two Studies in the Sociology of Interaction.* Indianapolis: Bolobs-Merrill, 1961.

Gallagher R B. Risk Management—New Phase of Cost Control[J]. *Harvard Business Review*, 1956, 34(5): 75-86.

ISO 31000: 2009 Risk Management—Principles and Guidelines[J]. International Organization for Standardization, Geneva, Switzerland, 2009.

Kramer A D I, Guillory J E, Hancock J T. Experimental Evidence of Massive-Scale Emotional Contagion Through Social Networks[J]. *Proceedings of the National Academy of Sciences of the United States of America*, 2014, 111(24).

Liu B. *Sentiment Analysis: Mining Opinions, Sentiments, and Emotions*[M]. Cambridge: Cambridge University Press, 2015.

Michele H. Jackson, The Mash-up: A New Archetype for Communication[J], *Journal of Computer-mediated Communication*, Vol. 14, No. 3, 2009.

Piryani R, Madhavi D, Singh V K. Analytical Mapping of Opinion Mining and Sentiment Analysis Research during 2000-2015[J]. *Information Processing & Management*, 2017, 53(1).

Scott, Alan and John Street, "From Media Politics to E-protest". *Information, Communication & Society*, 2000, 3(2).

索　引

后　　记

本书的研究、写作,已经进入了第九个年头。

党的十八大报告提出实施“创新驱动”发展战略,将创新作为“提高社会生产力和综合国力的战略支撑”,摆在国家发展、社会发展的极其重要的位置:“要坚持走中国特色自主创新道路,以全球视野谋划和推动创新,提高原始创新、集成创新和引进消化吸收再创新能力,更加注重协同创新。”党的十九大报告又提出加快建设创新型国家,对国家和社会的发展十分重要,对新闻理论研究创新也有极大的启迪意义。现就新闻理论研究中的原始创新、协同创新和引进消化吸收再创新,谈几点浅见。

笔者认为,人文社会科学中的“原始创新”要义在于:特定主体在属于自己的理论基础上进行创新,自成体系地进行创新,自逻辑起点始进行创新。人文社会科学的原始创新本身就十分艰难。由于新闻学与政治的关系特别密切,新闻理论研究的原始创新的难度就更大。相比较而言,新闻理论研究的原始创新既难于人文社会科学中的其他学科,也难于同学科中的新闻史研究和新闻业务研究。

在一个领域内,整体的原始创新比较困难,是否可以在局部进行原始创新?面对新的现实问题所作的学理思考和回答,如果不是就事论事和停留于经验的层面,而是提升到了学术的层面,也就必定具备了原始创新的某种品格。例如,对新媒体时代新闻报道方式的研究,对新闻舆论的基于大数据的研究,对非时政类报刊转制的研究,对媒体融合的研究,等等,这些就都具有原始创新的意味。

在原始创新研究中,重要的是彰显自主性的思维方式、研究方式、表达方式,展现有别于他人的研究结论。从研究内容到研究结论,既不重复他人,也不重复自己。如果没有新意,就“免开尊口”。

新闻理论研究创新,既有赖于学者个人的独立思考、独立研究、独立表述,在此过程中体现个性特色和个人创造,这是至关重要的,也需要有学者之间的合作研究、合力研究,协同作战、协同创新,这同样十分重要。在本学科内,通过学术共同体搭建研究平台,这样的议题已被提出并获得了广泛的认同。现在的问题是需要切实发挥其作用。这一平台,宜就研究者们共同关注的重大课题,汇聚多人、多方智慧,进行联袂攻关研究,发挥协同创新的优势。与此同时,打破学科壁垒,打造富于创造性的跨学科“联盟”,进行跨学科的协同创新,也应被提上重要议事日程。不妨以“我”为主,邀集其他学科的专家,深入探讨新闻业界和学界面临的一些新的重大命题。

在进行新闻理论研究集成创新的过程中,有必要高扬研究“学派”的旗帜。笔者认为,国内第一方阵的新闻传播学院,不妨竖起这样的旗帜。若干学者,在共同的领域中进行耕耘,体现共同的研究旨趣和研究特色。有形成“学派”的自觉意识，又假以时日，经多年努力和刻意追求，最终形成自己的学派。2013 年夏天我应邀在芝加哥大学经济系给博士生和有关人士作了一次新闻学方面的讲座。给我感触最深的有两点：一是经济学的博士生对新闻学表现出极大的兴趣；二是规模并不算大的芝加哥大学经济系，有多位诺贝尔经济学奖得主。芝加哥大学经济学系的经济学派和其他学派，共同构成了著名的“芝加哥学派”，并在世界上产生了广泛而深远的影响。

引进、消化、吸收是手段，再创新是目的。手段是为实现目的服务的。学术研究需要不断引进域外的优秀学术成果，需要对他人的研究成果进行消化、吸收、借鉴。对新闻理论研究而言，引进西方有见地、有价值的新闻理论及观点是很有必要的。通过引进、借鉴，研究者可以借此吸收其中的养料，扩大研究视野，在研究学说和方法方面得到提升。但在引进外来成果时，研究者需要审慎地进行甄别、挑选的工作。引进的目的是为“我”所用，最终经由再创新对他人的已有成果有所超越。因此，在引进中不可以没有对他人成果的消化，在研究中不能没有对他人成果的吸收。貌似新颖然而没有根据的话，固然算不上创新，而只是把西方人说过的话简单地照搬，是不可取的，简单地译介、模仿、移植、套用，也并不是创新本身。

由引进到消化、吸收再到创新和再创新，这是学术传播过程的一部分。再创新的成果需要传播出去，有了这一部分，学术传播就形成了完整的过程。再创新的成果，不宜孤芳自赏，在对外进行传播时，不宜“自说自话”“自娱自乐”。既要人（专家、学者）能“走出去”，更要思想、观点和声音能“传出去”。从某种意义上说，后者比前者更为重要。

上文谈到的新闻理论研究中的三种创新，分别涉及不同的向度。原始创新要求研究者得出的研究结论是新的，所采用的研究方法是新的，甚至所采用的原材料也是新的。如果三者都是新的，那么这是全面的原始创新。如果三者中有一到两个是新的，则是局部的原始创新。自出机杼、别立新宗，充分体现原创色彩和原创成分，是从一个方面体现出自主创新。“引进消化吸收再创新”是在前人（包括东方和西方）研究成果的基础上进行再度创新，从另一个方面体现出自主创新。这种创新，既有前人的研究成果作为依凭，又有对此所作的超越。前两种创新是可以凭借个人力量进行的，协同创新是有赖于团队的力量方能实现的，适用于进行意义特别重大、任务特别繁重的攻关课题的研究。

新闻理论创新研究中有这样几个抓手：

一是找准和消除“短板”。“短板”严重影响创新性新闻理论研究所能达到的总体水准，抑或显现出与实践相脱节、滞后于实践的弊病，致使创新失去意义。故找准和消除“短板”对于新闻理论创新至关重要。

二是研究方法的创新。新闻学少有自己的独特的研究方法论，因而进行“引进消化吸收再创新”式的创新是比较合宜的。

三是推动“顶层设计”。如上文所述，新闻理论有相对应的行业和行业实践。而这一行业由于与大众传媒、社会舆论密切相关，因而对大众传媒（包括网络和社交类媒体）及其从业者的管理，都涉及规范和制度，涉及理论创新和制度创新，涉及必要的、分寸恰当的改革。在此过程中，需要有顶层设计。新闻理论既需要对相应的顶层设计进行学理探讨，也需要在科学的顶层设计理念的指导下进行学理探讨。

四是加强比较研究。新闻理论研究需要加强两个方向的比较研究,以此推动新闻理论研究创新:纵向的比较研究,以过往的研究成果为参照系,审视自己的研究有无创新之处;横向的比较研究,以当下别国的特别是西方发达国家的研究成果为参照系,审视自己的研究有无创新之处。

以上是课题研究和本书写作的设想。但取法乎上,仅得乎中,设想是一回事,实际效果往往又是一回事。录此文字,自勉而已。

本书是由本人和温州大学人文学院夏雨禾教授、南京大学信息管理学院丁晓蔚副教授通力合作,历经数年时间完成的。其中包含了上面所说的一些思考,或者是融入了上述某些追求。

课题的大量研究工作是在党的十八大以后进行的。党的十八大以来中国特色社会主义进入了新时代,这标志着中国的发展站在了一个更高层级的历史方位。习近平总书记在新闻舆论观方面有许多创新。因此本项研究必须吸收这些创新成果。最近若干年来,媒体融合成为新闻传播界的大势,“大智云”(大数据、人工智能、云计算)迅速发展,这对舆情分析、舆情研判乃至整个新闻传播领域产生了很大影响。所有这些都是在研究中必须予以密切关注的。

全书分工如下:丁晓蔚撰写了第八章、第九章、第十五章的第一、二节,夏雨禾撰写了绪论部分第二节中的文献综述部分(丁柏铨增加了相应内容)、第十一章、第十二章、第十五章的第三节,第十章系丁柏铨与肖艳艳合撰,第十四章第三节第二目的部分内容由陈相雨撰写,全书的其余部分均由丁柏铨撰写。全书由丁柏铨负责统稿。

在研究过程中,美国伊利诺伊大学芝加哥分校MBA高淑萍女士和上海蜜度信息技术有限公司赵庆平先生、刘益东先生提供了数据方面的帮助。在此一并致以谢忱。

本书一定存在许多缺点和不足,希望得到方家和广大读者的批评指正。

丁柏铨

2017年12月31日写毕

2019年2月14日修改

2019年8月1日改定

郑重声明